警察执法
案例解析与实务指南

张洪波 编著

JINGCHA ZHIFA
ANLI JIEXI YU SHIWU ZHINAN

中国法制出版社
CHINA LEGAL PUBLISHING HOUSE

前　言

Preface

本书以“以案讲法、以案学法、以案用法”为目的，将警察执法典型案例作为研究和学习对象，阐述警察法所蕴含的基本法学原理，描述我国警务工作的基本法律制度，力图夯实读者警察法学的理论基础，帮助读者理解警察法律规范相关规定，提高读者思考和解决实际问题的能力。通过警察执法典型案例的研究与学习，可以提高读者运用警察法学基本理论和基本知识分析、解决警察执法问题的能力，同时，关注和研究警察执法中的典型案例，又可以反向达到发展警察法学基本理论的目的。

近年来，全国公安机关大力加强执法规范化建设，坚持严格规范公正文明执法，不断提升公安工作法治化水平和执法公信力，使法治公安建设迈上了新台阶。比如印发了《公安部关于贯彻实施行政处罚法的通知》，依法规范行政处罚行为；再如全面完成了派出所等基层执法场所的办案区规范化设置，在市、县两级公安机关建设一站式执法办案管理中心，推行执法办案监督管理服务保障一体化运行模式，让铁规发力、让禁令生威。一项项措施，一次次部署，有效规范权力运行，把严格规范公正文明执法落到实处，不断提升公安机关执法规范化的水平和能力。

警察执法应充分学习借鉴司法裁判中的经验法则与裁量标准，但现实中，警察执法案例教学培训还存在一定的不足。同时，案例教学也是公安院校法学实践教学的重要组成部分，以读者为中心，通过典型案例的情境呈现、深度评析，将理论与实践紧密结合，引导读者发现问题、分析问题、解决问题，进而掌握理论、形成观点、提高能力。强化案例教学是培养警务硕士专业学位研究生实践能力的重要方式，也是促进教学与实践有机融合、推动公安院校法学实践教学模式改革、提高公安法治人才培养质量的重要突破点。《教育部关于加强专业学位研究生案例教学和联合培养基地建设的意见》明确指出，应重视案例编写，提高案例质量。通过撰写案例教程，开发和形成一大批基于真实情境、符合案例教学要求、与国际接轨的高质量教学案例，是推进案例教学的重要基础，对法学理论及各部门法的学习与知识创新具有重要意义。作为国内较早招收警务硕士专业学位研究生的高等院校之一，江苏警官学院始终致力于培养复合型、应用型专门法律人才，高度重视警务硕士实践教学与案例教学改革，本书的编著旨在进一步深化新时代警务硕士专业学位研究生培养模式改革，培养德法兼修、明法笃行的高素质应用型、复合型公安法治人才。本书不仅是公安机关一线执法警察、法官、检察官、律师等法律工作者的办案参考和教学培训的实用教材，还可作为开展法治宣传教育，提高全民法律意识，增强法治观念的经典案例读本。

在编写内容上，本书共包括十五章，分别是警察执法主体、警察执法辅助人员、警察执法基本原则、警察任务与接处警、警察行政强制、警察行政处罚、警察行政许可、警察刑事立案与侦查、警察刑事强制措施、民事纠纷中的警察执法权限、刑民交叉案件中的警察执法、警察执法中的行刑衔接、警察执法公开与保守警务秘密、妨碍警察执法行为、警察执法监督。在编写体例上，本书以警务执法中的关键问题和难点、痛点为主线，筛选典型案例分析具体问题，概括提炼典型案例中涉及的理论和知识点，通过基础知识部分帮助读者夯实案例研习的基础。在具体的案例分析上，一般包括主要案情、案件核心、裁判过程与结果（尤其是注重筛选历经二审、再审的疑难案例的裁判文书中的说理）、类案比较等部分。其中，案情以法院查明的事实作为基础材料；法院裁判部分主要是对基本问题的裁判说理，在内容上并不一定包含全部争议焦点的裁判观点。将类案素材编排在一起，有助于读者了解司法裁判中对于警察执法认识的差异性。为了帮助读者深入系统思考相关问题，每一章节典型案例解析都包含理论探讨与执法指引，该部分围绕主要案情和争议焦点展开，尽量涵盖警察法相关概念、原理、法律规定、司法解释等理论和实务两方面，同时对理论研究前沿的相关问题进行了探讨。案例选取强调实务特征和真实性，同时注重适度的疑难性。案例均来自公开的裁判文书，以近年人民法院终审的案件作为基本素材，既有利于读者对警察法基本原理的掌握，又能激发读者对警察执法相关制度的深入思考。本书案例对当事人以及地点、单位等一般做了隐名处理。在语言表述上，力求以简洁规范、风格统一的言语释法明理、解析实例，便于读者理解。本书无论是作为入门学习、实务参考，还是作为理论研究都具有重要的参考价值。

本书力求满足以下要求：一是立足基础，突出应用。即立足基本知识，不作系统讲解，着重法律应用，通过知识梳理和案件筛选，勾勒出目前涉警察执法诉讼中各类案件中争议焦点的真实图景，突出应用性和实务特色。二是以读者为本，方便研习。坚持“以读者为本”，通过标题精确总结、提炼案例的核心元素，每个案例用一句话概括裁判规则、裁判思路或以案件焦点作为主标题，便于读者以问题为导向，迅速找到目标案例。三是内容精练，融会贯通。案例内容高度凝练，突出争议焦点，尽可能在有限的篇幅内为读者提供更多有效、有益的信息，将典型案例与类案进行比较研习，并通过进一步的理论研讨引发读者思考，为规范执法、司法审判提供指引与借鉴，为法学研究提供鲜活的案例素材。

本书的编著得到中国法制出版社王熹编辑的倾力支持和专业指导，参考借鉴了相关著述，吸收和采纳了其中部分观点，在此谨致谢忱。由于编著者的水平和能力有限，本书的结构体例未必合理，引用参照或有疏漏，知识梳理尚有缺失，理论研讨亦不充分，不当之处敬请批评指正。

目 录

Contents

第一章 警察执法主体

第二章 警察执法辅助人员

第三章 警察执法基本原则

第四章 警察任务与接处警

第五章 警察行政强制

第六章 警察行政处罚

第七章 警察行政许可

第八章 警察刑事立案与侦查

第九章 警察刑事强制措施

第十章 民事纠纷中的警察执法权限

第十一章 刑民交叉案件中的警察执法

第十二章 警察执法中的行刑衔接

第十三章　警察执法公开与保守警务秘密

第十四章　妨碍警察执法行为

第十五章　警察执法监督

第一章　警察执法主体

警察执法主体是指依法享有警察权、能以自己的名义从事警察执法活动，并能独立承担由此产生的法律责任的组织。警察执法主体具有下列特征：一是享有警察权；二是能够以自己的名义实施警察执法活动；三是能够承担实施警察执法活动所产生的法律责任。

不能以自己的名义独立地对外实施警察活动的组织不能成为警察执法主体。例如，警察机关中的法制部门大多负责起草一些警察法律规范，但警察法律规范是以所属警察机关的名义发布的，所以警察机关内的法制部门不是警察执法主体。又比如，刑事侦查行为大多由警察机关内的刑事侦查部门具体实施，但有关刑事拘留等刑事强制措施必须以所属警察机关的名义作出，所以刑事侦查部门也不是独立的警察执法主体。再比如，治安行政处罚大多由警察机关中的治安部门具体实施，但处罚决定书必须以所属警察机关的名义作出，所以治安行政诉讼中，出庭应诉的是所属的警察机关，而不是治安部门，即使由治安部门的人员出庭，也只能以所属警察机关的名义应诉，因为治安部门不能独立地以自己的名义对外实施警察管理行为，不是警察执法主体。警察执法主体包括警察机关和授权警察组织两部分。

警察执法主体与警察机关有着密切的联系。这种联系不但体现在两个概念的外延上，也体现在两个概念的内涵上。在外延上，警察机关是主要的警察执法主体。在内涵上，警察执法主体和警察机关都是指从事警察活动的组织，两者都享有一定的警察权力。但两者也有区别，主要体现在：（1）具有警察执法主体资格的警察机关并非在任何场合都是警察执法主体。警察机关在法律上具有多重身份，当警察机关对外运用警察权力，行使警察职权，以自己的名义对外承担法律责任时，为警察执法主体，但当警察机关以民事主体的身份从事民事活动时，则不是警察执法主体，因为它没有运用自己的警察权力从事警察职责。比如，警察机关与施工单位签订建筑施工合同、警察机关租用办公用房及购买办公用品等，在这些场合下，警察机关不是警察执法主体。（2）警察机关并非唯一的警察执法主体，在某些场合下，非警察机关也可以成为警察执法主体。这种情况主要是指法律授权。国家权力机关有权通过法律将部分警察权力授予非警察机关，在这种情况下，非警察机关也就有了部分警察权力，能够以自己的名义对外行使警察权力，独立地承担由此而产生的法律责任。

第一节 派出所有权在本辖区内实施道路交通安全管理

一、基础知识

根据警察执法主体资格取得的法律依据不同，可以将警察执法主体分为职权性警察执法主体和授权性警察执法主体两种。职权性警察执法主体，是指根据《中华人民共和国宪法》和有关组织法的规定，在依法成立时就当然获得警察职权的组织。获得职权性警察执法主体资格的法律依据是宪法和有关组织法，如《中华人民共和国国务院组织法》《中华人民共和国地方各级人民代表大会和地方各级人民政府组织法》。在我国，职权性警察执法主体主要是警察机关，一般而言，警察职权应由警察机关来承担并加以实施。授权性警察执法主体，是指可以在法律、法规授权范围内以警察执法主体的名义独立执法，但超出授权范围则不具有独立的执法地位的警察组织。在我国，授权性警察执法主体主要是警察机关的内设机构和派出机构。

警察机关内设机构是指警察机关根据组织法或行政需要而设立的内部部门。警察机关的机构设置，事关合理划分事权、科学调配警力、提高警务效能，是警察管理体制的核心问题。

公安派出所是我国地方公安机关管理治安工作的派出机构。

《公安机关组织管理条例》① 第六条规定，设区的市公安局根据工作需要设置公安分局。市、县、自治县公安局根据工作需要设置公安派出所。公安分局和公安派出所的设立、撤销，按照规定的权限和程序审批。第七条规定，县级以上地方人民政府公安机关和公安分局内设机构分为综合管理机构和执法勤务机构。执法勤务机构实行队建制，称为总队、支队、大队、中队。第八条规定，县级以上地方人民政府公安机关和公安分局内设机构的设立、撤销，按照国家规定的权限和程序审批。

《中华人民共和国治安管理处罚法》第九十一条规定，治安管理处罚由县级以

---

① 《公安机关组织管理条例》，载中国政府网，http://www.gov.cn/zhengce/2020-12/27/content_5574792.htm，最后访问时间：2022 年 3 月 23 日。

上人民政府公安机关决定；其中警告、500 元以下罚款可以由公安派出所决定。根据有关法律，铁路、交通、民航、森林公安机关依法负责其管辖范围内的治安管理工作。

《中华人民共和国海关行政处罚实施条例》[①] 第六条规定，抗拒、阻碍海关侦查走私犯罪公安机构依法执行职务的，由设在直属海关、隶属海关的海关侦查走私犯罪公安机构依照治安管理处罚的有关规定给予处罚。抗拒、阻碍其他海关工作人员依法执行职务的，应当报告地方公安机关依法处理。

《公安机关执行〈中华人民共和国治安管理处罚法〉有关问题的解释》[②]，赋予了海关侦查走私犯罪公安机构对阻碍海关缉私警察依法执行职务的治安案件的查处权。为有效维护社会治安，县级以上铁路、交通、民航、森林公安机关对其管辖的治安案件，可以依法作出治安管理处罚决定，铁路、交通、民航、森林公安派出所可以作出警告、500 元以下罚款的治安管理处罚决定；海关系统相当于县级以上公安机关的侦查走私犯罪公安机构可以依法查处阻碍缉私警察依法执行职务的治安案件，并依法作出治安管理处罚决定。新疆生产建设兵团系统的县级以上公安局应当视为"县级以上人民政府公安机关"，可以依法作出治安管理处罚决定；其所属的公安派出所可以依法作出警告、500 元以下罚款的治安管理处罚决定。

《公安机关行政许可工作规定》[③] 第二条规定，公安机关实施行政许可及其监督管理，适用本规定。法律、法规授权实施行政许可的公安机关内设机构，适用本规定有关公安机关的规定。

《公安机关办理国家赔偿案件程序规定》[④] 第六条规定："赔偿请求人申请赔偿，应当向赔偿义务机关提出。公安机关及其工作人员行使职权侵犯公民、法人或者其他组织合法权益，造成损害的，该公安机关为赔偿义务机关。公安机关内设机构和派出机构及其工作人员有前款情形的，所属公安机关为赔偿义务机关。看守所、拘留所、强制隔离戒毒所等羁押监管场所及其工作人员有第二款情形的，主管公安机关为赔偿义务机关。"

---

① 《中华人民共和国海关行政处罚实施条例》，载中国政府网，http：//www. gov. cn/zhengce/2020-12/27/content_5574556. htm，最后访问时间：2022 年 3 月 23 日。

② 《公安机关执行〈中华人民共和国治安管理处罚法〉有关问题的解释》，载公安部网站，https：//app. mps. gov. cn/gdnps/pc/content. jsp? id=7433730，最后访问时间：2022 年 3 月 23 日。

③ 《公安机关行政许可工作规定》，载公安部网站，https：//app. mps. gov. cn/gdnps/zc/content. jsp? id=8278041，最后访问时间：2022 年 3 月 23 日。

④ 《公安机关办理国家赔偿案件程序规定》，载公安部网站，https：//app. mps. gov. cn/gdnps/pc/content. jsp? id=7444317，最后访问时间：2022 年 3 月 23 日。

《公安部关于农村公安派出所参与道路交通安全工作的通知》[1] 规定，明确农村公安派出所参与道路交通安全工作的职责和任务。各地公安机关要针对本地农村道路交通安全工作中存在的突出问题，依照相关法律法规，明确农村公安派出所参与道路交通安全工作的职责和任务，协助公安机关交通管理部门重点做好以下工作，依法应当予以行政处罚的，由公安机关交通管理部门依法予以处罚：一是在重点路段、重点时段和农村集市等场所，在治安巡逻的同时，疏导交通，纠正低速载货汽车、三轮汽车和拖拉机违法载人、无证驾驶、无牌无证机动车上路行驶等严重交通违法行为，维护良好的道路交通秩序；二是组织民警进村入户，采取集中或分散的形式，开展交通安全宣传，提高农民群众交通安全意识；三是掌握辖区机动车、驾驶人情况，排查无牌无证机动车和驾驶人并动员其办牌办证，加强农村地区机动车和驾驶人源头管理；四是排查登记辖区农村道路交通安全隐患，协调乡镇政府和有关部门落实整改措施；五是对农村道路交通事故负责保护现场、抢救伤员和维护现场交通治安秩序。

《交通警察道路执勤执法工作规范》第七十条规定，在城市快速路、主干道及公路上执勤应当由两名以上交通警察或者由一名交通警察带领两名以上交通协管员进行。

《道路交通安全违法行为处理程序规定》第二条规定，公安机关交通管理部门及其交通警察对道路交通安全违法行为的处理程序，在法定职权范围内依照本规定实施。

二、案件来源[2]

李某才诉甲县公安局行政赔偿案[3]

三、主要案情

上诉人李某才因诉甲县公安局行政赔偿一案，不服松溪县人民法院（2020）闽0724行赔初5号行政判决，提起上诉。法院受理后，依法组成合议庭，对本案进行了审理，现已审理终结。

---

① 《公安部关于农村公安派出所参与道路交通安全工作的通知》，载公安部网站，https：//app. mps. gov. cn/gdnps/pc/content. jsp? id=7428503，最后访问时间：2022年3月25日。

② 对于本书中各案例作以下两点提示：第一，案情中出现的各方主体在名称、职能等方面均以案情发生时为准；第二，所引法律法规等条文均为当时有效。本书以下一般不再进行提示。

③ 福建省南平市中级人民法院（2020）闽07行赔终5号行政赔偿判决书。本书中案例均来自中国裁判文书网的相关裁判文书，笔者进行了一定的加工整理。

2019年9月13日晚，甲县某派出所的民警林某及三名辅警余某某、张某、余某平在某某桥头开展道路交通纠违行动，并在该路段某桥头及某茶厂门口附近设立两个执法执勤卡点，设置了反光锥等执勤所需的相应设施。余某某、张某二人在某茶厂门口附近执勤。当天19时43分许，李某才带其妻子驾驶闽H×××××二轮摩托车回家，行驶至某茶厂门口处看见执勤辅警，遂驶入某新村，将摩托车停在某新村4号民房水泥空坪处，而后向某新村内的小桥方向快步走去，余某某、张某见李某才形迹可疑，遂前往追踪，并向李某才喊话“不要跑”，李某才见后有警察追赶即开始向前跑。在房屋附近，余某某追到李某才背后，即伸手抓住李某才肩膀，李某才在挣脱过程中，与余某某一同摔倒在地，余某某爬起后与后来赶到的张某抓住李某才手臂，将李某才控制住并搀扶起来。李某才摔倒造成左腿受伤被送至甲县医院治疗，后到乙县某医院治疗。当晚，甲县某派出所对李某才进行抽血检测酒精含量。2019年9月14日，甲县公安局交警大队委托某省某司法鉴定所对李某才血样中的乙醇浓度进行鉴定，鉴定意见为：李某才血样中的乙醇含量为49.3mg/100ml。2019年9月18日，甲县公安局向李某才送达鉴定书。2019年9月18日，李某才向甲县公安局报警。2019年9月19日，甲县公安局向甲县医院、乙县某医院调取李某才就诊相关材料，分别向李某才等人做了询问笔录，制作了现场勘验检查、现场照片。2019年9月20日，甲县公安局对李某才的损伤程度鉴定，鉴定意见为：李某才的损伤程度为轻伤一级。2019年10月11日，甲县公安局向李某才送达《鉴定意见告知书》及《终止案件调查决定书》，决定：因李某才被伤害一案没有违法事实，终止调查。

李某才不服甲县公安局的《终止案件调查决定书》，要求甲县公安局对违法行为给予赔偿，甲县公安局于2019年12月23日作出了《行政赔偿申请不予受理决定书》，李某才不服诉至法院。

四、案件核心

根据《公安部关于农村公安派出所参与道路交通安全工作的通知》，甲县某派出所是否有权在本辖区内实施道路交通安全管理并行使道路交通纠违行为。

甲县公安局某派出所事发当晚的交通执法活动是否符合法律规定以及甲县公安局应否对李某才的人身伤害承担赔偿责任。

五、裁判过程与结果①

(一) 一审裁判过程与结果

一审法院认为:

1. 甲县某派出所有权行使道路交通纠违行为。

根据《公安部关于农村公安派出所参与道路交通安全工作的通知》"一、明确农村公安派出所参与道路交通安全工作的职责和任务。各地公安机关要针对本地农村道路交通安全工作中存在的突出问题,依照相关法律法规,明确农村公安派出所参与道路交通安全工作的职责和任务,协助公安机关交通管理部门重点做好以下工作,依法应当予以行政处罚的,由公安机关交通管理部门依法予以处罚:一是在重点路段、重点时段和农村集市等场所,在治安巡逻的同时,疏导交通,纠正低速载货汽车、三轮汽车和拖拉机违法载人、无证驾驶、无牌无证机动车上路行驶等严重交通违法行为,维护良好的道路交通秩序;二是组织民警进村入户,采取集中或分散的形式,开展交通安全宣传,提高农民群众交通安全意识;三是掌握辖区机动车、驾驶人情况,排查无牌无证机动车和驾驶人并动员其办牌办证,加强农村地区机动车和驾驶人源头管理;四是排查登记辖区农村道路交通安全隐患,协调乡镇政府和有关部门落实整改措施;五是对农村道路交通事故负责保护现场、抢救伤员和维护现场交通治安秩序"的规定,甲县某派出所有权在本辖区内实施道路交通安全管理。

2. 甲县某派出所在执法程序中合法。

根据《公安部关于印发〈交通警察道路执勤执法工作规范〉的通知》第七十条"在城市快速路、主干道及公路上执勤应当由两名以上交通警察或者由一名交通警察带领两名以上交通协管员进行"的规定,甲县某派出所由一名民警林某带领余某某等三名辅警进行道路交通纠违行为符合规定,该所干警根据路况分两组设置两个执勤卡点,其中余某某、张某在某茶厂前的执勤卡点,林某、余某平在某桥头执勤卡点,两个卡点互相呼应进行交通纠违并未违反法律规定。

另根据甲县公安局提交的证据可以确认公安执法执勤的以下几个过程:(1)李某才系酒后驾驶二轮摩托车,在发现被告在进行交通纠违后将摩托车藏匿;(2)余某某、张某发现李某才形迹可疑后对李某才进行追踪是正常的履职行为;(3)余某某身着警服在追赶李某才过程中对李某才喊话"不要跑"实际上已表明了其执法

① 本书各裁判过程与结果部分适用的法律规范等均为案件裁判当时有效,下文一般不再进行提示。

者的身份；（4）余某某在追上李某才后试图抓住其双肩部位，李某才欲摆脱致两人均摔倒的行为，属于意外事件；（5）余某某与李某才倒地后至余某某、张某将其扶起的过程中，余某某与张某均未使用暴力。由此可见，被告的工作人员在执法执勤的过程中无违法行为。

3. 甲县公安局作出《行政赔偿申请不予受理决定书》决定合法。

甲县公安局在接到李某才的报警后依法受案，并开展了调查取证工作，依法向甲县医院、乙县某医院调取李某才就诊相关材料，对李某才、张某某、余某某、张某等当事人和见证人做了调查，制作了现场勘验检查、现场照片。经过综合研判认为李某才被伤害一案中公安派出所执法执勤没有违法事实，作出《终止案件调查决定书》，由此对李某才的赔偿申请作出了不予受理的决定合法。

被告甲县公安局作出的《行政赔偿申请不予受理决定书》事实清楚、证据确实充分、程序合法；原告李某才请求确认行政行为违法和行政赔偿没有事实和法律依据。依照《中华人民共和国行政诉讼法》第六十九的规定，判决：驳回原告李某才的诉讼请求。

（二）二审裁判过程与结果

李某才不服一审判决，提起上诉，主要理由：

1. 一审法院适用法律错误，本案应适用《交通警察道路执勤执法工作规范》第七条、第七十二条和《福建省公安机关办理酒后驾驶车辆案件程序规定》第十一条规定，而不是适用《交通警察道路执勤执法工作规范》第七十条的规定；

2. 一审法院认定被上诉人有设置反光锥等执勤所需的相应设施为认定事实错误；

3. 两名协警单独设卡执勤违反有关规定，也超越和违反了《交通警察道路执勤执法工作规范》第五条规定的交通协管员的职责范围。

二审法院认为：

根据《公安部关于农村公安派出所参与道路交通安全工作的通知》的规定，甲县公安局某派出所具有交通安全管理的职责，有权查处交通违法行为。本案的争议焦点是甲县公安局某派出所事发当晚的交通执法活动是否符合法律规定以及甲县公安局应否对李某才的人身伤害承担赔偿责任。对此分析如下：根据执勤路段当晚监控视频、公安执法记录视频资料以及现场群众的询问笔录，可以证实甲县公安局某派出所在事发当晚安排警力进行道路纠违行动，上诉人李某才驾驶摩托车在距执勤点不远处降速短暂停顿后，拐入另一方向后停车步行。因察觉李某才形迹可疑，执勤协警进行了追随，同时向李某才喊话，要求其站住配合调查，但李某才并未停止脚步，而是加快步速往前走，执勤协警遂跑上前制止，李某才在挣脱过程中同协警一同摔倒。故从上述整个执法过程看，在李某才存在逃避路检且拒不配合盘查的情况下，警方对其采取的处置行为合乎规范，并无人身伤害的故意，也并未超过必要的限度。事发当晚，甲县公安局某派出所进行路面纠违，安排的警力、划定的执勤点以及设置的警示灯、反光锥等措施符合《关于规范公安机关警务辅助人员管理工作的意见》、《交通警察道路执勤执法工作规范》第七十条的规定，执法活动符合法律规定。因本案不属于路面检查酒驾专项活动，故上诉人认为应适用《福建省公安机关办理酒后驾驶车辆案件程序规定》的上诉理由没有依据，本院不予支持。

上诉人还认为本案应适用《交通警察道路执勤执法工作规范》第七十二条的规定，本院认为该条款针对的情形是在能见度低和道路通行条件恶劣的条件下设点执勤，本案执勤现场公路通行顺畅且具有良好的路灯照明条件，不存在上述条款规定的情形，上诉人该上诉理由本院亦不予支持。关于上诉人提出的赔偿请求。本院认为国家赔偿以行政行为存在违法过错为原则。如前所述，本案被上诉人执法活动符合法律规定，上诉人李某才本应遵纪守法文明行车，配合警方执法，但其却饮酒后驾车，路遇路检逃避检查，在抗拒的过程中受伤，该责任应由其本人承担。上诉人作为成年人理应知晓遵纪守法是每个公民基本的行为准则，但其却选择与法相悖的行为方式致使悲剧发生，实属不该。据此，上诉人的赔偿请求不符合《中华人民共和国国家赔偿法》第三条规定的情形，其上诉请求及理由没有法律依据，本院不予支持。本案李某才未对甲县公安局作出的《行政赔偿申请不予受理决定书》提起诉讼，一审法院对之进行审理不当，本院予以指出。综上，原审判决认定事实清楚，适用法律正确，程序合法，应予维持。

六、类案比较

（一）案件来源

某某县守某汽车运输有限公司诉某某省公安厅交通警察总队高速公路支队等交通行政强制及行政赔偿案①

（二）主要案情

再审申请人某某县守某汽车运输有限公司（以下简称守某公司）诉某某省公安厅交通警察总队高速公路支队（以下简称交警支队）、某某省公安厅交通警察总队高速公路支队二大队（以下简称交警支队二大队）、某某省韵家口高等级公路路政执法大队（以下简称路政执法大队）交通行政强制及行政赔偿一案，人民法院于2019年8月22日作出（2018）青0105行再1号行政判决。守某公司、交警支队、

① 青海省高级人民法院（2020）青行申15号行政裁定书。

交警支队二大队不服，提出上诉。某某省某某中级人民法院于2020年1月13日作出（2019）青01行再1号行政判决，判决已经发生法律效力。守某公司仍不服，申请再审。高级人民法院依法组成合议庭对本案进行审查，现已审查终结。

守某公司申请再审称，原审判决内容不完整且适用法律错误，驳回再审申请人的行政赔偿请求确有错误。具体理由：一、原审未判决交警支队及交警支队二大队未尽安全妥善管理责任导致涉案车辆灭失的行政行为违法属于判决内容不完整，需改判。原审认定了交警支队二大队是交警支队的内设机构，且确认交警支队、交警支队二大队持续扣押×××（×××）重型半挂车以及对该车未尽安全妥善管理导致该车灭失的行政行为违法并应当承担赔偿责任，但在判决内容中只判决“确认被再审申请人交警支队二大队持续扣押×××（×××）重型半挂车的行政行为违法”，缺少对“涉案车辆未尽安全妥善管理导致该车灭失”行政行为的判决内容，对违法主体及违法行政行为判决不完整。二、原审适用法律错误，驳回再审申请人的行政赔偿请求，要求再审申请人另行起诉没有法律依据。原审以“对于赔偿后的案外人张志某及再审申请人的受偿份额无法确定”为由驳回再审申请人的赔偿请求没有事实与法律依据。再审申请人提交了《车辆登记证书》《分期付款购车合同》等证实涉案车辆所有权归再审申请人守某公司，且该事实也经贵院作出生效裁定认定。案外人张志某只是该车辆购买人，在付清全部购车款前并非车辆所有权人，无权主张车辆灭失的价值赔偿，即案外人张志某对案涉车辆不存在受偿份额。综上，再审申请人对于车辆损失的赔偿请求与张志某没有任何关系，更不存在再审申请人与张志某对涉案车辆的赔偿份额不确定之说。原审判决依据《最高人民法院关于适用〈中华人民共和国行政诉讼法〉的解释》第九十五条之规定驳回再审申请人对于损失赔偿的诉讼请求，要求另行起诉属于适用法律错误。依据《最高人民法院关于适用〈中华人民共和国行政诉讼法〉的解释》第六十八条、第一百六十三条之规定，再审申请人有权在提起行政诉讼时一并提起行政赔偿请求，法院应当审理并作出判决。第九十五条适用的前提条件是原告在起诉确认行政行为违法时并未对赔偿事宜提起诉讼，本案并不存在适用第九十五条的前提条件。原审判决让再审申请人对行政赔偿另行起诉不仅违反法律规定，而且增加当事人诉累，浪费司法资源。请求青海省高级人民法院在查明事实的基础上作如下判决：（一）确认被申请人交警支队、交警支队二大队持续扣押×××（×××）重型半挂车以及对该车未尽安全妥善管理导致该车灭失的行政行为违法；（二）判令被申请人交警支队、交警支队二大队赔偿再审申请人损失60万元；（三）本案的诉讼费用由被申请人承担。

交警支队、交警支队二大队提交意见称：一、被答辩人守某公司申请再审没有法定事由，本案在实体上及程序上均不存在重大瑕疵，不符合再审的条件。二、某某省某某市中级人民法院（2019）青 01 行再 1 号行政判决书判决交警支队二大队是本案的适格主体，故确认交警支队二大队持续扣押××× (×××）重型半挂车的行政行为违法。交警支队不是作出行政强制的行为人，故再审申请人诉交警支队行政行为违法并赔偿损失，没有事实依据和法律依据。三、再审申请人请求交警支队、交警支队二大队赔偿车辆损失 60 万元的诉请不能成立。再审申请人提出行政赔偿请求涉及其他利害关系人权利，且该车辆未进行折旧评估，实际损失无法确定。故其请求赔偿车辆损失没有事实依据。综上，再审申请人的再审申请没有法定事由，诉讼主体错误，请求驳回再审申请人的全部诉讼请求。

路政执法大队未提交书面意见。

（三）案件核心

交警支队内设机构交警大队能否独立作出具体行政行为。

（四）裁判过程与结果

法院认为，根据再审申请人的再审申请理由及被申请人提交的意见，本案应重点审查交警支队是否为适格被告，即其是否系扣留案涉机动车强制行为的主体及再审申请人守某公司的赔偿请求应否在本案中一并作出判决。

《中华人民共和国行政诉讼法》第二十六条第一款规定："公民、法人或者其他组织直接向人民法院提起诉讼的，作出行政行为的行政机关是被告。"根据《道路交通安全违法行为处理程序规定》第二条"公安机关交通管理部门及其交通警察对道路交通安全违法行为（以下简称违法行为）的处理程序，在法定职权范围内依照本规定实施"之规定，交警支队二大队虽然是交警支队的内设机构，但其对辖区内道路交通安全违法行为在职责范围内具有行政管理职权。被申请人交警支队二大队于 2012 年 10 月 18 日作出对案涉机动车扣留的具体行政行为，是本案的适格被告。原审判决确认交警支队二大队扣留案涉机动车系本案适格被告并无不当。交警支队并未针对案涉机动车作出具体行政行为，守某公司认为原判决不完整，主张交警支队和交警支队二大队共同承担违法责任的再审理由不能成立。

根据《道路交通事故处理程序规定》① 第二十八条"因收集证据的需要，公安机关交通管理部门可以扣留事故车辆及机动车行驶证，并开具行政强制措施凭证。扣留的车辆及机动车行驶证应当妥善保管"、第二十九条第二款"扣押期限不得超过三十日，案情重大、复杂的，经本级公安机关负责人或者上一级公安机关交通管理部门负责人批准可以延长三十日；法律、法规另有规定的除外"之规定，公安机关交通管理部门因收集证据需要，可以扣留事故车辆，扣留期限最长不得超过 60

---

① 此为 2008 年发布的《道路交通事故处理程序规定》，其已于 2017 年修订。

日。本案中，交警支队二大队在事故发生当日即 2012 年 10 月 18 日扣留了案涉机动车，并向马学某出具了《公安交通管理行政强制措施凭证》，但未向案涉机动车登记所有人送达相关强制措施凭证，后经城东区人民法院审理，马学某交通肇事罪附带民事诉讼一案判决认定守某公司为案涉车辆所有权保留人，至此交警支队二大队应当依据城东区法院生效判决对案涉车辆依法进行处理，解除强制措施。但时至今日，交警支队二大队未解除对案涉车辆的扣留并返还当事人，扣留期限已超出法律规定期限，故原审法院判决交警支队二大队超期扣留案涉机动车的行政行为违法符合法律规定。交警支队二大队扣留案涉机动车后应当对车辆进行妥善管理，怠于履行保管义务致使车辆去向不明，有违法律规定。但交警支队二大队对案涉机动车的妥善保管义务属于其行政强制扣留行为的一部分，系扣留行为附随义务，故在原审法院已经判决确认交警支队二大队超期扣留案涉机动车的行政行为违法后无需再对附随义务的合法性进行确认。因此守某公司以原审判决不完整，未判决交警支队、交警支队二大队未尽妥善管理责任的行政行为违法的再审理由不能成立，本院不予支持。

根据《最高人民法院关于审理行政赔偿案件若干问题的规定》第二十八条“当事人在提起行政诉讼的同时一并提出行政赔偿请求，或者因具体行政行为和与行使行政职权有关的其他行为侵权造成损害一并提出行政赔偿请求的，人民法院应当分别立案，根据具体情况可以合并审理，也可以单独审理”之规定，当事人可以就行政诉讼与行政赔偿请求人民法院一并立案审理。本案中，守某公司提出的行政赔偿请求涉及其他利害关系人的权利，案外人张志某作为案涉机动车的占有、使用权人，已经支付部分购车款，因此，行政赔偿审理结果对其具有利害关系，应追加为案件当事人一并审理后作出判决。原审判决以案外人张志某与守某公司之间受偿份额无法确定，告知守某公司另行起诉确有不妥。但鉴于原审法院将行政诉讼与行政赔偿并案审理，涉案当事人较多，且原审法院已经就守某公司车辆灭失赔偿请求权赋予救济途径，让其另行起诉以维护其合法权益。故本案无需提起再审，守某公司可通过直接诉请交警支队二大队行政赔偿来保障其权利。

综上，守某公司的再审申请不符合《中华人民共和国行政诉讼法》第九十一条规定的情形。依照《最高人民法院关于适用〈中华人民共和国行政诉讼法〉的解释》第一百一十六条第二款之规定，裁定如下：驳回某某县守某汽车运输有限公司的再审申请。

七、理论探讨与执法指引

公安机关目前已经基本建立起一套比较科学的执法体系，但是随着社会的进步和发展，这一体系的相关细节和内容还需要继续完善，首要的是建立警种与业务相对应的执法主体体系。公安机关依法履行经济、社会和文化事务管理职责，要由法律、法规赋予其相应的执法职权和手段，做到执法有保障、有权必有责、用权受监督、违法受追究、侵权须赔偿，违法或者不当行使职权，应当依法承担法律责任，实现权力和责任的统一。公安机关执法主要通过基层公安机关和内设机构实现，而我国关于不同公安机关及其内设机构的设置、权限等立法相对较少。《中华人民共和国人民警察法》中明确要求分工实施的事项只有第六条和第三十七条。第六条关于事权划分，规定十四项警察职责，要“按照职责分工”履行；第三十七条对经费进行原则性规定，“国家保障人民警察的经费。人民警察的经费，按照事权划分的原则，分别列入中央和地方的财政预算”。

余凌云教授根据《中华人民共和国人民警察法》条文表述的内容，特别是特定的表述方法和关键词，将其鉴别并归类如下：

(1) 属于中央事权的规定，大致有以下几种，第一，“由公安部统一监制”，比如，“人民警察的警用标志、制式服装和警械”（第三十六条）。第二，“国家统一规定”，比如，第二十四条（组织机构设置和职务序列）、第二十九条（教育培训）、第三十条（服务年限）规定的主体都是国家。第三，尽管没有采用上述表述，但是，从内容上看，属于警察的基本制度，必须遐迩一体，比如，警衔（第二十五条）、担任警察条件（第二十六条）、录用原则（第二十七条）、领导职务的任职条件（第二十八条）、督察（第四十七条）等。

(2) 属于地方事权的规定，一般明确规定“县级以上人民政府公安机关”“各级人民政府”负责实施。比如，第十五条规定的交通管制，以及第三十八条规定的基础设施建设。

(3) 属于中央与地方分享的事项，在中央统一规定下，地方可以作一定的补充，比如，奖励（第三十一条）、工资待遇（第四十条）、抚恤（第四十一条）都属于给付行政，中央宜规定最低标准与事项，允许地方根据财政实际情况提高标准、增添事项。又比如，警察的权限（第七条至第十四条、第十六条），根据《公安机关办理行政案件程序规定》《公安机关办理刑事案件程序规定》关于管辖的规定，除了一般管辖和特殊管辖之外，上级公安机关“认为有必要的”，可以直接办理下级公安机关管辖的案件。因此，在办理行政或者刑事案件时，允许各级公安机关依法使用有关的警察权限。

《公安机关组织管理条例》按照同样的识别方法，可以选剔和归类如下：

(1)《公安机关组织管理条例》通过以下几种表述进一步明确中央事权，一是“按照国家规定执行”“符合国家规定”，有关规定的内容应当属于中央事权，包括：警务技术职务的设置（第十三条）、任职资格条件（第十六条）、工资待遇（第三十五条）、保险（第三十六条）、抚恤和优待（第三十七条）、工时制度和休假制度（第三十八条）、退休（第三十九条、第四十条）。二是“由国务院另行规定”，比如，职务与级别的对应关系（第十五条）。三是国家行政编制，包括第十九条、第二十条、第二十一条。四是国家荣誉，比如，“拟以国务院名义授予荣誉称号的”（第三十二条）。五是需要全国统一的制度，比如，考试录用（第二十四条）、处分（第三十三条）、申诉（第三十四条）。

(2) 属于地方事权的，通常规定为地方公安机关的权限，比如，政治委员、教导员、指导员等警官职务的设置（第十一条）、任免（第十八条）。

(3) 按照“国家规定”或者经过上级批准，分级实施，属于共同事权，比如，公安分局、派出所、内设机构的设立、撤销（第六条、第八条）；经上级批准，对技术性、辅助性岗位的聘任（第二十二条）；警察录用工作（第二十五条）。①

《中华人民共和国地方各级人民代表大会和地方各级人民政府组织法》《中华人民共和国人民警察法》均未对内设机构设置作出直接明确规定，实践中各地公安机关和其他警察机关的内设机构名称、数量和规格等没有统一的规范和标准，与警察机关正规化、规范化建设的要求不相适应，也使得警察队伍建设中的一些问题难以从根本上得到解决。《公安机关组织管理条例》规定，我国县级以上地方人民政府公安机关和公安分局内设机构分为综合管理机构和执法勤务机构。但对于内设机构的名称、数量、划分标准均未进行具体规定。为了实现职能的科学配置，有必要进一步规范公安机关内设机构设置，优化基层警力资源，推动警力下沉，逐步建立职能、机构、序列和称谓规范统一，职责权限一致的公安机关内设机构。

第二节 公安机关有权根据管理需要改变行政案件的地域管辖

一、基础知识

根据《公安机关办理行政案件程序规定》② 相关规定，公安机关办理行政案件由违法行为地的公安机关管辖，但是针对或者利用网络实施的违法行为、在行驶中的交通工具上的行为和几个公安机关都有管辖权的行政案件都有分别规定。其第十

① 余凌云：《警察权的央地划分》，载《法学评论》2019 年第 4 期。

② 《公安机关办理行政案件程序规定》，载中国政府网，http://www.gov.cn/jrzg/2013-01/04/content_2304714.htm，最后访问时间：2022 年 3 月 26 日。

条规定，行政案件由违法行为地的公安机关管辖。由违法行为人居住地公安机关管辖更为适宜的，可以由违法行为人居住地公安机关管辖，但是涉及卖淫、嫖娼、赌博、毒品的案件除外。违法行为地包括违法行为发生地和违法结果发生地。违法行为发生地，包括违法行为的实施地以及开始地、途经地、结束地等与违法行为有关的地点；违法行为有连续、持续或者继续状态的，违法行为连续、持续或者继续实施的地方都属于违法行为发生地。违法结果发生地，包括违法对象被侵害地、违法所得的实际取得地、藏匿地、转移地、使用地、销售地。居住地包括户籍所在地、经常居住地。经常居住地是指公民离开户籍所在地最后连续居住一年以上的地方，但在医院住院就医的除外。移交违法行为人居住地公安机关管辖的行政案件，违法行为地公安机关在移交前应当及时收集证据，并配合违法行为人居住地公安机关开展调查取证工作。第十一条规定，针对或者利用网络实施的违法行为，用于实施违法行为的网站服务器所在地、网络接入地以及网站建立者或者管理者所在地，被侵害的网络及其运营者所在地，违法过程中违法行为人、被侵害人使用的网络及其运营者所在地，被侵害人被侵害时所在地，以及被侵害人财产遭受损失地公安机关可以管辖。第十二条规定，行驶中的客车上发生的行政案件，由案发后客车最初停靠地公安机关管辖；必要时，始发地、途经地、到达地公安机关也可以管辖。第十四条规定，几个公安机关都有权管辖的行政案件，由最初受理的公安机关管辖。必要时，可以由主要违法行为地公安机关管辖。

《公安机关办理刑事案件程序规定》① 第十五条规定，刑事案件由犯罪地的公安机关管辖。如果由犯罪嫌疑人居住地的公安机关管辖更为适宜的，可以由犯罪嫌疑人居住地的公安机关管辖。法律、司法解释或者其他规范性文件对有关犯罪案件的管辖作出特别规定的，从其规定。第十七条规定，针对或者主要利用计算机网络实施的犯罪，用于实施犯罪行为的网络服务使用的服务器所在地，网络服务提供者所在地，被侵害的网络信息系统及其管理者所在地，以及犯罪过程中犯罪嫌疑人、被害人使用的网络信息系统所在地，被害人被侵害时所在地和被害人财产遭受损失地公安机关可以管辖。第十八条规定，行驶中的交通工具上发生的刑事案件，由交通工具最初停靠地公安机关管辖；必要时，交通工具始发地、途经地、目的地公安机关也可以管辖。

---

① 《公安机关办理刑事案件程序规定》，载公安部网站，https：//app. mps. gov. cn/gdnps/pc/content. jsp? id=8279338，最后访问时间：2022 年 3 月 26 日。

《中华人民共和国行政处罚法》第四十四条规定，行政机关在作出行政处罚决定之前，应当告知当事人拟作出的行政处罚内容及事实、理由、依据，并告知当事人依法享有的陈述、申辩、要求听证等权利。第四十五条规定，当事人有权进行陈述和申辩。行政机关必须充分听取当事人的意见，对当事人提出的事实、理由和证据，应当进行复核；当事人提出的事实、理由或者证据成立的，行政机关应当采纳。行政机关不得因当事人陈述、申辩而给予更重的处罚。第六十二条规定，行政机关及其执法人员在作出行政处罚决定之前，未依照本法第四十四条、第四十五条的规定向当事人告知拟作出的行政处罚内容及事实、理由、依据，或者拒绝听取当事人的陈述、申辩，不得作出行政处罚决定；当事人明确放弃陈述或者申辩权利的除外。

二、案件来源

陈某甲、陈某乙妨害公务，陈某乙开设赌场案①

三、主要案情

某市人民检察院以洪检公诉刑诉（2015）177号起诉书指控被告人陈某甲犯妨害公务罪、被告人陈某乙犯开设赌场罪和妨害公务罪，于2015年10月22日提起公诉。法院依法组成合议庭，三次公开开庭审理了本案。某市人民检察院指派检察员邹晓某出庭支持公诉，被告人陈某甲及其辩护人李银某、王运某，被告人陈某乙及其辩护人周汉某到庭参加诉讼。现已审理终结。

某市人民检察院指控，2014年2月13日晚，被告人陈某乙与李某在某县某镇某保洁餐具消毒厂内开设赌场，聚众赌博。其安排白某甲、白某乙、陈某兵、赵某等人放哨，高某、刘某申甲在场内帮忙。

当晚，某市公安局民警将该赌场查获，并控制住参赌人员，收缴赌资。在此过程中。被告人陈某乙等人抢走赌资40余万元，打伤多名警察，其中5人经鉴定为轻微伤。

某市人民检察院当庭出示了书证、物证、证人证言、鉴定意见、辨认笔录、现场勘验笔录及照片、被告人供述和辩解等相关证据。公诉机关认为，被告人陈某乙以营利为目的，开设赌场，其行为触犯了《中华人民共和国刑法》第三百零三条规定，应以开设赌场罪追究其刑事责任。被告人陈某甲、陈某乙以暴力、威胁阻碍公安机关执法，其行为触犯了《中华人民共和国刑法》第二百七十七条规定，应以妨

① 湖北省洪湖市人民法院（2015）鄂洪湖刑初字第00197号刑事判决书。

害公务罪追究其刑事责任。被告人陈某甲、陈某乙投案自首，应当适用《中华人民共和国刑法》第六十七条第一款规定。根据《中华人民共和国刑事诉讼法》第一百七十二条之规定，提起公诉，请依法判处。

被告人陈某甲辩称：我对起诉书指控犯罪事实没有异议，请求从轻处罚。

辩护人王某某、李某某的辩解意见一致，均称：公诉机关指控被告人陈某甲犯妨害公务罪，因其妨害公务行为较轻，不构成妨害公务罪。理由如下：

1. 该案不宜由某市公安局侦办。某市公安局及执法人员在该案中处于受害人地位，不应当由某市公安局侦办，由此导致执行公务的人员作为证人在作证的过程中没有用客观语言描述案情。

2. 某市公安局执行公务行为不合法。根据地域管辖原则，某市公安局异地抓赌应由上级公安机关统一行动或与当地公安机关联合行动，否则，某市公安局就是越权执行公务。本案中没有证据证明某市公安局执行公务合法。（下略）

四、案件核心

本案中某市公安局民警的行为是否违反了公安机关有关地域管辖的规定；某市公安局民警的执法程序是否合法；违反公安机关的地域管辖规定，是否能够否认警察执法的合法性。

五、裁判过程与结果

法院认为，被告人陈某乙以营利为目的，开设赌场，事实清楚，证据确实、充分，其行为构成开设赌场罪。被告人陈某甲、陈某乙以暴力、威胁手段阻碍公安机关执法，犯罪事实清楚，证据确实、充分，两名被告人的行为均构成妨害公务罪。公诉机关指控罪名成立。

关于被告人陈某甲的辩护人认为某市公安局执行公务行为不合法、案件也不应由某市公安局侦办以及被告人陈某甲没有以暴力手段妨害公务，不构成妨害公务罪的辩护意见。

经查，被告人陈某甲在警察收缴赌资过程中，跳到赌桌上威胁警察不准收缴赌资，当警察准备将其控制时，还与警察对打，暴力抗法。该事实既有现场执行公务的警察证言证实，亦有当时的参赌人员及同案犯的证言证实，他们的证言证实的事实基本一致，能够相互印证。另外，惩治违法犯罪行为是公安机关的重要职责之一，某市公安局知晓被告人陈某乙开设赌场、聚众赌博的违法行为后，迅速予以查处，是履行法定职责。公安机关的地域管辖规定，只是内部的管理分工，不能以此为由否认警察执法的合法性。同时，该案件由甲市公安局指定某市公安局侦办，某市公安局依法对现场的执法警察调查取证，现场执法警察的证言合法有效。故而，对于被告人陈某甲辩护人的辩护意见本院不予采纳。

六、理论探讨与执法指引

《中华人民共和国行政处罚法》第四章规定了行政处罚的管辖和适用，该法关于管辖的规定具有以下三点积极意义。

1. 有利于充分行使行政处罚权。在我国，按照横向和纵向方式划分上下级和同级行政区域，各行政机关在自己负责的辖区内行使行政事务管辖权。在各省、自治区、直辖市区域内，县级以上公安机关的设置与行政区划一致，依行政区划设立相应级别的公安机关。因此，公安机关只有对发生在本辖区内的违法案件，才能行使管辖权。也就是说，违法行为发生在哪一个公安机关的管辖区域，该地的公安机关就有权也有责任对违法行为进行查处。这也是我国行政机关各司其职、各负其责、权责一致的行政管理体制所要求的。

2. 有利于及时查处违法行为。在对违法行为进行查处的过程中，一项重要的工作是查明案件事实。查明案件事实，需要及时收集与案件有关的物证、书证等证据，需要检查现场、询问当事人，掌握与违法行为有关的一切情况。这一切只有违法行为发生地的执法机关才有条件迅速彻底地办到、办好。违法行为发生地以外的执法机关远赴异地办案容易时过境迁，不仅会因难以查明案件事实而贻误办案时机，而且也不利于降低行政成本。

3. 有利于消除违法行为造成的不良社会后果。对违法行为实施行政处罚，不是为了处罚而处罚。对违法行为及时查处，旨在“通过一案教育一片”，责成违法行为人停止违法行为的同时，教育其自觉守法。违法行为发生地的公安机关对当地市场和经营户的情况最为熟悉。由违法行为发生地的公安机关对违法行为实施行政处罚不仅有利于合法行政，还有利于合理行政，有利于做到紧密联系执法实际，准确、有力地打击违法行为，防止违法行为的危害扩散蔓延。

不过，执法实践中对“违法行为发生地”的理解存在争议。目前，不论是行政机关，还是司法机关，一般均从广义上理解和适用有关违法行为发生地的规定，即违法行为地包括违法行为着手地、实施地、经过地、结果地。这种理解和适用，涵盖了违法行为人实施违法行为在各个阶段所经过的各个空间，有利于案件的查处，避免违法行为不能得到及时惩治现象的发生。然而，这种理解和适用也导致地域管辖具有复杂性和多重性。例如，某个制售假酒的违法行为人，在甲地制造假酒，到乙地销售，其间经过丙、丁两地。依照上述理解和适用，甲、乙、丙、丁四地均可为违法行为发生地，四地的公安机关对这一案件均有管辖权。对此，实践中采取

“谁先发现、谁查处”的办法是可行的。

对于非法利用网络信息中的“违法犯罪”而言，“违法犯罪”是否包括违法行为？对于发布招嫖信息、制售管制刀具、“驾照消分”等一般违法信息，是由公安机关给予行政处罚还是以犯罪论处？不能过于扩大非法利用信息网络罪的处罚范围，应将“违法犯罪”限定为与条文明文列举的诈骗、传授犯罪方法、制售违禁物品、管制物品行为的法益侵害性相当、与犯罪有关的或者具有侵害重大公共利益危险的活动，而将实施或发布与犯罪无关的一般违法活动或信息排除犯罪之外。

第一，设立用于实施违法犯罪活动的网站、通信群组。从司法实践中的诸多典型判例可以看出，行为人构成非法利用信息网络罪，并非因为其设立了用于实施违法犯罪活动的网站、通信群组，而是因为本人或者他人利用其所设立的网络、通信群组发布了违法犯罪信息或者实施了诈骗、侵犯公民个人信息等具体违法犯罪活动。可以认为，单纯地为实施违法犯罪活动设立网站、通信群组，只是非法利用信息网络罪的预备行为，而轻罪的预备行为通常是无需处罚的。只有本人或者他人利用其所设立的网站、通信群组实施了发布违法犯罪信息或者实施了其他具体违法犯罪活动，才需以非法利用信息网络罪定罪处罚。

第二，发布违法犯罪信息。司法实践中利用信息网络发布违法犯罪信息的案件，能否以非法利用信息网络罪定罪量刑，取决于行为人是否进一步实施了相关的犯罪行为。由于利用信息网络通常只是贩卖毒品、非法经营等犯罪的手段，行为人利用信息网络发布违法犯罪信息后进而实施了贩卖毒品、非法经营等犯罪活动的，通常应以法定刑相对较重的具体犯罪定罪处罚。但是，当行为人利用信息网络发布违法犯罪信息，在本人或者他人没有进一步实施贩卖毒品等犯罪活动，或者实施了但达不到相应犯罪的罪量要求，或者虽然同时构成贩卖毒品等犯罪，但按照贩卖毒品等犯罪处罚更轻，还是有单独以非法利用信息网络罪进行评价的余地。除此之外，司法实践中发布招嫖信息的行为，看似只是一般违法活动，但由于发布招嫖信息通常系组织卖淫的手段，或者属于协助组织卖淫、介绍卖淫行为。对于利用信息网络发布招嫖信息的，在成立非法利用信息网络罪的同时，还可能成立组织卖淫罪、协助组织卖淫罪、介绍卖淫罪。

第三节　公安机关与其他行政机关在不同执法场景中的角色与作用

一、基础知识

《公安机关组织管理条例》[①] 第七条规定，县级以上地方人民政府公安机关和公安分局内设机构分为综合管理机构和执法勤务机构。执法勤务机构实行队建制，称为总队、支队、大队、中队。第八条规定，县级以上地方人民政府公安机关和公安分局内设机构的设立、撤销，按照国家规定的权限和程序审批。

《中华人民共和国反恐怖主义法》第二十八条第一款、第二款规定，公安机关和有关部门对宣扬极端主义，利用极端主义危害公共安全、扰乱公共秩序、侵犯人身财产、妨害社会管理的，应当及时予以制止，依法追究法律责任。公安机关发现极端主义活动的，应当责令立即停止，将有关人员强行带离现场并登记身份信息，对有关物品、资料予以收缴，对非法活动场所予以查封。

《中华人民共和国人民警察法》第八条规定，公安机关的人民警察对严重危害社会治安秩序或者威胁公共安全的人员，可以强行带离现场、依法予以拘留或者采取法律规定的其他措施。也就是说，公安机关有对违反治安管理行为进行处理的法定职责，人民警察有权对严重危害社会治安秩序或者威胁公共安全的人员实施强行带离等措施。

《中华人民共和国治安管理处罚法》第二十四条规定，有下列行为之一，扰乱文化、体育等大型群众性活动秩序的，处警告或者二百元以下罚款；情节严重的，处五日以上十日以下拘留，可以并处五百元以下罚款：（1）强行进入场内的；（2）违反规定，在场内燃放烟花爆竹或者其他物品的；（3）展示侮辱性标语、条幅等物品的；（4）围攻裁判员、运动员或者其他工作人员的；（5）向场内投掷杂物，不听制止的；（6）扰乱大型群众性活动秩序的其他行为。因扰乱体育比赛秩序被处以拘留处罚的，可以同时责令其十二个月内不得进入体育场馆观看同类比赛；违反规定进入体育场馆的，强行带离现场。第七条第一款规定，国务院公安部门负责全国的治安管理工作，县级以上地方各级人民政府公安机关负责本行政区域内的治安管理工作。

《中华人民共和国集会游行示威法》第二十七条规定，举行集会、游行、示威，

---

① 《公安机关组织管理条例》，载中国政府网，http：//www. gov. cn/zhengce/2020-12/27/content_5574792. htm，最后访问时间：2022 年 3 月 23 日。

有下列情形之一的，人民警察应当予以制止：（1）未依照本法规定申请或者申请未获许可的；（2）未按照主管机关许可的目的、方式、标语、口号、起止时间、地点、路线进行的；（3）在进行中出现危害公共安全或者严重破坏社会秩序情况的。有前款所列情形之一，不听制止的，人民警察现场负责人有权命令解散；拒不解散的，人民警察现场负责人有权依照国家有关规定决定采取必要手段强行驱散，并对拒不服从的人员强行带离现场或者立即予以拘留。参加集会、游行、示威的人员越过依照本法第二十二条规定设置的临时警戒线、进入本法第二十三条所列不得举行集会、游行、示威的特定场所周边一定范围或者有其他违法犯罪行为的，人民警察可以将其强行带离现场或者立即予以拘留。

《中华人民共和国行政诉讼法》第二十六条第一款规定，公民、法人或者其他组织直接向人民法院提起诉讼的，作出行政行为的行政机关是被告。

职权法定原则是行政法的基本原则，行政机关依照法律规定独立行使职权并承担相应的法律责任。对于有多个行政主体实施或参加的行政行为，在确定适格被告时，要根据作出行政行为的行政主体是否具有法定职权、在行政行为中的参与程度和具体分工、有无接受委托或指令等情形，结合相关实体法律规范进行综合判定。

《中华人民共和国公路法》第八条规定，县级以上地方人民政府交通主管部门主管本行政区域内的公路工作。

《中华人民共和国道路交通安全法》第一百零五条规定，道路施工作业或者道路出现损毁，未及时设置警示标志、未采取防护措施，或者应当设置交通信号灯、交通标志、交通标线而没有设置或者应当及时变更交通信号灯、交通标志、交通标线而没有及时变更，致使通行的人员、车辆及其他财产遭受损失的，负有相关职责的单位应当依法承担赔偿责任。

二、案件来源

彭某雄、李某珍诉甲省乙市人民政府、甲省乙市公安局丙分局（以下简称丙公安分局）行政强制及行政赔偿案①

三、主要案情

甲省乙市中级人民法院一审查明，因某高速公路乙收费站车道改扩建项目的需要，甲省人民政府以（2014）政国土字第1887号《农用地转用、土地征收审批单》批准乙市国土资源局征收乙经济技术开发区甲乡乙村、丙村、丁村、戊村部分集体

① 最高人民法院（2019）最高法行再29、30号行政判决书。

土地的申请，随后乙市政府、乙市国土资源局据此开展相关土地征收工作。2014年10月21日，乙市政府发布岳土公字（2014）07号《征收土地公告》；2014年12月4日，乙市国土资源局发布岳国土征补（2014）01号《征收补偿安置方案公告》。乙市江某农业科技开发有限公司（以下简称江某公司）自2006年起在某某乡某村租赁土地及鱼塘用于葡萄种植及休闲垂钓经营，租赁期限20年，其部分葡萄园、鱼池、水泥坪地、生产辅助用房及零星树木在拆迁红线范围内，系本次征地应当拆除的对象。

2015年3月12日，乙收费站车道改扩建项目指挥部（以下简称指挥部）根据征地过程中与各村村委会、村民代表及其他被拆迁对象开会讨论的结果，委托甲公众资产评估有限公司对《乙市集体土地征收与房屋拆迁安置办法》名录外的拆迁项目进行了资产评估，乙市国土资源局适用湘政函（2014）113号《甲省人民政府关于〈乙市集体土地征收与房屋拆迁安置办法〉的批复》进行核算并累加前述评估结论，核定江某公司地上附着物拆迁补偿款总计1029145元。此后乙市国土资源局与江某公司法定代表人彭某进行多次协商沟通，因彭某坚持要求对征收红线外的建筑及经营设施予以一并补偿，双方未能达成一致意见。2015年6月11日，指挥部通知彭某领款未果后将款项提存于某某乡某村村委会；2015年8月6日，乙市国土资源局对江某公司进行腾地告知；2015年8月24日，乙市国土资源局对江某公司作出岳国土资腾字（2015）第K01号《限期腾地决定书》，要求江某公司在5日内腾出土地。江某公司不服向甲省国土资源厅申请行政复议。复议期间，乙市政府于2015年9月30日组织相关工作人员现场施工，强行拆除江某公司位于车道改扩建项目红线范围内的生产辅助用房、零星树木、水泥坪地、葡萄园内种植葡萄的设施设备等。彭某雄、李某珍对于乙市政府组织实施的强拆行为不服，在现场阻止强拆行为进行，但未实施过激行为。丙公安分局对于彭某雄、李某珍采取强制带离现场的行政强制行为，未使用暴力。在带离现场过程中，造成彭某雄、李某珍身体不适，经送医院抢救治疗，至2016年3月4日治疗结束。彭某雄共产生医疗费43641.66元，其中5000元由乙市政府垫付，住院期间由白某葵护理；李某珍共产生医疗费38716.1元，住院期间由张某蛾护理。2016年9月18日，彭某雄、李某珍提起行政诉讼，请求确认乙市政府、丙公安分局于2015年9月30日对彭某雄、李某珍实施的行政强制行为违法；由乙市政府、丙公安分局赔偿彭某雄195407元、赔偿李某珍190482元。

另查明，江某公司因要求确认乙市政府、丙公安分局于2015年9月30日作出的行政强制行为违法并申请行政赔偿，于2016年6月14日向乙市中级人民法院提起行政诉讼，该案经过二审终审，确认乙市政府于2015年9月30日强制拆除江某公司部分葡萄园、钓鱼池和停车场的行政行为违法。

甲省乙市中级人民法院（2016）湘06行初75号、74号行政判决认为，两案争议的焦点为：一、彭某雄、李某珍的起诉是否超过法定期限；二、彭某雄、李某珍的主体身份是否适格；三、丙公安分局的主体身份是否适格；四、乙市政府与丙公安分局对彭某雄、李某珍实施的行政强制行为是否违法；五、赔偿责任的承担主体；六、赔偿数额如何认定。

关于起诉期限问题。本案具体行政行为作出时，被告未告知原告起诉期限，起诉期限应从公民知道或者应当知道诉权或者起诉期限之日起计算，但从知道或者应当知道具体行政行为内容之日起最长不得超过二年。彭某雄、李某珍起诉在被诉行政行为发生之日起二年以内，未超过起诉期限。乙市政府与丙公安分局关于起诉期限的抗辩不能成立。

关于彭某雄、李某珍的主体身份问题。彭某雄、李某珍虽不是强制拆除的对象，但其是强制带离现场行政强制措施的相对人，其与针对其实施的行政行为之间有法律上的利害关系，现彭某雄、李某珍依法对该行为的合法性提起诉讼，主体适格。乙市政府以彭某雄、李某珍不是被强拆主体为由认为彭某雄、李某珍不是本案适格主体的理由不能成立。

关于丙公安分局主体身份问题。在对江某公司部分设施设备强行拆除过程中，丙公安分局履行现场维护秩序的职责虽然是接受乙市政府指令，但在此过程中，丙公安分局以确保现场秩序为由，强制将彭某雄、李某珍带离现场的行政行为也应当受到监督。现彭某雄、李某珍认为该项行政强制措施违法并提起行政诉讼，丙公安分局作为具体实施该行为的行政机关，系本案适格被告。丙公安分局关于其不是本案适格被告的抗辩理由不能成立。

关于乙市政府与丙公安分局对彭某雄、李某珍实施的行政强制行为的合法性，此次强制拆除行为已经行政判决终审确认为违法。丙公安分局为保障现场秩序，将彭某雄、李某珍强制带离现场的行为系该局执行乙市政府指令的行为，因该项指令被确认违法，导致强制带离行为也构成违法。彭某雄、李某珍主张乙市政府与丙公安分局实施的行政强制行为违法的理由成立。

关于赔偿责任的承担主体。本案中，虽然对彭某雄、李某珍具体实施强制带离行为的是丙公安分局，但该局作出的强制带离行为是为执行上级部门乙市政府的指令，所采取的行政强制行为的法律后果应当由对其发布指令的乙市政府负责。

关于赔偿数额的认定。根据现有证据显示，丙公安分局在对彭某雄实施行政强制措施过程中虽未采取激烈的方式，但彭某雄本身患有隐源性肝硬化、肝腹水、冠心病、慢性阻塞性肺疾病等重大疾病，在遭受外力强制刺激的情况下，其被送往医院医治，医院出具的临床诊断证明：患者病情危重，并且病情有可能进一步恶化，随时会出现一种或多种危及生命的并发症。根据以上事实，可以认定彭某雄在医院内科治疗及住院至2016年3月4日的损害后果与丙公安分局实施的行政强制行为之间具有因果关系。彭某雄的经济损失计算如下：一、医疗费43641.66元。二、误工费，依照《中华人民共和国国家赔偿法》第三十四条第一项的规定，按国家上一年度职工日平均工资242.3元计算，242.3×156=37798.8元。三、护理费，彭某雄住院期间由白某葵护理，彭某雄提出白某葵系江某公司职工，但没有提交证据证实，一审法院对于护理费标准比照2015年居民服务业的工资标准计算，42494÷365×156=18161.8元。四、精神损害赔偿金的获赔标准应是违法行政行为对行政相对人的精神造成严重损害后果，本案行政行为的违法程度未达到上述标准，对于彭某雄的该项诉讼请求，不予支持。彭某雄的以上经济损失共计99602.26元，减除乙市政府已代为支付的医疗费5000元，其余94602.26元应由乙市政府赔偿。

根据现有证据显示，丙公安分局在对李某珍实施行政强制措施过程中虽未采取激烈的方式，但是鉴于李某珍年老体弱，在遭受外力强制刺激的情况下，可以认定李某珍在医院内科治疗及住院至2016年3月4日的损害后果与被告实施的行政强制行为之间具有因果关系。李某珍的经济损失计算如下：一、医疗费38716.1元。二、误工费，依照《中华人民共和国国家赔偿法》第三十四条第一项的规定，按国家上一年度职工日平均工资242.3元计算，242.3×156=37798.8元。三、护理费，李某珍住院期间由张某蛾护理，李某珍提出张某蛾系江某公司职工，但没有提交证据证实，一审对于护理费标准比照2015年居民服务业的工资标准计算，42494÷365×156=18161.8元。四、精神损害赔偿金的获赔标准应是违法行政行为对行政相对人的精神造成严重损害后果，本案行政行为的违法程度未达到上述标准，对于李某珍的该项诉讼请求，不予支持。李某珍的以上经济损失共计94676.7元，应由乙市政府赔偿。

综上，依照《中华人民共和国行政诉讼法》第七十四条第二款第一项、第七十六条，《中华人民共和国国家赔偿法》第二条第一款、第三条第一、五项、第三十四条第一项规定分别判决确认乙市政府、丙公安分局于2015年9月30日对彭某雄、李某珍实施的行政强制措施违法；由乙市政府于判决生效后十日内赔偿彭某雄94602.26元、赔偿李某珍94676.7元；驳回彭某雄、李某珍的其他诉讼请求。彭某雄及李某珍、乙市政府、丙公安分局均不服一审判决，提起上诉。

甲省高级人民法院二审另查明，2015年9月30日，乙市政府召开会议，要求当日下午对涉案项目进行强制施工，其中要求乙市交通局负责现场指挥，丙公安分局负责维护现场秩序，某某乡政府负责做好思想劝导和维稳工作，施工单位负责强制施工。

甲省高级人民法院（2017）湘行终719号、723号行政判决认为，2015年9月30日，乙市政府在组织实施涉案强制拆除行为时，通知多个单位参与，该各被通知参加单位按照乙市政府的指令，在该强制拆除行动过程中所实施的相关行为的法律后果，依法应由乙市政府承担。因此，丙公安分局不是本案的适格被告，彭某雄、李某珍对丙公安分局的起诉，依法应予驳回。

乙市政府组织实施的涉案行政强制拆除行为，包括对被征收项目的强制和对拒不离场留守人员的人身强制两个方面。彭某雄、李某珍因该行政强制拆除行为受到人身损害而提起诉讼，一审法院依法受理后，经审理认为该行政强制拆除行为中的人身强制行为违法，并就此进行裁判，处理得当。乙市政府上诉称彭某雄、李某珍所诉的行政行为系行政强制拆除行为，一审判决确认强制带离行为违法属于判非所诉，其不是本案适格被告的上诉理由，不能成立。

涉案强制拆除行为已被人民法院生效判决确认违法，乙市政府因违法组织实施该强制拆除行为而造成彭某雄、李某珍人身损害后，依法应当承担相应的行政赔偿责任。《中华人民共和国国家赔偿法》第三十四条第一款第一项规定："造成身体伤害的，应当支付医疗费、护理费，以及赔偿因误工减少的收入。减少的收入每日的赔偿金按照国家上年度职工日平均工资计算，最高额为国家上年度职工年平均工资的五倍。"因该规定并未对受害人"因误工减少的收入"设定年龄限制，乙市政府上诉主张彭某雄、李某珍不应获得误工收入损失赔偿的理由，没有法律依据。

《中华人民共和国国家赔偿法》第三十五条规定："有本法第三条或者第十七条规定情形之一，致人精神损害的，应当在侵权行为影响的范围内，为受害人消除影响，恢复名誉，赔礼道歉；造成严重后果的，应当支付相应的精神损害抚慰金。"本案中，彭某雄、李某珍没有提供证据证明涉案强制拆除行为致使其精神损害并造成严重后果，故彭某雄、李某珍请求乙市政府对其进行精神损害赔偿的诉求，没有事实和法律依据。

综上所述，彭某雄及李某珍、乙市政府的上诉理由不能成立，不予支持；丙公安分局的上诉理由部分成立，对其成立部分，予以支持。一审认定事实清楚，但部分法律适用错误、部分处理结果不当，依法应予纠正。根据《中华人民共和国行政诉讼法》第八十九条第一款第一、二项的规定，分别判决驳回彭某雄、李某珍对丙公安分局的起诉；维持甲省乙市中级人民法院（2016）湘06行初75号、74号行政判决的第二、三项；变更甲省乙市中级人民法院（2016）湘06行初75号、74号行政判决的第一项为：确认乙市政府于2015年9月30日对彭某雄、李某珍实施的行政强制行为违法。

乙市政府申请再审称，1. 强制拆除与人身强制属于不同的行政行为，强制拆除行为仅限于对被征收项目的强制拆除行为，不包括对拒不离场留守人员的人身强制。乙市政府并未指令丙公安分局实施强制带离行为，其行为系依法定职权做出。即使存在指令，也是指令其维护现场秩序。故乙市政府并非行政强制带离行为的实施主体和责任主体，并非本案适格被告。丙公安分局以自己的名义实施强制带离行为，由此产生的法律责任应由其独立承担。2. 一、二审判决对于损害结果部分，认定事实不清。丙公安分局在实施强行带离行为过程中未采取暴力等激烈方式，且彭某雄、李某珍的治疗项目为内科，由此产生的医疗费与强行带离行为无关；彭某雄、李某珍年事已高，亦无证据显示仍在编在岗工作，不应有误工费；无证据显示住院时间和护理费支出。综上，请求撤销二审判决，驳回彭某雄、李某珍对乙市政府的起诉。

彭某雄、李某珍共同答辩称，因案涉征收补偿未到位，江某公司拒不腾地诉求正当、合理、合法。乙市政府征收过程不合法，动用公安民警采取暴力方式强制征地拆除，造成严重后果，应当承担法律责任和赔偿责任，并追究相关负责人的责任。根据《中华人民共和国国家赔偿法》第三十四条第一款第一项的规定，造成身体伤害的，应当赔偿因误工减少的收入，减少的收入每日的赔偿金按照国家上年度职工日平均工资计算，最高额为国家上年度职工年平均工资的五倍。一、二审判定彭某雄、李某珍误工费均为 37798.8 元，按照最高额 5 倍计算应为 188994 元，请求法院另行调整各增加误工费 151195.2 元。综上，请求查明事实真相，依法裁判。

丙公安分局陈述称，该局并未实际参与、实施乙市政府主导的拆迁工作，二审判决事实认定清楚，适用法律正确。从《情况说明》的内容来看，丙公安分局系应上级单位乙市政府的要求在强拆当天负责派员到现场维护秩序，属于履行法定职责的行为。行政相对人在现场阻工，丙公安分局出于依法履职的必要对其实施强制带离行为，带离过程中并未与对方发生暴力冲突，亦未违法使用武器、警械，没有超过执法的必要限度，行政相对人并未因该局的强制带离行为受到损害。二审已查明系乙市政府主导的强制拆除行为违法，由强拆行为引发的相关行为被认定违法，应当由乙市政府承担相应法律责任，丙公安分局不应承担强拆行为所导致的法律后果。请求维持二审判决。

本院另查明，彭某雄、李某珍在庭审中自认 2015 年 9 月 30 日在现场被救护车送至乙市第三人民医院。彭某雄于 2015 年 9 月 30 日 15 时 59 分入院接受治疗，于 2016 年 3 月 4 日 10 时出院。彭某雄的入院记录显示，体格检查“脊柱四肢无畸形，活动自如”，入院诊断为隐源性肝硬化、冠心病、慢性阻塞性肺疾病等内科、慢性疾病；彭某雄的接收记录显示，彭某雄诊疗计划为“内科护理常规、完善检查等”。

李某珍于2015年9月30日16时03分入院接受治疗，于2016年3月4日10时出院。李某珍的入院记录显示，体格检查“脊柱四肢无畸形，活动自如”，入院诊断为糖尿病等内科、慢性疾病；李某珍的接收记录显示，李某珍诊疗计划为“内科护理常规、完善检查等”。

再查明，江某公司诉乙市政府、丙公安分局行政强制及行政赔偿一案，甲省高级人民法院于2017年3月14日作出（2016）湘行终1460号行政判决。该判决载明经一、二审法院审理查明的事实包括：“乙市政府于2015年9月30日组织相关工作人员现场施工强行拆除了江某公司位于车道改扩建项目红线范围内的生产辅助用房、零星树木、水泥坪地、葡萄园内种植葡萄的设施设备等，强拆过程中还造成江某公司饲养的部分土鸡遗失。当日，丙公安分局一直在现场维护秩序，未具体实施强拆行为。”一、二审均认为丙公安分局在强拆当天派员到现场维护秩序是其履行法定职责的行为，不是强拆的实施主体，江某公司主张丙公安分局应当承担法律责任的理由不能成立，判决驳回该公司要求确认丙公安分局强拆行为违法及赔偿的诉讼请求。

四、案件核心

结合当事人在一、二审及再审过程中的诉辩意见，两案争议的焦点问题主要有二：一是是否存在对彭某某、李某某的强行带离行为；二是彭某某、李某某的赔偿请求有无事实根据和法律依据。

五、裁判过程与结果

（一）关于是否存在对彭某雄、李某珍的强行带离行为问题

《中华人民共和国行政诉讼法》第二十六条第一款规定，公民、法人或者其他组织直接向人民法院提起诉讼的，作出行政行为的行政机关是被告。职权法定原则是行政法的基本原则，行政机关依照法律规定独立行使职权并承担相应的法律责任。对于有多个行政主体实施或参加的行政行为，在确定适格被告时，要根据作出行政行为的行政主体是否具有法定职权、在行政行为中的参与程度和具体分工、有无接受委托或指令等情形，结合相关实体法律规范进行综合判定。《中华人民共和国治安管理处罚法》第七条第一款规定，国务院公安部门负责全国的治安管理工作，县级以上地方各级人民政府公安机关负责本行政区域内的治安管理工作。《中华人民共和国人民警察法》第八条规定，公安机关的人民警察对严重危害社会治安秩序或者威胁公共安全的人员，可以强行带离现场、依法予以拘留或者采取法律规定的其他措施。也就是说，公安机关有对违反治安管理行为进行处理的法定职责，

人民警察有权对严重危害社会治安秩序或者威胁公共安全的人员实施强行带离等措施。

彭某雄、李某珍起诉要求确认乙市政府、丙公安分局于2015年9月30日对彭某雄、李某珍实施的行政强制行为违法，实质上是要求确认行政机关对拒不离场留守人员实施的强行带离行为违法。本案中，江某公司位于丙公安分局辖区范围内，在乙市政府组织对江某公司的强拆行为时，丙公安分局具有在现场维持秩序并依法采取相应强制措施的法定职权。乙市政府在强拆前做出“丙公安分局负责现场维护秩序”的工作布置，亦符合职权法定原则，且现有在案证据不能证实乙市政府对丙公安分局下达过强行带离的具体指令。根据“谁行为，谁为被告；行为者，能为处分”的法定主体原则，设若被诉的强行带离行为确实存在，适格被告也应当是丙公安分局，而非乙市政府。一审关于将被征收人强制带离现场的行为系丙公安分局执行乙市政府指令的行为的认定，缺乏事实根据，认定事实不清，应予纠正。二审则认为乙市政府组织实施的行政强制拆除行为包括对被征收项目的强制和对拒不离场留守人员的人身强制两个方面，亦属适用法律错误、认定事实不清，本院予以纠正。虽然已有生效判决确认乙市政府于2015年9月30日实施的强制拆除行为违法，但一、二审没有结合本案被诉带离行为的职权依据、事实根据和程序要件等进行合法性全面审查，而是简单依据另案的违法事实认定丙公安分局实施了强行带离行为且该行为亦属违法，缺乏事实根据和法律依据，本院一并予以指正。

如前所述，应当由丙公安分局对强行带离行为承担法律责任。但是，结合各方的庭审陈述及彭某雄、李某珍的入院时间等在案证据，彭某雄、李某珍系直接从强拆现场被救护车送至医院，丙公安分局并未实施对彭某雄、李某珍的强行带离行为。一、二审均认定存在对彭某雄、李某珍的强行带离行为，属于认定事实不清，本院予以纠正。丙公安分局并非本案的适格被告，彭某雄、李某珍对丙公安分局的起诉，依法应予驳回。二审裁定驳回彭某雄、李某珍对丙公安分局的起诉，裁判理由不当，但处理结果正确，可予维持。

（二）关于彭某雄、李某珍的赔偿请求有无事实根据和法律依据问题

《中华人民共和国行政诉讼法》第四十九条第三项规定，提起诉讼应当有事实根据。《中华人民共和国国家赔偿法》第二条第一款规定，国家机关和国家机关工作人员行使职权，有本法规定的侵犯公民、法人和其他组织合法权益的情形，造成损害的，受害人有依照本法取得国家赔偿的权利。《中华人民共和国行政诉讼法》第三十八条第二款规定，在行政赔偿、补偿的案件中，原告应当对行政行为造成的损害提供证据；因被告的原因导致原告无法举证的，由被告承担举证责任。本案中，彭某雄、李某珍主张的强行带离行为不存在，乙市政府的强拆行为则已被另案

生效判决确认违法。彭某雄、李某珍在现场阻止施工，因身体不适被送医治疗。根据乙市第三人民医院出具的入院记录、体格检查等证据显示，彭某雄、李某珍的入院诊断结果均为内科及慢性疾病，没有因外力导致的身体损伤。故彭某雄、李某珍并无有效证据证明其入院治疗的疾病系由乙市政府的行政强制行为造成，其赔偿请求没有事实根据，本院对此不予支持。根据《最高人民法院关于审理行政赔偿案件若干问题的规定》第三十三条的规定，原告的请求没有事实根据或法律依据的，人民法院应当判决驳回原告的赔偿请求。一、二审均判决由乙市政府赔偿彭某雄、李某珍的医疗费、误工费、护理费等经济损失，认定事实不清，适用法律错误，应予纠正。

综上，乙市政府的再审申请符合《中华人民共和国行政诉讼法》第九十一条第三、四项规定的情形。依照《中华人民共和国行政诉讼法》第六十九条规定，判决如下：

一、维持甲省高级人民法院（2017）湘行终719、723号行政判决第一项，即驳回彭某雄、李某珍对甲省乙市公安局丙分局的起诉；

二、撤销甲省高级人民法院（2017）湘行终719、723号行政判决第二、三项；

三、撤销甲省乙市中级人民法院（2016）湘06行初75、74号行政判决；

四、驳回彭某雄、李某珍的其他诉讼请求。

两案一审案件受理费各50元、二审案件受理费各50元，由彭某雄、李某珍分别负担。

本判决为终审判决。

六、理论探讨与执法指引

警察执法权行使的目的在于维护公共秩序。当正常的公共秩序遭受破坏之时，警察对之进行维护是责无旁贷的。然而公安机关的越权执法现象仍然存在，例如对经济纠纷、房屋拆迁、越权收费问题的违规执法，就是由内部越权和外部越权综合作用的结果。警察越权执法既是超越正常权力的行为，也是没有履行法定义务的行为。

典型案例中彭某雄、李某珍起诉要求确认甲省政府、丙公安分局于2015年9月30日对彭某雄、李某珍实施的行政强制行为违法，实质上是要求确认公安机关对拒不离场留守人员实施的强行带离行为违法。该案中，江某公司位于丙公安分局辖区范围内，在甲省政府组织对江某公司的强拆行为时，丙公安分局具有在现场维持秩序并依法采取相应强制措施的法定职权。不过经过最高人民法院查明，公安机关并未实施强制带离执法行为，也就不需要对其进行审查。

第二章　警察执法辅助人员

2016年，国务院办公厅印发了《关于规范公安机关警务辅助人员管理工作的意见》（以下简称《意见》），从管理体制、岗位职责、人员招聘、管理监督、职业保障等方面，提出了规范警务辅助人员管理工作的具体措施和要求。根据该意见，警务辅助人员是根据社会治安形势发展和公安工作实际需要，面向社会招聘，为公安机关日常运转和警务活动提供辅助支持的非人民警察身份人员。

第一节　治保员协助维护治安符合公共管理属性

一、基础知识

随着《中华人民共和国村民委员会组织法》和《中华人民共和国城市居民委员会组织法》的深入贯彻执行，群众性治安防范组织得到了发展壮大。治保队伍已发展成为一支重要的群众性治安防范力量。

新时期治保工作所处的经济、治安、社会环境已发生较大变化，治安保卫委员会除设置机构、工作职责、法律地位基本相同外，已呈现出一些新的特点，这些新的特点择其要者可以概括为：一是随着改革开放的不断深入发展，其他形式的基层治保组织不断涌现和发展壮大。这一时期治安保卫委员的组织形式主要是城市街道治保会、农村治保会，内部单位治保会。二是治保工作的业务量开始大量增加，与之相适应的是治安保卫委员会的服务意识开始增强，但有偿性服务范围趋于扩大。三是治保机构的分工更加明确，层次也更加丰富。四是治保人员法治观念开始增强，其福利待遇和激励措施也有较大改变。五是治安保卫委员会的工作越发受到各级组织重视。

《治安保卫委员会暂行组织条例》① 第一条规定，为发动群众，协助人民政府

---

① 《治安保卫委员会暂行组织条例》，载中国政府网，http：//www.gov.cn/zhengce/2020-12/25/content_5573171.htm，最后访问时间：2022年3月26日。

防奸、防谍、防盗、防火，肃清反革命活动，以保卫国家和公众治安，特规定全国各城市于镇压反革命运动开展后、农村于土地改革完成后，普遍建立治安保卫委员会。第五条规定，治安保卫委员会的具体任务：(1) 密切联系群众，对群众经常进行防奸、防谍、防火、防盗与镇压反革命活动的宣传教育，以提高群众的政治警惕性。(2) 组织与领导群众协助政府、公安机关检举、监督和管制反革命分子，以严防反革命破坏活动。(3) 组织与领导群众协助政府、公安机关对反革命家属进行教育和思想改造工作，争取他们拥护政府的政策措施。(4) 发动群众共同制定防奸的爱国公约，并组织群众认真执行，以维护社会治安。

《中华人民共和国村民委员会组织法》第二条规定，村民委员会是村民自我管理、自我教育、自我服务的基层群众性自治组织，办理本村的公共事务和公益事业，协助维护社会治安。

二、案件来源

樊某惠诉某某市某某区甲公司（以下简称甲公司）、某某市乙公司（以下简称乙公司）劳动争议案①

三、主要案情

一审法院认定事实：樊某惠于2004年3月15日起便在某某村任职治保员，与乙公司、甲公司均未签订书面劳动合同，樊某惠以现金形式领取440元/月工资，2004年6月之前以现金形式领取上个月工资，2004年6月开始每月上旬甲公司以银行转账形式支付其上个月工资，没有工资条。樊某惠的最后工作日为2017年10月31日，在职期间每月休息四天，每天工作8小时；离职前十二个月平均工资为3222.33元。

2017年12月11日，樊某惠向某某市某某区劳动人事争议仲裁委员会申请劳动仲裁，要求：1. 乙公司、甲公司连带支付违法解除劳动关系的赔偿金111188元；2. 乙公司、甲公司连带支付2004年3月15日至2017年10月31日期间加班费213937.2元；3. 乙公司、甲公司连带支付2008年1月1日至2017年10月31日期间未休年假工资17457.5元；4. 乙公司、甲公司连带支付拖欠的年终奖3000元、压案奖1000元，共4000元；5. 乙公司、甲公司连带支付2016年12月1日至2017年10月31日未签订劳动合同双倍工资30580元。2018年2月22日，该委作出穗天劳人仲案〔2018〕95号仲裁裁决书，裁决：1. 甲公司支付樊某惠解除劳动关系

① 广东省高级人民法院（2020）粤民再57、58号民事判决书。

经济补偿金 45112.62 元；2. 甲公司支付樊某惠 2016 年 1 月 1 日至 2017 年 10 月 31 日期间未休年休假工资 5333.51 元；3. 甲公司支付樊某惠 2017 年度的年终奖 3000 元和压案奖 1000 元；4. 驳回樊某惠本案其他仲裁请求。双方当事人均不服该裁决，向一审法院提起诉讼。

本案劳动仲裁期间，乙公司、甲公司表示某某经联社同意支付治保员的年终奖和压案奖。本案一审审理期间，乙公司、甲公司主张其收到某某经联社通知，要求与治保员签署相关文件，治保员不签署就视为自动离职，治保员没有签，就视为双方达成一致意见解除劳动关系。

一审法院判决：（一）甲公司向樊某惠支付违法解除劳动关系赔偿金 90225.24 元，乙公司对此承担连带责任；（二）甲公司向樊某惠支付 2016 年 1 月 1 日至 2017 年 10 月 31 日期间未休年假工资 5333.51 元，乙公司对此承担连带责任；（三）甲公司向樊某惠支付 2017 年度的年终奖 3000 元和压案奖 1000 元，乙公司对此承担连带责任；（四）驳回甲公司、乙公司的诉讼请求；（五）驳回樊某惠的其他诉讼请求。

甲公司、乙公司不服一审判决，上诉请求：1. 撤销原审判决，发回重审，或改判认定乙公司、甲公司与樊某惠之间不存在劳动关系，驳回樊某惠全部诉讼请求；2. 本案一、二审的诉讼费全部由樊某惠承担。

樊某惠亦不服一审判决，上诉请求：1. 撤销原审判决第五项，改判乙公司、甲公司向樊某惠连带支付 2004 年 3 月 15 日至 2017 年 10 月 31 日期间加班费 213937.2 元；2. 变更原审判决第二项，改判乙公司、甲公司连带支付樊某惠 2008 年 1 月 1 日至 2017 年 10 月 31 日期间未休年假工资 17457.5 元；3. 维持原审判决其他判项。

二审法院查明的事实与一审判决查明事实基本一致。二审法院另查明：樊某惠为原某某村村民、某某经联社社员、股东。樊某惠在任职治保员期间遵守《某某村治保会规章制度》，该制度中明确治保队员的职责包括：宣传教育群众增强法制观念和安全防范意识，落实群众性防盗、防火、防破坏和其他治安灾害事故的防范措施；协助公安机关开展治安巡逻、安全检查、维护当地的治安秩序等。某某市公安局某某区分局某某派出所出具《情况说明》，其中载明：某某村治保会属于某某村的治安联防组织，业务上受某某派出所辅警中队指导。

二审法院又查明，甲公司于 1987 年 9 月 16 日成立，股东系某某市某某区某某镇某某村委会，公司经营范围：场地租赁（不含仓储）、物业管理、市场经营管理、摊位出租、自有房地产经营活动、房屋租赁、专业停车场服务等。乙公司于 2005 年 8 月 25 日成立，股东为某某经联社及甲公司，公司经营范围：物业管理、场地租赁（不含仓储）、房屋租赁、自有房地产开发经营活动等。

二审法院认为，本案争议的焦点在于樊某惠与乙公司、甲公司之间是否存在劳动关系。

《中华人民共和国村民委员会组织法》第二条、第八条规定，村民委员会系村民自我管理、自我教育、自我服务的基层群众性自治组织，办理本村的公共事务和公益事业，协助维护社会治安，管理本村属于村农民集体所有的土地和其他财产。《某某省农村集体经济组织管理规定》第三条、第四条规定，经济联合社等农村集体经济组织依法享有独立进行经济活动的自主权，实行民主管理，依法选举和罢免管理人员，决定经营管理的重大事项。在现代市场经济以及专业化的趋势下，村民委员会或农村集体经济组织作为群众性自治组织和集体经济所有人普遍以投资者（股东）的身份，设立公司来行使其对集体经济的管理职能。本案中，甲公司和乙公司实际上即是由某某村委会、某某经联社组建的企业，进行经济经营性活动、管理村集体财产。

樊某惠主张与乙公司、甲公司存在劳动关系，提交了工作证、上岗证等证据，该工作证、上岗证中虽有显示乙公司名称，但其中亦注明了治保会、某某村委会、某某经联社以及某某市某某区群防群治支队等多个组织名称。樊某惠作为治保员，负责某某村的治安巡查、安全检查，协助当地派出所处理片区治安案件等工作，该工作明显具有公共事务管理的性质，服务对象是农村集体经济组织的全体社员。而乙公司、甲公司主要负责经营管理村集体财产，并无社会公共事务管理方面的职能。显然，樊某惠的工作内容、范围已超出乙公司、甲公司的正常经营和业务范围，其提供的劳动并不属于公司的业务组成部分。樊某惠任职治保员期间需遵守《某某村治保会规章制度》。结合该规章制度内容、某某派出所出具的《情况说明》以及樊某惠的工作性质，可以证实樊某惠并非存在单一接受乙公司、甲公司的工作安排及管理的情形。可见，樊某惠与乙公司、甲公司之间有别于普通劳动关系中，劳动者隶属于用人单位，其工作内容为用人单位业务组成部分的一般特点。樊某惠作为某某经联社社员，其参与当地的治安联防工作与其社员身份密切相关，其既是本社治安管理工作的参与人也是管理成果的受益人。故樊某惠担任治保员并领取相应报酬的行为是其作为村民、社员有偿参与村社自治活动的体现，其与乙公司、甲公司之间的关系并不符合劳动关系的基本特征。现樊某惠主张双方之间存在劳动关系并要求支付劳动关系项下的解除劳动关系赔偿金、加班费、年休假工资等，均缺乏事实和法律依据，二审法院不予支持。原审法院对此认定有误，二审法院予以纠正。

关于年终奖及压案奖，该款项并非劳动关系项下的特定项目，因提供劳务而获得相应报酬及奖励属于双方当事人自行约定的范畴。乙公司、甲公司认可系接受某某经联社的委托而支付樊某惠工资及奖金，而仲裁审理期间，乙公司、甲公司明确表示某某经联社同意支付樊某惠2017年年终奖及压案奖，故一审认定两公司应支付樊某惠年终奖及压案奖，并无不当，二审法院予以确认。

二审法院判决：（一）维持一审判决第三项、第五项；（二）撤销一审判决第一项、第二项；（三）变更一审判决第四项为：驳回甲公司、乙公司的其他诉讼请求。两案一审、二审案件受理费各20元，均由乙公司、甲公司负担10元，樊某惠负担10元。

四、案件核心

治保员樊某惠与乙公司、甲公司之间是否存在劳动关系。

五、裁判过程与结果

樊某惠据以主张与乙公司、甲公司存在劳动关系的主要证据是盖有甲公司、乙公司公章的工作证、上岗证。樊某惠作为治保员，负责某某村的治安巡查、安全检查，协助当地派出所处理片区治安案件等工作，其服务对象是农村集体经济组织的全体社员，工作内容具有公共事务管理的性质。本案的甲公司、乙公司是由某某村委会、某某经联社组建的企业，其进行经营性活动，管理村集体财产。樊某惠作为某某经联社社员，其工作证、上岗证亦注明某某村委会、某某经联社等组织名称，参与当地的治安联防工作与其社员身份密切相关，其既是本社治安管理工作的参与人，也是管理成果的受益人。樊某惠担任治保员并领取相应报酬的行为是其在特定历史时期作为村民、社员有偿参与村社自治活动的体现，其工作内容属于某某经联社、某某村委会的职能范围，而其与乙公司、甲公司之间的关系并不构成劳动关系。故樊某惠主张与乙公司、甲公司之间存在劳动关系并要求支付劳动关系项下的解除劳动关系赔偿金、加班费等，因缺乏事实和法律依据，二审法院不予支持，并无不当。

综上所述，二审判决认定事实清楚，适用法律正确，处理恰当，本院予以维持。樊某惠申请再审的请求和理由不能成立，本院不予支持。依照《中华人民共和国民事诉讼法》第一百七十条第一款第一项、第二百零七条第一款规定，判决如下：

维持某某省某某市中级人民法院（2018）粤01民终21001、21002号民事判决。

六、理论探讨与执法指引

治保会全称治安保卫委员会，是公安机关联系群众的纽带，是坚持专门工作与群众路线相结合的重要桥梁。治保会在宣传组织群众、落实安防措施、打击违法犯罪活动以及调解纠纷、化解矛盾等方面可以发挥桥梁和纽带作用，成为城乡社区安全防范的中坚力量。治保会是农村社会治理、防范的重要基础力量，也是派出所开展农村工作的重要依靠。治保会工作通常由基层乡镇政府牵头，派出所具体指导、管理、考核，乡、村两级联动，集社区警务、法制宣传、纠纷调处、治安防范等众多职能于一体。治保会“查、防、管、控、服”五种职能，可以发挥农村治保会情报“前哨站”、矛盾调处“主力军”、治安宣传“大喇叭”、犯罪预防“防火墙”“帮扶站”的作用。① 治保会的工作成效，作用发挥得好坏，关键看是否推选了一个负责任的治保主任、是否组建了一支能干事的治保队伍、是否制定了一套切实可行的工作制度。加强和提高治保队伍整体素质和战斗力是加强基层治保组织建设的核心内容。②

一是建立岗前培训和季度培训长效机制，提高治保队伍的法律素养和业务能力。一方面，治保会成员上岗前，派出所要组织岗前培训，从最基本的公安工作法律法规入手，对治保会的主要工作任务、方法、程序等法律及业务方面的知识进行全面细致的讲解和学习，让治保会成员熟悉国家政策、方针和法律法规，明确工作目标、任务和职责，尽快进入角色，有效提升治保会服务群众和治安保卫工作的能力和水平。另一方面，将定期召开治保形势会常态化，每一个季度定期对治保会成员进行以提高政治、法律、业务知识等综合素质和业务能力为主的专题业务学习，培训的内容涵盖政策法规、业务知识和实战技能等。

二是建立完善工作制度和管理制度，推进治保会正规化和专业化建设。一方面，建立健全治保工作指导制度。积极推行警务室民警与治保会主任联络制度，以召开会议和面对面交流的方式，通报辖区治安状况，社区民警必须深入基层治保组织，对《治保工作登记簿》《法制宣传登记簿》《帮教登记簿》《纠纷调解登记簿》《信息线索上报登记簿》《安全检查登记簿》等台账进行业务指导；与治保会主任碰头交流，了解基层矛盾纠纷情况。另一方面，根据工作中发现存在的问题，对治

---

① 河北省定州市公安局杨家庄派出所：《“五个一”治保会模式走出乡村治理新路径》，载《人民公安》2022 年第 20 期。

② 杨兴龙：《将“治保会”打造成社区安全防范的中坚力量》，载《派出所工作》2016 年第 2 期。

保会成员开展防范宣传、巡逻守护等工作进行深入的探讨和交流，切实提高队伍的战斗力。

三是积极落实工资待遇和工作经费。根据相关规定，社区干部基本报酬及办公经费补助由县级财政承担。为将有限的治保会工作经费落到实处，派出所应加强与各级相关部门的协调力度，督促相关单位及时落实社区干部基本报酬及办公经费，解决治保会及成员的后顾之忧。多渠道筹集治保经费。按照“谁出资，谁受益”和“取之于民，用之于民”的原则，在争取上级经费支持的同时，通过协调各社区、村委会，从自有资金中拨出专门资金投入治保工作，落实治保会、巡逻队人员的工作经费，解决治保会办公场所、办公设施和治保人员防护装备配备不足等问题，提高治保会成员的工作积极性。对工作成绩突出的、见义勇为的、积极举报线索的、治保作用发挥明显的，以综治办名义予以表彰，并给予物质奖励。

第二节　辅警有权追撵逃避协助检查的违法者

一、基础知识

辅警是指公安机关统一管理的，辅助履行维护公共安全和公共秩序职责的不具有人民警察和公务员身份的人员。依其所从事的工作岗位的差别，可将我国现有的辅警分为以下两类：一是文职辅警，负责协助公安机关非执法岗位人民警察从事行政管理、技术支持、警务保障等工作。二是勤务辅警，负责协助公安机关执法岗位人民警察开展执法执勤和其他勤务活动。随着经济社会的快速发展，公安机关的警力增长不能完全适应社会治安形势的需要，招用辅警是各地缓解警力不足的常用选择。辅警队伍在协助民警维护社会治安、打击违法犯罪、开展行政管理和服务人民群众等方面发挥了重要作用。但应看到，辅警队伍规范化建设明显滞后，在实践中产生了一些矛盾和问题，规范辅警队伍管理已成为深化公安队伍管理体制改革亟待研究解决的一个重大现实问题。目前已有多地对辅警进行专门立法。建议适时对人民警察法进行修改，通过设立专章、作出原则性规定等方式，对辅警管理的重要问题进行规范。

《中华人民共和国道路交通安全法》第九十五条规定，上道路行驶的机动车未悬挂机动车号牌，未放置检验合格标志、保险标志，或者未随车携带行驶证、驾驶证的，公安机关交通管理部门应当扣留机动车，通知当事人提供相应的牌证、标志或者补办相应手续，并可以依照本法第九十条的规定予以处罚。

《中华人民共和国人民警察使用警械和武器条例》[①] 第八条规定，人民警察依法执行下列任务，遇有违法犯罪分子可能脱逃、行凶、自杀、自伤或者有其他危险行为的，可以使用手铐、脚镣、警绳等约束性警械：（1）抓获违法犯罪分子或者犯罪重大嫌疑人的；（2）执行逮捕、拘留、看押、押解、审讯、拘传、强制传唤的；（3）法律、行政法规规定可以使用警械的其他情形。人民警察依照前款规定使用警械，不得故意造成人身伤害。

《公安机关办理行政案件程序规定》[②] 第五十四条规定，办理行政案件时，可以依法采取下列行政强制措施：（1）对物品、设施、场所采取扣押、扣留、查封、先行登记保存、抽样取证、封存文件资料等强制措施，对恐怖活动嫌疑人的存款、汇款、债券、股票、基金份额等财产还可以采取冻结措施；（2）对违法嫌疑人采取保护性约束措施、继续盘问、强制传唤、强制检测、拘留审查、限制活动范围，对恐怖活动嫌疑人采取约束措施等强制措施。

《中华人民共和国治安管理处罚法》第八十二条规定，需要传唤违反治安管理行为人接受调查的，经公安机关办案部门负责人批准，使用传唤证传唤。对现场发现的违反治安管理行为人，人民警察经出示工作证件，可以口头传唤，但应当在询问笔录中注明。公安机关应当将传唤的原因和依据告知被传唤人。对无正当理由不接受传唤或者逃避传唤的人，可以强制传唤。

《关于规范公安机关警务辅助人员管理工作的意见》（以下简称意见）[③]，从管理体制、岗位职责、人员招聘、管理监督、职业保障等方面，提出了规范警务辅助人员管理工作的具体措施和要求。该意见指出，警务辅助人员是根据社会治安形势发展和公安工作实际需要，面向社会招聘，为公安机关日常运转和警务活动提供辅助支持的非人民警察身份人员。要坚持问题导向，树立法治思维，以理顺管理体制、明确岗位职责为核心，以完善管理制度、落实职业保障为重点，推动警务辅助人员管理实现制度化、规范化、法治化，为维护国家安全和社会稳定提供有效的人力资源保障。该意见明确，按照职责分工，警务辅助人员分为文职辅警和勤务辅警，文职辅警负责协助公安机关非执法岗位人民警察从事行政管理、技术支持、警

---

① 《中华人民共和国人民警察使用警械和武器条例》，载中国政府网，http：//www.gov.cn/zhengce/2020-12/26/content_5574834.htm，最后访问时间：2022 年 3 月 26 日。

② 《公安机关办理行政案件程序规定》，载中国政府网，http：//www.gov.cn/jrzg/2013-01/04/content_2304714.htm，最后访问时间：2022 年 3 月 26 日。

③ 《国务院办公厅印发〈关于规范公安机关警务辅助人员管理工作的意见〉》，载新华网，http：//www.xinhuanet.com//politics/2016-11/29/c_ 1120015347.htm，最后访问时间：2023 年 1 月 20 日。

务保障等工作，勤务辅警负责协助公安机关执法岗位人民警察开展执法执勤和其他勤务活动。同时明确了文职辅警和勤务辅警可从事的相关辅助工作，规定了警务辅助人员不得从事的工作。警务辅助人员要按规定配发统一的工作证件，统一着装，持证上岗。警务辅助人员协助人民警察依法履行职责的行为受法律保护，履行职责行为后果由所在公安机关承担。该意见明确，警务辅助人员由县级以上地方人民政府或者公安机关采取向社会力量购买服务、依法签订劳动合同或聘用合同等方式招聘使用。各地要根据本地经济社会发展和社会治安情况，科学配置并合理控制警务辅助人员规模。警务辅助人员的招聘，由县级以上公安机关会同同级人力资源社会保障部门统一组织实施，也可由县级以上公安机关按照批准的用人计划单独组织实施。同时规定了警务辅助人员应当具备的基本条件，明确受过刑事处罚或治安管理处罚、有较为严重的个人不良信用记录等人员，不得从事警务辅助工作。

《中华人民共和国国家赔偿法》第三十四条第一款规定："侵犯公民生命健康权的，赔偿金按照下列规定计算：（一）造成身体伤害的，应当支付医疗费、护理费，以及赔偿因误工减少的收入。减少的收入每日的赔偿金按照国家上年度职工日平均工资计算，最高额为国家上年度职工年平均工资的五倍；（二）造成部分或者全部丧失劳动能力的，应当支付医疗费、护理费、残疾生活辅助具费、康复费等因残疾而增加的必要支出和继续治疗所必需的费用，以及残疾赔偿金。残疾赔偿金根据丧失劳动能力的程度，按照国家规定的伤残等级确定，最高不超过国家上年度职工年平均工资的二十倍。造成全部丧失劳动能力的，对其扶养的无劳动能力的人，还应当支付生活费……"第三十五条规定："有本法第三条或者第十七条规定情形之一，致人精神损害的，应当在侵权行为影响的范围内，为受害人消除影响，恢复名誉，赔礼道歉；造成严重后果的，应当支付相应的精神损害抚慰金。"

二、案件来源

吴某林等诉某某县公安局国家赔偿行政争议案①

三、主要案情

一审查明，2019年8月18日8时许，某某县某某集镇某某村某某组村民卫某军与朋友高某家（某某县某某乡居民）相约外出办事，两人吃过早餐后由卫某军驾驶一辆无号牌两轮机动摩托车带高某家由南往北向某某路东行驶，行至某某南城某

① 河南省信阳市中级人民法院（2020）豫15行终66号行政判决书。

某道某某路口附近等待信号灯时，正在该区域执勤的辅警李某龙发现该车未悬挂机动车号牌随即上前询问，卫某军遂弃车往南跑。李某龙随即追赶，快要追上时，卫某军又迅速折返掉头，李某龙在其后追撵，追至迎宾汽车美容店后院树林处时卫某军摔倒，并口吐白沫。××时，李某龙给其同事吴某定打电话说明情况，随后赶到现场的辅警吴某定拨打“120”叫来救护车将卫某军送到医院急诊抢救。2019 年 8 月 18 日 9 时 25 分，卫某军经某某县人民医院抢救无效死亡。经某某司法鉴定中心鉴定。死者卫某军因胃内容物吸入呼吸道导致窒息而死亡。因剧烈运动及心肌梗死急性发作，所引起的心功能不全加重了窒息的严重程度。三原告以辅警李某龙没有执法权、卫某军的死亡原因是由辅警李某龙对卫某军的越权执法、采取强制措施、暴力执法行为直接导致，向被告某某县公安局提出赔偿申请，某某县公安局于 2019 年 11 月 1 日作出某某赔决字（2019）001 号国家赔偿决定书，对原告提出的赔偿申请决定不予赔偿，三原告对该决定不服，诉至法院。

四、案件核心

被告某某县公安局及辅警李某龙就本案的执法行为是否构成违法以及三原告的赔偿请求是否应予支持。在该争议焦点项下涉及被告的执法主体、执法程序是否违法、辅警李某龙是否存在暴力执法以及其执法行为与卫某军的死亡结果有无因果关系以及原告方的赔偿请求能否支持三个层面的问题。

五、裁判过程与结果

（一）一审裁判过程与结果

1. 关于被告的执法主体、执法程序是否违法的问题。

庭审中，双方对辅警李某龙不属于正式在编警察没有争议。经查，2016 年 11 月，国务院办公厅印发《关于规范公安机关警务辅助人员管理工作的意见》（以下简称《意见》），从管理体制、岗位职责等方面，明确了警务辅助人员的管理要求和工作规范。本院注意到，由于警力不足和交通管理警情随机性较大，某某县交通警察大队正式警察一般采用巡回执法的方式对所辖片区、路段进行管理，按照某某县交警执勤分区域划分，负责某路口执勤民警是某某县交警大队某某中队中队长冯某灿，交警部门在该路口设有岗亭作为临时办公地点，交警辅警李某龙、吴某定、赵某星负责配合冯某灿在某路口维护道路交通秩序，劝阻交通违法行为等。平时辅警们遇到情况也是通过汇报，由冯某灿到现场处置。当时冯某灿正在别处路段巡查，事发时其并不在现场。据此，根据国务院发布的规范性文件，辅警具有协助维护社会治安秩序和交通管理秩序、协助盘查、堵控有违法犯罪嫌疑的人员的职责，结合本案实际，辅警李某龙在其配属的岗亭附近执勤、履行职务，未超越其职责范围的协助行为均应视为经过正式在编干警的授权而实施。另查，且在发生紧急情况后，被告相关工作人员采取了拨打“120”求救电话、送医院急诊抢救等必要措施，尽到了相应处置义务。故原告关于李某龙不是执法主体、被告执法中程序违法的陈述意见不能成立，本院不予采纳。

2. 关于辅警李某龙是否存在暴力执法以及其执法行为与卫某军的死亡结果有无因果关系的问题。

关于辅警是否存在暴力执法问题，经庭审中双方举证、质证，本院可以确认以下事实：事发当天，某某县交警大队辅警李某龙按照要求在岗亭附近路口执勤，其发现死者卫某军驾驶未悬挂机动车号牌的机动车上路行驶，遂上前准备纠正该违法行为。卫某军未接受辅警李某龙的检查，弃车而逃，李某龙随后追撵引发本案。综合公安机关的尸检结果和其他证人证言，无证据证实李某龙对死者违规使用警械或采取直接的暴力手段导致其人身遭受损害，可视为其采取的手段、方式均在正常执法范围内，未超过必要的合理限度。

关于辅警李某龙的现场执法行为与卫某军的死亡结果有无因果关系的问题。依照法理，违法行为人处于违法状态时接受有权机关的检查系法定义务，追撵行为的发生，首先是由于卫某军在驾驶无牌机动车的前提下企图逃离现场规避执法引起，该行为因形迹可疑足以使执法人员产生合理怀疑，因事发突然，在来不及请示正式民警的情况下，李某龙随即追撵的行为符合现场实际情况和对形迹可疑人员查控处置需要，并无不当，且不能认定该行为是所谓追捕行为。检视整个过程，可认定卫某军的死亡后果最终发生系从其本人逃离现场开始、因其自身身体不适在剧烈运动后诱发一系列风险并在其他原因力介入下最终造成，其个人行为引起并增加了相关风险，李某龙的追撵行为是现场执法人员在不能辨识对方具体身份、有无其他违法或严重犯罪行为时履行“协助盘查、堵控有违法犯罪嫌疑的人员”职责的本能执法反应，因其对卫某军的死亡后果无法预见，在本案中属于条件行为，不属于直接的原因力。此外，如果认定该行为与卫某军死亡结果有法律上的因果关系，是不正当地加大了公安机关在处置突发警情时的责任，不利于打击犯罪和维护正常的社会管理秩序，违背公序良俗，损害公共利益。

3. 关于原告方的赔偿请求能否支持的问题，因本案被告执法中不存在违法、执法行为与死亡后果之间不存在因果关系，对上述原告的请求本院不予支持。

（二）二审裁判过程与结果

二审法院认为，本案中，某某县交通警察大队正式警察一般采用巡回执法的方式对所辖片区、路段进行管理，辅警则配合正式警察在路口设立的临时办公地点岗亭周边维护道路交通秩序，劝阻交通违法行为等。在事发当时，正式警察冯某灿正在别处路段巡查，交警辅警李某龙在岗亭附近发现卫某军驾驶未悬挂机动车号牌的机动车上路行驶，上前进行纠正，并在卫某军弃车逃逸后进行追赶，符合现场实际情况和对形迹可疑人员查控处置需要。综合尸检结果和证人证言，无证据证实李某龙对死者违规使用警械或采取直接的暴力手段导致其人身遭受损害，可视为其采取的手段、方式均在正常执法范围内，未超过必要的合理限度，执法行为符合法律规定。且在发生紧急情况后，被上诉人相关工作人员采取了拨打“120”求救电话、送医院急诊抢救等必要措施，尽到了相应处置义务。因此，上诉人的上诉请求均不能成立，本院不予支持。原审判决认定事实清楚，适用法律正确，依法应予维持。依照《中华人民共和国行政诉讼法》第八十九条第一款第一项之规定，经本院审判委员会讨论决定，判决如下：驳回上诉，维持原判。

六、理论探讨与执法指引

关于辅警职责，《海南省公安机关警务辅助人员管理规定》作出了较详细的规范，在此进行介绍。其第十四条规定，辅警应当在公安机关及其人民警察的指挥、带领和监督下协助开展相关警务工作。辅警协助开展与执法有关的辅助性工作时，应当按照国家有关规定进行执法公示和执法全过程记录。第十五条规定，根据公安机关的安排，勤务辅警可以在一名以上人民警察的带领下，协助从事下列警务工作：(1) 盘查、堵控、监控、看管有违法犯罪嫌疑的人员；(2) 开展租赁住房、港船岸线治安管理，特种行业、出入境等相关管理和服务工作；(3) 管理戒毒人员、检查易制毒化学品企业、查缉毒品；(4) 执行交通管制和检查交通安全，制止和纠正交通安全违法行为；(5) 开展行政案件接报案、受案登记、接受证据、案件信息采集、调解、送达文书等工作；(6) 对行为举止失控的醉酒人员、实施暴力行为的精神病人采取临时保护性约束措施；(7) 开展公安监管场所、公安执法办案场所、留置场所的管理勤务；(8) 维护大型公共活动秩序；(9) 参与处置突发事件；(10) 按照国家和本省有关规定可以协助从事的其他工作。法律、法规和规章规定相关工作应当安排不少于两名人民警察从事的，从其规定。第十六条规定，根据公安机关的安排，勤务辅警可以在人民警察的指挥下，协助从事下列警务工作：(1) 预防、制止违法犯罪活动；(2) 接受、处理群众求助，依法化解矛盾纠纷；(3) 开展社会治安防范、交通安全、禁毒、消防等宣传教育工作；(4) 疏导交通，劝阻交通安全违法行为，采集交通违法信息，指导事故当事人自行协商处理轻微交通事故；(5) 维护案（事）件现场秩序、安全，保护案（事）件现场，救助受伤受困人员；(6) 开展流动人口信息采集、登记等服务工作；(7) 开展值班值守、治安巡逻、安全巡查工作；(8) 按照国家和本省有关规定可以协助从事的其他工作。勤务辅警从事前款第七项工作，无人民警察带领时，不得少于两人。第十七条规定，根据公安机关的安排，文职辅警可以协助从事下列公安机关非执法岗位的相关辅助工作：(1) 开展文书助理、档案管理、接线查询、窗口服务、证件办理、信息采集与录入等行政管理工作；(2) 开展心理咨询、医疗、翻译、计算机网络维护、数据分析、软件研发、安全监测、通讯保障、资金分析、非涉密财务管理、实验室分析、现场勘查、检验鉴定等技术支持工作；(3) 开展警用装备保护和维护保养、后勤服务等警务保障工作；(4) 按照国家和本省有关规定可以协助从事的其他工作。第十八条规定，辅警不得从事下列工作：(1) 国内安全保卫、技术侦察、反邪教、反恐怖等工作；(2) 办理涉及国家秘密的事项；(3) 案件调查取证、出具鉴定报告、交通事故责任认定；(4) 执行刑事强制措施；(5) 作出行政处理决定；(6) 审核案件；(7) 保管武器、警械；(8) 单独执法或者以个人名义执法；(9) 法律、法规以及国家和本省有关规定禁止从事的其他工作。第十九条规定，勤务辅警在履行职责期间，可以驾驶警用车辆、船艇等交通工具，配备必要的执勤及安全防护装备，但不得配备或者使用武器。遇有危害公共安全、社会秩序和公民人身、财产安全等紧急情况，勤务辅警可以在人民警察的指挥和带领下使用必要的约束性警用器械。第二十条规定，辅警依法履行职责的行为受法律保护，履行职责的行为后果由所在公安机关承担。有关自然人、法人和非法人组织应当给予支持和配合。辅警在履行职责时侵犯自然人、法人和非法人组织的合法权益造成损害的，应当由公安机关依法予以赔偿。公安机关赔偿损失后，应当责令有故意或者重大过失的辅警依法承担部分或者全部赔偿费用。

第三节　交通协管员违法致人伤亡的责任由公安机关承担

一、基础知识

在公安机关警力有限的情况下，交通协管员作为协警队伍中的主要组成部分之一，不断发展壮大，作用日益显著，成为参与道路交通管理工作的一支重要力量，在维护交通有序、安全、畅通方面发挥了很大作用。交通协管员的主要工作是协助民警指挥疏导交通，其积极的意义和作用得到了社会各界的认同。根据规定，协管员不具有执法权，但其仍起到了震慑交通违法者的积极作用。交通协管员可分成路口协管员和路段协管员。

交通协管员的职责侧重于疏导交通、维护秩序和宣传教育。而相应的处罚权，仍然掌握在交管部门手中。

《中华人民共和国道路交通安全法》第五十六条第一款规定："机动车应当在规定地点停放……"第九十条规定："机动车驾驶人违反道路交通安全法律、法规关于道路通行规定的，处警告或者二十元以上二百元以下罚款……"第九十三条第二款规定："机动车驾驶人不在现场或者虽在现场但拒绝立即驶离，妨碍其他车辆、行人通行的，处二十元以上二百元以下罚款……"

《交通警察道路执勤执法工作规范》第五条规定："交通协管员可以在交通警察指导下承担以下工作：（一）维护道路交通秩序，劝阻违法行为；（二）维护交通事故现场秩序，保护事故现场，抢救受伤人员；（三）进行交通安全宣传；（四）及时报告道路上的交通、治安情况和其他重要情况；（五）接受群众求助。交通协管员不得从事其他执法行为，不得对违法行为人作出行政处罚或者行政强制措施决定。"第七十三条规定："查处违法行为应当遵守以下规定：（一）除执行堵截严重暴力犯罪嫌疑人等特殊任务外，拦截、检查车辆或者处罚交通违法行为，应当选择不妨碍道路通行和安全的地点进行，并在来车方向设置分流或者避让标志……（四）堵截车辆应采取设置交通设施、利用交通信号灯控制所拦截车辆前方车辆停车等非直接拦截方式，不得站立在被拦截车辆行进方向的行车道上拦截车辆。"

《公路巡逻民警队警务工作规范》第六条规定，公路巡逻民警队可以根据需要配备交通协管员。交通协管员的招录、培训、使用、考核等相关管理规定，由省级公安机关制定。

《中华人民共和国国家赔偿法》第七条第四款规定，受行政机关委托的组织或者个人在行使受委托的行政权力时侵犯公民、法人和其他组织的合法权益造成损害的，委托的行政机关为赔偿义务机关。第三十三条规定，侵犯公民人身自由的，每日赔偿金按照国家上年度职工日平均工资计算。第三十四条第一款第一项规定，造成身体伤害的，应当支付医疗费、护理费，以及赔偿因误工减少的收入。减少的收入每日的赔偿金按照国家上年度职工日平均工资计算，最高额为国家上年度职工年平均工资的五倍。

二、案件来源

凌某上与某某市公安局交通警察支队某某大队违法执行及行政赔偿纠纷案①

① 广东省深圳市福田区人民法院（2014）深福法行初字第768号行政判决书。

三、主要案情

2014年1月16日8时左右，第三人公司的保安队长莫某洪按照第三人公司与被告签订的《某某科技园交通管理“警民共建”工作方案》在某某区某某八路与某某七路交界处协助交警疏导交通，其当天穿有被告统一发放的标有“交通协管员”字样的服装。约8时20分许，莫某洪发现原告驾驶电动车在道路上行驶，遂站到路中间准备拦截，在拦截过程中致原告连人带车倒地，原告摔倒后，感觉身体剧烈疼痛，无法行动，遂报警。某某派出所在2014年1月17日为原告做询问笔录。在询问笔录中原告称，当天其是用电动车拉一名顾客到某某八路附近，客人下车后，其往上沙村方向开，当时其车速有点快，后来看到路边走出了一个交通协管员，其来不及刹车，对方就用力地推了其一下，使其驾驶电动车摔倒在地上。某某派出所于2014年1月23日为莫某洪做了询问笔录。莫某洪在笔录中称，2014年1月16日8时25分，队员乾某通过对讲机向其汇报，某某七路与某某八路交界路口堵车，让其过去疏导一下。其便走到某某七路与某某八路交界路口开始疏导交通。8时29分左右，其看见有一穿灰色外套的青年男子驾驶一辆蓝色车身的电动车，车后搭载着两名顾客，从某某七路西侧机动车道逆行，由南往北行驶。其立即用对讲机呼叫在某某六路与某某七路交界路口的乾某，让他留意那辆非法营运载人电动车。那电动车车主发现前面十字路口有人查车，便在路中间停下，让两名顾客下车后收到钱，便将电动车掉头，在某某七路西侧机动车道、由北往南准备离开。其见状立即从某某七路与八路交界路口走到某某七路西侧机动车道人行横道前，站在机动车道中间准备拦截那电动车。那驾驶电动车的青年男子看到其站在机动车道中间准备拦他，非但没有减速，反而加快速度向其冲来，那男子驾驶电动车从其左侧驶过，其待他刚驶过，立即转身用手拉住他所驾驶的电动车车尾座椅，但是其发现电动车的冲力太大，其拉不住，立即松开手。这时，那男子失去平衡，直接撞到路边一辆违章停车的面包车车尾，然后摔倒在地上。原告所受伤情经某某市某某区中医院诊断为：左侧股骨颈骨折。原告于2014年1月16日入某某市某某区中医院住院治疗，于2014年4月28日出院（共住院102天）。病历载明原告出院后需继续休息3个月，住院期间及出院后3个月需陪护1名。原告后于2014年5月5日转入某某市骨科医院继续治疗，后于2014年6月6日出院（共住院32天）。病历载明住院期间两人陪护时间15天，其余为1人陪护。全休时间暂时为半年，半年后视情况、工种等再作延长。原告另于2014年8月4日入某某市骨科医院住院治疗，并于同日出院（共住院1天）。

在某某市公安局某某派出所针对原告报案情况进行调查时，第三人于2014年1

月24日向被告出具《承诺书》，内容为："某某市公安局交通警察支队某某大队：2014年1月16日，应贵队要求我司派出交通协管员配合贵队查处车公庙片区电单车非法营运行动。行动中发生意外，我司派出的交通协管员莫某洪与一违法电单车驾驶员凌某上发生意外事故，导致凌某上意外受伤，现在某某市某某区中医院进行治疗。为此，我司愿按照法律规定承担相应的费用。我司做出以上承诺，请贵队务必于2014年1月24日14时前向某某市公安局某某派出所出具确认上述2014年1月16日行动为配合贵队执法工作的证明。"被告亦于2014年1月24日向某某市公安局某某派出所出具《证明》，内容为："某某派出所：2014年1月16日8时30分许，根据我大队与某某科技园'警民共建'工作方案，某某物业协管员莫某洪在某某科技园协助我大队交通疏导时造成电动自行车驾驶人凌某上受伤。特此证明。"2014年4月21日，原告所受伤害经法医鉴定为轻伤二级。2014年5月28日，某某市公安局某某分局作出深公福立字（2014）04889号《立案决定书》，决定对原告被故意伤害案立案侦查。某某市某某区人民检察院已就该案向法院提起公诉，目前刑事案件仍在审理中。

另查，2013年2月18日，第三人与被告签订《某某科技园交通管理"警民共建"工作方案》，称为加强车公庙地铁枢纽施工期间某某科技园区的交通管理工作，缓解因地铁施工造成的交通压力等，经被告与第三人共同研究，成立交通管理"警民共建"工作组。由被告派出交警、学警为主要力量，第三人派出相关人员和交通协管员为协助力量，共同管理、疏导某某园区交通。其队员由学警和某某物业交通协管员担任。主要职责是：（一）宣传国家交通法律、法规，协助交通警察对行人、车辆及非机动车辆进行纠章。（二）严格遵守大队考勤制度，按时上、下班。（三）必须统一着装，在各主要交通路口管理、疏导交通，正确指挥行人和机动车遵章行走。对不听劝阻的，及时上报分队长。（四）对未按照规定地点停放的机动车进行劝阻，不听劝阻的，及时上报分队长。（五）工作期间，要做到态度和蔼、热情服务，仪容严整。不得利用岗位职责之便，向交通违法当事人索要钱物，谋求个人私利或为他人违法犯罪行为提供方便。（六）遇有交通事故时，应当立即组织人员保护现场，抢救伤员，维护交通秩序，并及时上报分队长，协助交通警察勘察现场，指挥疏导交通。（七）积极参加业务技能培训和素质培训，加强自身对交通管理基本知识和指挥技能的提高和运用。（八）对不负责任、以权谋私、违法乱纪的，一经查实，予以辞退或解聘；构成犯罪的，依法追究刑事责任。（九）协助做好领导交办的其他任务。

原告向法院提交了60138.23元的医疗费票据，6650元的租房《收款收据》、434元的水费通知单、300元的鉴定费发票及部分交通费发票。原告于2014年12

月19日向本院提交《关于无法做伤残鉴定的说明》称，由于原告的骨头至今未见生长，并且开始坏死，血运差感觉麻痛等原因，原告暂时还无法做伤残鉴定，请求法院尽快判决。

本院调取的事发时的监控录像显示，事发地点为双向车道，事发时原告驾驶电动自行车在画面右侧车道行驶，莫某洪站在左侧车道的十字路口位置，因原告行驶方向的十字路口处有一辆机动车正挡在路口，原告遂行至左侧车道，在十字路口位置与莫某洪发生接触，后原告连人带车倒地。

四、案件核心

莫某洪并非被告单位的工作人员，而是第三人公司的员工，事发当天其是基于第三人公司与被告签订的《某某科技园交通管理“警民共建”工作方案》协助交警疏导交通，其行为后果是否应由某某市公安局交通警察支队某某大队承担。

五、裁判过程与结果

法院认为，本案中，各方当事人对于莫某洪在协助被告疏导交通过程中致原告受伤的事实并无异议，本院予以确认。本案的争议焦点是被告是不是本案适格被告及被告是否应对原告受伤承担赔偿责任。

《公安部关于印发〈交通警察道路执勤执法工作规范〉的通知》第五条规定：“交通协管员可以在交通警察指导下承担以下工作：（一）维护道路交通秩序，劝阻违法行为……交通协管员不得从事其他执法行为，不得对违法行为人作出行政处罚或者行政强制措施决定。”通过上述规范性文件可知，交通协管员从事的维持道路交通秩序等行为亦属执法行为。《最高人民法院关于执行〈中华人民共和国行政诉讼法〉若干问题的解释》① 第二十一条规定：“行政机关在没有法律、法规或者规章规定的情况下，授权其内设机构、派出机构或者其他组织行使行政职权的，应当视为委托。当事人不服提起诉讼的，应当以该行政机关为被告。”《中华人民共和国国家赔偿法》第七条第四款规定：“受行政机关委托的组织或者个人在行使受委托的行政权力时侵犯公民、法人和其他组织的合法权益造成损害的，委托的行政机关为赔偿义务机关。”本案中，根据已查明的事实可知，莫某洪并非被告单位的工作人员，而是第三人公司的员工，事发当天其是基于第三人公司与被告签订的《某某科技园交通管理“警民共建”工作方案》协助交警疏导交通。第三人公司并非行政机关，显然也不是法律、法规授权的组织，被告让第三人公司员工穿“交通协

① 已失效。

管员”字样服装协助交警疏导交通，其行为后果应由被告承担，故某某市公安局交通警察支队某某大队是本案的适格被告。

《深圳经济特区道路交通安全管理条例》[①] 第三十六条第四款规定，电动自行车、自行车等非机动车上道路行驶时不得超过法律、法规规定的最高时速，不得违反规定载人、载物。《公安部关于印发〈交通警察道路执勤执法工作规范〉的通知》第七十三条规定：“查处违法行为应当遵守以下规定：（一）除执行堵截严重暴力犯罪嫌疑人等特殊任务外，拦截、检查车辆或者处罚交通违法行为，应当选择不妨碍道路通行和安全的地点进行，并在来车方向设置分流或者避让标志……（四）堵截车辆应采取设置交通设施、利用交通信号灯控制所拦截车辆前方车辆停车等非直接拦截方式，不得站立在被拦截车辆行进方向的行车道上拦截车辆。”根据某某派出所对原告、莫某洪所做的询问笔录及监控录像可以证实，事发当天原告驾驶电动自行车违法载人，并在看到有交通协管员的情况下不停车，为避免被拦截，加速行驶，原告本身的行为具有违法性。莫某洪作为交通协管员仅具有劝阻原告违法行为的职能，而其站在原告行进方向拦截原告，并在原告不停车的情况下，采取行动致原告连人带车倒地，其行为亦不合法。根据双方过错在原告损害结果中的原因力及作用力大小，本院认为被告应当对原告的损失承担50%的赔偿责任。

本案中，由于原告是否部分或全部丧失劳动能力尚需待鉴定结论确定，而原告已向本院声明目前无法鉴定。故本院仅对庭审时已经发生且无须以鉴定结论为依据计算的赔偿项目进行确认，至于原告主张的其他依法属于国家赔偿范围的项目，原告可待伤残等级确定后，再行主张……

法院依照《中华人民共和国行政诉讼法》第六十七条，《中华人民共和国国家赔偿法》第三条、第四条、第六条、第七条、第九条、第三十四条、第三十五条、第三十六条的相关规定，判决如下：

一、确认被告某某市公安局交通警察支队某某大队 2014 年 1 月 16 日对原告凌某上的执法行为违法；

二、被告某某市公安局交通警察支队某某大队赔偿原告凌某上医药费、护理费、精神损害抚慰金等各项经济损失 98672.98 元；

三、驳回原告其他诉讼请求。

---

① 已被修改。

六、类案比较

（一）案件来源

李某诉某某市公安局公安交通管理局某某交通支队某某大队（以下简称某某大队）作出的公安交通管理处罚行为及某某市公安局公安交通管理局某某交通支队（以下简称某某交通支队）行政复议决定案①

（二）主要案情

2016年11月29日15时30分，李某将车牌号×××的小型汽车停放到未施划停车泊位的某某市某某区某某外大街某某桥至某某桥段处。交通协管员将李某停放车辆的情况进行拍照记录后，在该车上粘贴了《某某市交通协管员道路停车记录告知单》，该告知单记载有车辆类型、车辆牌号、车身颜色、号牌颜色、时间、地点等内容，并告知“该机动车未在道路停车泊位或停车场内停放，根据规定，已对以上事实作了图像记录，将提供给某某大队审核”。2018年4月4日，李某到某某大队接受该车辆的违法信息处理。某某大队向李某出示由交通安全协管员拍摄的照片，按照简易程序对李某作出《处理机动车违法记录告知书》，告知其违法的基本事实、处罚依据及相关权利义务等，李某表示无异议。同日，某某大队作出被诉处罚决定并当场向李某送达。李某不服被诉处罚决定，于2018年4月4日向某某交通支队申请行政复议。某某交通支队于同日受理后向某某大队发送《提交行政复议答复通知书》，要求某某大队自收到起10日内，提出书面答复，并提交作出具体行政行为的证据、依据和其他材料。某某大队于2018年4月11日作出《行政复议答复意见》，连同实施处罚的依据、证据等材料一并向某某交通支队提交。某某交通支队经审查，于2018年5月10日作出106号复议决定，于5月25日向李某邮寄送达。

（三）案件核心

交通安全协管员是否有权粘贴《某某市交通协管员道路停车记录告知单》。

（四）裁判过程与结果

2018年9月28日，一审法院作出行政判决认为：公安机关交通管理部门及其交通警察，具有维护交通安全和交通秩序，对道路交通安全违法行为作出处理的法定职权。某某大队作为公安机关交通管理部门，有权依据《中华人民共和国道路交通安全法》《中华人民共和国道路交通安全法实施条例》（以下简称《道路交通安全法实施条例》）的有关规定对道路交通安全违法行为予以处罚。某某交通支队作为某某大队的上一级主管部门，具有受理行政复议申请人提出的行政复议申请并作

① 北京市第二中级人民法院（2018）京02行终1674号行政判决书。

出复议决定的法定职责。关于李某提出，交通安全协管员无权作出处罚一节。一审法院认为，《北京市实施〈中华人民共和国道路交通安全法〉办法》① 第七十八条第四款规定，市和区人民政府组建交通安全协管员队伍，协助交通警察维护道路交通秩序，劝阻、告知道路交通安全违法行为。本案中，交通安全协管员发现李某违反规定停车的行为，进行拍照记录并向其车辆粘贴《某某市交通协管员道路停车记录告知单》后，将该情况向公安机关交通管理部门进行报告，系依法履行交通协管员协助交通警察维护道路交通秩序，告知道路交通安全违法行为职责的体现，并非行使行政处罚职权。《中华人民共和国道路交通安全法》第五十六条第一款规定："机动车应当在规定地点停放……"第九十条规定："机动车驾驶人违反道路交通安全法律、法规关于道路通行规定的，处警告或者二十元以上二百元以下罚款……"第九十三条第二款规定："机动车驾驶人不在现场或者虽在现场但拒绝立即驶离，妨碍其他车辆、行人通行的，处二十元以上二百元以下罚款……"《北京市实施〈中华人民共和国道路交通安全法〉办法》第四十九条规定："机动车停放应当遵守下列规定：(一) 在停车场或者交通标志、标线规定的道路停车泊位内停放……"本案中，某某大队提供的证据可以证实李某确存在于 2016 年 11 月 29 日 15 时 30 分，将车牌号×××的小型汽车停放在未施划停车泊位的某某市某某区某某外大街某某桥至某某桥段处的行为，某某大队对李某作出被诉处罚决定前，向其履行了告知程序，符合法定程序。某某大队对李某作出的被诉处罚决定有事实根据和法律依据。李某请求撤销被诉处罚决定的诉讼请求，不予支持。某某交通支队就李某所提复议申请进行审查后，作出的复议决定符合法律规定。综上，依据《中华人民共和国行政诉讼法》第六十九条的规定，判决驳回李某的诉讼请求。

二审法院认为，公安机关交通管理部门及其交通警察，具有维护交通安全和交通秩序，对道路交通安全违法行为作出处理的法定职权。某某大队作为公安机关交通管理部门，可以依据《中华人民共和国道路交通安全法》《道路交通安全法实施条例》的有关规定对道路交通安全违法行为予以处罚。根据《中华人民共和国行政复议法》的相关规定，某某交通支队负有对被诉处罚决定进行行政复议并作出复议决定的法定职责。

《中华人民共和国道路交通安全法》第五十六条第一款规定："机动车应当在规定地点停放……"第九十条规定："机动车驾驶人违反道路交通安全法律、法规关于道路通行规定的，处警告或者二十元以上二百元以下罚款……"第九十三条第二款规定："机动车驾驶人不在现场或者虽在现场但拒绝立即驶离，妨碍其他车辆、

① 已被修改。

行人通行的，处二十元以上二百元以下罚款……”《北京市实施〈中华人民共和国道路交通安全法〉办法》第四十九条规定：“机动车停放应当遵守下列规定：（一）在停车场或者交通标志、标线规定的道路停车泊位内停放……”本案中，李某于2016年11月29日15时30分，将车牌号×××的小型汽车停放在未施划停车泊位的某某市某某区某某外大街某某桥至某某桥段处的事实，有照片、处理机动车违法记录告知书、现场执法工作记录等证据证实，足以认定。某某大队在作出被诉处罚决定前，履行了告知等相关程序，依法保障了李某陈述和申辩的权利，符合相关法律规定。某某大队认定李某实施机动车违反停车规定的违法行为，依据《中华人民共和国道路交通安全法》第九十条、第九十三条第二款的规定，对李某作出的被诉处罚决定并无不当。某某交通支队所作106号复议决定亦无不当之处。因此，一审法院判决驳回李某的诉讼请求是正确的，本院应予维持。李某的上诉请求，缺乏事实和法律依据，本院不予支持。依照《中华人民共和国行政诉讼法》第八十九条第一款第一项的规定，判决如下：驳回上诉，维持一审判决。一、二审案件受理费各50元，均由李某负担（已交纳）。

七、理论探讨与执法指引

交通执法力量要向基层倾斜，适度提高一线交通管理警察的比例，通过调整结构优化执法力量，确保一线执法工作需要。区域面积大、流动人口多、管理执法任务重的地区，可以适度调高交警执法人员配备比例。在执法力量不足的情况下，各职能部门组建各种类型的协管员队伍参与辅助执法。协管员在辅助配合交警执法过程中，严禁使用强制性手段并应合理谨慎使用非强制性手段，做到不同类型的案件采取不同的处置措施，既不放纵非法犯罪也不任意干涉私权。交通警察可以根据工作需要配置交通协管人员，协管人员只能配合从事宣传教育、巡查、信息收集、违法行为劝阻等辅助性事务，不得从事具体行政执法工作。交通协管人员从事执法辅助事务以及超越辅助事务所形成的后续责任，由其所在交警部门承担。交通、城管、民政等领域在内的各类协管人员的管理权，可以从相关职能部门中分离出来，统一由工作所在的街道、乡镇管理使用，而交警等职能部门则主要负责对协管员队伍进行业务培训指导，同时建立协管员队伍总量控制、准入与退出、待遇保障等机制，不断优化队伍结构，进一步规范协管员岗位设置和工作职责。

在上文典型案例中，警方没有通过严格的法律程序委托被告人莫某洪所在的第三方公司，莫某洪并无执法权，仅具有劝阻违法行为的职能，而其站在原告行进方向拦截原告，并在原告不停车的情况下，采取行动致原告连人带车倒地，根据《交通警察道路执勤执法工作规范》第五条第二款规定（交通协管员不得从事其他执法行为，不得对违法行为人作出行政处罚或者行政强制措施决定)，其行为不合法。而且根据相关司法解释规定，行政机关在没有法律、法规或者规章规定的情况下，授权其内设机构、派出机构或者其他组织行使行政职权的，应当视为委托。当事人不服提起诉讼的，应当以该行政机关为被告。莫某洪越权导致原告受伤，造成了一定的经济与健康损失，毫无疑问是作为执法机关的某某市公安局交通警察支队某某大队担当被告，而不是莫某洪。

第三章　警察执法基本原则

《中华人民共和国人民警察法》《中华人民共和国治安管理处罚法》等规定了权利保障、过罚相当、公开、公正、教育与处罚相结合等法律原则，而这些原则又构成了规制治安管理处罚权的法律原则体系。从法理上分析，法律原则可以分为实质法律原则和形式法律原则，实质法律原则为法律提供了道德的根据，而形式法律原则为实质法律原则的实现提供了路径的支持。《中华人民共和国治安管理处罚法》中的实质法律原则有公正、权利保障等，而过罚相当、公开、教育与处罚相结合等主要属于形式法律原则的范畴，用于调适实质法律原则的实现。其中，过罚相当原则主要用于规制行政处罚裁量权；公开原则主要用于规制治安管理处罚的实施程序；而公正原则、权利保障原则、教育与处罚相结合原则等，则涉及实体与程序、合法与合理等诸多调整领域。这些法律原则相互协调，不仅传达出《中华人民共和国治安管理处罚法》的内在价值诉求，也共同致力于立法目的的实现。

第一节　公安机关执法应遵循过罚相当的比例原则

一、基础知识

警察比例原则是指警察权只能在维护公共安全和社会秩序所必要的最小限度内行使，运用警察权所达到的目的与公民权利受到损害之间，应当保持一个正当的比例。警察比例原则包括适当性原则、必要性原则和法益均衡原则三个子原则。适当性原则，又称为妥当性原则、妥适性原则或适合性原则，是指警察主体所采取的执法手段必须能够实现其警察目的或者说至少要有助于其目的的实现。必要性原则，又称为最少侵害原则、最温和方式原则或不可替代性原则，该原则是比例原则的核心子原则，指的是警察主体为实现一定的警察目的而必须侵害警察相对人的权益时，应选择造成侵害最小的方式。法益均衡原则，又称狭义比例原则、相称性原则或均衡原则、禁止过分原则，即行政权力所采取的措施与其所达到的目的之间必须合比例或相称。具体讲，要求警察主体因警察行为所侵害的法益要小于其所保护的法益，或者说因警察行为而损害的利益不能显著高于警察目的所追求和保护的利益。

《中华人民共和国行政处罚法》第一条规定，为了规范行政处罚的设定和实施，保障和监督行政机关有效实施行政管理，维护公共利益和社会秩序，保护公民、法人或者其他组织的合法权益，根据宪法，制定本法。第五条规定，行政处罚遵循公正、公开的原则。设定和实施行政处罚必须以事实为依据，与违法行为的事实、性质、情节以及社会危害程度相当。对违法行为给予行政处罚的规定必须公布；未经公布的，不得作为行政处罚的依据。

《中华人民共和国人民警察使用警械和武器条例》第四条规定，人民警察使用警械和武器，应当以制止违法犯罪行为，尽量减少人员伤亡、财产损失为原则。

《公安机关人民警察执法过错责任追究规定》第三条规定，追究执法过错责任，应当遵循实事求是、有错必纠、过错与处罚相适应、教育与惩处相结合的原则。

二、案件来源

张某起诉某市公安局交通警察支队（以下简称市交警支队）行政赔偿案①

三、主要案情

2016 年 4 月 19 日 8 点 42 分，张某起驾驶车牌号为“海口 68××××”的电动自行车载客一人，在海甸岛五东路与和平大道十字路口自北向南闯红灯行驶。张某起通过斑马线后，市交警支队的一名执勤协警发现张某起闯红灯，该名协警上前示意张某起靠边停车，但张某起不听协警的劝阻，仍然继续向前行驶。协警立即上前阻止并伸手拉拽电动车头，由于张某起的车速较快，张某起和车上乘客连人带车一起摔倒。2016 年 4 月 19 日至 11 月 20 日，张某起分别到某省中医院、某市中医院、某省人民医院、某省第二人民医院住院治疗，住院 83 天，花费医疗费共计 180937.98 元。经张某起委托鉴定，某省人民医院法医鉴定中心于 2017 年 11 月 24 日作出《司法鉴定意见书》（以下简称《鉴定意见书》），鉴定意见为：张某起骑车摔倒致右下肢损伤构成十级伤残；部分丧失劳动能力；后续治疗费约需 30000 元，后期如果行右膝人工关节置换术，则还需 80000 元至 100000 元；“三期”综合评定为：休息 360 日，护理 150 日，营养 150 日。2018 年 2 月 7 日，市交警支队作

① 海南省海口市中级人民法院（2018）琼 01 行赔终 21 号行政赔偿裁定书。

出《不予赔偿通知书》，认为张某起受伤系自己强行闯红灯的违法行为所致，决定不予赔偿。

另查明，张某起以市交警支队为被告，向原审法院起诉，请求确认市交警支队于2016年4月19日9时许对张某起的执法行为违法。2017年12月26日，原审法院作出（2017）琼0106行初119号行政裁定，认为市交警支队单位的协警在道路上协助交通警察指挥交通是正常的交通执法行为，市交警支队并未对张某起作出对其合法权利义务产生实际影响的行政处罚或行政强制措施等行政行为。张某起认为市交警支队工作人员拉扯电动自行车，导致其摔伤，张某起可依法向市交警支队主张行政赔偿。据此，原审法院裁定驳回了张某起的起诉。

四、案件核心

市交警支队执法行为是否违反比例原则；是否应当向张某起赔偿各项损失。

五、裁判过程与结果

（一）一审裁判过程与结果

一审法院认为，市交警支队的执法行为违反了比例原则，应对张某起的损害承担次要责任。根据《中华人民共和国道路交通安全法》第三十八条规定：“车辆、行人应当按照交通信号通行……”该法第八十七条规定：“公安机关交通管理部门及其交通警察对道路交通安全违法行为，应当及时纠正。公安机关交通管理部门及其交通警察应当依据事实和本法的有关规定对道路交通安全违法行为予以处罚。对于情节轻微，未影响道路通行的，指出违法行为，给予口头警告后放行。”张某起骑电动自行车闯红灯的行为违反了法律规定，市交警支队的执勤协警发现张某起存在交通违法行为，要求张某起停车接受检查，是合法的执法行为。《交通警察道路执勤执法工作规范》第四十条规定：“交通警察纠正违法行为时，应当选择不妨碍道路通行和安全的地点进行。”该法第四十一条规定：“交通警察发现行人、非机动车驾驶人的违法行为，应当指挥当事人立即停靠路边或者在不影响道路通行和安全的地方接受处理，指出其违法行为，听取当事人的陈述和申辩，作出处理决定。”该工作规范第七十三条规定：“查处违法行为应当遵守以下规定：（一）除执行堵截严重暴力犯罪嫌疑人等特殊任务外，拦截、检查车辆或者处罚交通违法行为，应当选择不妨碍道路通行和安全的地点进行，并在来车方向设置分流或者避让标志……（四）堵截车辆应采取设置交通设施、利用交通信号灯控制所拦截车辆前方车辆停车等非直接拦截方式，不得站立在被拦截车辆行进方向的行车道上拦截车辆……”该法条体现了行政执法中应当遵循的“比例原则”，即行政机关在实施行政执法过程中，在实现执法目的的同时，也应充分兼顾对执法相对人权益的保护，使二者保持适当的比例和尺度，不能以超出违法行为后果的手段和方式来惩罚违法行为。在张某起闯红灯的情况下，市交警支队工作人员劝阻张某起并要求停车接受检查的行为从当时的情形来看，具有一定的必要性，但其在阻拦过程中采取的伸手拉拽电动车车头的直接拦截方式不符合《交通警察道路执勤执法工作规范》的规定，违反了行政执法中应当遵循的比例原则。

在张某起闯红灯且并未造成其他重大影响的情况下，相对于查处张某起闯红灯的违法行为这一执法目的而言，市交警支队工作人员所采取的拉拽的执法手段可能会对电动自行车乘坐人的权益造成不符合比例的影响，显然不符合比例原则中的必要性和均衡性要求。张某起当时车速较快，协警阻止张某起继续行驶的拉拽行为属于不适当的执法方式，该执法方式与张某起不服从交通执法行为的行为共同导致张某起的损害。《中华人民共和国国家赔偿法》第三条第五项规定，行政机关及其工作人员在行使行政职权时造成公民身体伤害或者死亡的其他违法行为的，受害人有取得赔偿的权利。本案张某起受伤与市交警支队的违法行为有直接的因果关系，市交警支队应当依据主观过错程度对行政执法过程中造成张某起的经济损失进行赔偿。但是，基于市交警支队执法目的的正当性，采取拉拽行为源于张某起没有积极配合市交警支队对其违法行为的处理，张某起骑电动自行车闯红灯且不听协警的劝阻继续向前行驶，系其造成自身损害的主要原因，其对损害的发生存在主要过错；而市交警支队的执勤协警采取直接拦截方式对张某起的损害负有一定的过失责任。根据双方的主观过错程度，本院认定市交警支队对张某起的损害承担 30%的责任，张某起自负 70%的责任。交通警察负有纠正交通违法行为的职权，行人和驾驶人应该服从交通警察的交通执法管理。张某起在闯红灯且不听交警的劝阻继续向前行驶的情况下，主张市交警支队对其损害承担全部责任，缺乏事实依据和法律依据，原审法院不予支持。市交警支队辩称张某起的损害与其执法行为没有因果关系，与事实不符，违反了比例原则，原审法院不予支持。因此，市交警支队于 2018 年 2 月 7 日对张某起作出的《不予赔偿通知书》认定事实不清，适用法律不当，原审法院不予支持。

（二）二审裁判过程与结果

上诉人张某起不服原审判决，向本院提起上诉，请求：依法撤销某市某区人民法院（2018）琼 0106 行赔初 1 号行政赔偿判决，并改判市交警支队赔偿张某起医疗费 180937. 98 元、后续治疗费 100000 元、误工费 337845 元、护理费 29392. 5 元、残疾赔偿金 270276 元、精神损害抚慰金 10000 元、司法鉴定费 3700 元等各项损失 932151. 48 元。

上诉人市交警支队不服原审判决，向本院提起上诉，请求：依法撤销某市某区人民法院（2018）琼 0106 行赔初 1 号行政赔偿判决，驳回张某起的诉讼请求。

二审法院认为：《中华人民共和国国家赔偿法》第九条规定国家赔偿实行的是法定赔偿原则，行政行为被确定违法是行政赔偿的前提。《最高人民法院关于审理行政赔偿案件若干问题的规定》① 第二十一条第四项规定，赔偿请求人单独提起行政赔偿诉讼，应当符合下列条件：加害行为为具体行政行为的，该行为已被确认为违法。据此，赔偿请求人单独提起行政赔偿诉讼，须以行政行为被确认违法为前提。本案中，张某起提起本案之诉时，涉案行政行为未被行政机关自行确认违法，也未被复议机关或人民法院确认违法。张某起提起本案行政赔偿之诉，不符合法定的受理条件，依法应当驳回。原判认定事实不清，适用法律错误，依法应当撤销。综上，依照《中华人民共和国行政诉讼法》第八十九条第一款第二项、《最高人民法院关于审理行政赔偿案件若干问题的规定》第二十一条第四项及《最高人民法院关于适用〈中华人民共和国行政诉讼法〉的解释》第六十九条第十项之规定，裁定如下：一、撤销某市某区人民法院（2018）琼 0106 行赔初 1 号行政赔偿判决；二、驳回张某起的起诉。本案受理费依法免收。本裁定为终审裁定。

六、类案比较

（一）案件来源

龙某某川商务酒店（以下简称某川酒店）诉某某市公安局、某某市人民政府（以下简称某某市政府）治安管理行政处罚纠纷案②

（二）主要案情

因某川酒店存在不按规定对住宿旅客进行实名登记的情况，某某市公安局于 2019 年 10 月 1 日适用《中华人民共和国治安管理处罚法》对某川酒店作出当场处罚决定书，决定当场处罚人民币 200 元，并在当日对某川酒店下发 14 号整改通知，内容为："某川商务酒店：经调查，发现你（单位）存在下述：不按规定实名登记和漏登记住宿客人身份信息，造成酒店住宿旅客漏登和信息漏传现象。现建议你（单位）立即予以改正。建议：1. 如实登记住宿旅客信息；2. 及时上传住宿旅客信息工作。在 2017 年 10 月 3 日前整改或者整改完毕，并将结果函告我单位。"虽然某某市公安局在 14 号整改通知中未写明具体适用的法律，但是根据《中华人民共

---

① 已被《最高人民法院关于审理行政赔偿案件若干问题的规定》（法释〔2022〕10 号）废止。

② 海南省高级人民法院（2019）琼行申 57 号行政裁定书。

和国行政处罚法》第二十三条“行政机关实施行政处罚时，应当责令当事人改正或者限期改正违法行为”的规定，公安机关就某川酒店不按规定对住宿旅客进行实名登记的行为适用《中华人民共和国治安管理处罚法》对某川酒店进行行政处罚的同时，应当责令当事人改正或者是限期改正违法行为。某某市公安局主张，在其作出14号整改通知后，某川酒店若拒不改正，根据特殊法优于一般法的法律适用原则，其可以适用《中华人民共和国反恐怖主义法》第八十六条的规定对某川酒店进行行政处罚。且《中华人民共和国反恐怖主义法》第八十六条第二款未规定在对行政相对人作出处罚决定之前，必须以责令整改为前提。某某市公安局在适用《中华人民共和国治安管理处罚法》对某川酒店作出行政处罚后，再次发现某川酒店存在不按规定对旅客登记姓名时，在没有履行《中华人民共和国反恐怖主义法》第八十六条规定的程序要求，责令某川酒店进行整改且明确告知如再次违反规定的法律后果的情形下，适用《中华人民共和国反恐怖主义法》对某川酒店处以十万元以上五十万元以下的罚款。

（三）案件核心

本案中适用《中华人民共和国反恐怖主义法》处罚未按规定登记旅客身份信息的是否遵循过罚相当等原则。

（四）裁判过程与结果

再审法院认为，行政行为的内容应当明确具体，某某市公安局应当明确告知某川酒店未按规定整改再次违法的法律后果，使其对违法行为可能造成的后果有明确的心理预期。但从该14号整改通知的内容看，某某市公安局并未明确告知某川酒店再次不按规定实名登记或漏登记信息将会造成依照《中华人民共和国反恐怖主义法》的规定被处以十万元以上五十万元以下罚款的法律后果。另，《中华人民共和国反恐怖主义法》第八十六条规定，“电信、互联网、金融业务经营者、服务提供者未按规定对客户身份进行查验，或者对身份不明、拒绝身份查验的客户提供服务的，主管部门应当责令改正；拒不改正的，处二十万元以上五十万元以下罚款，并对其直接负责的主管人员和其他直接责任人员处十万元以下罚款；情节严重的，处五十万元以上罚款，并对其直接负责的主管人员和其他直接责任人员，处十万元以上五十万元以下罚款。住宿、长途客运、机动车租赁等业务经营者、服务提供者有前款规定情形的，由主管部门处十万元以上五十万元以下罚款，并对其直接负责的主管人员和其他直接责任人员处十万元以下罚款”。根据全国人民代表大会常务委员会法制工作委员会在《中华人民共和国反恐怖主义法释义》① 中的意见，在实践中在适用《中华人民共和国反恐怖主义法》第八十六条第二款规定时，仍需要参照前款规定，区分不同情节，分别作出责令改正、罚款的处理，特别是罚款处罚虽然只有一档，但也要注意区别违法情节的轻重，在十万元至五十万元之间，确定适当的处罚数额，做到过罚相当。某某市公安局在适用《中华人民共和国治安管理处罚法》对某川酒店作出行政处罚后，再次发现某川酒店存在不按规定对旅客登记姓名时，准备适用《中华人民共和国反恐怖主义法》对某川酒店进行行政处罚之前，应当履行《中华人民共和国反恐怖主义法》第八十六条规定的程序要求，责令某川酒店进行整改，且应当明确告知如再次违反规定的法律后果，在其明知却拒不改正的情况下，才能依法对其处以十万元以上五十万元以下的罚款。虽然某某市公安局负有对辖区内发生的涉及反恐工作的案件予以查处的法定职责，但其未经责令某川酒店整改直接适用《中华人民共和国反恐怖主义法》第八十六条第二款作出的 1530 号处罚决定违反法定程序，且对某川酒店的合法权利产生了实际影响，根据《中华人民共和国行政诉讼法》第七十条第三项的规定，应予撤销；某某市政府维持上述 1530 号处罚决定的复议决定结果错误，亦应予撤销。

综上，二审法院认定事实清楚，虽然说理不当，但判决撤销某某市公安局的 1530 号处罚决定和某某市政府作出的复议决定结果正确。某某市公安局的再审申请不符合《中华人民共和国行政诉讼法》第九十一条规定的情形。依照《最高人民法院关于适用〈中华人民共和国行政诉讼法〉的解释》第一百一十六条第二款的规定，裁定如下：驳回某某市公安局的再审申请。

七、理论探讨与执法指引

比例原则能够有效地对警察的行政执法行为进行规制，应该成为警察法中的基本原则，在警察立法、执法及行政复议和行政诉讼的各个环节都加以适用，不仅能够有效地规范人民警察的行政执法行为，还在一定程度上有助于我国警察法律制度的完善。笔者将在警察法的范围内对比例原则进行分析，阐释比例原则对于限制警察自由裁量权的滥用、保护公民合法权益的重要作用。两害相权取其轻，两利相权取其重是我国传统法律价值理念，该理念本质上是比例原则的体现，但是我国法律制度中，对比例原则还没有直接的回应，只在立法中有一些分散的局部表述，例如《中华人民共和国治安管理处罚法》第八十二条规定："需要传唤违反治安管理行

① 全国人民代表大会常务委员会法制工作委员会编：《中华人民共和国反恐怖主义法释义》，法律出版社 2016 年版。

为人接受调查的，经公安机关办案部门负责人批准，使用传唤证传唤。对现场发现的违反治安管理行为人，人民警察经出示工作证件，可以口头传唤，但应当在询问笔录中注明。公安机关应当将传唤的原因和依据告知被传唤人。对无正当理由不接受传唤或者逃避传唤的人，可以强制传唤。”对传唤与强制传唤不同条件的设置是能够体现立法关于目的与手段的合比例性考虑的。《中华人民共和国人民警察使用警械和武器条例》第四条规定：“人民警察使用警械和武器，应当以制止违法犯罪行为，尽量减少人员伤亡、财产损失为原则。”该条例第十条还规定：“人民警察遇有下列情形之一的，不得使用武器：（一）发现实施犯罪的人为怀孕妇女、儿童的，但是使用枪支、爆炸、剧毒等危险物品实施暴力犯罪的除外……”，这些规定都体现了警察使用武力要符合比例原则中的必要性要求。

在理论上，警察权行使的比例原则对行使警察权的总体要求是：第一，采取警察措施，不允许采取明显的与预期结果不成比例的手段。第二，对于所执行的警察任务有多种措施可供考虑的，警察应当采取预计对个人和集体损害最小的措施。第三，警察措施均有时效的限制，当该项措施的目的已经达到或已经不能达到时，警察措施不应继续生效。也就是说，警察法上的比例原则不仅涉及措施之选择，也涉及措施的持续时间，防止过度干扰社会的正常生活秩序、侵害公民和法人的合法权益，同时降低警务活动的人力物力消耗和社会成本。这是警察法对比例原则提出的特殊要求。警察执法权作为公权力的一种，也为保障公民私权服务，但相比较其他行政权具有更为突出的易扩张性，这主要表现在警察的自由裁量权方面。应将比例原则纳入警察自由裁量权之中，使警察在执法过程中，既能使执法者的权力得到正确的行使又能使权力不致被滥用，将比例原则纳入执法中是比较理想的选择。

第二节 公安机关执法应坚持教育与处罚相结合原则

一、基础知识

公安机关办理行政案件，要始终坚持教育与处罚相结合的原则。具体来讲，就是公安机关依法对违法行为人实施处罚，旨在纠正其违法行为，使违法行为人认识到自己的行为给社会和他人带来的危害，以及因此要受到的相应的法律制裁，通过对其实施处罚使其本人受到教育，以后不致重犯；同时，通过对违法行为人实施处罚，也让周围群众认识到某种行为的社会危害性和违法性，引以为戒。因此，公安机关对违法行为人实施处罚并不是单纯为了处罚，而是通过实施处罚纠正其违法行为，达到教育违法行为人本人和其他群众自觉守法、保障法律贯彻实施的目的。比如，《公安机关办理行政案件程序规定》第一百七十八条规定，对于因民间纠纷引起的殴打他人、故意伤害、侮辱、诽谤、诬告陷害、故意损毁财物、干扰他人正常生活、侵犯隐私、非法侵入住宅等违反治安管理行为，情节较轻，且具有下列情形之一的，可以调解处理："（一）亲友、邻里、同事、在校学生之间因琐事发生纠纷引起的；（二）行为人的侵害行为系由被侵害人事前的过错行为引起的；（三）其他适用调解处理更易化解矛盾的。"这主要是考虑到一般违法行为毕竟不同于犯罪行为，如果违法行为人能够认识到自己行为的违法性，并主动承担法律责任，也不一定必须实施行政处罚。行政处罚的根本目的还是在于教育，只要达到教育目的，不一定非要实施处罚不可。如果不通过处罚就能达到教育公民自觉守法的目的，就无须进行处罚。如何把握教育与处罚相结合的尺度，还需依据不同案件的具体情况而定。因此，要做到教育与处罚相结合，不仅要对违法行为人的违法行为给予合法、公正的处罚，通过处罚对其进行教育，使之以后不再重犯；还要注意通过对违法行为人的处罚对其他群众进行法治宣传教育，让其他群众引以为戒，而不能以处罚作为唯一目的，"罚完了事"。坚持教育与处罚相结合，旨在维护社会治安秩序和社会管理秩序，处罚不是目的，教育公民、法人和其他组织自觉守法才是根本目的。

《中华人民共和国行政处罚法》第六条规定，实施行政处罚，纠正违法行为，应当坚持处罚与教育相结合，教育公民、法人或者其他组织自觉守法。

《中华人民共和国治安管理处罚法》第五条规定，治安管理处罚必须以事实为依据，与违反治安管理行为的性质、情节以及社会危害程度相当。实施治安管理处罚，应当公开、公正，尊重和保障人权，保护公民的人格尊严。办理治安案件应当坚持教育与处罚相结合的原则。

二、案件来源

吴某某、郑某某诉某某市公安局某某分局甲派出所治安行政处罚案①

三、主要案情

郑某某系吴某某离婚诉讼纠纷中吴某某前妻张某的委托代理人。2017 年 9 月 24 日 14 时许，吴某某与张某相约于某某市某某区某某西路×××号一楼咖啡厅就子女探视事宜进行协商。郑某某因有事晚到，其到达时，张某已离去。郑某某指责吴某某之前为子女探视问题反复拨打其电话、发送短信，警告吴某某不得再对其骚扰，并推搡了吴某某。吴某某欲报警处理并阻止郑某某就此离去，双方随即发生了

① 上海市高级人民法院（2019）沪行终 12 号行政判决书。

相互推搡的肢体冲突。吴某某因被郑某某推搡倒地致脚部受伤。次日，某某市公安局某某分局甲派出所（以下简称甲派出所）接吴某某报案后予以受案调查，并向吴某某开具了验伤通知书。2017 年 9 月 26 日，甲派出所出具鉴定聘请书，聘请乙司法鉴定所对吴某某的伤势情况进行司法鉴定。2017 年 11 月 10 日，乙健康管理咨询有限公司出具司法鉴定意见书，鉴定意见为：被鉴定人吴某某因故致左第 5 跖骨撕脱性骨折、头部外伤后伴头晕等，目前已构成轻微伤。吴某某不服，提出重新鉴定申请。2017 年 11 月 28 日，甲派出所作出不予重新鉴定通知书，告知吴某某，决定不予重新鉴定。2017 年 12 月 6 日，甲派出所经审批，决定将本案办理期限延长 30 日。经过调阅事发时的监控视频资料，询问当事人及证人，2018 年 1 月 6 日，甲派出所将拟对郑某某作出行政处罚决定的事实、理由及依据通过电话告知了郑某某，郑某某口头提出申辩意见。

上诉人吴某某上诉称：一审判决认定事实错误，上诉人与案外人张某就双方子女探视事宜相约协商，并未与原审原告郑某某约好见面，郑某某的出现不仅导致上诉人与张某之间矛盾激化，而且导致上诉人生命健康权受到直接伤害。郑某某的殴打行为导致上诉人两处轻微伤害，情节恶劣，结果严重。而被上诉人认定郑某某实施的违法行为情节较轻，属于认定事实错误，处罚不当。原审法院未结合郑某某引发冲突的动机、实施殴打行为性质的严重性以及造成上诉人生命健康权的严重损害结果进行认定属于认定事实错误，请求依法改判被上诉人重新作出行政处罚决定。

被上诉人甲派出所辩称：本案被诉处罚决定的作出符合法律规定，程序合法，被上诉人将教育和处罚相结合，结合《中华人民共和国治安管理处罚法》的裁量标准作出被诉处罚决定，处罚适当，请求驳回上诉，维持原判。

四、案件核心

郑某某是否存在殴打他人的行为；被诉处罚决定适用法律是否正确；量罚是否适当。

五、裁判过程与结果

（一）一审裁判过程与结果

一审法院认为：根据《中华人民共和国治安管理处罚法》第九十一条规定，治安管理处罚由县级以上人民政府公安机关决定；其中警告、五百元以下的罚款可以由公安派出所决定。故甲派出所具有对本案调查处理的职权。甲派出所在作出被诉行政处罚决定前，履行了受案、调查、延长办案期限、事先告知、复核、决定、送达等程序义务，其行政程序符合法律规定。在案视频资料等证据显示，事发时，郑某某有抓住吴某某的衣领往后推搡等动作。吴某某用身体阻拦郑某某离开时，郑某某再次抓住吴某某的衣领，并实施了力度较大的推撞，吴某某随即出现了一瘸一拐的动作。结合验伤通知书、鉴定意见书等反映的内容，可以证明吴某某的轻微伤系郑某某的推搡行为导致。郑某某主观上具有侵犯他人人身权利的故意，客观上造成了吴某某人身伤害的后果。故甲派出所据此认定郑某某实施了殴打他人的行为，认定事实清楚、证据确凿充分、定性准确。对违反治安管理行为人给予治安管理处罚是公安机关贯彻《中华人民共和国治安管理处罚法》、加强治安管理的一个重要手段。为维护社会治安秩序，对少数违反治安管理行为人依法给予治安管理处罚，是十分必要的。但处罚不是目的，而是为了纠正违反治安管理行为，在处罚的同时对违反治安管理行为人进行教育，是贯彻教育与处罚相结合原则的具体体现。本案中，公安机关认定郑某某存在违法行为并对其作出罚款500元的处罚决定，已具有纠正违法行为，对违反治安管理行为人进行教育的作用。考虑到行为的情节、采用的手段均较轻微，也未造成较大的危害后果。且事发前吴某某与郑某某之间已存在一定的矛盾，纠纷的产生并非毫无缘由。事发时，吴某某坚持阻挡郑某某不让其离去且双方互有推搡动作也是导致冲突加剧升级的原因之一。故甲派出所认定郑某某实施的违法行为属情节较轻，并作出被诉处罚决定并无明显不当。吴某某主张处罚过轻，郑某某主张没有违法行为，不应对其处罚的诉讼请求，均缺乏依据，原审法院遂判决：驳回吴某某的诉讼请求；驳回郑某某的诉讼请求。判决后，吴某某不服，向本院提起上诉。

（二）二审裁判过程与结果

二审法院认为：甲派出所结合双方事发起因、争执内容、影响程度等因素，认为郑某某的违法行为情节较轻，对其作出罚款500元的处罚决定，有客观事实为基础，且适用法律正确，裁量适当，亦符合教育与处罚相结合原则，并无不当。上诉人的上诉请求及理由缺乏事实证据和法律依据，本院不予支持。原审判决并无不当，应予维持。据此，依照《中华人民共和国行政诉讼法》第八十九条第一款第一项之规定，判决如下：驳回上诉，维持原判。

六、类案比较

（一）案件来源

赵某侠诉某某市公安局江某分局（以下简称江某公安分局）履行治安管理法定职责案①

---

① 南京铁路运输法院（2019）苏8602行初539号行政判决书。

（二）主要案情

经审理查明，原告赵某侠系某某市江某区麒麟街道某某雅园保洁员。2019 年 1 月 25 日 9 时 6 分，赵某侠的儿子胡某贤拨打“110”报警，称某某雅园 6 栋附近有打架纠纷。接到“110”转来的报警后，被告下属麒麟派出所民警到达现场。民警现场了解情况，系某某雅园业主白某因怀疑去年放在门口一个金项链被保洁员赵某侠拿走，遂双方发生口角，在此过程中，白某打了赵某侠一巴掌。民警将赵某侠及白某带到麒麟派出所，分别对赵某侠、白某进行了调查并制作询问笔录。调查过程中，白某承认因双方发生争执，自己“用手背扇了赵某侠一巴掌”。2019 年 4 月 9 日，麒麟派出所对案外人曹某华进行了询问。曹某华称双方之前就有过矛盾，2019 年 1 月 25 日上午，在某某雅园 6 栋附近，白某骂了赵某侠，曹某华带他们去物业解决问题，在去物业的路上，白某打了赵某侠。2019 年 1 月 25 日，江某公安分局作出《调取证据通知书》，向启迪物业调取与赵某侠被打一案有关的视频监控。同日，被告受理赵某侠被打一案，并用短信告知案件受理情况。

被告江某公安分局在庭审中陈述，当日经调查，认定白某殴打赵某侠的事实清楚，证据确凿，根据《中华人民共和国治安管理处罚法》第四十三条相关规定，应当对白某作出行政处罚决定。但是被告在对白某传唤询问期间发现白某情绪激动，为了缓解社会矛盾，维护社会稳定，不能简单地对白某进行行政处罚。根据《中华人民共和国治安管理处罚法》第五条、第六条的规定，被告民警会同街道司法等部门工作人员，对白某采取了劝说、批评教育的处理，没有对其处罚。被告还认为，针对胡某贤的报警，在当天即已经处理结束，但未将对白某的处理意见告知赵某侠。

（三）案件核心

江某公安分局在法定期限内是否履行了法定职责；以教育代替处罚能否实现执法目的。

（四）裁判过程与结果

一审法院认为，《中华人民共和国治安管理处罚法》第二条规定，扰乱公共秩序，妨害公共安全，侵犯人身权利、财产权利，妨害社会管理，具有社会危害性，依照《中华人民共和国刑法》的规定构成犯罪的，依法追究刑事责任；尚不够刑事处罚的，由公安机关依照本法给予治安管理处罚。被告在庭审中称，白某殴打赵某侠的事实清楚，证据确凿，应当对其作出行政处罚决定，但考虑到白某情绪激动，为了缓解社会矛盾，依据《中华人民共和国治安管理处罚法》第五条、第六条的规定，采取了劝说、批评教育的处理。对此，本院认为，公安机关在办理行政案件过程中，应当加强对当事人的教育，努力疏导情绪，化解社会矛盾，但其前提必须是严格执法。教育与处罚相结合是治安管理处罚法的基本原则，但不能简单地以教育代替处罚，或以处罚代替教育。对应当处罚的行为不处罚，应当追究的责任不追究，形式上似乎钝化了矛盾，实质上却破坏了法律实施，也会引导相对人采用各种方式规避、对抗公安机关依法履行职责，无助于构建良好的社会治安秩序。因此，被告以维护社会稳定、防止矛盾激化为由，不给予白某处罚的理由不能成立。

综上，根据《中华人民共和国行政诉讼法》第七十二条、《最高人民法院关于适用〈中华人民共和国行政诉讼法〉的解释》第九十一条之规定，判决如下：责令被告某某市公安局江某分局于本判决生效之日起30日内针对原告赵某侠的报警作出处理。

案件受理费50元，由被告某某市公安局江某分局负担。

七、理论探讨与执法指引

从宏观上来说，教育和处罚都是手段，都是为了实现维护社会治安这个目的；从微观上来说，教育本身也是目的，相对于它而言，处罚仅仅是手段而已。警察执法中适用教育与处罚原则可以实现不同的目的。教育与处罚相结合原则有着深刻的理论基础，教育原则体现出法律的规范作用，处罚原则体现了法律的社会作用，教育与处罚相结合原则意味着把法律的两大作用都包括起来了，因此，它具有高度的涵盖性和很强的现实性。教育原则是《中华人民共和国治安管理处罚法》教育作用的具体化。它首先表现为国家把治安管理、维护社会秩序、公民人身财产安全等价值观念、标准凝结为固定的行为模式和法律规定而向人们灌输，使之渗透于或内化于人们的心中，并借助人们的行为进一步广泛传播。其次表现为通过《中华人民共和国治安管理处罚法》的实施而对本人和他人今后的行为发生影响。例如，对违法者行为的制裁不仅教育违法者本人，对其他人也可以起到同样的教育作用。最后表现为对合法行为的鼓励、保护可以对一般人的行为起到示范和促进作用。处罚原则是《中华人民共和国治安管理处罚法》的社会作用的具体化。因为治安管理处罚种类中包括剥夺人身自由（15日以下的拘留），所以相比较一般行政处罚而言，它无疑更具有严厉性。但是，相比较刑事处罚而言，它却轻很多，更多地体现出该法在执行社会公共事务中的作用。例如，该法对社会秩序的维护、对社会公共安全的保护、对公民人身财产安全的保护等充分体现出这一点。正是通过这种幅度的处罚，治安管理具有了一定深度和广度的社会作用，成为调控社会、维护治安的有力保证。

现行《中华人民共和国治安管理处罚法》以“维护社会治安秩序”为其立法目的侧重点，而惩罚及其警示作用并非最终目的。但是，实践中有些公安机关将教育和处罚的关系单一化处理，更为强调处罚的报应、威慑作用，而忽略了柔性执法方式的应用，从而偏离了立法目的，违背了比例原则的要求。根据警察法上的比例原则，在选择教育与处罚相结合原则的实现手段时，应当遵循如下判断路径：

其一，选择的手段应当能够达到立法目的。“教育”和“处罚”是治安案件办理中的两种基本手段，具有相互独立性，进而可以组合为教育、教育和处罚以及处罚三种选择。实现手段的选择应当围绕治安管理处罚法的立法目的侧重点进行，而非基于考核、业绩要求、部门利益等非法定目的。若过于倚重行政拘留等处罚手段，虽然会产生威慑作用，但未必能启发违法行为人向善的心灵。且处罚对于许多冲动型违法是难以起作用的，加之违法行为的产生原因复杂，绝非仅通过惩罚所产生的威慑作用即能完全预防的，也即选择的手段有可能偏离治安管理处罚法的立法目的。

其二，选择的手段应当遵循最小侵害的原则，若通过教育手段就能够实现立法目的的，即不得选择处罚手段；若用较轻的处罚手段能够实现立法目的的，即不得选择较重的处罚手段。对于违法情节显著轻微的情形，不宜或依法不得施加处罚，应当优先选择教育手段来保障立法目的的实现。对于应予处罚的情形，也应当以过程论的思维，并辅以教育的手段，使违法行为人明了其行为的危害性，以确保治安管理的实效性。

其三，选择的手段应当遵循利益衡量的要求。处罚具有滞后性与负效应性，可能会影响被处罚者的工作、生活，乃至导致其走向社会的反面，而教育则具有前瞻性和正效应性，二者在特性上相互补充，在功能上相互配合，应当共同作为治安管理实效性的确保手段，以更好服务于立法目的的实现。处罚虽然具有一定的教育功能，却远远达不到教育手段在预防违法犯罪功能上的效果。因此，应当将教育作为一种更为基础的确保治安管理实效性的手段，将之贯穿于治安案件办理的全过程，并将处罚作为一种辅助性手段，以促进执法效益的提升。①

第三节　公安机关决定不予行政处罚应查明案件事实

一、基础知识

《中华人民共和国人民警察法》第一条规定：“为了维护国家安全和社会治安秩序，保护公民的合法权益……”该法第二条第一款也规定：“人民警察的任务是维护国家安全，维护社会治安秩序，保护公民的人身安全、人身自由和合法财产，

---

① 史全增、孙文夕：《论治安管理处罚法中的教育与处罚相结合原则》，载《中国人民公安大学学报（社会科学版）》2020年第6期。

保护公共财产，预防、制止和惩治违法犯罪活动。”人民警察法的基本规定为确立警察法的尊重和保障权利原则提供了基本法律支撑。警察权行使的终极目标是尊重和保障权利。警察权的行使应以保障公民权利的实现为前提，不能片面地为追求公共利益的实现而牺牲个人权益。根据《中华人民共和国人民警察法》第二十二条的规定，人民警察不得有各类违法乱纪行为，不得侵犯公民的合法人身权和财产权。人民警察在执法时要保障公民的知情权和隐私权。警察主体在收集证据、采取强制措施、案件调查等各类执法中必须不断完善对警察相对人的权利保障措施，确保其基本权利不受侵害。公安机关行政执法同样不能有罪推定。

二、案件来源

宋某诉甲县公安局治安管理行政处罚案①

三、主要案情

2015 年 12 月 29 日 14 时许，在甲县乙街道办事处 2 楼工作人员陈某办公室内，原告宋某因房屋审批的问题与第三人陈某发生争吵、肢体冲突。经报警，甲县公安局城南派出所民警出警到现场处置。2016 年 1 月 13 日，被告甲县公安局根据《公安机关办理行政案件程序规定》② 第二百三十三条第一款之规定作出云公（南）行终止决定（2016）10001 号终止案件调查决定。原告宋某不服，向甲县人民政府申请行政复议。2016 年 6 月 2 日甲县人民政府作出云政复字〔2016〕5 号行政复议决定，撤销了被告甲县公安局于 2016 年 1 月 13 日作出的云公（南）行终止决定（2016）10001 号终止案件调查决定。2016 年 8 月 1 日，被告甲县公安局作出云公南不罚决字（2016）10009 号不予行政处罚决定。原告宋某不服，向甲县人民政府申请行政复议。原告宋某在申请行政复议期间，向甲县人民政府申请撤回行政复议。甲县人民政府于 2016 年 9 月 29 日作出云政复字（2016）12 号行政复议终止决定书，决定终止行政复议。2017 年 1 月 11 日原告宋某不服被告甲县公安局作出的云公（南）不罚决字（2016）10009 号不予行政处罚决定，向法院提起行政诉讼。

四、案件核心

第三人陈某有无殴打原告宋某，甲县公安局作出的不予行政处罚决定是否合法。

---

① 浙江省丽水市中级人民法院（2017）浙 11 行终 44 号行政判决书。

② 现已根据 2018 年《公安部关于修改〈公安机关办理行政案件程序规定〉的决定》、2020 年《公安部关于废止和修改部分规章的决定》修改。

五、裁判过程与结果

（一）一审裁判过程与结果

本案中，原告宋某到第三人陈某所在的甲县乙街道办事处办公场所要求办理涉房屋审批的相关事项，无论是原告还是第三人均应使用文明的语言和行为来处理争议的相关事项。原告宋某有使用不文明语言来要求办理相关事项的情形，第三人陈某有与原告宋某发生肢体冲突的情形。被告甲县公安局在作出不予行政处罚决定时，查明整个过程造成办公桌上的一只玻璃瓶破损和宋某颈部受伤的后果，在案件调查中未查明造成宋某伤势的确切原因的情形下，认定违法事实不能成立，决定不予行政处罚属涉案的事实调查不清，主要证据不足，依法应予撤销。因涉案的造成宋某伤势的确切原因及第三人陈某有无殴打原告宋某的情形，需经被告甲县公安局根据案件调查的不同情况依法作出决定，原告宋某要求判令被告限期重新作出对第三人故意殴打他人立案处罚的诉讼请求，该院不予支持。

为此，依照《中华人民共和国行政诉讼法》第六十九条、第七十条第一项之规定，判决如下：一、撤销被告甲县公安局于2016年8月1日作出的云公（南）不罚决字（2016）10009号不予行政处罚决定；二、驳回原告宋某的其他诉讼请求。案件受理费50元，由被告甲县公安局负担。

（二）二审裁判过程与结果

上诉人甲县公安局上诉称，上诉人于2016年8月1日作出的云公（南）不罚决字（2016）10009号《甲县公安局不予行政处罚决定书》程序合法，适用法律准确，是正确有效的。具体理由如下：

1. 我局已对案件充分调查取证，且该案已达到法定办案期限。自2015年12月29日城南派出所受理该案后，持续展开调查取证工作，取得了“110”接警记录单；宋某（被上诉人）的陈述；陈某（第三人）的陈述；证人蓝某、叶某甲、叶某乙、钟某、高某、孙某的证言；体表原始伤情记录、病历、现场照片、宋某提供的录音笔。我局已经尽到全面收集证据的法定职责。根据《中华人民共和国治安管理处罚法》第九十九条规定：“公安机关办理治安案件的期限，自受理之日起不得超过三十日；案情重大、复杂的，经上一级公安机关批准，可以延长三十日。”我局于2016年1月13日作出的云公（南）行终止决字（2016）10001号《终止案件调查决定书》被甲县人民政府以在案件调查取证中存在部分与案件有关的事实调查不清，作出终止调查决定的法律适用错误为由而被云政复字〔2016〕5号行政复议决定书撤销后，继续展开调查，并延长了办案期限，在案件期限届满之前，作出云公（南）不罚决字（2016）10009号《甲县公安局不予行政处罚决定书》，程序合法。

2. 对陈某作出不予行政处罚决定，符合法律规定。在司法实践中，由于人的认知能力、司法资源等方面的限制，有的案件难以查明事实真相，对犯罪事实的证明未能达到证据确实、充分的法定证明标准，案件处于疑罪状态。对于刑事案件，“疑罪从无”原则，不管是在刑事立法还是司法实践中，都得到了确认。本案虽为行政案件，但“疑案从无”，是符合立法精神和执法实践的，也是符合《中华人民共和国宪法》有关人权保障要求的。《中华人民共和国治安管理处罚法》第五条规定，治安管理处罚必须以事实为依据，与违反治安管理行为的性质、情节以及社会危害程度相当。第九十五条规定：“治安案件调查结束后，公安机关应当根据不同情况，分别作出以下处理：（一）确有依法应当给予治安管理处罚的违法行为的，根据情节轻重及具体情况，作出处罚决定；（二）依法不予处罚的，或者违法事实不能成立的，作出不予处罚决定；（三）违法行为已涉嫌犯罪的，移送主管机关依法追究刑事责任；（四）发现违反治安管理行为人有其他违法行为的，在对违反治安管理行为作出处罚决定的同时，通知有关行政主管部门处理。”就本案而言，综合全案证据，无法证明造成宋某伤势的确切原因，亦无法证明在整个过程中陈某有殴打宋某的故意。即没有充分的证据证明陈某有殴打宋某的行为和主观目的。对于证据不足的疑案，违法事实不能成立的，应当推定为没有违法事实，不能予以治安管理处罚，应当作出不予处罚的决定。因此，我局认为宋某控告陈某对其实施殴打的违法事实不能成立，不能给予陈某治安管理处罚。

3. 一审法院判决结果相互矛盾。依照一审法院分别有以下判决理由和决定：（一）“被告甲县公安局在作出不予行政处罚决定时，查明整个过程造成办公室桌上的一只玻璃瓶破损和宋某颈部受伤的后果，在案件调查中未查明造成宋某伤势的确切原因的情形下，认定违法事实不能成立，决定不予行政处罚属涉案的事实调查不清，主要证据不足，依法应予撤销”的判决理由和决定（以下用理由和决定一表述）；（二）“因涉案的造成宋某伤势的确切原因及陈某有无殴打宋某的情形，需经甲县公安局根据案件调查的不同情况依法作出决定，宋某要求判令甲县公安局限期重新作出对陈某故意殴打他人立案处罚的诉讼请求，本院不予支持”的判决理由和决定（以下用理由和决定二表述）。上诉人认为以上判决理由和决定一、决定二相互矛盾。综合以上两个判决理由，可以总结为涉案的造成宋某伤势的确切原因及陈某有无殴打宋某的情形调查不清，证据不足。一审法院在相同理由下，既不支持上诉人的不予处罚决定，又不支持宋某的要求作出处罚决定，试问在事实不清、证据不足的情况下，还有除了不予行政处罚或给予行政处罚的第三种决定吗？具体到本案而言，上诉人依照《中华人民共和国治安管理处罚法》第九十五条第二款之规定，对决定一表示不服而对决定二表示认同。

4. 一审判决撤销不予处罚决定，上诉人将无所适从。就行政案件而言，法院判决有最终效力，如上诉人不提起上诉，就必须服从一审判决，但该判决使得上诉人无所适从。如按一审判决执行，不予处罚决定被撤销后，就宋某控告陈某一案而言，没有有效决定。如果上诉人不作出行政处罚决定或者不予处罚决定，将会造成该案“疑案从挂”，也将违反《中华人民共和国治安管理处罚法》第九十九条办案期限的规定，造成行政不作为；因该案已经充分调查取证，目前无其他证据可取，而依据现有证据材料，上诉人将再次做出不予处罚决定，这将违反《中华人民共和国行政诉讼法》第七十一条之规定：“人民法院判决被告重新作出行政行为的，被告不得以同一的事实和理由作出与原行政行为基本相同的行政行为。”法律不强人所难，法律不强求任何人去做根本无法做到的事情，《中华人民共和国行政诉讼法》制定的目的是“监督行政机关依法行使行政职权”，如果法院的裁判，会造成行政机关违法的结果，上诉人认为该判决是不公正的，更是不符合《中华人民共和国行政诉讼法》立法精神的。综上所述，在执法司法中，首先考虑法律规定，严格遵循法律，追求法律真实。上诉人出具的云公（南）不罚决字（2016）10009号《甲县公安局不予行政处罚决定书》程序合法，适用法律准确，是正确有效的。上诉人认为一审判决撤销该不予处罚决定错误，故提出上诉，望判如所请！

被上诉人宋某辩称：一审判决上诉人作出不予行政处罚决定书认定事实不清、证据不足是正确的。上诉人上诉状写的是推定陈某违法行为不存在，只是一种推定。上诉人弄虚作假、不作为、乱作为，系包庇陈某的违法行为。证人集体故意编造事实，隐瞒真相，作虚假陈述串供，包庇陈某逃避法律的追究，不合法。本案是治安行政处罚案件，上诉人列举的案例是刑事案件，与本案没有关系。其是依法办事，上诉人应当依法行政。

原审第三人陈某经本院合法传唤无正当理由拒不到庭应诉，也未提交书面陈述意见。

原审期间各方当事人提交的全部证据材料，均由原审法院移送至本院。被上诉人宋某在二审期间提交的载有街道书记主持调解过程的录音光盘，系在原审程序中已经形成但无正当事由未提供的证据材料，违反了举证期限的规定，不属于新的证据，本院不予采信。二审查明的事实与原审判决认定的事实基本一致。

原审认为本案争议焦点是上诉人甲县公安局对第三人陈某作出不予行政处罚决定的事实和法律依据是否充分。甲县公安局上诉称其已充分调查取证，且以违法事实不能成立作出不予处罚符合法律规定。

本院认为，被上诉人宋某与第三人陈某在办公室内产生冲突，宋某亦有受伤结果，系当事人均无争议的事实。对此，甲县公安局应履行查明事实的法定职责，排除合理怀疑后依据查明事实作出相应决定。但在被诉的不予行政处罚决定中，甲县公安局对陈某在案涉冲突发生时曾作出何种行为，陈某的行为与宋某的伤情是否存在因果关系未作出认定即认为违法事实不成立，系认定事实不清。原审法院以事实认定不清、主要证据不足，判决撤销该不予行政处罚决定，系要求甲县公安局继续查明事实，再作出决定，故原审判决并无不当，应予维持。甲县公安局的上诉理由缺乏事实和法律依据，本院不予支持。根据《中华人民共和国行政诉讼法》第八十九条第一款第一项、《最高人民法院关于执行〈中华人民共和国行政诉讼法〉若干问题的解释》[①] 第四十九条第三款的规定，判决如下：驳回上诉，维持原判。二审案件受理费50元，由上诉人甲县公安局负担。本判决为终审判决。

六、类案比较

（一）案件来源

王某诉乙县公安局行政强制隔离戒毒案[②]

（二）主要案情

再审申请人乙县公安局因与被申请人王某行政强制隔离戒毒一案，不服河南省周口市中级人民法院（2020）豫16行终6号行政判决，向本院申请再审。

乙县公安局申请再审称：

一、原审认定事实错误，被申请人无逾期未报到的正当理由，拒绝接受社区戒毒，根据申请人提交的乙县公安局某乡派出所于2019年9月22日出具的证明和乙县某乡社区戒毒社区康复管理中心于2019年9月22日出具的证明，能够证实被申请人未在规定的期限内报到，也没有签订社区戒毒协议。原审法院径行认定被申请人与某乡派出所、乙县某乡社区戒毒办公室工作人员联系，咨询并要求办理变更社区戒毒执行地的相关事宜，属于事实认定错误。被申请人有时间办理户口迁移，却没有时间及时报到并签订戒毒协议，显然是主观上故意拒绝接受社区戒毒。

二、原审法院适用法律错误。被申请人无正当理由逾期不报到，申请人根据《中华人民共和国禁毒法》第三十八条第一款第一项、第四十七条第一款之规定对被申请人作出的强制隔离戒毒决定，认定事实清楚，证据充分，适用法律正确，程序合法。社区戒毒决定书规定的报到期限为收到决定书之日起十五日内，该规定符

① 已被《最高人民法院关于适用〈中华人民共和国行政诉讼法〉的解释》废止。

② 河南省高级人民法院（2020）豫行申782号行政裁定书。

合法律规定，并非要求被申请人履行苛刻的、不合情理的义务。《戒毒条例》虽然规定乡（镇）人民政府、城市街道办事处负责社区戒毒、社区康复工作，但同时还规定了由社区戒毒专职工作人员、社区民警、社区医务人员、社区戒毒人员的家庭成员以及禁毒志愿者共同组成社区戒毒工作小组具体实施社区戒毒。社区戒毒决定书确定的执行地社区名称及地址记载为河南省乙县公安局某乡派出所并不违反《戒毒条例》的规定。适用戒毒工作坚持以人为本、科学戒毒、综合矫治、关怀救助的原则以及《中华人民共和国行政诉讼法》第七十条第六项的规定认定被诉行政行为“明显不当”，属于适用法律错误。

三、原审法院应当尊重申请人的行政裁量权预防和惩治毒品违法犯罪行为，保护公民身心健康，维护社会秩序的职责。乙县公安局作出的××〔2019〕10015号强制隔离戒毒决定认定事实清楚，程序合法，并非“明显不当”。但原审法院以自己的观点代替行政机关的判断，在申请人认定事实清楚，证据充分，适用法律正确，程序合法情况下，撤销申请人作出的强制戒毒决定，超越了司法审查的限度，过分干预申请人的行政裁量权。综上，请求依法再审。

（三）案件核心

公安机关将无正当理由逾期不报到理解为客观上超过应报到时间即视为拒绝接受社区戒毒，进而做出强制戒毒的决定是否合法。

（四）裁判过程与结果

法院认为：根据《中华人民共和国禁毒法》第三十八条第一款第一项规定，吸毒人员拒绝接受社区戒毒的，由县级以上人民政府公安机关作出强制隔离戒毒决定。《戒毒条例》第十四条规定，社区戒毒人员应当自收到责令社区戒毒决定书之日起15日内到社区戒毒执行地乡（镇）人民政府、城市街道办事处报到，无正当理由逾期不报到的，视为拒绝接受社区戒毒。上述法律法规中拒绝社区戒毒是指对吸毒成瘾，又不愿意接受社区戒毒的，由国家对其采取强制隔离戒毒措施，目的是帮助其戒除毒瘾。实际上强调的是吸毒人员主观上是否愿意戒除毒瘾，以及行为上是否配合戒除毒瘾。而非客观上是否在具体时间到具体位置报到，从而采取强制隔离戒毒措施。对于“无正当理由逾期不报到的”应理解为主观上有拒绝报到的故意，且客观上超过应报到时间。王某在2019年8月13日收到社区戒毒决定书后，便开始主动联系社区戒毒的相关机关，以争取到其经常居住地或者新迁移的户口所在地接受社区戒毒，说明其主观上具有接受社区戒毒的意愿，但由于种种原因原告没有及时报到，以致被原户籍地乙县公安局执行强制隔离戒毒。但是在此期间，王某的户籍恰恰正在办理迁移之中，且本案事实查明王某亦正在主动联系方便其社区戒毒的执行地，因此，王某逾期未报到存在一定客观的原因，且乙县公安局并未提供证据证明王某存在主观拒绝接受社区戒毒的故意。强制戒毒是手段而非目的，乙县公安局直接作出××〔2019〕10015号强制隔离戒毒决定书，决定对违法行为人王某强制隔离戒毒二年存在不当，有悖戒毒工作以人为本、科学戒毒、综合矫治、关怀救助的原则。原审判决予以撤销并无不当，乙县公安局的再审申请不能成立。

综上，乙县公安局的再审申请不符合《中华人民共和国行政诉讼法》第九十一条的规定，依照《最高人民法院关于适用〈中华人民共和国行政诉讼法〉的解释》第一百一十六条第二款之规定，裁定如下：驳回乙县公安局的再审申请。

七、理论探讨与执法指引

对于疑案的处理，我国刑法早已依据罪刑法定原则，衍生并明确了疑罪从无的刑事处理原则，但在司法实践中，因受制于侦查水平的客观局限、民众对于案件处理结果的期待和接纳程度等多种因素的影响，疑罪从无原则可能最终异化为疑罪从轻的处理方法。在穷尽了所有补查手段，并启动非法证据排除程序，但仍未能取得更多的有力证据，在现有证据不足以认定被告人是案件真凶，亦不足以认定其没有实施本案犯罪的证据状态下，对保障权利与严惩犯罪这两种在具体个案中形成矛盾和对立的价值应该进行充分、慎重的考量，应遵从疑罪从无原则，在既不能证明被告人有罪又不能证明被告人无罪的情况下，从法律上推定被告人无罪，依法作出证据不足、宣告被告人无罪的判决。疑罪从无不仅是一种矫正的正义，也是一种相对的正义，是在“错判”与“错放”之间作出的艰难取舍。从长期来看，它是对公民权利的充分保障与尊重。认定当事人违法犯罪，必须以证据为根据，没有证据或证据不足则不能作出有罪裁判。对于公安机关而言，立案、拘留、提请批捕等环节都要依凭证据说话，没有证据或证据不足就不能强行为之。对于疑案，按照疑罪从无规则作出处理，能够使无辜者不受刑事追究，权利得到保护，虽然许多时候出现疑案是由于客观条件和因素所致，但并不意味着司法证明主体就没有努力改进的空间。根据我国刑事法律的规定，行为人因证据不足被宣告无罪后，任何时候司法机关取得了确实、充分的证据，仍然可以启动司法程序，惩罚犯罪。这是正义的回归，在保障社会个体利益的同时，实现了社会公共利益的最大化。① 但是行政执法中对“疑案从无”的援引，必须建立在对相关事实和证据充分调查核实的基础上，排除合理怀疑后，明确各方责任。

---

① 石春燕：《证据存疑案件的审查判断及处理原则》，载《人民司法》2015年第22期。

第四节 公安机关执法应注意保护未成年人利益

一、基础知识

未成年人作为社会的弱势群体，容易遭受他人的唆使及误导，从而导致进行违法犯罪，我国坚持保护未成年人的合法权益，充分考虑未成年人的健康发展，并积极推动未成年人的法治教育。对执法部门而言，保护未成年人更是重要的任务。公安机关在执法过程中重视对未成年人利益的保护，除要保障其享有诉讼法所规定的作为任何犯罪嫌疑人、被告人所享有的诉讼权利以外，还要注意其作为未成年人所享有的一些特别权利，尤其是法定代理人的在场权。未成年人心理尚未成熟，法定代理人在讯问、审判时到场，有利于未成年人的情绪稳定，也有利于诉讼的顺利进行。

《中华人民共和国未成年人保护法》第四条规定，保护未成年人，应当坚持最有利于未成年人的原则。第一百一十三条规定，对违法犯罪的未成年人，实行教育、感化、挽救的方针，坚持教育为主、惩罚为辅的原则。对违法犯罪的未成年人依法处罚后，在升学、就业等方面不得歧视。第一百一十条规定，公安机关、人民检察院、人民法院讯问未成年犯罪嫌疑人、被告人，询问未成年被害人、证人，应当依法通知其法定代理人或者其成年亲属、所在学校的代表等合适成年人到场，并采取适当方式，在适当场所进行，保障未成年人的名誉权、隐私权和其他合法权益。

《中华人民共和国刑事诉讼法》第二百八十一条规定，对于未成年人刑事案件，在讯问和审判的时候，应当通知未成年犯罪嫌疑人、被告人的法定代理人到场。无法通知、法定代理人不能到场或者法定代理人是共犯的，也可以通知未成年犯罪嫌疑人、被告人的其他成年亲属，所在学校、单位、居住地基层组织或者未成年人保护组织的代表到场，并将有关情况记录在案。到场的法定代理人可以代为行使未成年犯罪嫌疑人、被告人的诉讼权利。到场的法定代理人或者其他人员认为办案人员在讯问、审判中侵犯未成年人合法权益的，可以提出意见。讯问笔录、法庭笔录应当交给到场的法定代理人或者其他人员阅读或者向他宣读。讯问女性未成年犯罪嫌疑人，应当有女工作人员在场。审判未成年人刑事案件，未成年被告人最后陈述后，其法定代理人可以进行补充陈述。询问未成年被害人、证人，适用第一款、第二款、第三款的规定。

《中华人民共和国治安管理处罚法》第八十四条第三款规定，询问不满十六周岁的违反治安管理行为人，应当通知其父母或者其他监护人到场。

《公安机关办理行政案件程序规定》第七十五条规定，询问未成年人时，应当通知其父母或者其他监护人到场，其父母或者其他监护人不能到场的，也可以通知未成年人的其他成年亲属，所在学校、单位、居住地基层组织或者未成年人保护组织的代表到场，并将有关情况记录在案。

二、案件来源

唐某乙诉某某市公安局、某某市人民政府（以下简称某某市政府）治安行政处罚及行政复议案①

三、主要案情

2017 年 5 月 14 日，唐某乙、赵某向某某市公安局甲派出所报案称其自行车被盗，某某市公安局甲派出所于当日对唐某乙、赵某进行询问后作出××10214 号受案登记表及受案回执。2017 年 5 月 15 日 11 时、11 时 02 分、11 时 06 分、11 时 12 分，某某市公安局甲派出所拨打唐某父亲唐某岱的电话，告知其将传唤唐某进行询问，要求唐某的法定代理人到场。唐某岱回复称其在外地，并将唐某奶奶王某的电话号码告知办案人员。当日 11 时 19 分，某某市公安局甲派出所打电话给王某，告知其将传唤唐某进行询问，要求王某到场。当日，某某市公安局甲派出所作出传唤证、被传唤人家属通知书，对唐某、张某进行传唤，被传唤人唐某、王某、张某、宋某在传唤证上签字，王某、宋某在被传唤人家属通知书上签字。某某市公安局甲派出所于当日在对唐某、张某进行询问后，于 2017 年 5 月 14 日调取了案发现场的监控视频。2017 年 5 月 16 日，某某市公安局作出××10003 号不予行政处罚决定书，认定 2017 年 5 月 14 日 8 时 30 分许，张某伙同唐某在某某市某小区南侧某教育培训学校门口趁无人之际盗窃自行车两辆。被盗自行车分别为捷安特牌（价值 900 元）、喜德盛牌（价值 800 元）。根据《中华人民共和国治安管理处罚法》第十二条之规定，决定不予行政处罚。上诉人唐某乙不服，于 2017 年 5 月 18 日向某某市政府申请行政复议。2017 年 7 月 3 日，某某市政府作出××032 号行政复议决定书，维持某某市公安局作出的乳公（胜）不罚决字××10003 号不予行政处罚决定书。

① 山东省威海市中级人民法院（2018）鲁 10 行终 27 号行政判决书。

四、案件核心

某某市公安局作出行政处罚决定程序是否合法；某某市公安局案件认定事实是否错误。

五、裁判过程与结果

（一）一审裁判过程与结果

一审法院认为：某某市公安局在询问唐某时依据《公安机关办理行政案件程序规定》第六十一条的规定，电话通知其父亲唐某岱到场，因其在外办事，同意由唐某祖母王某到场陪同，王某作为其他成年家属到场，不违反公安机关办理行政案件的相关程序，通过对某某市公安局的案情分析室及走廊监控显示分析，记载了唐某及其奶奶到场接受询问的基本过程，同步录音录像应适用于《公安机关讯问犯罪嫌疑人录音录像工作相关规定》，而本案中公安机关是根据《公安机关办理行政案件程序规定》第五十一条规定，按照行政处罚案件办理。另外，唐某在询问笔录中如实反映了事实经过，未作出对自身不利的陈述。综上，某某市公安局在整个执法过程中履行了法律规定的程序，并无明显不当。

（二）二审裁判过程与结果

二审法院认为，根据《中华人民共和国治安管理处罚法》第九十一条的规定，被上诉人某某市公安局作为县级以上人民政府公安机关，具有对本辖区内违反治安管理的行为进行处理的法定职权。《公安机关办理行政案件程序规定》第六十一条规定："询问未成年人时，应当通知其父母或者其他监护人到场，其父母或者其他监护人不能到场的，也可以通知未成年人的其他成年亲属，所在学校、单位、居住地基层组织或者未成年人保护组织的代表到场，并将有关情况记录在案。确实无法通知或者通知后未到场的，应当在询问笔录中注明。"本案中，被上诉人某某市公安局依据该规定，在询问唐某时电话通知其父唐某岱到场，在唐某父母均不能到场的情况下，由唐某的奶奶王某到场陪同，并未违反公安机关办理行政案件的相关程序，程序并无不当。

《中华人民共和国治安管理处罚法》第十二条规定："已满十四周岁不满十八周岁的人违反治安管理的，从轻或者减轻处罚；不满十四周岁的人违反治安管理的，不予处罚，但是应当责令其监护人严加管教。"本案中，被上诉人某某市公安局根据监控录像以及对唐某、张某所作的询问笔录等证据，认定唐某与张某共同盗窃、唐某实际分得并占有使用赃物的事实，认定事实清楚，证据充分。鉴于案发时唐某、张某均不满十四周岁，被上诉人某某市公安局依据上述规定决定对唐某不予行政处罚，适用法律正确。

被上诉人某某市政府受理上诉人的行政复议申请后，依据《中华人民共和国行政复议法》《中华人民共和国行政复议法实施条例》的相关规定予以审查、受理，经审理后作出行政复议决定并送达，行政复议程序合法。

综上，原审判决正确，依法应予维持。

六、类案比较

（一）案件来源

孙某某诉某某市公安局某某分局（以下简称公安某某分局）公安行政强制案①

（二）主要案情

一审法院认定，2018 年 7 月 2 日，被告环城西路派出所依据线索在某某市高新区徐家庄一出租屋内将涉嫌吸毒的原告孙某某抓获，并口头传唤至派出所接受审查。经询问，原告孙某某承认其使用烫吸的方式吸食毒品，经检测，其尿检结果甲基安非他明呈阳性。后被告在“吸毒人员动态管控信息”网上查证原告孙某某于 2017 年 5 月 15 日被某某缉毒大队予以社区戒毒的管控记录。当日，被告根据孙某某陈述、吸毒史相关证据，作出《吸毒成瘾认定书》，认定原告孙某某吸毒成瘾严重。据此，被告于 2018 年 7 月 3 日，依据《中华人民共和国禁毒法》第三十八条、第四十七条之规定，决定对孙某某强制隔离戒毒二年，送至某某市公安局强制隔离戒毒所执行，并以手机短信的方式通知了原告母亲焦某某，后又当面告知。

（三）案件核心

公安机关询问未成年人应有法定监护人在场，否则对未成年人处以强制隔离戒毒的决定程序违法。

（四）裁判过程与结果

一审法院认为，《中华人民共和国治安管理处罚法》第八十四条第三款规定，“询问不满十六周岁的违反治安管理行为人，应当通知其父母或者其他监护人到场”。本案原告孙某某在接受被告询问时已年满十七周岁，被告未通知其父母到场并不违反相关规定，原告的诉称意见不能成立，不予支持。综上，被告公安某某分局对原告孙某某处以强制隔离戒毒二年的决定认定事实清楚、适用法律正确、程序合法。

二审法院认为，《公安机关办理行政案件程序规定》第二条第一款规定：“本规定所称行政案件，是指公安机关依照法律、法规和规章的规定对违法行为人决定

---

① 西安铁路运输中级法院（2019）陕 71 行终 375 号行政判决书。

行政处罚以及强制隔离戒毒、收容教育等处理措施的案件。”① 第七十五条规定：“询问未成年人时，应当通知其父母或者其他监护人到场，其父母或者其他监护人不能到场的，也可以通知未成年人的其他成年亲属，所在学校、单位、居住地基层组织或者未成年人保护组织的代表到场，并将有关情况记录在案。确实无法通知或者通知后未到场的，应当在询问笔录中注明。”本案中，被上诉人公安某某分局在询问孙某某时未能通知其监护人到场，致使上诉人当时作为未成年人在接受询问时监护人在场陪同的权利没有得到保障，据此应认定被诉行政行为存在违反法定程序之情形。上诉人上诉意见成立，本院予以采纳。关于被上诉人主张“询问孙某某时其拒绝提供监护人的联系方式，导致无法通知其监护人到场”的答辩意见，经查，根据前述规定，被上诉人在无法通知孙某某监护人到场时，亦应依法通知未成年人的其他成年亲属，或所在学校、单位、居住地基层组织或者未成年人保护组织的代表到场，对确实无法通知的，应当在询问笔录中注明。但现有证据无法证实被上诉人已全面履行了询问未成年人的相关法定程序，故对其意见不予支持。关于被上诉人称本案应适用《中华人民共和国治安管理处罚法》相关规定的意见，经查，本案被诉强制隔离戒毒决定的法律依据系《中华人民共和国禁毒法》，属特别法，应优先适用。故根据法律适用的一般规则，被上诉人主张询问未成年人应适用《中华人民共和国治安管理处罚法》的相关规定，于法无据，本院不予支持。

七、理论探讨与执法指引

公安机关在涉及未成年人的执法过程中，需要保证证据的充分证明力，既不能对未成年人造成违法侵害行为，也不能轻易放纵未成年人的违法或者犯罪行为。未成年人心智尚未完全成熟，在涉嫌重大刑事案件发生的极端情景中，涉及原则性问题的认知辨识以及把握掌控能力依然较弱，易被诱导乃至误导。未成年人的合法权利应当给予相应的保护，严防司法讯问环节对未成年人“诱供”的发生，在涉及对未成年犯罪嫌疑人的讯问环节，相关司法保护条款应更细化、明晰、完整。应强化保证其录音录像的高度完整性、全程性。应明确在必要情况下，必须有异地司法人员组成专业团队介入监督。在特殊情况下，相关录音应全程公示（未成年人声音部分可做技术保护处理）。

针对性侵未成年案件管辖问题，根据《公安机关办理刑事案件程序规定》第十

---

① 2020 年修改后的《公安机关办理行政案件程序规定》第二条第一款规定：“本规定所称行政案件，是指公安机关依照法律、法规和规章的规定对违法行为人决定行政处罚以及强制隔离戒毒等处理措施的案件。”

五条第一款规定，刑事案件由犯罪地的公安机关管辖。如果由犯罪嫌疑人居住地的公安机关管辖更为适宜的，可以由犯罪嫌疑人居住地的公安机关管辖；第二十二条第一款规定，对管辖不明确或者有争议的刑事案件，可以由有关公安机关协商。协商不成的，由共同的上级公安机关指定管辖。司法实践中，一些经强制报告后发现的性侵未成年人案件线索，经初查暂时无法确定犯罪地，针对管辖权异议，有关公安机关协商不一致或协商期过长，不利于涉案未成年人权益保护。对此类犯罪线索接收地公安机关可先行立案。对于性侵未成年人案件，基于案件性质、被害对象、造成后果等特殊因素，在出现管辖不明或有争议时，接收线索的公安机关可以先立案侦查。经过侦查明确管辖的，及时移送有管辖权的公安机关。

第四章　警察任务与接处警

《中华人民共和国人民警察法》第二条对我国人民警察的任务做了概括性规定，2007 年施行的《公安机关组织管理条例》第二条有关人民警察职责的规定中，又对公安机关的任务做了补充。从总体上看，《中华人民共和国人民警察法》中有关警察任务规定的方式有如下两个特点：一是在警察任务的规定上，采用了概括与列举、肯定与否定相结合的方式。《中华人民共和国人民警察法》第二条在抽象、概括地规定了警察任务外，第六条和第二十一条又对警察任务采用肯定列举的方式予以具体规定。此外，《中华人民共和国人民警察法》第三十三条还从否定角度对人民警察任务做了概括规定。二是在警察任务内容的分布上，没有主要任务和辅助任务的区分。应当说，我国警察任务的列举性规定有利于警察机关内部进行任务的再分配。事实上，我国警察组织内部的职能部门和不同警种具体职责的划分也都是以具体警察任务的列举性规定为依据的。据此，公安机关的任务分为两大类：一类是公安机关的行政任务；另一类是公安机关的刑事任务。其中公安机关的行政任务最多，占所列公安机关任务中的 11 项。

《中华人民共和国人民警察法》在第二条规定抽象、概括地规定了警察任务外，第六条规定："公安机关的人民警察按照职责分工，依法履行下列职责：（一）预防、制止和侦查违法犯罪活动；（二）维护社会治安秩序，制止危害社会治安秩序的行为；（三）维护交通安全和交通秩序，处理交通事故；（四）组织、实施消防工作，实行消防监督；（五）管理枪支弹药、管制刀具和易燃易爆、剧毒、放射性等危险物品；（六）对法律、法规规定的特种行业进行管理；（七）警卫国家规定的特定人员，守卫重要的场所和设施；（八）管理集会、游行、示威活动；（九）管理户政、国籍、入境出境事务和外国人在中国境内居留、旅行的有关事务；（十）维护国（边）境地区的治安秩序；（十一）对被判处拘役、剥夺政治权利的罪犯执行刑罚；（十二）监督管理计算机信息系统的安全保护工作；（十三）指导和监督国家机关、社会团体、企业事业组织和重点建设工程的治安保卫工作，指导治安保卫委员会等群众性组织的治安防范工作；（十四）法律、法规规定的其他职责。"第十三条规定："公安机关的人民警察因履行职责的紧急需要，经出示相应证件，可以优先乘坐公共交通工具，遇交通阻碍时，优先通行。公安机关因侦查犯罪的需要，必要时，按照国家有关规定，可以优先使用机关、团体、企业事业组织和个人的交通工具、通信工具、场地和建筑物，用后应当及时归还，并支付适当费用；造成损失的，应当赔偿。"此外，《中华人民共和国人民警察法》第三十三条规定，人民警察对超越法律、法规规定的人民警察职责范围的指令，有权拒绝执行，并同时向上级机关报告。

第一节　公安机关接处警应以保护群众合法利益为前提

一、基础知识

110接处警是一种应急的公安行政，更是一种稀缺的公共资源。这种兼具紧急性、公共性和稀缺性的公共资源，决定了110接处警的事务范围应当被准确界定。根据110接处警事务紧急性与公共性的双重性质，厘清紧急情况与一般情况的界限，以及公共事务与私人事务的边界，进而建立110接警范围的界定标准，并将警情分为紧急公共事务、紧急私人事务、非紧急公共事务与非紧急私人事务。针对不同类型警情的特征，在110具体处警过程中应遵循如下运行原则：紧急公务优先原则、紧急私务协同原则以及滥用紧急行政追责原则。

报警不同于报案。报案是指机关、团体、企事业单位和公民（包括被害人）将发现的违法、犯罪事实或者违法、犯罪嫌疑人向司法机关报告的行为。《中华人民共和国刑事诉讼法》第一百一十条规定，任何单位和个人发现有犯罪事实或者犯罪嫌疑人，有权利也有义务向公安机关、人民检察院或者人民法院报案或者举报。被害人对侵犯其人身、财产权利的犯罪事实或者犯罪嫌疑人，有权向公安机关、人民检察院或者人民法院报案或者控告。公安机关、人民检察院或者人民法院对于报案、控告、举报都应当接受。《中华人民共和国刑事诉讼法》还规定报案可以用书面或者口头形式提出。属于口头报案的，接待的工作人员应当写成笔录，经宣读无误后，由报案人签名或盖章。人民法院、人民检察院或者公安机关对于报案材料，应当按照管辖范围，迅速进行审查，认为有犯罪事实需要追究刑事责任的，应当立案；认为没有犯罪事实，或者犯罪事实显著轻微，不需要追究刑事责任的，不予立案。

《中华人民共和国人民警察法》第二条第一款规定，人民警察的任务是维护国家安全，维护社会治安秩序，保护公民的人身安全、人身自由和合法财产，保护公共财产，预防、制止和惩治违法犯罪活动。第二十一条第一款规定，人民警察遇到公民人身、财产安全受到侵犯或者处于其他危难情形，应当立即救助；对公民提出解决纠纷的要求，应当给予帮助；对公民的报警案件，应当及时查处。

《公安机关办理行政案件程序规定》第六十条规定，县级公安机关及其公安派出所、依法具有独立执法主体资格的公安机关业务部门以及出入境边防检查站对报案、控告、举报、群众扭送或者违法嫌疑人投案，以及其他国家机关移送的案件，应当及时受理并按照规定进行网上接报案登记。对重复报案、案件正在办理或者已经办结的，应当向报案人、控告人、举报人、扭送人、投案人作出解释，不再登记。第六十一条规定，公安机关应当对报案、控告、举报、群众扭送或者违法嫌疑人投案分别作出下列处理，并将处理情况在接报案登记中注明：(1) 对属于本单位管辖范围内的案件，应当立即调查处理，制作受案登记表和受案回执，并将受案回执交报案人、控告人、举报人、扭送人；(2) 对属于公安机关职责范围，但不属于本单位管辖的，应当在二十四小时内移送有管辖权的单位处理，并告知报案人、控告人、举报人、扭送人、投案人；(3) 对不属于公安机关职责范围的事项，在接报案时能够当场判断的，应当立即口头告知报案人、控告人、举报人、扭送人、投案人向其他主管机关报案或者投案，报案人、控告人、举报人、扭送人、投案人对口头告知内容有异议或者不能当场判断的，应当书面告知，但因没有联系方式、身份不明等客观原因无法书面告知的除外。在日常执法执勤中发现的违法行为，适用前款规定。第六十二条规定，属于公安机关职责范围但不属于本单位管辖的案件，具有下列情形之一的，受理案件或者发现案件的公安机关及其人民警察应当依法先行采取必要的强制措施或者其他处置措施，再移送有管辖权的单位处理：(1) 违法嫌疑人正在实施危害行为的；(2) 正在实施违法行为或者违法后即时被发现的现行犯被扭送至公安机关的；(3) 在逃的违法嫌疑人已被抓获或者被发现的；(4) 有人员伤亡，需要立即采取救治措施的；(5) 其他应当采取紧急措施的情形。行政案件移送管辖的，询问查证时间和扣押等措施的期限重新计算。第六十三条规定，报案人不愿意公开自己的姓名和报案行为的，公安机关应当在受案登记时注明，并为其保密。第六十四条规定，对报案人、控告人、举报人、扭送人、投案人提供的有关证据材料、物品等应当登记，出具接受证据清单，并妥善保管。必要时，应当拍照、录音、录像。移送案件时，应当将有关证据材料和物品一并移交。第六十五条规定，对发现或者受理的案件暂时无法确定为刑事案件或者行政案件的，可以按照行政案件的程序办理。在办理过程中，认为涉嫌构成犯罪的，应当按照《公安机关办理刑事案件程序规定》办理。

《中华人民共和国道路交通安全法》第七十一条规定，车辆发生交通事故后逃逸的，事故现场目击人员和其他知情人员应当向公安机关交通管理部门或者交通警察举报。举报属实的，公安机关交通管理部门应当给予奖励。第七十二条规定，公安机关交通管理部门接到交通事故报警后，应当立即派交通警察赶赴现场，先组织抢救受伤人员，并采取措施，尽快恢复交通。交通警察应当对交通事故现场进行勘验、检查，收集证据；因收集证据的需要，可以扣留事故车辆，但是应当妥善保管，以备核查。对当事人的生理、精神状况等专业性较强的检验，公安机关交通管理部门应当委托专门机构进行鉴定。鉴定结论应当由鉴定人签名。

《中华人民共和国反家庭暴力法》第十三条规定，家庭暴力受害人及其法定代理人、近亲属可以向加害人或者受害人所在单位、居民委员会、村民委员会、妇女联合会等单位投诉、反映或者求助。有关单位接到家庭暴力投诉、反映或者求助后，应当给予帮助、处理。家庭暴力受害人及其法定代理人、近亲属也可以向公安机关报案或者依法向人民法院起诉。第十四条规定，学校、幼儿园、医疗机构、居民委员会、村民委员会、社会工作服务机构、救助管理机构、福利机构及其工作人员在工作中发现无民事行为能力人、限制民事行为能力人遭受或者疑似遭受家庭暴力的，应当及时向公安机关报案。公安机关应当对报案人的信息予以保密。第十五条规定，公安机关接到家庭暴力报案后应当及时出警，制止家庭暴力，按照有关规定调查取证，协助受害人就医、鉴定伤情。无民事行为能力人、限制民事行为能力人因家庭暴力身体受到严重伤害、面临人身安全威胁或者处于无人照料等危险状态的，公安机关应当通知并协助民政部门将其安置到临时庇护场所、救助管理机构或者福利机构。

二、案件来源

刘某申诉高某县公安局行政告知案①

三、主要案情

2017年5月8日，原告刘某申向被告高某县公安局报案，要求被告对高某县某某镇某某村村民委员会主任刘某某等人于2015年6月15日将其承包地里的玉米苗和高粱苗损毁的行为追究刑事责任。被告高某县公安局经过受案，询问当事人、调查，于2017年6月1日作出高公（花）不立字〔2017〕10002号《不予立案通知书》，内容为经审查没有犯罪事实，根据《中华人民共和国刑事诉讼法》第一百一十一条之规定，决定不予立案。2017年8月8日，原告刘某申对被告的不予立案决

① 山东省淄博市中级人民法院（2020）鲁03行终26号行政判决书。

定不服，就此进行信访，被告于2017年8月21日作出高公（信访）不受字〔2017〕26号《不予受理信访事项告知书》，认为不属于公安机关职权范围，不予受理。2017年9月2日，被告以询问笔录的形式对原告的控告进行告知，刘某某等人的行为不构成违法犯罪行为，并告知其另行提起民事赔偿诉讼。后原告继续提出控告，被告于2018年5月7日作出涉案《告知书》，其主要内容为原告控告的2015年6月15日刘某某等人将其耕种的55亩左右的玉米苗、高粱苗耙除损毁的行为不属于公安机关管辖的违法、犯罪行为，不属于公安机关的职责范围，并告知原告可以向有关主管机关报案、投诉。2017年11月22日，原告刘某申向山东省高某县人民法院提起行政诉讼，要求被告高某县公安局对原告的控告作出处理，山东省高某县人民法院认为，被告高某县公安局于2017年8月8日、2017年9月2日、2018年5月7日多次告知原告，原告控告的行为不属于公安机关管辖的违法、犯罪行为，不属于公安机关的职责范围，并告知了原告救济途径，履行了法定职责，于2018年5月16日作出（2017）鲁0322行初21号行政判决书，遂判决驳回原告刘某申的诉讼请求。原告刘某申上诉后，山东省淄博市中级人民法院于2018年8月3日作出（2018）鲁03行终114号行政判决书，判决驳回上诉，维持原判。原告刘某申向山东省高级人民法院申请再审，山东省高级人民法院作出（2018）鲁行申1586号行政裁定书，驳回原告刘某申的再审申请。

四、案件核心

当事人主张非法占有他人土地并耕种作物被权利人自力救济清除，公安机关是否应当保护当事人“非法权益”。

五、裁判过程与结果

（一）一审裁判过程与结果

一审法院认为，本案中，被告针对原告要求依法追究被控告人“刑事责任”的控告，作出《不予立案通知书》后，原告再次就同一事实提出控告，要求被告依法追究被控告人“法律责任”时，被告高某县公安局对被控告人的行为是否触犯治安管理处罚法的相关规定作出认定，被告经过调查、询问，认为原告控告的行为不属于公安机关管辖的违法行为，遂以《告知书》的形式告知原告其控告的行为不属于公安机关管辖的违法行为，不属于公安机关的职责范围，并告知了原告相关救济途径，已经完全履行了法定职责。原告要求撤销被告高某县公安局作出的《告知书》并对原告的上述控告立即受理并进行调查处理的诉讼请求于法无据，应依法不予支持。依照《中华人民共和国行政诉讼法》第六十九条的规定，判决如下：驳回原告刘某申的诉讼请求。案件受理费 50 元，由原告刘某申负担。

（二）二审裁判过程与结果

二审法院认为，上诉人刘某申在明知其承包合同到期且村委已经重新发包的情况下，仍在涉案承包地上种植了玉米和高粱，违背了诚实信用原则，属于非法占有他人土地，且法院民事判决最终判令上诉人刘某申清除附属物，退还土地，赔偿损失。因上诉人刘某申侵占土地行为在先，故刘某某等人为维护村委合法权益的耙除行为社会危害后果不大，不宜给予行政处罚。另，虽刘某某等人耙除玉米苗和高粱苗行为是村委会的决定，但村委会应等待民事诉讼判决后，再申请法院排除妨害，不宜自行排除妨害。被上诉人高某县公安局作出的《告知书》认为刘某某等人的耙除行为不属于违法行为，告知其应通过其他途径解决，并无不当。上诉人的上诉理由不能成立，本院不予支持。原审判决认定事实清楚，审判程序合法，本院依法予以维持。

六、类案比较

类案一

（一）案件来源

王某军诉某某市公安局履行法定职责纠纷案①

（二）争议焦点

处理对不符合入住条件但已长期居住者断电驱逐案情是否属于警察法定职责。

（三）主要案情

某某市公安局申请再审称：1. 一审法院认定事实错误。某某市公安局接王某军所报停电警情后，进行充分调查后得知，因王某军不符合某村老年房入住条件及正某公司提供的免费用电条件，正某公司电工及某村电工将王某军所使用电断电，该纠纷系民事纠纷，不属于公安机关职责范围内事项。2. 一审法院适用法律错误。一审法院适用《中华人民共和国人民警察法》第六条、第二十一条之规定，认为王某军所用电被人停用，对王某军及家人生活造成影响，其用电权益受到侵害，某某市公安局应对王某军报警案件立案受理并进行调查处理，作出责令公安机关处理不属于其职责范围内事项的判决，属适用法律错误。3. 二审法院在对王某军所报警情是否属于公安机关职责范围事项与一审法院的观点截然相反，却作出“驳回上诉，维持原判”的结果，明显错误。

一审法院认为王某军所报警情属于公安机关职责范围内事项，故责令某某市公

① 河南省高级人民法院（2020）豫行申 611 号行政裁定书。

安局对王某军所报警事项进行立案受理。

二审法院认为王某军所报警事项不属于公安机关职责范围内事项，但公安机关对王某军告知存在瑕疵。

综上，请求撤销一、二审判决，判决驳回王某军的诉讼请求。

（四）裁判过程与结果

河南省高级人民法院认为：根据法律规定，某某市公安局具有维护行政区域内社会治安秩序的法定职责。本案中，2018 年 7 月 31 日 9 时 31 分，王某军居住的房屋被人停电，王某军报警，某某市公安局接警后派民警到达现场，某某市公安局仅口头了解情况后，即得出本案系民事纠纷的结论证据不足。虽然某某市公安局于 2018 年 8 月 3 日和 5 日询问了实施断电的两位电工，对停电事件进行了调查，但未依法作出处理结果。王某军已在涉案简易房屋居住两年多，即便王某军一家是否符合居住老年房标准存在争议，应该通过合法途径解决，私自断电的行为扰乱了王某军正常的生活秩序，侵害了王某军的合法权益，具有社会危害性。某某市公安局认定涉案的停电行为不属于公安机关管辖范围而不作出任何处理，未能实现其“维护社会治安秩序，保障公共安全，保护公民、法人和其他组织的合法权益”的法定职责。因此，一、二审判决责令某某市公安局对王某军 2018 年 7 月 31 日的报警事项进行立案受理，并无不当。某某市公安局申请再审理由不能成立，本院不予支持。

类案二

（一）案件来源

李某艳诉某某市公安局东风路分局不作为案[①]

（二）主要案情

原告住某某市某某区某某镇某某村××号，自 2017 年以来多次报警称发生被盗和损害事件，原告于 2017 年 9 月 19 日通过邮寄向被告申请人身和财产保护，被告收到原告的申请后，告知原告，其财产受损的情况应当亲自到公安机关报案，公安机关将依法进行查处，后原告并未向公安机关报案。

（三）案件核心

当事人基于房屋权益受到侵害向公安机关以邮件形式提出财产保护申请，请求查处损坏房屋的违法行为，是否构成实质性报案。

---

① 河南省郑州市中级人民法院（2018）豫 01 行终 390 号行政判决书。

（四）裁判过程与结果

1. 一审裁判过程与结果。

一审法院认为：原告因财产被盗、房屋被强拆以邮寄方式向被告提出财产保护申请，被告接申请后明确对原告进行答复"您所反映的财物物品损失情况请您到公安机关报案，公安机关将依法进行查处"。原告接答复后未到公安机关报案而以被告未履行法定职责提起诉讼。本院认为被告接书面申请后要求原告到场报案，系查证核实工作所需，原告应当配合公安机关接受询问，并对于自己的主张提交相应证据予以证明。原告不按公安机关要求到场接受询问，使公安机关查证核实工作无法开展，违法行为无法确认，导致原告的申请不能及时进入相关程序，该结果系原告所造成，不能归责于被告。故原告关于被告不履行法定职责的诉讼请求不能成立，本院不予支持。根据《中华人民共和国行政诉讼法》第六十九条之规定，判决驳回原告李某艳的诉讼请求，案件受理费 50 元由原告负担。

2. 二审裁判过程与结果。

二审法院认为，根据《中华人民共和国人民警察法》第二条第一款和《公安机关办理行政案件程序规定》第四十七条等规定，公安机关应当对相关人员口头、书面或者其他形式提出的因其遭受现实侵害而请求公安机关给予人身财产保护、查处违法犯罪行为的请求予以甄别处理。本案中，上诉人基于房屋权益受到侵害向被上诉人提出财产保护申请，请求被上诉人查处损坏上诉人房屋的违法行为，实质上是以书面形式向被上诉人报案。被上诉人在收到上诉人的申请后，未根据上述相关规定对上诉人反映事项依法进行处理，却答复要求上诉人就财物受损事项到公安机关报案，缺乏法律依据，额外为报案人设置义务。

综上，被上诉人构成不履行法定职责，应对上诉人的财产保护申请作出处理。一审法院判决驳回李某艳的诉讼请求错误，依法应予撤销。

七、理论探讨与执法指引

接处警法制的完善，需要在统一理论认识并整合现有法律规范的基础上，明确接处警的权属定位，以行政法的一般原则及相关规定作为基础，并兼顾与刑事诉讼法制的衔接，进而重构相关法律规范。同时，需要对关键的警察措施加以形式化，形成具有适当规范密度、符合法治原理以及可接受性的执法原则，并有针对性地完善相关程序规则。

接处警法制应当纳入行政法的规制框架。为此，首先应当明确接处警活动的行政权属性。接处警活动属于行政权而非司法权之运用。在我国，警察执法权在规范上只能归属于行政权的运用，而不可能是司法权的运用。在行政法的理论框架之下，接处警的立法思路可以实现协调统一，接处警行为的合法性标准也将有章可循。一方面，很多分散的警察权措施，如各种强制到案措施，可以在行政强制措施的法理框架之下完成从一般原则到具体规则的制度建构；刑事案件与行政案件的先期处置措施，则可以将传唤制度作为基点进一步整合。另一方面，对于当前行政法理论中暂时没有形成共识之争议问题，随着警察权措施全面进入行政法理论视野可以得到更充分的探讨。并且，随着接处警法制及先期处置措施的规范化，亦可为行政法学进一步探索“即时强制”以及“应急行政”等基本理论问题提供更多的素材。

目前我国接处警过程中包含的行政救助、行政调查、行政调解、设置隔离带、保护性约束、即时强制措施等行为在形式化程度上尚显不足，在规范密度与精度方面需要加强。可以考虑通过《公安机关办理行政案件程序规定》《110接处警工作规则》等法律规范的扩充与完善，通过专门的章节来对接处警活动中常见的行为加以一定程度的形式化，限制过于宽泛的判断余地与裁量空间，从而避免公安机关实施接处警活动时出现法律依据不清、职权边界不明等情况。由于接处警活动范围宽广、内容芜杂、情势变化迅速，各地的执法资源也存在明显差异，所以这种形式化应当是有限度的。例如，接处警活动中可能遇到精神病人、需要紧急救助的伤病人员、妨碍执法的第三人等，都是公安机关经常遭遇的执法情境，因此可以形成固定的应对模式与程序，基于行政救助、行政强制、行政命令等既有的行为形式之组合亦足以在规范上预设与规范相应的警察措施；但对于处置难以预料的突发事件、保护或控制过于混乱的现场、化解严重社会矛盾等情形，仍然需要对此类难以类型化之行政活动保留一定的自由空间和裁量余地。① 而公安机关不积极履行接报警、解救危难群众和查处治安案件等的职责行为，将构成不作为。

第二节　行政机关基于行政管理实施的行为不属于公安机关管辖职责范围

一、基础知识

我国的警察职权主要包括警察行政权和警察刑事权。《中华人民共和国人民警察法》《中华人民共和国治安管理处罚法》等对警察行政职权的内容进行了规定。综合这些法律法规的规定，警察行政权主要包括：治安管理权，交通管理权，消防

① 苏宇：《接处警法制的反思与重构》，载《当代法学》2017年第1期。

管理权，危险物品管理权，户籍和出入境管理权，网络安全管理权，集会、游行、示威管理权，行政处罚和行政强制权，紧急警察行政权等。行使警察行政职权所可以凭借的具体警察行为分见于《中华人民共和国人民警察法》《中华人民共和国行政强制法》《中华人民共和国治安管理处罚法》《中华人民共和国道路交通安全法》《中华人民共和国消防法》《中华人民共和国出境入境管理法》《中华人民共和国居民身份证法》《中华人民共和国枪支管理法》《中华人民共和国戒严法》《公安机关办理行政案件程序规定》等，这些法律法规即警察行政行为法。另外，警察还具有办理刑事案件的职权，即警察刑事权，《中华人民共和国人民警察法》《中华人民共和国刑事诉讼法》规定了警察刑事权的内容，包括：刑事侦查权、强制措施性适用权、刑罚执行权等。行使警察刑事职权可以凭借的具体警察行为见于《中华人民共和国刑事诉讼法》《公安机关办理刑事案件程序规定》等法律法规中，它们为警察刑事行为法。①

《中华人民共和国人民警察法》中关于警察职权的内容是原则性、概括性的，维护社会治安和实施刑事侦查是我国公安机关的两大基本职能。为履行这两种职能，公安机关同时存在两套公共治理体系：一是治安处罚体系，二是刑事侦查体系。前者一旦得到运行，会导致相对人受到警告、罚款、吊销执照或许可证、行政拘留等的行政处罚。而后者一旦启动，则会使犯罪嫌疑人受到强制措施和强制性处分，并很可能被提起公诉和定罪量刑。从理论上说，这两套体系是相互独立和并行不悖的，具有各自独立的社会功能和制度结构②。

二、案件来源

钱某弟诉某某市公安局不履行法定职责案③

三、主要案情

2019 年 5 月 18 日 18 时 45 分许，某某市公安局的指挥中心接到钱某弟拨打“110”报案，称其回来时发现坐落于某某市老宅基地上砌的一堵墙坏了，请求帮助。某某市公安局指派某派出所处警，处警民警当晚到达现场后，发现钱某弟在老宅基地上建房时砌的两堵墙被推倒。执法记录仪拍摄的视频显示，处警时钱某弟及

---

① 李玉华：《〈人民警察法〉的定位及立法完善》，载《法学杂志》2018 年第 1 期。

② 陈瑞华：《公安职能的重新定位问题》，载《苏州大学学报（哲学社会科学版）》2018 年第 4 期。

③ 浙江省嘉兴市中级人民法院（2020）浙 04 行终 8 号行政判决书。

其家人以及部分村民出现在现场，在场人员有简单的言语交流，其间处警民警还接听了钱某弟儿子钱某打来的电话。处警民警离开时表示，需要进一步核实以确定（钱某弟报案的内容）是否属于案件。当晚，处警民警回到派出所后在《接处警工作登记表》上“警情处理情况”栏记载为“……经调查，此为政府行为”。5月20日，钱某来到某派出所，询问5月18日处警的结果，民警答复报案事项系政府行为，不属于公安机关管辖。6月3日（落款时间），某某事务所王某春律师受钱某弟委托，向某派出所发出一份《关于委托人钱某弟报警不受理事宜法律意见书》，称“贵所当天派民警到场，但不同意受理，其子钱某得知情况后于20日16时左右至贵所再次表达诉求，要求受理立案，但是贵所警号为049772的民警口头告知，不能受理报案，也不能出具受案回执”。“钱某弟拨打110报案要求受理调查，是属于申请公安机关履行保护公民财产权职责的行为，根据《公安机关办理行政案件程序规定》第六十一条，贵所应当即刻受理，并制作受案回执交报案人。”6月20日（落款时间），某派出所向王某春律师发出书面《回复》，内容包括：“我所民警到达现场后，钱某弟本人在场，其本人明确表示知道是村里、乡里的工作人员来拆除的。我所处警民警现场向钱某弟表示会向镇政府了解核实情况后再确定是否属于案件。2019年5月20日，钱某到我所，要求受案处理，处警民警当场告知钱某，该行为系政府执行职务的行为，不属于公安机关受理范围。”“以上关于钱某弟、钱某父子明知自己家中墙体被拆除系政府行为均有视听资料可以证实。”“王某春律师，对于政府执行职务的行为，不属于公安机关受案范围，故我所对钱某弟的报案未予受案，并已当面告知当事人。对于政府执行职务的行为，钱某弟如有异议，可通过司法等途径行使救济权利。”2019年5月12日，某某市某镇人民政府向钱某弟发出平广违通字〔2019〕005号《限期整改通知书》，内容包括：“经调查，你单位（户）位于某镇××（社区）××号正在进行的建设，未取得许可，违反了《中华人民共和国城乡规划法》《村庄和集镇规划建设管理条例》等相关规定，属于未批先建，共涉及占地面积约100平方米。现责令你单位（户）立即停止施工，并于2019年5月19日前自行整改到位。”5月17日，某某市自然资源和规划局向钱某弟作出〔2019〕2号《责令停止违法行为通知书》，内容包括：“你户未经批准，于2019年4月18日开始，擅自翻建位于某镇××号的房屋，目前建设情况为……涉嫌违反《中华人民共和国土地管理法》第六十二条规定。根据……的规定，现责令你户立即停止上述违法建设行为，听候处理。”另查明，2019年6月18日，某镇人民政府向某某市公安局出具一份《关于某镇某某村原宅翻建拆除事件的情况说明》，内容为：某某村原宅基翻建户钱某弟，居住地为某某村赵家浜×号，于4月18日以来，在不开挖地基的情况下，在原来宅基地采取平面混凝土浇筑后直接砌墙进行建房，镇村多次上门劝说和制止，其墙体没有上来。5月12日，钱某弟组织人员开始砌墙建房，镇相关工作人员制止了该行为。5月17日下午，某某市自然资源和规划局对钱某弟下发了《责令停止违法行为通知书》，制止了其违法行为。5月18日上午，城管队员巡查发现钱某弟继续在实施违法行为，当天下午由某镇人民政府组织自然资源所、综合执法、城管等部门人员对其18日抢建部分进行了拆除。

四、案件核心

钱某弟报案的事项是否属于某某市公安局职责范围；某某市公安局接处警程序是否合法，对不属于公安机关职责范围的报警有没有依法告知。

五、裁判过程与结果

（一）一审裁判过程与结果

关于第一个争议焦点。钱某弟报案的事项系其建房过程中所砌墙体被推倒，原因不明。根据查明的事实，事情起因于钱某弟在其位于某镇××号的原宅基翻建房屋，某某市某镇人民政府及某某市自然资源和规划局认为其翻建行为未经许可，违反相关法律规定，分别向其发出通知书，责令停止施工行为。5月18日上午，城管队员巡查发现钱某弟户仍在继续翻建房屋，某镇人民政府便组织人员对其抢建部分的墙体进行拆除，即钱某弟报案所称的墙体被推倒。可见，钱某弟报案的事项系行政机关在行政管理过程中实施的行为，根据行政机关职责分工，该行为不属于公安机关职责范围。钱某弟诉请责令某某市公安局履行职责，调查处理涉嫌违反《中华人民共和国治安管理处罚法》的相关人员并无法律依据，不予支持。

关于第二个争议焦点。对报案不属于公安机关职责范围的事项，一般而言，根据能否当场判断不同，应当分两种方式告知，能够当场判断的应当立即口头告知，不能当场判断的应当书面告知。本案中，某某市公安局在庭审中辩称处警民警及钱某弟对此（指墙体被推倒系政府行为）均“心知肚明”，而某派出所向钱某弟受托人王某春的书面《回复》中亦称“我所处警民警现场向钱某弟表示会向镇政府了解核实情况后再确定是否属于案件”。由此可知，某某市公安局并非在处警现场作出“经调查，此为政府行为”的判断，应当向报案人书面告知。然而，某某市公安局错误地认为可采用口头方式告知，并认为已履行口头告知义务。其错误之处在于一方面以双方对此（指墙体被推倒系政府行为）“心知肚明”为由，认为当场未明确以口头方式告知并无不妥；另一方面认为在时隔两天后钱某来某派出所了解情况时，某某市公安局民警以口头方式明确向其告知。

原审认为，某某市公安局的上述辩解意见是建立在“接报案时能够当场判断的”基础之上，且不说某某市公安局对该基础是否存在并未尽到举证义务，也不符合“立即口头告知报案人”的形式要件。那么，某某市公安局在作出钱某弟报案事项系“政府行为”的判断后，是否履行了书面告知义务？从某某市公安局提供的视频资料、王某春向某派出所发出的法律意见书、某派出所向王某春作出的书面回复来看，钱某向某派出所提出过出具书面答复的要求，但某某市公安局（含某派出所）并未向其出具告知书。根据某某市公安局的答辩意见，其对于钱某弟的报案已经作出“不属于公安机关职责范围事项”的判断，理应向报案人书面告知而未能及时告知，实属不妥。可宥之处在于某某市公安局的某派出所接到钱某弟委托代理人王某春律师提出“贵所应当即刻受理，并制作受案回执并交报案人”的要求后，以书面《回复》方式告知“该行为系政府执行职务的行为，不属于公安机关受理范围”。“故我所对钱某弟的报案未予受案，并已当面告知当事人。对于政府执行职务的行为，钱某弟如有异议，可通过司法等途径行使救济权利。”其书面《回复》虽然是一种事后补救措施，但与《公安机关办理行政案件程序规定》第六十一条第一款“不能当场判断的，应当书面告知”的规定基本吻合。故某某市公安局接处警程序并不违反法律规定。钱某弟要求确认某某市公安局未书面通知钱某弟不予受理违法，不予支持。原判据此依照《中华人民共和国行政诉讼法》第六十九条的规定，判决驳回钱某弟的全部诉讼请求。

（二）二审裁判过程与结果

二审法院认为，2018 年 5 月 18 日傍晚，上诉人向被上诉人报案后，被上诉人即到现场处警，被上诉人现场处警视频证实上诉人当日明知其报案所述围墙被损坏是由于行政机关实施的拆除行为所致。这一事实亦经某镇人民政府后来向被上诉人出具的相应书面说明等材料予以印证。由于拆除围墙系行政行为，明显不属于被上诉人的行政管理职责，因此，被上诉人无需向上诉人出具受案回执，上诉人以《公安机关办理行政案件程序规定》第六十一条第一款第一项的规定要求被上诉人出具受案回执系缺乏事实和法律依据。对于不属于公安机关职责范围的事项，应当书面告知报案人，被上诉人亦在上诉人对其不受理报案提出书面异议后，作出书面回复，符合法律规定并无不当。上诉人的上诉理由于法无据，不予支持。原审驳回上诉人的诉讼请求依法应予维持。据此，依照《中华人民共和国行政诉讼法》第八十九条第一款第一项之规定，判决如下：驳回上诉，维持原判。二审案件受理费 50 元，由上诉人钱某弟负担。本判决为终审判决。

六、类案比较

(一) 案件来源

刘某胜诉某某市公安局沙北分局（以下简称沙北分局）行政不作为纠纷案①

(二) 主要案情

一审法院经审理查明：原告刘某胜在某某市某某城区沙北办事处郭庄社区有房产一处。2016年9月5日7时许，原告家属李某以有人强拆其房屋为由拨打“110”电话报警。被告所属金山派出所接警后，先后两次指派民警出警，民警到现场经了解属于政府拆迁，将了解的情况向原告进行了口头告知，后原告认为被告没有对其报警事项进行调查处理，构成行政不作为，故提出本案诉讼。

一审法院另查明，2013年11月22日某某市某某区人民政府作出《房屋征收决定》，决定对某某区沙北街道办事处郭庄城中村改造项目占用土地范围内的房屋予以征收。同日，某某区政府作出《房屋征收通告》，将征收主体、征收范围、征收面积、征收期限、征收实施单位、征收补偿方案等事项进行了通告。

(三) 案件核心

公安局能否因房屋系拆迁对象就不履行涉案房屋被毁坏进行查处的法定职责。

(四) 裁判过程与结果

1. 一审裁判过程与结果。

一审法院认为，本案系原告起诉被告不履行法定职责的行政诉讼纠纷。被告接到原告报警后，及时指派民警进行了出警，到现场了解调查情况后，得知属于政府拆迁，将了解的情况向原告进行了告知，被告不存在不履行职责的行为。

关于原告的房产被拆除是政府拆迁还是受到不明人员非法毁坏的问题：一、对郭庄社区的征收拆迁，并非针对原告一户进行的，在当地是众所周知的事实；二、被告所属金山派出所民警出警后，在现场调查了解基本的事实，随后又收集了某某区政府的征收文件、郭庄社区居委会出具的拆迁证明，能够确认对原告房产的拆除是政府的征收拆迁行为，不是受到不明人员的非法毁坏，被告在拆迁现场了解的事实以及向原告作出的告知是正确的；三、庭审中，原告也表明现对其房屋被拆除的行为本身已经提出了行政诉讼，说明原告知道拆除其房屋是政府征收拆迁。

基于上述事实，原告提出本案诉讼认为被告对其人身、财产受到非法侵害而不履行保护职责没有事实依据。被告在本案中不存在不履行法定职责的行为，对原告的诉讼请求本院不予支持。

---

① 河南省漯河市中级人民法院（2018）豫11行终82号行政判决书。

2. 二审裁判过程与结果。

本院认为，《中华人民共和国人民警察法》第二条第一款……《中华人民共和国治安管理处罚法》第七十八条规定……《公安机关办理行政案件程序规定》第四十七条规定：……据此，公安机关对公民人身权、财产权负有保护的法定职责。

本案中，上诉人的报警事项属于被上诉人沙北分局的职责范畴。沙北分局辩称涉案房屋的拆除行为属于政府拆迁行为，但在本案一审卷宗中未显示沙北分局的调查笔录，也未显示涉案房屋被拆除的相关法律文书，还未显示沙北分局对处理情况书面告知了上诉人。沙北分局没有依照上述法律规定履行职责，本院确认其不履行法定职责违法，上诉人的该项上诉理由成立，本院予以支持。但鉴于上诉人提出沙北分局对其财产被毁坏一事依法查处的请求后，已就涉案房屋被拆除以某某区人民政府为被告提起了确认违法及行政赔偿诉讼，因此判令沙北分局继续履行上诉人请求其对涉案房屋被毁坏进行查处的法定职责已无实际意义，上诉人的该项请求本院不予支持。

综上，原审认定事实清楚，适用法律及处理结果不当，本院予以纠正。根据《中华人民共和国行政诉讼》第七十四条第二款第一、三项，第八十九条第一款第二项之规定，判决如下：撤销临颍县人民法院（2016）豫 1122 行初 33 号行政判决；确认某某市公安局沙北分局不履行刘某胜请求其对涉案房屋被毁坏进行查处的法定职责违法；驳回刘某胜的其他诉讼请求。二审案件受理费 50 元，由某某市公安局沙北分局负担。本判决为终审判决。

七、理论探讨与执法指引

行政不作为损害了群众的利益，是一种危害较大的违法行为，而公安机关及其人民警察承担着维护国家安全、维护社会治安秩序、保护公民生命健康财产权的重要任务，其在治安行政管理中的不作为可能比一般行政机关的不作为在危害结果上更为严重。应力求从认定标准的角度去弥补警察行政不作为的理论缺失，以理论与实践相结合的角度，完善警察行政不作为的认定标准，防范警察行政不作为给公安机关行政执法实践带来的不利影响。

在 110 接处警事务范围的界定模式中，需要根据事务的性质对警情进行分类，而“认定事务的紧急性”就是其中重要的分类标准，因此“事务的紧急性如何判定”应在立法上有所反映。在接处警的 110 运行原则中，公安 110 面对紧急公务类警情有优先处置的职责。因此，如果要确保紧急公务优先原则的有效实施，则需要先将 110 接处警的主要职能定位在紧急类警情的处置上。但是，目前相关规定中并未对一般公安行政与紧急公安行政的职责范围进行划分，也未专门针对紧急公安行政的职能作原则性规定，这就导致了在实际工作过程中，大量非紧急事务占用了应急处突的警力资源。然而，公安110作为重要的应急警力资源，其职能定位应当具备特殊性与专业性，主要的事务范围应是危急、紧急警情。如果紧急公安行政职能被常规警情、非紧急求助牵制，不仅在具体处警过程中效率会下降，而且会导致接警、出警等衔接过渡环节出现阻滞。这种效率的下降最终会影响整个系统面对危机的防范能力以及遭遇危机时的应急能力。①

在钱某弟案中，因公安机关认为钱某弟的报警事项不属于公安机关的职责范围，则应根据《公安机关办理行政案件程序规定》第六十一条第一款规定，对报案不属于公安机关职责范围的事项，根据能否当场判断不同，分两种方式告知，能够当场判断的应当立即口头告知，不能当场判断的应当书面告知。而公安机关并非在处警现场作出“经调查，此为政府行为”的判断，并且未在现场告知报案人其报警事项不属于公安机关职责范围，所以，公安机关应当向报案人书面告知。在刘某胜案中，公安机关虽然辩称涉案房屋的拆除行为属于政府拆迁行为，但卷宗中未显示沙北分局的调查笔录，也未显示涉案房屋被拆除的相关法律文书，还未显示沙北分局对处理情况书面告知了上诉人，所以公安机关被认定没有依法履行职责。

第三节 接处警后应主动履行告知义务

一、基础知识

公开原则，亦称公民知情原则。这是指对于警察作出的对外的行政行为，任何受到其影响的个体都应当有机会获得相关的信息。这些信息的获得对于公民而言是至关重要的，它直接关系到公民对程序的参与，关系到公民意见的表达，关系到公民实体权利的保障。没有知情权，警察主体与相对人之间会缺少沟通和交流，这将影响相对人与警察执法的合作。此外，公民知情原则无论对于公民个人权利保障，还是对于约束和限制警察行政权的滥用都是必要的。当然公开原则也存在一些例外，例如对涉及国家秘密或个人隐私、商业秘密的内容不得任意公开，这在各个国家都是通例。公民知情原则要求警察行政执法所采取的公开方式是有效的、能保证公民及时获得相关信息。对社会公众普遍需要知晓的信息，有效的方式包括媒体报道、刊载、公告、网络发布等方式。对特定相对人需要知晓的信息，有效的方式包

① 王炎、汪进元：《110接处警事务的范围界定与运行原则》，载《法学》2017年第12期。

括阅览卷宗、表明身份、告知、说明理由等。

二、案件来源

王某勋诉某某市公安局行政不作为案①

三、主要案情

原审审理查明：2017 年 6 月 29 日，原告拨打“110”报警，称其家中被泼粪。次日，被告受理案件，登记文号为某某公（郭）受案字〔2017〕15445 号。受理后，被告对王某勋进行询问并制作笔录，之后展开调查，并对李某、高某甲、高某乙进行询问并制作相应笔录。同年 8 月 28 日，被告制作案件办理情况说明，告知原告：由于证据不足，其于 2017 年 6 月 29 日在某某市郭店镇海寨村被人侮辱一案，目前尚无法作出处理决定。主要原因为经过大量走访、询问目击证人、现场勘验、蹲点守候嫌疑人等工作后，尚无证据能够落实嫌疑人的身份，将继续进行调查，依法及时作出处理决定，并于当日将上述情况说明送达给原告。原一审庭审中，被告当庭提交延长办案期限审批表一份，载明：根据《公安机关办理行政案件程序规定》第一百四十一条之规定，于同年 7 月 28 日经审批延长办案期限三十日。2019 年 7 月 24 日新某公（郭）刑罚决字（2019）11065 号行政处罚决定书，决定对违法行为人高某乙以故意损毁财物行政拘留十四日。同日，高某乙被送至某某市拘留所执行。同年 7 月 25 日，被告向原告送达该行政处罚决定书。

四、案件核心

在法定期限内不能确定嫌疑人或违法事实应否向被侵害人告知案件办理情况。

五、裁判过程与结果

原审法院认为：根据《公安机关办理行政案件程序规定》② 第一百四十一条第一款“公安机关办理治安案件的期限，自受理之日起不得超过三十日；案情重大、复杂的，经上一级公安机关批准，可以延长三十日”、第三款“对因违反治安管理行为人逃跑等客观原因造成案件在法定期限内无法作出行政处理决定的，公安机关应当继续进行调查取证，并向被侵害人说明情况，及时依法作出处理决定”规定，

---

① 河南省郑州市中级人民法院（2020）豫 01 行终 269 号行政判决书。

② 现已根据 2018 年《公安部关于修改〈公安机关办理行政案件程序规定〉的决定》、2020 年《公安部关于废止和修改部分规章的决定》修改。

本案中，原告称2017年6月29日其家中被人泼粪。原告报案后，被告受理并展开调查，截至2018年1月9日本案一审立案，被告未作出行政案件处理决定，亦未告知原告案件相关办理情况。被告在法定期限内不能确定嫌疑人或违法事实，在此情形下，应当向被侵害人告知案件办理情况，该告知行为涉及公民权益的保护和行政机关全面、适当履行法定职责事项，故对原告要求确认被告未在法定期限内作履行法定职责行为违法的诉讼请求，原审法院予以支持。依照《中华人民共和国行政诉讼法》第七十四条第二款之规定，判决如下：确认被告某某市公安局在2017年6月30日受理原告王某勋报警后未在法定期限内履行告知义务的行为违法。案件受理费50元，由被告某某市公安局负担。

上诉人某某市公安局不服，上诉请求：1. 依法撤销（2019）豫0108行初123号行政判决；2. 驳回被上诉人的诉讼请求；3. 诉讼费用由被上诉人承担。事实和理由：一、一审程序违法，相关证据未经当庭质证而径行裁判，严重违反法律规定。本案系河南省高级人民法院发回重审案件，根据相关法律规定，发回重审按照一审程序审理的案件，应当另行组成合议庭，严格按照一审程序审理。本案的审判人员作为新组成的合议庭，并不了解本案，其违反法律规定，未对本案的证据当庭质证，程序严重违法。二、一审判决罔顾上诉人依法履职，为调查本案所付出的辛苦努力，违背客观事实，所作判决严重背离公平正义。2017年6月29日，上诉人接到被上诉人王某勋报称其海寨村简易房内被人泼了大粪。上诉人在接警后及时出警，并依法受案，对报案人王某勋，证人李某、高某乙、高某甲等人依法进行了询问，对案发现场检材进行了勘验提取。该案案发时间为凌晨，中心现场位置偏远，周围都是空地没有摄像监控，取证非常困难。因证据不足等客观原因，无法在法定期限内对本案作出行政处理决定。上诉人依法及时将案件办理进展情况，对被上诉人进行了告知，并且始终不放弃对案件调查，最终对违法行为人依法作出处理决定。三、河南省高级人民法院通过对本案再审，对上诉人是否存在不履行法定职责已有明确意见。原一审判决被撤销的理由是其所认定的过程性环节不当，而不是因上诉人存在不履行法定职责。关于公安机关在法定期限内不能确定嫌疑人或违法事实的，是否构成不履行法定职责的违法情形的问题。根据《公安机关办理行政案件程序规定》第一百四十一条第三款之规定，对因客观原因不能在法定期限内作出处理决定，但仍需继续调查处理的，公安机关应当向被侵害人告知案件办理情况。公安机关办理治安案件过程中，认定事实应当遵循证据充分和合理合法推定的原则，但现实中，存在缺乏现场证人、嫌疑人身份线索遗留不足、技术侦查条件达不到等客观情形，在法定期限内不能确定嫌疑人或违法事实。在此情形下，并不能以公安机关没有查实或侦破的暂时性现状，而推定没有履行法定职责的结论，公安机关只要依法和穷尽查证手段，即使没有达到查实、侦破的结果，但亦属于依法行政的行为，不属于不履行法定职责的情形。综上，一审判决审理程序违法，认定事实和适用法律错误，对上诉人严重不公，依法应当撤销，请求法院在查明本案事实的基础上，支持上诉人的上诉请求。

被上诉人王某勋辩称，一审庭审程序没有违法。上诉人当庭提供的延长办案期限审批表没有告知和送达被害人。上诉人称延期办案审批表属于内部程序无需告知被害人，但没有提供任何法律文书来证明属于内部程序。被上诉人的诉讼请求是在法定期限内未履行法定职责，不作为行为违法。上诉人在法定 30 天或者 60 天，未告知当事人办理案件处理结果，办案期限审批表被上诉人并不知道。在一审开庭时上诉人提供的办案期限审批表，不能作为证据使用，该具体行政行为没有相应的证据。行政行为的告知、送达，是一种重要的行政程序，一方面是为了当事人知悉行政行为的内容，另一方面也是行政行为的生效要件。书面的行政行为自送达相对人即利害关系人时才对其发生效力，未告知送达的行政行为属于无效的行政行为。延期审批表不能作为证据使用，法定期为 30 天，上诉人在法定期内未履行法定职责，其行为违法。

本院经审理查明的事实与一审认定的事实一致。

本院认为，本案王某勋诉称 2017 年 6 月其家中被人泼粪，王某勋报案后，上诉人受理并展开调查，但截至 2018 年 1 月，上诉人未作出行政案件处理决定，亦未告知王某勋案件相关办理情况。根据《公安机关办理行政案件程序规定》第一百四十一条第一款："公安机关办理治安案件的期限，自受理之日起不得超过三十日；案情重大、复杂的，经上一级公安机关批准，可以延长三十日。"第三款："对因违反治安管理行为人逃跑等客观原因造成案件在法定期限内无法作出行政处理决定的，公安机关应当继续进行调查取证，并向被侵害人说明情况，及时依法作出处理决定。"因此公安机关应当在办理案件过程中向被侵害人履行告知义务，该告知行为涉及公民权益的保护和行政机关全面、适当履行法定职责事项。原审法院对王某勋要求确认上诉人未在法定期限内履行法定职责行为违法的诉讼请求予以支持，有事实和法律依据，本院予以维持。河南省高级人民法院撤销原一、二审裁定后，指令一审法院继续审理期间，重新进行举证、质证，程序并无不当，故上诉人称一审程序违法的上诉理由不能成立，不予支持。

综上，某某市公安局的上诉理由及请求不能成立，本院不予支持。原审判决认定事实清楚，适用法律正确，本院依法予以维持。根据《中华人民共和国行政诉讼法》第八十九条第一款第一项之规定，判决如下：驳回上诉，维持原判。二审受理费 50 元，由上诉人某某市公安局负担。本判决为终审判决。

六、类案比较

（一）案件来源

朱某诉某某市公安局某某分局要求履行法定职责案①

（二）主要案情

原告朱某系某某市虹桥路×××号房屋权利人，2015 年原告在该房屋内注册成立了某某市某某区金某酒家。原告自 2016 年 8 月起先后 13 次报警金某酒家被打砸一事。被告对原告于 2016 年 8 月 31 日、9 月 5 日、10 月 5 日的三次报警予以立案登记。2017 年 9 月 25 日，因被告一直未告知处理结果，原告向被告提出申请，要求被告履行职责，对原告某某市虹桥路×××号金某酒家被打砸一事进行调查处理。被告未予答复。原告起诉本院，请求判令被告履行法定职责，对扰乱社会秩序的违法行为实施治安管理处罚。

（三）案件核心

公安机关接受报警予以受案登记并制作询问笔录后应否将处理结果告知报案人。

（四）裁判过程与结果

一审法院认为，被告某某市公安局某某分局作为公安机关，对其辖区内违反治安管理的行为具有给予治安管理处罚的法定职权。根据《中华人民共和国治安管理处罚法》第七十七条、第七十八条的规定，公安机关对于违反治安管理案件，应当及时受理并进行登记，公安机关受理报案后，认为属于违反治安管理行为的，应当立即进行调查；认为不属于违反治安管理行为的，应当告知报案人并说明理由。本案中，原告因金某酒家被人打砸财产权受到不法侵害为由，多次向被告报警，并于 2017 年 9 月向被告提出履职申请。对于原告的多次报警，被告虽对其中三次报警予以受案登记并制作询问笔录，但未将处理结果告知原告。对于原告的履职申请，被告至今未予以答复。该行为违反了《中华人民共和国治安管理处罚法》的上述规定。原告现起诉要求被告履行法定职责，于法有据，本院予以支持。

二审法院认为，原审法院判决某某市公安局某某分局在判决生效之日起三十日内对朱某 2017 年 9 月 25 日的履行法定职责申请作出处理答复并无不当。至于上诉人提出的原审法院遗漏其要求确认某某市公安局某某分局未履行行政查处的不作为行为违法一节，因原审法院对本案作出判决时已经对朱某的诉请进行全面实质审查并作出判断，故无须就未履行行政查处的不作为行为是否违法作出特别处理，上诉

① 上海市第一中级人民法院（2018）沪 01 行终 1141 号行政判决书。

人朱某以此为由提起上诉理由不成立，故本院不予支持。

七、理论探讨与执法指引

改革完善受案立案制度，解决群众反映强烈的受案立案突出问题，是全面深化公安改革的重要内容，是强化执法源头质量管控的重大举措，事关群众切身利益，事关社会公平正义，事关公安执法形象，具有重要意义。2015年，公安部制定下发了《公安部关于改革完善受案立案制度的意见》（以下简称意见）①，对推进受案立案制度改革作出了安排部署。

接报案、受立案相关工作流程规定不健全、不完备，刑事立案标准不统一、不协调，是造成受案立案执法问题多发的重要原因。为健全完善受案立案工作规范、细化执法标准和程序指引，笔者认为各地公安机关应重点从接报案登记、受案立案审查办理、紧急情况处置等多个方面规范流程。

一是针对有案不接、接报案后不依法受案立案的不作为问题，进一步健全完善接报案登记制。对属于公安机关管辖范围的接报案，一律先行接受。特别是群众上门到公安机关或者公安派出所报案，多数是自身权益受到了不法侵害，诉求往往比较迫切和强烈。针对此类上门报案，各地公安机关应认真落实“三个当场”的要求，即负责接待的民警当场进行报案登记，当场接受证据材料，当场出具报案回执并告知查询案件进展情况的方式和途径。根据执法公开原则和公安部的意见，执法民警应对报案人进行详细询问并勘查现场，出具报警回执和受案回执。回执上告知内容包括：公安机关已接受报案并受理为治安案件或刑事案件查处，你可通过公安机关互联网门户网站或案管室查询案件进展情况。同时，还应该给报案人发送至少两条短信，第一条是“你可通过手机号码和查询编码到公安机关互联网门户网站查询警情处理情况，查询编码为××××××”；第二条是“某某某，你报警称某一案我单位已受理，你可通过省市县公安机关互联网门户网站查询编码和本人身份证号码查询案件进展情况，查询编码为×××××××××”。报案人进入提示网站，按照网站提示，在案件办理情况公开页面输入本人身份证号和查询编码后就可以查询到案件受立案情况，包括犯罪嫌疑人是否被抓获、被盗物品是否被追回，以及主办民警联系电话等内容。

二是针对接案后不及时受案立案的慢作为问题，明确限定受案立案审查期限。对违法犯罪事实清楚的案件，即受、即立、即办。对需要查证线索才能确定是否受

---

① 《公安部关于改革完善受案立案制度的意见》，载公安部网站，https：//app. mps. gov. cn/gdnps/pc/content. jsp？id=7437786，最后访问时间：2022年12月2日。

案立案的，行政案件受案审查一般不超过24小时，最长不超过三日；刑事案件立案审查一般不超过三日，最长不超过30日。法律、法规、规章等对受案立案审查期限另有规定的，从其规定。如经济犯罪案件情况往往较为复杂，涉及的法律关系多，立案审查有时需要较长时间，因此，《最高人民检察院、公安部关于公安机关办理经济犯罪案件的若干规定》对经济犯罪的立案审查期限就区分情况作了特别规定。

三是针对违法受案立案的乱作为问题，各级公安机关法制部门加强对经济犯罪案件以及其他易出问题、有争议的案件是否受案立案的审核监督。出台受案立案工作规定，要求经济犯罪案件、法院已经受理或者作出民事判决的案件以及定性、事实证据、法律适用存有争议的重大复杂案件的立案或者不予立案，均应提交法制部门审核。

四是进一步做好接报案过程中紧急情况处置工作。对违法犯罪行为正在发生等情况紧急的案件，公安机关接报案后第一时间做好制止现行违法犯罪、缉捕嫌疑人、救治伤员、保护现场、固定证据等紧急处置工作，待处置完毕后24小时内完成接报案登记。如可以制定出台“公安机关常见警情处置规范”，对常见多发的治安类、刑事类、交通类案件紧急处置工作作出了分类具体规范。

五是有效剔除无效报案、重复报案，减少虚假报案、恶意报案，保障有限警力资源得到合理高效使用。对明显不属于公安机关职责范围的报案事项，告知报案人向其他有关主管机关报案；对重复报案、案件正在办理或者已经办结的，向报案人作出解释，不再重复接报案登记；对故意报假案等扰乱公安机关工作秩序或者捏造事实诬告陷害他人等违法行为，依据相关法律有关规定追究责任。

第四节　接处警中规范先行处置并为后续执法提供基础

一、基础知识

执法实践中，当事人所报案件并不都是属于公安机关职责范围内的事项，也不一定是由接受报案的公安机关管辖。对于一些属于公安机关职责范围内，但又不属于受理案件的公安机关管辖的案件，应当按照规定移送给有管辖权的单位处理。但是，在有的情况下有些案件如果不及时处置可能会造成更为严重的后果或者危害，受理案件的公安机关应当采取先行处置措施，再依法移送有管辖权的单位处理。根据执法实践，这些情形主要有：

1. 违法嫌疑人正在实施危害行为的。对于正在实施的危害行为，接受报案的公安机关应及时采取措施，防止发生更为严重的后果，公安机关不能因认为不属于本公安机关管辖而拒绝及时采取必要的强制措施或者其他处置措施。

2. 正在实施违法行为或者违法后即时被发现的现行犯被扭送至公安机关的。本项规定的是对被扭送到公安机关的现行犯的处理。正在实施违法行为或者违法后即时被发现的现行犯，被群众扭送至公安机关后，受理案件的公安机关必须先行处置，及时采取控制违法嫌疑人、对容易灭失的证据及时固定等措施，再办理移送手续。

3. 在逃的违法嫌疑人已被抓获或者被发现的。在逃的违法嫌疑人已被抓获的，受理案件的公安机关或者抓获违法嫌疑人的公安机关不能因不属于自己管辖而逃避责任；在逃的违法嫌疑人被发现的，必须立即出警，将违法嫌疑人押回或者及时布置抓捕违法嫌疑人。

4. 有人员伤亡，需要立即采取救治措施的。如果发现有人员伤亡的情况，救治伤员是第一位的，不能因办理案件移交手续而导致发生更为严重的后果。

5. 其他应当采取紧急措施的情形。这是一项兜底条款，是对前几项未尽事宜的补充。

《公安机关办理行政案件程序规定》第六十二条规定，属于公安机关职责范围但不属于本单位管辖的案件，具有下列情形之一的，受理案件或者发现案件的公安机关及其人民警察应当依法先行采取必要的强制措施或者其他处置措施，再移送有管辖权的单位处理：（1）违法嫌疑人正在实施危害行为的；（2）正在实施违法行为或者违法后即时被发现的现行犯被扭送至公安机关的；（3）在逃的违法嫌疑人已被抓获或者被发现的；（4）有人员伤亡，需要立即采取救治措施的；（5）其他应当采取紧急措施的情形。行政案件移送管辖的，询问查证时间和扣押等措施的期限重新计算。

《110 接处警工作规则》[①] 第三十一条规定，对于公安机关职责范围以外的可能危及公共安全、人身或者财产安全的紧急求助，110 报警服务台应当派警进行先期处置，同时通报相关部门或者单位派员到现场处置。在相关部门或者单位进行处置时，公安机关处警人员可以予以必要的协助。

《公安机关办理伤害案件规定》[②] 第三条规定，公安机关办理伤害案件，应当遵循迅速调查取证，及时采取措施，规范准确鉴定，严格依法处理的原则。第十条

---

① 《110 接处警工作规则》，载公安部网站，https：//app. mps. gov. cn/gdnps/pc/content. jsp？ id=3693586，最后访问时间：2022 年 4 月 2 日。

② 《公安机关办理伤害案件规定》，载公安部网站，https：//app. mps. gov. cn/gdnps/pc/content. jsp？ id=7429457，最后访问时间：2022 年 4 月 2 日。

规定，接到伤害案件报警后，接警部门应当根据案情，组织警力，立即赶赴现场。第十二条规定，对已经发生的伤害案件，先期到达现场的民警应当做好以下处置工作：（一）组织救治伤员；（二）了解案件发生经过和伤情；（三）及时登记在场人员姓名、单位、住址和联系方式，询问当事人和访问现场目击证人；（四）追查嫌疑人；（五）保护现场；（六）收集、固定证据。

二、案件来源

毋某明诉某某市公安局某某某分局（以下简称某某某分局）不履行法定职责案①

三、主要案情

原审查明：2018 年 11 月 18 日 17 时许，毋某明在某某市某某区某某小区自家楼下，因停车位问题与同栋楼住户王某芝、曾某东（系王某芝丈夫）及曾某（系王某芝和曾某东之子）一家发生争吵，继而厮打。其间，曾某用拳头打击毋某明头部，用脚踢毋某明。毋某明多次拨打“110”报警电话，曾某东也拨打“110”电话报警。警察赶到现场时，王某芝正在被 120 救护车送往医院，毋某明也已经被 120 救护车送往某某市第一人民医院进行救治。毋某明于 2018 年 11 月 21 日办理了入院手续，于 2018 年 12 月 13 日出院，出院诊断为：胸部软组织损伤。住院期间，某某某分局于 2018 年 11 月 21 日给毋某明出具了鉴定委托书，毋某明未在 24 小时内去指定的某某市公安局某某法医室（物证鉴定所）进行伤情鉴定。某某某分局于 2018 年 11 月 26 日对曾某东进行了询问，于 2018 年 11 月 27 日对曾某进行了询问，于 2018 年 12 月 4 日对毋某明进行了询问，于 2018 年 12 月 16 日对王某芝进行了询问。2018 年 12 月 22 日，某某某分局作出××142 号行政处罚决定书，决定对曾某以殴打他人行政拘留五日，并处罚款二百元。但该行政处罚决定并未送达毋某明，现已执行完毕。

四、案件核心

公安机关是否有权进行先行处置；先行处置有没有遵循法定时间，程序是否合法。

---

① 河南省平顶山市中级人民法院（2019）豫 04 行终 262 号行政判决书。

五、裁判过程与结果

（一）一审裁判过程与结果

原审认为，毋某明在拨打“110”报警后，某某某分局按照法律规定出警处理，并在调查取证后依法作出××142号行政处罚决定书，其行为并无不当，虽然在办案过程中，存在一定的瑕疵，但不存在不履行法定职责的情况。毋某明所称的报案后公安机关未及时赶到现场处置、未向其出具受理案件回执单、未调查取证、未对其进行伤情鉴定、未向其送达行政处理文书等，无事实根据与法律依据，应当驳回其诉讼请求。综上，依据《中华人民共和国行政诉讼法》第六十九条之规定，原审法院判决：驳回原告毋某明的诉讼请求。案件受理费50元，由原告毋某明负担。

（二）二审裁判过程与结果

上诉人毋某明上诉称，一审判决认定事实不清，证据不足，适用法律错误，且未查明案件的关键事实，应当依法予以改判。理由如下：某某某分局未在法定时间内及时赶到现场，对毋某明人身遭受侵害进行先行处置，违反法定程序。根据《公安机关办理伤害案件规定》第三条和《公安派出所执法执勤工作规范》第五十五条的规定，依据河南省公安厅有关规范规定处警人员的出警时限为“城市市区5分钟内，城郊结合部10分钟内，城镇和农村居民聚居区以最快速度到达现场”。毋某明于2018年11月18日17：27：48秒向110报警，某某某分局于2018年11月18日17：29接到市局110指挥中心指派，于2018年11月18日18：12赶到现场先行处置（毋某明提供的视频为证）不符合上述规定……综上，一审法院没有查清事实，导致适用法律错误。请求二审法院依法改判，维护毋某明的合法权益。

被上诉人某某某分局辩称，一、毋某明诉某某某分局没有按照相关规定及时赶到现场进行先期处置与事实不符。毋某明于2018年11月18日拨打“110”报警，某某某分局民警依规及时进行了出警，当日交巡接处警民警王某某等三人于2018年11月18日17时14分，民警王某某等三人在某某区贾庄变电站北200米处，处置一起电动三轮车被盗警情时，17时29分，又接到市局110指挥中心指派某某小区有人打架。王某某等三名民警处置完上一警情后立即赶赴某某小区，于当日17时46分到达某某小区报警现场。经到市公安局110指挥中心核实，当天吴先生（音译）报警多次：17：27：48，19：35：16，17：39：51，23：30：31，第二天，也就是11月19日9：28：03报警，另一方镇先生（音译）电话132××××××××报警时间为当日17：29：26，17：35：16两次报警称妻子被邻居打。紧接着当日17时37分，市局110又指令：在××家属院老年活动中心有四个冒充警察的人持枪抓人，由于警情紧急重大，某某某分局又派治安大队民警立即前赴××家属院处置警情。以上有市局 110 指挥中心接警记录及交巡警出警执法记录为证。因此，经调查，此次事件系曾某及其父母与毋某明双方因车位问题引起，毋某明称遭到不明身份歹人群殴与事实不符。多次报警警察未及时到现场也与事实不符。二、毋某明诉某某某分局未向受害人出具受理案件回执单与事实不符。2018 年 11 月 18 日，双方当事人均有报警。依据《公安机关办理行政案件程序规定》规定，一起行政案件只能受案一次，不能重复受案。当时，治安大队接到交巡移交案件后，曾某东于当日 17 时 29 分报案，称其老婆被邻居打了。办案民警就以曾某东的报警进行了受案，案件回执单由报警人曾某东签字。以上事实有受案登记表，受案回执，毋某明等人的询问笔录为证。三、毋某明诉某某某分局未在 24 小时内去医院向受害人调查取证、询问案情、制作笔录、搜集固定证据并送达相关权利义务告知单与事实不符。案发后，办案民警电话联系受害人毋某明，其家属接到电话称毋某明当时在重症监护室，处于昏迷状态，无法语言沟通和询问制作笔录，只好待其伤情稳定后再来做问话笔录。随后，办案民警分别对双方当事人进行了询问，制作了笔录并调取了相关视频等证据。某某某分局办案民警依照《公安机关办理行政案件程序规定》，合法、及时、客观、全面地收集、调取证据材料，并予以审查、核实。调查后，根据案件事实及证据，在法定期限内对违法行为人曾某作出行政拘留五日，并处罚款二百元的行政处罚且已执行。以上事实有某某某分局行政处罚决定书及毋某明的行政案件权利义务告知书为证。四、某某某分局未在规定的时间内向毋某明履行行政文书送达职责与事实不符。某某某分局依法对违法行为人曾某的行政处罚执行完毕后，办案民警通知毋某明到某某某分局治安大队，当面告知毋某明及其家属已对曾某作出行政拘留五日并处二百元的处罚，且已执行。并告知毋某明住院产生的费用等民事争议依法应向人民法院提起民事诉讼。综上，某某某分局认为，毋某明认为某某某分局不履行行政职责的行政行为违法与事实不符。请求驳回上诉，维持原判。

本院经审理查明的事实与原审判决认定的事实相一致。

本院认为，毋某明在拨打“110”报警后，某某某分局按照法律规定进行了出警处理，并在调查取证后依法对违法行为人曾某作出了行政处罚决定，已执行完毕。虽然某某某分局在办案过程中存在一定瑕疵，但不存在不履行法定职责的情况。原审判决认定事实清楚，适用法律、法规正确，应予维持。毋某明的上诉理由不能成立，其上诉请求本院不予支持。依照《中华人民共和国行政诉讼法》第八十九条第一款第一项的规定，判决如下：驳回上诉，维持原判。二审案件受理费 50 元，由上诉人毋某明负担。本判决为终审判决。

六、类案比较

（一）案件来源

曾某安等诉某某市公安局H分局、某某市公安局X分局不履行法定职责及行政赔偿案①

（二）主要案情

原审法院查明，2011年2月曾某安向某某市人民检察院举报某某市公安局H分局HJ派出所（以下简称HJ派出所）及X县公安局（因X县改区，后改为某某市公安局X分局，以下简称X公安分局）等单位民警在处警过程中不作为，未正确履行职责，致使其妻子游某香死亡，要求检察机关查处公安民警的渎职行为。某某市人民检察院于2011年3月30日对该线索启动初查程序，2015年4月12日作出《不予立案通知书》（内容为HJ派出所等单位民警存在渎职行为，但不构成犯罪）和4月20日《对HJ派出所等单位民警玩忽职守不予立案的报告》（以下简称《报告》），并向曾某安送达，《报告》查明事实如下：

曾某安妻子游某香（曾荣某、曾建某之母）于2010年8月30日10时左右从家里走失，因游某香患有老年痴呆症，不能正常语言表达，家属发现后于当日14时向某某市东湖区公安局豫章派出所报案，请求公安部门协助寻找游某香。后某某市公安局指挥中心（以下简称指挥中心）从2010年9月1日起在公安系统"三台合一"接处警平台上发布了寻找游某香的信息并滚动播放。

2010年9月1日15时许，在某某市前湖立交红谷新城附近从事绿化项目的民工发现了一名衣着比较干净整洁的妇女（后来证实为游某香）躺在立交边绿化带上时，及时报告给工地负责人王某及陈某华。陈某华于当天16时02分拨打了"110"报警及"120"电话，指挥中心接警后指令就近的HJ派出所出警。处警民警彭某（此人在事后不久因家庭纠纷被害）、付某在16时20分左右赶到现场，因未寻找到游某香，就通过电话联系报警人，后在前湖立交互通口附近找到报警人陈某华，经询问报警人得知游某香还活着，但躺在前湖立交互通过口对面红谷新城，彭某便告知报警人该地系X公安分局管辖范围，要求报警人拨打"120"，没有进一步处置。虽然报警人要求处警人员到不远处游某香所躺位置现场查看一下情况，但处警人员仍未到现场查看，未对游某香进行救助就返回派出所。后指挥中心根据派出所反馈的情况通知X公安分局指挥中心处置，该指挥中心即通知辖区望城派出所处警。因为该位置已经划为长埈派出所管辖，望城派出所值班人员王某武接警后

---

① 江西省高级人民法院（2017）赣行申321号行政裁定书。

将该情况反馈给指挥中心后未处置该警。陈某华报警过后不久，该工地负责人王某看到民警没有对游某香进行救助，便报警称前湖立交红谷新城边上发现了一具女尸（实为游某香），指挥中心将该警传达给 HJ 派出所及 X 公安分局指挥中心处警，以上两单位仅通过和报警人王某电话联系，在得知与先前陈某华报警是同一个警时就均未处警。在当日 16 时 40 分左右，“120” 急救中心赶到现场，因游某香所躺位置系高速公路互通立交旁的角落，“120” 工作人员无法单独将游某香抬出来，在此情况下“120” 工作人员于 16 时 43 分拨打 “110” 请求公安派人协助其救助，但公安民警没有来现场协助，“120” 工作人员只好独自把游某香扶到急救车上，但游某香没有上救护车就走开了。

因该警情一直未得到妥善处置，在指挥中心要求下，望城派出所处警人王某武在当天 18 时左右带人去现场处置，到现场后在红谷××工地附近展开搜索，没有发现报警人所称的情况，经询问附近民工，得知 “120” 已经到过现场，但游某香并没有上救护车，人现在也已经离开了原先位置。后民警又继续寻找，在寻找未果情况下，王某武通过 X 公安分局指挥中心通知对该地有管辖权的长埁派出所继续寻找。

9 月 3 日 8 时 20 分许，绿化工程的工人高某茂发现游某香又躺在原先位置后拨打了 “110” 报警，因其报警时误称位置是在高速公路上，“110” 接警人员要其拨打 “12122” 报警，过了约 10 分钟，省高速巡警一支队三中队指导员李某勇、冷某赶到现场查看了游某香的情况并拍了几张游某香躺着的照片，发现游某香还有生命气息但身体虚弱的情况下，民警告诉报警人说人还有微弱呼吸但他们不好搬动，需要通知法医来处理。后据处警人说因为接到其他报警加上此地不属高速巡警管辖，冷某在 8 时 49 分拨打 “110” 报警电话后，未和管辖地民警办理交接，也未通知其单位法医来现场就离开了现场，指挥中心接到冷某报警后通知长埁派出所处警，值班民警陈某青带人前去处警，刚开始民警在城开国际花园附近没有找到躺在地上的游某香，后在城开国际花园对面马路边发现有一名年龄较大的妇女躺在地上。经了解是一起拆迁纠纷，妇女躺在地上是为了阻止 X 县城建部门施工，陈某青在未与报警人联系的情况下误把该纠纷当作是报警而进行了处置，处置完民警就离开现场，从而没有发现游某香并对其进行救助。

当天 17 时 6 分陈某华发现游某香还躺在原先位置但人可能死去时再次报警，指挥中心指令就近的 HJ 派出所处警。长埁派出所副所长杜某宇通知了 X 公安分局刑侦大队技术人员和法医来到现场处理。X 公安分局技术人员陈学某到现场后对现场进行了勘察拍照，法医张某经检查确定游某香已经死亡并分析是因为饥饿或疾病导致其死亡，排除了凶杀可能，该尸体交由派出所处理，根据派出所所长闵某东按照无名尸体处置的指示，杜某宇和X县民政局熊某局长取得联系，19时左右，民政局安排人员将尸体送至西山万寿陵园暂时保管。9月10日，长埈派出所在《江西商报》公告栏目上刊登了“认尸启事”。9月27日，经X县民政局同意，西山万寿陵园将游某香尸体火化并将骨灰保存。10月11日，X公安分局刑侦技术人员对公安机关9月27日发布的协查通报信息进行了比对，确认了该尸体身份就是走失的游某香，立即通知死者家属认领骨灰，其家属于当天将骨灰领走。

原审法院另查明，曾某安、曾荣某、曾建某收到某某市人民检察院《报告》后，委托代理人周某华于2015年5月8日和5月12日分别向X公安分局、某某市公安局H分局（以下简称H公安分局）申请国家赔偿，X公安分局、H公安分局未作出答复。曾某安、曾荣某、曾建某于7月23日向某某市东湖区人民法院提起行政诉讼，要求：1. 确认X公安分局、H公安分局不履行法定职责的行政行为违法。2. 请求判令X公安分局、H公安分局赔偿死亡赔偿金1146920元。3. 请求判令X公安分局、H公安分局赔偿曾某安的精神损害抚慰金401422元；赔偿曾荣某的精神损害抚慰金401422元；赔偿曾建某的精神损害抚慰金401422元。4. 赔偿因本案民警玩忽职守而造成的财产直接损失141202.5元（尚不包括四五年来申请赔偿发生的直接经济损失）。5. 赔偿因聘请律师发生的律师费50000元（尚不包括本案如需继续聘请律师发生的费用）。

一审法院认为，本案争议的焦点：1. 曾某安、曾荣某、曾建某的起诉期限是否已过。参照《最高人民法院关于审理民事案件适用诉讼时效制度若干问题的规定》第十五条“权利人向公安机关、人民检察院、人民法院报案或者控告，请求保护其民事权利的，诉讼时效从其报案或者控告之日起中断。上述机关决定不立案、撤销案件、不起诉的，诉讼时效期间从权利人知道或者应当知道不立案、撤销案件或者不起诉之日起重新计算……”之规定，本案事发时间虽在2010年9月，曾某安知晓游某香死亡时间为2010年10月11日之后，向检察机关刑事控告为次年2月，其间因检察机关一直属于调查取证阶段，直至2015年4月曾某安才收到某某市人民检察院《报告》，后即先向X公安分局、H公安分局提出国家赔偿，在未得到回复后，于2015年7月23日向某某市东湖区人民法院提起行政诉讼，符合上述规定，曾某安、曾荣某、曾建某未超过法定的起诉期限。2. 某某市人民检察院《报告》是否具有证据效力。根据《最高人民法院关于行政诉讼证据若干问题的规定》第六十三条第一项之规定，国家机关依职权制作的公文文书优于其他书证，本案某某市人民检察院《报告》中的事实过程是经过其调查报警人、110、120、接警人多方后所出具，具有事实性书证效力，该院予以采信。3. 救助行为是否属于H公安分局、X公安分局的法定职责。《中华人民共和国人民警察法》第二十一规定，人民警察遇到公民人身、财产安全受到侵犯或者处于其他危难情形，应当立即求助。依法保护公民的人身、财产安全是人民警察的法定职责，救助是其法定义务。4. X公安分局、H公安分局民警处警行为是否构成行政不作为、责任大小如何确定。本案中，曾某安、曾荣某、曾建某作为游某香的家属，明知游某香患有老年痴呆症、有行为障碍和失忆症状，却未实施有效的监护措施，曾某安、曾荣某、曾建某称为预防游某香走失制作了家属联系卡，但从某某市人民检察院的调查和法院的庭审调查中，均无证据证明，其对于游某香的走失负有主要责任；另曾某安、曾荣某、曾建某在游某香走失后虽已尽力查找，但该行为并不能免除其监护不力的责任，故其应承担游某香死亡的主要法律责任。HJ 派出所民警于 2010 年 9 月 1 日下午在接到 110 指令后虽处警，但并未实际到达报警点，尽管报警人要求他们现场紧急处置，而民警仍以无管辖权为由反馈 110 指挥中心并返回，其行为违反了《110 接处警工作规则》中对管辖地暂不明确的报警，应进行先期救助并办理处警交接的要求，未认真履行法定职责；X 公安分局于 2010 年 9 月 1 日下午接警两次，一次未到，一次已到达报警现场并进行查找。2010 年 9 月 3 日上午再次接到 110 指挥中心指令后，其民警虽处警，但未认真核对报警情况，误把另起报警案件处理完毕，同样也属未认真地履行法定职责。根据《中华人民共和国行政诉讼法》第七十四条第二款第三项之规定，H 公安分局、X 公安分局上述行为违法，均应承担相应法律责任。5. 赔偿范围和计算标准。根据《中华人民共和国国家赔偿法》第三条第五项、第三十四条第一款第三项、第三十五条规定，造成死亡的，应当支付死亡赔偿金、丧葬费，总额为国家上年度职工年平均工资的二十倍（最高人民法院公布的国家赔偿标准，2014 年度国家职工平均工资为 57346 元，57346×20＝1146920 元）；造成严重后果的，应当支付相应的精神抚慰金。本案中，曾某安、曾荣某、曾建某要求行政赔偿的项目中只有死亡赔偿金、丧葬费、精神抚慰金有法律依据，其余赔偿请求该院均不予支持。综上，曾某安、曾荣某、曾建某应承担 85%、H 公安分局应承担 9%、X 公安分局应承担 6% 的法律责任。依据《中华人民共和国行政诉讼法》第六十九条、《中华人民共和国国家赔偿法》第三条第五项、第三十五条之规定，判决：一、H 公安分局支付曾某安、曾荣某、曾建某 1146920 元死亡赔偿金、丧葬费的 9%，即 103222.8 元，精神抚慰金 4000 元；二、X 公安分局支付曾某安、曾荣某、曾建某 1146920 元死亡赔偿金、丧葬费的 6%，即 68815.2 元，精神抚慰金 2000 元；三、驳回曾某安、曾荣某、曾建某其他的诉讼请求。

一审判决后，曾某安、曾荣某、曾建某不服，提出上诉。二审法院认为：本案系罹患老年痴呆症患者游某香因走失和未得到有效救助，而不幸身亡的事件。在分析游某香死亡责任时，应结合死者从走失到寻求救助的整个过程，罹患老年痴呆症患者为部分丧失民事行为能力人，监护人具有法定的监护责任。在游某香走失后，其家属尽力寻找，并配合公安机关提供了相应的资料，其在寻找失踪人方面已尽其责。同时公安机关对于失踪者家属提出的搜寻请求具有法定的协助寻找失踪者的职责。《110 接处警工作规则》第二十条规定对接报的管辖暂不明确的地区发生的案（事）件，应当先指定处警人员进行先期处置，必要时再移交属地公安机关有关部门进行处理。H 公安分局在 2010 年 9 月 1 日 16 时 20 分接到 110 的指令，发现报警地点不属于其管辖范围，未到达被救助人所在地就折返违反了上述规定，属未认真履行法定职责。X 公安分局于 9 月 1 日下午接警两次，一次未到，一次到达了报警现场并进行查找。9 月 3 日上午再次接到 110 指挥中心指令后，其民警虽处警，但未认真核对报警情况，误把另起报警案件处理完毕，同样也属未认真履行法定职责。两公安分局的行为虽不是造成游某香死亡的直接原因，却是影响游某香死亡结果的一个因素，H 公安分局、X 公安分局应承担相应的赔偿责任。综上，一审判决认定事实正确，但酌定赔偿标准过低，根据某某市人民检察院《不予立案通知书》和《报告》的意见，H 公安分局应承担 12%赔偿责任，X 公安分局应承担 8%赔偿责任，同时根据《中华人民共和国国家赔偿法》第三十六条第八项“对财产权造成其他损害的，按照直接损失给予赔偿”的规定，曾某安、曾荣某、曾建某提出的其他赔偿请求为直接损失的主张无事实和法律依据，该院不予支持，依据《中华人民共和国行政诉讼法》第八十九条第一款第二项之规定，判决：一、维持东湖区人民法院（2015）东行初字第 71 号行政判决第三项。撤销东湖区人民法院（2015）东行初字第 71 号行政判决第一项、第二项。二、H 公安分局支付曾某安、曾荣某、曾建某 1146920 元死亡赔偿金、丧葬费的 12%，即 137630.4 元，精神抚慰金 4000 元。三、X 公安分局支付曾某安、曾荣某、曾建某 1146920 元死亡赔偿金、丧葬费的 8%，即 91753.6 元，精神抚慰金 3000 元。本案诉讼费 50 元，由曾某安、曾荣某、曾建某承担 30 元，X 公安分局和 H 公安分局各自承担 10 元。

曾某安、曾荣某、曾建某不服二审判决，向本院申请再审，请求撤销原判，改判二被申请人承担游某香丧葬费、死亡赔偿金、精神损害赔偿金、家属交通费、误工费人民币 1247867 元及申请人为寻找游某香多支出的费用 141202.5 元，合计 1389069.5 元；由被申请人承担诉讼费用。事实与理由为：1. 二审法院对游某香死亡责任的划分事实认定有误。被申请人作为负有法定救助义务的主体，对身体虚弱、奄奄一息的游某香弃而不管，见死不救，其不履行法定救助义务与游某香死亡之间具有直接的因果关系。二审法院认为申请人监护不力导致游某香走失与游某香死亡之间存在直接因果关系是错误的。2. 二审法院认定赔偿金额项目适用法律错误。二审法院没有综合考虑该案存在行政赔偿与民事赔偿交叉的复合性问题，申请人多支出的其他费用是由于公安机关怠于履行责任的先行行为所致。

（三）案件核心

公安机关不履行法定保护公民人身权的行为，如致使公民的合法权益遭到损害的，公安机关应当承担相应的行政赔偿责任。

（四）裁判过程与结果

本院认为，公安机关不履行法定保护公民人身权的行为，如致使公民的合法权益遭到损害的，公安机关应当承担相应的行政赔偿责任。人民法院在确定赔偿数额时，应当考虑公安机关的该行为在损害发生过程和结果中所起的作用等因素。本案中，从因果关系来看，游某香不幸身亡存在多因一果，即游某香本人老年痴呆症走失、家属监管不力及公安机关未认真履行法定职责所致。据此，原审法院依据《中华人民共和国国家赔偿法》第三十四条第一款第三项、第三十五条的规定，判决两被申请人承担游某香死亡赔偿金和丧葬费的20%及精神抚慰金并无不当。综上，曾某安、曾荣某、曾建某的再审申请不符合《中华人民共和国行政诉讼法》第九十一条规定的情形。依照《最高人民法院关于适用〈中华人民共和国行政诉讼法〉的解释》第一百一十六条第二款的规定，裁定如下：驳回曾某安、曾荣某、曾建某的再审申请。

七、理论探讨与执法指引

先期赶到紧急警务现场的民警对于事件的评估和分析有限，人员以及装备上也会存在不足，处置民警的不当情绪会对紧急警务的处置产生负面影响。紧急警务先期到场的民警要注重心理监控，提高自我调适能力，培养良好的决策心态；在处置中要明确角色定位，协调部门间配合，着眼事件的系统化处置；要控制自身语言神态，理解群众心理，充分调动和利用民力；要遵守执法规范，善用法律授权，整合社会资源；要抓住事态重点，力避恶性后果出现，注重衔接后续处置。在紧急警务现场，民警的决策其实是一组相互影响的决定，是一系列的资源分配，决策的目的是使资源得到优化配置。

高质量的先行处置决策必须抓住三大重点。第一是目的。民警对于紧急警务先期处置的目的、处置的程度要明确。有相应的目标和想追求的结果有助于形成准确的思维。第二是优先级。民警应迅速弄清事情的轻重缓急，解决第一时空状态下的非程序化决策问题，使民警能结合现场态势展开多维思考并优先抉择，启用非程序化决策和优先抉择程序，对无关紧要的事要进行必要的取舍。第三是可选方案。民警要考虑多种方案的可行性，不断地对现场的工作难度、危险等级进行提前估计及临场判断，当缺少选择方案时，不是牵强做选择，而是要探索更广阔的路径，积极调动自身的专业素养和利用一切可利用的社会资源先期处置，为最终取得胜利赢得战机。

110接处警是一种应急的公安行政，更是一种稀缺的公共资源。这种兼具紧急性、公共性和稀缺性的公共资源，决定了110接处警的事务范围应当被准确界定。根据110接处警事务紧急性与公共性的双重性质，厘清紧急情况与一般情况的界限，以及公共事务与私人事务的边界，进而建立110接警范围的界定标准，并将警情分为紧急公共事务、紧急私人事务、非紧急公共事务与非紧急私人事务。针对不同类型警情的特征，在110具体处警过程中应遵循如下运行原则：紧急公务优先原则、紧急私务协同原则以及滥用紧急行政追责原则。

接处警要深入贯彻落实各级指挥中心工作规范，健全完善指挥调度和接处警工作机制，逐步建立现代化指挥调度体系，增强快速反应和整体作战能力，提高执法规范化水平。理顺各警种的协作关系，实行规范化管理，使接警、指挥、出警、处警等各个环节有机衔接，建立起以公安指挥中心暨110报警服务台为龙头，以巡警、防暴警为骨干，以各公安业务部门和派出所为基础的快速反应机制，做到接警快、出警快、处警快、破案快，提高动态环境下的控制和打击犯罪能力。

1. 必须理顺指挥调度体制。要强化指挥中心在现代警务运行机制中的龙头地位和核心作用，推行指挥权限“一元化”；要逐步建立起统一、权威、高效的实战指挥体系，实行指挥方式“扁平化”，减少指挥层级，纵向指挥到底，横向指挥到边，实行“点对点”指挥。110在接到紧急报警后，根据警情性质、事态规模、紧急程度，按照领导授权和有关预案、程序要求，直接、就近、分类指挥出警。派出所、交巡警、刑侦、消防等一线处警单位根据110的指令，做到快速出警，认真核实和处置警情，及时反馈处警结果。

2. 必须完善接处警工作机制。要以“集中接警、分类处警”“合署办公、分类接警”为主要模式，从接警、报告、指挥、出警、处警、反馈、回访等各环节入手，建立健全操作规范和处置预案，完善工作流程，努力实现规范化接警、程序化调度、制度化管理。要建立网格化布警巡逻模式和勤务报备监督机制，基层所队要适时向指挥中心报备勤务安排情况，指挥中心进行同步监控。要实现指挥手段现代化，建立接警、指挥调度、地理信息、报警定位、报警监控、视频指挥等技术系统。

3. 必须保障指挥调度科学性。一方面，要增强接警人员的话务技能、计算机应用技能、通信应用技能等。接警人员要运用自由陈述法、重点询问法、稳定情绪询问法等多种方法向报警人询问警情，问清报警、求助人姓名、职业、工作单位或住址，以及时间、地点、案（事）由、当时所在位置等报警求助事项基本情况，如系重大案件，还应重点询问涉案人数，涉案人体态特征、去向等。另一方面，要增强指挥调度人员的综合能力。指挥调度民警要增强把握全局、组织协调、快速决断、有效控制等能力，掌握警情的基本类别及特点，掌握受理警情、求助、投诉的范围，掌握先期处置、协调作战、指定受理、实时适时、追踪决策、注重舆论、检查监督等警情指挥调度原则，掌握调度性、指导性、协调性、强化性、提示性等指挥调度方法。指挥调度人员要随时根据各种警情迅速作出科学判断，及时下达出处警指令。在下达指令时，要做到准确迅速，讲清报警人的姓名、事发地点、目前状况、需要注意的特殊情况，避免使用模棱两可的语言或含混不清的词语。

4. 必须增强指挥调度执行力。指挥中心要通过提高接警人员、指挥调度人员的能力和素质，确保指挥调度的科学性和严肃性，树立起指挥调度的权威，提高警情指令的执行力。公安机关各业务部门、基层单位和人员必须服从110报警服务台发出的处警指令，不得推诿、拖延出警，影响警情的处置。

5. 必须提高警情处置效率。接到110报警服务台指令后，110处警单位必须快速出警，根据一级处警、就近处警、分类处警的工作原则，按照核实警情、现场响应、现场处置、请求支援、追缉堵截、汇报回告的一般程序，装备交通、通信工具、枪支、警械、防弹背心及绳索、急救包等警用装备和救援器材，科学有效地处置警情。同时，要通过加强教育培训，不断提高处警人员的勤务技能、协调技能、警体技能、科技技能、急救技能和自我防护技能，切实增强处警人员的警情处理能力，提高警情处置效率。

6. 必须推进社会联动工作。除了接警、投诉、危难救助以外，110还承担着社会应急联动工作职责，是同级党委、政府的社会服务联合行动指挥部办公室，是党委、政府授权的社会联动指挥和服务中心。110报警服务台要紧紧依靠党委、政府，构建完善社会应急联动机制，主动参与社会应急联动工作。在公共事件应急处置和便民利民工作中，要发挥骨干作用，认真履行协调、联络、指挥职责，积极主动地与供水、供电、天然气、交通、气象等公用部门，以及电信、汽车救援、开锁服务等行业实行联动，为群众提供社会化服务，提高社会联动工作质量和效率，增强预防和处置自然灾害事故的能力。

7. 必须及时发布预警信息。110报警服务台要根据接报警信息，通过“日通报、周研判、月分析”警情分析研判制度，及时通报突出的治安问题，预测警情走势、高发警情和突发事件，分析串并案件，找出发案特征，指挥调度基层实战单位安排警力，为领导指挥决策服务，为警务实战服务，从而有效实施社会治安防控和精确打击。一线实战单位接收到报警台发布的实时监控数据、预警信号后，要适时调整警力，变“静态屯警”为动态用警，切实增强情报信息为现实斗争服务的能力。

第五章　警察行政强制

《中华人民共和国行政强制法》第二条第一款规定，“本法所称行政强制，包括行政强制措施和行政强制执行”。由此，作为行政强制在公安行政法领域的具体化以及行政强制的下位概念，公安行政强制包括公安行政强制措施和公安行政强制执行。第二条第二款规定，“行政强制措施，是指行政机关在行政管理过程中，为制止违法行为、防止证据损毁、避免危害发生、控制危险扩大等情形，依法对公民的人身自由实施暂时性限制，或者对公民、法人或者其他组织的财物实施暂时性控制的行为”。根据法律对行政强制措施的界定，不难对公安行政强制措施作出准确界定，同时可以明确公安行政强制措施的主体是公安机关，包括县级以上人民政府公安机关和法律、法规授权的组织（如公安派出所）；公安行政强制措施的适用对象是公安行政相对人，包括公民、法人或其他组织；公安行政强制措施的内容是对行政相对人的人身自由、财产、行为、资格等权利强行限制、剥夺而使用的具体手段；公安行政强制措施的目的是制止违法行为、防止证据损毁、避免危害发生、控制危险扩大等。

《中华人民共和国人民警察法》明确赋予警察实施行政强制措施的权力，其他相关法律规范主要有《中华人民共和国行政处罚法》《中华人民共和国治安管理处罚法》《中华人民共和国禁毒法》《中华人民共和国消防法》《中华人民共和国道路交通安全法》《中华人民共和国集会游行示威法》《中华人民共和国枪支管理法》《公安机关办理行政案件程序规定》《道路交通安全违法行为处理程序规定》[①] 等。如《公安机关办理行政案件程序规定》第五十四条规定：“办理行政案件时，可以依法采取下列行政强制措施：（一）对物品、设施、场所采取扣押、扣留、查封、先行登记保存、抽样取证、封存文件资料等强制措施，对恐怖活动嫌疑人的存款、汇款、债券、股票、基金份额等财产还可以采取冻结措施；（二）对违法嫌疑人采取保护性约束措施、继续盘问、强制传唤、强制检测、拘留审查、限制活动范围，

① 《道路交通安全违法行为处理程序规定》，载公安部网站，https：//app. mps. gov. cn/gdnps/pc/content. jsp？ id=7458085，最后访问时间：2022 年 3 月 27 日。

对恐怖活动嫌疑人采取约束措施等强制措施。”公安行政强制措施在社会治安管理工作中发挥着无可替代的作用，有存在的正当性和必要性。基于公安行政强制措施的含义和种类内容，其行政强制措施呈现出一些突出的特征，包括强制性、具体性、可诉性、暂时性、从属性等。警察强制措施的运行实践同时也呈现出个别权力变异的强势与强制缺位的弱势共存的两极化问题，而无论过分强调限权或是保护权力，都不仅片面且很难满足现代社会治理的需要，导致公安机关的行政强制措施缺乏规范法制保障，因此，加强公安行政强制措施的法制化建设十分必要。

第一节　合法传唤由形式、期限、手段等要素构成

一、基础知识

为了保证传唤的有效性，防止违法嫌疑人逃避调查，对于拒绝和逃避传唤的对象，警察可以强制传唤。警察强制传唤是指公安机关在办理治安行政案件过程中，为查明案件事实真相，对于无正当理由不接受或逃避接受公安机关要求其到指定地点说明案情的违法嫌疑人所采取的，具有一定强制力的行政措施。警察强制传唤能够保障公安机关顺利侦破案件，打击违法分子，但同时作为一种行政强制性措施，也有可能侵犯公民的权利。因此在授予警察该项权力的同时也应当对权力加以限制，警察强制传唤的实施应当满足一定条件，包括强制传唤适用对象条件、强制行为条件、强制传唤的强制力限度条件，强制传唤后通知家属条件。

《中华人民共和国人民警察法》第七条规定，公安机关的人民警察对违反治安管理或者其他公安行政管理法律、法规的个人或者组织，依法可以实施行政强制措施、行政处罚。

《中华人民共和国治安管理处罚法》第八十二条规定，需要传唤违反治安管理行为人接受调查的，经公安机关办案部门负责人批准，使用传唤证传唤。对现场发现的违反治安管理行为人，人民警察经出示工作证件，可以口头传唤，但应当在询问笔录中注明。公安机关应当将传唤的原因和依据告知被传唤人。对无正当理由不接受传唤或者逃避传唤的人，可以强制传唤。该法第八十三条第一款规定，对违反治安管理行为人，公安机关传唤后应当及时询问查证，询问查证的时间不得超过八小时；情况复杂，依照本法规定可能适用行政拘留处罚的，询问查证的时间不得超过二十四小时。

《公安机关办理行政案件程序规定》第四十三条规定，对符合快速办理条件的行政案件，违法嫌疑人在自行书写材料或者询问笔录中承认违法事实、认错认罚，

并有视音频记录、电子数据、检查笔录等关键证据能够相互印证的，公安机关可以不再开展其他调查取证工作。

《中华人民共和国人民警察使用警械和武器条例》第八条第一款规定，人民警察依法执行抓获违法犯罪分子或者犯罪重大嫌疑人的任务，遇有违法犯罪分子可能脱逃、行凶、自杀、自伤或者有其他危险行为的，可以使用手铐、脚镣、警绳等约束性警械。

二、案件来源

蔡某俊诉某某市公安局某某分局甲派出所治安传唤行为①

三、主要案情

2016年3月10日，某某市公安局某某分局甲派出所（以下简称甲派出所）接民警李某胜报，当日李某胜在社区工作期间接到蔡某俊电话对其进行辱骂，影响其正常工作，蔡某俊涉嫌阻碍执行职务。同日，甲派出所决定对蔡某俊进行书面传唤，并履行了受案登记程序，对该案予以受理，后经审批将传唤时间延长至24小时。在传唤过程中，甲派出所对蔡某俊进行了询问，制作了询问笔录，在笔录中告知了蔡某俊传唤的理由和依据，并取得了蔡某俊书写的检查一份。询问笔录及检查中，蔡某俊均认可其具有辱骂民警的行为，并且没有配合执法，在传唤过程中从楼梯上跳下来导致自己受伤。蔡某俊在笔录中要求不通知家属，后果其自行承担。同时，甲派出所对民警李某胜、贾某超、化某雨以及证人刘某成进行了询问，制作了询问笔录，李某胜在笔录中称蔡某俊有辱骂民警的行为；贾某超、化某雨两人在笔录中称蔡某俊有辱骂民警的行为，拒绝配合调查、接受询问，被抓获时有抵触情绪，不配合执法，很有可能发生脱逃、行凶、自杀、自伤等危险行为，故给蔡某俊戴上手铐，且在民警将蔡某俊带离过程中，蔡某俊拒不配合，从楼梯强行往下跳导致自己受伤。刘某成在笔录中称蔡某俊自述辱骂民警，且在民警传唤过程中，蔡某俊从楼梯往下跳，上身撞到了鞋柜上，民警没有殴打蔡某俊的行为。此外，甲派出所还取得了民警贾某超、化某雨出具的到案经过，载明蔡某俊在到案过程中有反抗及自伤行为。蔡某俊不服甲派出所的传唤行为，诉至一审法院，请求法院依法判处甲派出所于2016年3月10日对蔡某俊的口头治安传唤行为违法。

另查，传唤证载明，被传唤人到达时间是2016年3月10日23时，被传唤人离开时间是2016年3月11日23时，被传唤人处为蔡某俊的签名及指纹捺印。

---

① 北京市第一中级人民法院（2018）京01行终484号行政判决书。

庭审中，蔡某俊自述其于2016年3月11日15时左右被解除传唤。

四、案件核心

甲派出所对蔡某俊实施的是口头传唤还是书面传唤；传唤有没有超过法定期限、对其实施传唤未通知家属是否合法、传唤过程中对其使用手铐是否合法。

五、裁判过程与结果

（一）一审裁判过程与结果

一审法院认为，本案中，甲派出所接民警李某胜报，当日李某胜在社区工作期间接到蔡某俊电话对其进行辱骂，影响其正常工作，蔡某俊涉嫌阻碍执行职务，遂依职权对蔡某俊进行传唤，在传唤过程中，依法履行了受案登记及审批程序，并告知了蔡某俊传唤的理由和依据，后因案情复杂经审批将传唤时间延长至二十四小时，符合法律规定，并无不当。蔡某俊的主张缺乏事实及法律依据。鉴此，一审法院依据《中华人民共和国行政诉讼法》第六十九条的规定，判决驳回蔡某俊的诉讼请求。

（二）二审裁判过程与结果

二审法院认为，根据双方当事人的诉辩主张，本案的争议焦点在于：1. 甲派出所对蔡某俊实施传唤行为是否合法；2. 一审法院的审判程序是否合法。

关于甲派出所对蔡某俊实施传唤行为的合法性问题，蔡某俊主张上述行为存在以下违法情形：甲派出所对其实施的是口头传唤非书面传唤、传唤超过法定期限、对其实施传唤未通知其家属、传唤过程中对其违法使用手铐。对于上述主张，本院审查后认为，在案证据能够证明，蔡某俊对民警李某胜于社区工作期间在电话中进行辱骂，故甲派出所以蔡某俊涉嫌阻碍执行职务为由传唤其到该所接受询问，蔡某俊在传唤证上签名的事实，故蔡某俊提出甲派出所对其实施的系口头传唤非书面传唤的主张缺乏事实依据。

关于传唤行为是否超过法定期限。《中华人民共和国治安管理处罚法》第八十三条第一款规定，对违反治安管理行为人，公安机关传唤后应当及时询问查证，询问查证的时间不得超过八小时；情况复杂，依照本法规定可能适用行政拘留处罚的，询问查证的时间不得超过二十四小时。本案中，甲派出所对蔡某俊进行传唤，后因案情复杂经审批将传唤时间延长至二十四小时，传唤证中记载的蔡某俊离开时间及蔡某俊自述其被解除传唤的时间，均未超出法定传唤时限。且蔡某俊提交的司法鉴定意见亦证明，蔡某俊在甲派出所解除对其传唤的询问笔录上签名真实，故蔡某俊提出甲派出所对其传唤超过法定期限的主张缺乏事实依据。

关于对蔡某俊实施传唤未通知其家属一事，在案证据能够证明，蔡某俊明确向甲派出所表示“我要求不通知我家属，后果我自行负担”，故甲派出所未通知蔡某俊的家属并无不当，符合法律法规的规定，本院同意一审法院中的相关论述，不再赘述。

关于甲派出所在传唤蔡某俊过程中对其使用手铐是否违法的问题。本院认为，《中华人民共和国人民警察使用警械和武器条例》第八条第一款规定，人民警察依法执行抓获违法犯罪分子或者犯罪重大嫌疑人的任务，遇有违法犯罪分子可能脱逃、行凶、自杀、自伤或者有其他危险行为的，可以使用手铐、脚镣、警绳等约束性警械。通过对在案蔡某俊签字认可的询问笔录及自书检查、其他询问笔录的综合审查，能够证明在甲派出所传唤蔡某俊接受询问的过程中，蔡某俊存在拒绝民警进行人身检查、从阁楼往下跳导致自己受伤等危险行为。在此情况下，甲派出所对其使用手铐并未违反上述法律规定，且无不当之处。虽然蔡某俊质疑甲派出所提交的自我检查和全部询问笔录中其签名的真实性，但其并无相反证据能够推翻自我检查和相关笔录中的签名非其本人所签，故蔡某俊所提甲派出所对其实施传唤行为违法的全部主张均缺乏事实依据，本院不予支持。

关于一审法院审判程序的合法性问题，蔡某俊主张一审法院存在以下程序违法之处：一审法院剥夺其庭审质证权利、剥夺其申请调取证据的权利。经查阅一审庭审笔录及卷宗材料，蔡某俊在一审庭审质证阶段已向法庭表明其对甲派出所证据的质证意见，故对其上述主张，本院不予支持。关于蔡某俊申请调取证据一事。因正当事由申请延期提供证据的，经人民法院准许，可以在法庭调查中提供。逾期提供证据的，视为放弃举证权利。《最高人民法院关于行政诉讼证据若干问题的规定》第二十四条规定，当事人申请人民法院调取证据的，应当在举证期限内提交调取证据申请书。蔡某俊认可一审法院确定的证据交换之日为 2017 年 8 月 3 日，其于 2017 年 8 月 9 日向一审法院提交《调查取证申请书》已经超过上述规定的提交期限。且一审法院对其调取证据申请已经作出书面处理。故不存在剥夺蔡某俊调取证据的权利之情形。

综上，一审判决认定事实清楚，适用法律正确，审判程序合法。蔡某俊的上诉理由均缺乏事实及法律依据，其上诉请求本院均不予支持。

六、理论探讨与执法指引

警察行政强制传唤的适用条件包括强制传唤适用对象条件、强制行为条件、强制传唤的强制力限度条件，强制传唤后通知家属条件。①

一、强制传唤适用对象条件

根据法律规定，警察行政强制传唤的对象首先必须是普通治安传唤的对象，对于非治安传唤对象，则不能适用强制传唤，例如，公安执法人员依法在对相关违法嫌疑人进行传唤时，如果第三人阻碍警察传唤或者协助传唤对象逃避传唤，警察可以依据《中华人民共和国治安管理处罚法》对于可能涉嫌阻碍人民警察执行公务的人员先予以口头传唤，如情节严重的，可以依据《中华人民共和国刑事诉讼法》的规定先行予以拘留，但不可直接对其实施强制传唤。其次，强制传唤的对象必须是治安违法行为人，即其行为违反社会治安管理秩序的人。而对于被侵害人、证人，鉴定人不可以适用强制传唤，因为证人与鉴定人虽然有作证的义务，但是相关法律并未明确规定拒不到公安机关接受询问的后果，根据行政合法原则，在法律无明确授权的情况下，不可适用强制。强制传唤并非一种平和的受益性行政行为，而是一种武力性的负担性行政行为，被侵害人及证人都是帮助公安机关的人民警察办案的人员，对于帮助破案的人员适用强制传唤未免不当；另外，如对于证人或被侵害人适用强制传唤，则公众可能会产生质疑。

二、强制行为条件

强制行为条件是指根据法律规定，在进行普通治安传唤后，当事人做出何种行为，警察便可以将普通传唤升级为强制传唤。根据《中华人民共和国治安管理处罚法》规定，警察在下列情形时可以实施强制传唤：第一种情形是被传唤人无正当理由拒不接受传唤，第二种情形是被传唤人逃避传唤，但是何种具体行为属于“无正当理由拒不接受传唤”或“逃避传唤”相关法律法规并无直接规定。警察可以根据千变万化的现实情况判断当事人是否属于拒绝传唤或者逃避传唤，对于被传唤人提出不接受传唤理由，也应当由警察根据其自身的经验结合现实情况来判断是否为“正当”的理由。但是，在法律规定层面的抽象性，并不意味着警察可以恣意地行使权力，针对行政自由裁量权做出的行政行为，也必须符合一定的原则。行政合理性原则作为行政法的基本原则之一，其针对的就是行政裁量行为。警察在判断被传唤人的行为是否达到强制传唤的标准时，应当遵循行政合理性原则，理性地做出决定。

三、强制传唤的强制力限度条件

本问题即警察在实施强制传唤行为时可以采取的强制力程度的问题。《中华人

① 王远哲：《警察行政强制传唤的适用条件研究》，载《哈尔滨师范大学社会科学学报》2018 年第 6 期。

民共和国治安管理处罚法》等法律法规对警察适用强制传唤进行强制力授权，即人民警察实施强制传唤时，可以使用手铐、警绳等约束性警械。首先，并不是警察在实施所有的强制传唤时都一定使用警械，而是要根据实际情况选择不同的强制力强度，而且必须遵循一定的原则。在使用强制力时，其程度必须与被传唤人的危害性相适应，如果不使用强制力就可以保证传唤顺利实施的，则不应当使用强制力，如果徒手控制就可以保证被传唤人顺利到案的，则不应当使用强制力。其次，只有在必须使用警械才能控制被传唤人的情况下，才能使用警械，而且还只能使用约束性警械。当被传唤人以暴力等其他方法抵抗、妨碍警察传唤或其他违反社会治安管理的情形甚至犯罪行为时，警察当然可以依据相关的法律法规使用警械甚至武器。最后，被传唤人以躲在封闭空间如工棚、房屋、帐篷、船屋内，警察使用的强制力是否可以攻击隔离设施如门、窗、栅栏等实施强制传唤？笔者认为，原则上不应当为了行政效率而牺牲公民住宅的权利保护。

四、强制传唤后通知家属条件

不同于刑事强制措施，在行政传唤领域通知家属无例外情况，也就是必须将传唤的原因及处所通知家属。《中华人民共和国治安管理处罚法》之所以规定了传唤后应当及时通知家属，主要是因为相比于刑事犯罪嫌疑人，治安违法嫌疑人的社会危害性较小，其相互串通、毁灭伪造证据的可能性也较小。因此，在平衡公权力侦破案件和公民的知情权之间，立法上更倾向于后者。

第二节　对被盘问人的身份查验和人身检查不单独构成强制措施

一、基础知识

行政检查，是指行政机关依据法定职权，对行政相对人是否遵守和执行法律或者其他规范性文件以及是否履行具体行政行为所设定义务的情况进行了解，并影响行政相对人程序性权利的一种行政行为。行政检查是行政主体对行政相对人进行监督的一种主要方法，是获知、发现行政相对人违法行为线索的重要方式，往往是采取行政强制措施的前置程序。行政检查并不直接对行政相对人在行政法意义上的实体权利义务作出处理和改变，亦非对行政相对人作出的法律上的正式结论，这一点与行政强制措施接近。但其与行政强制措施不同的是，行政检查一般是一种事实行为，往往只是一个过程。如果行政机关发现问题后使用不同的法律手段作出进一步的处理，才会成为法律行为并产生相应的法律后果。所以，行政检查一般只是行政处罚或者行政强制措施的前端，如果没有任何情况需要进一步处理，行政检查仅仅是一种检查行为。

《中华人民共和国人民警察法》第二条第一款规定，人民警察的任务是维护国家安全，维护社会治安秩序，保护公民的人身安全、人身自由和合法财产，保护公共财产，预防、制止和惩治违法犯罪活动。第九条规定，为维护社会治安秩序，公安机关的人民警察对有违法犯罪嫌疑的人员，经出示相应证件，可以当场盘问、检查；经盘问、检查，有下列情形之一的，可以将其带至公安机关，经该公安机关批准，对其继续盘问：(1) 被指控有犯罪行为的；(2) 有现场作案嫌疑的；(3) 有作案嫌疑身份不明的；(4) 携带的物品有可能是赃物的。对被盘问人的留置时间自带至公安机关之时起不超过二十四小时，在特殊情况下，经县级以上公安机关批准，可以延长至四十八小时，并应当留有盘问记录。对于批准继续盘问的，应当立即通知其家属或者其所在单位。对于不批准继续盘问的，应当立即释放被盘问人。经继续盘问，公安机关认为对被盘问人需要依法采取拘留或者其他强制措施的，应当在前款规定的期间作出决定；在前款规定的期间不能作出上述决定的，应当立即释放被盘问人。第二十一条第一款规定，人民警察遇到公民人身、财产安全受到侵犯或者处于其他危难情形，应当立即救助；对公民提出解决纠纷的要求，应当给予帮助；对公民的报警案件，应当及时查处。

《中华人民共和国国家赔偿法》第二条规定，国家机关和国家机关工作人员行使职权，有本法规定的侵犯公民、法人和其他组织合法权益的情形，造成损害的，受害人有依照本法取得国家赔偿的权利。本法规定的赔偿义务机关，应当依照本法及时履行赔偿义务。

《中华人民共和国居民身份证法》第十五条第一款规定，人民警察依法执行职务，遇有下列情形之一的，经出示执法证件，可以查验居民身份证：(1) 对有违法犯罪嫌疑的人员，需要查明身份的；(2) 依法实施现场管制时，需要查明有关人员身份的；(3) 发生严重危害社会治安突发事件时，需要查明现场有关人员身份的；(4) 在火车站、长途汽车站、港口、码头、机场或者在重大活动期间设区的市级人民政府规定的场所，需要查明有关人员身份的；(5) 法律规定需要查明身份的其他情形。该条第二款规定，有前款所列情形之一，拒绝人民警察查验居民身份证的，依照有关法律规定，分别不同情形，采取措施予以处理。

《公安机关办理行政案件程序规定》第五十条规定，需要调查的案件事实包括：(1) 违法嫌疑人的基本情况；(2) 违法行为是否存在；(3) 违法行为是否为违法嫌疑人实施；(4) 实施违法行为的时间、地点、手段、后果以及其他情节；(5) 违法嫌疑人有无法定从重、从轻、减轻以及不予行政处罚的情形；(6) 与案件有关的其他事实。

《旅馆业治安管理办法》第十四条第一款规定，公安机关对旅馆治安管理的职责是，指导、监督旅馆建立各项安全管理制度和落实安全防范措施，协助旅馆对工作人员进行安全业务知识的培训，依法惩办侵犯旅馆和旅客合法权益的违法犯罪分子。

二、案件来源

程某诉甲铁路公安局乙公安处（以下简称乙铁路公安处）确认行政行为违法及行政赔偿案①

三、主要案情

一审法院认定，2017 年 10 月 8 日 22 时许，原告程某由安徽省合肥市合肥火车站持合肥至三门峡的 K62 次列车车票准备上车，该车次 9 号车厢乘务员要求原告出示车票和身份证进行上车前查验时，原告以其在进站时已经过实名验票为由仅出示车票，拒绝出示身份证。该车次列车长到现场后，再次要求原告出示身份证和车票，但原告仍然拒绝出示身份证，并未经列车长和乘务员允许，自行登上该趟列车。随后该车列车长向值乘该趟列车的乘警陈某某报警。此时已至发车时间，民警陈某某遂赶到 9 号车厢，找到该车厢乘务员和原告了解情况。民警陈某某在出示警察证后，要求原告程某出示身份证和车票，原告以其无权查验和没有法律依据为由予以拒绝，同时拨打电话对该民警进行投诉。随后，民警汪某某亦赶到 9 号车厢，在了解情况后，再次要求原告出示身份证和车票，原告依然予以拒绝。经过约一个小时的劝解无果后，民警汪某某和陈某某将原告程某带至 9 号车厢洗脸间进行检查，从其外裤口袋取出身份证和车票当场进行了查验，经确认无异后，将身份证及车票返还原告程某，并让其回到自己的铺位。原告程某认为，被告民警将其带到车厢洗脸间，强行检查其车票和身份证的行为，对其人身权利造成了侵害，请求依法确认被告强制搜查原告身体及强制检查原告身份证的行为违法。本案审理过程中，原告程某于 2018 年 4 月 9 日向二审法院增加诉讼请求，请求被告支付其赔偿金 243.3 元、精神损害抚慰金 50000 元，并公开书面向其赔礼道歉。庭审中，原告程某将其赔偿金损失变更为 2278.5 元。

四、案件核心

本案争议的焦点是：一、被告对原告的盘问检查行为是否具有职权依据；二、该

① 西安铁路运输中级法院（2018）陕 71 行终 495 号行政判决书。

盘问检查行为是否属于行政强制措施；三、该盘问检查行为是否合法。

被告现场处置民警要求原告配合其进行身份验证的行为，符合行政检查的内涵。被告在行政检查的过程中，对原告进行短暂控制并在违背原告意愿的情况下对其进行了身份查验，是被告行使公权力中为确保公共利益和公共安全所必要和必需的，且被告在身份验证结束后，并未采取进一步的行政处罚或行政强制措施，对原告的实体权利义务未造成侵害，因此，该检查行为不属于行政强制措施。

五、裁判过程与结果

（一）一审裁判过程与结果

一审法院认为，公民在公共场所及搭乘公共交通工具过程中，应当自觉遵守法律、法规和规章的要求，以维护正常的公共场所秩序和公共交通秩序，这既是确保公民自身人身安全、财产安全的需要，也是保障他人、集体生命财产安全和公共利益的需要。同时，人民警察具有依法维护公共安全与秩序的职责，人民警察在表明身份和调查事由后，行政相对人有配合其完成工作任务的义务。

关于焦点一，《中华人民共和国人民警察法》第九条规定，为维护社会治安秩序，公安机关的人民警察对有违法犯罪嫌疑的人员，经出示相应证件，可以当场盘问、检查。据此，人民警察只要出示相应证件就可以对违法犯罪嫌疑人进行盘问检查。本案中，因原告程某未遵守列车工作人员管理，拒不配合实名制查验，被告民警在接到列车工作人员的报警后，依法出警到现场，经出示警察证后，对原告进行的盘问检查行为，是其履行法定职责的体现。

关于焦点二，本案中，被告现场处置民警要求原告配合其进行身份验证的行为，符合行政检查的内涵。不可否认的是，被告在行政检查的过程中，确有对原告进行短暂控制并在违背原告意愿的情况下，对其进行了身份查验，但该控制和强行查验的行为，是被告在行使公权力的过程中，为确保公共利益和公共安全所必要和必需的，原告作为公民个体，理应予以理解和包容，且被告在身份验证结束后，并未采取进一步的行政处罚或行政强制措施，对原告的实体权利义务未造成侵害，因此，该检查行为不属于行政强制措施。

关于焦点三：原告程某与列车工作人员，因对列车实名查验的有关规定存在不同的认识和理解，原告程某未经允许而自行上车，并引发争议。被告的值乘民警在接到报警后，到现场了解情况并对原告进行了劝阻和解释，原告程某不听劝阻，并与民警发生争吵，对列车上其他旅客造成一定影响，其行为已经涉嫌对该列车公共秩序的扰乱。处警民警为保障列车正常秩序，遂将其带至车厢洗脸间，进行了安全检查和身份查验，该检查行为符合《中华人民共和国人民警察法》《公安机关办理行政案件程序规定》等法律法规的要求，并无不当。至于列车上是否应进行实名制查验，属于铁路运输合同民事纠纷，依法不属于本案的审理范围。另外，第三人甲铁路局虽不是本案被诉检查行为的行政相对人，也不是其利害关系人，但该案件发生在第三人管理的列车上，且案件的起因源于原告程某与第三人工作人员的争议，该院依法通知第三人参加本案诉讼，有利于全面查清案件事实。因此，关于第三人甲铁路局主张其不是本案适格第三人的理由，不予采纳。综上所述，被告乙铁路公安处对原告程某作出的盘问检查行为事实清楚、符合法定程序，原告程某请求确认违法并赔偿损失和赔礼道歉的理由和请求，依法不予支持。依照《中华人民共和国行政诉讼法》第六十九条之规定，判决驳回原告程某的诉讼请求。

（二）二审裁判过程与结果

二审法院认为，本案争议的焦点问题有二：一是被上诉人乙铁路公安处所作的被诉行政行为是否合法；二是上诉人程某诉请的行政赔偿主张是否成立。

关于焦点一，公安机关的人民警察具有维护公共安全和秩序的法定职责，在对行政相对人的身份持有合理怀疑的情况下，其依法表明身份和调查事由后，行政相对人对人民警察实施的盘问行为具有配合的义务。如果行政相对人无故拒绝接受盘问，人民警察有权对其采取进一步的检查行为，相关法律、法规对此亦进行了明确规定。本案中，被上诉人乙铁路公安处民警接到列车工作人员报警后，在现场处警过程中首先要求上诉人出示居民身份证以便对其身份予以确认，属于人民警察现场调查的必要内容。但上诉人坚持以“其并非违法犯罪嫌疑人，被上诉人查验身份证的行为缺乏法律依据”为由，拒不配合被上诉人民警履行职务。对此，本院认为，对于行政相对人有无违法犯罪嫌疑的问题，一般现场履行职务的民警会根据经验、常识来判断，但无论判断的准确性如何，都有必要通过查验居民身份证予以进一步验证，故本案被上诉人的民警在现场调查中，经出示相应执法证件的情况下，要求查验上诉人居民身份证的行为，符合前述规定。上诉人拒不配合出示居民身份证理由不能成立。随后，被上诉人的民警在长达一个小时的时间内多次、反复要求上诉人出示居民身份证均遭到无理拒绝后，在对上诉人的身份及其是否涉及违法犯罪活动等问题产生合理怀疑的情况下，进而对上诉人采取的检查行为，亦符合相关规定。据此，本案被上诉人民警对上诉人作出的盘问、检查行为，既是其履行法定职责的体现，也是人民警察在行使公权力的过程中，为确保公共利益和公共安全所实施的必要行为，上诉人作为公民个体，理应予以理解并履行配合义务。故上诉人关于被上诉人查验身份证无法律依据、被诉行政行为系行政强制且程序违法等相关上诉理由，因缺乏事实根据和法律依据，本院均不予支持。关于上诉人提出“被上诉人一审出庭负责人身份不符合法律规定，一审程序违法”的上诉理由。经查，《最高人民法院关于适用〈中华人民共和国行政诉讼法〉的解释》第一百二十八条规定“行政诉讼法第三条第三款规定的行政机关负责人，包括行政机关的正职、副职负责人以及其他参与分管的负责人……”本案一审卷宗中被上诉人出具的出庭负责人身份证明证实，张某系该单位分管负责人，其作为行政负责人出庭符合上述规定，且经各方当事人签字确认的一审庭审笔录显示，上诉人及其原委托代理人对此并无异议。故对该上诉理由，本院亦不予支持。

关于焦点二，《中华人民共和国国家赔偿法》第二条规定，国家机关和国家机关工作人员违法行使职权侵犯公民、法人和其他组织的合法权益造成损害的，受害人有依照本法取得国家赔偿的权利。如前所述，本案被诉行政行为，符合法律规定，且上诉人所称的行政赔偿请求，实际是基于案件诉讼所产生的相关费用，该费用的产生与本案被诉行政行为之间并不存在法律上的因果关系。故上诉人程某诉请的行政赔偿主张缺乏事实根据，亦不存在《中华人民共和国国家赔偿法》第三条第一项规定的行政赔偿适用情形，一审法院依法驳回上诉人的赔偿请求，亦无不当。综上，一审判决认定事实清楚，适用法律正确，应予维持。依照《中华人民共和国行政诉讼法》第八十九条第一款第一项之规定，判决如下：驳回上诉，维持原判。

六、理论探讨与执法指引

《中华人民共和国行政强制法》第二条第二款规定，行政强制措施，是指行政机关在行政管理过程中，为制止违法行为、防止证据损毁、避免危害发生、控制危险扩大等情形，依法对公民的人身自由实施暂时性限制，或者对公民、法人或者其他组织的财物实施暂时性控制的行为。根据《中华人民共和国人民警察法》《公安机关办理行政案件程序规定》和《公安机关适用继续盘问规定》[①] 的规定，继续盘问是公安机关的人民警察为了维护社会治安秩序，对有违法犯罪嫌疑的人员当场盘问、检查后，发现具有法定情形而将其带至公安机关继续进行盘问的措施。继续盘问作为一种强制措施，与治安传唤是有区别的。

案例中乘警依法对上诉人进行安全检查，是一种事实行为，只是一个过程，属于行政检查行为。只有行政机关发现问题后使用不同的法律手段作出进一步的处理，才会成为法律行为并产生相应的法律后果，所以，行政检查一般只是行政处罚或者行政强制措施的前端，如果没有任何问题需要进一步处理，行政检查仅仅是一种过程行为，不属于行政强制措施。乘警在接到列车工作人员的报警后，依法出警

---

① 《公安机关适用继续盘问规定》，载公安部网站，https：//app. mps. gov. cn/gdnps/pc/content. jsp? id=8277927，最后访问时间：2022 年 3 月 27 日。

到现场，经出示警察证后，是以警察的身份要求上诉人程某出示其身份证件，并对其进行盘问、检查，因此是依法履行法定职责的行为。但上诉人程某与乘警发生争吵，声称乘警无权在列车上查验其身份证件，拒不配合并扰乱了列车上的公共秩序，乘警有权依法对其检查并查验其身份证件。乘警在现场处置时，使用现场执法记录仪对执法过程进行了录音录像，按照规定着制式警服，可以不予主动出示其人民警察证。但在当事人程某要求后，及时向其出示了人民警察证，并告知了查验其身份证件的法律依据。执法程序完全符合《中华人民共和国人民警察法》和《公安机关办理行政案件程序规定》等法律法规的规定，执法过程文明有度。

第三节　当事人应自行承担逃避交通检查及相关违法行为的不利后果

一、基础知识

《中华人民共和国人民警察法》第六条规定，公安机关的人民警察按照职责分工，依法履行下列职责：(1) 预防、制止和侦查违法犯罪活动；(2) 维护社会治安秩序，制止危害社会治安秩序的行为；(3) 维护交通安全和交通秩序，处理交通事故……根据该法第二条、第六条及《公安机关办理行政案件程序规定》的相关规定，人民警察在执法执勤过程中，为维护国家安全，维护社会治安秩序，预防、发现、控制违法犯罪活动，对违法犯罪嫌疑人依法采取盘问、检查等行为系依法执行职务行为，每一个公民都应配合。

《中华人民共和国道路交通安全法》第八十七条第一款规定，公安机关交通管理部门及其交通警察对道路交通安全违法行为，应当及时纠正。

《交通警察道路执勤执法工作规范》第二条规定，交通警察在道路上执行维护交通秩序、实施交通管制、执行交通警卫任务、纠正和处理道路交通安全违法行为等任务，适用本规范。第十七条规定，要求当事人将机动车停至路边接受处理时，交通警察应当使用的规范用语是：请将机动车停在（指出停车位置）接受处理。第三十九条规定，交通警察在道路上执勤，发现违法行为时，应当及时纠正。无法当场纠正的，可以通过交通技术监控设备记录，依据有关法律、法规、规章的规定予以处理。第四十一条规定，交通警察发现行人、非机动车驾驶人的违法行为，应当指挥当事人立即停靠路边或者在不影响道路通行和安全的地方接受处理，指出其违法行为，听取当事人的陈述和申辩，作出处理决定。第四十二条规定，交通警察查处机动车驾驶人的违法行为，应当按下列程序执行：(1) 向机动车驾驶人敬礼；(2) 指挥机动车驾驶人立即靠边停车，可以视情要求机动车驾驶人熄灭发动机或者要求其下车……第七十三条第三项规定，除机动车驾驶人驾车逃跑后可能对公共安全和他人生命安全有严重威胁以外，交通警察不得驾驶机动车追缉，可采取通知前方执勤交通警察堵截，或者记下车号，事后追究法律责任等方法进行处理。

《公路巡逻民警队警务工作规范》第七条规定，公路巡逻民警队履行下列职责：……（2）依法查处交通违法行为……第十五条规定，公路巡逻民警执勤执法时应当执行下列任务：（1）在驾驶警车巡逻执勤时，注意观察公路通行情况，检查交通信号灯、交通标志、交通标线、交通设施等是否完好……（3）依法制止、纠正和处罚交通违法行为……第十六条规定，公路巡逻民警驾驶警车巡逻执勤时，应当开启警灯，按规定保持车速和车距。执勤执法时应当穿着反光背心，遵守下列安全防护规定……对暴力犯罪嫌疑人、交通肇事逃逸驾驶人、被公安机关通缉的人员等危险人员乘坐、驾驶机动车逃逸，可能对公共安全和他人生命安全有严重威胁的，可以驾驶机动车追缉，并应当及时请求支援。

二、案件来源

宋某健等诉某某市公安局交通警察大队（以下简称某某交警大队）行政违法并赔偿案①

三、主要案情

原审法院经审理查明，2018年10月14日10时40分许，某某公安局某某中队民警管某永带领警辅陈某刚、沈某宁在新阳沙洞路口南侧约626米处查处驾驶两轮摩托车的交通违法行为时，发现当事人宋某驾驶悬挂“皖P×××××”号牌的正三轮载货摩托车在民警查处点位置约200米处掉头由南向北行驶，后管某永等人驾驶苏E99××警轿车行驶至沙某路与新某路口处时发现三轮摩托车右转弯进入新某后由西向东行驶，驾车在非机动车道内行驶，且未佩戴安全头盔，民警向宋某喊话，要求其停车接受检查，10时42分许，宋某驾车至某某市“阳光某苑”西侧道路由北向南行驶至新开某桥某垅向右变向时，致车辆失控后侧翻，造成正三轮摩托车损坏，宋某当场死亡。

事故发生后，某某交警大队制作了事故现场勘察笔录和现场图，并拍摄现场照片。查明事故地点为某某市“阳光某苑”小区西侧道路新开某桥某垅外，车辆为“皖P×××××”正三轮载货摩托车。

2018年10月15日，某某交警大队调取了死者宋某的身份信息。信息载明其妻

---

① 江苏省苏州市中级人民法院（2020）苏05行终121号行政判决书。

子为于某梅，儿子为宋某健。同日，某某交警大队委托某某市第一人民医院司法鉴定所对宋某进行血液中乙醇含量鉴定。结论为0mg。2018年10月17日，某某交警大队调取了某饭店的监控录像。2018年11月6日，某某交警大队经系统查询，未查到身份证号码为“320922××××××××××××”已办理机动车驾驶证信息。2018年11月7日，某某交警大队查询到了“皖P×××××”号牌的正三轮载货摩托车的机动车信息。信息载明初次登记日期为2012年9月17日，逾期未检验，发动机号为8B924870。保险终止日期为2015年9月9日。2018年11月7日，某某交警大队委托苏某大学司法鉴定中心对“皖P×××××”正三轮载货摩托车在新某、在“阳光某苑”西侧道路时的行驶速度鉴定，结论为：在新某时速40公里，在“阳光某苑”西侧道路时速36公里。2018年11月12日，某某交警大队委托某某市公安局机动车检验所对“皖P×××××”号牌的正三轮载货摩托车进行“转向、制动、侧滑、驾驶操作”检验。结果为：转向、侧滑符合《机动车运行安全技术条件》要求，制动性能不符合有关要求。2018年11月22日，某某交警大队出具熟公交认字〔2018〕第Z1010《道路交通事故认定书》，认定宋某未取得机动车驾驶证，驾驶制动性能不符合《机动车运行安全技术条件》有关要求的擅自更换发动机的正三轮载货摩托车，行至事故地驾驶操作不当致车辆侧翻，是造成事故的直接原因，且事发时未佩戴安全头盔，加重了事故的损害后果。宋某负事故的全部责任。宋某妻子于某梅不服该责任认定，申请复核，苏某市公安局交通警察支队维持某某交警大队的认定。宋某健、于某梅、郑某英认为宋某死亡的原因系某某交警大队工作人员驾车追逐造成，以行政违法为由向原审法院起诉。

原审法院观看行车记录仪，记录仪显示：警车在道路上（沙某路）一路向前巡视，速度较慢，巡视过程中不时有汽车超越警车：到了一个路边有留某馒头店地段时警车掉头原路返回，速度较慢，不时有汽车超越警车；向前行驶一段后，发现一辆摩托车乘员未佩戴头盔，警察喊话“你们俩停车”要求其停车，该摩托车慢慢靠边，警车也慢慢跟随，待摩托车靠边停下后，警车也靠边停下，民警进行了检查，并予以教育，说“头盔也要戴的，危险呢，摩托车不安全呢”，然后警察回到车上，继续上前，速度较慢，声音显示有一人说“正三轮看见我们掉头”，警车继续向前，开了一段距离在靠近一辆中巴车时，视线中出现一辆正三轮车（在中巴车前面），此地段是十字路口。监控显示：正三轮摩托车右转弯，警车也跟随右转弯。执法记录仪显示驾驶员驾车画面，并有声音“执法，全程录音录像”，同时，画面里出现一辆正三轮车在警车右边前方向前行驶，该地段有划线，警车在主路上，三四秒路右边出现一豁口，只见该正三轮车方向略向右，突然左侧翻，撞到了花坛。警车即往前开了一段掉头处理事故。“村里村某”饭店监控显示（在监控区的最边缘）：

一辆三轮车在向右偏向时撞到了花坛。

四、案件核心

宋某的正三轮摩托车侧翻致宋某死亡是“某某交警大队民警在执法过程中的违法行为所致”还是“宋某负全部责任的道路交通事故所致”？

五、裁判过程与结果

（一）一审裁判过程与结果

原审法院认为，根据《交通警察道路执勤执法工作规范》《公路巡逻民警队警务工作规范》等规定……本案中，某某交警大队民警驾车巡视交通情况，在发现正三轮车交通违法嫌疑后准备进行执法检查是其法定职责……民警发现嫌疑车辆后，三次向当事人宋某喊话，要求其停车接受检查，执法规范……从视频显示及某某交警大队的鉴定可见警车未超越宋某的正三轮车，车辆保持了较慢的车速，无堵截追逐行为。同时，警车始终在主路行驶，无别正三轮车的行为。

综上，某某交警大队在道路交通执勤执法过程中并无违法行为。据此，依照《中华人民共和国行政诉讼法》第六十九条的规定，判决驳回宋某健、于某梅、郑某英的诉讼请求。案件受理费 50 元由宋某健、于某梅、郑某英负担。

（二）二审裁判过程与结果

上诉人宋某健等上诉称：

1. 一审法院故意掩盖本案事实，认定事实错误。上诉人提交的（2019）苏 05 行终 299 号案件庭审笔录中明确显示，二审法院确认被上诉人追逐事实，被上诉人也未对追逐行为予以否认。然而一审法院却否认基本事实，坚持认为被上诉人没有追逐行为、执法行为合法。

2. 一审法院适用法律错误。（1）被上诉人追逐受害人的行为违反了《中华人民共和国刑法》的规定。《中华人民共和国刑法修正案（九）》将第一百三十三条之一修改为“在道路上驾驶机动车，有下列情形之一的，处拘役，并处罚金：（一）追逐竞驶，情节恶劣的……”被上诉人的追逐行为具有危害公共安全和道路交通安全的性质。（2）公安部的行政规章对追缉的条件作出了明确的规定。《交通警察道路执勤执法工作规范》第七十三条第三项规定“除机动车驾驶人驾车逃跑后可能对公共安全和他人生命安全有严重威胁以外，交通警察不得驾驶机动车追缉，可采取通知前方执勤交通警察堵截，或者记下车号，事后追究法律责任等方法进行处理”。《公路巡逻民警队警务工作规范》第十六条第三项规定：“对暴力犯罪嫌疑人、交通肇事逃逸驾驶人、被公安机关通缉的人员等危险人员乘坐、驾驶机动车逃逸，可能对公共安全和他人生命安全有严重威胁的，可以驾驶机动车追缉，并应当及时请求支援。”受害人的行为只是普通的违反道路交通法规的行为，远远达不到严重威胁公共安全和他人生命安全的程度。被上诉人以严峻、错误的执法手段，危险、违法的执法行为造成了受害人的死亡，侵害了受害人的生命健康权，违背了行政法尊重和保障权利的原则。

3. 一审法院审判程序违法。（略）

被上诉人某某交警大队答辩称：

1. 宋某自身存在多种交通违法行为。（略）

2. 我大队民警属正常履职行为。（略）

3. 民警执法规范，不存在违法情况。《交通警察道路执勤执法工作规范》第十七条规定，要求当事人将机动车停至路边接受处理时，交通警察应当使用的规范用语是：请将机动车停在（指出停车位置）接受处理。民警管某永在发现当事人宋某具有交通违法行为后，三次向其喊话要求停车接受检查，执法规范。《交通警察道路执勤执法工作规范》第七十三条第三项规定，除机动车驾驶人驾车逃跑后可能对公共安全和他人生命安全有严重威胁以外，交通警察不得驾驶机动车追缉，可采取通知前方执勤交通警察堵截，或者记下车号，事后追究法律责任等方法进行处理。《公路巡逻民警队警务工作规范》第十六条规定，公路巡逻民警驾驶警车巡逻执勤时，应当开启警灯，按规定保持车速和车距。执勤执法时应当穿着反光背心，遵守下列安全防护规定……在整个过程中，警车始终与正三轮摩托车保持着足够的横向安全距离，保持了较慢的车速，无堵截追逐行为，以上内容均可由警车行车记录仪和执法记录仪等视频为证。经道路交通事故认定，宋某未取得机动车驾驶证，驾驶事故后经检验制动性能不符合《机动车运行安全技术条件》有关要求的擅自更换发动机的正三轮载货摩托车，行至事故地驾驶操作不当致车辆侧翻，是造成该事故的直接原因，且事发时未佩戴安全头盔，加重了事故的损害后果。综上，我大队民警依法查纠道路交通违法行为，宋某健、于某梅、郑某英的诉讼理由不成立，请求依法驳回上诉。

二审法院认为，根据本案查明的事实，被上诉人某某交警大队执法人员在道路上查处交通违法行为时，发现宋某驾驶悬挂“皖 P×××××”号牌的正三轮载货摩托车在民警查处点位置约 200 米处掉头由南向北行驶，后执法人员驾驶苏 E99××警轿车行驶至沙某路与新某路口处时发现三轮摩托车右转弯进入新某后由西向东行驶，驾车在非机动车道内行驶，且未佩戴安全头盔，执法人员向宋某喊话，要求其停车接受检查，但宋某并未停车。后宋某驾车至某某市“阳光某苑”西侧道路由北向南行驶至新开某桥某塊向右变向时，致车辆失控后侧翻，造成正三轮摩托车损坏，宋某当场死亡。事故发生后，被上诉人制作了事故现场勘察笔录和现场图，并拍摄现场照片。经调查后作出道路交通事故认定书，认定宋某未取得机动车驾驶证，驾驶制动性能不符合《机动车运行安全技术条件》有关要求的擅自更换发动机的正三轮载货摩托车，行至事故地驾驶操作不当致车辆侧翻，是造成事故的直接原因，且事发时未佩戴安全头盔，加重了事故的损害后果。宋某负事故的全部责任。宋某妻子于某梅不服该责任认定，申请复核，苏某市公安局交通警察支队维持了某某交警大队的认定。结合执法记录仪、道路监控、司法鉴定等证据可知，宋某存在多个违法行为，其不配合执法，后因驾驶操作不当致车辆侧翻死亡。被上诉人执法人员在整个执法过程中车速并不快，因宋某不停车配合检查，其在机动车道路上开车追随同时喊话要求停车检查的行为并无不当，属于正当执法。《中华人民共和国国家赔偿法》第二条规定，国家机关和国家机关工作人员行使职权，有本法规定的侵犯公民、法人和其他组织合法权益的情形，造成损害的，受害人有依照本法取得国家赔偿的权利。本案被上诉人并不存在违法行为，故上诉人的赔偿请求缺乏事实根据和法律依据，本院不予支持。综上，上诉人宋某健、于某梅、郑如英的上诉请求及理由不能成立，本院不予支持。原审判决认定事实清楚，适用法律正确，程序合法，依法应予维持。据此，依照《中华人民共和国行政诉讼法》第八十九条第一款第一项之规定，判决如下：驳回上诉，维持原判。

六、类案比较

（一）案件来源

张某柱诉某某市公安局交通警察大队交通行政执法案①

（二）主要案情

原审判决认定，2018 年 1 月 22 日 20 时左右，原告驾驶已达报废标准的黑 D×××××号哈飞牌小型轿车，从山水家园小区出来，自长江路由西向东行驶，行至泰山街某交叉路口时，因涉嫌闯红灯，被执勤的被告民警发现，并要求其停车检查，但原告未停车接受检查，而是驾车驶离，后被告民警驾车围绕着自长江路与泰山街十字路口至沿江路至迎宾路等追随，原告驾车进入祥瑞小区与滨江小区衔接部位下坡入口，因车辆无法行驶，原告弃车往滨江小区东面跑，由于天黑看不清楚路，原告跌落至挡土墙下面受伤。另查明，2018 年 7 月 10 日原告因驾驶已达报废标准的车辆上道路行驶被佳木斯市公安局交通警察支队处以罚款 2000 元，并吊销机动车驾驶证。原告于 2018 年 8 月向本院递交了起诉状。

---

① 黑龙江省佳木斯市中级人民法院（2020）黑 08 行终 63 号行政判决书。

原审法院认为，根据《中华人民共和国人民警察法》第二条、第六条及《公安机关办理行政案件程序规定》的相关规定，人民警察在执法执勤过程中，为维护国家安全，维护社会治安秩序，预防、发现、控制违法犯罪活动，对违法犯罪嫌疑人依法采取盘问、检查等行为系依法执行职务行为，每一个公民都应配合。虽然交警的主要职责是维护交通秩序及交通安全，但其作为人民警察，对危害社会治安秩序及涉嫌违法犯罪活动等亦具有制止和控制的义务。公安部《公路巡逻民警队警务工作规范》及《交通警察道路执勤执法工作规范》关于拦截、追缉车辆方面的相关规定系针对交警的安全防护性规定，旨在保护交警在查处交通违法行为时维护自身安全及公共安全，对机动车驾驶人驾车逃跑的行为附条件地实施驾驶机动车追缉行为，其实质是要求交警在执法过程中所采取的措施和手段应当必要、适当，以符合法律目的。该工作规范所确定的附条件的追缉行为与《中华人民共和国人民警察法》《公安机关办理行政案件程序规定》所确定的人民警察有制止违法犯罪、对违法犯罪嫌疑人盘问、检查、调查、控制的职责相一致，即人民警察在执法过程中，对逃避、抗拒执法的违法犯罪嫌疑人进行追缉、控制、检查、盘问是法律赋予的职责，同时在执法过程中所采取的措施和手段应当必要、适当。公民有无违法犯罪嫌疑，是由现场执行职务的人民警察根据自己的工作经验、日常生活常识进行判断的。因此，无论有无违法犯罪行为的公民均应配合执行职务的警察的盘问、检查，如逃避、抗拒警察的盘问、检查，警察可据情采取相当的处置措施，以预防、制止违法犯罪活动，维护国家安全和社会治安秩序。

具体到本案中，被告民警在执法执勤过程中发现原告存在闯红灯行为，并且逃避检查，驾车逃离。根据原告所述，其被交警要求停车之后，围绕着自长江路与泰山街十字路口至沿江路至迎宾路等数十圈，最后进入祥瑞小区与滨江小区衔接部位下坡入口处车辆无法继续行驶方才停车。根据一般人的社会认知水平，因闯红灯等一般交通违法行为甚至驾驶已报废机动车上路等严重违反道路安全的违法行为，行为人也不必因此抗拒检查，更不必采取过激行为逃避处罚，使自身及公共安全陷入危险之中。因地形限制在车辆无法继续行驶的情况下，原告弃车逃跑，加深了被告民警对原告的合理怀疑，结合原告的种种反常表现，被告民警对原告实施追缉行为并不只是为了查处其闯红灯等交通违法行为，虽然原告最后被交警部门只认定为存在驾驶报废车辆上路违法行为，但我们不能用事后查实的事实来苛求民警在事发时作出准确的判断，因此单以原告主张的《公路巡逻民警队警务工作规范》《交通警察道路执勤执法工作规范》的相关规定确定被告民警的追缉行为是否合法并不适当。结合上述论述，被告民警驾车追缉及下车徒步追缉的行为均无不当。公安部《交通警察道路执勤执法工作规范》第七十条规定："在城市快速路、主干道及公路上执勤应当由两名以上交通警察或者由一名交通警察带领两名以上交通协管员进行……”依上述规定，公安机关的辅警在民警的指挥和监督下，有协助公安民警维护社会治安秩序和交通秩序、盘查、堵控有违法犯罪嫌疑人员、制止各类违法犯罪行为的职责，且被告提供了其单位事发当天进行执法的正式干警的执法资格等级证书，证明被告的辅警是在正式干警的指挥和监督下开展的相关工作，且原告无其他证据证明被告现场执法工作人员均为辅警。对被告以原告的起诉不属行政案件受案范围的辩解意见，《中华人民共和国行政诉讼法》第二条第一款规定，公民、法人或者其他组织认为行政机关和行政机关工作人员的行政行为侵犯其合法权益，有权依照本法向人民法院提起诉讼。原告认为被告民警追赶行为致使其受伤，侵犯其健康权，被告民警执行公务的职务行为，应视为被告单位的行为。故张某柱是本案适格原告，有权提起诉讼。对被告以原告的起诉超过诉讼时效的辩解意见，《中华人民共和国行政诉讼法》第四十六条第一款规定，公民、法人或者其他组织直接向人民法院提起诉讼的，应当自知道或者应当知道作出行政行为之日起六个月内提出。法律另有规定的除外。《最高人民法院关于适用〈中华人民共和国行政诉讼法〉的解释》第六十四条第一款规定，行政机关作出行政行为时，未告知公民、法人或者其他组织起诉期限的，起诉期限从公民、法人或者其他组织知道或者应当知道起诉期限之日起计算，但从知道或者应当知道行政行为内容之日起最长不得超过一年。2018 年 1 月 22 日原告受伤，至 2019 年 1 月 22 日起诉期限届满，其于 2018 年 8 月提起诉讼，未超过起诉期限。综上所述，被告民警在执法执勤过程中，因原告涉嫌闯红灯，拒绝接受检查、驾车逃跑，且在车辆无法继续行驶的情形下弃车逃跑，针对原告实施追缉手段适当，执法主体合法。故对原告的诉讼请求不予支持。依照《中华人民共和国行政诉讼法》第六十九条的规定，判决驳回张某柱的诉讼请求。

（三）案件核心

当事人闯红灯后驾车逃离并逃避交警检查，交警能否驾车和徒步追缉？当事人是否应自行承担逃避交通检查及相关违法行为的不利后果？

（四）裁判过程与结果

上诉人张某柱上诉称，上诉人在 2018 年 1 月 22 日 20 时左右，驾驶自家哈飞牌小型轿车行驶至某交叉路口时，路遇被上诉人某某市公安局交通警察大队一组辅警驾驶未打警示灯的车辆突然对上诉人的车辆进行追赶。上诉人不明真相在前方行驶，辅警在后追赶。当追赶数十圈后，上诉人进入祥瑞小区与滨江小区衔接部位下坡入口，因车辆无法继续行驶，上诉人被迫下车。这时多名辅警欲对上诉人进行抓捕，赶到上诉人身边。并有辅警对上诉人进行追赶，将上诉人追赶跌落几米深的陡坡下。当时将上诉人摔成重伤，两侧腓骨、跟骨及踝骨摔成骨折。上诉人一审要求法医鉴定，一审法院剥夺上诉人的鉴定权利。

上诉人认为被上诉人在执法时存在以下问题：一、车辆并未打警示灯且正在行驶；二、在辅警追缉上诉人的过程中，被上诉人并没有提供证据证明辅警是在正式干警的指挥、带领和监督下开展辅助性工作；三、辅警的行为具有持续性，但其没有任何执法权；四、辅警的执法属于滥用职权的违纪行为，造成上诉人受伤的严重后果。综上，上诉人认为一审判决认定事实不清，请求二审法院：1. 撤销某某市人民法院（2019）黑0833行初13号行政判决；2. 依法确认被上诉人某某市公安局交通警察大队辅警工作人员行使职权的行政行为违法；3. 一、二审诉讼费由被上诉人承担。

被上诉人某某市公安局交通警察大队答辩称：一审法院确认被上诉人执法行为手段适当，主体合法，驳回上诉人的诉讼请求，是符合客观事实和法律规定的正确判决。

一、一审法院认定事实清楚。2018年1月22日20时左右，上诉人驾驶已经达到报废标准的黑D×××××号哈飞牌小型轿车，从山水家园小区驶出，自长江路由西向东行驶。上诉人行至泰山街某交叉路口，因涉嫌闯红灯，被正在执勤的被上诉人民警发现。民警依法要求上诉人停车检查，但其并未停车接受检查，而是驾车驶离，被上诉人民警驾车沿路追随。当上诉人驾车进入祥瑞小区与滨江小区衔接部位下坡入口时，因车辆无法行驶，上诉人弃车往滨江小区东面跑去。由于天黑看不清路况，上诉人跌落至挡土墙下面受伤。上述事实经一审开庭质证，双方均无异议。

二、被上诉人民警执法行为符合法律规定，一审法院适用法律正确。上诉人对其不配合交警执法、未按要求接受停车检查且选择驾车驶离的事实是自认的。上诉人最后因车辆无法继续行驶才停车继续逃离，其虽下车但对于交警的执法仍不配合。根据一般人的社会认知水平，闯红灯、驾驶报废车辆等行为仅为一般交通违法行为，并不构成犯罪。按常理上诉人不必采取如此过激的行为，使自身及公共安全处于危险状态。作为人民警察，认为上诉人不仅存在一般违法行为，甚至存在其他严重违法行为甚至犯罪行为的可能性，这不仅属于认知范围的合理怀疑，也完全符合人民警察的合法的正当职业要求和职业敏感性。一审法院根据《中华人民共和国人民警察法》《公安机关办理行政案件程序规定》《公路巡逻民警队警务工作规范》《交通警察道路执勤执法工作规范》等相关规定，全面分析了人民警察的职责范围、工作要求等相关问题，确定被上诉人民警驾车追缉及下车徒步追赶上诉人的行为均无不当，符合客观常理和相关法律规定，适用法律正确。

三、被上诉人执法主体适格。国务院办公厅《关于规范公安机关警务辅助人员管理工作的意见》第四条规定："警务辅助人员不具备执法主体资格，不能直接参与公安执法工作，应当在公安民警的指挥和监督下开展辅助性工作。警务辅助人员依照本办法履行职责受法律保护，有关单位和个人应当予以配合，相关法律后果由公安机关承担。”第九条规定：“辅警人员在公安机关及其人民警察的指挥和监督下，按照岗位要求履行下列职责：……（二）协助维护社会治安秩序和交通管理秩序……（四）协助开展治安检查和视频监控……（六）协助盘查、堵控有违法犯罪嫌疑的人员……（十）制止各类违法犯罪行为……”公安部《交通警察道路执勤执法工作规范》第七十条规定：“在城市快速路、主干道及公路上执勤应当由两名以上交通警察或者由一名交通警察带领两名以上交通协管员进行……”本案被上诉人执法时，有两名具有执法资格的民警在现场指挥辅警共同展开工作，被上诉人提供了相关证书，被上诉人执法主体符合法律规定。

四、本案已经超过起诉期限。《中华人民共和国行政诉讼法》第四十六条第一款规定，公民、法人或者其他组织直接向人民法院提起诉讼的，应当自知道或者应当知道作出行政行为之日起六个月内提出。法律另有规定的除外。上诉人的违法行为发生在2018年1月22日，且当天其已受伤。如果上诉人认为被上诉人民警的追缉行为侵害其合法权益，按照法律规定上诉人应当在2018年7月22日之前起诉。本案上诉人于2018年8月提起诉讼，已经超过起诉期限。综上，请二审法院查明本案客观事实，准确适用法律、法规，驳回上诉人上诉请求，维持一审判决。

经审理查明的事实与一审认定的事实一致，本院予以确认。

另查明，上诉人张某柱于2018年1月22日当天曾聚餐饮酒。因上诉人张某柱涉嫌酒驾，被上诉人某某市公安局交通警察大队于2018年1月22日21时15分对上诉人张某柱进行了抽血采样，其血液乙醇含量检测最终结论为乙醇含量9mg/100ml。同时被上诉人某某市公安局交通警察大队于2018年1月23日12时15分对上诉人张某柱进行了吸毒检测，其结果呈阴性。

本院认为，《中华人民共和国行政诉讼法》第二十五条第一款规定，行政行为的相对人以及其他与行政行为有利害关系的公民、法人或者其他组织，有权提起诉讼。《最高人民法院关于适用〈中华人民共和国行政诉讼法〉的解释》第六十四条第一款规定，行政机关作出行政行为时，未告知公民、法人或者其他组织起诉期限的，起诉期限从公民、法人或者其他组织知道或者应当知道起诉期限之日起计算，但从知道或者应当知道行政行为内容之日起最长不得超过一年。《交通警察道路执勤执法工作规范》第七十条规定，在城市快速路、主干道及公路上执勤应当由两名以上交通警察或者由一名交通警察带领两名以上交通协管员进行……第七十三条第三项规定，查处违法行为应当遵守以下规定：除机动车驾驶人驾车逃跑后可能对公共安全和他人生命安全有严重威胁以外，交通警察不得驾驶机动车追缉，可采取通知前方执勤交通警察堵截，或者记下车号，事后追究法律责任等方法进行处理。根据上述规定，本案上诉人认为其于 2018 年 1 月 22 日因被上诉人的追缉行为受伤，上诉人是该行政行为的相对人，有权对本案提起行政诉讼。上诉人最迟应在 2019 年 2 月 8 日前提起行政诉讼，上诉人于 2018 年 8 月提起本案行政诉讼，未超过法定起诉期限。因上诉人违反相关交通法规，且在被上诉人责令其停车检查的情况下驾车逃离，被上诉人有理由认为上诉人可能涉嫌酒驾等其他违法行为，可能会对公共安全和他人生命安全存在严重威胁。被上诉人驾驶机动车对上诉人进行追缉，符合法律规定。且事发当天对上诉人血液乙醇含量检测的最终结论为乙醇含量 9mg/100ml，虽未达到酒驾标准，但也证实了上诉人当天确有饮酒行为以及被上诉人认为上诉人拒不配合执法、驾车逃离行为可能涉嫌其他违法行为的合理性。上诉人主张事发当天现场执法人员均为辅警，其未提供证据予以证明。被上诉人一审提供了事发当天进行执法的正式干警的执法资格等级证书，证明其辅警是在正式干警的指挥和监督下开展的本案相关工作。

综上，本案被诉行政行为不存在违法情形，原审判决驳回上诉人的诉请并无不当，但起诉期限计算有误，应予纠正。上诉人张某柱的上诉请求及理由无事实根据和法律依据，本院不予支持。原审判决认定事实清楚，适用法律、法规正确，依照《中华人民共和国行政诉讼法》第八十六条、第八十九条第一款第一项的规定，判决如下：驳回上诉，维持原判。

二审案件受理费 50 元，由上诉人张某柱负担。本判决为终审判决。

七、理论探讨与执法指引

根据《中华人民共和国人民警察法》第二条、第六条及《公安机关办理行政案件程序规定》的相关规定，人民警察在执法执勤过程中，为维护国家安全，维护社会治安秩序，预防、发现、控制违法犯罪活动，对违法犯罪嫌疑人依法采取盘问、检查等行为系依法执行职务行为，每一个公民都应配合。虽然交警的主要职责是维护交通秩序及交通安全，但其作为人民警察，对危害社会治安秩序及涉嫌违法犯罪活动等亦具有制止和控制的义务。公安部《公路巡逻民警队警务工作规范》及《交通警察道路执勤执法工作规范》关于拦截、追缉车辆方面的相关规定系针对交警的安全防护性规定，旨在保护交警在查处交通违法行为时维护自身安全及公共安全，对机动车驾驶人驾车逃跑的行为附条件地实施驾驶机动车追缉行为，其实质是要求交警在执法过程中所采取的措施和手段应当必要、适当，以符合法律目的。该工作规范所确定的附条件的追缉行为与《中华人民共和国人民警察法》《公安机关办理行政案件程序规定》所确定的人民警察有制止违法犯罪、对违法犯罪嫌疑人盘问、检查、调查、控制的职责相一致，即人民警察在执法过程中，对逃避、抗拒执法的违法犯罪嫌疑人进行追缉、控制、检查、盘问是法律赋予的职责，同时在执法过程中所采取的措施和手段应当必要、适当。公民有无违法犯罪嫌疑，是由现场执行职务的人民警察根据自己的工作经验、日常生活常识进行判断的。因此，无论有无违法犯罪行为的公民均应配合执行职务的警察的盘问、检查，如逃避、抗拒警察的盘问、检查，警察可据情况采取相当的处置措施，以预防、制止违法犯罪活动，维护国家安全和社会治安秩序。

第四节 约束性醒酒中违反注意和谨慎义务应承担责任

一、基础知识

公安行政约束是指公安机关为保障社会和他人的安全，对本人有危险或者对他人的人身、财产或者公共安全有威胁的醉酒人或精神病患者，采取的短时间限制其人身自由的行政强制措施。公安行政约束在实施过程中，行政机关与被约束人是命令与服从的关系，具有单方面性和公权力性等特点。公安行政约束亦是一种即时强制行为，因为其显著特点在于保护性，不以处罚为前提，直接对人身自由进行强制以达到行政管理的目的，具有较大的自由裁量权。作为行政强制措施的公安行政约束措施是一把“双刃剑”，执行得好，有利于社会秩序的稳定；执行得不好，容易侵害公民合法权益。①

《中华人民共和国道路交通安全法》第九十一条第一款、第二款规定，饮酒后驾驶机动车的，处暂扣六个月机动车驾驶证，并处一千元以上二千元以下罚款。因饮酒后驾驶机动车被处罚，再次饮酒后驾驶机动车的，处十日以下拘留，并处一千元以上二千元以下罚款，吊销机动车驾驶证。醉酒驾驶机动车的，由公安机关交通管理部门约束至酒醒，吊销机动车驾驶证，依法追究刑事责任；五年内不得重新取得机动车驾驶证。

《中华人民共和国治安管理处罚法》第十五条规定，醉酒的人违反治安管理的，应当给予处罚。醉酒的人在醉酒状态中，对本人有危险或者对他人的人身、财产或者公共安全有威胁的，应当对其采取保护性措施约束至酒醒。

《中华人民共和国人民警察使用警械和武器条例》第六条规定，人民警察使用

---

① 岳光辉、刘忠：《论公安行政约束的法律适用》，载《湖南警察学院学报》2021 年第 1 期。

警械和武器前，应当命令在场无关人员躲避；在场无关人员应当服从人民警察的命令，避免受到伤害或者其他损失。

《公安机关办理行政案件程序规定》第五十八条规定，违法嫌疑人在醉酒状态中，对本人有危险或者对他人的人身、财产或者公共安全有威胁的，可以对其采取保护性措施约束至酒醒，也可以通知其家属、亲友或者所属单位将其领回看管，必要时，应当送医院醒酒。对行为举止失控的醉酒人，可以使用约束带或者警绳等进行约束，但是不得使用手铐、脚镣等警械。约束过程中，应当指定专人严加看护。确认醉酒人酒醒后，应当立即解除约束，并进行询问。约束时间不计算在询问查证时间内。

《中华人民共和国行政诉讼法》第八十七条规定，人民法院审理上诉案件，应当对原审人民法院的判决、裁定和被诉行政行为进行全面审查。

《最高人民法院关于适用〈中华人民共和国行政诉讼法〉的解释》第七十条规定，起诉状副本送达被告后，原告提出新的诉讼请求的，人民法院不予准许，但有正当理由的除外。

二、案件来源

陈某庆诉某某县公安局治安行政强制案①

三、主要案情

一审经审理查明，2017年4月8日12时许，陈某（已故）酒后驾驶三轮摩托车到王某和杨某元卖煤处，与王某产生口角并发生抓打。后接王某报警，某某县公安局龙某派出所民警到达现场，传唤陈某及王某至该所接受调查。陈某到达龙某派出所后，处警人员将陈某带到派出所坐大厅椅子上，民警见陈某喝了酒，便将其带到候问室进行约束性酒醒。当日17时40分，龙某派出所民警见陈某还趴在约束椅上，认为其醉酒还未醒，便将其送至家中。当时陈某家中无人，遂将陈某抬到其家中堂屋的床上，并吩咐邻居通知家属。邻居熊某于当日18时16分打电话通知陈某弟媳王某花，王某花接到电话后回到家中，见陈某在床上睡没有反应，因为陈某平时爱喝酒，认为是喝酒醉了，便没有太在意。当日20时许，陈某父亲陈某庆回家后，见陈某在床上睡，就喊陈某，还是没有反应。在此期间，王某花拿水给陈某喝询问陈某时，陈某称被王某打了，因陈某平时经常醉酒，其家人也未及时送医院救治。后陈某亲属电话通知在外地务工的兄弟陈某顺、陈某财和姐陈某，三姐弟于

---

① 贵州省高级人民法院（2019）黔行终847号行政判决书。

2017年4月11日凌晨赶回家中，并将陈某送往某某县人民医院救治。

经检查，陈某系颅内出血，医生建议立即做开颅手术，陈某亲人未同意，后医生多次与家属沟通，其家属均不同意手术，陈某财在医患沟通协议书上签署暂时不手术，2017年4月16日3时陈某死亡。其家属对陈某的死亡原因提出质疑，经征求家属意见，某某县公安局当日委托贵某医科大学司法鉴定中心对陈某尸体进行解剖检验，同时邀请铜某市公安局法医及侦技专家、某某县人民检察院提前介入调查。同年5月16日，某某县公安局收到贵某医科大学司法鉴定中心对陈某尸体检验的法医病理鉴定意见书，该鉴定意见为：陈某符合严重颅脑损伤并继发脑疝形成导致死亡。经某某县人民检察院、某某县公安局集体议案，认定王某在控制陈某携带菜刀行凶过程中，致陈某严重颅脑损伤死亡，王某行为属于正当防卫，不负刑事责任。陈某庆等人不服，向一审法院起诉，请求确认某某县公安局限制陈某人身自由并致其受伤死亡的行政行为违法。

一审法院认为，根据《中华人民共和国行政诉讼法》第二十五条第一款、第二款规定，陈某庆等人作为死者陈某的近亲属，有权提起本案诉讼，是本案适格原告。根据《中华人民共和国治安管理处罚法》第二条、第七条规定，某某县公安局具有负责本辖区内的治安管理工作及对违法行为采取强制措施的职权，陈某庆等人认为某某县公安局限制其近亲属陈某人身自由致其死亡的行政行为违法，并提起行政诉讼，某某县公安局是本案的适格被告。

四、案件核心

一、某某县公安局对陈某采取限制人身自由的强制措施及约束性醒酒措施是否合法？二、某某县公安局的行政行为与陈某受伤死亡是否具有法律上的因果关系？

五、裁判过程与结果

（一）一审裁判过程与结果

关于焦点一。根据《中华人民共和国警察法》第七条、第二十一条及《公安机关办理行政案件程序规定》① 第四十二条第二项规定，对公民的报警案件，人民警察应及时查处；对违反治安管理或者其他公安行政管理法律、法规的个人或者组织，公安机关有权采取保护性约束措施、限制活动范围等强制措施。某某县公安局接王某报警，及时处警并将涉案人员带至公安机关调查，因涉案人员陈某醉酒，对

① 《公安机关办理行政案件程序规定》现已修改，此处指当时有效的规定，对应现行规定第五十四条。

其采取约束性措施，其处警行为及限制陈某人身自由的措施并无不当。根据《公安机关办理行政案件程序规定》第四十六条①规定，违法嫌疑人在醉酒状态中，对本人有危险或者对他人的人身、财产或者公共安全有威胁的，可以对其采取保护性措施约束至酒醒，也可以通知其家属、亲友或者所属单位将其领回看管，必要时，应当送医院醒酒。对行为举止失控的醉酒人，可以使用约束带或者警绳等进行约束，但是不得使用手铐、脚镣等警械。约束过程中，应当指定专人严加看护。确认醉酒人酒醒后，应当立即解除约束，并进行询问。根据某某县公安局提供的视听资料看，其在对陈某采取约束性醒酒措施过程中存在使用手铐情况，且在约束过程中存在拍打陈某颈枕部等不文明行为。同时根据某某县公安局提交的视听资料及录像时间跳跃说明，该视听资料存在近两个小时无录像，该录像时间跳跃说明为当监控视频摄像头有效范围内无人体或者物体移动超过5秒时停止录像。根据上述说明，可推定某某县公安局工作人员存在近两个小时未对陈某的约束性醒酒情况进行近距离的查看护理。公安机关在对陈某实施近5个小时约束性醒酒措施后，在陈某仍处于意识不清、无法站立走动的情况下，未将其送医治疗，而是安排工作人员将陈某径行抬送回家。且从监控视频看，陈某被送出派出所时无法自行走动，系被拖拽至派出所门口并被抬上警车。此外，某某县公安局工作人员在陈某家属未在家的情况下离开，仅让邻居电话通知其家属，亦属不当。综上，某某县公安局对陈某实施约束性醒酒的强制措施，未尽到必要的看护职责及审慎的注意义务，违反上述法规规定。

关于焦点二。根据《中华人民共和国国家赔偿法》第十五条规定："人民法院审理行政赔偿案件，赔偿请求人和赔偿义务机关对自己提出的主张，应当提供证据。赔偿义务机关采取行政拘留或者限制人身自由的强制措施期间，被限制人身自由的人死亡或者丧失行为能力的，赔偿义务机关的行为与被限制人身自由的人的死亡或者丧失行为能力是否存在因果关系，赔偿义务机关应当提供证据。"本案死者陈某虽不是在被限制人身自由期间死亡，但从其被送出派出所的监控视频来看，其出所时已不具有行动能力，且某某县公安局有义务证明对陈某采取限制人身自由及约束性醒酒的强制措施合法，故本案应由某某县公安局承担其行为与陈某的死亡是否存在因果关系的举证责任。某某县公安局为证明陈某的受伤死亡与其行政行为不具有因果关系，向一审法院提交了视听资料、尸体检验报告及专家会诊意见书等证据。一审法院认为，公安机关提供的视听资料，能够反映陈某被传唤至龙某派出所并接受约束性醒酒及被送出该所的事实，该视听资料虽存在不连贯、不完整的情

① 对应现行《公安机关办理行政案件程序规定》第五十八条，下同。

况，但某某自治县宇某安防公司出具的龙某派出所录像时间跳跃，证明该所案发当日及当月的录像类型均为移动侦测录像，即监控视频摄像头有效范围内有人体或者物体移动时开始录像，当无人体或者物体移动超过 5 秒时停止录像。该录像设置虽对于公安机关等对办案程序及证据收集要求较高的部门确有不当，但亦能够对某某县公安局提供的视听资料不完整作出合理说明。结合陈某与王某在公安机关处警前曾发生抓打，王某亦供述在抓打过程中曾打过陈某耳光及将陈某推倒在地的事实，并不能排除陈某所受颅脑损伤是在与王某抓打过程中形成的可能。同时，陈某被送回家后未能及时送医治疗和及时进行手术救治，也是造成其死亡的重要原因。故一审认为，本案损害结果的发生应属于本人自身过错、家属未及时送医并同意手术治疗和行政机关违法行政行为共同造成，某某县公安局的约束性醒酒措施虽存在违法，但对陈某的受伤死亡仅有轻微影响，并不是导致陈某受伤死亡的主要原因，对陈某庆等人的损失应根据各方行为与损害结果之间的因果关系以及在损害发生和结果中的作用力大小，确定相应的赔偿责任。

综上，陈某庆等人的诉讼请求部分成立，一审法院予以支持。依照《中华人民共和国行政诉讼法》第六十九条、第七十四条第二款第一项规定，判决如下：一、某某县公安局对陈某庆、陈某顺、陈某财等人直系亲属陈某实施约束性醒酒的强制措施违法；二、驳回陈某庆、陈某顺、陈某财等人的其他诉讼请求。案件受理费 50 元，由某某县公安局负担。

（二）二审裁判过程与结果

陈某庆等人以及某某县公安局均不服一审判决，向本院提起上诉。

上诉人陈某庆等上诉请求撤销一审判决，确认某某县公安局行政行为存在侵权的全部违法行为。主要理由为：1. 一审判决认定陈某饮酒、醉酒并被公安机关约束醒酒的事实不存在。所谓陈某醉酒的证据仅为某某县公安局提供的证明陈某喜欢饮酒的证言笔录，包括尸检报告在内并无陈某在该案中饮酒、醉酒的任何证据。2. 陈某庆等人提出，公安机关从事发现场带陈某到龙某派出所的半个小时内对陈某实施了加害行为，该主张未得到认定和裁判。公安机关应当举证证明在该时间段未对陈某实施加害行为，但其以各种理由拒不向法院提交执法记录，应当承担举证不能的后果。3. 一审判决认定陈某庆等人对陈某未尽及时救治职责的事实不成立。某某县公安局将陈某打伤后，本应主动及时送医，其不仅不送医反而趁陈某家人不在家之机将陈某家门撬开，将伤得不省人事的陈某独自放在屋内后离开。退一步说，就算陈某醉酒，公安机关要么通知家属到场，要么将陈某直接送医院，陈某救治迟延的责任不在陈某庆等人。

上诉人某某县公安局上诉请求撤销一审判决，驳回陈某庆等人的诉讼请求。主要理由为：1. 陈某死亡与某某县公安局无法律上的因果关系。陈某死亡原因：其一，陈某携带菜刀与王某打斗，打斗过程中致陈某严重颅脑损伤继发脑疝形成；其二，2017 年 4 月 11 日，陈某顺、陈某财、陈某将陈某送医院救治起，医生多次与陈某亲人沟通，要求立即手术但对方未同意，并在医患沟通书上签署暂时不手术的意见，一直拖到 4 月 16 日 3 时导致陈某死亡。2. 根据《中华人民共和国行政强制法》第九条第一项之规定，某某县公安局对持械殴打他人的违法嫌疑人安排到办案场所候问室等候询问，采取暂时性强制措施是法律赋予的权力。

二审查明的事实，与一审判决认定的事实基本一致，本院予以确认。

二审另查明，据某某县公安局提交的监控视频显示：2017 年 4 月 8 日 12 时 41 分，陈某被民警拉进询问室。进入询问室后，陈某不配合民警上警械，被其中一名民警扇左边头部。12 时 43 分，民警给陈某扣上凳子前面的盖板，给陈某戴上手铐；12 时 45 分，陈某趴在盖板上，一名民警看守陈某；13 时 26 分许，民警走出询问室。13 时 26 分至 17 时 5 分，不时有民警进入询问室。17 时 6 分许，某某县公安局两名民警进入询问室，拍陈某肩膀和凳前盖板；17 时 8 分许，民警解开陈某手铐；17 时 10 分许，三名民警进入询问室，其中一人用手试陈某呼吸；17 时 11 分许，另有民警用手试陈某呼吸；17 时 35 分至 39 分许，民警摇陈某、踢陈某脚等；17 时 40 分许，陈某被民警带离询问室，后被送至家中。

本院认为，根据《中华人民共和国行政诉讼法》第八十七条“人民法院审理上诉案件，应当对原审人民法院的判决、裁定和被诉行政行为进行全面审查”以及《最高人民法院关于适用〈中华人民共和国行政诉讼法〉的解释》第七十条“起诉状副本送达被告后，原告提出新的诉讼请求的，人民法院不予准许，但有正当理由的除外”之规定，本院二审审查的是陈某庆等人一审所诉请确认的被诉行政行为是否合法，根据诉状所列本案涉诉行政行为是某某县公安局限制陈某人身自由。

某某县公安局对陈某限制人身自由，应依法采取行政强制措施，并履行必要的保护及救助义务。首先，王某向公安机关报警后，公安民警现场处警，根据现场证人黎某、王某、敖某以及现场处警民警涂某、梁某雨证言，能够相互印证陈某有酒味，结合陈某被民警带回派出所后在大厅的吵闹行为，公安机关对陈某人身自由实施暂时性限制，将其带至询问室采取约束性醒酒措施，初衷和目的符合当时情势，并无明显不当。其次，行政机关对陈某采取约束性醒酒措施应当依法进行。某某县公安局对陈某采取约束性醒酒措施过程中强制使用手铐，违反《公安机关办理行政案件程序规定》第四十六条关于不得使用手铐、脚镣等警械的规定。最后，某某县公安局对陈某采取约束性醒酒措施的过程中，应履行必要的谨慎及救助义务。据某某县公安局提交的监控视频显示，其对陈某采取约束性醒酒措施的过程中，陈某身体及精神状况越来越差，此时公安机关应履行审慎的注意义务和必要的监护职责，及时送医救治，但在案证据不能证明公安机关充分做到此要求。

综上，上诉人某某县公安局提供证据，不足以证明其对陈某实施约束性醒酒措施合法，其上诉理由不能成立，本院不予采信。上诉人陈某庆等人上诉理据不足，本院不予支持。一审判决确认某某县公安局采取此行政强制措施违法并无不当，本院予以维持。依照《中华人民共和国行政诉讼法》第八十九条第一款第一项之规定，判决如下：驳回上诉，维持原判。

六、类案比较

（一）案件来源

焦某凯诉某某市公安局某某分局兴南派出所（以下简称兴南派出所）执法行为违法并请求行政赔偿案①

（二）主要案情

上诉人焦某凯因诉被上诉人兴南派出所执法行为违法并请求行政赔偿一案，不服某某市某某区人民法院（2020）津0104行初71号行政判决，向本院提起上诉。本院依法组成合议庭，公开开庭审理了本案。上诉人焦某凯及委托代理人孟某，被上诉人兴南派出所的负责人姜某林及委托代理人汪某垠到庭参加诉讼。本案现已审理终结。

一审人民法院经审理查明，2019年3月15日晚，焦某凯与其朋友共三人在某某市某某区××路××号楼××商餐馆内就餐、饮酒，19时许，店主在焦某凯就餐的邻桌扫收地面，焦某凯不满，该店主停止并离开至吧台处，后双方发生言语争执，该店主以焦某凯骂街报警。兴南派出所的两名民警到场处理，焦某凯仍辱骂店主且言语威胁，其间对该店主用手挥击。处警民警联系增援，增援民警到场后欲将焦某凯带离，焦某凯不予配合，在民警要求其配合时，焦某凯抬手挥击到站在其身旁一名民警脸部，在场民警即对原告控制，焦某凯反抗，后被按倒在地。兴南派出所民警用约束带控制焦某凯后，将其抬上警车传唤至兴南派出所。焦某凯称胳膊疼，兴南派出所的工作人员带焦某凯至医院检查，经检查，焦某凯左肱骨骨折。焦某凯向某某市公安局某某分局提出赔偿申请，2019年8月28日，某某市公安局某某分局作出《刑事赔偿申请驳回决定书》。焦某凯不服，向某某市公安局提出复议申请，某某市公安局于2019年11月22日作出《刑事赔偿复议决定书》，维持了某某市公安局某某分局的决定。焦某凯随后向某某市第一中级人民法院赔偿委员会申请作出赔

① 天津市第一中级人民法院（2021）津01行终75号行政判决书。

偿决定，该赔偿委员会于2020年3月24日作出决定认为，兴南派出所行为属于履行行政管理职权的行为，焦某凯的赔偿请求不属于刑事赔偿范围，驳回了焦某凯的国家赔偿申请。焦某凯遂提起行政诉讼，请求确认兴南派出所在行政执法中造成其身体伤害的行为违法，并要求赔偿其医疗费、护理费、营养费等共计180万元。

（三）案件核心

处警民警在醉酒人暴力反抗时使用强制力约束制服是否存在违法情形？因此导致醉酒人受伤应否承担责任？

（四）裁判过程与结果

一审人民法院认为，依据《中华人民共和国治安管理处罚法》第七条规定，兴南派出所负责其行政辖区内的治安管理工作。焦某凯因店主扫收地面不满出言不逊，店主报警后，处警民警到达现场，焦某凯仍脏话不断且对报警人有威胁言语，在处警民警在场的情况下焦某凯用手挥击报警人，其行为自控力差且涉嫌违法。在此情况下，处警民警申请增援，增援民警到达现场，焦某凯不配合对其传唤，在焦某凯有用手挥击民警脸部的行为后，兴南派出所多名民警将反抗的焦某凯按倒并使用约束带控制，将焦某凯传唤至兴南派出所，兴南派出所处警行为并无不当。焦某凯要求确认兴南派出所执法行为违法理据不足，亦无请求行政赔偿的证据。因此，焦某凯的诉讼请求没有事实证据及法律依据，不予支持。依照《中华人民共和国行政诉讼法》第六十九条、《最高人民法院关于审理行政赔偿案件若干问题的规定》第三十三条之规定，判决如下：驳回焦某凯的诉讼请求。案件受理费50元，由焦某凯负担。

上诉人焦某凯不服一审判决，上诉称：1. 一审人民法院认定增援民警到场后欲将上诉人带离，上诉人抬手挥击到站在其身旁的一名民警脸上。该事实的认定完全错误，上诉人没有任何对民警动手的行为，且被上诉人也未出具任何证据予以证实。2. 根据一审以及相关的证据材料可以看出，上诉人处于醉酒状态，行动不受控制，已经无力对其他人员造成伤害，被上诉人无须通过过分的武力控制上诉人。3. 被上诉人是办案多年的民警，且经过专业的技能培训，知道人体哪些地方容易受伤，知道使用武力的力度，但被上诉人的工作人员在明知的情况下，依然将上诉人的手臂折断，造成上诉人不可逆的伤害。被上诉人履行的是国家赋予的权力，其民警在执法过程中存在严重错误，造成上诉人身体的严重伤害，上诉人有权获得国家赔偿。上诉人请求二审人民法院：1. 撤销一审判决，发回重审或改判由被上诉人承担180万元赔偿金；2. 一、二审诉讼费用由被上诉人承担。

被上诉人兴南派出所答辩称，一审判决并无不当，请求二审人民法院：维持一审判决。

本院认为，本案争议焦点是被上诉人在执法过程中是否存在违法情形，上诉人要求行政赔偿是否应予支持。《中华人民共和国治安管理处罚法》第七条第一款规定，国务院公安部门负责全国的治安管理工作。县级以上地方各级人民政府公安机关负责本行政区域内的治安管理工作。本案事发地点坐落于某某市某某区××路××号楼××商的餐馆，属于兴南派出所辖区范围内，被上诉人兴南派出所具有对其辖区范围内治安管理的主体资格以及法定职权。被上诉人所举询问笔录、视频资料等证据能够证实，上诉人在餐馆就餐、饮酒后因不满餐馆人员扫地而发生纠纷，餐馆店主报警后，被上诉人民警到达现场。其间，上诉人实施了辱骂及用手挥击报警人的行为，因上诉人处于醉酒状态且警力较少，处警民警申请了增援。增援民警到达现场传唤上诉人回派出所接受调查，上诉人不予配合，在上诉人抬手挥击到站在其身旁一名民警脸部后，多名民警将上诉人予以约束控制，后将上诉人传唤至被上诉人处。被上诉人的行政执法及处置行为并无不当。上诉人要求确认被上诉人行政执法违法并行政赔偿，缺乏事实证据及法律依据。一审判决驳回上诉人的诉讼请求并无不当，本院予以维持。上诉人的上诉请求理据不足，本院不予支持。综上，依照《中华人民共和国行政诉讼法》第八十九条第一款第一项的规定，判决如下：驳回上诉，维持原判。

七、理论探讨与执法指引

醉酒警情是公安机关在基层社会治理中遭遇的高发警情，且发生侵害民警执法权益的频次较高。醉酒的人情绪亢奋、容易冲动，甚至丧失正常的理智，导致暴力袭警事件的发生。由醉酒引发的打架闹事等治安、刑事案件也呈上升趋势、其潜在的危害不可小觑。而明确约束性醒酒中违反注意和谨慎义务应承担的责任则是此类案件的治本之策。公安机关如何落实厉行法治的新时代要求，运用适宜的治理手段依法、高效处置该类警情是当前学界与实践部门亟待解决的重要问题，更是实现国家治理体系和治理能力现代化的必然要求。

一、醉酒昏卧类警情①

1. 及时处警，准备充分。准备充分是指：充分了解警情信息，包括向报警人了解现场情况，醉酒人性别、人数、状态、有无手持凶器，现场有无人员伤亡等；按以下次序配备处警装备：催泪喷射器、执法记录仪、对讲机、伸缩警棍、手枪、头盔、防刺背心、防刺手套、防暴钢叉、警绳（胶带）、警用急救包等。

2. 到达现场以后，判明现场情况，是醉酒昏卧求助还是酒后滋事。

---

① 崔成友：《醉酒昏卧及酒后滋事警情处置》，载《派出所工作》2019年第1期。

3. 对于醉酒昏卧类警情，接警到达现场后应当救助。

一是如醉酒者处于危险位置，在确保处警人员安全的前提下，尽快将醉酒者移动到安全位置。

二是在移动呈昏卧状态的醉酒者前，应首先以呼唤为主，考虑到个别醉酒者人醉心醒的情况，呼唤时可使用明确告知其可能会自行承担救助费用等方式促其自行起身移动。a. 对于多次呼唤仍无反应，呼吸平稳、生命体征未出现异常的，应以翻动其衣物、手机或周边走访等方式设法确定其身份，查找其亲友或联系人。b. 发现存在呕吐物堵住口鼻等情况的，视情及时改变其体位，使其症状缓解，同时拨打“120”到场救助。c. 救助过程中，要自始至终开启执法记录仪，对醉酒者的状态、是否符合移动条件等进行语音讲解，并确保被执法记录仪记录。d. 对于呼吸急促、面色潮红或者发白、发青，重度昏迷无法唤醒，身体有伤痕等身体体征出现异常的，应立即通知“120”到场救助。e. 能够确定身份或能够查找到醉酒者联系人的，应优先联系其亲友领回。f. 当场无法判明身份信息，醉酒者身体状态。总而言之，公安民警必须严格依照法律法规的规定适用约束醒酒措施，客观、全面、及时地收集、固定、保全证据，既要认真履行自己的责任，又要不侵犯当事人的合法权益，还要注意保护民警自身的合法权益。出现异样的，可带回派出所或者医院（优先送往医院）处理。g. 醉酒者随身携带的物品，应当场登记，并请见证人签字；没有见证人的，要录音录像并予以妥善保管。移交或发还物品时，应做好相关交接手续。

二、酒后滋事类警情

1. 接警同时确认醉酒人身份，能联系到家属、亲戚、朋友的，通知他们尽快到场。

2. 发生酒后纠纷的，及时下达制止口令，服从口令停止纠纷的，可当场调解。对于不服从民警口令，存在殴打他人、损毁公私财物的，应在准确评估是否具备警力优势的基础上，决定是否当场制服；如没有当场制服条件，可选择战术牵制，呼叫支援，以确保执法安全。

3. 现场处置过程中，应确保执法记录仪始终开启，并讲明处置的原因、理由。

4. 违法嫌疑人在醉酒状态中，对本人有危险或者对他人的人身、财产或公共安全有威胁的，可以对其采取保护性措施约束至酒醒，也可以通知其家属、亲友或者所属单位将其领回看管，必要时送医院醒酒。通知家属领回时，要使用执法记录仪等全程记录通知过程。家属拒绝领回的，务必记录在案。执法记录仪损坏的，可用手机记录，也可形成书面说明请家属或在场的其他见证人签字。

5. 对行为举止失控的醉酒人，可以使用约束带或者警绳等进行约束，但是不得使用手铐、脚镣等警械。约束过程中，应当指定专人严加看护。确认醉酒人酒醒后，应当立即解除约束，并进行询问。约束时间不计算在询问查证时间内。

6. 采取约束性措施时，要时刻注意醉酒者呼吸、呕吐、心跳等状态，防止出现可能由酒精刺激、激烈反抗等诱发潜在身体疾病，以及由呕吐引发的呼吸道堵塞等可能致伤、致死的危险事件，以有效防范执法风险。

7. 及时收集、固定证据。证据主要包括：执法记录仪记录的执法过程；证明肇事者醉酒状态的酒精测试或者血样检测；违法经过的录音录像和证人证言，物品损毁、人身伤害等相关证据。现场来不及询问证人的，尽可能详细登记现场证人的联系方式。

8. 对带至公安机关实施保护性约束的醉酒人员，应当“一律送到指定地点、一律进行人身检查、一律 24 小时专人看管、一律录音录像”。醉酒者有异常情形的，如实记录，需要就医的，应当先送就医；发现有违禁品、危险品、管制物品的，按照有关规定处理。

9. 公安机关如不具备 24 小时专人看管、人身检查、录音录像等条件的，应尽量联系其亲友带回看护。违法犯罪情节轻微，醉酒严重持续昏睡的，可由家属带回，等其醒酒后再予追究法律责任，或送往医院做保护性监护。

10. 有涉案或需理赔的，待醉酒者酒醒后，应及时对其进行询问。调查结束后，构成刑事、行政案件的，按相关程序办理，依法追究肇事者的法律责任。

11. 填写、存储接处警记录；按规定提取、封存执法记录仪视频；处警结果需要制作法律文书的，按有关规定办理。

面对醉酒治理中公安机关与医疗机构所处的两难困境，当前已有部分警队先行与当地医疗机构建立定点合作关系，共同实施醉酒人员“警医联动”合成处置机制，并取得初步成效。此举将醒酒场所固定在医疗机构内，由合作医院设置专门“醒酒室”，实行公安、医院叠加看管，防止医患纠纷和其他意外的发生，确保绝对安全；接警单位与定点医院之间实时对接，对确有送医醒酒需求的醉酒人员，经民警先期约束控制后由 120 救护车直接送至专门醒酒室，进行醒酒救治、看护。①

---

① 刘金钟、王峣、靳卫彬：《当前醉酒警情处置的执法困境与治理策略——基于 94 起醉酒警情的实证研究》，载《中国人民公安大学学报（社会科学版）》2021 年第 1 期。

第五节　交警违法持续扣留经改装发动机缸体的货车属滥用职权

一、基础知识

在实践中，行政强制措施手段多种多样，可以分为限制人身自由，处置财物，进入住宅、场所三类。行政强制措施是在行政措施的基础上，用“强制”一词对行政措施的范围和属性加以限定，与行政措施相比，行政强制措施的范围缩小了，其属性也有了“强制”的限定，但其内涵和实际所指仍然应该是一类具有共同属性的办法或手段，只不过是带有强制性的罢了。因此，行政强制措施仍然是一个概括性、包容性的概念。

《中华人民共和国行政强制法》第二条第二款规定，行政强制措施，是指行政机关在行政管理过程中，为制止违法行为、防止证据损毁、避免危害发生、控制危险扩大等情形，依法对公民的人身自由实施暂时性限制，或者对公民、法人或者其他组织的财物实施暂时性控制的行为。第九条规定，行政强制措施的种类有以下五条：（1）限制公民人身自由；（2）查封场所、设施或者财物；（3）扣押财物；（4）冻结存款、汇款；（5）其他行政强制措施。第九条第二项规定，查封场所、设施或者财物属于行政强制措施。第十条规定，行政强制措施由法律设定。尚未制定法律，且属于国务院行政管理职权事项的，行政法规可以设定除本法第九条第一项、第四项和应当由法律规定的行政强制措施以外的其他行政强制措施。尚未制定法律、行政法规，且属于地方性事务的，地方性法规可以设定本法第九条第二项、第三项的行政强制措施。法律、法规以外的其他规范性文件不得设定行政强制措施。第二十七条规定，行政机关采取查封、扣押措施后，应当及时查清事实，在本法第二十五条规定的期限内作出处理决定。对违法事实清楚，依法应当没收的非法财物予以没收；法律、行政法规规定应当销毁的，依法销毁；应当解除查封、扣押的，作出解除查封、扣押的决定。

《中华人民共和国反有组织犯罪法》第二十一条第三款规定，移民管理、海关、海警等部门发现境外的黑社会组织的人员入境的，应当及时通知公安机关。发现相关人员涉嫌违反我国法律或者发现涉嫌有组织犯罪物品的，应当依法扣留并及时处理。

《中华人民共和国道路交通安全法》第七十二条第二款规定，交通警察应当对交通事故现场进行勘验、检查，收集证据；因收集证据的需要，可以扣留事故车辆，但是应当妥善保管，以备核查。第八十九条规定，行人、乘车人、非机动车驾驶人违反道路交通安全法律、法规关于道路通行规定的，处警告或者五元以上五十元以下罚款；非机动车驾驶人拒绝接受罚款处罚的，可以扣留其非机动车。第九十五条规定，上道路行驶的机动车未悬挂机动车号牌，未放置检验合格标志、保险标志，或者未随车携带行驶证、驾驶证的，公安机关交通管理部门应当扣留机动车，通知当事人提供相应的牌证、标志或者补办相应手续，并可以依照本法第九十条的规定予以处罚。当事人提供相应的牌证、标志或者补办相应手续的，应当及时退还机动车。故意遮挡、污损或者不按规定安装机动车号牌的，依照本法第九十条的规定予以处罚。第九十六条第一款规定，伪造、变造或者使用伪造、变造的机动车登记证书、号牌、行驶证、驾驶证的，由公安机关交通管理部门予以收缴，扣留该机动车，处十五日以下拘留，并处二千元以上五千元以下罚款；构成犯罪的，依法追究刑事责任。第一百一十二条规定，公安机关交通管理部门扣留机动车、非机动车，应当当场出具凭证，并告知当事人在规定期限内到公安机关交通管理部门接受处理。公安机关交通管理部门对被扣留的车辆应当妥善保管，不得使用。逾期不来接受处理，并且经公告三个月仍不来接受处理的，对扣留的车辆依法处理。第一百一十三条第一款规定，暂扣机动车驾驶证的期限从处罚决定生效之日起计算；处罚决定生效前先予扣留机动车驾驶证的，扣留一日折抵暂扣期限一日。

二、案件来源

刘某某诉某省某市公安局交通警察支队某区一大队道路交通管理行政强制案①

三、主要案情

原一、二审法院查明以下主要事实：2001 年 7 月，刘某某通过分期付款的方式在某省某汽车租赁有限公司购买了一辆运输汽车，发动机号码 1330××，车架号码 110××××2219，合格证号 01407××，最终上户车牌为晋 A×××××号。刘某某依约付清车款后，车辆仍登记挂靠在该公司名下。2006 年 12 月 12 日，刘某某雇用的司机任某某驾驶该车辆行驶至某市某路某乡路口时，某区交警一大队的执勤民警以该车未经年审为由将该车扣留并于当日存入存车场。2006 年 12 月 14 日，刘某某携带该车审验日期为 2006 年 12 月 13 日的行驶证去处理该起违法行为。某区交警一大队执勤民警在核实过程中发现该车的发动机号码和车架号码看不到，遂以该车涉嫌套牌及发动机号码和车架号码无法查对为由对该车继续扣留，并口头告知刘某某提供其他合法有效手续。刘某某虽多次托人交涉并提供相关材料，但某区交警一大队一

---

① 最高人民法院（2016）最高法行再 5 号行政判决书。

直以其不能提供车辆合法来历证明为由扣留该车。刘某某不服，提起行政诉讼，请求法院撤销某区交警一大队的扣留行为并返还该车。在法院审理期间，双方当事人在法院组织下对该车车架号码的焊接处进行了切割查验，切割后显示的该车车架号码为GAGJBDK0110××××2219，而刘某某提供的该车行驶证载明的车架号码为LGAGJBDK0110××××2219。

四、案件核心

某区交警一大队初始以未经年审为由扣留车辆的行为应已结束，其关于以车辆涉嫌套牌为由继续扣留无须另行制作扣留决定的主张，依法不能成立。

五、裁判过程与结果

（一）一审裁判过程与结果

某省某市中级人民法院一审认为：某区交警一大队口头通知刘某某提供其他合法有效手续后，刘某某一直没有提供相应的合法手续，故某区交警一大队扣留涉案车辆于法有据。由于扣留涉案车辆的行为属于事实行为，故某区交警一大队在行政执法过程中的程序瑕疵不能成为撤销扣留行为的法定事由。刘某某虽然提供了由某省某汽车技术服务站出具的更换发动机缸体的相关证明，但未经批准擅自更换发动机、改变发动机号码的行为均为我国相应法律、法规所禁止。刘某某一直未提供该车的其他合法有效手续，故其要求撤销扣留行为，返还涉案车辆的诉讼请求不能成立。据此，一审法院作出（2010）并行初字第3号行政判决：驳回刘某某的诉讼请求。刘某某不服，提起上诉。

（二）二审裁判过程与结果

某省高级人民法院二审认为：刘某某对某区交警一大队于2006年12月12日因涉案车辆未经审验而予扣留并无争议，争议在于刘某某是否提供了该车的合法来历证明，某区交警一大队是否应及时返还车辆。对于该车的车架号码，切割查验后显示的号码与该车行驶证载明的号码不符。对于该车没有发动机号码，刘某某虽然提供了由某省某汽车技术服务站出具的更换发动机缸体的相关证明，但未经批准擅自更换发动机、改变发动机号码的行为均为我国相应法律、法规所禁止。刘某某一直没有提供相应的合法手续，依据当时有效的《道路交通安全违法行为处理程序规定》规定，某区交警一大队扣留该车于法有据。依据《道路交通安全违法行为处理程序规定》第十五条之规定，某区交警一大队作为行政执法机关，对认为来历不明的车辆可以自行调查，但某区交警一大队一直没有调查，也未及时作出处理，行为不当。据此，二审法院作出（2010）晋行终字第75号行政判决：一、撤销某省某市中级人民法院（2010）并行初字第3号行政判决；二、某区交警一大队在判决生效后三十日内对扣留涉案车辆依法作出处理并答复刘某某；三、驳回刘某某的其他诉讼请求。

（三）再审裁判过程与结果

刘某某在向本院提出的再审申请中请求撤销某省高级人民法院终审判决，判令再审被申请人返还涉案车辆，并请求判令再审被申请人赔偿涉案车辆损失、涉案车辆营运损失以及交通费、律师费、医疗费、精神损失费、误工费等。其事实与理由为：（一）再审申请人是涉案车辆的实际所有人。机动车车架号码由17位字符组成，包含了车辆生产厂家、年份、车型、车身型式及代码、发动机代码及组装地点等信息。机动车车架号码第一位是生产国家代码，字母“L”代表该机动车的产地为中国。字母“L”的缺失明显是由于对大梁进行切割时操作不慎所致。法律并不禁止更换发动机，机动车所有人只是在更换发动机之后，有义务申请对机动车行驶证上的发动机号码进行变更。原审法院认定再审申请人无法提供该车的合法来历，构成事实认定错误。（二）再审被申请人未履行法定告知义务，没有作出书面通知，构成不作为。原审法院在此情况下，认定再审申请人应自行主动提供该车的合法手续，并承担相应的举证责任，构成法律适用错误。（三）如果认定再审申请人没有提供该车的合法手续，扣留该车的时间则不受三十日的拘束，那么原审判决要求再审被申请人在三十日内答复再审申请人没有依据。同时，再审被申请人已经查验了该车的发动机号码、车架号码，原审法院认为再审被申请人“一直没有调查，也未及时作出处理”也不成立。（四）再审被申请人本来答应交4000元罚款后放车，但由于再审申请人托记者前往取车，再审被申请人便拒绝放车，将车辆一直扣留至今。这造成再审申请人长期诉讼，患上脑干出血，形成三级残疾。

再审被申请人某区交警一大队提交答辩意见称：（一）涉案车辆被扣留之后，再审申请人虽然提供了该车的来历证明、机动车行驶证、检验合格证等相关材料，但发动机号码、车架号码等相关信息是确认车辆身份及车辆合格与否的唯一资料，同时也是该车的身份证明。再审申请人对涉案车辆未经批准擅自更换发动机、改变发动机号码、改装大梁焊装钢板，将车架号码焊死在新装钢板和大梁之间，造成证车不符无法发还。即使能够证明涉案车辆所有权和合法来历，也依法丧失涉案车辆所有权。（二）因涉案车辆在持续扣留过程中，故再审被申请人的执法行为针对未经年检上路行驶与已达到强制报废标准上路行驶两个违法行为，无须作出两个扣留决定。再审被申请人口头通知继续提供有效合法手续，但再审申请人一直没有前来处理。（三）因再审申请人多次涉访涉诉，为保留证据所需，涉案车辆目前仍由再审被申请人保存。目前属于强制拆解报废的机动车辆，依法不能返还。（四）对于再审申请人私自改装车辆的行为，应当严厉打击，严格依法处置。故再审被申请人扣留涉案车辆合法，原审判决认定事实基本清楚，适用法律相对准确，请求本院驳回刘某某的再审申请。

在本院对刘某某的再审申请进行审查的听证中，双方当事人对原审判决认定的主要事实均无异议，本院予以确认。

关于再审申请人刘某某在原审期间提交的汽车技术服务站出具的更换发动机缸体、更换发动机缸体造成不显示发动机号码、车架用钢板铆钉加固致使车架号码被遮盖三份证明，再审被申请人某区交警一大队在本院听证中对上述三份证明的真实性未发表否定意见。本院再审期间依法到该服务站进行了核实，该服务站对该三份证明予以确认。本院要求某区交警一大队对上述相关证据发表质证意见，某区交警一大队表示不发表任何意见。本院认为上述三份证据具有真实性、合法性和相关性，依法予以采信。

本院另查明，车架号码，即车辆识别代号，通常也称大架号，由字母和数字共17位字符组成，是车辆的重要身份证明。第1位字符是国家或者地区代码，中国的代码是“L”。最后8位即第10位至第17位字符代表车辆的年份、生产工厂、生产下线顺序号等信息。对于特定汽车生产厂家生产的特定汽车而言，车架号码最后8位字符组成的字符串具有唯一性。本院审理期间曾组织当事人就赔偿问题进行调解，因双方分歧较大，调解未果。

本院认为：本案的争议焦点为再审被申请人某区交警一大队扣留涉案车辆的行政强制措施是否合法？具体涉及以下三个问题：

（一）决定扣留涉案车辆的程序是否合法。依照全国人民代表大会常务委员会于2003年10月28日通过的《中华人民共和国道路交通安全法》[①] 第九十六条第一款及公安部于2004年4月30日发布的《道路交通安全违法行为处理程序规定》[②] 第十三条第二项的规定，某区交警一大队在行政执法中发现车辆涉嫌套牌的，有依法扣留的职权。在再审申请人刘某某提交合法年审手续后，某区交警一大队又发现涉案车辆无发动机号码、无法识别车架号码而涉嫌套牌时，可依法继续扣留。但是，某区交警一大队决定扣留应遵循《中华人民共和国道路交通安全法》第一百一十二条第一款和《道路交通安全违法行为处理程序规定》第十一条第一款规定的告知当事人违法行为的基本事实、拟作出行政强制措施的种类、依据及其依法享有的权利，听取当事人的陈述和申辩，制作行政强制措施凭证并送达当事人等行政程序。某区交警一大队违反上述行政程序，始终未出具任何形式的书面扣留决定，违

① 该法现已修改，此处指当时有效的法律，下同。

② 该规定现已修改，此处指当时有效的规定，下同。

反法定程序。在刘某某提供合法年审手续后，某区交警一大队初始以未经年审为由扣留车辆的行为应已结束，其关于以车辆涉嫌套牌为由继续扣留无须另行制作扣留决定的主张，依法不能成立，本院不予支持。

（二）认定涉案车辆涉嫌套牌而持续扣留证据是否充分？比对切割查验后显示的涉案车辆车架号码和涉案车辆行驶证载明的车架号码，前者共16位字符，后者共17位字符，前者缺失了代表车辆生产国家或者地区的首字母。再审申请人刘某某主张缺失的首字母“L”系在切割查验时不慎损毁所致，再审被申请人对此未发表相反意见。鉴于涉案汽车确系中国生产，且对于该型号的东风运输汽车而言，切割查验后显示的车辆车架号码和涉案车辆行驶证载明的车架号码的最后几位字符均为“110××××2219”，可以认定被扣留的车辆即为刘某某所持行驶证载明的车辆。某区交警一大队在刘某某先后提供购车手续、某省某汽车租赁有限公司出具的说明、汽车技术服务站出具的三份证明等相关证据材料后，认定涉案车辆涉嫌套牌而持续扣留，构成主要证据不足。

（三）既不调查核实又长期扣留涉案车辆是否构成滥用职权？车辆车体打刻的发动机号码、车架号码，是确认车辆身份的重要证明。根据公安部于2004年4月30日发布的《机动车登记规定》[①] 第九条、第十条的规定，刘某某在车辆生产厂家指定的维修站对涉案车辆的发动机、车架进行维修，并不违法。且仅为对涉案车辆更换发动机缸体而非更换发动机。但刘某某未及时请相关单位在相应部位重新打刻号码并履行相应手续不当。在涉案车辆发动机缸体未打刻发动机号码且车架号码被钢板铆钉遮盖无法目视确认的情况下，刘某某让所雇用的司机驾驶车辆上路具有过错，某区交警一大队认为涉嫌套牌依法有权扣留车辆，刘某某应承担相应责任。但扣留车辆属于暂时性的行政强制措施，不能将扣留行为作为代替实体处理的手段。某区交警一大队扣留车辆后，应依照《中华人民共和国道路交通安全法》第九十六条第二款和《道路交通安全违法行为处理程序规定》第十五条的规定，分别作出相应处理：如认为刘某某已经提供相应的合法证明，则应及时返还机动车；如对刘某某所提供的机动车来历证明仍有疑问，则应尽快调查核实；如认为刘某某需要补办相应手续，也应依法明确告知补办手续的具体方式方法并依法提供必要的协助。刘某某先后提供的车辆行驶证和相关年审手续、购车手续、某省某汽车租赁有限公司出具的说明、汽车技术服务站出具的三份证明，已经能够证明涉案车辆在生产厂家指定的维修站更换发动机缸体及用钢板铆钉加固车架的事实。在此情况下，某区交警一大队既不返还机动车，又不及时主动调查核实车辆相关来历证明，也不要求刘

① 该规定现已修改，此处指当时有效的规定，下同。

某某提供相应担保并解除扣留措施，以便车辆能够返回维修站整改或者返回原登记的车辆管理所在相应部位重新打刻号码并履行相应手续，而是反复要求刘某某提供客观上已无法提供的其他合法来历证明，滥用了法律法规赋予的职权。

综上，人民法院对行政行为合法性进行审查，应当依据行政机关作出行政行为时所收集的证据、认定的事实、适用的法律和主张的理由来综合判断。本案涉案车辆是经过年审并正常行驶的车辆，某区交警一大队在作出行政行为时和原一、二审诉讼中均未以车辆系擅自改装而需要强制报废等作为扣留涉案车辆的理由，在本院审理中也未提供证据证明涉案车辆需要强制报废，故对某区交警一大队有关涉案车辆需要强制报废的主张不应予以支持，且其在再审期间又改变扣留理由，也有违依法行政的基本要求。因此，某区交警一大队在决定扣留涉案车辆时未遵循法定程序，认定涉案车辆涉嫌套牌而持续扣留主要证据不足，既不调查核实又长期扣留涉案车辆构成滥用职权。因某区交警一大队未作出书面扣留决定，扣留行为不具有可撤销内容，人民法院应依照《中华人民共和国行政诉讼法》第七十四条第二款第一项的规定确认扣留行为违法并判令返还违法扣留的车辆。一审判决驳回刘某某诉讼请求错误，依法应予撤销。二审判决对扣留行为是否合法未予裁判，判令某区交警一大队作出处理并驳回刘某某其他诉讼请求错误，依法亦应予撤销。鉴于刘某某对某区交警一大队扣留涉案车辆造成的停运损失、车辆损坏损失等已另案提起行政赔偿诉讼，故刘某某的赔偿请求应在行政赔偿案件中另行解决。据此，依照《中华人民共和国行政诉讼法》第八十九条第一款第二项及《最高人民法院关于执行〈中华人民共和国行政诉讼法〉若干问题的解释》第七十八条之规定，判决如下：

一、撤销某省高级人民法院（2010）晋行终字第75号行政判决和某省某市中级人民法院（2010）并行初字第3号行政判决；

二、确认再审被申请人某省某市公安局交通警察支队某区一大队扣留晋A×××××号车辆的行为违法；

三、再审被申请人某省某市公安局交通警察支队某区一大队在本判决生效后三十日内将晋A×××××号车辆返还再审申请人刘某某。

一、二审案件受理费共计100元，由再审被申请人某省某市公安局交通警察支队某区一大队负担。

本判决为终审判决。

六、类案比较

（一）案件来源

赖某德诉某某市公安局交通警察支队（以下简称某某公安交警支队）其他行

政行为案①

（二）主要案情

上诉人赖某德因诉被上诉人某某市公安局交通警察支队（以下简称某某公安交警支队）其他行政行为一案，不服某某市思明区人民法院（2016）闽0203行初246号行政判决，向本院提起上诉。本院依法组成合议庭，于2017年4月28日公开开庭审理了本案。上诉人赖某德及委托代理人赖洪某、卓亮某，被上诉人某某公安交警支队之委托代理人陈继某、刘某到庭参加了诉讼。本案现已审理终结。

赖某德因其所有的车牌号码为闽D×××××丰田牌车辆一部被某某公安交警支队实施锁定措施，致使车辆无法办理转移登记及抵押登记，向原审法院提起行政诉讼，请求确认某某公安交警支队对案涉车辆采取锁定措施违法，并责令某某公安交警支队立即解除对案涉车辆的锁定措施。

原审法院经审理查明，2015年2月，案涉丰田牌兰德酷路泽车辆从案外人许某名下转移登记至赖某德名下，登记车牌号为闽D×××××。

2015年6月23日，某省公安厅交通警察总队车辆管理所向包括某某公安交警支队下属车辆管理所在内的相关部门发出关于核查机动车登记信息的通知。该通知涉及四辆丰田系列机动车，其中包括本案闽D×××××车辆。

2015年7月7日，某某公安交警支队下属车管所经核实，向某省公安厅交通警察总队车辆管理所回复核查情况报告，称：案涉车辆合格证与公告合格证的备案图片相比，存在背面无编号、颜色有差异等情况，已经向厂家发函协查，尚未回复。其间通知车主，即赖某德将案涉车辆开至车管所配合调查未果，故作出将案涉车辆锁定防止再次转移以及启动嫌疑调查程序的初步处理意见。

2015年7月21日，某某公安交警支队下属车管所根据车辆厂家反馈的信息，明确案涉车辆注册登记时使用的合格证车辆备注信息并非公司生产车辆信息参数范围，决定将案涉车辆移送公安刑侦部门进一步调查。

2015年9月30日，某某市公安局刑事侦查支队作出厦公刑函〔2015〕29号关于移交涉嫌被盗抢、走私机动车的复函，认为：经核查，案涉车辆虽然存在真实情况与该车登记情况不符，车辆识别代码曾被锉改，但目前未发现该车被盗抢记录等信息，故该案不属刑侦部门管辖。复函还附有相关鉴定文书及情况说明。

另查明，2015年7月底，某某公安交警支队为避免案涉车辆再次转移登记，对案涉车辆状态设置为锁定，其间该车辆无法进行转移登记及抵押登记等机动车登记业务。

---

① 福建省厦门市中级人民法院（2017）闽02行终88号行政判决书。

原审法院认为，通过在案证据可以确定：第一，省公安厅交警总队车管部门下文要求核查案涉车辆。经查，案涉车辆的真实情况与该车登记情况不符，车辆识别代码曾被锉改。第二，该锁定系从某某公安交警支队的车辆管理系统体现，并未通过法律文书等形式载明。但是，该锁定导致案涉车辆权利处于限制状态，无法办理转移登记及抵押登记，对赖某德权利已产生实质影响。具体实施过程中，没有证据证明某某公安交警支队曾向赖某德履行告知、听取意见等程序性事项。第三，根据《中华人民共和国行政强制法》的相关规定，法律法规以外的其他规范性文件不得设定行政强制措施。某某公安交警支队明确主张锁定并非行政强制措施，但无法提供关于锁定的法律依据。第四，某某公安交警支队主张该锁定程序并非独立行为，系嫌疑车辆调查程序的配套措施。《机动车登记工作规范》第七十八条及第七十九条对嫌疑车辆调查程序作出规定，但并未提及锁定。某某公安交警支队该项主张缺乏依据。第五，从某某市公安局刑侦支队的反馈看，案涉车辆问题无法作为刑事案件处理。某某公安交警支队无法证明对案涉车辆采取锁定属于刑事侦查范畴。此后，未见某某公安交警支队针对案涉车辆作下一步的处理。

综合上述事实可以看出，案涉锁定行为系某某公安交警支队在履行车辆管理职责过程中作出的行为，虽然系通过内部系统操作，但已经对外部的相关当事人权利造成影响，应当赋予相对人相应的救济权利，故应属可诉的行政行为。本案中，某某公安交警支队并未提供关于锁定的法律依据，无法证明其合法性。省交警总队车管所的核查函，仅能说明调查来源，但无法证明锁定的合法性问题。同时，某某公安交警支队亦无法证明其作出锁定时履行基本的告知义务，未给予行政相对人相应的陈述、申辩以及救济等权利，不符合程序正当原则。案涉车辆从 2015 年 7 月锁定至今，尤其是在刑事侦查部门退回之后，某某公安交警支队至今未对案涉车辆作进一步处理，致使赖某德的权利长期处于不确定状态，亦属不当。据此，案涉锁定措施没有法律依据，缺乏必要的行政程序，亦未及时进行后续处理，应认定违法。

但是，案涉车辆确系省交警总队车管部门要求核查的车辆，经查证案涉车辆也确实涉及违法情形。同时，赖某德在接到某某公安交警支队验车通知后，未配合某某公安交警支队进行车辆检验，致使某某公安交警支队无法按照《机动车登记工作规范》第七十八条及第七十九条的规定作进一步处理。一旦撤销上述锁定，问题车辆可能会再次转移，或继续造成危害，同时致使后续的调查处理无法顺利进行。因此，从保护社会公共利益及他人合法利益的角度出发，法院确认案涉锁定违法，但不予撤销，对赖某德要求某某公安交警支队立刻解除锁定的诉求亦不予支持。同时，建议某某公安交警支队应尽快对案涉车辆作进一步处理，以免对赖某德的合法利益造成不当影响。

综上，某某公安交警支队针对案涉车辆作出的锁定措施，缺乏法律依据，且程序不当，但考虑案涉车辆存在违法情形，车辆亦未被依法控制，故法院确认该锁定行为违法，但不予撤销。对于赖某德要求某某公安交警支队立刻解除案涉锁定的诉讼请求，不予支持。据此，依照《中华人民共和国行政诉讼法》第六十九条及第七十四条第一款第一项的规定，判决如下：一、确认某某公安交警支队对赖某德名下闽 D×××××丰田车辆实施锁定违法。二、驳回赖某德其他诉讼请求。案件受理费 50 元，由某某公安交警支队负担。

赖某德不服一审判决，向本院提起上诉称：一、一审判决已经认定被上诉人的锁定行政行为严重违法，严重侵害上诉人的合法权益。1. 被上诉人的锁定行为没有任何法律、行政法规、规章依据，甚至没有规范性文件依据，是无视法律的严重违法行为；2. 被上诉人自设的锁定措施，导致上诉人的车辆无法过户、抵押等，特别是无法办理年检，车辆无法上路行驶，即无法使用，造成上诉人的财产严重损失。二、一审判决不予撤销锁定，没有任何依据。1. 锁定既然严重违法，就应当予以撤销，而不是予以保护。2. 即使车辆之前存在违规或违法情况，与上诉人无关，上诉人的合法权益应当予以保护：首先，车辆系向丰田公司合法购买，该车辆的型号、识别代码、发动机号及车辆所有人等信息均可在全国机动车/驾驶人信息资源库当中查询到，且在《某某市公安局刑事侦查支队关于移交涉嫌被盗抢、走私机动车的复函》中，车辆的基本信息与丰田公司查询结果一致，说明该车具有合法来源。其次，《某某市公安局刑事侦查支队关于移交涉嫌被盗抢、走私机动车的复函》中载明“目前未发现该车被盗抢记录等信息，故此案不属刑侦部门管辖”，说明该车已经明确排除盗抢嫌疑。3. 本案无关社会公共利益或他人合法权益。首先，本案仅涉及一部车辆，没有任何证据或理由可以看出涉及社会公共利益；其次，本案涉及车辆不影响他人利益，而且根据相关规定，车辆管理部门可以将车辆相关材料存在车辆档案，车辆利益相关人可以通过查阅档案知悉相关情况，车辆利益相关人完全可以得到合法保护，而不是采取违法的锁定措施。4. 车辆已经过全部查验。首先，根据车辆档案可知，车辆向黑龙江省哈尔滨市交通警察支队申请注册登记时，已根据规定进行了查验，符合相关法律规定，不存在违法的情形。其次，上诉人在申请将该车辆转入某某市时，被上诉人也对车辆进行了全面检验，重新核发行驶证，说明该车辆也不存在任何违法情形。即便车辆存在违法情形，车辆已通过哈尔滨市和某某市两地注册登记机关检验均是合格的，说明该违法情形可能是在上诉人购买前发生的，与上诉人无关，应当追究直接责任人或行为人的责任。若存在违法情形而未发现，说明两地注册登记机关把关不严，存在严重漏洞，应当依法追究注册登记机关的相关人员的责任，而不是随意锁定，限制上诉人的合法权利。

5. 关于车辆的调查结论未及时作出，是被上诉人自身违法原因所导致的。6. 退一步讲，即便车辆存在违法情形，被上诉人依法可采取其他合法措施且应不影响上诉人的车辆正常使用，而不是使用严重违法的锁定措施。在某某市公安局刑事侦查支队确认车辆排除盗抢嫌疑后，被上诉人至今未对车辆作进一步处理，致使上诉人权利长期处于不确定状态，对上诉人的利益造成持续、不可挽回的影响。故上诉人认为一审判决存在部分事实认定不清，适用法律不当的情形，请求二审法院依法撤销一审判决第二项判决内容，改判撤销被上诉人对上诉人名下闽 D×××××丰田车辆实施的锁定措施。

被上诉人某某公安交警支队答辩称，本案事实清楚，一审判决书中已查明。争议的焦点在于在机动车管理计算机系统中“锁定”车辆信息的行为的法律性质及其合法性问题。被上诉人认为，“锁定”是在发现相关车辆涉嫌违法犯罪行为，且相关案件不属于本单位管辖范围时，在移交主管机关前依法采取的紧急措施。本案中，车管所根据上级机关提供的信息和初步调查的情况，可以判定该车可能涉嫌被盗抢、走私等违法犯罪行为，但相关案件明显不属于本单位管辖，于是根据《中华人民共和国刑事诉讼法》第一百零八条，《公安机关办理刑事案件程序规定》[①] 第一百七十二条，《公安机关办理行政案件程序规定》[②] 第四十八条、第五十一条之规定，采取必要的紧急措施，即在机动车管理计算机系统“锁定”了涉讼车辆的信息，限制其办理机动车登记业务，以避免违法损害后果的进一步扩大。上诉人因买受涉嫌违法犯罪行为的机动车，其权益客观上受到了损害，依法可以向相关违法犯罪行为人或向其出卖车辆的当事人主张赔偿其损失。“锁定”是某某市公安交警支队车管所进行嫌疑车辆调查，发现涉嫌违法犯罪行为，且相关案件不属于本单位管辖范围时，在移送主管机关前依法采取的紧急措施，依据充分且确有必要，恳请法院依法撤销一审判决，改判驳回被上诉人原审的诉讼请求。

双方当事人向原审法院提交的证据材料均随案移送本院。上诉人赖某德对于原审判决认定的“其间通知车主，即本案原告将案涉车辆开至车管所配合调查未果”之事实有异议外，对原审判决查明的其他事实无异议。被上诉人某某公安交警支队对原审判决查明的事实均无异议。对于双方当事人无异议之事实本院予以确认。

本案二审审理中，上诉人赖某德向本院提交新证据：视频光盘和截图，证明其于 2017 年 2 月，将涉案车辆交由被上诉人下属车管所进行检验，并办理了年检，年检合格。被上诉人某某公安交警支队认可视频地点是其下属车管所内，但办理什

---

① 该规定现已修改，此处指当时有效的规定。

② 该规定现已修改，此处指当时有效的规定。

么业务还需了解才明确。庭审后并未向本院反馈其了解明确的情况。本院对该事实予以确认。

（三）案件核心

交警部门在车辆管理系统里将车辆登记为“锁定”状态是否属于强制措施，是否违法？

（四）裁判过程与结果

关于本案某某公安交警支队对涉案车辆“锁定”行为的可诉性问题，本院认可原审法院的认定，即案涉锁定行为系某某公安交警支队在履行车辆管理职责过程中作出的行为，虽然系通过内部系统操作，但已经对外部的相关当事人权利造成影响，该“锁定”行为应属可诉的行政行为。

至于该“锁定”行为的合法性以及应否予以撤销问题，被上诉人某某公安交警支队认为，“锁定”是在发现相关车辆涉嫌违法犯罪行为，且相关案件不属于本单位管辖范围时，在移交主管机关前依法采取的紧急措施。而本案中之所以对涉案车辆进行“锁定”，就是根据上级机关提供的信息和初步调查的情况，判定本案涉案车辆可能涉嫌被盗抢、走私等违法犯罪行为，但相关案件明显不属于本单位管辖的情况下，根据《中华人民共和国刑事诉讼法》第一百零八条，《公安机关办理刑事案件程序规定》第一百七十二条，《公安机关办理行政案件程序规定》第四十八条、第五十一条之规定，而采取的紧急措施。

本院认为，本案从2015年6月23日被上诉人某某公安交警支队在接收到某省公安厅交警总队车辆管理所的《关于核查机动车登记信息的通知》后，至2015年7月依内部程序对涉案车辆采取紧急措施予以“锁定”，并进行相关调查，及至2015年9月30日某某市公安局刑侦支队《关于移交涉嫌被盗抢、走私机动车的复函》时止，涉案闽D×××××丰田车辆并未被刑事立案，亦未进入刑事案件调查，未发现该车辆被盗抢记录等信息。显然本案不属刑事程序中所实施的紧急措施。

那么，本案是否属行政案件中的紧急措施？被上诉人某某公安交警支队在答辩状中援引《公安机关办理行政案件程序规定》第五十一条“对发现或者受理的案件暂时无法确定为刑事案件或者行政案件的，可以按照行政案件的程序办理”。然而，本案被上诉人某某公安交警支队并没有提供其将本案作为行政案件处理的程序性证据，既无被上诉人某某公安交警支队对该案件的立案材料，亦无其将案件移送相关主管机关或相关主管机关对该案件立案调查的证据材料。《公安机关办理行政案件程序规定》规定，属于公安机关职责范围但不属于本单位管辖的案件，具有其他应当采取紧急措施的情形的，受理案件或者发现案件的公安机关及其人民警察应当依法先行采取必要的强制措施或者其他处置措施，再移送有管辖权的单位处理。

被上诉人某某公安交警支队在对涉案车辆实施“锁定”长达近2年时间，既未将案件移送有管辖权的主管机关，又未对涉案车辆作进一步的处理，却对涉案车辆采取限制措施，损害了涉案车辆所有权人的合法权益。即便涉案车辆涉嫌某些违法事实，但作为国家执法部门，应当积极地履行相关的执法职责，而不是消极地放任当事人权利长期处于不确定状态。原审判决确认了被上诉人某某公安交警支队“锁定”行为的违法性，却不予以撤销，显属不当，应予以纠正。据此，依照《中华人民共和国行政诉讼法》第八十九条第一款第二项、第三款，第七十条第二项之规定，判决如下：

一、维持某某市思明区人民法院（2016）闽0203行初246号行政判决第一项，即确认某某市公安局交通警察支队对赖某德名下闽D×××××丰田车辆实施锁定行为违法；

二、撤销某某市思明区人民法院（2016）闽0203行初246号行政判决第二项；

三、某某市公安局交通警察支队立即解除对赖某德名下闽D×××××丰田车辆的“锁定”。

本案二审案件受理费50元，由被上诉人某某市公安局交通警察支队负担。

本判决为终审判决。

七、理论探讨与执法指引

警察即时强制权行使的直接目的是保持国家安全和公共秩序安宁，在其行使过程中，不可避免会产生限制人民自由的权力作用。出于维护治安和打击犯罪的需要，它比其他任何行政权力都更具有膨胀性、扩张性、攻击性和侵犯性，并且警察即时强制权自身在设置和形式上，又具有垄断性和重大性，主要表现在警察即时强制权主要由公安机关集中统一行使，并受到中央警察机关的垂直领导，形成一种高度垄断的警察体制。此外，警察即时强制权涉及公民的自由、权利、财产的限制乃至剥夺，现实生活中警察权侵犯公民权的现象仍然存在，尽管目前警察素质和执法水平有所提高，但是我们也不能忽略对警察强制权的制约，警察即时强制权行使必须在一定的范畴、限度内进行，只有严格按照法定范围、幅度、程序来行使警察即时强制权，才能使警察即时强制权的行使有理、有度。

与行政处罚等行政行为不同，对财物的扣留、扣押，属于典型的“暂时性控制”，以实现“制止违法行为、防止证据损毁、避免危害发生、控制危险扩大”等立法目的。一般认为，扣留、扣押行为对行政管理相对人违法行为的证明标准低于行政处罚的要求。为了避免暂时性强制措施严重侵犯相对人权益，法律规范一般都禁止将扣押作为手段，长期扣押而不处理；也都会为扣押设立一定的合理期限，并以此督促扣押机关尽快调查取证，及时作出相应处理决定。《中华人民共和国行政强制法》第二十七条规定："行政机关采取查封、扣押措施后，应当及时查清事实，在本法第二十五条规定的期限内作出处理决定。对违法事实清楚，依法应当没收的非法财物予以没收；法律、行政法规规定应当销毁的，依法销毁；应当解除查封、扣押的，作出解除查封、扣押的决定。"该法第二十八条规定还明确了行政机关应当及时作出解除查封、扣押决定的条件。可见，行政机关采取扣押措施后，应当在法律规范规定的期限内积极主动调查取证。根据《中华人民共和国行政处罚法》第五十四条规定，行政机关在调查取证时"必须全面、客观、公正地调查，收集有关证据"。这就意味着，此种调查取证既是行政机关的权力也是义务，既要收集能够证明违法行为存在的证据，也要收集能够证明违法行为不存在的证据；既要收集违法行为情节严重的证据，也要收集违法行为情节轻微的证据。但遗憾的是，某区交警一大队怠于行使职权，没有依据《中华人民共和国行政处罚法》和《道路交通安全违法行为处理程序规定》的规定进行任何调查取证，而是长期消极放任，使原本可以依法查明的是否存在"套牌"的事实长期处于不确定状态。但事实上，本案并不存在"套牌"的事实。涉案车辆被扣留后，当事人先后提供了行驶证和相关年审手续，购车手续，某省某汽车租赁有限公司出具的说明，汽车技术服务站出具的更换发动机缸体、更换发动机缸体造成不显示发动机号码、车架用钢板铆钉加固致使车架号码被遮盖三份证明，这些证据已经能够证明涉案车辆在生产厂家指定的维修站更换发动机缸体及用钢板铆钉加固车架的事实。尤其是切割查验后显示的车架号码的最后8位和行驶证所载车架号码的最后8位完全一致的比照结果，可以认定涉案车辆即为刘某某所持行驶证载明的车辆，并无"套牌"的事实。①

典型案例中交警虽然利用了警察即时强制权维护了社会秩序，但是并未用合理合规的途径进行强制措施。行政机关进行社会管理的过程，也是服务社会公众和保护公民权利的过程。建设服务型政府，要求行政机关既要严格执法以维护社会管理秩序，也要兼顾相对人实际情况，对虽有过错但已作出合理说明的相对人可以采用多种方式达到行政目的时，在足以达到行政目的的前提下，应尽量减少对相对人权益的损害。实施行政管理不能仅考虑行政机关单方管理需要，而应以既有利于查明事实，又不额外加重相对人负担为原则。实施扣留等暂时性控制措施，应以制止违法行为、防止证据损毁、便于查清事实等为限，不能长期扣留而不处理，给当事人

---

① 耿宝建、李纬华：《背离立法目的的有权扣押构成滥用职权——刘某某诉山西省太原市公安局交通警察支队晋源一大队道路交通管理行政强制再审案》，载《中国法律评论》2016年第4期。

造成不必要的损失。典型案例生效判决，体现了坚持以人民为中心的原则，要求有关部门必须把体现人民利益、反映人民愿望、维护人民权益、增进人民福祉落实到全面依法治国全领域全过程。

第六节　公安机关可以通过口供、技术或委托戒毒机构认定吸毒成瘾

一、基础知识

根据《吸毒成瘾认定办法》规定，吸毒成瘾是指吸毒人员因反复使用毒品而导致的慢性复发性脑病，表现为不顾不良后果、强迫性寻求及使用毒品的行为，常伴有不同程度的个人健康及社会功能损害。公安机关在执法活动中发现吸毒人员，应当进行吸毒成瘾认定；因技术原因认定有困难的，可以委托有资质的戒毒医疗机构进行认定。公安机关认定吸毒成瘾，应当由两名以上人民警察进行，并在作出人体生物样本检测结论的二十四小时内提出认定意见，由认定人员签名，经所在单位负责人审核，加盖所在单位印章。有关证据材料，应当作为认定意见的组成部分。该办法第七条第一款规定，吸毒人员同时具备以下情形的，公安机关认定其吸毒成瘾：（一）经血液、尿液和唾液等人体生物样本检测证明其体内含有毒品成分；（二）有证据证明其有使用毒品行为；（三）有戒断症状或者有证据证明吸毒史，包括曾经因使用毒品被公安机关查处、曾经进行自愿戒毒、人体毛发样品检测出毒品成分等情形。第八条规定，吸毒成瘾人员具有下列情形之一的，公安机关认定其吸毒成瘾严重：（一）曾经被责令社区戒毒、强制隔离戒毒（含《禁毒法》实施以前被强制戒毒或者劳教戒毒）、社区康复或者参加过戒毒药物维持治疗，再次吸食、注射毒品的；（二）有证据证明其采取注射方式使用毒品或者至少三次使用累计涉及两类以上毒品的；（三）有证据证明其使用毒品后伴有聚众淫乱、自伤自残或者暴力侵犯他人人身、财产安全或者妨害公共安全等行为的。

《中华人民共和国禁毒法》第三十二条规定，公安机关可以对涉嫌吸毒的人员进行必要的检测，被检测人员应当予以配合；对拒绝接受检测的，经县级以上人民政府公安机关或者其派出机构负责人批准，可以强制检测。公安机关应当对吸毒人员进行登记。第三十三条规定，对吸毒成瘾人员，公安机关可以责令其接受社区戒毒，同时通知吸毒人员户籍所在地或者现居住地的城市街道办事处、乡镇人民政府。社区戒毒的期限为三年。戒毒人员应当在户籍所在地接受社区戒毒；在户籍所在地以外的现居住地有固定住所的，可以在现居住地接受社区戒毒。

根据《戒毒条例》和《吸毒成瘾认定办法》的相关规定，对吸毒人员进行吸

毒成瘾认定是对其执行社区戒毒和强制隔离戒毒的前提条件。按照《吸毒成瘾认定办法》的规定，公安机关认定吸毒成瘾时只考虑吸毒行为发生的次数即可，而对于吸食毒品的种类、戒断症状和医学成瘾诊断标准不是必须纳入的依据。由此可以看出，公安机关认定吸毒成瘾的根据是：吸毒的行为是否发生一次以上。在公安禁毒工作中，吸毒者第一次被查获时给予治安处罚，第二次被查获时即可认定为吸毒成瘾，责令执行社区戒毒。强调以查获次数为依据，对于实践办案而言，更具有实用性和实效性，可操作性强，能够满足在违法行为查处过程中的效率要求。

二、案件来源

孔某诉某市公安局某分局、某市公安局行政强制及行政复议案①

三、主要案情

再审申请人孔某因诉某市公安局某分局（以下简称某分局）、某市公安局行政强制及行政复议一案，不服某铁路运输中级法院（2020）豫71行终53号行政判决，向本院申请再审。本院依法组成合议庭对本案进行了审查，现已审查终结。

一审法院查明，2020年7月3日，某分局民警将涉嫌吸食毒品的孔某和郑某科抓获，二人对6月30日18时许在孔某的汽车上用冰壶吸食冰毒的事实予以供认，经某大学第五附属医院对二人尿样进行检测，结果均为甲基安非他明呈阳性。7月3日，某分局作出《吸毒成瘾认定意见》、某公（治）行罚决字〔2020〕52号《行政处罚决定书》和某公（治）社戒决字〔2020〕7号《社区戒毒决定书》（以下简称7号戒毒决定），依据《吸毒成瘾认定办法》第七条第一款之规定，认定孔某吸毒成瘾；依据《中华人民共和国治安管理处罚法》第七十二条第三项之规定，对孔某以吸毒行政拘留十日，并处罚款1900元；依据《中华人民共和国禁毒法》第三十三条之规定，责令孔某接受社区戒毒三年。孔某对7号戒毒决定不服，向某市公安局申请复议，某市公安局于10月14日作出洛公复决字〔2020〕83号《行政复议决定书》（以下简称83号复议决定），维持了7号戒毒决定。

一审法院认为，根据《吸毒成瘾认定办法》第七条第一款规定，该案中，孔某尿液检测甲基安非他明呈阳性，证明其体内含有毒品成分；询问郑某科、孔某笔录，证明孔某有使用毒品行为、有吸毒史，符合认定吸毒成瘾的条件，某分局认定孔某吸毒成瘾符合规定；《中华人民共和国禁毒法》第三十三条第一款规定：对吸毒成瘾人员，公安机关可以责令其接受社区戒毒，同时通知吸毒人员户籍所在地或

---

① 河南省高级人民法院（2021）豫行申743号行政裁定书。

者现居住地的城市街道办事处、乡镇人民政府。社区戒毒的期限为三年。该案中，孔某被认定为吸毒成瘾人员，某分局作出7号戒毒决定证据确凿，适用法律、法规正确，符合法定程序；洛某市公安局作出83号复议决定，维持7号戒毒决定符合法律规定。孔某的诉讼请求不能成立，予以驳回。依据《中华人民共和国行政诉讼法》第六十九条的规定，判决驳回孔某的诉讼请求。

四、案件核心

1. 在缺少物证的情况下，只根据笔录这一言词证据是否能确定孔某有多次吸毒经历？

2. 多次吸毒经历是否属于《吸毒成瘾认定办法》所规定的“吸毒史”的范畴？

五、裁判过程与结果

（一）二审裁判过程与结果

二审法院查明的事实与一审法院查明的事实一致。

二审法院认为，首先，关于孔某吸毒的事实。某大学第五附属医院尿检报告单显示甲基安非他明呈阳性，证实其本次具有吸毒行为，孔某在该报告单上签字确认。在某分局提交的询问笔录中，孔某自认曾经与郑某科一起吸食过冰毒，郑某科也供述曾与孔某一起吸食冰毒，二人对曾一同吸食冰毒的大致时间、地点、方式的供述能够相互印证，且二人均在询问笔录上签字确认，可以认定孔某具有曾经使用毒品的情形。郑某科与孔某曾经一起吸毒的事实，亦在某铁路运输法院（2020）豫7102行初177号生效行政判决中予以认定。郑某科虽在一审中出庭证明未与孔某一起吸毒，但其证言与询问笔录中所述相悖，也未提供证据证明其所述事实，故一审法院不采信其证言并无不当。

其次，关于吸毒成瘾认定的问题。《吸毒成瘾认定办法》第七条第一款第三项规定，有戒断症状或者有证据证明吸毒史，包括曾经因使用毒品被公安机关查处、曾经进行自愿戒毒、人体毛发样品检测出毒品成分等情形。前述规定中的三种情形，是对有证据证明吸毒史的具体描述，应理解为包括但不局限于该三种情形。根据《某省公安厅关于印发〈全省公安机关办理吸毒案件若干问题的指导意见〉的通知》第二条“吸毒史”的认定情形的规定，吸毒史不仅包括曾经因使用毒品被公安机关查处和曾经进行自愿戒毒等情形，还包括本人供述或者他人指证其曾经使用毒品但未被公安机关查获的情形。本案中，某大学第五附属医院系《关于联合指定具备吸毒成瘾认定资质戒毒医疗机构的通知》中指定的，具备吸毒成瘾认定资质的戒毒医疗机构。根据孔某和郑某科的询问笔录，能够证实孔某具有曾经使用毒品但未被公安机关查获的情形，故其行为同时具备《吸毒成瘾认定办法》第七条第一款规定的三种情形，某分局认定其吸毒成瘾并无不当。案涉吸毒成瘾认定意见中虽表述为郑某科尿液检测，但孔某尿检结果甲基安非他明呈阳性的事实清楚，本院对某分局在文书制作上存在的瑕疵予以指正。

综上，某分局认为孔某吸毒成瘾，对其作出 7 号戒毒决定，某市公安局经过复议，作出维持该戒毒决定的 83 号复议决定的行为并无不当。一审法院认定事实清楚，适用法律法规正确。依照《中华人民共和国行政诉讼法》第八十九条第一款第一项之规定，判决如下：驳回上诉，维持原判决。

（二）再审裁判过程与结果

再审法院认为，本案中，某大学第五附属医院尿检报告单显示孔某甲基安非他明呈阳性，孔某亦自认其存在本次吸毒行为，故孔某符合《吸毒成瘾认定办法》第七条第一款中第一项、第二项规定的情形。争议点在于孔某不认可其有吸毒史，认为其对毒品没有依赖性，不符合上述条件中第三项的规定。据某分局提交的询问笔录显示，孔某与郑某科均陈述曾一起吸食冰毒，其二人陈述的吸毒时间、地点等能够相互印证，且该事实为某铁路运输法院（2020）豫 7102 行初 177 号生效行政判决所确认。综合考虑上述证据，具有相对优势的证明效力，能够证明孔某存在使用毒品但未被公安机关查获的情形。某分局提交的同步录音录像没有声音，但该瑕疵不足以否认孔某、郑某科询问笔录的证明力，孔某再审以此为由否认询问笔录证明的主张不能成立，依法不予支持。虽然《吸毒成瘾认定办法》第七条第一款第三项规定仅列举了有证据证明吸毒史的三种情形，但该三种情形后有“等”，应理解为列举未尽，包括但不局限于该三种情形。如前所述，根据本案现有证据，可以认定孔某具有曾经使用毒品但未被公安机关查获的情形，属于“有证据证明吸毒史”。综上所述，孔某的行为同时符合《吸毒成瘾认定办法》第七条第一款规定的三种情形，某分局认定其吸毒成瘾并对其作出戒毒决定并无不当。洛某市公安局经审查，在法定期限内作出复议决定维持该戒毒决定，亦无不当。综上，本案二审法院判决维持一审行政判决，即驳回孔某的诉讼请求正确。孔某再审申请理由不能成立，依法应予驳回。裁定如下：驳回孔某的再审申请。

六、类案比较

类案一

（一）案件来源

尹某云诉某市公安局某区分局（以下简称某区公安分局）强制隔离戒毒决定

纠纷案①

（二）主要案情

经审理查明：2018年4月9日凌晨，被告某区公安分局属下的小楼派出所接线索举报，在广某市增某区某街某村某塘二街×号发现吸毒窝点。当天，被告民警现场抓获包括原告尹某云在内等多名涉案人员，并将原告尹某云口头传唤至派出所审查。民警在派出所内对原告尹某云进行尿检，原告尹某云的尿液检测出甲基安非他明呈阳性、二亚甲基双氧安非他明呈阳性，原告尹某云在该检测报告上签名确认。随后被告民警对原告尹某云进行询问，原告尹某云承认其于4月8日晚有喝“开心水”。2018年4月10日，被告作出穗公增行罚决字〔2018〕02013号行政处罚决定书，对原告尹某云处以行政拘留五日的处罚，当日原告被投送至某省广某市增某区拘留所执行拘留。2018年4月12日，被告增某区公安分局属下的小楼派出所委托某某心理医院、某某自愿戒毒医院对原告尹某云进行吸毒成瘾认定。某某心理医院在对原告尹某云进行吸毒成瘾认定时，在拘留所内对原告尹某云的毛发进行取样，并委托某大学司法鉴定中心对原告尹某云的毛发进行精神、麻醉药品检测。某大学司法鉴定中心检出原告尹某云毛发中含有甲基苯丙胺（冰毒）、MDA、MDMA（摇头丸）、氯胺酮（K粉）成分。2018年4月13日，某某心理医院作出某瘾鉴20180100475号《某某自愿戒毒医院某某心理医院成瘾认定报告》，结合原告尹某云的吸毒资料收集、临床表现、体格及精神检查、人体生物样本检测方式及结果（尿检和毛发检测）等评估项目进行诊断和分析，分析意见及认定依据为：“1. 承认有口服‘开心水’。2. 精神检查：神清，未引出幻觉妄想，情绪焦虑，记忆力差，自知力存在。3. 尿检甲基安非他明、二亚甲基双氧安非他明阳性，说明尿检前一周内有使用苯丙胺类物质。毛发检出甲基苯丙胺（冰毒）、MDA、MDMA（摇头丸）、氯胺酮（K粉）成分，说明1~3月内有多次使用苯丙胺、氯胺酮类物质。4. DSM-5物质使用障碍严重程度：重度；吸毒成瘾严重程度指数测定：四级。根据《吸毒成瘾认定办法》及DSM-5诊断标准诊断：多种精神活性物质使用障碍，认定：吸毒成瘾严重。”临床诊断为多种精神活性物质使用障碍，吸毒成瘾认定结果为“吸毒成瘾严重”。2018年4月14日，被告民警将该认定报告送达给原告尹某云，原告尹某云拒绝在送达回证上签名。2018年4月15日，被告作出穗公增强戒决字〔2018〕00381号强制隔离戒毒决定书，该决定书载明原告尹某云的个人信息，查明原告尹某云于2018年4月9日晚，在广某市增某区某街某村某塘二街×号以鼻吸的方式进行吸食毒品K粉被公安机关抓获，后经某某心理医院毛发鉴定，原

---

① 广州铁路运输法院（2018）粤7101行初5584号行政判决书。

告尹某云吸毒成瘾严重。根据《中华人民共和国禁毒法》第三十八条第二款、第四十七条第一款之规定，决定对原告尹某云强制隔离戒毒二年（自2018年4月14日至2020年4月13日），原告尹某云在该强制隔离戒毒决定书上签名捺印。后原告尹某云被送与广某市女子强制隔离戒毒所隔离戒毒。原告尹某云对被告作出的上述强制隔离戒毒决定书不服，诉至本院。

（三）案件核心

对于没有案底、首次被抓获的吸毒人员可以通过医学鉴定为吸毒成瘾严重。

（四）裁判过程与结果

本院认为：根据《中华人民共和国治安管理处罚法》第七条第一款的规定，县级以上地方各级人民政府公安机关负责本行政区域内的治安管理工作。《中华人民共和国禁毒法》第三十二条规定，公安机关可以对涉嫌吸毒的人员进行必要的检测……该法第三十八条第二款规定，对于吸毒成瘾严重，通过社区戒毒难以戒除毒瘾的人员，公安机关可以直接作出强制隔离戒毒的决定。被告某公安分局具有对本辖区内违反治安管理的行为进行查处的职权，对吸毒人员进行管理，作出强制隔离戒毒决定的职权。

《中华人民共和国禁毒法》第三十一条第三款规定，吸毒成瘾的认定办法，由国务院卫生行政部门、药品监督管理部门、公安部门规定。《吸毒成瘾认定办法》第四条："公安机关在执法活动中发现吸毒人员，应当进行吸毒成瘾认定；因技术原因认定有困难的，可以委托有资质的戒毒医疗机构进行认定。"本案中，被告委托有相应资质的戒毒医疗机构某某心理医院对原告进行吸毒成瘾认定，符合法律的规定。经鉴定，原告被诊断多种精神活性物质使用障碍，经鉴定机构综合判断，认定原告吸毒成瘾严重，被告根据《中华人民共和国禁毒法》第三十八条第二款和第四十七条第一款之规定，对原告直接作出强制隔离戒毒二年的决定，事实清楚，适用法律正确。

对于原告所称被告作出强制隔离戒毒决定事实不清，证据不足的问题。首先，根据《吸毒成瘾认定办法》第四条之规定，被告增某区公安分局委托有相应资质的戒毒医疗机构对原告进行吸毒成瘾认定，符合法律的规定；其次，被告委托鉴定的某某心理医院具有鉴定资质，鉴定人员具有相应鉴定资格，鉴定结论依据充分，内容明确且完整，不存在严重缺陷，该鉴定报告的结论应当予以采纳；最后，综合原告的陈述及某某心理医院、某某自愿戒毒医院出具的报告等证据可以相互印证证实原告有多次吸食两类毒品的事实。因此，对原告认为被告作出的强制隔离戒毒决定没有事实依据的主张，本院不予采纳。

综上，被告作出的穗公增强戒决字〔2018〕00381号强制隔离戒毒决定书事实清楚，适用法律正确、程序合法。原告要求撤销被告作出上述强制隔离戒毒决定书的请求，理由不成立，本院不予支持。依照《中华人民共和国行政诉讼法》第六十九条的规定，判决如下：驳回原告尹某云的诉讼请求。本案诉讼费50元、鉴定人员出庭费用2500元，合计2550元，由原告尹某云负担。

类案二

（一）案件来源

卢某生诉被告某市公安局某区分局（以下简称某区公安分局）戒毒决定案①

（二）主要案情

经审理查明：2018年12月5日22时许，被告民警在某市某区大新路369号门前将涉嫌吸毒的原告抓获，民警将原告口头传唤至派出所进行调查。经对原告尿检，原告的尿液检测显示吗啡呈阳性。原告没有提出异议，在现场检测报告书中签名捺印。民警对原告询问并制作询问笔录，原告否认有吸毒行为。12月6日，被告委托某某心理医院对原告吸毒是否成瘾作出认定。某某心理医院委托某华银法医物证司法鉴定所对原告的毛发进行常见精神、麻醉药品检测。当天，该司法鉴定所作出华银司法鉴定〔DW2018〕毒鉴字第1211号法医毒物司法鉴定意见书，从原告卢某生毛发中检出甲基苯丙胺（冰毒）、MDMA（摇头丸）、海洛因、单乙酰吗啡、可待因、美沙酮成分。当天某某心理医院作出某瘾鉴20180101890号《某某自愿戒毒医院某某心理医院成瘾认定报告》，结合原告的吸毒资料收集、临床表现、体格及精神检查、人体生物样本检测方式及结果等评估项目进行诊断和分析，分析意见及认定依据为："1. 反复烫吸海洛因10余年，吸毒频率逐渐增加，多次强戒出来后仍反复吸食。2. 承认烫吸过'海洛因'，否认近期有主动吸食毒品，怀疑朋友给自己下了药。明知吸毒不对仍反复吸食，承认吸毒影响了家庭关系，觉得对不起父母家人，自述停吸后感觉空虚，睡不着觉。3. 简明××量表评分：26分，心理健康临床自评量表评分：106分，DSM-5物质使用障碍严重程度：否认近3个月有吸毒行为，不适用；吸毒成瘾严重程度指数量表测定：四级。4. 尿检吗啡阳性，说明尿检前一周内使用过阿片类物质。毛发检测出甲基苯丙胺（冰毒）、MDMA（摇头丸）、海洛因、单乙酰吗啡、可待因、美沙酮成分，证实1~6个月内多次使用阿片、苯丙胺两类毒品，累计使用两类毒品3次以上。综上所述，根据《吸毒成瘾认定办法》及DSM-5诊断标准，诊断：多种物质使用障碍，认定：吸毒成瘾严重。"临床诊断为多种物质使用障碍，吸毒成瘾认定结果为吸毒

---

① 广州铁路运输法院（2019）粤7101行初2564号行政判决书。

成瘾严重。当天被告在行政处罚告知笔录上将某某心理医院认定原告吸毒成瘾严重的结论告知了原告。12 月 6 日，被告某区公安分局作出〔2018〕00799 号强制隔离戒毒决定书，对原告决定强制隔离戒毒二年。12 月 7 日，被告将原告送交广某市某强制隔离戒毒所执行。因原告被诊断患有高血压、心律不齐、胆囊结石等疾病，广某市某强制隔离戒毒所作出《不予收治决定》。12 月 7 日，被告对原告作出〔2018〕00437 号社区戒毒决定书，查明“2018 年 12 月 5 日 22 时 37 分，广某市公安局某区分局人民派出所民警在广某市某区大新路 369 号门前抓获涉嫌吸毒的卢某生，经对其尿检显示呈吗啡阳性，卢某生对吸毒的行为拒不供述。经查，违法人卢某生因吸毒于 2013 年被公安机关处以行政拘留及社区戒毒，现该人在社区戒毒期间吸食毒品，该人已吸毒成瘾严重”，根据《中华人民共和国禁毒法》第三十三条之规定，决定责令原告接受社区戒毒三年（自 2018 年 12 月 7 日至 2021 年 12 月 6 日），原告在该决定书上签名捺印。原告对上述社区戒毒决定书不服，诉至本院。

另查明，2018 年 12 月 6 日，被告某区公安分局作出穗公越行行罚决字〔2018〕04190 号行政处罚决定书，认定原告在半年内有多次吸食毒品的行为，对原告处以行政拘留十五日的处罚。

（三）案件核心

对于没有戒断症状，没有证据证明近期使用毒品的吸毒人员经医学鉴定是否能认定其吸毒成瘾严重。

（四）裁判过程与结果

本院认为：根据《中华人民共和国禁毒法》第三十二条的规定，公安机关可以对涉嫌吸毒的人员进行必要的检测。该法第三十八条规定，对于吸毒成瘾人员，县级以上人民政府公安机关有作出强制隔离戒毒决定的职权。被告某区公安分局具有对本辖区内违反治安管理的行为进行查处，对吸毒人员进行管理，作出强制隔离戒毒决定的职权。

《中华人民共和国禁毒法》第三十一条第三款规定，吸毒成瘾的认定办法，由国务院卫生行政部门、药品监督管理部门、公安部门规定。《吸毒成瘾认定办法》第四条：“公安机关在执法活动中发现吸毒人员，应当进行吸毒成瘾认定；因技术原因认定有困难的，可以委托有资质的戒毒医疗机构进行认定。”本案中，被告委托有相应资质的戒毒医疗机构某某心理医院对原告进行吸毒成瘾认定，符合法律的规定。经鉴定，原告被诊断多种物质使用障碍，经鉴定机构综合判断，认定原告吸毒成瘾严重，被告对原告直接作出强制隔离戒毒二年的决定，符合法律规定。因原告被诊断患有高血压、心律不齐、胆囊结石等疾病，不符合强制隔离戒毒收治条件，被告根据《中华人民共和国禁毒法》第三十三条之规定，对原告作出社区戒毒的决定，事实清楚，适用法律正确。对于原告称其不构成吸毒成瘾严重的问题。被告依法委托某某心理医院进行鉴定，鉴定人员具有相应鉴定资格，鉴定结论依据充分，内容明确且完整，不存在严重缺陷，该鉴定报告的结论应当予以采纳，原告称没有证据证明其使用毒品，没有戒断症状，不构成吸毒成瘾的主张，本院不予采纳。

综上，被告某区公安分局作出的〔2018〕00437 号社区戒毒决定书事实清楚，适用法律正确。原告要求撤销上述社区戒毒决定书，理由不成立，本院不予支持。依照《中华人民共和国行政诉讼法》第六十九条的规定，判决如下：驳回原告卢某生的诉讼请求。

七、理论探讨与执法指引

强制隔离戒毒工作是社会综合治理的重要组成部分，承担着国家赋予的教育戒治吸毒人员的任务。戒毒人员是社会的一个特定的弱势群体，能否帮助戒毒人员戒除毒瘾，在一定程度上关系着一方平安、人民群众幸福。因此，强制隔离戒毒工作有必要有需要将其纳入整个社会治理体系中去思考去谋划。因此，强制隔离戒毒场所应当顺应时代发展要求，提升运行能力，切实推进治理体系和治理能力现代化建设，推动戒毒事业更好更快融入国家治理体系新发展格局，推动新时代中国特色社会主义戒毒事业开创新局面。

强制隔离戒毒法律供给不足且不完善，戒毒决定行为作出前吸毒调查过程中检测程序的缺陷，难以满足警察执法工作的需要。公安机关在日常工作中抓获吸毒人员，必须经过法定的检测和认定程序，证明其已经构成毒品成瘾这一法律事实才能作出强制戒毒的决定，也就是说该行政强制措施实施的首要条件是被检测人吸毒成瘾。根据《吸毒成瘾认定办法》第七条规定，体内含有毒品成分是成瘾认定的必备条件之一。《吸毒检测程序规定》（以下简称《规定》）第三条指出吸毒检测分为三种，公安机关日常执法工作时，在抓获涉嫌吸毒的嫌疑人员后，民警会先对其尿样等进行现场检测，如果检测显示阳性即认定其是吸毒人员。依据《规定》第十条，行政相对人不服现场检测的可申请实验室检测，对重新检测后的结果仍不服的，还可以申请复检，同时行政相对人申请的实验室检测和复检是由公安机关作出同意与否的决定。换句话说，在吸毒检测程序中，公安机关既当运动员，又当裁判员。平时，一些食品或药品当中可能含有毒品成分，食用过后的尿样也会显示阳性，行政相对人不服检测结论而申请的实验室检测和复检可能会遭到公安机关驳回。因为该《规定》第十三条表明，是否申请检测是不影响案件正常的办理进度。

为避免造成决定行为前行政相对人权利受侵害，必须保障行政相对人程序性权利。第一，在吸毒检测程序中，如果经检测呈阳性的，被检测人申请实验室检测的，办案单位必须同意并停止行政拘留或强制隔离戒毒措施。因实验室检测结果的科学性，如果仍是阳性，行政相对人仍旧可以申请实验室复检，但此时办案单位可以选择同意与否。如果办案单位不同意实验室复检的，应当给予相对人复议、诉讼等方式取得救济。第二，在决定作出的程序中，行政主体应告知相对人可以陈述、申辩或要求听证。公安机关应当对相对人的陈述和申辩进行调查和记录，相对人请求举行听证的，公安机关依据相关程序举行听证。第三，在期限变更决定程序中，戒毒所应当告知相对人诊断评估的结果并予以公示。当该结论不符合提前解除或是有被延期的情形时，行政主体在作出决定时应告知相对人可以陈述、申辩和要求听证，相对人请求举行听证的，行政主体应按听证程序组织听证。如果相对人对期限变更有异议，应当赋予其复议、诉讼等方式寻求救济，司法行政机关应制定相应的程序保障相对人的权利。强制戒毒人员行使复议或诉讼的权利，戒毒所需按规定程序办理。

同时应加强司法机关对强制戒毒决定程序的监督，检察院的职权是对国家各个机关行使权力进行法律监督，使各级机关在合法的轨道上履行职责，行使权力，因而在公安机关作出强制戒毒的决定程序中应受到法律监督。①

在公安禁毒的实践操作中异地公安机关的吸毒成瘾认定书并未加盖单位印章能否作为强制隔离戒毒决定的有效依据是一个值得讨论的事情，在认定书上没有加盖相关的印章是违反了《吸毒成瘾认定办法》第六条第一款规定："公安机关认定吸毒成瘾，应当由两名以上人民警察进行，并在作出人体生物样本检测结论的二十四小时内提出认定意见，由认定人员签名，经所在单位负责人审核，加盖所在单位印章。"也正是因为这一点导致法院在一审和二审中都没有认定某公安分局作出的强制隔离戒毒决定有效，认为其证据不足依法应当撤销某政府复议决定。

类案带来的启示则是在无法短时期内实现社区戒毒司法化的背景下，要完善社区戒毒制度，只能在当前的规范体系下去展开，在实践当中尽可能改进社区戒毒的执行手段与方法，有限度地提高社区戒毒的执行成效。回归社区戒毒制度的本位，也就是以社会内处理为基础，坚持社会多元主体参与，尽量淡化行政强制的色彩，这应当成为社区戒毒运行的基本策略。② 在保持执法过程合理合法的情况下进行高效率的执法工作，公安工作人员要牢记行政执法的相关细节过程与要点，力争让我国的行政执法更加有效力、有信誉。

---

① 邱楚权：《论我国强制隔离戒毒程序中存在的问题及对策》，载《武警学院学报》2020 年第 9 期。

② 包涵：《强制或医疗：社区戒毒制度的"名与实"之辨》，载《华东理工大学学报（社会科学版）》2020 年第 3 期。

第七节 行政强制措施层面上的查封和刑事强制措施层面上的查封应遵循相应规范

一、基础知识

查封在行政执法中是行政机关为了防止证据灭失、确保行政决定执行，针对行政相对人的财物，在行政管理中限制其占有处分财产的权力，以促使行政相对人履行财物给付义务的行政强制措施。查封是对财物的暂时性控制，以危害社会的行为或事件的发生为前提，起因既可以是危害社会的行为，也可以是危害社会的某种事件的发生，或是某种状态的出现，其目的是使行政管理相对人的财产保持一定的状态，从而预防、制止或者控制正在发生或可能发生的违法行为或危险状态。查封不是一种行政制裁行为，是一种中间行为，它是为保证最终行政行为的作出所采取的一种临时性措施，不是对该财物所有权的最终处分，而仅是在短期内对该财物使用权和处分权的临时限制，它没有达到对事件最终处理完毕的状态。公安行政查封是公安机关在执法过程中经常采用的一种行政强制措施，它的特殊性在直接作用于相对人的财物权利上，对查封措施在公安机关的具体实施进行深入研究，能够更好地指导公安机关查封措施的现实应用，以促进公安查封措施规范化管理以及提高公安队伍执法过程中对相对人财产权益的保障的法律意识。

公安机关在侦查活动中发现的可用于证明犯罪嫌疑人有罪或者无罪的各种财物、文件，应当查封、扣押；与案件无关的财物、文件，不得查封、扣押。对查封、扣押的财物、文件，要妥善保管或者封存，不得使用、调换或者损毁。对查封、扣押的财物、文件，应当会同在场见证人和被查封、扣押财物、文件持有人查点清楚，当场开列清单一式两份，由侦查人员、见证人和持有人签名或者盖章，一份交给持有人，另一份附卷备查。侦查人员认为需要扣押犯罪嫌疑人的邮件、电报的时候，经公安机关或者人民检察院批准，即可通知邮电机关将有关的邮件、电报检交扣押。不需要继续扣押的时候，应即通知邮电机关。

《中华人民共和国反有组织犯罪法》第三十九条第一款规定，办理有组织犯罪案件中发现的可用以证明犯罪嫌疑人、被告人有罪或者无罪的各种财物、文件，应当依法查封、扣押。第四十一条规定，查封、扣押、冻结、处置涉案财物，应当严格依照法定条件和程序进行，依法保护公民和组织的合法财产权益，严格区分违法所得与合法财产、本人财产与其家属的财产，减少对企业正常经营活动的不利影响。不得查封、扣押、冻结与案件无关的财物。经查明确实与案件无关的财物，应当在三日以内解除查封、扣押、冻结，予以退还。对被害人的合法财产，应当及时返还。查封、扣押、冻结涉案财物，应当为犯罪嫌疑人、被告人及其扶养的家属保留必需的生活费用和物品。

《中华人民共和国个人信息保护法》第六十三条第一款规定，履行个人信息保护职责的部门履行个人信息保护职责，可以采取下列措施：（一）询问有关当事人，调查与个人信息处理活动有关的情况；（二）查阅、复制当事人与个人信息处理活动有关的合同、记录、账簿以及其他有关资料；（三）实施现场检查，对涉嫌违法的个人信息处理活动进行调查；（四）检查与个人信息处理活动有关的设备、物品；对有证据证明是用于违法个人信息处理活动的设备、物品，向本部门主要负责人书面报告并经批准，可以查封或者扣押。

《互联网上网服务营业场所管理条例》第二十七条规定，违反本条例的规定，擅自从事互联网上网服务经营活动的，由文化行政部门或者由文化行政部门会同公安机关依法予以取缔，查封其从事违法经营活动的场所，扣押从事违法经营活动的专用工具、设备；触犯刑律的，依照刑法关于非法经营罪的规定，依法追究刑事责任；尚不够刑事处罚的，由文化行政部门没收违法所得及其从事违法经营活动的专用工具、设备；违法经营额1万元以上的，并处违法经营额5倍以上10倍以下的罚款；违法经营额不足1万元的，并处1万元以上5万元以下的罚款。

《国务院关于进一步做好防范和处置非法集资工作的意见》（国发〔2015〕59号）①规定，防控重点领域、重点区域风险。各地区、各有关部门要坚决依法惩处非法集资违法犯罪活动，密切关注投资理财、非融资性担保、P2P网络借贷等新的高发重点领域，以及投资公司、农民专业合作社、民办教育机构、养老机构等新的风险点，加强风险监控。案件高发地区要把防范和处置非法集资工作放在突出重要位置，遏制案件高发态势，消化存量风险，最大限度追赃挽损，维护金融和社会秩序稳定。公安机关要积极统筹调配力量，抓住重点环节，会同有关部门综合采取措施，及时发现并快速、全面、深入侦办案件，提高打击效能。有关部门要全力配合，依法开展涉案资产查封、资金账户查询和冻结等必要的协助工作。

二、案件来源

宋某某诉某市公安局某区分局某湾边防派出所（以下简称某湾边防派出所）

---

① 《国务院关于进一步做好防范和处置非法集资工作的意见》（国发〔2015〕59号），载中国政府网，http：//www. gov. cn/zhengce/content/2016-02/04/content_5039381. htm，最后访问时间：2022年3月27日。

扣押船舶违法案①

三、主要案情

2017年4月15日，某市公安局决定集中开展清理“三无”（无船名船号、无船舶证书、无港籍）船舶的专项整治活动并制订方案。方案中规定：由涉海的公安分局及边防支队负责对全市港口、码头、停泊点、滩涂等区域的船舶和人员进行清查，发现疑似船舶只需押解回港，由渔政、渔港监督、船检部门出具“三无”船舶认定书。2017年4月19日，某湾边防派出所在执法过程中发现两艘没有刷写船名船号的船舶，分别为22马力和70马力。宋某某自称船主，却无法提供船舶合法证件，某湾边防派出所要求将两艘船舶停泊在指定地点接受相关部门调查。后某湾边防派出所将发现的30艘40马力以下疑似“三无”船舶（包括前述22马力的船舶）移交给某市某区农林水利和海洋渔业局（以下简称某区农海局）。2017年4月25日，某区农海局回复某市公安局某分局：移送的30艘40马力以下船舶，经渔政、渔港监督、船检部门认定均为涉渔“三无”船舶。2017年8月，某湾边防派出所将宋某某自称所有的70马力船舶移交给某区渔政管理所。12月29日，某区农海局将已认定为“三无”的船舶进行了查封，其中包括宋某某所有的22马力船舶，70马力的船舶因宋某某称提起了行政诉讼，暂未进行处理。

四、案件核心

边防派出所实施了扣押船舶的事实行为，当事人主张该扣押船舶行为给其造成损失，对其权利义务产生实际影响，是否属于行政诉讼受案范围？

五、裁判过程与结果

（一）一审裁判过程与结果

一审法院认为，可诉的行政行为需要具备成熟性、终结性的特征，行政机关在作出行政行为之前一般为行政行为的作出进行准备而实施的系列行为，因尚不具备最终的、对外的法律效力，一般称为过程性行为或程序性行为，不属于可诉的行政行为。此类行为的效力通常为最终的行政行为所吸收，当事人可通过对最终行政行为的起诉获得救济。《辽宁省边境沿海地区边防管理条例》（以下简称《辽宁省边防条例》）第一条、第四条规定，为加强我省边境、沿海地区的边防管理，维护边

---

① 辽宁省高级人民法院（2019）辽行终469号行政裁定书。

境、沿海地区安全和社会稳定，保障改革开放和社会主义现代化建设的顺利进行，制定本条例。公安边防机关是边境、沿海地区边防管理的主管机关。该条例第四章为“沿海地区管理”，其中第十七条至第二十五条对公安边防机关在沿海地区实施船舶管理进行了具体规定，该条例第二十九条至第三十七条授予了公安边防机关对违反前述船舶管理规定的行政处罚权。因此，公安边防机关具有对沿海地区的船舶进行行政管理的相关职权。某市公安局开展清理“三无”船舶的专项整治工作，某湾边防派出所在此次行动中负责对沿海船舶和人员进行清查，对发现的疑似“三无”船舶交由渔业主管部门，故某湾边防派出所发现疑似“三无”船舶并移交渔业部门的行为，只是协助清理、查处“三无”船舶，属于程序性行为，与行政强制措施中的查封、扣押行为不同。行政强制法中规定的查封、扣押是在紧急情形下，即制止违法行为、防止证据损毁、避免危害发生、控制危险扩大等情形下，对财物进行的暂时性的控制。本案某湾边防派出所将案涉船舶指定停泊地点的行为，并没有前述的紧急情况，是因宋某某无法提供证件，某湾边防派出所将船舶作为疑似“三无”船舶交由渔业主管部门进行审查，若其能够提供合法证件，则不必接受渔业主管部门的审查，某湾边防派出所的行为是最终认定“三无”船舶并进行处理的一个环节，不是成熟性的行政行为，不具有终结性，所以不可诉。另，当事人的合法权益遭受行政行为侵害可依法提起行政诉讼，因此提起行政诉讼的前提为合法权益遭受侵害，宋某某主张的两艘船舶，其本人均无法提供船舶相关证件，因其无法证明对该两艘船舶享有合法权益，故亦不符合行政诉讼的起诉条件。综上，根据《中华人民共和国行政诉讼法》第二条裁定：驳回宋某某的起诉。案件受理费 100 元，退还宋某某。

（二）二审裁判过程与结果

二审法院认为，根据《中华人民共和国行政诉讼法》第十二条第一款规定，人民法院受理公民、法人或者其他组织提起的下列诉讼……（二）对限制人身自由或者对财产的查封、扣押、冻结等行政强制措施和行政强制执行不服的……本案中，宋某某在起诉状中载明的诉讼请求为：“确认被告查封扣押原告两艘船舶的行政行为违法并依法撤销。”其在事实与理由中陈述，“2017 年 4 月 19 日下午，原告所有的船舶停靠在自家的浮桥上面，被告在未对原告进行任何通知的情况下将原告的两艘船舶强行拖走，未向原告下达任何处罚通知，未履行任何处罚手续，亦未制作并当场交付查封、扣押决定书和清单。原告的船舶在被告查封扣押期间，由于被告管理不善，将他人船舶磨漏水，原告为此花费 3000 元为他人维修”。案件事实表明，某湾边防派出所要求将两艘船舶停泊在指定地点接受相关部门调查，此后将发现的 30 艘 40 马力以下疑似“三无”船舶（包括宋某某的 22 马力船舶）移交给某区农海局。2017 年 8 月，某湾边防派出所又将宋某某的 70 马力船舶移交给某区渔政管理所。以上事实能够证明某湾边防派出所实施了扣押船舶的事实行为，现宋某某主张该扣押船舶行为给其造成损失，对其权利义务产生实际影响，故其依法有权针对扣押船舶行为提起行政诉讼。故一审法院以被诉扣押船舶行为系程序性行为，不是成熟性的行政行为，不具有终结性，因此不可诉的观点不能成立，本院予以纠正。虽然宋某某无法提供涉案船舶的相关证件，但不能因此得出其对涉案船舶不享有合法权益的结论，即使船舶属于“三无”情形，某湾边防派出所实施扣押船舶行为也应符合法律规定。宋某某现主张扣押船舶行为造成其赔偿他人 3000 元维修费的后果，已实际影响其财产权益，故一审法院以宋某某对涉案两艘船舶不具有合法权益为由主张其起诉不符合行政诉讼的法定条件的理由亦不能成立。

综上所述，宋某某的起诉符合法定条件，依法应当立案受理。一审法院在本院已经裁定指令继续审理的情况下，仍然作出驳回起诉的裁定系适用法律错误，裁定结果不当，依法应予撤销。上诉人宋某某的上诉理由成立，对其上诉请求本院依法予以支持。裁定如下：一、撤销某海事法院（2018）辽 72 行初 49 号行政裁定；二、指令某海事法院对本案继续审理。

六、类案比较

类案一

（一）案件来源

田某诉某县公安局行政赔偿案①

（二）主要案情

再审申请人田某因诉某县公安局行政赔偿一案，不服某市中级人民法院（2019）黑 02 行终 79 号行政裁定，向本院申请再审。本院依法组成合议庭对案件进行了审查，现已审查终结。

2015 年 4 月 13 日，张某利因涉嫌合同诈骗罪被刑事拘留。2015 年 4 月 14 日，某县公安局对张某利经营场地内的玉米脱粒机一台（5TY-110 型）等资产，依法查封、扣押。2017 年 4 月 12 日，某县人民法院作出（2016）黑 0223 刑初 107 号刑事判决，该判决第三项，“公安局机关查封扣押的未随案移送的涉案财产房产、车辆、烘干塔及设备等均由公安机关负责处理”。2018 年 5 月 15 日，某县公安局依法

① 黑龙江省高级人民法院（2019）黑行申 667 号行政裁定书。

处置查封、扣押涉案财产。2019 年 2 月 2 日，某县公安局收到田某的赔偿申请，请求赔偿玉米脱粒机价款损失 8000 元，赔偿经济损失 100000 元，共计 108000 元，2019 年 3 月 18 日，某县公安局依田某的申请作出依公行赔字（2019）2 号《行政赔偿决定书》，决定不予赔偿。田某不服，单独提起行政赔偿诉讼，请求撤销不予赔偿决定，赔偿经济损失 108000 元。

（三）案件核心

依据《中华人民共和国刑事诉讼法》的明确授权及刑事判决书实施的行为，不属于行政诉讼受案范围。

（四）裁判过程与结果

一审法院认为："公安、国家安全等机关依照刑事诉讼法的明确授权实施的行为不属于人民法院行政诉讼的受案范围。"本案某县公安局办理张某利涉嫌合同诈骗一案是依照《中华人民共和国刑事诉讼法》有关规定实施的查封、扣押、处理行为系刑事侦查行为，而非行政行为。驳回田某的起诉。

二审法院认为，公安、国家安全等机关依照刑事诉讼法明确授权实施的行为，不属于人民法院行政诉讼受案范围。某县公安局在立案侦查张某利涉嫌犯罪一案时，扣押、查封了张某利涉案财物，并依据某县人民法院作出的（2016）黑 0223 刑初 1 号刑事判决书和某市中级人民法院作出的（2017）黑 02 刑终 146 号刑事判决书，对扣押、查封的张某利的财物进行拍卖处理，现田某主张某县公安局扣押、处置张某利的财物中的一台玉米脱粒机系其所有，认为某县公安局的处置行为侵犯其合法权益，提起行政赔偿诉讼。因田某主张某县公安局赔偿处置玉米脱粒机的行为系某县公安局依据刑事诉讼法明确授权实施的处置行为，不属于人民法院行政诉讼受案范围，依据《中华人民共和国行政诉讼法》第八十九条第一款第一项之规定，驳回上诉，维持原裁定。

田某申请再审称，2015 年 4 月 14 日，某县公安局将其放置在张某利仓房内的玉米脱粒机非法扣押，2018 年 5 月 15 日，将该机械拍卖，构成侵权，应赔偿其经济损失。请求撤销原审裁定，赔偿其经济损失 108000 元。

本院认为，本案中，某县公安局在刑事侦查张某利涉嫌犯罪一案时，扣押、查封了张某利涉案财物，并依据某县人民法院作出的（2016）黑 0223 刑初 1 号刑事判决书和某市中级人民法院作出的（2017）黑 02 刑终 146 号刑事判决书，对扣押、查封的张某利的财物进行拍卖处理，上述行为均是依据《中华人民共和国刑事诉讼法》的明确授权及刑事判决书实施的行为，不属于行政诉讼受案范围。现田某主张某县公安局扣押、处置张某利的财物中的一台玉米脱粒机为其所有，某县公安局的扣押、处置行为侵犯其合法权益，提起本案诉讼。因其请求赔偿的加害行为并非行政行为，故其申请赔偿的请求亦不属于行政诉讼受案范围。据此，原审裁定驳回田某的起诉并无不当。

综上，田某的再审申请不符合《中华人民共和国行政诉讼法》第九十一条规定的情形。裁定如下：

驳回田某的再审申请。

类案二

（一）案件来源

步某因刑事违法查封、扣押、冻结、追缴诉某市公安局（以下简称市公安局）国家赔偿案①

（二）主要案情

2014年11月15日某州食品药品监督管理局（以下简称州食药监局）作出（西）食药监食查扣决〔2014〕02号查封（扣押）决定，对步某冷冻厂的炼油机1台、冷冻库2个、猪油制品34桶、消泡剂1袋，厂房大门1扇、工业亚硝酸钠1.5袋、焦亚硫酸钠1袋等物品进行原地查封（扣押），查封（扣押）期限从2014年11月15日至2014年12月15日。该决定书中载明“需要对查封（扣押）的物品进行检验、检测或技术鉴定的，查封（扣押）时间顺延，我局将于查封（扣押）期限内作出处理决定［需延长查封（扣押）期限的，我局将根据《中华人民共和国行政强制法》第二十五条之规定另行作出决定并告知］。在查封（扣押）期间未经我局批准，不得擅自使用、销毁或者转移……”等内容。步某2014年11月15日签收查封（扣押）决定书后，当日撕毁查封（扣押）冷冻厂物品的封条。次日州食药监局对冷冻厂的食品进行了抽样检验调查，但对冷冻厂未再重新张贴封条，并于2014年11月28日以涉嫌犯罪案件将冷冻厂涉嫌无证生产经营食品一案移送市公安局，并随案移送了《案情简介》及相关材料41件138页的书面材料。市公安局2014年12月8日决定对步某生产、销售有毒、有害食品案立案侦查，同年12月30日对步某刑事拘留，2015年2月25日移送起诉，在此期间，市公安局对步某冷冻厂内38桶猪油制品进行了扣押。2016年3月4日某市法院作出（2015）景刑初字第619号刑事判决书，以犯生产、销售有毒有害食品罪判决步某有期徒刑一年零三个月。因扣押的38桶猪油制品不属于涉案物证，市公安局一直未能退还步某及其家属，亦未妥善保管处置，导致猪油变质。2016年3月29日步某刑满释放。2016年6月29日市公安局退还步某38只空油桶。步某与市公安局共同确认每桶猪

① 云南省高级人民法院赔偿委员会（2018）云委赔监8号决定书。

油制品为 190 千克。

（三）案件核心

市公安局继续沿用州食药监局的查封，未办理转刑事查封不合规范。市公安局有违法查扣的事实行为，没有及时对州食药监局的查封标的是否与案件有关进行甄别，也没有对是否需要解除查封告知任何人，没有依照有关“容易腐烂变质”物品查封规定办理。公安机关应承担涉案财物保存不当的责任。

（四）裁判过程与结果

本院赔偿委员会审查认为，根据本案事实，州食药监局作出（西）食药监食查扣决〔2014〕02 号查封（扣押）决定的内容为对步某的冷冻厂查封（扣押）期限为一个月，需延长查封（扣押）期限的物品，将另行作出决定并告知当事人。在一个月的查封（扣押）期限届满后，州食药监局未再对步某的冷冻厂作出延长查封（扣押）决定，且冷冻厂查封（扣押）的封条在查封期限届满前已被步某拆封，州食药监局对冷冻厂的查封，在步某被刑事拘留前实际已经期满解封。在刑事侦查过程中市公安局仅对冷冻厂的 38 桶猪油制品进行了扣押，对其余物品未作查封、扣押。某中院赔委会据此认为州食药监局的行政查封（扣押）决定与市公安局的刑事查封（扣押）决定系适用不同的法律进行规范的两个不同的法律行为，于法有据。同时，某中院赔委会认为步某主张市公安局在刑事案件侦查中继续沿用了州食药监局的行政查封（扣押）决定的观点，无事实根据和法律依据，不能成立；步某要求市公安局赔偿冷库、冷库内猪肉、厂房、机器设备、租地等市公安局未作查封、扣押的财物无事实根据和法律依据，不予支持的意见并无不当。

关于步某主张 38 桶猪油制品损失。市公安局在已查明该物品不涉及刑事案件的情况下，未能及时退还，并且未妥善保管，导致油制品变质无法使用，故市公安局应承担油制品的赔偿责任。由于步某未能提供任何有效证据证实其 38 桶猪油制品价值为 70000 元的主张，据此市公安局以步某认可的该猪油制品收购价每吨 3600 元及与步某共同确认的每桶油重 190 千克为标准，计算 38 桶猪油制品价值为 28348 元。市公安局对 38 桶猪油制品的赔偿金额计算有相应事实依据。某中院赔委会予以维持并无不当。综上所述，申诉人步某的申诉理由不能成立，其申诉应予驳回。

七、理论探讨与执法指引

公安行政查封扣押要依法执行，在法律规定下使用确保最佳行政管理目标效果，既能够迫使义务人及时全面地履行法定义务，又不会产生非法侵害相对人权益的结果。公安机关查封、扣押、冻结以及处置涉案财物，应当依照法律规定的条件和程序进行。除法律法规和规范性文件另有规定以外，公安机关不得在诉讼程序终结之前处置涉案财物。严格区分违法所得、其他涉案财产与合法财产，严格区分企业法人财产与股东个人财产，严格区分犯罪嫌疑人个人财产与家庭成员财产，不得超权限、超范围、超数额、超时限查封、扣押、冻结，并注意保护利害关系人的合法权益。

对涉众型经济犯罪案件，需要追缴、返还涉案财物的，应当坚持统一资产处置原则。公安机关移送审查起诉时，应当将有关涉案财物及其清单随案移送人民检察院。人民检察院提起公诉时，应当将有关涉案财物及其清单一并移送受理案件的人民法院，并提出处理意见。

对依照有关规定可以分割的土地、房屋等涉案不动产，应当只对与案件有关的部分进行查封。

对不可分割的土地、房屋等涉案不动产或者车辆、船舶、航空器以及大型机器、设备等特定动产，可以查封、扣押、冻结犯罪嫌疑人提供的与涉案金额相当的其他财物。犯罪嫌疑人不能提供的，可以予以整体查封。冻结涉案账户的款项数额，应当与涉案金额相当。对自动投案时主动提交的涉案财物和权属证书等，公安机关可以先行接收，如实登记并出具接收财物凭证，根据立案和侦查情况决定是否查封、扣押、冻结。已被依法查封、冻结的涉案财物，公安机关不得重复查封、冻结，但是可以轮候查封、冻结。已被人民法院采取民事财产保全措施的涉案财物，依照前款规定办理。对不宜查封、扣押、冻结的经营性涉案财物，在保证侦查活动正常进行的同时，可以允许有关当事人继续合理使用，并采取必要的保值保管措施，以减少侦查办案对正常办公和合法生产经营的影响。必要时，可以申请当地政府指定有关部门或者委托有关机构代管。对查封、扣押、冻结的涉案财物及其孳息，以及作为证据使用的实物，公安机关应当如实登记，妥善保管，随案移送，并与人民检察院及时交接，变更法律手续。在查封、扣押、冻结涉案财物时，应当收集、固定与涉案财物来源、权属、性质等有关的证据材料并随案移送。对不宜移送或者依法不移送的实物，应当将其清单、照片或者其他证明文件随案移送。涉嫌犯罪事实查证属实后，对有证据证明权属关系明确的被害人合法财产及其孳息，及时返还不损害其他被害人或者利害关系人的利益、不影响诉讼正常进行的，可以在登记、拍照或者录像、估价后，经县级以上公安机关负责人批准，开具发还清单，在诉讼程序终结之前返还被害人。办案人员应当在案卷中注明返还的理由，将原物照片、清单和被害人的领取手续存卷备查。

在扣押"三无"船舶一案中，当地派出所将疑似"三无"船舶扣押，但在过程中，被诉扣押船舶行为系程序性行为，不是成熟性的行政行为，不具有终结性，而宋某称提起了行政诉讼，主张该扣押船舶行为给其造成损失，对其权利义务产生实际影响是成立的。根据《中华人民共和国行政强制法》第二十六条第一款规定："对查封、扣押的场所、设施或者财物，行政机关应当妥善保管，不得使用或者损毁；造成损失的，应当承担赔偿责任。"因此，行政机关对查封、扣押的财物应当尽到妥善保管的义务，对其造成损失的，行政机关需要承担责任。虽然宋某无法提供涉案船舶的相关证件，但不能因此得出其对涉案船舶不享有合法权益的结论，即使船舶属于"三无"情形，某湾边防派出所实施扣押船舶行为也应符合法律规定。这要求公安机关执法过程中要按正确的程序。

在公安局查封张某利所有的玉米脱粒机等资产是否合法一案中，对扣押、查封的张某利的财物进行拍卖处理，均是依据《中华人民共和国刑事诉讼法》的明确授权及刑事判决书实施的行为，不属于行政诉讼受案范围。同时，上诉人主张被上诉人赔偿处置玉米脱粒机的行为，系被上诉人依据刑事诉讼法明确授权实施的处置行为，因此查封其资产是合法行为。

在公安局刑事违法查封、扣押、冻结、追缴赔偿一案中，因扣押的38桶猪油制品不属于涉案物证，市公安局一直未能退还步某及其家属，亦未妥善保管处置，导致猪油变质。且继续沿用州食药监局的查封，未办理转刑事查封不合规范。市公安局有违法查扣的事实行为，没有及时对州食药监局的查封标的是否与案件有关进行甄别，也没有对是否需要解除查封告知任何人，没有依照有关"容易腐烂变质"物品查封规定办理，存在大量疏漏，最终市公安局承担油制品的赔偿责任。这为公安机关执法提出了警示，在执法过程中，对于扣押的财产，必须妥善保管，不仅是为了避免不必要的损失，也是为了保障他人的合法权益。

第六章　警察行政处罚

2021 年《中华人民共和国行政处罚法》修订的亮点之一是增设了行政处罚的定义。第二条规定："行政处罚是指行政机关依法对违反行政管理秩序的公民、法人或者其他组织，以减损权益或者增加义务的方式予以惩戒的行为。"这一定义反映了新行政处罚法对"行政处罚"这一行政行为的定性、定位，影响我国行政处罚的制度、理论和实践。"行政处罚"法律概念设置了四个内容元素：处罚主体、处罚对象、被处罚行为和处罚内容。处罚主体是国家行政机关，还包括得到法律法规授权的其他组织。从理论上说即行政主体。行政处罚就是由具有行政处罚权的行政主体实施的行政行为。处罚对象是违反行政管理秩序的公民、法人或者其他组织，即从事违法行为的当事人。被处罚行为是指行政处罚所针对的违法行为，即违反行政管理秩序的行为。处罚内容是对当事人的"惩戒"，即减损当事人的权益或者增加当事人的义务。这四大概念元素，内容完整、结构科学。特别是"以减损权益或者增加义务的方式予以惩戒"这一"制裁"特性的表述，是 40 年来中国行政法学理论成果、数百本行政法学教科书所没有的。① 行政处罚规范和理论的转换，必将给警察行政执法提出了整体性要求并带来实质性提升。

第一节　扰乱单位生产经营秩序的违法行为应予治安处罚

一、基础知识

根据《中华人民共和国刑法》和《中华人民共和国治安管理处罚法》规定，公共秩序特指在国家治安法律规范体系调控下形成的涉及不特定多数人的公共利益的一种稳定的、持续的社会状态。人的行为是难以和所处的社会环境割裂的，公共秩序又是一个较为宽泛的概念，涵盖社会生活很多方面，任何一个突发的、社会性

① 胡建淼：《论"行政处罚"概念的法律定位兼评〈行政处罚法〉关于"行政处罚"的定义》，载《中外法学》2021 年第 4 期。

的行为，都有可能和社会公共秩序产生联系，不可避免地由个人行为介入到社会生活中，使原本稳定的社会状态受到干扰和破坏，影响到生产生活秩序，进而产生破坏社会公共秩序的风险。

根据《中华人民共和国治安管理处罚法》第二十三条规定，扰乱机关、团体、企业、事业单位秩序，致使工作、生产、营业、医疗、教学、科研不能正常进行，尚未造成严重损失的，处警告或者二百元以下罚款；情节较重的，处五日以上十日以下拘留，可以并处五百元以下罚款。聚众实施前款行为的，对首要分子处十日以上十五日以下拘留，可以并处一千元以下罚款。这里所规定的“扰乱”，是指造成秩序的混乱，使单位秩序的有序性变为无序性。“机关”，是指国家机关，包括立法机关、行政机关、司法机关和军事机关等；“团体”，主要是指人民团体和社会团体；“企业、事业单位”，是指所有的企业、事业单位，既包括国有的企业、事业单位，也包括集体所有的企业、事业单位，以及合资或者独资的企业、事业单位。行为人扰乱单位秩序的具体手段是多种多样的，既可以是暴力性的扰乱，也可以是非暴力性的扰乱。如在有关单位的门前、院内哄闹、大肆喧哗，强占或者封锁有关单位的办公室、会议室、实验室、生产车间、营业所、教室，辱骂、威胁、殴打有关单位的负责人或者其他工作人员等。构成该违反治安管理行为的后果，要求是使有关单位的工作、生产、营业、医疗、教学、科研不能正常进行，且尚未造成严重损失。如果造成了严重损失，则应当按照聚众扰乱社会秩序罪追究行为人的刑事责任。

《中华人民共和国噪声污染防治法》第八十七条第一款规定，违反本法规定，产生社会生活噪声，经劝阻、调解和处理未能制止，持续干扰他人正常生活、工作和学习，或者有其他扰乱公共秩序、妨害社会管理等违反治安管理行为的，由公安机关依法给予治安管理处罚。

《中华人民共和国英雄烈士保护法》第二十七条规定，在英雄烈士纪念设施保护范围内从事有损纪念英雄烈士环境和氛围的活动的，纪念设施保护单位应当及时劝阻；不听劝阻的，由县级以上地方人民政府负责英雄烈士保护工作的部门、文物主管部门按照职责规定给予批评教育，责令改正；构成违反治安管理行为的，由公安机关依法给予治安管理处罚。亵渎、否定英雄烈士事迹和精神，宣扬、美化侵略战争和侵略行为，寻衅滋事，扰乱公共秩序，构成违反治安管理行为的，由公安机关依法给予治安管理处罚；构成犯罪的，依法追究刑事责任。

《中华人民共和国反恐怖主义法》第二十八条规定，公安机关和有关部门对宣扬极端主义，利用极端主义危害公共安全、扰乱公共秩序、侵犯人身财产、妨害社会管理的，应当及时予以制止，依法追究法律责任。公安机关发现极端主义活动的，应当责令立即停止，将有关人员强行带离现场并登记身份信息，对有关物品、资料予以收缴，对非法活动场所予以查封。任何单位和个人发现宣扬极端主义的物品、资料、信息的，应当立即向公安机关报告。

二、案件来源

童某某诉某市某县公安局治安行政处罚案①

三、主要案情

2016年5月10日9时许，童某某、付某某、艾某蓉、秦某某等人以征地补偿不合法为由，采取堵塞某县某中心卫生院公共卫生服务中心和职工周转房建设工地的施工车辆进出的方式，阻挠施工，导致施工无法正常进行，经多次劝阻无效。某县公安局（以下简称县公安局）接到报警后派员至现场，童某某、付某某、艾某蓉、秦某某等人随后被带至该局某派出所。同日，县公安局立案受理童某某扰乱单位秩序一案。该局通过调查取证，查明：童某某自2016年2月以来以征地补偿不合法为由，多次组织群众并参与堵塞某县某中心卫生院公共卫生服务中心等建设工地的施工车辆进出，阻挠施工，致施工无法正常进行，以迫使某县某镇政府满足其诉求。认为童某某的行为已严重扰乱单位生产经营秩序，依据《中华人民共和国治安管理处罚法》第二十三条第一款第一项之规定，决定给予童某某行政拘留十日的处罚。其拘留期限为2016年5月10日至5月20日。该对童某某作出的忠公（治）决字〔2016〕第354号公安行政处罚决定已执行完毕。童某某不服，向某市公安局（以下简称市公安局）申请复议，该局于2016年9月19日作出渝公复决字〔2016〕139号行政复议决定，维持了县公安局作出的上述处罚决定。童某某不服，于2016年11月22日起诉至法院，请求撤销县公安局忠公（治）决字〔2016〕第354号公安行政处罚决定和市公安局渝公复决字〔2016〕139号行政复议决定。

另查明，2016年2月24日至5月10日期间，童某某、艾某蓉、付某某、秦某某等人多次到某县某中心卫生院公共卫生服务中心及职工周转房建设项目的工地上阻挠施工，致该项目无法正常施工。

还查明，某县某中心卫生院公共卫生服务中心及职工周转房建设项目系2015年中央投资项目，该项目用地是某县某镇人民政府1996年因场镇建设的统征地块，由某中心卫生院与某镇人民政府置换所得，通过某县人民政府划拨，且已完善用地手续，土地用途为非营利性医疗卫生设施用地。该项目场平工程由某市某博建筑工

① 重庆市第二中级人民法院（2017）渝02行终76号行政判决书。

程有限公司承建。

四、案件核心

童某某在施工现场以阻挠施工，导致施工单位无法正常施工，是否严重扰乱单位生产经营秩序并应予以治安处罚。

五、裁判过程与结果

（一）一审裁判过程与结果

原审法院认为，根据《中华人民共和国行政诉讼法》第二条第一款之规定，童某某作为行政处罚相对人，具有原告主体资格，县公安局是适格被告。市公安局作为复议机关维持了县公安局的行政处罚决定，应作为共同被告。

本案中，童某某不遵循法律程序，通过到施工现场阻挠施工的方式表达自己的诉求，导致施工单位无法正常施工，严重扰乱单位生产经营秩序，其行为违反《中华人民共和国治安管理处罚法》第二十三条第一款第一项之规定，县公安局依职权对其进行处罚，在案件处理中经过受案、调查、处罚审批、告知并依法送达相关法律文书等程序，符合相关规定，程序合法。县公安局根据当事人陈述、证人证言、相关书证等证据材料，认定童某某扰乱单位生产经营秩序，事实清楚，证据充分，适用《中华人民共和国治安管理处罚法》第二十三条第一款第一项之规定，对童某某予以行政拘留十日的处罚，适用法律正确，量罚适当。市公安局依据申请，履行行政复议职能，向县公安局送达行政复议提交答复通知书，告知举证义务，经法定程序延期审查后作出渝公复决字〔2016〕139号行政复议决定，该决定认定事实清楚，程序合法，复议结果正确。综上，童某某的诉讼理由不成立，不予支持。判决驳回童某某的诉讼请求。

（二）二审裁判过程与结果

童某某上诉称，县公安局故意捏造、歪曲事实，原审法院违法确认证据，认定事实不清，请求二审人民法院依法改判。

本院查明事实与原审法院查明事实无异。

本院认为，根据《中华人民共和国治安管理处罚法》第七条“国务院公安部门负责全国的治安管理工作。县级以上地方各级人民政府公安机关负责本行政区域内的治安管理工作”的规定，县公安局作为某县人民政府公安机关具有负责某县行政区域内治安管理工作，对违反治安管理行为作出治安管理行政处罚的法定职责。

县公安局2016年5月10日对该治安案件立案后，依据调查收集的对童某某、艾某蓉、付某某、秦某某、黄某某、王某某等人的调查笔录、某中心卫生院、某县卫计委出具的情况报告、接警材料、视频截图、工程施工合同、立项批复图等证据，查明童某某扰乱单位生产经营秩序的事实，依据《中华人民共和国治安管理处罚法》第二十三条第一款第一项“有下列行为之一的，处警告或者二百元以下罚款；情节较重的，处五日以上十日以下拘留，可以并处五百元以下罚款：扰乱机关、团体、企业、事业单位秩序，致使工作、生产、营业、医疗、教学、科研不能正常进行，尚未造成严重损失的”的规定，对童某某作出给予行政拘留十日的处罚。县公安局作出的该行政处罚决定事实清楚，证据充分，适用法律正确。

县公安局对童某某作出处罚前，2016 年 5 月 10 日向其告知了拟对其作出行政处罚决定的事实、理由和依据，并形成告知笔录，符合《中华人民共和国行政处罚法》第三十一条[①]“行政机关在作出行政处罚决定之前，应当告知当事人作出行政处罚决定的事实、理由及依据，并告知当事人依法享有的权利”的规定。童某某后未提出陈述申辩。

市公安局受理童某某复议申请后，认为案情复杂，于 2016 年 8 月 25 日决定延长行政复议期限 30 日，后于同年 9 月 19 日以渝公复决字〔2016〕第 139 号行政复议决定维持了原行政处罚决定，并送达该决定书。故市公安局行政复议决定认定事实清楚，适用法律正确，程序合法。

童某某上诉称县公安局故意捏造、歪曲事实的理由与本院查明的事实不符，且未提交证据证明，故本院不予采信。综上，原审判决认定事实清楚，适用法律法规正确，程序合法，应予维持。童某某的上诉理由不成立，应不予支持。依照《中华人民共和国行政诉讼法》第八十六条、第八十九条第一项之规定，判决如下：驳回上诉，维持原判。

六、理论探讨与执法指引

从本节案例中的执法来看，有必要对扰乱公共秩序行为适用治安管理处罚和刑法的执法干预问题进行分析[②]。

1. 对在单位门口或内部采取堵塞单位车辆和行人交通通道，围堵办公场所和工作人员等行为的执法。该类行为违反《中华人民共和国治安管理处罚法》第二十三条第一款第一项、第四项之规定，构成扰乱单位秩序违法行为、妨碍交通工具正

---

① 此处指当时有效的法律，该法现已修改。

② 参见姚炎中：《“以闹取利”聚众闹事者应被严惩》，载《人民法治》2015 年第 10 期；章昌治：《“医闹”行为的法律抗制》，载《北京警察学院学报》2015 年第 6 期。

常行驶违法行为。

2. 对随意殴打、无理追逐、拦截、辱骂工作人员和其他相关人员，任意损毁、占用单位、工作人员及相关人员的公私财物、制造事端、肆意挑衅等行为的执法。该类行为，违反《中华人民共和国治安管理处罚法》第二十六条之规定，构成寻衅滋事违法行为。

3. 对扬言在单位实施放火、爆炸、投放危险物质等行为的执法。该类行为，违反《中华人民共和国治安管理处罚法》第二十五条第三项之规定，构成扬言实施放火、爆炸、投放危险物质扰乱公共秩序违法行为。

4. 对非法携带枪支、弹药、管制器具或者爆炸性、放射性、毒害性、腐蚀性物品进入医疗机构等行为的执法。该类行为，违反《中华人民共和国治安管理处罚法》第三十二条第二款、第三十条之规定，构成非法携带枪支、弹药、管制器具进入公共场所违法行为、非法携带危险物质违法行为。

5. 对故意殴打、伤害工作人员等行为的执法。该类行为，违反《中华人民共和国治安管理处罚法》第四十三条第一款之规定，构成殴打他人违法行为和故意伤害违法行为。

6. 对以不准离开工作场所等方式非法限制工作人员人身自由等行为的执法。该类行为，违反《中华人民共和国治安管理处罚法》第四十条第三项之规定，构成非法限制人身自由违法行为。

7. 对公然侮辱、威胁、恐吓工作人员等行为的执法。该类行为，违反《中华人民共和国治安管理处罚法》第四十二条第二项、第一项之规定，构成侮辱违法行为、威胁人身安全违法行为。

8. 对在单位内故意损毁公私财物等行为的执法。该类行为，违反《中华人民共和国治安管理处罚法》第四十九条之规定，构成故意损毁财物违法行为。

上述扰乱公共秩序行为，如属于情节恶劣或者后果严重的，将进一步违反《中华人民共和国刑法》规定，构成寻衅滋事罪等，适用刑罚进行执法干预。

第二节　超过制止违法侵害必要限度的行为应予治安处罚

一、基础知识

处理案件是我国公安机关执法工作的重要组成部分，其中公安人员对于超过制止违法侵害案件的处理也有着相应的规定与要求，与此同时被害人制止违法侵害是有一定限度的，在保障自身安全的同时，要在法律条款框架内做出相应的制止侵害的行为，超过制止违法侵害必然会受到《中华人民共和国治安管理处罚法》相应条款的处罚。

《中华人民共和国治安管理处罚法》第十九条规定，违反治安管理有下列情形之一的，减轻处罚或者不予处罚：（一）情节特别轻微的；（二）主动消除或者减轻违法后果，并取得被侵害人谅解的；（三）出于他人胁迫或者诱骗的；（四）主动投案，向公安机关如实陈述自己的违法行为的；（五）有立功表现的。第四十三条规定，殴打他人的，或者故意伤害他人身体的，处五日以上十日以下拘留，并处二百元以上五百元以下罚款；情节较轻的，处五日以下拘留或者五百元以下罚款。有下列情形之一的，处十日以上十五日以下拘留，并处五百元以上一千元以下罚款：（一）结伙殴打、伤害他人的；（二）殴打、伤害残疾人、孕妇、不满十四周岁的人或者六十周岁以上的人的；（三）多次殴打、伤害他人或者一次殴打、伤害多人的。

《公安机关办理刑事案件程序规定》第一百七十八条规定，公安机关接受案件后，经审查，认为有犯罪事实需要追究刑事责任，且属于自己管辖的，经县级以上公安机关负责人批准，予以立案；认为没有犯罪事实，或者犯罪事实显著轻微不需要追究刑事责任，或者具有其他依法不追究刑事责任情形的，经县级以上公安机关负责人批准，不予立案。对有控告人的案件，决定不予立案的，公安机关应当制作不予立案通知书，并在三日以内送达控告人。决定不予立案后又发现新的事实或者证据，或者发现原认定事实错误，需要追究刑事责任的，应当及时立案处理。

二、案件来源

张某某诉某市公安局某分局行政诉讼案①

三、主要案情

原审经审理查明，2018 年 11 月 15 日上午，原告张某某的丈夫王某带领工人在其住所门口即本市某区某 A 区某楼附近水泥路一侧施工。现场监控显示，当日 12 时 4 分，第三人蒿某某驾驶蓝色轿车经过该水泥路，因行车问题与王某发生口角，周围群众劝说未果后，原告张某某、第三人蒿某、第三人蒿某某妻子赵某某陆续从各自家中走出参与劝说或争论，后双方矛盾激化演变为肢体冲突，互相殴打。其中在 12 时 5 分 30 秒，第三人蒿某踢踹原告后被周围群众拉住，后原告有踢踹蒿某的行为；12 时 5 分 51 秒，第三人蒿某某殴打躺在地上的王某，后原告有踢踹蒿某某背部的行为；12 时 6 分 10 秒，王某手持铁锹被蒿某自背后抱住，后原告有撕扯第

① 山东省青岛市中级人民法院（2021）鲁 02 行终 191 号行政判决书。

三人蒿某头发的行为。12 时 7 分，双方被周围群众拉开。12 时许，被告接到现场邻居报警，予以受案。之后，被告组织对原告等人的伤情进行法医学鉴定，经被告刑事侦查大队刑事科学技术室鉴定，原告张某某、王某、第三人蒿某某、第三人蒿某之伤均构成轻微伤。被告下属某派出所民警分别对张某某、王某、第三人蒿某某、蒿某、赵某某、管某、张某等进行询问并制作《询问笔录》，调取现场监控录像等。

2019 年 9 月 5 日，被告对原告制作《行政处罚告知笔录》，告知原告其行为已构成殴打他人，将依据《中华人民共和国治安管理处罚法》第四十三条第二款第二项、第十九条第一项之规定进行处罚，并告知原告可提出陈述和申辩。原告申辩称其未打人且被殴打致轻微伤，其应是受害者，不服被告将作出的处罚，要求对相关嫌疑人刑事立案。2019 年 9 月 11 日，被告作出某公（某）不立字〔2019〕13 号《不予立案通知书》，认为王某提出的控告其被故意伤害案经审查没有犯罪事实，决定不予立案。王某不服，向被告申请复议。2019 年 10 月 15 日，被告作出某公刑复字〔2019〕0007 号《刑事复议决定书》，维持了上述不立案决定。王某仍不服，向某市公安局申请复核并向某市某区人民检察院申请立案监督。2019 年 11 月 4 日，某市公安局作出某公刑复核字〔2019〕46 号《刑事复核决定书》，维持了被告的复议决定。2020 年 5 月 11 日，某市某区人民检察院作出《立案监督答复书》，认为王某的申请不符合刑事立案条件。被告主张 2020 年 6 月 22 日收到上述答复书。2020 年 6 月 23 日，被告制作《行政处罚告知笔录》，告知原告其行为已构成殴打他人，将依据《中华人民共和国治安管理处罚法》第四十三条第二款第二项、第十九条第一项之规定进行处罚。同日，被告作出某公（某）行罚决字〔2020〕196 号《行政处罚决定书》，认为原告殴打他人的违法行为成立，依据《中华人民共和国治安管理处罚法》第四十三条第二款之规定，决定给予原告行政拘留五日并处罚款二百元的行政处罚。王某于 2020 年 7 月 10 日在送达回执上签字领取上述《行政处罚决定书》。原告不服，遂提起本案诉讼。

案件原审审理中，原告提交《鉴定申请书》称因 2018 年 11 月 17 日原告接受询问时现场实际只有一名贾姓辅警询问并记录，但却出现两名不在现场的民警签字的情形，请求对被告证据 10 中询问人和记录人与询问现场的实际询问人和记录人签字的一致性进行鉴定。对此，被告提交其所属某派出所出具的《笔录签名情况说明》称：2018 年 11 月 17 日对王某的询问笔录系民警仇某某及辅警贾某某所做，王某签字后因仇某某处置另外现场，笔录由贾某某代替仇某某、曹某某在笔录上签字。2019 年 8 月 27 日对王某的询问笔录由民警仇某某、曹某某对其做好笔录，王某签字后因仇某某处置另外现场，笔录由曹某某代替仇某某签字。

原审另查明，第三人蒿某、蒿某某在2019年8月20日的询问笔录中皆称“希望公安机关再给一次机会，如果再调解不成，就按正常程序处理”。王某于2019年8月27日的询问笔录中称（某）派出所一直在对其和第三人进行调解，其要求第三人一方赔偿9万元，否则要求公安机关按法律程序处理；王某于2019年11月13日的询问笔录中要求第三人一方赔偿10万元否则追究对方法律责任，依法办理。

原审再查明，针对涉案双方互相殴打行为，被告对蒿某某作出行政拘留十日并处罚款500元的行政处罚；被告对蒿某作出行政拘留十日并处罚款500元的行政处罚；被告对赵某某作出行政拘留五日的行政处罚；被告对王某作出行政拘留十日并处罚款五百元的行政处罚。

四、案件核心

行政处罚决定适用法律及裁量是否适当；办案程序是否符合法律规定？

五、裁判过程与结果

（一）一审裁判过程与结果

原审法院认为，根据《中华人民共和国治安管理处罚法》第七条第一款规定：“国务院公安部门负责全国的治安管理工作。县级以上地方各级人民政府公安机关负责本行政区域内的治安管理工作。”被告作为某市某区公安机关，负责辖区内的治安管理工作，本案被告主体适格。

对于争议焦点一，本案中，案发时第三人蒿某某已超过60岁，原告虽有殴打蒿某某及蒿某的行为，但自始至终行为相对克制，情节较轻，被告认定原告违法情节特别轻微予以减轻处罚并无不妥。原告称被告《行政处罚决定书》中依据《中华人民共和国治安管理处罚法》第四十三条第二款规定对原告作出拘留五日罚款200元的行政处罚，适用法律错误。庭审中，被告称上述《行政处罚决定书》中遗漏减轻处罚的法律依据，实际认定对原告适用了《中华人民共和国治安管理处罚法》第十九条第一项规定进行减轻处罚。因被告在对原告的处罚告知笔录中已记载将适用该减轻处罚条款进行处罚，且最终对原告做出的处罚也是在《中华人民共和国治安管理处罚法》第四十三条第二款第二项的基础上予以减轻，并未对原告的权利产生不利影响，故对被告的主张予以采信，对被告《行政处罚决定书》遗漏减轻处罚法律依据的行为予以指正。

对于争议焦点二，一是关于办案期限问题，根据《中华人民共和国治安管理处罚法》第九十九条和《公安机关办理行政案件程序规定》第一百七十八条等规定，本案中，被告受理案件时间为2018年11月15日，之后被告虽对双方组织调解，但自 2019 年 11 月 13 日王某在询问笔录中要求第三人赔偿 10 万元而未达成调解协议后，直至 2020 年 6 月 23 日才做出涉案行政处罚决定，已超出法律规定的办理期限。被告虽辩称因王某对案件性质提出异议，经历了刑事立案申请、刑事复议、检察院立案监督等过程，不存在超期问题。但自 2019 年 11 月 4 日，某市公安局已就王某的立案请求作出不予立案的复核决定，且对第三人殴打王某的行为是否属于刑事案件进行审查，并非可以扣除被告办理原告殴打他人的治安案件期限的法定理由，对被告的上述抗辩理由不予采纳，被告办案程序存在超期违法。二是被告调查程序问题，《中华人民共和国治安管理处罚法》第九十三条规定，公安机关查处治安案件，对没有本人陈述，但其他证据能够证明案件事实的，可以作出治安管理处罚决定。《公安机关办理行政案件程序规定》第五十二条规定："公安机关进行询问、辨认、检查、勘验，实施行政强制措施等调查取证工作时，人民警察不得少于二人，并表明执法身份。接报案、受案登记、接受证据、信息采集、调解、送达文书等工作，可以由一名人民警察带领警务辅助人员进行，但应当全程录音录像。"本案中，原告张某某称被告 2018 年 11 月 17 日对其询问时未由两名人民警察进行违反了上述规定，要求对笔录中询问人的签字进行鉴定。因原告对该笔录中记载的询问内容本身并无异议并已在该笔录上签字确认，经肉眼辨认两名人民警察的签字也无明显不当，且法院已确认被告超期办理案件违法，同时，根据案发现场视频已可以确认原告确有殴打他人的行为，再行鉴定已无必要，不再组织鉴定。三是关于处罚告知程序问题，原告主张 2020 年 6 月 23 日同时做出了《行政处罚告知笔录》和《行政处罚决定书》，未保障原告陈述、申辩权，但被告在 2019 年 9 月 5 日已对原告制作《行政处罚告知笔录》，告知了原告拟处罚的事实和依据，并告知原告可提出陈述和申辩，原告业已提出陈述和申辩，该两次处罚告知内容一致，《行政处罚决定书》中处罚的事实和依据也未发生变化，已保障了原告的陈述、申辩权，原告的上述主张不予采纳。

综上，被告作出某公（某）行罚决字〔2020〕196 号《行政处罚决定书》程序违法，因未对原告权利产生实际影响，依法确认该处罚行为违法，不予撤销。依照《中华人民共和国行政诉讼法》第七十四条第一款第二项规定，判决确认被告某市公安局某分局 2020 年 6 月 23 日作出某公（某）行罚决字〔2020〕196 号《行政处罚决定书》的程序违法。案件受理费人民币 50 元，由被告负担。

（二）二审裁判过程与结果

二审法院认为，关于被诉行政处罚决定认定事实是否清楚的问题。上诉人提出，被上诉人作出的部分询问笔录存在程序违法的情况，应予以排除，且其行为属于正当防卫，不应认定为互殴。对于调查的事实，被上诉人向原审法院提交了受案登记表、发破案经过、到案情况说明、询问笔录以及现场视频光盘等证据予以证实，上述证据可以形成完整的证据链。其中，询问笔录中有上诉人本人签字确认，现场监控视频显示，上诉人确有踢踹两原审第三人和撕扯原审第三人蒿某头发的殴打行为。至于上诉人提出的被上诉人作出的部分询问笔录存在程序违法应予排除的主张，并不能否认上述证据记载内容的客观真实性，本院对该主张不予采信。本案上诉人确有主动殴打原审第三人的行为，不属于上述规定的未违反治安管理的行为。因此，上诉人提出的其行为属于正当防卫的上诉理由，缺乏事实和法律依据。综上，被诉行政处罚决定认定上诉人殴打原审第三人的事实清楚。

关于被诉行政处罚决定程序是否合法的问题，原审判决从被上诉人办案期限、调查程序及处罚告知三个方面作了详细阐述。其中，被上诉人于 2018 年 11 月 15 日受理涉案行政处罚案件，直到 2020 年 6 月 23 日才做出涉案行政处罚决定，超过《中华人民共和国治安管理处罚法》第九十九条第一款规定的办案期限，故原审判决认定被上诉人办案程序超期违法，并无不当。在调查程序中，被上诉人对于询问笔录中办案民警的签名问题向原审法院作了相应说明，本院同意原审判决对被上诉人调查程序违法的认定。对于处罚告知程序，被上诉人在处罚前对上诉人作出了告知笔录，告知上诉人拟处罚的事实和依据，并告知上诉人可提出陈述和申辩，因此被上诉人处罚告知程序并无不当。

综上，上诉人将两原审第三人打伤的事实成立。虽然原审第三人蒿某某被打时已超过 60 周岁，但因被上诉人考虑到上诉人违法情节特别轻微，故被上诉人依法对上诉人减轻处罚，给予上诉人行政拘留五日并处罚款 200 元的行政处罚正确。原审判决认定事实清楚，适用法律正确，审判程序合法，依法应予维持。上诉人的上诉请求和理由缺乏依据，本院不予支持。依照《中华人民共和国行政诉讼法》之规定，判决如下：驳回上诉，维持原判。

六、类案比较

（一）案件来源

王某诉某市公安局某区分局治安管理行政处罚案①

（二）主要案情

经审理查明，2020 年 9 月 30 日，王某与陈某某发生打架纠纷。根据天网监控视频显示：9 时 40 分许，陈某某将一辆白色小汽车停放在某市某区某路某号路边，王某站在路边，陈某某上前与王某说话，随后二人发生争执。陈某某先是拿手机靠

① 四川省成都市锦江区人民法院（2021）川 0104 行初 27 号行政判决书。

近王某面部，王某挥手将手机打落在地，陈某某捡起手机后立即用手殴打王某面部，王某遂使用头戴式耳机殴打陈某某。之后，王某被拖拽倒地，王某起身后用脚踢陈某某，然后二人互相殴打，数分钟后停止互相殴打。

某市公安局某区分局某派出所（以下简称某派出所）2020 年 9 月 30 日 9 时 50 分接到王某报警，于当日出具受案登记表，作为行政案件受案登记。9 月 30 日 22 时，某派出所因王某斗殴，口头传唤其到某派出所接受询问，民警询问王某家属的联系方式，王某称其家属陪同王某到了某派出所；王某陈述，当日 9 时许，王某在某区某路某三期门口等待“滴滴”打车软件的司机，王某拍了张街道的照片给司机，然后一名男子走到王某面前骂他，王某用手挥了一下想把他隔远点，不小心把他的手机碰到地上，该男子捡起手机就用拳头打王某，王某下意识地还击，用手打对方，双方打了一阵就报警了；王某去医院就诊，伤情主要是两侧鼻骨骨折……左眼眶骨折。2020 年 9 月 30 日 12 时，某派出所因陈某某涉嫌斗殴，口头传唤其到某派出所接受询问，陈某某陈述，当日 10 时许，陈某某将车停在某小区东苑外面的路边，下车后陈某某看见一名男子用手机拍摄陈某某的车尾并上传至举报软件，陈某某与该男子发生口角，双方就发生打斗。2020 年 9 月 30 日，某派出所对车某询问调查，车某陈述，当日 9 时 50 分左右，车某的朋友陈某某和别人吵起来了，车某看到王某把陈某某的手机打落了，陈某某就和该男子对打起来，车某上去拉他们，但是拉不住，一分多钟才分开；打完后王某鼻血被打出来了，陈某某的脸被抓花了，车某也跟着报警了。

2020 年 10 月 22 日，某公安分局聘请某求实司法鉴定所对陈某某人身损伤程度进行鉴定。10 月 30 日，因陈某某人身损伤鉴定尚未作出，经某公安分局负责人审批，延长办案期间 30 日。11 月 5 日，某求实司法鉴定所作出川求实鉴〔2020〕临鉴 4387 号司法鉴定意见书，鉴定意见为：陈某某的伤情目前不构成轻微伤。

2020 年 11 月 12 日，某派出所民警出具到案经过，经某派出所负责人批准，某派出所以王某涉嫌殴打他人为由使用传唤证传唤王某到某派出所接受询问，王某于当日 13 时到达，王某陈述，其用耳机殴打陈某某是因为当时耳机正好在手上。某派出所民警告知王某，陈某某的伤情经鉴定不构成轻微伤。当日，经某派出所负责人批准，延长询问查证王某的时间至 24 小时。当日，某派出所对陈某某询问调查，陈某某陈述，9 月 30 日其与王某在某小区外的路边斗殴，陈某某的朋友车某在劝架，王某摔倒在花台处时陈某某用拳头打王某，王某把陈某某的手机打落在地，手机屏摔坏了，衣服也撕烂了；王某用耳机、拳头、飞腿打了陈某某头、身体和腿，陈某某打了王某头和身体。

2020 年 11 月 12 日，某公安分局对王某进行行政处罚告知，告知其拟作出的行政处罚决定及所依据的事实、理由、法律依据，并询问王某是否提出陈述、申辩，王某在告知笔录中注明："保留行政诉讼和行政复议的权利，未经听证。"同日，某公安分局经负责人批准，对王某作出1999号行政处罚决定，王某在处罚决定书上签名。同日，王某被送至某省某市拘留所执行拘留三日的处罚决定，现已执行完毕。

王某在庭审中陈述，2020年9月30日和11月12日王某两次到派出所均由其女友陪同，王某被带走执行拘留时，其个人物品通过民警转交给了其女友。

另查明，2020年10月16日，某公安分局对王某被故意伤害案立案侦查。

以上事实，有某公安分局提交的1999号行政处罚决定书、2020年11月12日呈请公安行政处罚报告书、2020年9月30日受案登记表、2020年10月30日呈请延长办理行政案件期限报告书、2020年11月12日某派出所呈请传唤报告书、2020年11月12日某派出所作出的某公（某）行传字〔2020〕97号传唤证、2020年11月12日某派出所呈请延长询问查证时间报告书、2020年11月12日行政处罚告知笔录、2020年11月13日某市拘留所成拘收字〔2020〕04416号执行回执、2020年10月16日某公安分局作的某公（某）立字〔2020〕6822号立案决定书、王某的户籍证明、2020年9月30日某派出所对王某的询问笔录及行政案件权利义务告知书、2020年9月30日某派出所对陈某某的询问笔录及行政案件权利义务告知书、2020年9月30日某派出所对车某的询问笔录及行政案件权利义务告知书、2020年11月12日某派出所对王某的询问笔录（二）、2020年11月12日某派出所对陈某某的询问笔录（二）、2020年10月22日某公安分局作的某公（某）鉴聘字〔2020〕26号鉴定聘请书、2020年11月5日某求实司法鉴定所出具的川求实鉴〔2020〕临鉴4387号司法鉴定意见书、天网监控视频等证据，以及当事人的当庭陈述在案为证。

（三）案件核心

王某2020年9月30日实施的行为是属于制止违法侵害，还是属于与陈某某互相殴打；某公安分局作出1999号行政处罚决定程序是否合法?

（四）裁判过程与结果

关于王某2020年9月30日实施的行为是属于制止违法侵害，还是属于与陈某某互相殴打。王某主张，引发事端和导致事态恶化的责任全在陈某某，王某并非率先殴打陈某某，王某将陈某某的手机碰落是基于本能阻挡陈某某用手机接近王某面部的行为，王某没有违反治安管理相关规定。本院认为，制止违法侵害的行为不属于违反治安管理行为，而斗殴的行为违反了治安管理相关规定，应当予以治安管理处罚。本案中，王某在纠纷尚处于口头争执的阶段，将陈某某的手机碰落在地，王某的行为具有挑衅性；王某在遭受到陈某某的率先殴打后，没有以合法、理智的途径维护自身权益，而是立即对陈某某展开殴打报复，先是使用耳机殴打陈某某，在二人被案外人分开后，王某又主动对陈某某进行殴打、脚踹，使双方矛盾进一步加剧。另外，某公安分局对陈某某涉嫌故意伤害王某一案以刑事案件另案处理，同时对王某殴打陈某某一案以治安管理案件处理，并认定王某的违法情节轻微，已经充分考虑到了当事双方的伤情及过错程度。综上所述，王某的行为已经超过制止违法侵害的必要限度，属于与陈某某斗殴，应当予以治安管理处罚。王某的主张本院不予支持。

某公安分局向本院提交了天网监控视频、当事人的询问笔录等证据，上述证据反映了王某与陈某某从发生争执到互相殴打的全部经过，某公安分局适用《中华人民共和国治安管理处罚法》第四十三条第一款中“情节较轻”的规定，对王某处以拘留三日的行政处罚，本院认为，1999 号行政处罚决定认定事实清楚、证据确凿、适用法律正确、处罚幅度并无不当。

关于某公安分局作出 1999 号行政处罚决定程序是否合法。2020 年 9 月 30 日，某派出所作出受案登记，传唤王某并对相关人员进行了询问调查，对陈某某伤情进行鉴定，于 11 月 12 日再次传唤王某并对相关人员询问调查，经报批后延长询问查证时间至 24 小时，符合《中华人民共和国治安管理处罚法》第七十七条、第七十八条、第八十二条、第八十三条、第九十条的规定。在作出行政处罚决定前，公安机关将拟作出行政处罚决定的事实、理由、依据及王某依法享有的陈述申辩的权利告知了王某，听取了王某申辩意见，符合《中华人民共和国治安管理处罚法》第九十四条的规定。经负责人审批后，某公安分局作出 1999 号行政处罚决定，并将行政处罚决定书当场送达给王某，符合《中华人民共和国治安管理处罚法》第九十五条、第九十七条、第九十九条的规定。

王某主张，只有一名民警进行询问调查、处罚决定书只有一名民警对其送达，王某的主张没有事实依据，本院不予支持。王某主张，1999 号行政处罚决定没有提交行政机关负责人集体讨论、没有经过听证，程序违法，本院认为，《中华人民共和国治安管理处罚法》未规定行政机关负责人集体讨论程序，行政拘留不属于可以要求听证的处罚类型，王某的主张没有法律依据，本院不予支持。

王某主张，对其传唤和拘留未通知其家属，程序违法。本案中，某派出所 2020 年 9 月 30 日传唤王某时，王某由其女友陪同前往派出所，民警询问王某家属的联系方式，王某称是其家属陪同前来的。某派出所于 2020 年 11 月 12 日再次传唤王某以及对王某作出 1999 号行政处罚决定时，王某也是由其女友陪同前往派出所，且其女友将王某的个人物品带走。本院认为，王某的女友知晓王某于 2020 年 11 月 12 日被公安机关传唤以及被公安机关拘留，公安机关已经履行了通知家属的法定程序，符合《中华人民共和国治安管理处罚法》第八十三条、第九十七条的规定。但是，公安机关在作出王某2020年11月12日的询问笔录时未载明通知其家属的情况，属于制作笔录不规范，本院予以指正。

综上所述，本院对1999号行政处罚决定的合法性进行全面审查后认为，某公安分局作出的1999号行政处罚决定认定事实清楚、证据充分、适用法律正确、程序合法，处罚幅度并无不当。据此，依照《中华人民共和国行政诉讼法》第六十九条（条文全文附后）之规定，判决如下：驳回原告王某的诉讼请求。

七、理论探讨与执法指引

制止违法侵害行为的主要目的是帮助自己或他人摆脱侵害，而不应该以挑衅和故意伤害为目的。遭遇者认识到本人或他人正在受到违法的侵害，其应具有制止不法侵害、保护合法权利的正当目的，自救行为必须控制在合理限度之内。然而在上述两个案件当中，我们不难发现的是，在当事人中，有一方都对另外一方进行了挑衅行为，但是对于该当事人的挑衅行为的回应却存在问题，本应该是正当防卫的行为，却超过了制止违法侵害必要限度，人们无法物质化侵害关系的后果，便是将付出比物质化更高的代价来实现纠纷的解决。具体到正当防卫问题上，如果人们不能始终以“制止不法侵害”为逻辑贯彻并指导自身的行为，就会将合法的报复视为正当防卫在法律制度中的形象，从而在审视正当防卫权利的场合，对其各项构成要件做倾向于复仇的理解。可见，将不法侵害限定在具有一定强度的“紧迫性”的范围内，是符合实际做法的。只有侵害急迫性、侵害强度相对较为激烈的不法行为，方可允许公民进行正当防卫。① 正当防卫在不当的情况下发展，就会使原本合规合法的行为逾越出本该有的边界，造成违法的行为，致使当事人双方都难逃法律的制裁，而原本相对无辜的一方也会因为自己的超过制止违法侵害必要限度的行为而遭受相应法律的惩罚。

解释的关键在于明确提出了制止违法侵害应具有抵抗的目的而非故意伤害，立法者的目的是防止斗殴的故意，结合社会发展的现状，法律人应考虑赋予该行为一定的历史解释即在限度范围内的抵抗不具有被处罚性。现实生活中，每个人都可能会遭遇侵权，公民遭遇无理的挑衅时可以根据比例原则高效地处理此类事宜，即应当在法律的尺度内维护自己的权益，让行为有所遵循，让生命有所庇护，法律与人文相互和谐，相得益彰。与此同时，公安机关对扰乱公共秩序、公共安全、妨害社

---

① 张洪成：《论正当防卫中不法侵害“紧迫性”的判断》，载《广西社会科学》2021年第1期。

会管理及侵犯人身权利、财产权利但尚不构成刑事犯罪的行为进行惩戒并加以引导，对于行为人是出于防卫意图还是出于斗殴故意，应结合事件的起因与经过、双方的语言、攻击力量对比以及是否饮酒或吸毒等表现予以综合认定。为了免受正在进行的违反治安管理行为的侵害而采取的制止违法侵害行为，不属于违反治安管理行为。当然，对事先挑拨、故意挑逗他人对自己进行侵害，然后以制止违法侵害为名对他人加以侵害的行为，以及斗殴的行为，应当给予治安管理处罚。①

第三节　治安行政处罚应根据基本事实准确适用法律

一、基础知识

行政处罚是指行政主体依照法定职权和程序对违反行政法规范，尚未构成犯罪的相对人给予行政制裁的具体行政行为。行政处罚特征是实施行政处罚的主体是作为行政主体的行政机关和法律法规授权的组织；行政处罚的对象是实施了违反行政法律规范行为的公民、法人或其他组织；行政处罚的性质是一种以惩戒违法为目的、具有制裁性的具体行政行为。

《中华人民共和国行政处罚法》第五条规定，行政处罚遵循公正、公开的原则。设定和实施行政处罚必须以事实为依据，与违法行为的事实、性质、情节以及社会危害程度相当。对违法行为给予行政处罚的规定必须公布；未经公布的，不得作为行政处罚的依据。第三十三条规定，违法行为轻微并及时改正，没有造成危害后果的，不予行政处罚。初次违法且危害后果轻微并及时改正的，可以不予行政处罚。当事人有证据足以证明没有主观过错的，不予行政处罚。法律、行政法规另有规定的，从其规定。对当事人的违法行为依法不予行政处罚的，行政机关应当对当事人进行教育。第三十六条规定，违法行为在二年内未被发现的，不再给予行政处罚；涉及公民生命健康安全、金融安全且有危害后果的，上述期限延长至五年。法律另有规定的除外。前款规定的期限，从违法行为发生之日起计算；违法行为有连续或者继续状态的，从行为终了之日起计算。第三十七条规定，实施行政处罚，适用违法行为发生时的法律、法规、规章的规定。但是，作出行政处罚决定时，法律、法规、规章已被修改或者废止，且新的规定处罚较轻或者不认为是违法的，适用新的规定。

---

① 王锦鹏：《论对违反治安管理行为侵害之应对——以校园治安案件为视角》，载《法律适用》2019 年第 18 期。

《中华人民共和国治安管理处罚法》第五十条规定，有下列行为之一的，处警告或者二百元以下罚款；情节严重的，处五日以上十日以下拘留，可以并处五百元以下罚款：（一）拒不执行人民政府在紧急状态情况下依法发布的决定、命令的；（二）阻碍国家机关工作人员依法执行职务的；（三）阻碍执行紧急任务的消防车、救护车、工程抢险车、警车等车辆通行的；（四）强行冲闯公安机关设置的警戒带、警戒区的。阻碍人民警察依法执行职务的，从重处罚。第七十八条规定，公安机关受理报案、控告、举报、投案后，认为属于违反治安管理行为的，应当立即进行调查；认为不属于违反治安管理行为的，应当告知报案人、控告人、举报人、投案人，并说明理由。第九十九条规定，公安机关办理治安案件的期限，自受理之日起不得超过三十日；案情重大、复杂的，经上一级公安机关批准，可以延长三十日。为了查明案情进行鉴定的期间，不计入办理治安案件的期限。

《公安机关办理行政案件程序规定》第五十三条第一款规定，对查获或者到案的违法嫌疑人应当进行安全检查，发现违禁品或者管制器具、武器、易燃易爆等危险品以及与案件有关的需要作为证据的物品的，应当立即扣押；对违法嫌疑人随身携带的与案件无关的物品，应当按照有关规定予以登记、保管、退还。安全检查不需要开具检查证。第一百五十四条第一款、第二款规定，违反治安管理行为在六个月内没有被公安机关发现，其他违法行为在二年内没有被公安机关发现的，不再给予行政处罚。前款规定的期限，从违法行为发生之日起计算，违法行为有连续、继续或者持续状态的，从行为终了之日起计算。第一百六十五条规定，公安机关办理治安案件的期限，自受理之日起不得超过三十日；案情重大、复杂的，经上一级公安机关批准，可以延长三十日。办理其他行政案件，有法定办案期限的，按照相关法律规定办理。为了查明案情进行鉴定的期间，不计入办案期限。对因违反治安管理行为人不明或者逃跑等客观原因造成案件在法定期限内无法作出行政处理决定的，公安机关应当继续进行调查取证，并向被侵害人说明情况，及时依法作出处理决定。

二、案件来源

朱某诉某某市政府行政处罚及行政复议案[①]

三、主要案情

一审法院经审理查明，自2003年以来，原告朱某租用宋某的某某区冶金路废

---

① 甘肃省高级人民法院（2017）甘行终264号行政裁定书。

品收购站营业执照，长期收购废品。2008 年 6 月 1 日，被告某某市公安局决定对朱某收购赃物案立案侦查。当月 16 日，朱某主动投案，17 日被某某市公安局刑事拘留，于 7 月 16 日取保候审。某某市公安局将查获的金属及现金 2 万元予以扣押，6 月 24 日、7 月 21 日分别出具各 1 万元现金扣押清单，7 月 30 日出具金属等物品扣押清单，并于当日将查获的金属向某某区再生资源回收公司变现处置，变现款 12.0257 万元。2015 年 7 月 2 日，某某市公安局将扣押的 2 万元现金退还朱某。因朱某向某某市人民检察院反映监督撤销刑事立案并纠正违法刑事侦查行为，退还或者赔偿被非法扣押财物，某某市人民检察院向某某市公安局发出《纠正违法通知书》。某某市公安局于 2016 年 3 月 15 日，以朱某隐匿、掩饰犯罪所得案上游犯罪无法查清为由，决定撤销刑事案件，转为行政案件。同年 4 月 26 日，某某市公安局在该局门口、朱某在某某居住处各张贴行政处罚告知公告。5 月 4 日，某某市公安局作出白公（治）决字〔2016〕第 37 号公安行政处罚决定，根据《废旧金属收购业治安管理办法》第三条、《中华人民共和国治安管理处罚法》第五十九条第四项之规定，对朱某行政拘留十日，并处罚款 1000 元。同日，该局根据《中华人民共和国治安管理处罚法》第十一条第二款之规定，作出白公（治）缴字〔2016〕第 37 号追缴决定，对扣押的生产性废旧金属变现款 12.0257 万元予以追缴。行政处罚决定与追缴物品清单邮寄送达给朱某。朱某不服，向某某市人民政府申请行政复议。某某市人民政府于同年 8 月 23 日作出白政复决字〔2016〕7 号行政复议决定，认为某某市公安局白公（治）决字〔2016〕第 37 号公安行政处罚决定认定事实清楚，证据确实充分，适用依据正确，内容适当，决定予以维持。朱某不服，提起行政诉讼。

另查明：某某市某某区人民法院于 2007 年 6 月 14 日作出（2007）白刑初字第 82 号刑事判决，认定朱某犯收购赃物罪，判处管制一年，并处罚金 1 万元。

四、案件核心

朱某因收购生产性废旧金属而受到行政处罚，公安机关和朱某争议的事实焦点是生产性废旧金属的认定，法律焦点则是个人能否收购生产性废旧金属、处罚程序是否符合法律规定？

五、裁判过程与结果

（一）一审裁判过程与结果

一审法院认为，根据《中华人民共和国行政诉讼法》规定，本案的审查对象是：1. 被告某某市公安局白公（治）决字〔2016〕第 37 号公安行政处罚决定的合法性；2. 某某市人民政府白政复决字〔2016〕7 号行政复议决定的合法性。

关于被告某某市公安局白公（治）决字〔2016〕第 37 号公安行政处罚决定的合法性问题。被告某某市公安局作出该行政处罚决定的法律依据为被处罚人朱某具有违反《废旧金属收购业治安管理办法》第三条“生产性废旧金属，按照国务院有关规定由有权经营生产性废旧金属收购业的企业收购。收购废旧金属的其他企业和个体工商户只能收购非生产性废旧金属，不得收购生产性废旧金属”及《中华人民共和国治安管理处罚法》第五十九条第四项“收购国家禁止收购的其他物品的”之情形。鉴于 2002 年 11 月 1 日发布的《国务院关于取消第一批行政审批项目目录》第一百一十一项取消了《废旧金属收购业治安管理办法》（公安部令第 16 号）第四条第一款设定的生产性废旧金属收购企业特种行业许可，故该办法第十三条第一款第一项“违反本办法第四条第一款规定，未领取特种行业许可证收购生产性废旧金属时，予以取缔，没收非法收购的物品及非法所得，可以并处 5000 元以上 10000 元以下的罚款”不适用于本案情形。该办法亦未规定有行政拘留的行政处罚种类。《中华人民共和国治安管理处罚法》第五十九条第四项规定，收购国家禁止收购的其他物品的处五百元以上一千元以下罚款；情节严重的，处五日以上十日以下拘留，并处五百元以上一千元以下罚款。被告某某市公安局作出行政处罚所依据的条款中所称的“禁止收购的其他物品”缺乏证据支持，属事实不清，证据不足。《国务院关于取消第一批行政审批项目目录》中对生产性废旧金属，已经取消了限制收购。2007 年 3 月 27 日商务部、公安部等部门发布的《再生资源回收管理办法》① 第二条、第八条规定，从事生产性废旧金属回收，仅需要向商务主管部门和公安机关备案。就本案而言，案发时废旧金属已不属于国家限制收购的物品的范畴，故某某市公安局以朱某收购国家禁止收购的其他物品为由对其进行行政处罚，适用法律明显错误，属于滥用职权行为，应予撤销。

关于某某市人民政府白政复决字〔2016〕7 号行政复议决定的合法性问题。经审查，某某市人民政府的行政复议程序虽合法，但其复议决定适用法律错误，处理结果明显不当，应予撤销。

综上，被告某某市公安局白公（治）决字〔2016〕第 37 号公安行政处罚决定事实不清，证据不足，滥用职权，适用法律错误，处罚不当；被告某某市人民政府白政复决字〔2016〕7 号行政复议决定，适用法律错误，处理结果明显不当。依照《中华人民共和国行政诉讼法》第七十条第二项、第三项、第四项之规定，判决如下：一、撤销被告某某市公安局白公（治）决字〔2016〕第 37 号公安行政处罚决

---

① 该办法现已修改。

定；二、撤销被告某某市人民政府白政复决字〔2016〕7号行政复议决定。

（二）二审裁判过程与结果

上诉人某某市公安局上诉称：1. 一审判决认定“对生产性废旧金属已经取消了限制收购”的认识有误。国务院关于取消第一批行政审批项目的决定，取消了第四条第一款设立生产性废旧金属收购企业特种行业许可，是指取消了企业申请登记程序中经营项目的前置批准许可，《废旧金属收购业治安管理办法》中与现行法律法规不冲突的其他规定仍然有效，且《甘肃省再生资源回收综合利用办法》第十八条也规定了废旧市政公用设施、生产性废旧金属应当由在工商部门注册的“生产性再生资源回收”经营企业进行收购和处置。2. 一审判决认定本案“禁止收购的其他物品”缺乏证据支持，与案件事实不符。本案扣押物品除少部分属于有赃物嫌疑的物品外，其他物品符合生产性废旧金属的定义。3. 一审判决认定上诉人滥用职权不成立。对违反治安管理行为行使处罚权是赋予公安机关的法定职责，《甘肃省再生资源回收综合利用办法》也赋予了公安机关负责再生资源回收的治安管理。4. 本案行政处罚合法。朱某无照经营，收购生产性废旧金属和部分有赃物嫌疑的物品，并未查验交售人信息并登记，其违反了《中华人民共和国治安管理处罚法》。上诉人依法对其收购国家禁止收购金属物品和有赃物嫌疑的物品行为从一重处，行政处罚并无不当。综上，请求撤销一审判决，维持行政处罚决定。

被上诉人朱某答辩称：1. 一审判决认定事实清楚，适用法律准确，判决结果公正，应予维持。上诉人作出的行政处罚决定所依据的首先是《废旧金属收购业治安管理办法》第三条规定，但国务院已经取消了设立生产性废旧金属收购企业特种行业许可，公安机关早在17年前已经无权许可设立生产性废旧金属企业特种行业许可的权利，被上诉人即使无证经营或者超范围经营，最多属于工商行政管理部门管辖的范围，现上诉人依据该条法律作出行政处罚决定属于适用法律错误。《甘肃省再生资源回收综合利用办法》生效的时间是2010年11月1日，但本案的发生时间是2008年5月31日前，故不能适用此行政规章。2. 本案中被上诉人所收购的物品是否属于生产性废旧金属，是否属于专用器材，没有专业机构的认定。综上，请求驳回上诉人的上诉请求，维持一审判决。

原审被告某某市人民政府述称：其作出的复议决定认定事实清楚，证据确凿，适用法律正确，程序合法，内容适当，请求撤销一审判决，维持行政复议决定。

本院经审理查明的事实与一审判决认定的事实基本一致，本院予以确认。

本院认为，本案是朱某因对某某市公安局作出的行政处罚决定不服而提起的行政诉讼。行政处罚作为典型的侵益行为，其实施必然导致对受处罚的行政相对人权利或者权益的剥夺。因此，行政处罚行为自始至终都应该严格贯彻处罚法定、处罚公正公开、教育与惩罚相结合等原则。本案应审查的焦点问题有两个：一是某某市公安局作出的行政处罚决定是否合法；二是某某市人民政府白政复决字（2016）7号行政复议决定是否合法。

（三）案件核心

某某市公安局作出的行政处罚决定是否合法?

某某市公安局作出的行政处罚决定是否合法，主要应审查六方面问题，具体为：1. 某某市公安局对本案诉争事实是否有处罚权；2. 认定事实的主要证据是否充分；3. 适用法律、法规是否正确；4. 处罚程序是否符合法律规定；5. 处理结果是否存在明显不当的情形；6. 是否存在滥用职权的情形。

关于某某市公安局对本案诉争事实是否有处罚权的问题。本案中，朱某因收购生产性废旧金属而受到行政处罚，双方争议的事实焦点是生产性废旧金属的认定和个人能否收购生产性废旧金属。生产性废旧金属和非生产性废旧金属的区别主要在其原有用途，生产性废旧金属原来主要用于工业生产，而非生产性废旧金属主要用于生活和农业生产。根据本案证据，朱某收购的废旧金属主要为铜、电机、不锈钢锌、铝等，属于生产性废旧金属。关于个人能否收购生产性废旧金属，即朱某收购生产性废旧金属的行为应否受到行政处罚的问题。《废旧金属收购业治安管理办法》第三条规定："生产性废旧金属，按照国务院有关规定由有权经营生产性废旧金属收购业的企业收购。收购废旧金属的其他企业和个体工商户只能收购非生产性废旧金属，不得收购生产性废旧金属。"第四条规定："收购生产性废旧金属的企业，应当经其业务主管部门审查同意，向所在地县级人民政府公安机关申请核发特种行业许可证，并向同级工商行政管理部门申请登记，领取特种行业许可证和营业执照后，方准开业。收购非生产性废旧金属的企业和个体工商户，应当向所在地县级人民政府工商行政管理部门申请登记，领取营业执照，并向同级公安机关备案后，方准开业。"虽然2002年11月1日发布的《国务院关于取消第一批行政审批项目目录》第一百一十一项取消了《废旧金属收购业治安管理办法》第四条第一款设定的生产性废旧金属收购企业特种行业许可，但上述法律其他法条并未作废。且根据《再生资源回收管理办法》第八条第一款规定："回收生产性废旧金属的再生资源回收企业和回收非生产性废旧金属的再生资源回收经营者，除应当按照本办法第七条规定向商务主管部门备案外，还应当在取得营业执照后15日内，向所在地县级人民政府公安机关备案。"根据上述规定，对收购生产性废旧金属由前置许可变为登记备案，取消了公安部门的特种许可，但收购主体是企业的规定并没有发生变化。本案中朱某租用的是个体工商户宋某的废品收购营业执照，故朱某不具有收购生产性废旧金属的主体资格，其收购行为应予行政处罚，某某市公安局对本案诉争事实具有行政处罚权。

关于认定事实的证据是否充分的问题。本案是经刑事侦查转为行政处罚的案件，行政处罚中所适用的证据全部是刑事侦查中所获得的证据。据此，在证据方面应予审查的关键问题：一是在刑事侦查中所获得的证据能否作为行政处罚决定的证据直接使用；二是上述证据是否充分。关于第一个问题，《公安机关办理行政案件程序规定》第二十九条规定："刑事案件转为行政案件办理的，刑事案件办理过程中收集的证据材料，可以作为行政案件的证据使用。"故本案中某某市公安局在对朱某刑事侦查中获得的证据，可以作为行政处罚决定的证据使用。第二个问题是上述证据是否充分。本案作为行政处罚的证据主要有公安机关制作的搜查笔录、扣押物品清单、文件清单、对朱某的讯问笔录以及对张玉某、张翠某的询问笔录等证据。从在卷的上述证据可以证实朱某非法收购生产性废旧金属 13.625 吨的事实，故本案被诉处罚决定认定事实的证据确实充分。

关于处罚程序是否符合法律规定的问题。本案中，根据案卷材料和庭审陈述，某某市公安局所作的行政处罚决定在程序上存在以下问题：

一是送达方式不符合法律规定。法律规定的送达方式有直接送达、留置送达和邮寄送达，在以上三种方式均无法送达时才可以进行公告送达。本案中某某市公安局有朱某本人的联系方式、地址，即使无法进行直接送达和留置送达，也可以进行邮寄送达，其选择公告送达在无形中剥夺了朱某获得陈述和申辩的权利。而陈述权和申辩权是行政相对人享有的法定权利，不应剥夺或者变相剥夺。

二是未告知当事人陈述权和申辩权。根据案卷材料和庭审陈述，某某市公安局在作出行政处罚决定时经电话联系，因朱某在安徽老家办丧事，某某市公安局在处罚公告中告知了陈述权和申辩权，但因将公告张贴在公安局和朱某租住房屋门口，未能直接送达，致使朱某不能及时行使陈述权和申辩权，也无证据证明朱某放弃了陈述权和申辩权。

三是未告知当事人听证权。根据《中华人民共和国行政处罚法》第四十二条第一款规定："行政机关作出责令停产停业、吊销许可证或者执照、较大数额罚款等行政处罚决定之前，应当告知当事人有要求举行听证的权利……"本案中某某市公安局对朱某作出的是行政拘留十日，并处罚款 1000 元的行政处罚，属于应告知当事人听证权的行为，现无证据证明某某市公安局告知了朱某听证权。

四是关于行政处罚决定未经集体讨论的问题。公安机关作出治安行政处罚决定，除遵照《中华人民共和国治安管理处罚法》外，还要符合《中华人民共和国行政处罚法》的相关规定。处以行政拘留十日、罚款 1000 元的治安行政处罚决定属于《中华人民共和国行政处罚法》第三十八条第二款规定的“对情节复杂或者重大违法行为给予较重的行政处罚”，公安机关负责人应当集体讨论决定。本案发回重审时指出了这个问题，一审法院经审查认为某某市公安局提交了集体讨论的证据，经二审审查，其提交的是某某市公安局 2016 年 3 月 10 日的会议记录，讨论的是撤销刑事案件转为行政案件，并非对行政处罚决定的集体讨论，故本案无证据证明此行政处罚决定经过了某某市公安机关负责人集体讨论决定。

另外，关于追诉时效问题。《中华人民共和国行政处罚法》第二十九条规定：“违法行为在二年内未被发现的，不再给予行政处罚。法律另有规定的除外。前款规定的期限，从违法行为发生之日起计算；违法行为有连续或者继续状态的，从行为终了之日起计算。”《中华人民共和国治安管理处罚法》第二十二条第一款规定：“违反治安管理行为在六个月内没有被公安机关发现的，不再处罚。”上述法律对于没有被发现的违法行为的追诉时效作了明确规定。本案中，某某市公安局于 2008 年 6 月对朱某的违法行为立案侦查，2016 年 3 月 15 日撤销刑事案件转为行政案件，2016 年 5 月 4 日作出行政处罚决定。从违法行为发生到受到行政处罚经过了近 8 年的时间，虽然不属于上述法律规定的“未被发现的违法行为”，不适用上述法律关于追诉时效的规定，但从行政处罚法设定追诉时效的目的看，本案对非法收购生产性废旧金属的行为在立案侦查八年后撤销刑事案件转为行政案件进行行政处罚不符合行政处罚法关于教育与惩罚相结合的原则。行政处罚法之所以规定两年的行政处罚追诉期，其目的就是在短时间内使违反行政法规的行为得到惩处。一方面，促使行政相对人改正错误，恢复行政管理秩序；另一方面，使行政相对人为违法行政行为付出代价，预防同样违法行为的再次发生，同时警示其他行政相对人。《中华人民共和国行政处罚法》第一条规定：“为了规范行政处罚的设定和实施，保障和监督行政机关有效实施行政管理，维护公共利益和社会秩序，保护公民、法人或者其他组织的合法权益，根据宪法，制定本法。”第五条规定：“实施行政处罚，纠正违法行为，应当坚持处罚与教育相结合，教育公民、法人或者其他组织自觉守法。”本案在启动刑事侦查后，违法行为就已经终止，违法行为已经不再具有社会危害性，某某市公安局在刑事侦查期间也已经给予朱某 30 日刑事拘留，在长达八年的侦查中，行政关系和社会管理秩序在新的条件下也已经得到了修护，故对此行为再进行行政处罚已经不具有教育警示、纠正违法行为的目的，有违行政处罚的立法目的。

综上，根据《中华人民共和国行政处罚法》第三十六条、第四十一条、第四十二条和《公安机关办理行政案件程序规定》第三十三条、第九十四条、第九十九条、第一百四十三条和《中华人民共和国治安管理处罚法》第九十四条规定，某某市公安局作出的行政处罚决定违反法定程序。

关于适用法律、法规是否正确的问题。本案行政处罚决定适用的法律是《中华人民共和国治安管理处罚法》第五十九条第四项的规定和《废旧金属收购业治安管理办法》第三条的规定。本案认定的基本事实是朱某因非法收购生产性废旧金属而被某某市公安局给予行政处罚。《废旧金属收购业治安管理办法》第三条规定："生产性废旧金属，按照国务院有关规定由有权经营生产性废旧金属收购业的企业收购。收购废旧金属的其他企业和个体工商户只能收购非生产性废旧金属，不得收购生产性废旧金属。"《中华人民共和国治安管理处罚法》第五十九条规定："有下列行为之一的，处五百元以上一千元以下罚款；情节严重的，处五日以上十日以下拘留，并处五百元以上一千元以下罚款：（一）典当业工作人员承接典当的物品，不查验有关证明、不履行登记手续，或者明知是违法犯罪嫌疑人、赃物，不向公安机关报告的；（二）违反国家规定，收购铁路、油田、供电、电信、矿山、水利、测量和城市公用设施等废旧专用器材的；（三）收购公安机关通报寻查的赃物或者有赃物嫌疑的物品的；（四）收购国家禁止收购的其他物品的。"第四项所指"国家禁止收购的其他物品"，主要是指国家法律、行政法规、规章明令禁止收购的物品，如收购报废的不能直接使用的枪支、弹药等，而收购生产性废旧金属并不属于第四项所指的"国家禁止收购的其他物品"。根据上述规定和本案事实，某某市公安局对朱某非法收购生产性废旧金属的行为适用《中华人民共和国治安管理处罚法》第五十九条第一款第四项进行处罚，属于适用法律不当。

关于处罚结果是否公正的问题。如果公安机关根据违法行为的性质、情节、对社会的危害程度等因素综合考虑，在自由裁量权的幅度范围内对违法者作出行政处罚，就不属于显失公正。根据《中华人民共和国治安管理处罚法》第十九条第一款第四项规定，对于主动投案，向公安机关如实陈述自己的违法行为的，减轻处罚或者不予处罚。本案中，某某市公安局根据《中华人民共和国治安管理处罚法》第五十九条第四项规定，对朱某非法收购生产性废旧金属的行为作出拘留十日，罚款一千元的顶格处罚，并未考虑本案中朱某在刑事侦查阶段存在主动投案的情节，有违罚过相当原则和比例原则。

关于某某市人民政府白政复决字〔2016〕第7号行政复议决定的合法性问题。经审查，某某市人民政府的行政复议程序虽合法，但其复议决定适用法律错误，处理结果明显不当，应予撤销。综上，一审判决认定事实清楚，裁判结果正确。依据《中华人民共和国行政诉讼法》第八十九条第一款第一项之规定，判决如下：驳回上诉，维持原判。

六、类案比较

（一）案件来源

杨某诉某某县公安局治安执法行为案①

（二）主要案情

经审理查明，2018 年 10 月 10 日 10 时许，某某县公安局某某派出所接到 110 指令后，民警张某带领警务辅助人员前往某某县某某城停车场处理打架纠纷，到达现场询问纠纷起因和过程，初步查明杨某有殴打他人行为，口头传唤杨某到某某派出所进一步接受调查。在民警多次口头传唤后，杨某当场口头表示拒绝，民警采取抓臂方式强行将杨某带入警车。在此过程中，杨某用双手拉扯民警上衣领口。带上警车后，杨某的妻子桂某抱着外孙进入警车，以杨某患有心脏病需要陪同为由，要求一起乘坐警车前往派出所，民警劝说过程中，杨某将孩子揽入自己怀中，后桂某自行离开警车。

警车到达某某派出所后，杨某继续坐在警车上拨打电话，民警多次要求其下车，杨某才抱着外孙下车。民警要求杨某进入办案区接受调查，杨某继续坐在办案大厅长椅上拨打电话，民警多次口头要求杨某进入办案区，杨某拒绝服从，在通完电话后杨某自行步入办案区。在办案区内，民警要求杨某将孩子暂时交给民警看管，主动交出随身物品进行登记保存，杨某口头表示拒绝配合，民警采取抓臂方式强行对杨某进行人身检查。检查过程中，杨某自行倒地，称自己心脏病发作，民警遂拨打“120”急救电话，停止人身检查。“120”医务人员到场后，当场对杨某进行心电图检测，确认心脏病发作，杨某的家属陪同杨某前往医院治疗，于 2018 年 12 月 12 日出院。

2019 年 2 月 27 日，民警张某向某某县公安局某某工业园区派出所报案，称张某等人在 2018 年 10 月 10 日执行职务过程中，杨某实施了阻碍执法的行为，某某工业园区派出所对该报案当日立案。立案后，某某派出所向某某工业园区派出所移交 2018 年 10 月 10 日出警现场及办案区共三段视频资料、相关询问笔录。某某工业园区派出所对杨某进行两次书面传唤，杨某于 2019 年 4 月 3 日到达派出所接受了询问。2019 年 5 月 13 日，某某工业园区派出所对杨某制作《行政处罚告知笔录》，以阻碍执行职务为由，公安机关拟依据《中华人民共和国治安管理处罚法》第五十条第一款第二项、第二款的规定对杨某进行处罚，杨某在告知笔录上签写“不符合事实，继续走法律程序”的书面意见。2019 年 6 月 21 日，某某县公安局

① 宁夏回族自治区银川市中级人民法院（2020）宁 01 行终 52 号行政裁定书。

作出贺公（德）行罚决字〔2019〕10383号行政处罚决定书，杨某于2019年6月24日签收。2019年6月25日，杨某向某某县公安局提交《暂缓执行行政拘留申请书》，以不服行政处罚决定，准备提起行政诉讼为由，请求暂缓执行。某某县公安局于2019年6月28日作出决定，对杨某暂缓执行行政拘留。

另查明，2018年10月10日，报案人邵某向某某派出所出具《调解协议》，内容主要为杨某已赔偿邵某1000元，不再追究杨某责任。杨某自2018年10月30日起开始向某某自治区公安厅反映张某在2018年10月10日执法中的问题，至今尚无结论。

以上事实，有被告某某县公安局提交的治安处罚案卷在案为凭，予以印证。治安处罚案卷材料主要包括：受案登记表、受案回执、接受证据清单（110接处警信息表、人民警察证、视频资料、情况说明、调解协议）、传唤证、被传唤人家属通知书、某某县某某工业园区派出所办案区人身检查登记表及办案区使用情况登记表、杨某2019年4月3日询问笔录、杨某工作证、聘书、其他涉案人员询问笔录、行政处罚告知笔录、行政处罚审批表、行政处罚决定书、暂缓执行行政拘留申请书、担保人保证书、暂缓执行行政拘留决定书。

（三）案件核心

某某县公安局民警依法执行职务过程中，杨某拒不履行守法义务，拒不配合公安机关调查处理案件，实施阻碍执行职务的违法行为，一是在某某县某某城停车场拒不配合传唤，二是在某某派出所办案区拒不配合人身检查。超出法定期限作出的处罚决定是否应确认违法进而影响杨某的处罚。

（四）裁判过程与结果

1. 一审裁判过程与结果。

一审法院认为，被告某某县公安局作为县级地方人民政府公安机关，依照《中华人民共和国治安管理处罚法》第七条的规定，享有对其行政区域内违反治安管理行为进行管理的职权。《公安机关办理行政案件程序规定》属于部门规章，是公安机关在执行《中华人民共和国治安管理处罚法》过程中对法律规定的进一步细化。针对本案当事人的争议事项，经本院对涉案行政行为进行全面审查，分叙如下：

第一，关于违法行为的认定方面。

某某县公安局在行政处罚决定书中认定杨某在2018年10月10日实施阻碍执行职务的违法行为，包括两个方面，一是在某某县某某城停车场拒不配合传唤，二是在某某派出所办案区拒不配合人身检查。

公安110指挥中心接到打架报警后，指令某某派出所出警，民警张某带领警务辅助人员驾驶警车到达某某县某某城停车场进行处理，属于人民警察依法执行职务的情形。《公安机关办理行政案件程序规定》第五十四条、第五十六条规定，公安机关在办理行政案件时，可以依法采取强制传唤的行政强制措施，情况紧急，当场实施行政强制措施的，办案人民警察应当在二十四小时内依法向其所属的公安机关负责人报告，并补办批准手续。执法视频记载出警人员张某身着人民警察制服，警用车辆停放在出警现场，张某当场口头多次要求杨某上警车前往某某派出所接受调查，言语文明，表达意思明确，杨某当场口头拒绝，民警遂采取抓臂方式强行将杨某带入警车，该执法行为符合上述规定。在此过程中，杨某躺倒在地，用手抓扯民警衣服，口称其胳膊被扭断，杨某的上述行为和言语构成对人民警察依法执行职务的阻碍。

在执法办案区的人身检查室，民警让杨某将孩子交给民警暂时看护，要求杨某主动交出随身物品，指明墙壁上写有人身检查规定，告知其配合，杨某口称手机不构成人身威胁，拒绝交出，同意民警强行检查。在检查过程中，杨某手指警察质问为何偷其东西，口称“你是个什么东西”“凭什么偷我东西”“我不用接受检查”等内容。民警采取抓臂方式对杨某进行约束，强行进行人身检查，杨某扭动身体反抗，自行躺倒在地。上述过程有视频资料清晰记载，民警在对杨某人身检查过程中采取的上述行为符合上述规定。杨某称民警在办案区用手机拍摄的视频资料不能全面客观地记录现场情况，但未能提交证据证明该视频资料存在剪辑、伪造或后期处理等情形，本院对该意见不予采纳，故杨某在办案区的行为和言语构成对人民警察依法执行职务的阻碍。

第二，关于行政处罚程序。

杨某的行为发生在 2018 年 10 月 10 日，民警张某报案时间为 2019 年 2 月 27 日，尚未超过法律规定中的期限，某某县公安局某某工业园区派出所收到报案后审查予以立案。立案后，某某工业园区派出所接收某某派出所移交的相关材料，向涉案当事人进行调查询问，作出处罚前向杨某进行了告知，杨某虽有异议，但没有提交陈述和申辩材料及证据。某某县公安局根据调查结果作出行政处罚决定书，及时向杨某送达。

综上，该治安案件的办理程序符合《公安机关办理行政案件程序规定》。针对杨某提出“如果原告真正阻碍了民警合理执法，当时就会被立案追查，不会等到原告投诉后才追究，被告利用公权力对原告立案调查，其目的是给原告施加压力，逼迫原告撤回对民警的投诉”的意见，杨某提交了中共某某自治区监委驻公安厅纪检监察组 2019 年 1 月 28 日作出的（2019）5 号督办通知单和某某工业园区派出所 2019 年 2 月 27 日的《受案登记表》，因纪检部门对于杨某的投诉事项并未作出调查结论，故本院对杨某的意见不予采纳。

关于办案期限，根据《公安机关办理行政案件程序规定》第一百六十五条规定，本案中，某某县公安局某某工业园区派出所对民警张某的报案于 2019 年 2 月 27 日以治安案件立案，某某县公安局于 6 月 21 日对杨某作出行政处罚决定，办案时长 113 日，某某县公安局未向本院提交上一级公安机关批准延长办案期限的相关证据，故其办案期限违反上述规定。

第三，关于法律适用和量罚幅度方面。

根据《中华人民共和国治安管理处罚法》第五十条第一款规定，本案中，民警依法传唤杨某前往派出所接受调查时，传唤地点为集贸市场，时间为 10 时左右，视频资料载明在场围观人员众多，民警对杨某实施强制传唤过程中，杨某实施躺倒在地，用手抓扯民警衣服，口称其胳膊被扭断等行为；民警在办案区依法对杨某进行人身检查过程中，杨某手指警察质问为何偷其东西，口称“你是个什么东西”“凭什么偷我东西”“我不用接受检查”，并扭动身体进行反抗。杨某担任中学教师多年，现为某大学客座教授，在民警依法执行职务过程中，应当履行公民守法义务，积极配合公安机关调查处理案件，但杨某实施的上述行为，客观上侵犯了公安机关依法对社会进行管理的职能活动，行为后果上使执行公务活动正常秩序受到影响，执行公务工作不能顺利进行，致使民警个人的人格尊严，人民警察执行公务的严肃性和权威性均受到严重损害，该行为具有社会危害性，某某县公安局依据上述法律规定对杨某作出行政拘留七日的决定，适用法律正确，裁量适当。

某某县公安局对民警张某报案的治安案件办理期限超过规定期限 83 日，但某某县公安局在办理该治安案件过程中，依法保障了杨某享有的陈述、申辩等重要程序性权利，且杨某的违法行为应当受到追究，否则将会给国家利益、社会公共利益造成重大损害，故本院对杨某提出的撤销行政处罚请求不予支持。综上，依照《中华人民共和国行政诉讼法》第七十四条第一款第一项之规定，判决如下：确认被告某某县公安局 2019 年 6 月 21 日作出的贺公（德）行罚决字〔2019〕10383 号《行政处罚决定书》违法。

案件受理费 50 元，由原告杨某负担。

如不服本判决，可以在判决书送达之日起十五日内向本院递交上诉状，并按对方当事人的人数提出副本，上诉于某某自治区某某市中级人民法院。

2. 二审裁判过程与结果。

二审法院认为，被上诉人某某县公安局认为上诉人杨某阻碍被上诉人执法，于 2019 年 6 月 21 日作出贺公（德）行罚决字〔2019〕10383 号行政处罚决定书。就该行政处罚决定书，上诉人已向一审法院另案提起行政诉讼，案号为某某铁路运输法院（2019）宁 8601 行初 291 号行政案件。在该案中，上诉人请求撤销上述行政处罚决定书。本案二审期间，该案一、二审均已审理终结。上诉人在该案所诉行政违法事实与本案行政违法事实相同。《中华人民共和国行政诉讼法》第六条规定，人民法院审理行政案件，对行政行为是否合法进行审查。该审查包括具体行政行为的职责权限、事实根据、行政程序、法律依据、行为目的等方面，不受当事人诉讼请求和理由的拘束。某某铁路运输法院（2019）宁 8601 行初 291 号行政案件中，一审法院已就上诉人是否实施拒不配合传唤和拒不配合人身检查的行为进行审查外，还对被上诉人对上诉人采取的口头传唤、强制传唤和强行人身检查等行为是否合法进行了审查。故上诉人在本案一审所提起的诉讼请求以及所依据的事实和理由已经被某某铁路运输法院（2019）宁 8601 行初 291 号案件的裁判所包含，该案现已生效。上诉人的起诉属于重复起诉，依法应予驳回。综上，上诉人的上诉理由不能成立，其上诉请求，本院不予支持。一审裁定认定事实清楚，适用法律正确，程序合法。依照《中华人民共和国行政诉讼法》第八十九条第一款第一项的规定，裁定如下：驳回上诉，维持原裁定。本判决为终审裁定。

七、理论探讨与执法指引

办理治安案件要熟悉治安管理类的法律法规结合《中华人民共和国民法典》进行研判，但掌握《中华人民共和国刑法》很关键。由于社会不断发展变化，构建一个层级合理较为科学的法律责任体系相对困难，在一体化的违法责任视野下，哪些事项由民事法律调整，哪些由行政或刑事法律调整，必须注重社会发展变化需求和基本的权利保护及兼顾公权力的介入深度和广度。《中华人民共和国治安管理处罚法》虽为行政法属性，但其与刑事法律有着一定的联系。抛除较为纯粹的“秩序犯”，现行《中华人民共和国治安管理处罚法》规定的各种“违反治安管理行为”与《中华人民共和国刑法》规定的一些“犯罪”存在高度重合或相近，二者需要解决其衔接问题。①

处理好公安机关自身内部的“两法”衔接问题。也就是公安机关自己在行政与刑事执法领域存在的“两法”立法和具体适用两大环节的衔接处理问题。应针对违反治安管理行为名称、刑法罪名相同的行为以刑事立案标准为阀门和阈值进行动态调整，把其交给刑事政策调整，保持二者的张力与弹性。例如，《中华人民共和国刑法修正案（八）》对盗窃罪构成的调整，除了盗窃数额外，特定场所的盗窃行为“入罪”化，这就给办理治安案件带来新变化，如果仅仅是“数额犯”直接调整数字阈值即可，而与扒窃、入室盗窃“行为犯”相近的公共场所“公然”盗窃

---

① 崔向前：《〈治安管理处罚法〉修改之建议》，载《新疆警察学院学报》2016 年第 4 期。

则需要认真研究其危害性和处罚幅度问题。这些，随着社会发展变化，违法犯罪行为方式的升级和危害程度的变化，可以进行动态调整。

处理好与相关行政执法部门的外部衔接问题。针对刑法修改后的缺位，特别是民生立法视野下的环境资源、食品安全领域的违法行为应该立即完善补充到位。例如，《中华人民共和国刑法修正案（八）》修改了环境资源类犯罪的入罪门槛，取消了结果要件，变成了行为犯和情节犯，入罪门槛改为行为“情节严重”，体现了立法者更加严厉地打击环境资源领域违法犯罪的本意，《中华人民共和国治安管理处罚法》就要跟进制裁种类和措施，环境污染领域可以结合现有法条投放危险物质、固体废弃物等补充扩展完善；食药品领域也应该对单位违法和直接参与者进行立法规制。

本节典型案例一方面涉及不同行政规范之间的衔接，另一方面涉及治安处罚的程序。在典型案例启动刑事侦查后，违法行为就已经终止，违法行为已经不再具有社会危害性，公安局在刑事侦查期间也已经给予朱某30日刑事拘留，在长达八年的侦查中，行政关系和社会管理秩序在新的条件下也已经得到了修护，故对此行为再进行行政处罚已经不具有教育警示、纠正违法行为的目的，有违行政处罚的立法目的。从类案来看，公安局对民警张某报案的治安案件办理期限虽然超过规定期限83日，不符合《最高人民法院关于适用〈中华人民共和国行政诉讼法〉的解释》第九十六条关于处理期限轻微违法的规定，属于违反法定程序的情形，但公安局在办理该治安案件过程中，依法保障了杨某享有的陈述、申辩等重要程序性权利，杨某的违法行为还是应当受到追究。

第四节　应收缴赌资的范围及赌博行为量罚标准

一、基础知识

赌博，是指以财物进行具有结果偶然性输赢的赌事或者博戏的行为。偶然的输赢，是指结果取决于偶然因素，这种偶然因素对当事人而言系不可预见、不可确定且不可左右的。赌博问题败坏社会风气、滋生违法犯罪，直接危害人民群众财产安全和社会安全稳定。一直以来，全国公安机关紧紧抓住涉赌问题不放，健全完善常态整治机制，组织开展系列专项行动，强力挤压赌博活动违法犯罪空间，然而，受各种复杂因素影响，赌博违法犯罪出现一些新情况、新特点。

《中华人民共和国治安管理处罚法》第七十条规定，以营利为目的，为赌博提供条件的，或者参与赌博赌资较大的，处五日以下拘留或者五百元以下罚款；情节严重的，处十日以上十五日以下拘留，并处五百元以上三千元以下罚款。第十一条规定，办理治安案件所查获的毒品、淫秽物品等违禁品，赌具、赌资，吸食、注射毒品的用具以及直接用于实施违反治安管理行为的本人所有的工具，应当收缴，按照规定处理。违反治安管理所得的财物，追缴退还被侵害人；没有被侵害人的，登记造册，公开拍卖或者按照国家有关规定处理，所得款项上缴国库。

江苏省公安厅《赌博违法案件裁量指导意见》（苏公规〔2019〕1号）① 规定：

“二、对赌博活动中的交通、通讯工具的处理

“对参与赌博人员使用的交通、通讯工具用作赌注的，应当收缴。

“在以营利为目的，聚众赌博、开设赌场，或者发行、销售‘六合彩’等其他私彩为赌博提供条件，尚不够刑事处罚的案件中，违法行为人本人所有的用于纠集、联络、运送参赌人员以及用于望风护赌的交通、通讯工具，应当认定为作案工具依法予以收缴。

“三、对赌博行为治安处罚的裁量标准

“对赌博行为作出治安处罚，应当坚持公平公正、同等情况同等对待，依据赌博方式、赌资数额，并结合其他情节确定处罚幅度。

“（一）有下列情形之一的，处500元以下罚款：

“1. 参与聚众赌博、网络赌博、赌博机赌博、赌场赌博、‘六合彩’以及其他私彩方式赌博，个人赌资或者人均赌资100元以上、不满500元的；

“2. 参与其他赌博活动，个人赌资或者人均赌资500元以上、不满2000元的。

“（二）有下列情形之一的，处5日以下拘留：

“1. 参与聚众赌博、网络赌博、赌博机赌博、赌场赌博、‘六合彩’以及其他私彩方式赌博，个人赌资或者人均赌资500元以上、不满1000元的；

“2. 参与其他赌博活动，个人赌资或者人均赌资2000元以上、不满5000元的；

“3. 一年内因赌博被治安管理处罚后又实施的。”

《体育总局 公安部关于严肃查处赌博、假球等违规违纪违法行为 切实强化行业自律自治的通知》规定：“二、严格落实规定，依法加强管理。各地方体育部门、体育总局有关业务职能部门、各项目管理中心和协会要按照《体育赛事活动管理办法》《体育总局 公安部关于加强体育赛场行为规范管理的若干意见》等规定要求，加强对体育赛事活动和赛场行为的规范管理。运动员、教练员、裁判员等人员不得参加任何形式的赌博活动，不得利用赛事活动内幕信息进行交易或牟利，不得通过

---

① 《赌博违法案件裁量指导意见》，载江苏省公安厅网站，http：//gat. jiangsu. gov. cn/art/2019/2/26/art_59265_8243740. html，最后访问时间：2022年3月22日。

任何不正当手段试图获取赛事活动内幕信息或操纵比赛。对打假球等行为，要及时依规依纪依法作出严肃处理；发现赌博行为的，要及时向公安机关报告或者举报，并协助依法查处。”

二、案件来源

赵某某诉某市公安局、某市人民政府治安行政处罚和行政复议案①

三、主要案情

某省某市人民法院一审审理查明，2017 年 7 月 28 日 11 时许，赵某某回家途经某市××北区“某”门店时，进入该门店开始玩“J”板机，赵某某交给该店服务员 20 元上了 2000 分，采取单注上分 100 分（1 元）的玩法。不久某某市公安局民警赶到将赵某某带离该门店，此时赵某某尚无输赢。在某公安局某派出所期间，某市公安局民警从赵某某身上搜走现金 172. 5 元。同日，某某市公安局作出某公（某）决字〔2017〕第 0767 号《公安行政处罚决定书》，内容为：2017 年 7 月 28 日，违法嫌疑人赵某某在某市××北区“某”店内与刘某山、刘某新利用“J”板机进行赌博，上分 20 元，没有输赢。根据《中华人民共和国治安管理处罚法》第七十条之规定，决定对赵某某行政拘留五日。目前该拘留决定已执行完毕。后赵某某对该行政处罚决定不服申请行政复议，11 月 2 日，某某市人民政府作出某政复决字〔2017〕第 4 号《行政复议决定书》，决定维持某市公安局作出的某公（某）决字〔2017〕第 0767 号《公安行政处罚决定书》。另查明，涉案“J”板机由一台显示器和 6 个按钮等组件组成，玩家先下分，后会出现 5 张扑克牌，根据 5 张扑克牌大小定输赢，一对 J 以上为赢，以下为输，出现三张一样的牌翻三番，出现四张一样的牌翻 60 番，单注可为 1~250 分，如玩家赢可按 1 分兑换 1 分钱的比例从店家兑换现金。2017 年 7 月 28 日，某市公安局就从赵某某身上搜走的 172. 5 元开出某公（某）缴〔2017〕0767 号《收缴物品清单》，内容为：根据《中华人民共和国治安管理处罚法》第十一条第一款规定，对物品持有人赵某某的 172. 5 元予以收缴。且该 172. 5 元已上缴国库。

四、案件核心

“J”板机系扑克牌机的一种，具有计分、退分功能，而分值可以兑换成现金返还给玩家，属于赌博机；且“J”板机规则与“斗牛”赌博方式类似，可依法纳入

---

① 湖南省高级人民法院（2019）湘行再 74 号行政判决书。

上述条文中的“等赌博方式”之内并予以治安处罚。

五、裁判过程与结果

（一）一审裁判过程与结果

一审法院认为，《某省公安行政处罚裁量权基准》系针对《中华人民共和国治安管理处罚法》的细化规定，被告某市公安局依据《某省公安机关行政处罚裁量基准》处理本案于法有据。该裁量基准第八十三条规定参与“地下六合彩”“赌球”“扳砣子”“斗牛”“三跟（公）”“推牌九”等方式的赌博，单注金额二十元以下或者全场输赢二千元以下的情形为赌博的一般违法行为。因上述赌博方式输赢快，造成的社会危害性大，故《某省公安行政处罚裁量基准》将上述赌博方式列入重点打击对象，且上述条文中的“等赌博方式”应理解为“等外等”为宜。本案中的涉案“J”板机性质上与上述赌博方式相同，可依法纳入上述条文中的“等赌博方式”之内。故该院对原告赵某某主张其单注金额低于20元，上分金额仅20元，其属于娱乐，不构成一般赌博违法行为的请求不予支持。被告某市公安局作出的某公（某）决字〔2017〕第0767号《公安行政处罚决定书》认定事实清楚、证据确实充分，程序合法，法律适用准确，裁量得当，予以支持；被告某市人民政府复议程序合法，复议决定于法有据，亦予以支持。

产生国家赔偿的前提有二，为行政行为被确认违法。因被告某市公安局作出的某公（某）决字〔2017〕第0767号《公安行政处罚决定书》合法，故原告赵某某的行政赔偿请求于法无据，不予支持。原告赵某某主张由被告退回被没收的172.5元，因原告在本案中并未提出对某市公安局收缴172.5元行政决定进行合法性审查的申请，原告的该项主张实质系单独提出行政赔偿请求。同时国家赔偿法规定单独提出国家赔偿申请的，应先向赔偿义务机关提出。故该院对原告的该项诉求不作审理，原告赵某某可通过另案途径解决。综上，根据《中华人民共和国国家赔偿法》第九条、《中华人民共和国行政诉讼法》第六十九条、《最高人民法院关于审理行政赔偿案件若干问题的规定》第三十三条之规定，并经该院审判委员会研究，判决如下：一、驳回原告赵某某的诉讼请求；二、驳回原告赵某某的行政赔偿请求。本案诉讼费用50元，由原告赵某某承担。

（二）二审裁判过程与结果

某市中级人民法院二审审理查明，《被传唤人家属通知书》《行政拘留家属通知书》中有上诉人赵某某在“被传唤人签名或捺印”空白处的签名，并在“电话通知”一栏前打了“√”且填写了之妻阳某某的电话号码，经法庭询问，某市公安局陈述是让上诉人赵某某以电话通知的方式通知其家属。一审法院查明的其他事实清楚，该院予以确认。

某省某市中级人民法院审理认为，《某省公安行政处罚裁量权基准》系针对《中华人民共和国治安管理处罚法》的细化规定，某市公安局依据《某省公安机关行政处罚裁量基准》处理本案于法有据。《某省公安行政处罚裁量标准》第八十三条规定，参与“地下六合彩”“赌球”“扳砣子”“斗牛”“三跟（公）”“推牌九”等方式赌博，单注金额在二十元以下或全场输额二千元以下的，处5日以下拘留或者500元以下罚款。本案中，“J”板机系扑克牌机的一种，具有计分、退分功能，而分值可以兑换成现金返还给玩家，属于赌博机；且“J”板机规则与“斗牛”赌博方式类似，可依法纳入上述条文中的“等赌博方式”之内，故本院对上诉人赵某某主张其单注金额低于20元，上分金额仅20元，其属于娱乐，不构成一般赌博违法行为的请求不予支持。

关于程序的问题。《被传唤人家属通知书》《行政拘留家属通知书》签名或捺印处均有签名，且“电话通知”一栏前打“√”并填写了之妻阳某某的电话号码，原审上诉人并未提交证据证明某市公安局未履行通知家属的程序。对其该上诉观点本院亦不予支持。对于上诉人申请的赔偿问题。因某市公安局作出的某公（某）决字〔2017〕第0767号《公安行政处罚决定书》合法，故上诉人赵某某的行政赔偿请求于法无据，不予支持。对某市公安局收缴的172.5元，上诉人赵某某未提出对某市公安局收缴172.5元行政决定进行合法性审查的申请，该项主张实质系单独提出行政赔偿请求，而国家赔偿法规定单独提出国家赔偿申请的，应先向赔偿义务机关提出。故原审法院对上诉人赵某某的该项诉求未作审理并无不妥。某市公安局作出的某公（某）决字〔2017〕第0767号《公安行政处罚决定书》认定事实清楚、证据确实充分，程序合法，法律适用准确，裁量得当，予以支持；某市人民政府复议程序合法，复议决定于法有据，亦予以支持。综上，上诉人的上诉理由均不能成立，不予支持。据此，判决如下：驳回上诉，维持原判。案件受理费50元，由上诉人赵某某负担。

（三）再审裁判过程与结果

赵某某再审称：（一）原判认定申请人赌博的事实错误。申请人只是在“J”板机上娱乐、消遣，上分总金额才20元，单注1元，无营利目的，亦非赌资较大。（二）原判适用法律、法规错误。申请人的娱乐行为不属于《中华人民共和国治安管理处罚法》第七十条规定的以营利为目的和赌资较大的情形，《某省公安行政处罚裁量权基准》第八十三条第一项第二款未规定“游戏机”“J”板机在内，原判适用上述法律、法规错误。（三）某市公安局作出的行政行为程序违法。传唤、拘留没有通知申请人家属，行政处罚告知书没有明确处罚种类，拘留执行回执是申请人在拘留执行完毕后自行去某派出所领取。（四）原一、二审法院认定事实不清，适用法律错误。请求：撤销一、二审判决；撤销被诉公安行政处罚决定和行政复议决定。

某市公安局答辩称：该局对赵某某作出的行政处罚决定，事实清楚，证据确凿，适用法律正确，符合法定权限和程序，并无不当。请求驳回申请人的诉讼请求。

某市人民政府答辩称：1. 答辩人作出行政复议的程序符合法律规定。2. 某市公安局认定再审申请人在公共场所使用“J”板机进行博彩活动系赌博并无不当。作出的行政处罚，其裁量权适用并无不当。请求法院驳回再审申请人的申请。

当事人在原一、二审法院诉讼中提供的证据均随案移送本院。原一、二审法院采信的证据可作为认定本案事实的依据。

本院对原一、二审认定的基本事实予以确认。

本院认为，根据《中华人民共和国治安管理处罚法》第七十条规定，以营利为目的，为赌博提供条件的，或者参与赌博赌资较大的，处五日以下拘留或者五百元以下罚款；情节严重的，处十日以上十五日以下拘留，并处五百元以上三千元以下罚款。《某省公安行政处罚裁量权基准》第八十三条对赌博违法行为情形和处罚基准作了更具体的规定，该基准一般情节的违法行为情形有：（1）单注金额二十元以上五十元以下的，或全场输赢额两千元以上不足五千元的；（2）参与“地下六合彩”“赌球”“扳砣子”“斗牛”“三跟（公）”“推牌九”等方式赌博，单注金额二十元以下或人场输赢额二千元以下的；（3）设置一台赌博机（台数按照能够独立供一人进行赌博活动的操作基本单元的数量认定，以下均同）进行赌博的。针对上述一般情节的违法行为处罚基准为：处五日以上拘留或者五百元以下罚款。本案中，再审申请人赵某某于2017年7月28日在某市××北区“某”门店利用“J”板机进行赌博，上分20元，单注1元，之后公安民警从其身上搜缴现金172.5元。赵某某的行为具有治安管理一般违法性。某市公安局依照《中华人民共和国治安管理处罚法》及该省规定，对其作出处罚符合法律规定，但作出“对赵某某行政拘留5日的行政处罚决定”明显不当，应当予以纠正。

某市公安局依照《中华人民共和国治安管理处罚法》第十一条第一款的规定，将赵某某身上的172.5元现金认定为赌资，予以收缴。赌博活动中用作赌注的款物、换取筹码的款物和通过赌博赢取的款物属于赌资。故参与赌博人员随身携带的、尚未用作赌注或者换取筹码的现金、财物、信用卡的资金等，不能视为赌资。某市公安局将从赵某某身上搜缴的现金172.5元认定为赌资予以收缴于法无据，应予归还。

《中华人民共和国国家赔偿法》第三条第一项、第三十三条规定，行政机关及其工作人员在行使行政职权时有下列侵犯人身权情形之一的，受害人有取得赔偿的权利：违法拘留或者违法采取限制公民人身自由的行政强制措施的。侵犯公民人身自由的，每日赔偿金按照国家上年度职工日平均工资计算。《最高人民法院关于人民法院执行〈中华人民共和国国家赔偿法〉几个问题的解释》第六条规定，赔偿法第二十六条关于“侵犯公民人身自由的，每日的赔偿金按照国家上年度职工日平均工资计算”中规定的上年度，应为赔偿义务机关、复议机关或者人民法院赔偿委员会作出赔偿决定时的上年度……最高人民法院公布的 2019 年国家赔偿决定涉及侵犯公民人身自由权的赔偿金标准为每日 315.94 元。本案中，某市公安局对赵某某作出拘留五日的行政处罚，对赵某某的人身权造成了侵犯。按照上述规定，赵某某有获得国家赔偿的权利。赵某某被拘留 5 日，应获得的赔偿金为 1579.7 元。

此外，根据《最高人民法院关于审理行政赔偿案件若干问题的规定》第三十三条规定，原告的请求没有事实根据或法律依据的，人民法院应当判决驳回原告的赔偿请求的规定，对赵某某提出的要求某市公安局赔偿其误工损失及精神损害抚慰金的诉讼请求，本院不予支持。

赵某某提出的其他赔偿请求不属于国家赔偿的范围，本院不予支持。

综上，某市公安局作出的某公（某）决字〔2017〕第 0767 号公安行政处罚决定适用法律错误；某市人民政府作出的某政复决字（2017）第 4 号行政复议决定，维持上述行政处罚决定，适用法律错误；一、二审判决认定某市公安局作出的行政处罚决定程序合法，适用法律准确，裁量得当，某市人民政府作出的复议决定于法有据，并驳回赵某某的诉讼请求，适用法律错误。赵某某的再审申请理由部分成立，本院予以支持。

根据《中华人民共和国行政诉讼法》第七十条第二项和第六项、第七十七条、第八十九条第一款第二项和第三款，《最高人民法院关于适用〈中华人民共和国行政诉讼法〉的解释》第一百一十九条、第一百二十二条，《中华人民共和国国家赔偿法》第三条、第三十三条，《最高人民法院关于审理行政赔偿案件若干问题的规定》第三十三条之规定，判决如下：

一、撤销某省某市中级人民法院（2018）某 13 行终 80 号行政判决和某省某市人民法院（2018）某 1381 行初 61 号行政判决。

二、撤销某市人民政府某政复决字（2017）第 4 号行政复议决定。

三、撤销某市公安局某公（某）决字〔2017〕第 0767 号《公安行政处罚决定书》中关于“决定对赵某某行政拘留五日”的内容及某市公安局某公（某）缴〔2017〕第 0767 号收缴物品清单对赵某某持有的 172.5 元予以收缴的决定。

四、将某市公安局某公（某）决字〔2017〕第 0767 号《公安行政处罚决定书》中关于“决定对赵某某行政拘留五日”变更为“决定对赵某某罚款二百元”。

五、判令某市公安局在收到本判决后的十日内，支付赵某某人身自由赔偿金1579.7元；归还赵某某被收缴的现金172.5元。

六、驳回赵某某其他诉讼请求。

本案一、二审案件受理费各50元，共计100元，由某市公安局和某市人民政府共同负担。

六、类案比较

（一）案件来源

易某生诉某市公安局某区分局行政诉讼案①

（二）主要案情

再审申请人易某生因其诉被申请人梧某市公安局某区分局（以下简称某公安分局）撤销行政处罚决定一案，不服梧某市中级人民法院作出的（2019）桂04行终66号行政判决，向本院申请再审。本院依法组成合议庭进行审查，现已审查终结。

再审申请人易某生申请再审称：（一）被申请人滥用执法权力，作出的梧公长行罚决字〔2018〕00384号《行政处罚决定书》（以下简称〔2018〕384号处罚决定）违法。事发当日再审申请人没有实施赌博行为，一审中被申请人无正当理由拒绝提交当日执法记录仪录像，这也从侧面说明申请人当天根本没有实施赌博的事实。线人覃某芳的陈述是迎合被申请人钓鱼执法而作的陈述，不应当作为本案的定案依据。被申请人未依法保障再审申请人的陈述、申辩等权利，应予以撤销，二审判决仅确认违法而不予撤销是错误的。（二）被申请人作出梧公长缴字〔2018〕163号《收缴物品清单》（以下简称〔2018〕163号收缴清单）违法。被申请人没收的301400元并不是赌资，而是再审申请人即将支付给案外人某县某林场的合法款项。再审申请人在讯问笔录中所说的15万元入场费，15万元是借给陈某的陈述，是一名黄姓的警官让再审申请人这样说的，并非再审申请人的真实意思。因此，再审申请人在公安机关的讯问笔录违法，不应当作为本案的定案依据，更不能成为认定301400元为赌资并予以收缴的依据，被申请人作出〔2018〕163号收缴清单没有事实和法律依据，应予以撤销。请求再审本案。

被申请人某公安分局答辩称：（一）被申请人作出的行政处罚事实清楚、符合法律规定，依法应予以维持。再审申请人易某生携带巨额赌资参与赌博的事实有易某生本人的多份稳定的供述笔录、同案人莫某毅、覃某芳的询问笔录、证人陈某的

---

① 广西壮族自治区高级人民法院（2020）桂行申404号行政裁定书。

证言。易某生、莫某毅、覃某芳及陈某的搜查笔录，现场勘验笔录，扣押的扑克牌和赌资，易某生辨认现场笔录及指认 301400 元赌资及赌具等证据予以证实，参与赌博事实清楚，被申请人适用《中华人民共和国治安管理处罚法》第七十条规定，依法作出〔2018〕384 号处罚决定，给予再审申请人易某生行政拘留十五日并处罚款三千元处罚，裁量得当，有事实和法律依据。（二）被申请人作出行政处罚程序符合法律规定。被申请人经侦查后，发现不应对再审申请人追究刑事责任，但再审申请人有参与赌博的违法事实存在，办案民警于 2018 年 7 月 11 日到梧某市看守所将再审申请人带到梧某市某派出所对其进行处罚前的告知，告知其被申请人拟作出的行政处罚决定的事实、理由及依据，其依法享有陈述权和申辩权以及要求进行听证等权利。被申请人已经依法履行处罚前告知义务，作出的〔2018〕384 号处罚决定程序合法。（三）被申请人作出收缴易某生赌资符合法律规定。再审申请人在公安机关对其的讯问笔录中供述了其伙同他人进行赌博，并约定每人赌资入场费 15 万元，其还应陈某要求多带了 15 万元的事实，并未提到过该 30 多万元是偿还某县某林场的款项。因再审申请人有赌博的违法事实，其所携带的 30 多万元为赌资，被申请人依据《中华人民共和国治安管理处罚法》第十一条第一款的规定，作出〔2018〕163 号收缴清单，将易某生赌资 301400 元予以收缴，符合法律规定。综上，请求驳回再审申请。

（三）案件核心

行政处罚前未履行告知程序，未保障当事人依法享有的陈述、申辩、听证的权利，构成程序违法，是否应予撤销？

（四）裁判过程与结果

本院经审查认为：

（一）关于〔2018〕384 号处罚决定是否合法的问题。2018 年 6 月 25 日，再审申请人易某生在与莫某毅、陈某、覃某芳进行赌博的时候，被当场抓获。根据再审申请人易某生在公安机关讯问中多次承认其参与赌博的笔录，及共同参与赌博的莫某毅、覃某芳的询问笔录、证人陈某的证言、搜查笔录，现场勘验笔录，扣押的扑克牌等证据，能够相互印证，证实再审申请人易某生存在赌博的违法事实。因《行政处罚告知笔录》上落款的时间与再审申请人从看守所释放的时间存在矛盾，被申请人未能作出合理解释。根据《中华人民共和国行政处罚法》第四十一条规定："行政机关及其执法人员在作出行政处罚决定之前，不依照本法第三十一条、第三十二条的规定向当事人告知给予行政处罚的事实、理由和依据，或者拒绝听取当事人的陈述、申辩，行政处罚决定不能成立；当事人放弃陈述或者申辩权利的除外"，二审判决确认被申请人未依法对再审申请人进行行政处罚前告知，未保障再审申请人依法享有的陈述、申辩、听证的权利，程序违法。因再审申请人确实存在赌博的违法行为，违反了《中华人民共和国治安管理处罚法》第七十条规定，依法应当对该违法行为进行处罚。被申请人依法作出〔2018〕384号处罚决定，给予再审申请人易某生行政拘留十五日并处罚款三千元处罚，实体处理正确。根据《中华人民共和国行政诉讼法》第七十四条“行政行为有下列情形之一的，人民法院判决确认违法，但不撤销行政行为：(一) 行政行为依法应当撤销，但撤销会给国家利益、社会公共利益造成重大损害的；(二) 行政行为程序轻微违法，但对原告权利不产生实际影响的”的规定，二审判决确认〔2018〕384号处罚决定违法，但不予撤销，有事实和法律依据，本院予以支持。

(二) 关于〔2018〕163号收缴清单是否合法的问题。在再审申请人参与赌博事实明确的情况下，根据其供述中多次提到参与赌博需要入场费15万元，其携带301400元是因为同案人陈某提到向其借15万元用于赌博，供述稳定。且301400元是被申请人在抓获现场，从再审申请人随身携带的包中搜出的。再审申请人的供述与搜查笔录、指认笔录等相互印证，能够确认被收缴的301400元为赌资。根据《中华人民共和国治安管理处罚法》第十一条第一款规定：“办理治安案件所查获的毒品、淫秽物品等违禁品，赌具、赌资，吸食、注射毒品的用具以及直接用于实施违反治安管理行为的本人所有的工具，应当收缴，按照规定处理”，被申请人作出〔2018〕163号收缴清单有事实和法律依据。再审申请人主张其供述系根据黄姓办案民警的指示所作，所说内容并非事实，但未提供任何证据证明该主张，本院不予支持。再审申请人另主张被收缴的款项系其用于支付给某县某林场的合法款项，但其在讯问中从未提及，再审申请人于诉讼中提供的合同、协议等，并不能推翻讯问笔录、搜查笔录、指认笔录的证明效力，因此被申请人认定301400元为赌资并予以收缴，于法有据。

综上，再审申请人易某生的再审申请不符合《中华人民共和国行政诉讼法》第九十一条规定的应当再审的情形，依照《最高人民法院关于适用〈中华人民共和国行政诉讼法〉的解释》第一百一十六条第二款的规定，裁定如下：

驳回易某生的再审申请。

七、理论探讨与执法指引

赌博种类多样，形式五花八门。赌具种类有老虎机、游戏机、赌博机、扑克牌、麻将、骨牌等。赌博方式有面对面聚众赌博，有利用网络购买“六合彩”“百家乐”等彩码进行赌博，有利用微信“抢红包”进行赌博，甚至有雇用软件公司开发手机虚拟游戏软件进行赌博。随着网络通信技术快速发展，传统赌博与网络结合衍化成了新型的赌博形式——网络赌博呈不断上升趋势，在计算机、手机上通过微信“拼手气抢红包”“百家乐”“六合彩”以及基于游戏平台的麻将、梭哈等进行赌博。网络赌博突破了时空与地域的限制，跨省域甚至跨国界，参与更加便利，空间大、地域广、人员散，只要拥有网络地址，就能快速进入网络赌博平台。赌博平台与支付平台分离，赌资进出一般利用第三方支付平台，即时、快速、便捷，隐蔽性高，为取证带来难度。

《中华人民共和国治安管理处罚法》第七十条规定中的“赌资较大、情节严重”，在性质上属于不确定法律概念，其实质是授予公安机关行政处罚的自由裁量权。江苏省公安厅《关于赌博违法案件的量罚指导意见》① （以下简称《意见》）第一条和第二条对此作了细化，确定了治安处罚的基准。根据行政诉讼法第六十三条第三款规定，《意见》在效力等级上属规章以下的规范性文件，不能作为行政处罚的直接依据。在具体的司法审查中，可分别依历史解释、体系解释和日常经验认知，获得相应的判准和对《意见》的合法性确认，并结合案件事实对被诉行政行为的合法性作出审查和判断。

根据《中华人民共和国治安管理处罚法》第七十条规定，赌资是否较大，是认定赌博违法行为的客观标准。至于赌资是以个人用于赌博的款物计算，还是以参与赌博的人用于赌博的款物总数计算，法律并未作出具体明确的规定，这为各地根据本地实际情况制定可供操作的政策提供了空间和余地。《意见》第一条第四项规定，个人赌资无法确定时，按照参赌款物的价值总额除以参赌人数的平均值计算，认定为人均赌资。第六项规定，对查获的赌资应当收缴。对现场查获的赌资无法分清所有人的，可以作为参赌人员的共同赌资予以收缴。第二条第三项规定，参与聚众赌博，个人赌资或人均赌资 1000 元以上的，处 10 日以上 15 日以下拘留，并处 500 元以上 3000 元以下罚款。

第五节　非法限制人身自由的违法行为认定可参考非法拘禁罪的构成要件

一、基础知识

人身自由是指公民的人身（包括肉体与精神）不受非法限制、搜查、拘留和逮

① 《关于赌博违法案件的量罚指导意见》，载江苏省公安厅网站，http：//gat. jiangsu. gov. cn/art/2010/11/3/art_6389_7202087. html，最后访问时间：2022 年 3 月 27 日。

捕，主要包括三部分：不受非法逮捕、不受非法拘禁以及不受非法搜查。

一、公民不受非法逮捕。我国宪法规定逮捕的批准机关是人民检察院，决定机关包括人民检察院和人民法院，执行机关是公安。但不论是检察院、法院或是公安机关，只要没有依照法律的规定且按照法定程序的要求，都不得随意进行逮捕。

二、公民不受非法拘禁。《中华人民共和国宪法》第三十七条第三款明确要求禁止非法拘禁和以其他方法非法剥夺或者限制公民的人身自由。这里的拘禁应当从广义上理解，不仅仅指将公民拘禁到派出所，还包括其他任何可能限制公民的正常人身活动的行为。

三、公民不受非法搜查。《中华人民共和国宪法》第三十七条第三款还要求禁止非法搜查公民的身体，否则视为侵犯了公民人身自由的权利。

《中华人民共和国治安管理处罚法》第四十条规定，有下列行为之一的，处十日以上十五日以下拘留，并处五百元以上一千元以下罚款；情节较轻的，处五日以上十日以下拘留，并处二百元以上五百元以下罚款：（一）组织、胁迫、诱骗不满十六周岁的人或者残疾人进行恐怖、残忍表演的；（二）以暴力、威胁或者其他手段强迫他人劳动的；（三）非法限制他人人身自由、非法侵入他人住宅或者非法搜查他人身体的。第十九条规定，违反治安管理有下列情形之一的，减轻处罚或者不予处罚：（一）情节特别轻微的；（二）主动消除或者减轻违法后果，并取得被侵害人谅解的；（三）出于他人胁迫或者诱骗的；（四）主动投案，向公安机关如实陈述自己的违法行为的；（五）有立功表现的。

《中华人民共和国反有组织犯罪法》第二十三条规定，利用网络实施的犯罪，符合本法第二条规定的，应当认定为有组织犯罪。为谋取非法利益或者形成非法影响，有组织地进行滋扰、纠缠、哄闹、聚众造势等，对他人形成心理强制，足以限制人身自由、危及人身财产安全，影响正常社会秩序、经济秩序的，可以认定为有组织犯罪的犯罪手段。

《中华人民共和国人民武装警察法》第二十九条规定，人民武装警察不得有下列行为：（一）违抗上级决定和命令、行动消极或者临阵脱逃；（二）违反规定使用警械、武器；（三）非法剥夺、限制他人人身自由，非法检查、搜查人身、物品、交通工具、住所、场所……

《保安服务管理条例》第三十条规定，保安员不得有下列行为：（一）限制他人人身自由、搜查他人身体或者侮辱、殴打他人……

二、案件来源

张某诉某市人民政府行政复议案①

三、主要案情

本案中，徐某因其孙徐某与原告张某之子汤某的在小学课间活动导致牙齿受到损害的民事纠纷未能解决，而找张某讨要说法并与之发生拉扯，徐某主观上并无非法限制张某人身自由的故意。事发地点为公共开放场所，事发时间正值某小学学生放学之际，周边有大量学生家长及师生，拉扯行为发生后当即有群众进行了劝阻，徐某在与张某拉扯过程中也摔倒在地，徐某客观上并未限制张某的人身自由。徐某既无非法限制他人人身自由的故意，亦无非法限制他人人身自由的行为，某公安分局以非法限制他人人身自由对徐某作出行政拘留五日、罚款二百元的治安行政处罚，属认定事实错误、适用依据错误，依法应予撤销，并应返还罚款。因此，被告决定撤销某公安分局作出的54号处罚决定，并责令某公安分局自收到本决定书之日起10日内返还徐某人民币二百元。

根据相关定案证据，一审法院还查明以下事实：

1. 2018年3月22日，某派出所接到报警称“在某矿务局门口，十几名家长围着一名老师，双方有纠纷，没有肢体冲突”。2018年3月23日，某派出所作出蜀公（梅）受案字〔2018〕224号《受案登记表》，决定予以立案受理。同日，某市东某医院司法鉴定所受某派出所委托，出具某东某司鉴所〔2018〕临鉴字第340号《司法鉴定意见书》，鉴定意见为“被鉴定人张某外伤致全身多处软组织挫伤，构成轻微伤”。3月24日，上述《司法鉴定意见书》由某派出所送达徐某。3月29日，某省某人民医院司法鉴定所受某派出所委托，出具某人医司鉴所〔2018〕临鉴字第275号《司法鉴定意见书》，鉴定意见为“被鉴定人徐某右侧顶枕部头皮挫伤伴皮下血肿，构成轻微伤”。4月10日，某派出所作出蜀公（梅）传唤字〔2018〕26号《传唤证》，传唤徐某于当日15时到该所接受询问，后徐某于当日15时到达，于当日18时传唤结束。4月19日，经某市公安局批准，张某被殴打一案延长办理期限30日。5月21日，某派出所作出蜀公（梅）行传字〔2018〕35号《传唤证》，传唤徐某于当日12时30分到该所接受询问，后徐某于当日12时15分到达，于当日22时15分传唤结束。2018年5月21日，某公安分局将拟作出行政处罚决定的事实、理由、依据告知了徐某，并告知其依法享有的陈述和申辩权利。同日，

① 江苏省扬州市中级人民法院（2018）苏10行初49号行政判决书。

某公安分局向徐某作出《陈述、申辩复核意见书》，认为徐某提出的申辩理由不能成立。同日，某公安分局作出54号处罚决定，根据《中华人民共和国治安管理处罚法》第四十条第三项之规定，决定给予徐某行政拘留五日，并处罚款人民币二百元的处罚。同日，某公安分局将徐某送某市拘留所执行行政拘留。同日，某派出所将徐某被执行行政拘留的期限、场所告知了其家属徐某。5月21日，某公安分局将拟作出行政处罚决定的事实、理由、依据告知了江某，并告知其依法享有的陈述和申辩权利。同日，某公安分局作出4号不予处罚决定，根据《中华人民共和国治安管理处罚法》第四十条第三项、第十九条第一项及第四项之规定，决定对江某不予行政处罚。

在治安案件办理期间，某派出所分别于2018年3月24日、4月10日、5月10日及5月21日对徐某进行了调查询问，分别于3月23日、4月18日对张某进行调查询问，还分别对江某、窦某、王某、孙某、徐某、刘某、尹某等人进行了调查询问。

2. 2018年3月20日，徐某作为原告，以汤某、汤某、张某为共同被告，向某市某区人民法院提起人身损害赔偿民事诉讼，诉称“原告与被告汤某均系某市某小学学生，2月26日下午第二节课课间休息时，原告与同学在教室门口休息，被告要求原告与其单独玩耍遭拒后，将原告猛推至教室墙上，导致原告三颗牙齿缺损，后经医院诊断为牙冠折，该牙齿缺损为永久性不可逆伤害，只能种植人工牙齿，但原告目前牙床尚未发育完全，无法接受种植”，请求判令被告赔偿医疗费、营养费、护理费、交通费、后续治疗费等损失101900元并承担诉讼费、鉴定费。8月27日，某市某区人民法院作出（2018）苏1003民初2264号民事判决书，认为汤某违背徐某的意愿，强行背起徐某与其玩耍，最终导致徐某受伤，汤某应负事故的全部责任，徐某在本次事故中没有过错，不应承担事故责任，并对汤某、汤某、张某提出的8岁孩子无所谓拒绝或同意、本次事故是意外无须承担赔偿责任的意见不予采纳。对于赔偿部分，该院认为，1. 医疗费1340.4元，有徐某提供的门诊病历、门诊收费收据为证，予以认定；2. 护理费，虽然医嘱并未表明徐某需要护理，但徐某牙冠折断，酌定护理期为3天，护理标准参照某市护工市场行情按每天100元计算，护理费计300元；3. 营养费，参照上述规范标准酌定为营养期限为15天，按每天15元计算，营养费计225元；4. 交通费，根据徐某治疗次数酌定为300元；5. 后续治疗费，该费用尚未实际发生，数额无法确定，不予支持，徐某可待实际发生后另行主张。以上费用合计2165.4元，汤某、张某已支付的费用255.4元应从中扣减，扣减后汤某、张某还应赔付1940元。该院最终判决汤某、张某于该判决生效之日起十日内赔偿徐某损失1940元；驳回徐某的其他诉讼请求。后汤某、汤某、张某均不服，向本院提起上诉。本院于12月14日作出（2018）苏10民终3177号民事判决书，认为原审判决认定的基本事实和证据无出入，依法予以确认，并认为徐某对其损害的发生没有过错，一审法院根据事故发生的原因及双方当事人有无过错等情况，认定汤某承担全部赔偿责任符合法律规定。本院最终判决驳回上诉，维持原判。

3. 2018年6月4日，徐某向某市人民政府申请行政复议，要求撤销某公安分局作出的54号处罚决定。6月5日，某市人民政府决定对徐某提出行政复议申请予以受理，并于同日通知被申请人某公安分局进行答复，通知张某作为第三人参加行政复议。6月10日，某公安分局向某市人民政府提交了《行政复议答复书》。在行政复议期间，某市人民政府行政复议工作人员分别对徐某、某市拘留所工作人员徐某、某小学党支部书记卜某、某小学副校长徐某、某小学二（8）班班主任乔某、某小学三（8）班副班主任尹某进行了调查询问。7月4日，某市人民政府作出25号复议决定，根据《中华人民共和国行政复议法》第二十八条第一款第三项、第二十九条第二款之规定，决定撤销某公安分局作出的54号处罚决定，责令某公安分局自收到该复议决定之日起10日内返还徐某人民币二百元。

四、案件核心

徐某因其孙徐某与张某之子汤某的民事纠纷未能解决，而找张某讨要说法并与之发生拉扯，在主观上是否具有非法限制他人人身自由的故意，客观上是否实施了非法限制他人人身自由的行为并限制他人人身自由，应否作为非法限制他人人身自由的治安违法行为予以治安处罚？

五、裁判过程与结果

一审法院认为：首先，《中华人民共和国行政复议法》第十五条第一款规定，对本法第十二条、第十三条、第十四条规定以外的其他行政机关、组织的具体行政行为不服的，按照下列规定申请行政复议：……对政府工作部门依法设立的派出机构依照法律、法规或者规章规定，以自己的名义作出的具体行政行为不服的，向设立该派出机构的部门或者该部门的本级地方人民政府申请行政复议……苏公厅〔2002〕677号文件规定，对城市公安分局作出的具体行政行为不服的，向主管该公安分局的地市级公安局或地市级人民政府申请行政复议。本案中，原告徐某因不服第三人某公安分局作出的54号处罚决定而申请行政复议。因此，被告某市人民政府作为主管某公安分局的某市公安局同级地市级人民政府，依法具有受理原告提出的案涉行政复议申请并作出25号复议决定的法定职权。

其次，被告某市人民政府作出的25号复议决定有相应的事实及法律依据。《中华人民共和国刑法》第二百三十八条规定，非法拘禁他人或者以其他方法非法剥夺他人人身自由的，处三年以下有期徒刑、拘役、管制或者剥夺政治权利。具有殴打、侮辱情节的，从重处罚。犯前款罪，致人重伤的，处三年以上十年以下有期徒刑；致人死亡的，处十年以上有期徒刑。使用暴力致人伤残、死亡的，依照本法第二百三十四条、第二百三十二条的规定定罪处罚。为索取债务非法扣押、拘禁他人的，依照前两款的规定处罚。国家机关工作人员利用职权犯前三款罪的，依照前三款的规定从重处罚。《中华人民共和国治安管理处罚法》第四十条规定，有下列行为之一的，处十日以上十五日以下拘留，并处五百元以上一千元以下罚款；情节较轻的，处五日以上十日以下拘留，并处二百元以上五百元以下罚款：……非法限制他人人身自由、非法侵入他人住宅或者非法搜查他人身体的。依照上述法律规定，公民人身自由依法受到法律保护，刑法规定的对非法拘禁犯罪的惩处和治安管理处罚法规定的对非法限制他人人身自由的治安违法行为的处罚均是立法者设立的公民人身自由保护机制。基于此，尽管刑法中的非法拘禁犯罪与治安管理中的非法限制他人人身自由的治安违法行为在行为表现上存在一定区别，前者为非法拘禁或者用其他强制方法完全剥夺他人人身自由，后者为限制他人人身自由，将他人的人身自由控制在一定范围、一定限度之内，但仍可以将刑法有关非法拘禁罪的构成要件，作为判断是否构成非法限制他人人身自由的治安违法行为的标准。治安管理中的非法限制他人人身自由的违法行为是对被侵害人身体实施强制，并足以使被侵害人行动自由受到限制、尚不够刑事处罚的行为，而参照刑法有关非法拘禁罪的构成要件，这一违法行为的主观方面应为故意，并以限制他人人身自由为目的，客观方面为非法限制他人人身自由的行为，且该行为足以使得他人人身自由客观上处于被限制的继续状态。

本案中，根据第三人某公安分局在治安处罚程序中查明的事实，第三人徐某确于2018年3月22日对原告张某实施了拖拽、拉扯等行为，但围绕上述行为是否构成非法限制他人人身自由的治安违法行为，各方当事人持有异议。

被告某市人民政府及徐某认为，徐某系因其孙徐某与张某之子汤某的民事纠纷未能解决，而找张某讨要说法并与之发生拉扯，在主观上没有非法限制他人人身自由的故意，在客观上亦无非法限制他人人身自由的行为，并未限制原告人身自由，故不应作为非法限制他人人身自由的治安违法行为予以治安处罚。

相反，原告及某公安分局认为，为小孩之间的伤害纠纷讨要说法系徐某对原告采取拖拽、拉扯等行为的动机，而徐某在明知自己的拖拽、拉扯行为阻碍了原告自由意志支配下的人身活动自由，明显具备非法限制人身自由的主观故意，且徐某的拖拽、拉扯等行为造成了原告人身自由被非法限制的客观状态，故徐某的上述行为确系非法限制他人人身自由的治安违法行为。

对此，第一，参照刑法犯罪构成要件理论，犯罪主观方面是行为人对自己实施的犯罪行为以及犯罪结果的心理态度，而犯罪动机则是刺激行为人实施犯罪行为以达到犯罪目的的内在冲动或者内心起因。犯罪目的是目的犯的构成要件，而犯罪动机通常被作为量刑情节，但不影响定罪。根据本案事实，徐某对原告采取拖拽、拉扯等行为，其目的在于限制原告活动、阻止其离开，而其动机则在于通过将原告限定于特定区域内的方式，迫使其与己方商谈、解决双方之间的民事纠纷。同时，徐某作为完全行为能力人，具有辨识、控制自身行为的完全能力，应当明知其实施上述行为的后果，却依然实施了上述行为。因此，被告认为徐某因民事纠纷未得到解决，意图向原告讨要说法而拖拽、拉扯原告身体，而不具有非法限制原告人身自由的主观故意的观点，混淆了主观故意与行为动机，失之偏颇。第二，从治安管理中非法限制他人人身自由的违法行为的概念及客观方面来看，行为人实施的行为需达到足以限制他人人身自由的程度，而认定行为人实施的行为是否足以限制他人人身自由，应结合事情发生的前因后果、行为人的实施手段、当事人力量对比、行为发生的时间空间等因素综合考量，而不能孤立判断。根据本案事实，徐某意图限制原告行动的主要手段表现为拖拽、拉扯原告衣服、手臂等部位，而上述行为的发生地点位于某××门口附近，属于人流密集的开放公共区域，发生时间在某小学下午放学时间段，且持续时间仅 10~15 分钟。尽管非法限制他人人身自由可以表现为捆绑、关押、扣留身份证件不让随意外出或者与外界联系等多种手段，限制人身自由的场所是否具有开放性与非法限制人身自由能否成立之间亦无当然关联，但徐某在人流密集的开放公共区域，采取拖拽、拉扯衣服、手臂等手段，相较于在偏僻、封闭场所采取捆绑、关押等手段，并考虑到徐某相较原告年长近 25 岁，显然不足以达到完全限制原告人身自由的程度。因此，某公安分局以《中华人民共和国治安管理处罚法》第四十条第三项认定徐某构成非法限制他人人身自由的治安违法行为，适用法律确有不当。被告认为徐某的行为客观上不足以限制原告人身自由的主张能够成立，依照《中华人民共和国行政复议法》第二十八条第一款第三项、第二十九条第二款之规定，作出 25 号复议决定于法有据。

原告张某认为，被告某市人民政府在 25 号复议决定中认定的徐某与汤某之间的民事纠纷内容与事实严重不符。对此，因第三人徐某不服第三人某公安分局作出的 54 号处罚决定向被告申请行政复议，被告在相关行政复议案件中审查的主要内容应当是 54 号处罚决定的合法性，且有关徐某与汤某之间的民事纠纷经过已由人民法院生效法律文书予以认定，认定内容与被告在 25 号复议决定中认定的相关情节并无出入。因此，本院对原告的上述主张依法不予采纳。

需要指出的是，本案所涉事件发生于2018年3月22日，而此时，徐某已经以汤某、汤某、张某为共同被告，向某市某区人民法院提起人身损害赔偿民事诉讼。在此情况下，各方当事人本应通过法律途径解决双方争议。然而，在民事诉讼期间，第三人徐某却采取在原告张某工作单位某小学附近，以拖拽、拉扯原告手臂、衣服的方式进行私力救济，显属不当。对此，本院予以批评。

最后，《中华人民共和国行政复议法》《中华人民共和国行政复议法实施条例》对行政复议机关办理行政复议案件的程序予以了明确规定。本案中，被告某市人民政府于2018年6月5日决定对徐某提出的案涉行政复议申请予以受理，并于同日通知被申请人某公安分局进行答复，通知张某作为第三人参加行政复议，后经调查于7月4日作出25号复议决定，并分别送达了各方当事人，符合法律、法规规定的有关复议程序。

综上所述，被告某市人民政府作出的25号复议决定认定事实清楚，适用法律正确，程序合法。原告张某提出的诉讼请求无事实及法律依据，应予以驳回。依照《中华人民共和国行政诉讼法》第六十九条之规定，判决如下：驳回原告张某的全部诉讼请求。

六、类案比较

（一）案件来源

贺某和诉某市公安局交通警察支队（以下简称市公安局交警支队）、某市公安局（以下简称市公安局）行政处罚及行政复议案①

（二）主要案情

2016年9月13日22时许，贺某和驾驶湘A×××××号小型轿车沿某市某区某商贸城区18前道路由北往南行驶至该区6号前路段时，与一台停放在该道路西侧的湘A×××××号小型普通客车相碰撞（剐擦），造成两车受损的交通事故。事故发生后，贺某和根据湘A×××××车内留下的电话号码，联系上了该车车主刘某，告知其发生交通事故一事，并请其前来协商处理。为避免妨碍交通，刘某赶到后即对事故现场进行了拍照，贺某和则将自己的车就近停放在不妨碍交通的地点。随后贺某和在简单与刘某沟通，尚未达成赔偿协议的情况下，留下一句“你想怎么搞就怎么搞”的话后便驾车离开事故地，将车停放在该商贸城21区内（贺某和系该区的业主）便回家了。刘某见状便拨打“122”报警（时间当日22时30分许）。市公安局交警支队接警后立即出警赶赴现场。办案民警在向刘某了解情况后，在该商贸城

① 湖南省高级人民法院（2019）湘行再7号行政判决书。

21 区找到了贺某和的车，在对该车进行勘查后决定将其拖移至指定场所。当日 23 时许，贺某和在家发现有拖车在拖自己的车，便下楼阻止。现场民警发现其有酒驾嫌疑，遂将其带往某市年轮骨科医院，由该院医务人员提取了贺某和的血液样本并进行封存。同日，市公安局交警支队所属的某交通警察大队出具《鉴定委托书》，委托某市公安局物证鉴定所对贺某和的血样进行乙醇检测。同月 23 日，该鉴定所作出长公物鉴（理化）字〔2016〕3407 号《物证鉴定书》，鉴定结果为贺某和的血液样本中乙醇含量为 143.8mg/100mg（超过了 80mg/100mg 的醉酒标准）。10 月 10 日，市公安局交警支队所属某交通警察大队作出长雨公交认字〔2016〕第 00184 号《道路交通事故认定书》，认定贺某和对涉案交通事故承担全部责任。12 月 21 日，市公安局交警支队以贺某和实施了醉酒后驾驶机动车的违法行为为由，作出长公（交）决字〔2016〕第 430100-2900905200 号《公安交通管理行政处罚决定书》（以下简称处罚决定书）并当场送达给贺某和，决定吊销贺某和的机动车驾驶证，五年内不得重新取得机动车驾驶证。贺某和不服该决定，于 2017 年 1 月 20 日向市公安局申请行政复议。2017 年 3 月 15 日，市公安局以案件事实清楚，证据确凿，程序合法，处罚适当为由，作出 2017 年第 11 号《行政复议决定书》（以下简称复议决定书），维持了原行政处罚行为。贺某和仍不服，向该院提起行政诉讼，请求撤销被诉行政处罚行为和行政复议决定。

另外查明，贺某和自 2008 年起至涉案交通事故发生前，系一名某市城区内的公交车司机。2016 年 9 月 13 日 21 时许至交通事故发生前几分钟，贺某和与朋友谢某全、李某清一起在某市某区某商贸城内一家便利店前喝酒（上述 3 人称共喝了 1 瓶 125ml 的劲酒，贺某和约喝了半瓶）。贺某和及其妻李某祥称，贺某和在事故发生后回到家里至下楼阻止民警拖车时止，约半个小时之内又喝了一杯约 2 两老家酿造的米酒。2017 年 1 月 18 日，某市公安局直属分局以贺某和涉嫌危险驾驶罪向某市某区人民检察院移送审查起诉；2017 年 5 月 4 日，该院作出《不起诉决定书》，决定对贺某和刑事不起诉。

（三）案件核心

贺某和在接受血液鉴定时分别在发生事故前后存在过两次饮酒，且第二次饮酒事实有其妻子的证人证言，则事故发生时贺某和是否构成醉驾这一客观事实市公安局交警支队没有排除合理怀疑，在无其他证据证明的情况下，某市公安局交警支队作出《处罚决定书》，证据不足、行政处罚明显不当。

（四）裁判过程与结果

1. 一审裁判过程与结果。

原一审认为：《中华人民共和国道路交通安全法》第二十二条第二款规定：

“饮酒、服用国家管制的精神药品或者麻醉药品，或者患有妨碍安全驾驶机动车的疾病，或者过度疲劳影响安全驾驶的，不得驾驶机动车。”该法第七十条第一款规定：“在道路上发生交通事故，车辆驾驶人应当立即停车，保护现场……”另外，《道路交通事故处理程序规定》第八条第一款第二项、第七项规定，发生财产损失事故未达成损害赔偿协议的，或驾驶人有饮酒嫌疑的，当事人应当保护现场并立即报警。

本案中，贺某和系一名从业多年的公交车司机，应当具备“喝酒不开车，开车不喝酒”的基本常识，也应当知晓酒后驾驶机动车的危害和后果。贺某和酒后驾驶机动车且在发生交通事故后，未与受损车主积极协商，并在未达成赔偿协议的情况下驾车离开现场，违反了上述法律法规的规定，应当承担相应的法律后果。在处理贺某和所涉交通事故的过程中，市公安局交警支队接警后出警，当发现贺某和涉嫌酒后驾驶机动车后，及时提取并封存了贺某和的血液样本，委托专门机构进行鉴定。同时依据鉴定结果认定贺某和实施了醉酒后驾驶机动车行为，作出吊销机动车驾驶证、五年内不得重新取得机动车驾驶证的处罚，系认定事实清楚，程序合法，处罚适当。贺某和诉称其血液样本中乙醇含量达到或超过醉酒标准，系事故后回家又饮酒所致。贺某和的这一意见，因其在事故后擅自离开现场存在明显的过错，且缺乏与其陈述意见相印证的证据佐证，不足以采信；贺某和诉称在其涉嫌危险驾驶罪尚未终结时，市公安局交警支队作出被诉行政处罚，系程序违法。贺某和的这一理由，缺乏法律依据，不能成立。另外，市公安局受理贺某和的复议申请后，依照行政复议程序送达了相关文书，收集、审查了相关的证据与依据，并在法定期限内作出了维持原行政行为的决定，其复议行为合法。综上所述，贺某和要求撤销被诉行政处罚行为和行政复议决定的诉讼请求，缺乏事实根据和法律依据，原审法院不予支持。判决驳回贺某和的全部诉讼请求。

2. 二审裁判过程与结果。

贺某和不服一审判决，向某市中级人民法院提起上诉。

某市中级人民法院二审查明的事实与某市某区法院一审判决认定的事实无异。

某市中级人民法院二审认为：关于上诉人主张某市某区检察院已作出《不起诉决定书》，被上诉人的证据不能证明其发生交通事故时属醉驾的问题，因为刑事案件的证明标准与行政案件的证明标准不一致，相关证据达不到刑事案件的证明标准但达到行政案件的证明标准的，不予追究刑事责任不影响行政机关依法追究行政责任，故上诉人该项理由不成立。关于上诉人主张被上诉人对其进行检验系在其发生交通事故后再次喝酒以后进行的，被上诉人的证据不能证明其发生交通事故时属醉驾的问题，本院认为，上诉人主张在发生交通事故后再次饮酒并无充分证据予以证明；同时，即使按上诉人所述，其在接受检验时分别在发生事故前后存在两次饮酒，则发生事故时是否构成醉驾这一事实客观上无法查清，因这是由于其发生交通事故后未履行保护现场并当场报警的法定义务，导致其发生交通事故时未能及时接受检验所致，由此带来的不利后果应由其自身负责，故被上诉人根据检验结果认定其构成醉驾，并无不当。因此，上诉人的该项上诉理由不能成立，本院不予支持。根据被上诉人提交的《物证鉴定书》等证据，被诉处罚决定认定上诉人具有醉驾行为，证据确凿；《中华人民共和国道路交通安全法》第九十一条第二款规定："醉酒驾驶机动车的，由公安机关交通管理部门约束至酒醒，吊销机动车驾驶证，依法追究刑事责任；五年内不得重新取得机动车驾驶证。"被诉处罚决定具有法律依据；被上诉人在作出被诉处罚决定前，依法进行了调查，依法告知了上诉人作出行政处罚决定的事实、理由和证据，依法告知其有权进行陈述和申辩，并依法告知其有举行听证的权利，程序合法。市公安局作出的复议决定程序合法，实体正确。综上，一审判决认定事实清楚，适用法律正确，应予维持。判决驳回上诉，维持原判。本案二审诉讼费 50 元，由上诉人贺某和负担。

3. 再审裁判过程与结果。

贺某和不服，向本院提出再审申请称，原审判决认定的事实主要证据不足，某市某区检察院 2017 年 5 月 4 日作出了〔2017〕28 号不起诉决定书，认定了再审被申请人提供的证据不足以证明再审申请人贺某和存在酒后驾驶车辆发生交通事故时血液中乙醇达到危险驾驶的标准，故证明再审被申请人作出的行政处罚决定、行政复议决定事实证据不足。原判决适用法律、法规确有错误，针对再审申请人存在违法事实不清的，不得给予行政处罚。请求撤销一审、二审行政判决，撤销某市公安局交通警察支队作出的《行政处罚决定书》，撤销某市公安局作出的《复议决定书》；本案全部诉讼费用由再审被申请人承担。

被申请人市公安局交警支队再审答辩称：发生交通事故后，驾驶员依法不得离开现场，贺某和离开现场违反法律规定。公安机关依法定程序办案，符合法律规定。公安机关对醉酒驾驶作出行政处罚，法律没有设定前置条件，不以检察机关是否作为危险驾驶罪起诉为前提。请求依法驳回再审申请人诉讼请求，维持原判。

本院认为：本案的焦点问题为《处罚决定书》的合法性，即《处罚决定书》的证据是否达到充分、合理标准。本案中，贺某和作为一名公交车司机，被申请人作出的"吊销贺某和机动车驾驶证、五年内不得重新考取机动车驾驶证的处罚"，属于对申请人较为严苛的行政处罚，应适用排除合理怀疑的行政诉讼证明标准。贺某和在接受血液鉴定时分别在发生事故前后存在过两次饮酒，且第二次饮酒事实有其妻子的证人证言，则事故发生时贺某和是否构成醉驾这一客观事实市公安局交警支队没有排除合理怀疑，在无其他证据证明的情况下，某市公安局交警支队作出《处罚决定书》，证据不足、行政处罚明显不当。

关于市公安局交警支队提出应适用最高人民法院、最高人民检察院、公安部联合发文《关于办理醉酒驾驶机动车刑事案件适用法律若干问题的意见》① 第六条第二款规定，犯罪嫌疑人在公安机关依法检查时，为逃避法律追究，在呼气酒精含量检验或者提取血样前又饮酒，经检验其血液酒精含量达到本意见第一条规定的醉酒标准的，应当认定为醉酒的问题，贺某和当晚情形与上述法律条文的适用条件不一致，市公安局交警支队提出的辩论意见不能成立。

综上，原一、二审判决认定主要证据不足，应予撤销；再审申请人贺某和的再审请求具有法律依据，应予支持。根据《中华人民共和国行政诉讼法》第七十条第一款第一项、第八十九条第一款第二项和第三款，《最高人民法院关于适用〈中华人民共和国行政诉讼法〉的解释》第一百一十九条、第一百二十二条的规定，判决如下：一、撤销某省某市中级人民法院作出的（2017）湘01行终649号行政判决和某市某区人民法院作出的（2017）湘0104行初39号行政判决；二、撤销某市公安局交警支队作出的长公（交）决字〔2016〕第430100-2900905200号《公安交通管理行政处罚决定书》、某市公安局作出的2017年第11号《行政复议决定书》。

七、理论探讨与执法指引

《中华人民共和国治安管理处罚法》规定了大量的治安处罚条款，实践中公安机关应如何正确理解法律、准确实施治安处罚，都绕不开对违反治安管理行为的主观过错认定。但无论是《中华人民共和国治安管理处罚法》还是《公安机关办理行政案件程序规定》都没有明确规定治安管理处罚被处罚人主观方面具体要求。典型案例体现的争议焦点实质上是对限制他人人身自由主观方面认定的理解和把握，因此有必要对治安管理处罚被处罚人主观方面从法理上进行探讨，以期对公安行政执法实践中准确理解，适用有关处罚条款有所助益。

《中华人民共和国治安管理处罚法》对主观方面的规定有四种情形：

1. 明示“故意”

《中华人民共和国治安管理处罚法》中既有许多明示为“故意”的违法行为。如对于第二十九条第四项规定的“故意制作、传播计算机病毒等破坏性程序，影响计算机信息系统正常运行的”，又如第四十九条规定的“……故意损毁公私财物的，

---

① 《关于办理醉酒驾驶机动车刑事案件适用法律若干问题的意见》，载公安部网站，https：//www.mps.gov.cn/n6557558/c4202701/content.html，最后访问时间：2022年3月27日。

处五日以上十日以下拘留，可以并处五百元以下罚款；情节较重的，处十日以上十五日以下拘留，可以并处一千元以下罚款”。上述行为中如果行为人无故意，便无须承担法律责任。

2. 暗示“故意”

《中华人民共和国治安管理处罚法》很多条文没有明示故意，但还是需要故意存在才能追究法律责任。例如第四十二条第六项规定的“偷窥、偷拍、窃听、散布他人隐私的”，如果行为人无意中目睹、拍摄或者听到了他人的隐私，则无须承担责任。我们还注意到《中华人民共和国治安管理处罚法》第六十五条第一项规定，故意破坏、污损他人坟墓或者毁坏、丢弃他人尸骨、骨灰的，处五日以上十日以下拘留；情节严重的，处十日以上五日以下拘留，可以并处一千元以下罚款。对于破坏、污损他人坟墓行为明确要求行为人在主观方面故意，对于毁坏、丢弃他人尸骨、骨灰的，虽然没有明文规定为故意，但显然必须由故意构成。

3. 暗示“过失”

《中华人民共和国治安管理处罚法》中有一些条文处罚过失行为，例如第五十六条第一款规定的“旅馆业的工作人员对住宿的旅客不按规定登记姓名、身份证件种类和号码的，或者明知住宿的旅客将危险物质带入旅馆，不予制止的”。从条文含义和执法实践来看，该种过失行为被处罚比比皆是。又如第十九条第三项规定“出于他人胁迫或者诱骗”而违法的，可以“减轻处罚或者不予处罚”。即，被他人诱骗，不是希望和放任，而是过于自信（自以为是）或者疏忽大意，就是过失行为。

4. 不区分故意过失

《中华人民共和国治安管理处罚法》中也有存在行为即处罚，而不论故意或过失的条文。如第三十七条第二项规定的“在车辆、行人通行的地方施工，对沟井坎穴不设覆盖物、防围和警示标志的”，该条即无论故意还是过失，只要施工人员主管及具体施工人员有“不设置”的不作为情形就要受到治安处罚。

从《中华人民共和国治安管理处罚法》条文中可看出，要求违法行为主观方面为故意的条款远远多于规定或暗示处罚过失的条款。但是麻烦在于《中华人民共和国治安管理处罚法》中很多条款并没有明确说明故意或过失的主观方面，有的条款虽然没有明说，但明显只能由故意构成；同理，有的则过失也可纳入处罚范畴。这就需要结合法传统、国民习惯、条文关系等综合判定。如果一概认为《中华人民共和国治安管理处罚法》不处罚过失行为，或者对故意过失一概不加以区分，难免会引起执法中的混乱，造成标准不一，扩大或限缩处罚范围。只有在《中华人民共和国治安管理处罚法》以明示或暗示处罚过失行为的，才能对过失违反公安行政法律法规行为科以罚责，例如第五十六条第一款规定的“旅馆业的工作人员对住宿的旅客不按规定登记姓名、身份证件种类和号码的，或者明知住宿的旅客将危险物质带入旅馆，不予制止的”，第五十七条第一款规定的“房屋出租人将房屋出租给无身份证件的人居住的，或者不按规定登记承租人姓名、身份证件种类和号码的”，均是以暗示的方式规定过失以上行为均需承担法律责任。①

对于行为人既没有故意也没有过失的行为，一般不得给予治安管理处罚，例如正当防卫、紧急避险（如地震海啸时人们来不及穿衣逃生，就不能以公共场所裸露身体论处）和期待可能性理论（比较典型的是“钓鱼执法”，如果行政机关不适当的行为引发了嫌疑人的故意，就不应处罚）。再如在不按规定登记旅客住宿信息的案件中，如果宾馆的管理者已经采取了例如电梯加装门禁系统，前台配置保安管理等措施，还是有旅客不登记身份证偷偷溜进房间，在这种情况下，除非能够证明宾馆的管理者和工作人员有故意或存在没有过失，否则应不予处罚。

对于《中华人民共和国治安管理处罚法》中有一些处罚案由是单纯处罚行为的，不论违法行为人的主观方面是故意还是过失，类似于交通违法中的闯红灯、超速行为。如第七十五条第一款规定的“饲养动物，干扰他人正常生活的，处警告；警告后不改正的，或者放任动物恐吓他人的，处二百元以上五百元以下罚款”，该条即无论故意还是过失，只要有饲养动物，干扰他人正常生活情形就要受到治安处罚。但是在具体办理案件时如果可以区分故意和过失，在对不同主观状态违法人员量罚时可以予以区分，体现在处罚结果上应有轻重不同。如果无法区分或者证据收集过于困难，也可不加区分。

在本节案例中，争议焦点都是公安机关的处罚是否有相应的事实及法律依据，是否符合法定程序。在第一个案例中，争议双方当事人仅为拖拽、拉扯，从治安管理中非法限制他人人身自由的违法行为的概念及客观方面来看，行为人实施的行为需达到足以限制他人人身自由的程度，而认定行为人实施的行为是否足以限制他人人身自由，应结合事情发生的前因后果、行为人的实施手段、当事人力量对比、行为发生的时间空间等因素综合考量，而不能孤立判断。当事人在校园门口，采取拖拽、拉扯衣服、手臂等手段，相较于在偏僻、封闭场所采取捆绑、关押等手段，并考虑到当事人相较原告年长近 25 岁，显然不足以达到完全限制原告人身自由的程度。当事人在主观上没有非法限制他人人身自由的故意，在客观上亦无非法限制他人人身自由的行为，并未限制原告人身自由，故不应作为非法限制他人人身自由的治安违法行为予以治安处罚。该案公安机关在处理案件时显然没有做到从这些方面

---

① 陈亮、王栋：《治安管理处罚中被处罚人主观方面研究》，载《安徽警官职业学院学报》2020 年第 3 期。

考虑便做出了处罚，显然有失公正。在第二个案例中，公安机关没有对证据排除合理怀疑即进行草率的处罚。贺某和在接受血液鉴定时分别在发生事故前后存在过两次饮酒，且第二次饮酒事实有其妻子的证人证言，则事故发生时贺某和是否构成醉驾这一客观事实公安机关没有排除合理怀疑，在无其他证据证明的情况下，公安机关作出《处罚决定书》，证据不足，行政处罚明显不当。

第六节　行政处罚快速办理：询问时未全程录音、录像的不影响证据效力

一、基础知识

公安机关行政案件快速办理工作机制，是公安机关在适用一般程序办理行政案件时，通过简化取证方式和审核审批手续等措施加快案件办理速度的一种特殊处理。行政案件快速办理机制也即繁简分流机制，将大大提高办案效率、大大节约办案资源，是行政执法公正兼顾效率价值的鲜明体现。《公安机关办理行政案件程序规定》第四十条规定："对不适用简易程序，但事实清楚，违法嫌疑人自愿认错认罚，且对违法事实和法律适用没有异议的行政案件，公安机关可以通过简化取证方式和审核审批手续等措施快速办理。"第四十条是适用案件快速办理的前提条件，如何判断违法嫌疑人真心认错认罚且对违法事实和法律适用没有异议是摆在一线执法民警面前的新问题。

《公安机关办理行政案件程序规定》第四十条规定，对不适用简易程序，但事实清楚，违法嫌疑人自愿认错认罚，且对违法事实和法律适用没有异议的行政案件，公安机关可以通过简化取证方式和审核审批手续等措施快速办理。第七十七条第三款规定，询问时，可以全程录音、录像，并保持录音、录像资料的完整性。

《道路交通安全违法行为处理程序规定》第四十三条规定，对违法行为人处以警告或者二百元以下罚款的，可以适用简易程序。对违法行为人处以二百元（不含）以上罚款、暂扣或者吊销机动车驾驶证的，应当适用一般程序。不需要采取行政强制措施的，现场交通警察应当收集、固定相关证据，并制作违法行为处理通知书。其中，对违法行为人单处二百元（不含）以上罚款的，可以通过简化取证方式和审核审批手续等措施快速办理。对违法行为人处以行政拘留处罚的，按照《公安机关办理行政案件程序规定》实施。第四十四条规定："适用简易程序处罚的，可以由一名交通警察作出，并应当按照下列程序实施：（一）口头告知违法行为人违法行为的基本事实、拟作出的行政处罚、依据及其依法享有的权利；（二）听取违

法行为人的陈述和申辩，违法行为人提出的事实、理由或者证据成立的，应当采纳；（三）制作简易程序处罚决定书；（四）处罚决定书应当由被处罚人签名、交通警察签名或者盖章，并加盖公安机关交通管理部门印章；被处罚人拒绝签名的，交通警察应当在处罚决定书上注明；（五）处罚决定书应当当场交付被处罚人；被处罚人拒收的，由交通警察在处罚决定书上注明，即为送达。交通警察应当在二日内将简易程序处罚决定书报所属公安机关交通管理部门备案。”

《中华人民共和国行政诉讼法》第三十四条规定，被告对作出的行政行为负有举证责任，应当提供作出该行政行为的证据和所依据的规范性文件。被告不提供或者无正当理由逾期提供证据，视为没有相应证据。但是，被诉行政行为涉及第三人合法权益，第三人提供证据的除外。

二、案件来源

李某某诉某县公安局行政拘留案①

三、主要案情

上诉人李某某因与被上诉人某县公安局行政拘留一案，不服某省某县人民法院行政判决，向本院提起上诉。本院受理后依法组成合议庭，向各方当事人送达了《二审行政案件诉讼要素表》，根据《中华人民共和国行政诉讼法》第八十六条之规定，对本案进行了审理。现已审理终结。

原审法院审理查明，2020年9月2日13时30分许，第三人张某某到某派出所报案称：有人在A4纸上打印侮辱性的文字，对自己和家人进行侮辱，并将多份印有侮辱性文字的A4纸张分撒在自己村口（某镇××村口）附近，并提交相关20张印有侮辱性文字的A4纸。某派出所接受报案并立案调查，对报案人张某某进行询问，并根据相关线索及时开展调查、询问。经被告某县公安局查明：8月23日15时许，因矛盾纠纷原告李某某将多张印有对第三人张某某侮辱性文字的A4纸张，抛撒在某镇××村附近道路上，被群众捡拾、知晓。9月16日，被告某县公安局依据李某某的陈述和申辩，证人证言，张某某的陈述等事实依据，认定李某某侮辱的违法行为成立，作出某（某所）快行罚决字〔2020〕128号行政处罚决定书，该行政处罚尚未执行。原告对此行政处罚决定书不服，于10月14日提起行政诉讼。

① 山东省德州市中级人民法院（2021）鲁14行终67号行政判决书。

四、案件核心

询问过程全程录音、录像是否是法律的强制性规定，公安机关在快速办理行政案件中未能全程录音、录像是否构成程序违法?

五、裁判过程与结果

（一）一审裁判过程与结果

原审法院认为，根据《中华人民共和国行政诉讼法》的规定，人民法院审理行政案件，对被告行政行为是否合法进行审查。被告 2020 年 9 月 2 日接张某某报警后，依法予以受案登记，在受理案件后，根据报警人提供的线索，依法调取民用监控、现场天网监控，询问证人张某、静某某、于某、信某某、信某某、王某，并对李某某进行依法传唤、询问，对其住处进行检查、对驾驶的电动四轮车进行证据保全，李某某对抛撒 A4 纸张地点、驾驶的电动四轮车的辨认，以上证据可以证明被告主张的事实。

关于原告主张被告在调取电子证据时未按照电子证据取证规则进行取证，依据《公安机关办理行政案件程序规定》第三十二条的规定，被告向电子数据持有人送达调取证据通知书、出具证明的形式对电子数据进行调取，符合该条规定。关于原告主张被告未向李某某宣读行政案件快速办理告知书的内容，只是在收到行政处罚决定书的当日让其在最下方签的名字，且在处罚决定作出前没有向原告告知处罚的种类、幅度，依据《公安机关办理行政案件程序规定》第四十二条，快速办理行政案件前，公安机关应当书面告知违法嫌疑人快速办理的相关规定，征得其同意，并由其签名确认。被告提交的卷宗中有原告李某某签字捺印的行政案件快速办理告知书及处罚决定书中注明部分为证，且不违反《公安机关办理行政案件程序规定》第四十七条、第四十六条第二款的规定，对快速办理的行政案件，公安机关应当在违法嫌疑人到案后四十八小时内作出处理决定的规定，公安机关可以采用口头方式履行处罚前告知程序，由办案人民警察在案卷材料中注明告知情况，并由被告知人签名确认的规定。关于原告主张询问李某某前未告知其权利义务，被告已经提交了李某某签字捺印的权利义务告知书。

关于原告主张被告未提交询问李某某的全程录音、录像资料问题及询问李某某的工作人员不是李某而是辅警闫某某，询问不同证人询问笔录结束时间与开始时间间隔较短等问题，被告办案程序违法，依据《公安机关办理行政案件程序规定》第七十七条第三款规定，询问时，可以全程录音、录像，并保持录音、录像资料的完整性。询问过程全程录音、录像不是强制性规定，被告对其行政行为的合法性已通过其提交的行政卷宗能够证实且不违反法律规定。关于原告主张被告询问证人，存在证人年龄较大、认知能力存疑、用词等不符合客观事实，可能存在虚假的问题，本案证人符合《公安机关办理行政案件程序规定》关于证人作证资格和义务的规定，能够证明案件事实。关于原告对询问人员李某身份存疑的问题，被告于庭后提交了李某的人民警察证予以证实。故原告的上述主张，原审法院不予支持。综上所述，被告某县公安局作出的某（某所）快行罚决字〔2020〕128号行政处罚决定书认定事实清楚，程序合法，适用法律正确，裁量适当。原审法院依照《中华人民共和国行政诉讼法》第六十九条之规定，判决驳回原告李某某的诉讼请求。案件受理费50元，由原告李某某负担。

（二）二审裁判过程与结果

二审法院认为，本案双方当事人争执的焦点问题是被上诉人某县公安局作出的某（某所）快行罚决字〔2020〕128号行政处罚决定是否合法。

首先，关于被上诉人办案程序问题。本案中，被上诉人向案外人于某某、张某某发出调取证据通知书，要求二人提供2020年8月23日14时前后其监控设施拍摄的视频资料，该视频资料属原始载体，调取后经庭审质证用于证明案件事实，具有客观真实性，该调取证据方式符合上述规定。前述规定第七十七条规定："询问笔录应当交被询问人核对，对没有阅读能力的，应当向其宣读。……询问时，可以全程录音、录像，并保持录音、录像资料的完整性。"上诉人在被上诉人提供的"行政案件快速办理告知书"中签署"同意"，并签字捺印，应视为上诉人已阅读、知悉该告知书内容，同意该案以快速办理程序处理；上诉人在被上诉人对其所制作询问笔录中签字并捺印，被上诉人两位民警也在询问笔录中签字，上述规定对询问时全程录音、录像并未作强制性规定，故被上诉人适用快速办理程序处及询问上诉人的过程符合上述规定。上诉人主张被上诉人调取证据程序不合法、不能证明其是否告知上诉人享有的各项权利、未提供询问视频资料等，本院不予认定。

其次，关于证人作证问题。《最高人民法院关于行政诉讼证据若干问题的规定》第四十二条第一款规定："不能正确表达意志的人不能作证。"上诉人称被上诉人询问的几位证人年龄较大、文某和认知能力较低，本院认为上述情形不属于不能正确表达意志，不影响其作为证人的资格；上诉人称被上诉人对证人询问时存在诱供、询问时间造假等，但未提供证据证明，本院亦不予认定。

最后，关于本案调解问题。因原审第三人不同意调解，被上诉人对本案经调查核实、集体讨论后及时作出行政处罚决定，符合法律规定，上诉人称被上诉人处理本案背离教育与处罚相结合原则，其主张不能成立，本院不予认定。

综上，上诉人李某某上诉请求不能成立，本院不予支持。原审判决认定事实清楚，适用法律正确，依法应予维持。依照《中华人民共和国行政诉讼法》第八十九条第一款第一项之规定，判决如下：驳回上诉，维持原判。

六、类案比较

（一）案件来源

肖某海诉某某县公安局交通警察大队（以下简称某县交警大队）行政处罚案①

（二）主要案情

原告肖某海驾驶重型自卸货车行驶至某县某镇某路与某省道交叉路口（某省道109K）时，因故意污损机动车号牌，被执勤交警张某某查获。张某某当场向原告作出编号：第3208261506611002号《公安交通管理简易程序处罚决定书》，载明：被处罚人于2020年5月20日14时7分在某线（某省道）77公里实施故意污损机动车号牌的违法行为，根据《中华人民共和国道路交通安全法》第九十条、第九十五条第二款以及该省的相关规定，决定对肖某海处以罚款200元的处罚。根据《机动车驾驶证申领和使用规定》记12分。处罚决定书中载明的执勤民警为“万某某”。原告肖某海拒绝签名，由执勤民警在处罚决定书上注明“拒签”。原告肖某海对该处罚决定不服，提起本案行政诉讼。

一审法院经审理查明：2020年5月20日13时30分许，本案法定举证期限内，被告向一审法院提交了执法现场的视频资料，该视频共28秒，内容为处罚时原告车辆尾部到车辆前的记录情况。对于被告具体执法过程，即作出处罚前口头告知原告违法行为的基本事实、拟作出的行政处罚、依据及其依法享有的权利，原告的陈述和申辩等情况该视频均不能反映。经一审法院多次与被告联系，要求其提供上述证据材料，被告仍不能提供。

一审法院另查明：2020年5月23日，被告向原告作出《公安交通管理行政强制措施凭证》，载明：当事人于2020年5月23日11时22分在工作中发现实施在一个记分周期内累计记分达到12分的违法行为，根据《中华人民共和国道路交通安全法》第二十四条第一款、《中华人民共和国道路交通安全法实施条例》第二十三条第一款规定，对肖某海采取扣留机动车驾驶证的行政强制措施。

（三）案件核心

道路交通管理简易程序的适用中口头告知相对人相关权利的应通过执法记录仪等客观记载。

① 江苏省淮安市中级人民法院（2021）苏08行终16号行政判决书。

（四）裁判过程与结果

一审法院认为，根据《中华人民共和国行政处罚法》[①] 第三十一条、第三十二条的规定，行政处罚过程中应当保障被处罚人的知情权和陈述、申辩权。本案中，被告对原告罚款二百元，可以由一名交通警察适用简易程序作出处罚决定。但是在作出处罚决定前，仍应口头告知违法行为的基本事实、拟作出的行政处罚、依据及其依法享有的权利，听取违法行为人的陈述和申辩。从被告提供的证据及视频资料中均未能反映出被告执法过程中履行了告知义务，也未能反映出原告对处罚事项的陈述和申辩。根据《中华人民共和国行政诉讼法》第三十四条规定，被告对作出的行政行为负有举证责任，应当提供作出该行政行为的证据和所依据的规范性文件。被告不提供或者无正当理由逾期提供证据的，视为没有相应证据……因此，被告未能提供证据证明其在作出行政处罚决定时履行上述法律规定的程序，系行政处罚程序违法，应予撤销。

另外，被告在作出案涉行政处罚决定时，还存在以下两方面问题：1. 实际违法查处地点为某省道 109K，被告在处罚决定中误写为某省道 77K。2. 处罚决定书中执勤民警与实际执勤民警不一致。上述两个问题虽然未对原告的权利义务产生实际影响，但是属于被告执法过程谨慎性缺乏导致的工作失误，一审法院对此一并予以指正。

综上，被告某县交警大队作出案涉行政处罚决定时违反了法定程序，应当予以撤销。根据《中华人民共和国行政诉讼法》第七十条第三项之规定，判决撤销被告某县交警大队于 2020 年 5 月 20 日作出的编号：第 3208261506611002 号《公安交通管理简易程序处罚决定书》。

二审中，上诉人某县交警大队要求行政机关执法人员（民警张某某、辅警邵某某、程某某）到庭接受询问，目的是证明发现被上诉人存在违法行为后进行拦车，履行了告知义务，听取了陈述申辩，并依照程序进行了处罚。本院认为，根据《最高人民法院关于适用〈中华人民共和国行政诉讼法〉的解释》第四十四条的规定，上诉人所要求执法人员接受询问，目的是证明其作出处罚行为合法性，实质系行政机关执法人员进行作证，该要求在本案二审中并无必要，亦不能通过二审程序中法院询问案件的相关事实来证明其作出处罚行为的合法性。

二审法院认为，首先，行政机关适用简易程序作出行政处罚应遵循《中华人民共和国行政处罚法》的相关规定。适用简易程序作出的行政处罚应当告知当事人违法的事实、理由及依据，以及依法享有的陈述、申辩等权利。

---

① 本案中所涉及的法律、法规、文件等均为当时有效的规定。

其次，公安机关适用简易程序作出交通管理行政处罚还应遵守《道路交通安全违法行为处理程序规定》在内的交通管理法律法规规章的相关规定。因此，由交通警察适用简易程序作出行政处罚应遵循上述规章规定的处罚程序。

再次，上诉人某县交警大队不能证明其适用简易程序作出的处罚程序符合法律、规章的规定。《中华人民共和国行政诉讼法》第三十四条规定："被告对作出的行政行为负有举证责任，应当提供作出该行政行为的证据和所依据的规范性文件。被告不提供或者无正当理由逾期提供证据，视为没有相应证据。但是，被诉行政行为涉及第三人合法权益，第三人提供证据的除外。"本案中，上诉人某县交警大队提供了视频资料，但该视频资料仅是上诉人认定被上诉人具有故意污损机动车号牌违法行为的证据材料，其不能证明其作出行政处罚履行了上述法律、规章规定的行政处罚程序。诚然，交通警察适用简易程序进行处罚可以口头告知而无须书面告知，其调查、收集证据的要求也不应过于苛求等同于行政处罚的一般程序，但在上诉人单位民警、辅警共同参加执法、配备且采用执法设备固定证据的情况下，其可以通过完整的执法视频资料证据，证明其履行了相应的程序要求。本案中，现有的执法视频资料仅反映被上诉人车辆的周身状况，不能证明其作出行政处罚程序的合法性。被上诉人肖某海对上诉人的处罚程序提出异议并否认其履行了相应程序规定。综合考虑上诉人执法视频的时间与警务通处罚时间的差异、上诉人对完整执法视频资料存在而又丢失的辩解以及本次执法中存在的执法地点瑕疵等因素，上诉人的举证并不能达到证据优势证明标准，其举证不足以证明其行政处罚程序的合法性。故应当认定本案上诉人的行政处罚程序违法。

最后，本案撤销上诉人作出的行政处罚并不损害国家利益、社会公共利益。《中华人民共和国行政诉讼法》第七十四条第一款规定："行政行为有下列情形之一的，人民法院判决确认违法，但不撤销行政行为：（一）行政行为依法应当撤销，但撤销会给国家利益、社会公共利益造成重大损害的；（二）行政行为程序轻微违法，但对原告权利不产生实际影响的。"本案中，因上诉人行政处罚程序违法而撤销并不会对国家利益、社会公共利益造成重大损害。当事人享有的行政处罚的违法事实告知以及陈述、申辩等权利，系重要程序性权利，对行政处罚的合法性具有实质性影响。故，本案行政处罚不能仅确认违法而不予以撤销。

综上，一审判决认定事实清楚，适用法律正确，程序合法，依法应予维持。上诉人上诉理由均不能成立，其上诉请求本院不予支持。依据《中华人民共和国行政诉讼法》第八十九条第一款第一项之规定，判决如下：驳回上诉，维持原判。

七、理论探讨与执法指引

快速办理程序之所以存在，本质上是为了提高行政处罚办理的下达速度，进而提高行政效率，提高政府处理行政问题效能。[①]《程序规定》给我们提供了五个正确提高行政处罚过程速度的方法：1. 简化取证方式。执法人员可以使用对讯问过程进行录音、录像的方式取代书面笔录与检查笔录的制作。2. 简化审批审核流程。对拟做出的行政处罚决定考研经专兼职法制员或者办案部门负责人审核后直接呈报公安机关负责人审批，而无须呈报法制部门审核。3. 降低证明标准。对适用快办程序的案件，只需要关键相互印证，即可不再开展其他调查取证工作。4. 精简法律文书。快办程序通过简审和替代的方式减少了纸质文书的制作。5. 限定办案时限。适用快办程序的案件应在四十八小时以内办结。我们在看到快速办理程序后会觉得这种模式很好，有效、根本地解决了行政处理拖沓的问题，但是我们需要明白两点，首先是什么案件可以被认作为是可快速办理案件，其次是必须正视来自快速办理程序的正当性风险。快速办理带来的是行政处罚做出的速度的提高，而速度的提高难免会增加误判的出现率，所以这就需要执法者权衡好速度与正确率之间的比重。

快速办理程序适用于违法事实相对清楚的案件，这样可以尽量减少侵害当事人以及公众的利益。同时在快速办理程序作出相应的决定后，有了对当事人的处罚结果时，必须留档和记录，以防新证据的出现或者证人的新证词。有些违法嫌疑人出于各种目的或心理在民警办案过程中会表现得比较配合，看起来符合行政案件快速办理的要求，但事后又对公安机关的处罚不满意，进行复议、诉讼，那么必然又引发第二个问题，即取证方式和审核审批手续是否经得起审查或诉讼。由于公安机关可以通过简化取证方式和审核审批手续等措施快速办理，那么在实践中简化的取证方式和审核审批手续所取得的证据，如何能够达到诉讼活动中取证程序合法性要求和证据有效性要求，是行政案件快速办理中所必须重视的问题。在实践中，民警有时为了快速解决眼前的问题，在执法风险不能完全排除、执法程序不完全规范的情况下，选择最简便的方式处理实际问题，如在治安调解和治安案件办理的选择过程中，民警往往会选择治安调解结案，而治安调解案件中民警对于证据的收集和固定远远不如治安处罚案件重视。《公安机关办理行政案件程序规定》要求：调解处理案件，应当查明事实，收集证据，并遵循合法、公正、自愿、及时的原则，注重教育和疏导，化解矛盾。但在实际工作中调解案件对于证据的收集力度明显不够，往

---

① 杨小军、毛晨雨：《行政处罚快速办理程序的正当性审视与补强》，载《行政法学研究》2022 年第 2 期。

往调解协议达成后一方当事人不履行，而公安机关根据要求重新办理治安案件时部分证据已经灭失，无法继续办理案件，给公安机关的工作造成被动。

简化审核审批手续中，简化的不是执法监督程序而是审核审批的方式，且依然符合诉讼程序的法定要求和证据的“三性”（关联性、合法性、客观性）要求是我们在今后实践中必须强调和总结的。从具体办案来看，视听资料和作为违法嫌疑人陈述的笔录都属于法定证据种类。在案件的办理过程中需要何种法定证据种类来支撑案件，形成清楚而有说服力的证据链，完全取决于具体案件证据完整性的要求。快办案件依然属于一般程序而非简易程序，使用执法记录仪等设备对询问过程录音、录像与书面询问笔录在实际案件办理过程中起到了证据相互印证的作用，两者作为平行的具有证据能力的法定证据种类，很难说视听资料与作为违法嫌疑人的陈述的询问笔录孰轻孰重，谁能够取代谁。从案件办理的角度来说，单独一份视听资料如果能够达到证据确实充分，完全可以成为证明违法行为存在的真实有效证据，但何种情况下属于证据确实充分需要办案民警具体把握。这也需要办案民警在法律知识上苦练内功，不能因为“快”，只满足了快办案件的取证形式，却少了其他证据支撑，事后产生执法风险。从行政案件审核的角度来讲，审核视听资料的过程并不一定比审核询问笔录简单。对视听资料的审核是一个发挥主观能动性的过程，需要在视听资料中发觉能够证明嫌疑人违法的证据，甚至还需要在视听资料中发觉执法中的瑕疵。笔录中字写错了、意思表达有误还可以通过向嫌疑人核实，进行修改、补充，但视听资料一旦成为证据材料便无法修改，所以何种情况下单独使用执法记录仪中的视听资料作为快办案件的唯一证据资料必须十分慎重。①

第七节　交通处罚可以通过电子监控和执法记录仪确认违法事实

一、基础知识

公安机关现场执法视音频记录的目的是更好地规制公安机关执法行为与权力的行使，确保执法权力的正当性，让公民享有知情权，维护社会的公平正义，维护法律的权威和尊严。意味着公民质疑执法人员有不当行为时，视音频资料将成为还原事实真相的重要证据。同时，执法记录也体现了对执法人员的保护，避免警民发生冲突后“口说无凭”。现场执法记录一方面对公安民警现场执法行为、提升执法能

---

① 严锋：《快速办理：简约而不简单——适用快速办理应该注意的问题》，载《派出所工作》2019 年第 2 期。

力进行约束和监督，另一方面能够维护执法民警的合法权益。现场执法视音频记录是新形势下适应公安工作发展的必然要求，不仅仅为了监督执法民警。

《公安机关维护民警执法权威工作规定》第三条规定，公安民警依法履行职责、行使职权受法律保护，不受妨害、阻碍，民警及其近亲属的人身财产安全不因民警依法履行职责、行使职权行为受到威胁、侵犯，民警及其近亲属的人格尊严不因民警依法履行职责、行使职权行为受到侮辱、贬损。第十一条规定，民警在执法执勤现场受到不法侵害的，民警及其所在部门应当依法采取措施制止侵害并立即向所属公安机关指挥部门报告。公安机关指挥部门应当迅速组织力量进行处置，同时通报警务督察部门。警务督察部门视情派员赴现场初步查明情况，协助控制事态，督促依法处置。

二、案件来源

何某诉某某市公安局某某分局交通警察支队（以下简称某某交警支队）交通行政处罚案①

三、主要案情

原审法院查明，2018 年 5 月 12 日 18 时 02 分，何某驾驶车辆牌号为沪 BQ××××的小型轿车在本市徐某路近蒙某路路段实施了鸣喇叭的行为，该行为被电子监控设备予以记录。同年 6 月 30 日，何某前往某某交警支队处理上述事项，某某交警支队向何某作出《交通违法行为处罚事先告知书/确认单》，对何某进行处罚事先告知，何某在申辩、陈述内容项下的“你对由本部门实施处罚是否有异议”及“你对实施本起违法行为是否有异议”栏内均勾选“无异议”，并签署本人姓名。同日，某某交警支队作出编号为 310101-××××××××××的《公安交通管理简易程序处罚决定书》，主要内容为：何某于 5 月 12 日 18 时 02 分，驾驶车辆牌号为沪 BQ××××的小型轿车在本市徐某路近蒙某路路段实施在禁止鸣喇叭的区域或者路段鸣喇叭的违法行为（代码 10480），违反了《中华人民共和国道路交通安全法实施条例》（本案以下简称《实施条例》）第六十二条第八项之规定，依据《中华人民共和国道路交通安全法》（本案以下简称《道路交通安全法》）第一百一十四条、第九十条的规定，决定予以人民币 100 元罚款。该处罚决定当场向何某送达。何某不服，遂诉至原审法院。

原审法院认为，《道路交通安全法》第五条第一款规定，县级以上地方各级人

① 上海市高级人民法院（2019）沪行终 204 号行政判决书。

民政府公安机关交通管理部门负责本行政区域内的道路交通安全管理工作。某某交警支队具有对辖区内的道路交通违法行为作出行政处罚决定的法定职权。《实施条例》第六十二条第八项规定，驾驶机动车不得在禁止鸣喇叭的区域或者路段鸣喇叭。《上海市道路交通管理条例》第三十九条规定，本市外环线以内以及公安机关规定的其他区域为机动车禁鸣喇叭区域。《道路交通安全法》第九十条规定，机动车驾驶人违反道路交通安全法律、法规关于道路通行规定的，处警告或者二十元以上二百元以下罚款。本法另有规定的，依照规定处罚。《道路交通安全法》第一百一十四条规定，公安机关交通管理部门根据交通技术监控记录资料，可以对违法的机动车所有人或者管理人依法予以处罚。对能够确定驾驶人的，可以依照本法的规定依法予以处罚。

本案中，某某交警支队提供的电子监控设备拍摄的照片及《交通违法行为处罚事先告知书/确认单》相互印证，可以证明何某于2018年5月12日18时02分实施了在禁止鸣喇叭的区域或者路段鸣喇叭的违法行为，故被诉处罚决定的主要证据充分。诉讼中，何某对某某交警支队所使用的声呐定位系统电子监控设备提出质疑并认为该设备所生成的照片中椭圆形印记系人为添加，某某交警支队当庭陈述了该设备设计原理及功能，并提交了相应的检验检测报告供法庭参照，原审法院认为，双方诉辩焦点在于某某交警支队所使用的违法鸣号抓拍设备定位功能的准确性，根据某某交警支队提供的证据并结合其当庭陈述的相关技术分析，该设备投入使用前已经有关检测机构检测合格，从其设计原理及功能分析看，能对相关区域面积内的车辆鸣号予以定位抓拍，故某某交警支队依据该设备拍摄的照片认定何某存在违反交通法规的事实，并无不当。何某主张的意见，未能提供相应的证据予以证明，难以采信。某某交警支队依据《道路交通安全法》第九十条、第一百一十四条之规定，对何某处以100元罚款，适用法律并无不当。某某交警支队在作出被诉处罚决定前履行了行政处罚事先告知程序，并将被诉处罚决定向何某进行送达，保障了其程序性权利。需要指出的是，被诉处罚决定中“交通警察（盖章或签名）”栏内未见办案交警的盖章或签名，上述情况虽不足以影响被诉处罚决定的合法性，但某某交警支队应对该程序瑕疵予以重视，避免在今后的执法过程中再次发生类似问题。据此，原审法院依照《中华人民共和国行政诉讼法》第六十九条的规定，判决驳回何某的诉讼请求。何某不服，向本院提起上诉。

四、案件核心

声呐电子监控设备自动生成的证据与《交通违法行为处罚事先告知书/确认单》能够相互印证，交警行政处罚可以依据经检测合格的违法鸣号抓拍设备定位功能。

五、裁判过程与结果

（一）一审裁判过程与结果

本院认为，《道路交通安全法》第五条第一款规定，县级以上地方各级人民政府公安机关交通管理部门负责本行政区域内的道路交通安全管理工作，故被告某某交警支队具有对辖区内的道路交通违法行为作出行政处罚决定的法定职权。

《实施条例》第六十二条第八项规定，驾驶机动车不得在禁止鸣喇叭的区域或者路段鸣喇叭。《某某市道路交通管理条例》第三十九条规定，本市外环线以内以及公安机关规定的其他区域为机动车禁鸣喇叭区域。《道路交通安全法》第九十条规定，机动车驾驶人违反道路交通安全法律、法规关于道路通行规定的，处警告或者二十元以上二百元以下罚款。本法另有规定的，依照规定处罚。《道路交通安全法》第一百一十四条规定，公安机关交通管理部门根据交通技术监控记录资料，可以对违法的机动车所有人或者管理人依法予以处罚。对能够确定驾驶人的，可以依照本法的规定依法予以处罚。本案中，被告提供的电子监控设备拍摄的照片及《交通违法行为处罚事先告知书/确认单》相互印证，可以证明原告何某于2018年5月12日18时02分实施了在禁止鸣喇叭的区域或者路段鸣喇叭的违法行为，故被告作出被诉处罚决定的主要证据充分。诉讼中，原告对被告所使用的声呐定位系统电子监控设备提出质疑并认为该设备所生成的照片中椭圆形印记系人为添加，被告当庭陈述了该设备设计原理及功能，并提交了相应的检验检测报告供法庭参照，本院认为，从本案双方诉辩争执的焦点看，关键在于被告所使用的违法鸣号抓拍设备定位功能的准确性，根据被告提供的证据并结合其当庭陈述的相关技术分析，该设备投入使用前已经有关检测机构检测合格，从其设计原理及功能分析看，能对相关区域面积内的车辆鸣号予以定位抓拍，故被告依据该设备拍摄的照片认定原告存在违反交通法规的事实，并无不当。原告主张的意见，未能提供相应的证据予以证明，本院难以采信。被告依据《道路交通安全法》第九十条、第一百一十四条之规定，对原告处以100元罚款，适用法律并无不当。被告在作出被诉处罚决定前履行了行政处罚事先告知程序，并将被诉处罚决定向原告进行送达，保障了原告的程序性权利。需要指出的是，被告作出的被诉处罚决定中“交通警察（盖章或签名）”栏内未见办案交警的盖章或签名，上述情况虽不足以影响被诉处罚决定的合法性，但被告应对该程序瑕疵予以重视，避免在今后的执法过程中再次发生类似问题。

综上，原告提出要求撤销被诉处罚决定的诉讼请求缺乏事实和法律依据，依法应予驳回。据此，依照《中华人民共和国行政诉讼法》第六十九条的规定，判决如下：驳回原告何某的诉讼请求。

（二）二审裁判过程与结果

本院经审理查明，原审法院认定事实清楚，本院予以确认。

本院认为，根据《道路交通安全法》第五条第一款规定，被上诉人某某交警支队具有作出被诉处罚决定的法定职权。本案争议焦点在于被诉处罚决定认定的违法鸣号行为是否成立、执法程序是否合法。

1. 被诉处罚决定认定的违法鸣号行为是否成立。

本案被上诉人用于证明违法行为存在的证据具有特殊性。其形式上虽然主要由照片、《交通违法行为处罚事先告知书/确认单》、被诉处罚决定三项证据组成，但该照片的形成系由违法鸣号电子监控设备系统自动生成，该设备系统具有较专业的针对性和独特的证明效力。本案中被上诉人提供的照片系证据的形式，而形成该照片的设备系统系证据的本质。照片系由设备系统自动生成，并不存在上诉人所称事后添加的因素，因此具有真实性、合法性和关联性，能够作为证明涉案违法行为的证据，上诉人对照片证据效力的异议不能成立。

同时，根据被上诉人在原审和二审庭审中进行的解释说明，可以证明该套设备经过了一定的升级改造，在事发时为双杆设置，与摄像头分离，之后才改为设置在摄像头上，故上诉人以事发时摄像头上无声呐监控设备为由，否认该设备的客观存在，进而否定被诉处罚决定的合法性，明显依据不足。

本院注意到上诉人本人具有一定的声学专业背景，且在二审时结合其专业认知陈述了其异议，但本院认为，对于技术问题，行政审判的审查强度有限，且专业问题会因为观点角度的不同存在不同的理解和争议，司法审查不宜过多干预。就本案情形而言，本院对本案涉及的技术问题的审查系法律性审查，一是“形成过程”审查，即审查该套设备系统投入运行前是否经过了充分的论证、检测。经过审查，本院认为，该套设备系统经过相关部门的检测认证，从技术手段上具有可信度。虽然相关检测报告在法庭上由于商业秘密专利申请权保护等原因未予质证，但经法庭调查，该套系统由市交警总队从 2017 年即开始统一部署，在全市范围内实施，不存在被上诉人利用该设备系统滥用执法权的情况。二是“明显性”审查，即该套设备系统是否存在明显的违反逻辑和科学性的情形，而行政机关对此难以解释。本院经庭审调查，以及结合双方当事人就专业问题在庭审中的技术交流过程，未发现此套设备系统存在明显违反逻辑和科学性的情形。三是“实际效果”审查，即该套设备系统投入运行后，是否存在明显大量的异议（复议或诉讼），导致产生科学性上的合理怀疑。经调查，此类情况亦不存在，类似本案的争议在全市尚属首例。此外，如从专业角度否定该设备系统的科学性，亦将对违法鸣号的治理工作产生负面影响，也不利于行政机关探索运用高科技手段惩治违法交通行为的执法活动。本院经审查认为本案不存在该套设备系统存在明显问题导致上诉人被错误处罚的有效证据，亦不存在行政机关滥用执法权等执法目的问题，被上诉人的技术解释较为合理，上诉人的异议缺乏合理性，故本院对该设备系统的专业性予以尊重，本院认为根据该套设备系统所捕捉到的上诉人的违法鸣号行为能够成立，上诉人否认违法行为存在的依据不足。

2. 被诉处罚决定的执法程序是否合法。

上诉人主张其至交警办案窗口现场办理时被告知如不勾选“无异议”将无法取得处罚决定书，其对违法行为的认定一直存在异议，不应适用简易程序。本院认为，交通违法处理程序分为简易程序和一般程序。简易程序一般适用于当场处罚情形，对于交通管理部门通过电子警察执法方式发现违法行为，违法行为人到交警窗口接受处理，并未提出异议的情形，事实上视作当场处罚，适用简易程序处理，符合电子警察执法方式的特点，并无不当。但从法律规定而言，简易程序并不以被处罚人无异议为前提，即使违法行为人接受处理时提出异议，只要符合简易程序条件的，公安部门仍然可以适用简易程序，并作出处罚决定书，因此被诉处罚决定按照简易程序作出并无不当。本院也注意到，在实际处理过程中，交警部门对于在窗口办理提出异议的情形，不再按照简易程序，不再作出简易程序处罚决定书，而是按照一般程序处理，故现场无法取得简易程序行政处罚决定书，这一做法系对当事人提出异议情形的特殊程序处理。当事人如有异议，则按一般程序处理更为妥当。但本院认为，交警部门对违法行为处理本身设有简易程序和一般程序两个窗口，系工作常态，交警部门没有动机以不给处罚决定为手段胁迫上诉人放弃提出异议的权利。因此，上诉人所称如不勾选“无异议”将无法获得决定书之主张，缺乏事实依据和逻辑关系，事实上，当事人如提出异议则按照一般程序处理，其无法获取的是简易程序行政处罚决定书，而非无法获取处罚决定书，上诉人对此存在误解，故对上诉人的此项程序违法之主张本院不予支持，但建议被上诉人进一步加强指导，确保经办民警能够更细致规范地向被处罚人告知相关事项。

至于上诉人所称交通警察并未在处罚决定上签名或盖章的情形，本院认为虽违反公安部《道路交通安全违法行为处理程序规定》第四十二条第一款第四项之规定，但考虑到本案属于电子警察的特殊执法方式，有别于交通警察在现场进行处罚的情形，主要证据及违法事实均由电子设备予以固定，现场经办民警仅负责事后的处理程序，同时经办民警系在交警支队工作场所进行处理，具有可识别性，民警未在处罚决定上签名或盖章不妥，但不影响实际经办人的确定，因此，本院认为该违法事项显著轻微，亦未影响处罚决定的定性和处理结果的正确性，可视作程序瑕疵，但从执法规范角度，被上诉人应予以高度重视，避免重犯。

此外，上诉人主张原审法院曾组织专家谈话，未表明身份，未居中裁判。本院认为，原审法院考虑到本案涉及技术问题的特点，组织被上诉人方的专家同上诉人进行交流，有利于争议的解决，也是针对技术性问题的特有审理方式，应予认可。双方谈话中已经明确该专家系该套声呐设备的主要研发人员，其身份披露已经充分。上诉人另称原审法院在开庭时没有主动告知合议庭成员，对上诉人提供的证据没有进行质证，该主张与原审庭审记录不符，本院不予支持。

综上所述，被诉行政处罚决定认定事实清楚、适用法律正确、主要程序合法，上诉人何某的上诉理由不能成立，原审法院判决驳回其诉讼请求正确。依照《中华人民共和国行政诉讼法》第八十九条第一款第一项之规定，判决如下：驳回上诉，维持原判。

六、类案比较

（一）案件来源

张某东诉某某市公安局某某分局交通警察支队（以下简称某某交警支队）、某某市公安局某某分局（以下简称某某公安分局）行政处罚及行政复议案①

（二）主要案情

位于本市遵某路与中某路之间的天某路西向东方向设有公交专用车道。2017年4月24日17时19分许，某某交警支队交警徐某面朝西，站立于上述公交专用车道中写有“让”字处，将驾驶号牌为沪BG××××小型轿车沿天某路自西向东行驶在公交专用车道的张某东拦下。经交警徐某询问，张某东表示要右转至中某路。某某交警支队遂认定，张某东驾驶机动车在天某路中某路西约100米处违反规定使用公交专用车道，经口头向张某东进行行政处罚事先告知后，作出条形码编号为××××××××××××××××公安交通管理简易程序处罚决定（以下简称被诉处罚决定），认定：张某东于4月24日17时19分许，在天某路中某路西约100米处实施机动车违反规定使用公交专用车道的违法行为，违反了《中华人民共和国道路交通安全法》（以下简称《道路交通安全法》）第三十七条、第九十条的规定，决定对张某东罚款100元。被诉处罚决定书当场送达，但张某东拒绝签字。张某东不服被诉处罚决定，向某某公安分局申请行政复议。某某公安分局于5月9日收到行政复议申请后，于7月6日作出沪长公复延字〔2017〕408号《行政复议期限延长通知书》，告知张某东延长行政复议期限30日。经审查，7月27日某某公安分局作出沪公长

① 上海市高级人民法院（2020）沪行再2号行政判决书。

复决字〔2017〕408号行政复议决定（以下简称被诉复议决定），维持了某某交警支队作出的被诉处罚决定。张某东收到复议决定书后，起诉至某某市铁路运输法院，请求判决撤销被诉处罚决定及被诉复议决定。

（三）案件核心

某某交警支队提供的执法交警陈述前后不一，对执法记录仪电子证据的解释自相矛盾，提供的证据是否达到证据确实充分的证明标准，某某交警支队作出被诉处罚决定提供的事实方面的证据能否证明交通违法行为确实存在？

（四）裁判过程与结果

1. 一审裁判过程与结果。

某某市铁路运输法院一审认为，根据《道路交通安全法》第五条之规定，某某交警支队具有作出被诉处罚决定的职权。某某交警支队经询问、口头告知拟作出行政处罚事项后，当场作出处罚决定，程序合法。某某交警支队认定，张某东于2017年4月24日17时19分许，在天某路中某路西约100米处实施了违反规定使用公交专用车道的违法行为，有其提交的民警工作情况、现场照片等证据证明，交警徐某的陈述亦能证明，故事实认定清楚。张某东认为，其没有违法行为。但现场照片已证实事发路段立有公交专用车道提示牌、地面写明适用时间，确实设有公交专用车道。公交专用车道的设置目的在于保障公交车优先通行，故张某东要在道路尽头右转，应当在地面的箭头指示处变道行驶，而不应当提前变道驶入，否则公交专用车道的设置目的无法实现。本案中，根据交警徐某的陈述，张某东在地面箭头指示前就已行驶在公交专用车道内，属于违反规定使用公交专用车道的违法行为，故对于张某东意见不予采纳。某某交警支队根据《道路交通安全法》第三十七条、第九十条之规定，作出被诉处罚决定，适用法律正确。某某公安分局收到张某东提出的行政复议申请后，经审查，在法定延长期限内作出被诉复议决定，符合法定程序。某某市铁路运输法院遂依照《中华人民共和国行政诉讼法》第六十九条、第七十九条之规定判决驳回张某东的诉讼请求。

2. 二审裁判过程与结果。

某某市第三中级人民法院二审认为，本案中，张某东驾驶机动车进入的车道为公交专用车道有事发地照片及现场执勤交警的指证等证据证实。张某东提出的异议为该车道有白色虚线相间，故其驶入并不违法。但在案证据反映，该车道除有公交专用车道、限行时点等文字标识外，还有公交专用车道的黄色虚线标线。按照一般通常的认知，即使有白色虚线相间，也不应导致对该车道性质的误判。且张某东事发时驶入的公交专用车道内有“让”文字标识与减速让行线，左侧车道内有“右转车道”文字标识和向右合流导向箭头，结合现场路况，可以判断出右转进入中某路的车辆需在出现向右合流导向箭头后方可进入公交专用车道。故张某东占用公交专用车道行驶的行为不具有合法性及合理性，某某交警支队认定张某东实施了违反规定使用公交专用车道的违法行为并无不当，被诉处罚决定及被诉复议决定均合法有据。同时指出，某某交警支队也应合理规划设置道路交通标识标线，避免引发类似争议。上诉人的上诉请求和理由不能成立，原审判决驳回张某东的诉讼请求正确，应予维持。某某市第三中级人民法院遂依据《中华人民共和国行政诉讼法》第八十九条第一款第一项之规定，判决驳回上诉，维持原判。

3. 再审裁判过程与结果。

张某东不服二审判决，申请再审。某某市第一中级人民法院于 2019 年 4 月 26 日作出（2019）沪 01 行申 85 号行政裁定，驳回了张某东的再审申请。张某东仍不服，向检察机关申请法律监督。

某某市人民检察院抗诉认为，原审在案证据的证明力无法达到“优势证据”的证明标准。就本案实际情况来看，张某东的违法行为转瞬即逝，在无法提供监控设施的情况下，属于“一对一”的证据状况。基于交通执法的特殊性，应当充分尊重交警亲历判断，以维护日常交通秩序管理的权威。但执法部门提供的证据至少应当满足“优势证据”标准，即证据链能够还原案件的要件事实和基础事实，并且关键证据符合客观性的基本要求。结合在案证据，本案最主要的证据是执法人员的陈述。本案执勤交警的陈述表现为两种形式：一是其于本案一审出庭的陈述；二是复议阶段出具的工作情况。这两份陈述均为至少事发三个月后制作完成，且执法民警陈述的关键内容并不一致，影响了基础事实的认定。本案中行政机关在欠缺视频监控、执法记录仪及执法记录的情况下，理应提供其他具有客观性的行政处罚最初时形成的证据材料予以补强，以最大限度补强证据的证明力。本案中，行政机关未能予以出示或说明。另外，张某东的否认亦能有效抗辩某某交警支队对基础事实的证明。根据庭审记录，张某东陈述“其是按照右转车道指示行驶，按照要求行驶正常变道，右转时需进行所谓的‘借用公交车道’再进入右转车道，右转的时候就是白色分割线，白线任何车辆都可以驶入。其不认为其有‘借用’的行为，是正常行驶，不认为那是‘公交车道’”。执勤交警陈述“张某东驾驶路线始终占用公交车道。其看到的时候张某东已经在公交车道了，视野范围在 100 米内，其面向朝西。没有看到张某东变入公交车专用道的位置”。双方对于事实陈述方面存在明显分歧。故某某市第三中级人民法院作出的（2018）沪 03 行终 150 号行政判决法律适用有误，且认定案件事实的主要证据不足，应当再审。

本案再审中，申诉人张某东同意检察机关的抗诉意见，并表示事发当时其驾车行驶到白色虚线处时才向右变道，并未构成违反规定借用公交车专用道的违法行为。其在行政复议和行政诉讼过程中始终坚持这一说法。而被申诉人某某交警支队却仅提供了执法交警前后说法不一的个人陈述，并未提供执法记录仪视频等直接证据。因此，被诉处罚决定认定事实不清，主要证据不足，应予撤销。请求撤销原一、二审判决。

被申诉人某某交警支队不同意检察机关的抗诉意见，并认为，执法交警在执勤过程中发现申诉人违反公交车道使用规定，对其作出被诉处罚决定，认定事实清楚，适用法律正确，执法程序合法。执法交警执法时佩戴了执法记录仪，相关视频上传至公安系统后因系统感染病毒致使相关数据丢失故无法提供。而事发路段上方的治安探头因未对准车道故而也未拍摄到事发现场的视频。但根据执法交警的陈述可以证明违法行为确实存在。原审判决正确，请求依法予以维持。

被申诉人某某公安分局不同意检察机关的抗诉意见，认为被诉处罚决定认定事实清楚，适用法律正确，执法程序合法。其作出的被诉复议决定亦无不当。原审判决正确，请求予以维持。

本案再审过程中，被申诉人某某交警支队向本院提供了一份落款日期为 2017 年 5 月 25 日的某地公安情况，用于补充说明公安内网感染病毒及后续处置情况。经审理查明，原审法院认定事实无误，本院予以确认。

本院认为，根据《道路交通安全法》第五条的规定，被申诉人某某交警支队依法具有作出被诉处罚决定的行政职权。被申诉人某某公安分局依法具有受理申诉人提出的行政复议申请并作出被诉复议决定的行政职权。

本案争议焦点在于某某交警支队作出被诉处罚决定提供的事实方面的证据能否证明交通违法行为确实存在。对此，本院认为，被申诉人向原审法院提供的事实方面的证据包括民警工作情况（含道路示意图）以及现场照片 8 张。现场照片系事发后数月拍摄，仅能反映事发路段车道设置情况，并不能证明申诉人有无交通违法行为。故用于证明申诉人实施了涉案违法行为的直接证据仅有民警工作情况（含道路示意图），属于“一对一”的证据状况。鉴于该交通违法行为的瞬时性以及交通警察的亲历性特点，司法审查中法院对于交通警察就违法行为的指认和判断一般应予认可和尊重，但交通警察对于违法行为的描述应当清晰明确，前后一致。本案中，某某交警支队提供的民警工作情况记载：“2017 年 4 月 24 日 17 时 19 分许，我在天某路巡逻，发现号牌为沪 BG××××的小型轿车在天某路（遵义至中山）之间占用个公交车道行驶，随即我将车辆拦下，并且对驾驶员按照机动车违反规定使用公交车专用车道进行处罚。”另有一张执法交警提供的手绘现场示意图，标示了张某东驾驶机动车变道进入公交车专用道的情况。上述证据显示，执法交警在巡逻过程中目击了张某东变道进入公交车专用道的行为。而执法民警在一审庭审时出庭陈述：

“晚上17时19分许，在天某路中某路口约100米处查获原告，当时站的位置是公交车道里让字的位置。原告驾驶路线始终占用公交车道。我看到的时候原告已经在公交车道了，视野范围在100米内，我面向朝西。没有看到原告变入公交车专用道的位置。”显然，执法交警关于违法行为的发生过程、违法形态等关键事实前后陈述不一，不能准确清晰地反映申诉人是否实施了相关违法行为以及行为的全过程和违法形态。故本院认为仅凭某某交警支队出具的民警工作情况（含道路示意图）认定张某东实施了涉案违法行为，证明力尚显不足。另外，根据原审法院查明的事实，执法交警执法时佩戴了执法记录仪，执法记录仪处于正常工作的状态，事后交警将执法记录仪的记录内容上传至公安内网。某某交警支队称本案执法视频资料因公安内网遭受病毒侵袭遭受损坏故无法提供。但某某交警支队提供的一份关于成功处置“永恒之蓝”勒索病毒安全事件的某地公安情况明确记载“无重要业务数据丢失情况”。故某某交警支队关于执法视频资料遭病毒攻击而损坏丢失的陈述与其提供的相关材料的记载存在矛盾，本院亦难以采信。鉴于某某交警支队提供的执法交警陈述前后不一，对执法记录仪电子证据的解释自相矛盾，本院认为某某交警支队提供的证据尚未达到证据确实充分的证明标准，难以认定申诉人张某东实施了涉案违法行为。被诉处罚决定主要证据不足，认定事实不清，应予撤销。被诉复议决定未准确查明案件事实，认定事实有误，亦应予以撤销。

综上所述，被诉处罚决定依据的主要证据不足，认定事实不清，应予撤销。某某公安分局作出的被诉复议决定认定事实有误，亦应予以撤销。原审判决适用法律错误，应予撤销。据此，依照《中华人民共和国行政诉讼法》第八十九条第一款第二项、第八十九条第三款、第一百零一条、《中华人民共和国民事诉讼法》第二百零七条第一款之规定，判决如下：

一、撤销某某市第三中级人民法院（2018）沪03行终150号行政判决；

二、撤销某某铁路运输法院（2017）沪7101行初940号行政判决；

三、撤销某某市公安局某某分局交通警察支队作出的条形码编号为××××××××××××××××公安交通管理简易程序处罚决定；

四、撤销某某市公安局某某分局作出的沪公长复决字（2017）408号行政复议决定。

一审案件受理费人民币50元、二审案件受理费人民币50元，共计人民币100元，由被申诉人某某市公安局某某分局交通警察支队、某某市公安局某某分局共同负担。

本判决为终审判决。

七、理论探讨与执法指引

公安机关正在越来越多地借助非现场手段执法，电子监控的普遍适用给非现场执法带来巨大的便利。不过，设立各类交通技术监控设备的行为应受到比一般行政事实行为更严格的司法审查。从法律关系上看，交通技术监控设备的设立并不会直接设定、变更或消灭行政法律关系，但会对后续的电子抓拍取证程序的合法性和所取证据的可采性产生重要影响。随着非现场执法活动的不断推进，技术主体介入程度逐渐减小，潜藏于非现场执法背后的交警执法主体逐渐显现，交通管理行政行为对相对人权益的影响程度越来越大，并倒逼交通警察不断深化行政行为合法性与合理性的论证。

首先，交通技术监控设备的设立配套标识是否完备及限速值等设置应合理。例如，违停处罚案件中如果禁停标志未设置或设置在一般人难以察觉的位置，违停处罚就丧失了合法性依据。又如，实践中经常出现限速值设置过低或者“忽高忽低”，“被告在66km+300m处设置80的限速牌，在66km+500m处设置70的限速牌”容易使驾驶人产生混淆，而且由于惯性作用车速很难即刻下降至限速值以下，导致“被动超速”。其次，电子监控设置地点应合法。电子监控的设置地点需遵循“必要性原则”，必须在交通事故高发地带，并配套性地设置交通信号、警告牌等予以提示。再次，电子监控启用前应履行充分的信息披露义务。启用电子监控系统前应以适当方式告知监控的设置情况和启用时间，充分保障公众知情权和监督权。从司法审查角度来看，公告平台受众是否充足、公告内容是否明确具体、公告时长是否足以让公众知悉等方面，对于公告程序存在瑕疵的，应予指正；对未经公告或者公告程序严重违法的，该电子监控所取得的证据应作为非法证据予以排除。最后，还必须对非现场执法的算法进行审查。在超速、鸣笛处罚等案件中，技术监控系统计算结果是认定违章事实的关键证据，监控仪器工作原理、精准程度往往成为双方争议焦点。无论行政执法的适用场景和执法手段如何变化，都必须接受行政法上的正当程序等价值理念的规制。具体而言：一是“形成过程”审查，即审查该套监控系统投入运行前是否经过了充分的论证、检测，技术手段是否具有可信度；二是“明显性”审查，即审查监控系统是否存在明显违反逻辑性和科学性的情形，行政机关对此能否做出合理解释；三是“实际效果”审查，即监控系统投入运行后，是否出现大量的复议或诉讼，导致产生科学性上的合理怀疑。此外，还可考虑引入技术调查官制度，弥补法官相关技术知识的短板。上海“声呐电子警察”执法纠纷案中，法院就组织了该套声呐设备的主要研发专家出庭对声呐设备的工作原理等技术性问题进行了阐释。①

至于本节的类案，该案件引起争议的原因在于交警支队提供的执法交警陈述前后不一，对执法记录仪电子证据的解释自相矛盾，提供的证据并没有达到确实充分的证明标准，交警支队作出被诉处罚决定提供的事实方面的证据不能证明交通违法行为确实存在。在这种情况下做出的判决无法让人信服也是在所难免，这件事也应该给公安机关的执法工作带来警醒。执法人员在进行执法工作时必须严格遵守相关规定，保留好执法现场的音视频证据，为执法工作提供保障与支撑，维护执法人员与公安机关的公信力与权威性。

第八节　对行政拘留明显迟滞的强制执行应按行政处罚类予以救济

一、基础知识

行政拘留是指法定的行政机关（专指公安机关）依法对违反行政法律规范的人，在短期内限制人身自由的最严厉的一种行政处罚，通常适用于严重违反治安管理但不构成犯罪，而警告、罚款处罚不足以惩戒的情况。因此法律对它的设定及实施条件和程序均有严格的规定。行政拘留裁决权属于县级以上公安机关；期限一般为十日以内，较重的不超过十五日；行政拘留决定宣告后，在申请复议和行政诉讼期间，被处罚的人及其亲属找到保证人或者按规定交纳保证金的，可申请行政主体暂缓执行行政拘留。行政拘留不同于刑事拘留和司法拘留。

公安机关实施强制拘留行为属于行政拘留过程中的一个环节，其性质仍属于行政处罚，故当事人若对拘留行为不服，只能起诉行政拘留决定，而不能起诉强制拘留本身。但强制拘留行为若在拘留决定的起诉期限之外作出时，因法院在审查拘留决定时无法一并对强制拘留行为的合法性予以审查，应当赋予当事人针对强制拘留行为单独提起行政诉讼的权利。

《中华人民共和国行政处罚法》第九条规定，行政处罚的种类：（一）警告、通报批评；（二）罚款、没收违法所得、没收非法财物；（三）暂扣许可证件、降低资质等级、吊销许可证件；（四）限制开展生产经营活动、责令停产停业、责令关闭、限制从业；（五）行政拘留；（六）法律、行政法规规定的其他行政处罚。

《中华人民共和国治安管理处罚法》第十六条规定，有两种以上违反治安管理

① 周文清：《过程论视野下自动化行政行为的司法审查——以道路交通非现场执法时空情境分析为视角》，载《行政法学研究》2022 年第 1 期。

行为的，分别决定，合并执行。行政拘留处罚合并执行的，最长不超过二十日。第四十三条第一款规定：殴打他人的，或者故意伤害他人身体的，处五日以上十日以下拘留，并处二百元以上五百元以下罚款；情节较轻的，处五日以下拘留或者五百元以下罚款。

《公安机关办理国家赔偿案件程序规定》第二十一条规定，赔偿审查期间，赔偿义务机关法制部门可以调查核实情况，收集有关证据。有关单位和人员应当予以配合。第二十四条规定，赔偿审查期间，有下列情形之一的，经赔偿义务机关负责人批准，终结审查并书面告知有关当事人……

《中华人民共和国民法典》第三条规定，民事主体的人身权利、财产权利以及其他合法权益受法律保护，任何组织或者个人不得侵犯。第四条规定，民事主体在民事活动中的法律地位一律平等。第八条规定，民事主体从事民事活动，不得违反法律，不得违背公序良俗。第十二条规定，中华人民共和国领域内的民事活动，适用中华人民共和国法律。法律另有规定的，依照其规定。

《中华人民共和国行政复议法实施条例》第四十八条第一款第二项、第二款规定：有下列情形之一的，行政复议机关应当决定驳回行政复议申请：……（二）受理行政复议申请后，发现该行政复议申请不符合行政复议法和本条例规定的受理条件的。上级行政机关认为行政复议机关驳回行政复议申请的理由不成立的，应当责令其恢复审理。

《中华人民共和国行政诉讼法》第六十九条规定，行政行为证据确凿，适用法律、法规正确，符合法定程序的，或者原告申请被告履行法定职责或者给付义务理由不成立的，人民法院判决驳回原告的诉讼请求。

《中华人民共和国行政强制法》第二条第二款规定，行政强制措施，是指行政机关在行政管理过程中，为制止违法行为、防止证据损毁、避免危害发生、控制危险扩大等情形，依法对公民的人身自由实施暂时性限制，或者对公民、法人或者其他组织的财物实施暂时性控制的行为。第三款规定：行政强制执行，是指行政机关或者行政机关申请人民法院，对不履行行政决定的公民、法人或者其他组织，依法强制履行义务的行为。

二、案件来源

刘某春诉某某县公安局治安管理行政处罚及某某市公安局行政复议案①

① 安徽省宣城市中级人民法院（2019）皖18行终72号行政裁定书。

三、主要案情

2013 年 10 月 22 日 13 时许，在某某县新骨科医院施工工地，刘某春与某某县审计局等单位工作人员对该工程进行审计时，刘某国、崔某国等人找到刘某春，因该医院建设工程问题，双方发生争执。后刘某春与刘某国相互殴打对方，造成双方均有不同程度受伤（经某某县中医院诊断，刘某春为右侧上颌窦积液、右侧眶面部皮下血肿，刘某国为头颈部水肿）。当日 13 时 17 分，某某县公安局某某派出所接刘某春通过 110 指令报警后，及时受案并进行调查处理。确认刘某春、刘某国的行为构成殴打他人违法行为，根据《中华人民共和国治安管理处罚法》第四十三条第一款规定，某某县公安局于当日作出 1501 号《行政处罚决定书》，决定给予刘某春行政拘留 5 日并处罚款 200 元的处罚；作出 1502 号《行政处罚决定书》，决定给予刘某国行政拘留 7 日并处罚款 300 元的处罚。某某县公安局某某派出所于当日分别向二人送达了《行政处罚决定书》，刘某国于当日被执行了行政拘留，刘某春因眼部受伤需治疗提出暂缓执行行政拘留申请，某某县公安局当日未对其执行行政拘留。2017 年 10 月 18 日某某县公安局依据 1501 号《行政处罚决定书》对刘某春执行了行政拘留。2017 年 10 月 30 日，刘某春向某某县公安局投诉，2017 年 12 月 20 日该局在回复中确认送达给刘某春的 1501 号《行政处罚决定书》漏写了“二百元罚款”，存在执法瑕疵，根据有利于相对人的原则，对该项行政罚款处罚不再执行。

2017 年 12 月 25 日，刘某春向某某市公安局申请行政复议，请求确认 1501 号《行政处罚决定书》违法并予以撤销等事项。某某市公安局于 2018 年 1 月 2 日受理该申请，2018 年 3 月 30 日，某某市公安局作出 3 号《行政复议决定书》，认为，某某县公安局于 2013 年 10 月 22 日作出的 1501 号《行政处罚决定书》并于当日送达给刘某春，但刘某春在时隔四年后才申请行政复议，已过《中华人民共和国行政复议法》第九条第一款规定的复议时效，其请求不能支持，根据《中华人民共和国行政复议法实施条例》第四十八条第一款第二项、《公安机关办理国家赔偿案件程序规定》第二十一条第一款第二项以及第二十四条之规定，决定驳回刘某春的复议请求、不予国家赔偿。并于当日向刘某春送达了该《行政复议决定书》，刘某春于当日签收。

四、案件核心

当强制拘留行为明显迟滞于拘留决定且在拘留决定的可诉期限之外作出时，当事人能否再针对强制拘留行为提起行政诉讼？

五、裁判过程与结果

一审法院经审理认为，根据《中华人民共和国治安管理处罚法》第二条和第九十一条的规定，县级以上公安机关有权对扰乱公共秩序，妨害公共安全，侵犯人身权利、财产权利，妨害社会管理，具有社会危害性，尚不够刑事处罚的公民个人给予治安处罚。本案中，刘某春于2013年10月22日13时许，在某某县某某镇新城区骨外科医院施工工地上，与刘某国因经济纠纷发生争执，并引起相互殴打，双方均有不同程度受伤。上述事实，有刘某春、刘某国的陈述和申辩、证人证言、病历等证据证实。刘某春和刘某国的行为均构成殴打他人违法行为。某某县公安局依据《中华人民共和国治安管理处罚法》对原告违法行为进行查处是履行法定职责。某某县公安局在查处该案时，调查了相应情况，核实了相关案件事实，告知了原告相应的陈述权、申辩权等法定权利，履行了相应报批手续，依据《中华人民共和国治安管理处罚法》第四十三条第一款作出1501号《行政处罚决定书》，并依法进行了送达，其行政行为事实清楚，证据确凿，程序合法，适用法律法规正确。该处罚决定书虽漏写了并处罚款一项内容，存在执法瑕疵，但该瑕疵并不影响该《行政处罚决定书》的法律效力，对原告权利不产生实际影响。案涉《行政处罚决定书》已于2013年10月22日送达给原告，原告在2017年12月25向某某市公安局申请行政复议，已过《中华人民共和国行政复议法》第九条第一款规定的复议时效，某某市公安局据此作出驳回原告复议申请的决定，某某市公安局作出3号《行政复议决定书》程序合法，符合法律规定。原告诉请确认两被告的决定书违法并撤销的理由不能成立，本院不予支持。因此，依据《中华人民共和国行政诉讼法》第六十九条的规定，判决如下：驳回原告刘某春的诉讼请求。

某某市中级人民法院经审理认为，本案二审的部分争议焦点为：某某市公安局实施的案涉强制拘留行为如何定性及其是否属于行政诉讼的受案范围。某某市公安局执行行政拘留处罚的行为在性质上同样属于行政处罚。况且行政拘留本身就包含行政强制的内容，该强制行为系行政拘留过程中的一个要素或环节，不具有独立性，不是法定意义上的行政强制行为。即使执行行政拘留行为具有行政强制执行的表征，基于其隶属于行政处罚行为的特性，也不应独立成讼。因前述行政强制行为被行政拘留本身所吸收，故对当事人权利义务产生实际影响的仍是行政拘留决定。即在行政拘留决定作出后，公安局机关及时将被处罚人送达拘留所执行的情形下，当事人仅能针对行政拘留决定提起行政诉讼，而不得就强制执行拘留的行为另行提起行政诉讼。届时，人民法院将对行政拘留决定的作出、送达及后续强制执行拘留行为的合法性进行全面审查，而无须对一项完整的行政拘留行为予以分段成讼并分案审查。

但是对于行政拘留决定作出后，将当事人送达拘留所的强制执行的时间明显迟滞于该拘留决定作出之时，特别是在行政拘留决定已经超过法定起诉期限才对当事人强制执行拘留的情形下，应当将该强制执行拘留行为纳入行政诉讼的审查范围，即准许当事人对此单独地提起行政诉讼。因为，公安机关在行政拘留决定已过法定起诉期限才对当事人强制执行拘留时，若当事人在起诉期限内针对行政拘留决定提起行政诉讼，人民法院仅能针对行政拘留决定本身进行合法性审查，而无法对尚未作出的强制执行拘留行为进行审查；若当事人对超过起诉期限的行政拘留决定提起行政诉讼，则会被人民法院径行驳回起诉，对于强制执行拘留行为对其造成的影响仍然无法获得有效的司法救济。基于强制执行行政拘留行为的性质依然属于行政处罚，故人民法院对该强制行为的审查还是应当遵循与治安管理处罚相关的法律、法规所规定之程序，而非遵循行政强制法的相关程序性规定。本案中，某某市公安局于 2013 年 10 月 22 日作出广公（桃）行罚决字〔2013〕1501 号行政处罚决定书，至 2017 年 10 月 18 日方对刘某春采取行政强制拘留，中间历时近 4 年，上述拘留处罚决定已明显超过了法定起诉期限。某某市公安局在强制执行行政拘留时已对刘某春的权利义务明显产生了实际影响，在刘某春对行政拘留决定已经丧失诉权的情形下，为了充分保障其合法权益，应当赋予其单独对该强制执行拘留行为提起行政诉讼的权利，即刘某春针对案涉强制拘留行为提起的本案诉讼属于人民法院行政诉讼的受案范围。

二审法院判决：撤销一审判决，撤销某某市公安局作出的宣公复决字〔2018〕2 号行政复议决定，驳回刘某春一审其他诉讼请求。

六、理论探讨与执法指引

司法实践中，被处罚人若对拘留行为不服，会对拘留决定提起诉讼，鲜有针对强制拘留行为提起诉讼。但当强制拘留行为明显迟滞于拘留决定且在拘留决定的可诉期限之外作出时，当事人能否再针对强制拘留行为提起行政诉讼，则成了司法实践中亟待解决的问题。该问题涉及强制拘留行为如何定性。典型案例中一审合议庭多数意见认为，强制拘留的行为属于行政强制执行。理由为：行政强制法第二条第三款规定："行政强制执行，是指行政机关或者行政机关申请人民法院，对不履行行政决定的公民、法人或者其他组织，依法强制履行义务的行为。"行政强制执行一般分为间接强制和直接强制两种，直接强制又分为人身强制和财产强制两种，强制拘留、强制传唤及强制隔离等行为均属于上述人身强制的范围。据此，公安局实施的强制拘留行为是为了强制刘某春履行行政拘留决定中为其设定的义务，属于直接强制中的人身强制，该行为性质系行政强制执行。但是行政强制执行说虽然突出了强制拘留具有行政强制执行的表征，但忽略了强制行为是行政拘留固有特征之本质，且将强制拘留的性质定性为行政强制执行，与行政强制法关于强制执行的程序性规定不相匹配，即强制拘留时若再依据行政强制法之规定行催告、听取陈述、申辩及制作强制执行决定等程序，与实施行政拘留行为的实际明显不符。

典型案例中二审法院最终认为强制拘留行为的性质既非行政强制措施，也非行政强制执行，而是行政处罚中的过程性行为，属于行政拘留行为的组成部分。具体理由如下：其一，从要素构成上而言，行政拘留处罚本身就包含行政强制的内容，所谓拘留中的“拘”即为强制，“留”即为留置，故强制拘留行为仅是行政拘留行为中的必备要素及重要组成部分，并非一个单独的行政行为，其与拘留决定、听取陈述申辩及送达文书等行为构成行政拘留行为的统一整体；其二，从效力根源上而言，行政拘留决定作出并生效后，强制拘留只是执行行政拘留决定中载明的事项，并未对当事人增设新的义务，其法律效果已被行政拘留处罚行为所吸收，故不单独对外发生法律效力；其三，从法律规定上而言，治安管理处罚法第一百零三条规定：“对被决定给予行政拘留处罚的人，由作出决定的公安机关送达拘留所执行。”据此，本案所涉的强制拘留行为是指公安机关作出行政拘留决定后将当事人送至拘留所的送达行为，而非强制执行行为。根据上述规定并结合《公安部关于治安拘留时间如何计算问题的批复》可知，被拘留人进入拘留所后，拘留执行行为才正式起算，即被处罚人进入拘留所之前的行为均非执行行为，而是行政处罚行为。

第九节　程序违法的认定与处理

一、基础知识

程序违法即行政行为违反法定程序。行政程序是指行政主体实施行政行为时所应遵循的方式、步骤、时限和顺序。随着行政权的产生和发展，行政程序逐渐被人们重视。行政程序是规范行政权、体现与实现法治的行为过程与前提条件，能够维护行政相对人的合法权益，提高行政效率。行政程序的发达与否，是衡量一个国家行政法治程度的重要标志。在许多情况下，程序的背后都体现着国家的、社会的某种更高层次的利益。不存在无意义的程序，所有的程序或多或少与相对一方合法权益有关，与国家、社会利益相关联。行政程序代表国家的社会公共管理秩序，代表了国家对程序秩序的法律安排，集中体现了国家、社会和公民个人的程序性利益。

行政程序违法的主要表现形式是方式违法和步骤违法两大类。所谓方式违法，是指行政主体作出的行政行为不符合法律规定的表现形式。方式违法的具体表现是行政主体未依法定的方式作出行政行为或采用的法定方式有瑕疵。行政主体作出行政行为的有口头、书面、动作、默示等方式。行政主体在某些情况下可以任意选择某一行政行为的方式作出行政行为，法律对行为方式并没有要求，此为非要式行政行为。但在大多数情况下，法律对行政主体作出行政行为的方式是有明确要求的，此为要式行政行为，此种情形下，行政主体必须遵循法定方式，否则行为无效。所谓的步骤违法，是指行政主体的行政行为未能按照法律的步骤作出。主要包括省略法定步骤，附加无根据的步骤，法定步骤的颠倒，不遵守法定时限等。一个违反法定程序的行政行为并不必然导致该行为无效，它的效力关键要看被违反的法定程序的价值、内容、重要性和违反程度。

《中华人民共和国行政诉讼法》第七十四条规定，行政行为有下列情形之一的，人民法院判决确认违法，但不撤销行政行为：（一）行政行为依法应当撤销，但撤销会给国家利益、社会公共利益造成重大损害的；（二）行政行为程序轻微违法，但对原告权利不产生实际影响的。行政行为有下列情形之一，不需要撤销或者判决履行的，人民法院判决确认违法：（一）行政行为违法，但不具有可撤销内容的；（二）被告改变原违法行政行为，原告仍要求确认原行政行为违法的；（三）被告不履行或者拖延履行法定职责，判决履行没有意义的。

《中华人民共和国道路交通安全法》第九十条规定，机动车驾驶人违反道路交通安全法律、法规关于道路通行规定的，处警告或者二十元以上二百元以下罚款。本法另有规定的，依照规定处罚。

二、案件来源

盛某洪诉某某市公安局交通警察支队某某大队（以下简称某某大队）、某某市人民政府（以下简称市政府）道路交通行政处罚案①

三、主要案情

2018年10月29日20时31分许，盛某洪驾驶粤C×××××号小型轿车未开启前照灯行经某某区某某镇某某路文化艺术中心路口，被某某大队民警拦停并检查。现场执法时，某某大队民警身穿民警制服，并佩带人民警察标志。

某某大队民警指出盛某洪实施未开启前照灯的交通违法行为，并告知其拟作出行政处罚的理由和依据。在听取盛某洪的陈述和申辩后，某某大队民警认为其申辩

① 广东省珠海市中级人民法院（2019）粤04行终94号行政判决书。

理由不成立，当场开具 No. ×××《公安交通管理简易程序处罚决定书》（以下简称被诉行政处罚决定）。该决定书载明：被处罚人盛某洪（车辆牌号：粤 S×××××），于 2018 年 10 月 29 日 20 时 31 分，在某某路实施不按规定使用灯光违法行为（代码：××），决定罚款人民币 200 元。如不服本决定，可在收到决定书之日起六十日内向市政府申请行政复议，或者在六个月内向某某区人民法院提起行政诉讼。该决定书有执法民警的盖章。盛某洪签收决定书，并写下“不是事实”字样。该决定书亦载明《交通安全违法行为（代码）及处罚依据》，其中代码××“不按规定使用灯光”的处罚依据为《中华人民共和国道路交通安全法》第九十条、《中华人民共和国道路交通安全法实施条例》第四十七条、第四十八条第五项、第五十一条第三项、第五十七条、第五十八条、第五十九条第一款、第六十一条第五项及《广东省道路交通安全条例》第五十九条第一款第十二项。

盛某洪不服，于 2018 年 11 月 5 日向市政府申请行政复议。市政府依法受理，并向某某大队发出《提出答复通知书》。某某大队提交了《行政复议答复书》及作出涉案处罚决定的证据、依据等材料。2018 年 12 月 28 日，市政府作出珠府行复〔2018〕1003 号《行政复议决定书》（以下简称被诉行政复议决定），维持某某大队作出的行政处罚决定，并于 2019 年 1 月 10 日送达盛某洪和某某大队。

四、案件核心

行政处罚中的笔误未按法定程序更正是否影响对相对人盛某洪交通违法事实的认定及处罚？

五、裁判过程与结果

（一）一审裁判过程与结果

一、某某大队作出被诉行政处罚决定认定事实清楚，证据确凿。《中华人民共和国道路交通安全法实施条例》第五十八条规定：“机动车在夜间没有路灯、照明不良或者遇有雾、雨、雪、沙尘、冰雹等低能见度情况下行驶时，应当开启前照灯、示廓灯和后位灯，但同方向行驶的后车与前车近距离行驶时，不得使用远光灯。机动车雾天行驶应当开启雾灯和危险报警闪光灯。”本案中，根据某某大队提交的执法记录仪视频及视频截图说明、《执法经过》等证据足以证明盛某洪于 2018 年 10 月 29 日 20 时 31 分，在夜间照明不良的情况下，驾驶粤 C×××××号小型轿车行驶至某某路时未开启前照灯，实施“不按规定使用灯光”的交通违法行为，且盛某洪对其驾驶机动车未开启前照灯的事实亦不持异议。因此，某某大队作出被诉处罚决定认定事实清楚、证据确凿。

盛某洪认为，现场有路灯且照明充足，不需要开启前照灯，某某大队认定现场照明不良事实错误。诚如某某大队所述，在夜间，能见度相对白天降低，即使道路有路灯照明，但也不足以达到照明良好的条件。且夜间行车开启前照灯一方面是为了该机动车的照明，使得驾驶员提前发现前方的车辆和行人，预判可能出现的危险情况。另一方面则是向其他机动车、非机动车或者行人提示机动车的轮廓和位置，以帮助其他交通主体形成合理判断。因此，结合盛某洪行车时间为20时31分，某某大队认定该路段属于照明不良情形，认定事实清楚。

盛某洪还认为，某某大队提交的《处罚决定书》上写明“作废”，该决定书已不具有法律效力。原审法院认为，行政机关具有自我纠错的法定职权，“作废”从形式上看是对原行政行为效力的终结，但该“作废”亦应遵循法定程序，此乃正当程序的应有之义。某某大队因笔误将处罚决定书中盛某洪驾驶的车辆“粤C×××××”写成“粤S×××××”，曾通知盛某洪将决定书交回以作废处理，但盛某洪一直未退回，且未有证据证明某某大队启动了纠错程序，并撤销了被诉处罚决定。此外，结合本案证据材料，该笔误并不影响对盛某洪交通违法事实的认定及处罚。因此，盛某洪的抗辩不成立。

二、某某大队作出被诉行政处罚决定适用法规正确，处罚适当。《某某省道路交通安全条例》第五十九条第一款第十二项规定：“驾驶机动车有下列行为之一的，责令改正，处警告或者二百元罚款：……（十二）未按照规定使用灯光、警报器、标志灯具的……”本案中，盛某洪实施不按规定使用灯光的违法行为，某某大队根据上述规定对盛某洪作出罚款人民币200元的行政处罚，适用法规正确，处罚适当。盛某洪认为对其应不予行政处罚或只能给予警告的行政处罚，无事实根据和法律依据，原审法院不予支持。

盛某洪认为，被诉处罚决定未指明盛某洪违反哪种不按规定使用灯光的情形，却列举了所有不按规定使用灯光的法律规定，意味着盛某洪实施了这些条款规定的全部违法事实，某某大队的处罚无事实根据和法律依据，应予撤销。原审法院认为，某某大队使用的《公安交通管理简易程序处罚决定书》为公安部统一制定的格式，其中违法代码××“不按规定使用灯光”包括不按规定使用前照灯、转向灯、近光灯、示廓灯、后位灯、雾灯、危险报警闪光灯、交替使用远近光灯等的违法情形，其处罚的法律依据包括《中华人民共和国道路交通安全法》第九十条和《某某省道路交通安全条例》第四十七条、第四十八条第五项、第五十一条第三项、第五十八条、第五十九条第一款等。处罚决定书将所有的违法情形及依据列明，供公安交通管理部门在具体执法中选择适用，亦是告知违法行为人作出行政处罚的理由和依据，并非盛某洪所述“实施了法律所列的全部违法事实”。从执法记录仪视频可以看出，某某大队拦停盛某洪车辆后，仅告知盛某洪具有未开启前照灯的违法事实，进而作出行政处罚。因此，盛某洪所述无事实根据，原审法院不予支持。

盛某洪还认为，根据《中华人民共和国立法法》第八十三条的规定，只有同一机关制定的法律，才存在新法优于旧法、特别法优于普通法的原则。而《中华人民共和国行政处罚法》是全国人大制定的基本法律，《中华人民共和国道路交通安全法》是全国人大常委会制定的普通法律，故《中华人民共和国行政处罚法》的法律效力高于《中华人民共和国道路交通安全法》。因此，某某大队根据《中华人民共和国道路交通安全法》第一百零七条的规定适用简易程序对盛某洪罚款人民币200元违法，应根据《中华人民共和国行政处罚法》第三十三条的规定适用一般程序。原审法院认为，根据《中华人民共和国立法法》第七条第一款的规定，全国人民代表大会和全国人民代表大会常务委员会行使国家立法权，即无论是前者还是后者，两者制定法律的效力层级相同，不存在前者制定的法律效力高于后者制定的法律效力之别。本案中，《中华人民共和国行政处罚法》属于行政处罚的普通法，而《中华人民共和国道路交通安全法》属于道路交通行政处罚的特别规定，故某某大队根据"特别法优于普通法"的法律适用原则，适用《中华人民共和国道路交通安全法》的相关规定作出处罚，符合法律规定。

三、某某大队作出被诉行政处罚决定程序合法。某某大队作出被诉行政处罚决定前，告知盛某洪实施"不按规定使用灯光"的交通违法行为的事实、拟作出行政处罚的理由、依据及享有的救济权利。盛某洪提出申辩，某某大队认为其理由不成立，不予采纳，随后作出被诉处罚决定并送达盛某洪，符合法定程序。

盛某洪主张，根据《中华人民共和国行政处罚法》第三十四条和《某某省行政执法公示办法（试行）》第八条第一项的规定，某某大队执法时未向盛某洪出示执法身份证件违法。原审法院认为，《中华人民共和国人民警察法》第二十三条规定："人民警察必须按照规定着装，佩带人民警察标志或者持有人民警察证件，保持警容严整，举止端庄。"根据上述规定，人民警察有两种表明身份的方式：一是按照规定着装，佩带人民警察标志；二是出示人民警察证件。任何一种方式均可构成"出示执法身份证件"。本案中，某某大队民警在执法时按规定身穿制式服装并佩带人民警察标志，可以认定其已向盛某洪表明人民警察身份，亦是向盛某洪出示执法身份证件，盛某洪的抗辩不成立。

另，盛某洪对某某大队作出被诉处罚决定的职权依据和市政府的复议程序没有异议。经审查，某某大队的职权依据充分，市政府的复议程序符合法律规定，原审法院依法予以确认。

原审法院依照《中华人民共和国行政诉讼法》第六十九条、第七十九条的规定，判决驳回盛某洪的诉讼请求。

（二）二审裁判过程与结果

1. 当事人二审诉辩主张。

上诉人盛某洪的上诉请求：（1）撤销原审判决；（2）撤销被诉行政复议决定；（3）撤销被诉行政处罚决定；（4）被上诉人承担案件诉讼费。其上诉事实和理由：

一、原审判决故意遗漏诸多重要案件事实。其一，判决书第 11 页倒数第一段前面，故意遗漏“当天现场位于某某镇金海岸文化艺术中心路口马路上，岔路口位置有强光高位照明灯、路灯、景观等多种照明灯光，而且全部开启照射功能，现场照明状况十分良好”的事实。某某大队提交的当天晚上的全部视频录像上面十分清楚地显示现场如同白昼，照明状况十分良好，视线极佳，根本不需要打开车灯。其二，判决书第 11 页倒数第一段前面，故意遗漏“被上诉人某某大队的执法交警在整个执法过程中，始终没有出示任何执法身份证件”的事实。其三，判决书第 12 页第一段后面，故意遗漏“被上诉人某某大队已经在《交通管理简易程序处罚决定书》上注明了‘作废’字样，《交通管理简易程序处罚决定书》已经失去了法律效力”的事实。

二、原行政处罚违法，不具有法律效力，应当予以撤销。（一）处罚认定盛某洪未按规定使用灯光的事实不存在。其一，根据《中华人民共和国道路交通安全法实施条例》第五十八条规定：“机动车在夜间没有路灯、照明不良或者遇有雾、雨、雪、沙尘、冰雹等低能见度情况下行驶时，应当开启前照灯、示廓灯和后位灯，但同方向行驶的后车与前车近距离行驶时，不得使用远光灯……”检查现场是某某文化艺术中心路段，有充足的强光高位照明灯、路灯、景观等多种照明灯光，而且已经全部开启照射功能，照明条件非常良好，视线极佳，现场如同白昼（详见执法仪录像及盛某洪的现场照片），根本不需要打开车灯，故当时不开启照明灯不违反任何规定。其二，上诉人所驾驶的日产牌天籁系列车辆具有灯光自动感光开启功能（可现场勘察测试），当天晚上处置自动感光状态，但一直没有感应并开启夜灯模式，车辆没有感应到光线不佳，充分说明当天晚上的照明条件非常良好，视线极佳，根本不需要打开车灯。其三，处罚决定没有明确盛某洪是违反了何种情况的未按规定使用灯光。处罚决定始终没有说明是机动车在夜间没有路灯、照明不良等低能见度情况下行驶时应当开启前照灯这一事实。其四，认定人违章车辆是粤 S×××××，而不是盛某洪所驾驶的粤 C×××××，处罚认定的违章车辆与盛某洪无关。

（二）执法取证程序存在重大违法，所取得的证据属于非法应排除的证据，是无效证据。其一，执法交警自始至终没有向盛某洪出示任何证件，且被上诉人当庭承认并记录在案，其取证程序违反了《中华人民共和国行政处罚法》“执法人员当场作出行政处罚决定的，应当向当事人出示执法身份证件，填写预定格式、编有号码的行政处罚决定书。行政处罚决定书应当当场交付当事人”之规定，这是强制性规定，而执法交警一直拒绝出示证件，故所有的执法取证因程序严重违法而无效。其二，违反了《某某省行政执法公示办法（试行）》“行政执法人员身份：行政执法人员实施行政处罚、行政强制、行政检查等执法活动时，主动出示执法证件”之规定，故执法取证因程序严重违法而无效。其三，原审判决偷换法律概念，以执法交警着装并佩带人民警察标志为由，认为其表明了人民警察身份。这一理由完全是不成立的，是错误理解了《中华人民共和国行政处罚法》有关执法人员“应当向当事人出示执法身份证件”的硬性程序要求，是适用法律错误。

（三）行政处罚适用简易程序违法。依据《中华人民共和国行政处罚法》第三十三条的规定，本案罚款二百元不应适用简易程序，处罚程序违法。《中华人民共和国道路交通安全法》第一百零七条规定二百元以下罚款可以用简易程序，违背《中华人民共和国行政处罚法》关于简易程序适用范围（五十元以下罚款）的规定，违背《中华人民共和国立法法》关于法律适用原则的规定而无效。根据《中华人民共和国立法法》第八十三条规定，只有同一机关制定的法律之间的冲突才能适用这个原则来选择法律。《中华人民共和国行政处罚法》是全国人大制定的基本法律，《中华人民共和国道路交通安全法》是全国人大常委会制定的普通法律，两者不是同一机关，也不是平级的机关，它们制定的法律不能按照所谓“新法优于旧法、特别法优于普通法”的原则来处理。《中华人民共和国行政处罚法》对行政处罚立法的限制体现在该法第三条规定：对违反行政管理秩序的行为，应当给予行政处罚的，依照本法由法律、法规或者规章规定，并由行政机关依照本法规定的程序实施。这表明，在行政处罚方面，《中华人民共和国行政处罚法》是标准法，是“母法”。这就是说，《中华人民共和国行政处罚法》以立法的方式宣告排除其他法律作出与其不一致的规定：其他法律（更不要说法规、规章了）对行政处罚方面的规定和实施，无论是实体还是程序，都要依照《中华人民共和国行政处罚法》。这是对立法上“但书”效力的限制和排除（但书制度下，一部法律允许其他法律、法规或规章与本法不一致的规定有优先的效力）。对简易处罚程序规定的冲突，《中华人民共和国道路交通安全法》应服从《中华人民共和国行政处罚法》。

（四）行政处罚适用法律错误。其一，处罚认定的未按规定使用灯光是一个笼统的范围，处罚时须明确具体是哪种按规定使用灯光情形。但处罚没有认定盛某洪到底是违反了何种情形的未按规定使用灯光行为，而引用的法律条款却包括《中华人民共和国道路交通安全法》第九十条、《中华人民共和国道路交通安全法实施条例》第四十七条、第四十八条第五项、第五十一条第三项、第五十七条、第五十八条、第五十九条第一款、第六十一条第五项，《某某省道路交通安全条例》第五十九条第一款十二项等全部法律条款，意味着盛某洪实施了这些条款所规定的全部违法事实。事实上，盛某洪正常行驶至临检现场的距离不到100米的过程中，不可能实施处罚决定所认定的10多项违法行为。其二，根据《中华人民共和国行政处罚法》第二十七条第二款和《道路交通安全违法行为处理程序规定》（公安部令第69号）第七条的规定，退一步说，即使未开车灯，在视线良好的现场，不需要打开灯光，也没有造成任何危害后果的情况下，也不应处罚。对于当场发现的违法行为情节轻微、未影响道路通行和安全的，也只能是提出警告纠正违法行为后放行，故处罚款是适用法律错误。

三、被上诉人市政府的行政复议决定适用法律明显错误，请求判决撤销。如上所述，原处罚决定适用法律错误，复议机关在明知处罚决定适用法律错误的情况下，仅选择性适用其中的一条（即《中华人民共和国道路交通安全法实施条例》第五十八条）来佐证处罚适用法律正确，是法律适用以偏概全逻辑错误。复议决定回避了执法民警没有向当事人出示执法身份证件是程序违法这一关键，故意袒护和纵容交警的违法行为，是违法的、错误的。

2. 被上诉人某某大队答辩。

一、某某大队处理上诉人的交通违法行为符合法定程序，适用法律、法规正确，行政裁量合理。上诉人实施了“不按规定使用灯光的”交通违法行为，违反了《中华人民共和国道路交通安全法实施条例》第五十八条的规定。其行为被民警查获后，民警当场告知作出处罚的事实、理由和依据，并告知上诉人享有的权利。上诉人提出申辩，称本来是开了灯，后来关了怕照着执法人员，而且掉个头就到家。民警认为其申辩理由不能成立，不予采纳。其后，民警根据《中华人民共和国道路交通安全法》第九十条和《某某省道路交通安全条例》第五十九条第一款第十二项之规定，对上诉人作出罚款200元的处罚，当场出具被诉行政处罚决定交与上诉人签字。上诉人在决定书上签名，但写下“不是事实”的字句。其后，民警将决定书送达上诉人，并告知其行政救济权利和途径。因此，某某大队对上诉人的交通违法行为的处理符合法定程序，适用法律、法规正确。二、根据上诉人提出的问题作出如下解释。其一，夜间行车开启前照灯一方面是为了该机动车的照明，使得驾驶员提前发现前方的车辆和行人，预判可能出现的危险情况。另一方面则是向其他机动车、非机动车或者行人提示机动车的轮廓和位置，以帮助其他交通主体形成合理判断。在夜间，能见度相对白天必然降低，即使道路有路灯照明，但也不足以达到照明良好的条件。开启前照灯可以进一步辅助照明，提高能见度，确保行车安全。此外，机动车驾驶证申领考试过程中，也必须通过模拟夜间灯光考试的项目，也要求驾驶员在夜间行车时必须开启前照灯。因此，上诉人驾车实施“不按规定使用灯光的”交通违法行为影响道路交通安全，某某大队依法对其作出行政处罚，符合法律规定。其二，根据《中华人民共和国人民警察法》第二十三条的规定，人民警察有两种表明身份的方式：一是按照规定着装，佩带人民警察标志；二是出示人民警察证件。我队民警在执法时按规定穿着制式服装并佩带人民警察标志，属于已表明人民警察身份。其三，根据《中华人民共和国宪法》第五十七条、第五十八条的规定，全国人民代表大会常务委员会是全国人民代表大会的组成部分，两者是同一机关，不存在地位的高低之分。《中华人民共和国行政处罚法》和《中华人民共和国道路交通安全法》系同一立法机关制定的法律。《中华人民共和国行政处罚法》是一般规定，《中华人民共和国道路交通安全法》是特别规定，特别规定与一般规定不一致时，优先适用特别规定，即《中华人民共和国道路交通安全法》。某某大队适用《中华人民共和国道路交通安全法》的规定当场对上诉人作出行政处罚决定，适用法律是正确的。此外，根据《道路交通安全违法行为处理程序规定》第四十一条第一款规定：“对违法行为人处以警告或者二百元以下罚款的，可以适用简易程序。”其四，某某大队使用的《公安交通管理简易程序处罚决定书》为公安部统一的预定格式，其中“不按规定使用灯光的”（违法代码：1102）包括不按规定使用前照灯、转向灯、近光灯、示廓灯、后位灯、雾灯、危险报警闪光灯、交替使用远近光灯等多种涉及机动车灯光使用的违法情形，且文书中已明确告知违反的法律规定和处罚依据。因此，某某大队以上诉人实施了“不按规定使用灯光的”交通违法行为作出处罚是正确的。其五，民警在书写被诉行政处罚决定时，将上诉人驾驶的粤 C×××××号牌小型轿车错写为“粤 S×××××”，未填写完整，系笔误。因行政机关具有自我纠错的法定职权，某某大队曾多次通知上诉人将决定书交回以作废处理，并在某某大队《行政处罚决定书》存根联中注明“作废”字样，但上诉人一直未交回，无法遵循法定程序启动纠错程序撤销处罚决定，因此上述笔误不影响对上诉人交通违法实施认定和处罚。

被上诉人市政府答辩称，市政府作出的行政复议决定认定事实清楚、证据确凿、适用依据正确、内容适当、程序合法。市政府受理上诉人的行政复议申请后，依法要求某某大队提出答复和提交相关证据材料，某某大队在法定期限内提交了行政复议答复书和作出具体行政行为的证据材料。经审理，市政府在法定期限内作出《行政复议决定书》，并将该决定书送达上诉人和某某大队。因此，复议程序合法。市政府经审理后认为某某大队针对上诉人“不按规定使用灯光”的交通违法行为作出二百元的行政处罚，认定事实清楚、证据确凿、适用依据正确、内容适当、程序合法。因此，依照《中华人民共和国行政复议法》第二十八条第一款第一项的规定，作出被诉行政复议决定维持该行政处罚决定。上诉人的上诉理由不能成立，对此，市政府在《行政复议决定书》以及原审判决书均作出了回应。请求二审判决驳回上诉，维持原判。

二审期间，各方当事人均未提交新证据。原审法院查明的事实属实，本院予以确认。

被诉行政处罚决定认定事实清楚。执法记录仪视频、视频截图、执法经过等证据足以证明，盛某洪夜间驾车未开启车辆前照灯。盛某洪驾驶车辆的时间为2018年10月29日20时31分许，虽然涉案道路上有路灯，但相比白天，夜间的能见度明显降低，开启车辆前照灯，有利于司机和行人判断路面情况和行车距离。盛某洪认为当时道路有路灯，犹如白昼，不需要开启前照灯的主张，本院不予支持。

被诉行政处罚决定适用法律虽有不当之处，但不应因此撤销该处罚决定。行政机关作出行政行为应援引具体明确的法律条款，通过行政机关援引的法律依据，行政相对人才能有针对性地进行陈述、申辩和救济。某某大队在行政处罚决定中填写违法行为及处罚依据代码“××”，“××”代码对应的违法行为是“不按规定使用灯光”，而“不按规定使用灯光”包括不按规定使用前照灯、转向灯、近光灯、示廓灯、后位灯、雾灯、危险报警闪光灯、交替使用远近光灯等多种机动车灯光使用的违法情形，涉及的法律规定有《中华人民共和国道路交通安全法》第九十条、《中华人民共和国道路交通安全法实施条例》第四十七条、第四十八条第五项、第五十一条第三项、第五十七条、第五十八条、第五十九条第一款等。可见，某某大队在被诉行政处罚决定中引用上述“一揽子”法律条款，的确不够精准，在一定程度上影响盛某洪的陈述和申辩权。某某大队今后作出行政处罚时，不仅应填写违法行为代码，还应列明具体的法律依据。

未引用法律依据或引用的法律依据不够准确等适用法律不当的行政行为并非一律撤销。最高人民法院发布的指导案例41号，即宣某诉浙江省某市某局收回国有土地使用权案中，某市某局作出的××国土（2002）第××号《收回国有土地使用权通知》说明了行政决定所依据的法律名称，但没有对所依据的具体法律条款予以说明。该指导案例裁判要点指出：行政机关作出具体行政行为时未引用具体法律条款，且在诉讼中不能证明该具体行政行为符合法律的具体规定，应当视为该具体行政行为没有法律依据，适用法律错误。换言之，行政机关作出行政行为时未引用具体法律条款，但在诉讼中可以证明该行政行为符合法律规定的，不视为该行政行为缺乏法律依据，适用法律错误。不考虑行政行为的结果是否正确，不考虑诉讼中行政机关是否能够提出具体的法律依据，仅因行政法律文书形式上未援引具体法律条款，一律撤销重作，对行政管理秩序无益。上述指导案例中行政机关仅笼统引用法律名称未引用具体法律条款，与本案被诉行政处罚决定罗列多部法律、法规的多个相关法律条款，本质上类同，均属笼统、模糊引用法律规定，故指导案例对本案的司法审查具有较强参照意义。

在本案诉讼过程中，某某大队和市政府已经具体明确了被诉行政处罚决定的法律依据，即《中华人民共和国道路交通安全法实施条例》第五十八条和《某某省道路交通安全条例》第五十九条第一款第十二项。《中华人民共和国道路交通安全法实施条例》第五十八条规定："机动车在夜间没有路灯、照明不良或者遇有雾、雨、雪、沙尘、冰雹等低能见度情况下行驶时，应当开启前照灯、示廓灯和后位灯，但同方向行驶的后车与前车近距离行驶时，不得使用远光灯。机动车雾天行驶应当开启雾灯和危险报警闪光灯。"《某某省道路交通安全条例》第五十九条第一款第十二项规定："驾驶机动车有下列行为之一的，责令改正，处警告或者二百元罚款：……（十二）未按照规定使用灯光、警报器、标志灯具的……"据此，某某大队对盛某洪处 200 元罚款于法有据。

被诉行政处罚决定行政裁量适当。《道路交通安全违法行为处理程序规定》第四十条规定："交通警察对于当场发现的违法行为，认为情节轻微、未影响道路通行和安全的，口头告知其违法行为的基本事实、依据，向违法行为人提出口头警告，纠正违法行为后放行。"如前所述，夜间行驶未依法开启前照灯，可能影响道路交通安全，不属于情节轻微的情形。

盛某洪主张某某大队行政裁量不当，本院不予支持。

被诉行政处罚决定适用简易程序符合法律规定。按照《中华人民共和国立法法》第七条第二款、第三款有关立法权限的规定，全国人民代表大会制定和修改刑事、民事、国家机构的和其他的基本法律。全国人民代表大会常务委员会制定和修改除应当由全国人民代表大会制定的法律以外的其他法律。据此，学理上有观点将法律分为基本法律和非基本法律。基本法律的制定权是全国人民代表大会的专属立法权，但不是其全部立法权，实际上，结合《中华人民共和国立法法》第六十七条以及立法实践看，全国人民代表大会通过的法律既包括基本法律，也包括非基本法律，而且基本法律和非基本法律的区分标准并不十分明确，因此，盛某洪直接以法律制定主体作为法律间位阶判断的依据，其前提和结论均不可靠。关于法律规范之间的位阶关系，《中华人民共和国立法法》第五章"适用与备案审查"有明文规定，并未对基本法律和非基本法律作出区分。

《中华人民共和国行政处罚法》第三十三条规定："违法事实确凿并有法定依据，对公民处以五十元以下、对法人或者其他组织处以一千元以下罚款或者警告的行政处罚的，可以当场作出行政处罚决定。当事人应当依照本法第四十六条、第四十七条、第四十八条的规定履行行政处罚决定。"全国人民代表大会常务委员会通过的《中华人民共和国道路交通安全法》第一百零七条第一款规定："对道路交通违法行为人予以警告、二百元以下罚款，交通警察可以当场作出行政处罚决定，并出具行政处罚决定书。"考虑到道路交通管理面临车流量大、流动性强、道路交通违法行为较多等特点，《中华人民共和国道路交通安全法》提高了当场处罚数额。两法处于同一位阶，根据特别法优于一般法之原则，某某大队适用《中华人民共和国道路交通安全法》规定的简易程序对盛某洪进行处罚具有法律依据。

《中华人民共和国行政处罚法》第三十四条第一款规定："执法人员当场作出行政处罚决定的，应当向当事人出示执法身份证件，填写预定格式、编有号码的行政处罚决定书。行政处罚决定书应当当场交付当事人。"《中华人民共和国道路交通安全法》第八十条规定："交通警察执行职务时，应当按照规定着装，佩带人民警察标志，持有人民警察证件，保持警容严整，举止端庄，指挥规范。"《中华人民共和国人民警察法》第二十三条规定："人民警察必须按照规定着装，佩带人民警察标志或者持有人民警察证件，保持警容严整，举止端庄。"公安部根据《中华人民共和国人民警察法》制定的部门规章《公安机关人民警察证使用管理规定》第四条规定："人民警察证是公安机关人民警察身份和依法执行职务的凭证和标志。公安机关人民警察在依法执行职务时，除法律、法规另有规定外，应当随身携带人民警察证，主动出示并表明人民警察身份。"综合以上有关执法证件的规定来看，警察执法应当主动出示人民警察证。盛某洪主张执法民警应当出示执法证件，确有依据。根据《最高人民法院关于行政诉讼证据若干问题的规定》第五十七条第一项规定，行政机关严重违反法定程序收集的证据材料，不能作为定案依据。本案中，执法民警未主动出示人民警察证并不构成严重违反法定程序。出示人民警察证的目的是表明警察身份，对当天的执法警察而言，其警服、警徽、警号、警车等足以表明警察身份，其取得的证据可作为定案依据，盛某洪认为执法民警未出示执法证件，故其获取的证据无效的观点，本院不予支持。

某某大队因笔误而在被诉行政处罚决定书上注明"作废"不当。盛某洪驾驶的车辆号牌为"粤C×××××"，而某某大队将其写成"粤S×××××"，明显属于笔误，某某大队发现上述笔误后应依程序主动更正，不应以当事人交回原法律文书为条件，更正后的行政处罚的效力不发生变化。

综上，上诉人盛某洪的部分上诉理由有据，本院予以采纳。某某大队被诉行政处罚决定适用法律欠精准、未主动出示执法证件、纠正笔误方式有误，依据《中华人民共和国行政诉讼法》第七十四条第一款第二项的规定，应确认违法。依照《中华人民共和国行政诉讼法》第八十九条第一款第二项之规定，判决如下：

一、撤销某某市某某区人民法院（2019）粤0404行初57号行政判决；

二、撤销被上诉人某某市人民政府2018年12月28日作出的《行政复议决定书》（珠府行复〔2018〕1003号）；

三、确认被上诉人某某市公安局交通警察支队某某大队2018年10月29日作出的《公安交通管理简易程序处罚决定书》（No. ××）违法。

一、二审案件受理费分别为人民币50元，由被上诉人某某市人民政府和某某市公安局交通警察支队某某大队负担。

本判决为终审判决。

（三）再审裁判过程与结果

其后，再审申请人某某市公安局交通警察支队某某大队（以下简称交警某某大队）因盛某洪诉交警某某大队、某某市人民政府行政处罚及行政复议纠纷一案，不服某某省某某市中级人民法院（2019）粤04行终94号行政判决，向某某省高级人民法院申请再审。某某省高级人民法院依法组成合议庭对本案进行了审查，现已审查终结。交警某某大队的再审申请不符合《中华人民共和国行政诉讼法》第九十一条规定的情形。依照《最高人民法院关于适用〈中华人民共和国行政诉讼法〉的解释》第一百一十六条第二款的规定，裁定如下：驳回某某市公安局交通警察支队某某大队的再审申请。

六、类案比较

（一）案件来源

某某有限公司某某宾馆（以下简称某某宾馆）诉某某县公安局公安行政管理案①

（二）主要案情

2017年5月26日下午，黄某明、李某东一起到原告的经营场所，黄某明持其居民身份证到原告前台要求开一间双人房，正在原告前台上班的吴某桃核对、登记黄某明的姓名等信息并收取200元押金，为黄某明办理了住宿503号房的手续。黄某明、李某东进入503号房后发现该房间的环境不理想，就一起到前台要求调换房间。吴某桃与黄某明、李某东一起查验503号房后确定将503号房调换为508号房。在此过程中原告的前台服务员吴某桃已明确知道508号房实际将入住两个人，但没有核对另一个旅客即李某东的身份证件并登记其姓名等信息。2017年5月27日8时许，被告对原告进行安全检查，发现其508号房入住两个人即黄某明、李某东，原告没有登记李某东的姓名等信息。同日，被告对原告不登记旅客李某东的姓名等

---

① 广西壮族自治区钦州市中级人民法院（2018）桂07行终3号行政判决书。

信息的行为立案受理。被告对前述案件调查后拟对原告予以罚款处罚。2017 年 6 月 20 日，被告将拟作出治安管理处罚决定的事实、理由、依据告知原告，并告知原告有陈述和申辩的权利。同日，被告告知原告有权要求举行听证，并告知原告如果要求听证应在被告知后三日内向被告提出。2017 年 6 月 21 日，被告作出《处罚决定》，认定原告于 2017 年 5 月 26 日没有如实登记其 508 号客房的旅客信息，根据《某某自治区特种行业治安管理条例》（以下简称《某某条例》）第十七条和第三十二条之规定，决定对原告处罚款 5000 元。次日，被告送达上述《处罚决定》给原告。原告于 2017 年 6 月 23 日将行政处罚（听证）申请书交由邮政快递机构向被告的治安管理大队投递，被告的治安管理大队于 2017 年 6 月下旬收到原告的前述申请书。

（三）案件核心

1. 某某县公安局认定某某宾馆不如实登记旅客的身份信息并上传的证据是否确凿充分？

2. 某某县公安局的处罚决定是否侵犯相对人知情权、陈述申辩权，程序是否合法？

3. 某某县公安局对某某宾馆的处罚适用法律是否恰当，即《某某条例》与《公安机关办理行政案件程序规定》《中华人民共和国治安管理处罚法》等法律法规的适用问题？对于不符合听证条件的案件，公安机关未回复当事人提交的听证申请是否仅构成程序瑕疵？

（四）裁判过程与结果

1. 一审裁判过程与结果。

一审判决认为，根据《中华人民共和国治安管理处罚法》（以下简称《治安管理处罚法》）第九十一条的规定，被告具有作出本案被诉行政行为即《处罚决定》的行政主体资格和法定职权。被告作出的《处罚决定》认定原告于 2017 年 5 月 26 日没有如实登记 508 号客房的旅客信息，有原告的当班前台服务员吴某桃的陈述和被告的办案人民警察询问原告法定代表人、黄某明、李某东所制作的询问笔录以及检查笔录、旅馆业安全检查记录表、前台录像截图、入住凭单等证据证实，证据确凿、充分。根据《公安机关办理行政案件程序规定》第九十九条第一款“在作出下列行政处罚决定之前，应当告知违法嫌疑人有要求举行听证的权利：（一）责令停产停业；（二）吊销许可证或者执照；（三）较大数额罚款”、第二款“前款第三项所称‘较大数额罚款’，是指对个人处以二千元以上罚款，对单位处以一万元以上罚款，对违反边防出境入境管理法律、法规和规章的个人处以六千元以上罚款。对依据地方性法规或者地方政府规章作出的罚款处罚，适用听证的罚款数额按照地方规定执行”的规定，被告作出《处罚决定》对原告处罚款5000元没有达到适用听证的罚款数额，被告不需要告知原告有要求举行听证的权利。被告对其日常执法中发现的违法行为予以立案、调查取证，被告将拟作出治安管理处罚决定的事实、理由、依据告知原告，并告知原告有陈述和申辩的权利，程序合法。被告作出的《处罚决定》适用《某某条例》第十七条和第三十二条之规定，其中《某某条例》第十七条规定有三项，虽然前述《处罚决定》没有明确适用该条第一项，但不宜据此认定《处罚决定》适用法律、法规不正确。被告作出的《处罚决定》对原告处罚款5000元，这是在《某某条例》第三十二条规定的处罚金额幅度的范围内，并无不当。综上，被诉行政行为证据确凿，适用法律、法规正确，符合法定程序，原告请求人民法院撤销被诉行政行为的理由不成立，本院对原告的诉讼请求不予支持。依照《中华人民共和国行政诉讼法》第六十九条的规定，判决如下：驳回原告某某有限公司某某宾馆的诉讼请求。

2. 二审裁判过程与结果。

二审法院认为，被上诉人某某县公安局作出的《处罚决定》认定上诉人某某宾馆于2017年5月26日没有如实登记508号客房旅客信息，有上诉人某某宾馆前台服务员吴某桃的陈述、宾馆负责人何某才、旅客黄某明、李某东的询问笔录以及检查笔录、旅馆业安全检查记录表、前台录像截图、入住凭单等证据证实，主要证据充分。在适用法律方面，《某某条例》属于地方性法规，在某某省范围内具有法律效力，被上诉人作出的《处罚决定》适用该条例第十七条和第三十二条之规定正确。在程序方面，被上诉人办案人员在询问相关当事人前，告知了被询问人的权利义务；作出行政处罚前，依法告知上诉人拟作出行政处罚的事实、理由、依据，明确告知了上诉人具有陈述、申辩权利。关于上诉人提出一审判决认定事实不清、被上诉人剥夺上诉人知情权、陈述权、申辩权、听证权、扩大上诉人的核实责任以及顶格处罚违法的理由。经查，上诉人的前台服务员吴某桃在接受被上诉人办案人员的询问时承认，“他们（黄某明、李某东）换房是一起到前台的”，“换房的时候我忽略了入住登记的问题，所以没有登记他（李某东）的身份证”。旅馆业的从业人员负有比一般人更高的注意义务，发现有可能是住宿但没有登记的旅客，应当负有核实义务。被上诉人在2016年6月20日履行处罚前告知和听证告知时，问上诉人是否提出陈述、申辩和听证，上诉人回答“用”，并于次日向被上诉人邮寄了《行政处罚（听证）申请书》等材料，被上诉人没有书面告知上诉人是否受理，程序存在瑕疵，但由于对上诉人的罚款仅为5000元，不符合听证条件，该程序上的瑕疵不影响上诉人的实体权利。人民法院对行政行为的审查是合法性审查，虽然被上诉人对上诉人顶格处罚，但仍在法定幅度范围。因此，上诉人的上诉没有事实和法律依据，本院不予采纳。

综上所述，一审判决认定事实清楚，适用法律、法规正确，程序合法，应予维持；上诉人某某宾馆的上诉理由不成立，对其上诉请求本院不予支持。依照《中华人民共和国行政诉讼法》第八十九条第一款第一项的规定，判决如下：驳回上诉，维持原判。

3. 再审裁判过程与结果。

再审法院认为，被申请人某某县公安局作出的《处罚决定》认定再审申请人某某宾馆于2017年5月26日在某某宾馆没有如实登记508号客房的旅客信息的事实，有某某宾馆前台服务员吴某桃的陈述和某某宾馆负责人何某才、旅客黄某明、李某东的询问笔录以及检查笔录、旅馆业安全检查记录表、前台录像截图、入住凭单等证据证实，证据充分。被申请人适用《某某条例》第十七条和第三十二条之规定作出《处罚决定》，适用法律正确。被申请人办案人员在询问相关当事人前，告知了被询问人的权利义务；作出行政处罚前，依法告知再审申请人拟作出行政处罚的事实、理由、依据，明确告知再审申请人具有陈述申辩权利，程序合法。故一、二审判决驳回再审申请人某某宾馆的诉讼请求，认定事实清楚，适用法律、法规正确。

综上，某某宾馆的再审申请不符合《中华人民共和国行政诉讼法》第九十一条规定的情形。依照《最高人民法院关于适用〈中华人民共和国行政诉讼法〉的解释》第一百一十六条第二款之规定，裁定如下：驳回再审申请人某某宾馆的再审申请。

七、理论探讨与执法指引

行政相对人权益受到行政执法文书所承载的行政行为的直接影响，但其无法判断行政行为是合法还是不合法或者是合理还是不合理，只能从朴素认识视角来判断是正确还是不正确。行政执法文书是行政管理中重要的法律文书，是行政行为具体的表现形式，是行政机关执法质量的有机载体，其贯穿于行政执法全过程，在行政执法文书中行政相对人能直接感受到行政行为的合法性、合理性。对于行政相对人而言，文书瑕疵几乎就等同于行政瑕疵，也意味着行政执法文书存在可被质疑的问题，容易引发行政救济程序。实践中，对于是否构成行政瑕疵的判定，实质是对由证据所证明的行政行为与“法”是否相符所进行的专业判断，这里所依据“法”大致包括三种类型。一是明确、重要性规范。如行政机关侵犯行政相对人所享有的实体权利以及听证、陈述、申辩等重要程序权利，属于“重大明显瑕疵”或“一般瑕疵”。二是明确、一般性规范。就行政机关应在规定期限内处理、通知、送达，或者以规定方式通知、送达等行政相对人享有的程序权利规范。三是概括、原则性规范。现行行政法律、法规、规章以及规范性文件中，包含大量概括、原则性的规范。具体如下。①

(一) 说明违法理由不充分

说明理由既包括行政行为合法性理由，也包括行政行为合理性理由，其中支撑行政行为的合法性理由包括作出行政行为的事实根据和法律依据。违法理由说明不充分包含以下三种情形。

第一，违法事实撰写不充分。决定书中违法事实表述要完整准确，要对案件来源、违法事实发生的时间、地点以及从事的违法行为种类和具体表现等进行概括并充分地表述，必要时可以说明对社会的危害后果。事实叙述一般应当按照事件发生的时间顺序客观、全面、真实地反映案情，并抓住重点，详述主要情节和因果关系，并应当载明影响自由裁量的从重或者从轻、减轻处罚等情形。

第二，证据说明表述不充分。司法行政机关作出行政处罚决定所依据的事实、证据，必须是在处罚决定作出之前收集的。因此，在决定书中对证据获取的时间、方式以及真实性、合法性、关联性等问题进行具体说明就显得尤为必要。违法事实必须是经过调查核实，有充分证据证明存在违法行为。认定违法事实的证据应当明确、具体，全面列举认定违法事实的主要证据、认定的每个违法事实要素都要有证据支撑以及证据分析过程。证据既可以在叙述事实过程中同时分析列举，也可以在叙述违法事实后单独列举分析。这里的证据并不是简单地罗列，而是要对证据进行整理和分类，并且说明证明与事实之间的关系，证明了什么内容，也必须具有真实性、合法性、关联性。

第三，法律适用说理不充分。国务院《全面推进依法行政实施纲要》中规定“行政机关行使自由裁量权的，应当在行政决定中说明理由”，而有关公安行政处罚的规定几乎都是概括性的，需要在适用中加以解释说明。尽管为实现行政执法的简捷、便民、高效的需要，行政执法程序繁简分流是保障程序权利的重要措施，其必然要求行政执法文书的繁简分流，但是公安行政处罚的性质决定了决定书必须为“繁式文书”，必须充分说理。说理的不充分使得行政相对人难以认同处罚结果，进而引起后续的复议或诉讼行为，徒增司法成本。

(二) 履行告知义务不清晰

公安机关作出处罚决定应当履行向行政相对人告知行政处罚决定的事实、理由

① 袁钢：《行政执法文书中的瑕疵问题研究——基于468份律师行政处罚决定书的分析》，载《行政法学研究》2022年第1期。

及依据，以及行政相对人享有陈述、申辩、听证权利等义务，如公安机关未能保障行政相对人享有法定权利，会影响行政处罚的效力。

（三）法律依据适用不准确

法律依据适用不准确，是指公安机关作出的执法行为适用了不应该适用的法律法规，或没有适用应该适用的法律法规。法律依据适用不准确主要包括下述七种情形：

第一，应适用彼法律法规，而公安机关错误地适用了此法律法规；

第二，应适用法律法规的彼条款，而公安机关错误地适用了此条款；

第三，适用的规范与高位阶的规范相抵触；

第四，应同时适用两个或几个有关法律法规，而公安机关仅适用其中某一个法律法规，或只应适用某一法律法规，而公安机关却另适用了其他不应该适用的法律法规；

第五，应同时适用法律法规的两个或几个条款，而公安机关只适用其中某一个条款，或该行为只应适用某一法律法规的某一条款，而公安机关却另适用了其他不应适用的条款；

第六，适用了已被废止、撤销或尚未生效的法律、法规；

第七，应适用特别法条款而适用了一般法条款。

（四）决定程序表述不明确

对于处罚较重的行政处罚案件，为了保证处罚决定的公正性，除需要一般的行政程序外，法律还规定了机关负责人集体讨论制度。《中华人民共和国行政处罚法》第五十七条规定，较为重大的行政处罚，应当由行政机关负责人集体讨论决定。

（五）救济途径告知不完整

在决定书正文最后部分，司法行政机关应当在作出处罚决定后正确告知行政相对人救济途径和期限。

避免明显轻微瑕疵主要依靠行政机关的自我纠错，即从行政机关自身的内部视角进行补正。但是“行政补正”仅是解决文书中明显轻微瑕疵的“治标”之举，真正防止文书瑕疵的出现方为“治本”之措。及时补正文书瑕疵，有效地预防和减少文书瑕疵，降低文书瑕疵成因（即引发行政补正的原因）的影响，提高行政机关行政执法文书质量，可以更好地维护行政相对人的合法权益。

如上，典型案例二审法院认为警察适用法律不精准，未主动出示证件，纠正笔误方式有误，判决原行政行为违法。双方矛盾焦点：(1) 被申请人违法事实存在与否，及证据是否被排除；(2) 某某大队执法程序是否合法：①是否必须主动出示证件；②纠错程序是否得当；(3) 原处罚适用法律是否错误：①是否适用简易程序；

②使用代表多项法条的代码是否得当。

争议焦点体现出警察执法中的多处程序瑕疵，包括未主动出示证件等，而有关实体正义的即盛某洪夜间未开车灯影响交通安全，确实违法，需要惩罚。法院二审确认警察作出的《公安交通管理处罚决定书》违法，但由于是轻微违法，不撤销原行政行为，其依据为此判决所依据的法律条文充当了程序正义与实体正义的调节器，颇符合“程序正义、实体正义并重观”，法官也把握了程序违法的轻重程度，引用法条得当，对双方都起到了一定程度的教育作用。

第七章　警察行政许可

第一节　车管所不得以机动车违章未处理为由不予受理检验合格标志申请

一、基础知识

核发机动车检验合格标志是我国的常态化工作，与道路安全和人民财产息息相关。核发机动车检验合格标志的性质是行政许可。

《中华人民共和国道路交通安全法》第十三条第一款规定，对登记后上道路行驶的机动车，应当依照法律、行政法规的规定，根据车辆用途、载客载货数量、使用年限等不同情况，定期进行安全技术检验。对提供机动车行驶证和机动车第三者责任强制保险单的，机动车安全技术检验机构应当予以检验，任何单位不得附加其他条件。对符合机动车国家安全技术标准的，公安机关交通管理部门应当发给检验合格标志。

《机动车登记规定》第五十四条规定，机动车所有人可以在机动车检验有效期满前三个月内向车辆管理所申请检验合格标志。除大型载客汽车、校车以外的机动车因故不能在登记地检验的，机动车所有人可以向车辆所在地车辆管理所申请检验合格标志。申请前，机动车所有人应当将涉及该车的道路交通安全违法行为和交通事故处理完毕。申请时，机动车所有人应当确认申请信息并提交行驶证、机动车交通事故责任强制保险凭证、车船税纳税或者免税证明、机动车安全技术检验合格证明。车辆管理所应当自受理之日起一日内，审查提交的证明、凭证，核发检验合格标志。

《关于加强和改进机动车检验工作的意见》第七条规定，规范机动车检验工作程序。检验机构受理机动车安全技术检验时，要审核机动车所有人提交的申请表、机动车行驶证、机动车交通事故强制责任保险凭证，按照 GB21861 进行车辆唯一性认定、联网查询、外观检验、底盘动态检验和线内检验；对无法上线检验或者线内检验有异议的大中型客货车，进行路试检验……

《中华人民共和国行政诉讼法》第四十七条第一款规定，公民、法人或者其他组织申请行政机关履行保护其人身权、财产权等合法权益的法定职责，行政机关在接到申请之日起两个月内不履行的，公民、法人或者其他组织可以向人民法院提起诉讼。法律、法规对行政机关履行职责的期限另有规定的，从其规定。

《中华人民共和国行政许可法》第十六条规定，行政法规可以在法律设定的行政许可事项范围内，对实施该行政许可作出具体规定。地方性法规可以在法律、行政法规设定的行政许可事项范围内，对实施该行政许可作出具体规定。规章可以在上位法设定的行政许可事项范围内，对实施该行政许可作出具体规定。法规、规章对实施上位法设定的行政许可作出的具体规定，不得增设行政许可；对行政许可条件作出的具体规定，不得增设违反上位法的其他条件。

二、案件来源

辛某东诉某市公安局交通警察支队车辆管理所（以下简称车管所）、某市人民政府（以下简称市政府）不履行法定职责及行政复议案①

三、主要案情

2015年3月27日，原告辛某东向被告车管所提交关于某JQ××××号小型轿车申请核发机动车检验合格标志的业务。同日，被告车管所以原告辛某东所有的某JQ××××机动车违法未处理为由作出《机动车登记业务退办凭证》。原告对此不服，向被告市政府提出行政复议申请，被告市政府于2015年3月30日予以受理。2015年6月15日，被告市政府作出《行政复议决定书》，认为“被申请人在退办凭证中未载明退办行为所适用的法律依据……被申请人作出退办行为属于适用法律错误，依法应予以撤销”，决定如下：1. 撤销某市公安局交通警察支队车辆管理所于2015年3月27日作出的《机动车登记业务退办凭证》；2. 责令某市公安局交通警察支队车辆管理所对申请人的申请依法重新作出处理。2018年6月27日，被告车管所作出《机动车业务告知单》，关于某JQ××××号小型轿车申请核发机动车检验合格标志的业务，向原告告知不予受理。原告不服该告知单，向被告市政府邮寄《行政复议申请书》。2018年7月6日，被告市政府受理原告提出的行政复议申请。2018年8月23日，被告市政府作出《行政复议决定书》，根据《中华人民共和国行政复议法》第二十八条第一款第一项之规定，决定维持《机动车业务告知单》。原告不服，诉至法院。此外，自2009年11月21日至2016年9月4日，原告所有

① 山东省高级人民法院（2021）鲁行再4号行政判决书。

的某JQ××××号小型轿车存在37次交通违法行为未处理，原告对此无异议。一审庭审中，原告辛某东认可其车辆在申请核发机动车检验合格标志之前存在多起交通违法行为未处理。

四、案件核心

在法律对核发机动车检验合格标志的条件作出明确规定的情况下，被申请人车管所在法律规定的条件之外附加条件，要求再审申请人将交通违法行为处理完毕，以此作为核发机动车检验合格标志的前提，从而作出涉案《机动车业务告知单》，不符合《中华人民共和国道路交通安全法》第十三条规定和最高人民法院相关答复精神，应当予以撤销。

五、裁判过程与结果

（一）一审裁判过程与结果

一审法院认为，本案中，被告车管所自认原告于2015年3月27日申请核发某JQ××××号小型轿车机动车检验合格标志时，已提交申请所需的行驶证、交强险保险单、机动车安全技术检验报告等材料，被告车管所作出《机动车登记业务退办凭证》。在原告申请行政复议后，被告市政府以退办凭证适用法律错误为由予以撤销并责令重新作出处理。被告车管所应当在机动车检验合格标志有效期届满前及时履行受理原告申请核发机动车检验合格标志的法定职责，而其于2018年才作出涉诉不予受理决定，属程序不合法，应予撤销。但撤销后，判决被告车管所受理核发涉案车辆相应年度机动车检验合格标志的申请已无实际意义，客观上亦无法执行，故应对涉诉不予受理决定确认违法。此外，被告市政府复议时未对车管所逾期重作问题进行审查认定即维持上述《机动车业务告知单》，亦属不当，应予撤销。

综上，依据《中华人民共和国行政诉讼法》第七十四条第二款第三项和《最高人民法院关于适用〈中华人民共和国行政诉讼法〉的解释》第一百三十六条第二款之规定，判决：一、确认被告某市公安局交通警察支队车辆管理所于2018年6月27日作出的《机动车业务告知单》违法；二、撤销被告某市人民政府于2018年8月23日作出的《行政复议决定书》；三、驳回原告辛某东的其他诉讼请求。

（二）二审裁判过程与结果

二审法院查明事实与原审一致。二审以基本相同的理由判决驳回上诉，维持原判。

（三）再审裁判过程与结果

再审法院认为，本案的争议焦点为被申请人车管所作出的涉案不予受理决定是否应予撤销。

根据《中华人民共和国道路交通安全法》第十三条和《最高人民法院关于公安交警部门能否以交通违章行为未处理为由不予核发机动车检验合格标志问题的答复》的规定，只要申请人提供机动车行驶证、机动车第三者责任强制保险单，且机动车经安全技术检验合格，公安交通管理部门就应当核发检验合格标志。本案中，再审申请人提供了机动车行驶证、机动车第三者责任强制保险单、机动车安全技术检验合格报告，具备了申请核发机动车检验合格标志的条件，被申请人车管所应针对上述条件依法及时作出审查处理，决定是否核发。在法律对核发机动车检验合格标志的条件作出明确规定的情况下，被申请人车管所在法律规定的条件之外附加条件，要求再审申请人将交通违法行为处理完毕作为核发机动车检验合格标志的前提，从而作出涉案《机动车业务告知单》，不符合《中华人民共和国道路交通安全法》第十三条规定和最高人民法院相关答复精神，应当予以撤销。被申请人市政府作出的行政复议决定亦相应予以撤销。一、二审法院适用法律错误，本院予以纠正。

对于公安部《机动车登记规定》第四十九条与《中华人民共和国道路交通安全法》第十三条规定的理解与适用问题。首先，《机动车登记规定》是为实施道路交通安全法及其实施条例而制定的，属部门规章，其中第四十九条第二款规定，机动车所有人申请核发检验合格标志前，应当将涉及该车的道路交通安全违法行为和交通事故处理完毕。该规定将交通违法行为的处理设定为核发车辆检验合格标志的前提条件，与《中华人民共和国道路交通安全法》第十三条第一款“任何单位不得附加其他条件”的规定不一致。人民法院应根据上位法《中华人民共和国道路交通安全法》认定被诉行政行为的合法性。其次，交通违法行为被处罚的对象主要是车辆驾驶人，而非机动车，其目的是惩戒和警示、避免违法驾驶行为的再次发生。车辆年检的对象是车辆本身，其目的是及时消除车辆的安全隐患、减少因车辆本身的状况导致的交通事故的发生。将交通违法行为的处理设定为核发车辆检验合格标志的前提条件，两者对象不一致，违反行政法上的禁止不当联结原则。

综上，辛某东申请再审的理由成立，依法应予支持。原一、二审法院判决适用法律错误，依法应予纠正。依照《中华人民共和国行政诉讼法》第七十二条、《最高人民法院关于适用〈中华人民共和国行政诉讼法〉的解释》第一百一十九条第一款、第一百二十二条之规定，判决如下：

一、撤销某市中级人民法院（2020）鲁09行终158号行政判决和某市某区人民法院（2018）某0902行初129号行政判决；

二、撤销某市公安局交通警察支队车辆管理所作出的《机动车业务告知单》和某市人民政府作出的《行政复议决定书》；

三、责令某市公安局交通警察支队车辆管理所自收到本判决之日起三十日内对辛某东提交的对其车辆核发机动车检验合格标志的申请重新作出处理。

一、二审案件受理费共100元，由某市公安局交通警察支队车辆管理所和某市人民政府负担。

本判决为终审判决。

六、类案比较

（一）案件来源

郑某富诉某市公安局交通管理支队（以下简称某交警支队）履行法定职责一案①

（二）主要案情

申诉人郑某富因诉被申诉人某交警支队履行法定职责一案，不服某省某市中级人民法院（2018）某04行终110号行政判决，向检察机关申诉。某省人民检察院向本院提出抗诉。本院于2020年11月20日裁定提审本案。

被诉行政行为：某交警支队以车牌号为某D×××××的小型汽车（以下简称案涉车辆）存在交通违章未处理为由，未给郑某富发放2018年检验合格标志。2018年3月15日，郑某富提起本案诉讼，请求：判令某交警支队给郑某富所有的案涉车辆发放2018年检验合格标志。

某省某县人民法院一审查明：2018年2月28日，郑某富为案涉车辆在某市某机动车检测服务有限公司（以下简称某公司）检测，检测结论为机动车安全技术检验表、机动车安全技术检验报告及点燃式发动机汽车简易瞬态工况法排气污染物检测报告均合格。后郑某富向某交警支队申请对案涉车辆发放机动车检验合格标志，某交警支队以案涉车辆违章未处理完毕为由拒绝发放。

（三）案件核心

案涉车辆在申请检测前未处理的交通违法记录是“违反禁止标线”，属于驾驶人的违法驾驶行为，而非车辆本身存在的安全缺陷，不应当成为核发机动车检验合格标志的阻却因素。某交警支队主张的道路交通违法行为处理完毕系车辆年检合格的前提条件的理由，没有法律依据。

① 河南省高级人民法院（2020）豫行再139号行政判决书。

（四）裁判过程与结果

1. 一审裁判过程与结果。

某省某县人民法院一审认为，某交警支队作为交通安全管理部门，依法审核并发放机动车检验合格标志是其法定职责。根据《中华人民共和国道路交通安全法》（以下简称道交法）第十三条之规定，郑某富依法提供了机动车行驶证和机动车第三者责任强制保险单，且在案涉车辆符合国家安全技术标准的情况下，某交警支队应当依法为其发放检验合格标志。关于某交警支队辩称的依据《机动车登记规定》第四十九条第二款“申请前，机动车所有人应当将涉及该车的道路交通安全违法行为和交通事故处理完毕”之规定，该院认为，《机动车登记规定》属于部门规章，道交法属于法律，按照上位法优于下位法的法律适用原则，应当优先适用道交法。该交警支队庭审中称将违章处理与发放检验合格标志捆绑的行为有利于督促交通违法人及时主动处理自己的交通违法行为，节省行政资源并实现科学、合理、高效的道路交通安全综合管控，且亦未加重行政相对人的负担。不可否认，其所述有一定道理，也符合我国道路交通管理现状。但是在行政法合法性原则下，法无规定不可为，法无授权即禁止，行政法约束的主体是行政机关，且驾驶人的违章行为与机动车检测之间并不存在必然的因果关系，违章行为的处理是法律赋予公安交通部门的职权，不能与此相混同。综上，在郑某富具备获得检验合格标志的条件下，某交警支队拒绝颁发车辆检验合格标志属于不履行法定职责。

2. 二审裁判过程与结果。

某省某市中级人民法院二审认为，公安机关交通管理部门发放机动车检验合格标志的行为，法律属性上属于依申请的行政行为。因此，申请发放机动车检验合格标志的申请人，应当向公安机关交通管理部门提出申请及符合相关法律规定所要求的申请材料。从道交法第十三条第一款规定内容可以看出，机动车经检验符合国家安全技术标准是公安机关交通管理部门发放机动车检验合格标志的前提条件，而机动车行驶证和机动车第三者责任强制保险单是申请机动车安全技术检验应当提供的必需材料。郑某富要求某交警支队为案涉车辆发放机动车检验合格标志，双方形成了本案诉讼纠纷。司法作为解决纠纷的最后一道机制，特别是在本案当事人对是否符合发放机动车检验合格标志的条件存在争议的情况下，一审法院更应当对涉案的证据进行全面的审查。但根据审理情况，郑某富在一、二审诉讼中，均未提交其机动车行驶证和机动车第三者责任强制保险单，也未能举证证明其在行政程序中向某交警支队提交了合乎规定的申请材料。综上，郑某富提交的基本证据不足，故其诉讼请求不能成立，依法应予以驳回。一审法院未对案件事实、证据进行全面、合法审查，所作判决适用法律及处理结果有误，二审法院予以纠正。依照《中华人民共和国行政诉讼法》第八十九条第一款第二项、第六十九条之规定，二审法院判决：一、撤销一审判决；二、驳回郑某富的诉讼请求。

3. 再审裁判过程与结果。

郑某富向检察机关申请监督。某省人民检察院抗诉意见：前述二审判决认定事实主要证据不足，适用法律确有错误。理由如下：一、根据查明的事实，能够认定郑某富已经向某交警支队提交了发放机动车检验合格标志的申请和所需材料。二、交通违法行为处罚与发放车辆年检标志属于不同的行政行为，强行“捆绑”违反行政法原则。三、在法律适用上，应当根据“上位法”优于“下位法”的原则认定行政行为的合法性。根据《中华人民共和国行政诉讼法》第九十一条第三项、第四项和第九十三条第二款的规定，特提出抗诉，请求依法再审。

郑某富申诉称：一、郑某富提供了机动车行驶证和机动车第三者责任强制保险单，案涉车辆符合机动车国家安全技术标准，向某交警支队申请对案涉车辆发放2018年检验合格标志，交警支队以郑某富车辆违章未处理完毕为由，拒绝发放，影响了车辆正常使用。二、车辆是否合格与车辆违章是否处理，是不同法律所调整的不同法律关系，交警支队将二者挂钩，在车辆检验过程中附加其他条件，违反道交法第十三条的规定。请求撤销二审判决，维持一审判决。

某交警支队辩称：一、当时有效的机动车国家安全技术标准是国家质量监督检验检疫总局、国家标准化管理委员会联合发布的《机动车安全技术检验项目和方法》（GB 21861-2014）①。该标准中的第4章、第6章、第7章为强制性标准，其中明确要求应联网查询送检机动车的事故信息和违法信息，对涉及尚未处理完毕的道路交通安全违法行为或道路交通事故的送检机动车，应提醒机动车所有人及时到公安机关交通管理部门处理。在该标准规定的检验结果处置中明确“送检机动车所有检验项目的检验结果均合格的，判定为合格，否则判定为不合格”。根据上述国家标准，机动车有尚未处理完毕的道路交通安全违法行为，属于联网查询检验项目的检验结果不合格，应认定为不符合机动车国家安全技术标准，即不符合道交法第十三条的规定。二、经联网查询，案涉车辆尚有未处理完毕的道路交通安全违法行为，不符合上述机动车国家安全技术标准，不具备发放检验合格标志的法定要件。根据道交法第十三条第一款的规定，对案涉车辆不予核发检验合格标志，履行了法定职责，并无不当。三、道交法第一条规定了立法目的，要求机动车所有人和驾驶人等参与道路交通活动的单位和个人均应当遵守交通安全法规，违法驾驶行为对交通安全产生巨大风险，及时纠正违法行为是驾驶人和车辆所有人的法定义务。截至

① 现已被GB 38900-2020取代。

目前，郑某富名下的案涉车辆仍有 67 条交通违法行为记录尚未处理，其更应当主动接受法律规定的相应处罚并及时处理。

本院再审查明：一、案涉车辆在 2018 年 2 月 28 日申请检测前有 1 条交通违法记录未处理，违法行为是“违反禁止标线”。对此，双方当事人在庭审中均予以认可。二、某公司机动车检测的主要流程是：1. 收费；2. 检查车主填写的申请表、身份证复印件、机动车交强险、车船税等资料是否完善；3. 登录系统，检测公司通过网络向车管所请求联网核查，考虑到让车主少跑路，车管所对违法未处理这一情况的车辆批准先进行检测，再进行违法未处理的处理；4. 外检；5. 环保检测；6. 安全检测；7. 数据查询；8. 将行驶证、保险单、检测报告等所需的资料上传到审车系统；9. 核查，某交警支队车辆管理所对上传的视频、照片、资料进行核查，如有问题，退档改正并进行检测后再次上传核查；10. 制证，交警支队车辆管理所审查通过的，授权机动车检测站打印年检标志及行驶证。其他查明的事实与一审法院查明的事实一致。

本院认为，双方当事人再审争议的焦点为某交警支队主张的道路交通违法行为处理完毕系车辆年检合格的前提条件的理由，是否有法律依据。

第一，郑某富依法申请为案涉车辆核发 2018 年机动车检验合格标志并提交了相关材料。发放检验合格标志是依当事人申请启动的行政行为，当事人的申请是交通安全管理部门履职的先决条件。本案中，郑某富把案涉车辆送到某公司进行检测，提供了该机动车行驶证、第三者责任强制保险单等车检所需材料，充分说明他要求检测车辆，申请某交警支队颁发年检合格证的意愿。某公司经过检测，结论为案涉车辆各项技术指标检测均合格，然后将检测报告及行驶证、保险单一并上传车管所审查，郑某富不用自己携带相关申请材料到交警支队，而是由某公司代为办理。这也是机动车检测服务公司常规的操作流程。交警支队在一、二审诉讼中对郑某富是否提交了申请材料的问题均没有提出抗辩意见。根据查明的事实，能够认定郑某富已经向某交警支队提交了发放机动车检验合格标志的申请材料。二审法院认为当事人没有提交申请材料属于认定事实不清。

第二，对未处理交通违法行为的成因应进一步准确区分是车辆本身不合格还是驾驶人违章操作。发放车辆年检标志的对象是车辆本身，目的是及时消除车辆的安全隐患、减少因车辆本身的状况导致交通事故发生。交通违法行为处罚属于行政处罚，处罚对象是车辆驾驶人，目的是惩戒和警示，避免违法驾驶行为的再次发生。二者对象不一致，性质不一样，“捆绑式”处理违反行政法上的禁止不当联结原则。本案中，案涉车辆在申请检测前未处理的交通违法记录是“违反禁止标线”，属于驾驶人的违法驾驶行为，而非车辆本身存在的安全缺陷，不应当成为核发机动车检验合格标志的阻却因素。

第三，不能因驾驶人的违法驾驶行为未处理完毕而不予核发机动车检验合格标志。合法行政要求“法律优先”，法律已经明确规定的不能违反。道交法第十三条第一款明确规定：“对提供机动车行驶证和机动车第三者责任强制保险单的，机动车安全技术检验机构应当予以检验，任何单位不得附加其他条件。对符合机动车国家安全技术标准的，公安机关交通管理部门应当发给检验合格标志。”由此看来，只要申请人提供机动车行驶证、第三者责任强制保险单，且机动车经安全技术检验合格，公安交通管理部门就应当核发检验合格标志，对涉及尚未处理完毕的道路交通安全违法行为或道路交通事故的送检机动车，应提醒机动车所有人及时到公安机关交通管理部门处理，而不能以此为由拒发机动车检验合格标志。本案中，郑某富提出了申请，提供了所需材料，且车辆检验合格，某交警支队应当作出核发机动车检验合格标志的行政行为。

第四，行政机关行政效率的提高须在现行法律框架内进行。正如某交警支队所述，先行处理交通违法行为，然后核发车辆检验合格标志，可以提高行政效率，亦隐含了对交通秩序的遵守和对个人生命的尊重。但对于行政机关而言，法无授权即禁止，对于公民而言，法无禁止即自由，行政机关必须依法行政。当然，遵守道路交通安全法律、及时纠正违法行为是驾驶人和车辆所有人的法定义务。郑某富名下的案涉车辆2018年未被核发机动车检验合格标志以来，有多条交通违法行为记录尚未处理，其因违法驾驶行为可能导致的潜在巨大风险理应全力避免，交通管理部门也应及时有效地对交通违法行为人予以处置，但针对车辆本身的限制没有法律依据。较之对未消除违法驾驶记录的车辆拒发车辆检验合格标志行为的合法性问题，更值得我们关注的是，行政机关应积极采取和充分利用科技信息手段，增强交通违法行为的处置效果，用更经济、更高效的办法代替现行的行政管理模式，在自由与效率、秩序甚至是生命之间寻求到一种平衡，才更是与我们每一位公民息息相关的事情。

综上，郑某富再审请求成立，予以支持。一审判决认定事实清楚，适用法律正确，予以维持。二审判决驳回郑某富的诉讼请求错误，本院予以纠正。依照《中华人民共和国行政诉讼法》第八十九条第一款第一项、第二项，《最高人民法院关于适用〈中华人民共和国行政诉讼法〉的解释》第一百一十九条的规定，判决如下：

一、撤销某省某市中级人民法院（2018）某04行终110号行政判决；

二、维持某省某县人民法院（2018）某0425行初3号行政判决。

七、理论探讨与执法指引

根据《机动车登记规定》第五十四条规定，将处理交通违法和交通事故作为机动车年检的前提条件似与《中华人民共和国道路交通安全法》第十三条第一款“任何单位不得附加其他条件”的规定相冲突。但前者规范的是机动车检验合格标志申领、核发行为，后者规范的是机动车年检的启动行为，属于不同的法律关系，《机动车登记规定》第四十九条并不违反《中华人民共和国道路交通安全法》和《中华人民共和国立法法》的规定，将处理交通违法和交通事故作为机动车年检的前置条件亦是符合合法性和合理性的要求。①

《中华人民共和国道路交通安全法》第十三条第一款“对提供机动车行驶证和机动车第三者责任强制保险单的，机动车安全技术检验机构应当予以检验，任何单位不得附加其他条件”的规定，规范的是机动车安全技术检验机构的检验启动行为。《机动车登记规定》第五十四条第二款“申请前，机动车所有人应当将涉及该车的道路交通安全违法行为和交通事故处理完毕。申请时，机动车所有人应当确认申请信息并提交行驶证、机动车交通事故责任强制保险凭证、车船税纳税或者免税证明、机动车安全技术检验合格证明”的规定，规范的是机动车检验合格标志申领、核发行为。二者并非同一法律性质、法律主体、法律话语内的法律规范，不具有从属法律逻辑关系。由于规范主体和行为不同，《机动车登记规定》第五十四条第二款义务性规范，实际上也未超越《中华人民共和国道路交通安全法》第十三条第一款的禁止性规范增加设定机动车检验环节的其他条件，因此，不构成对第十三条第一款的违反。

《机动车登记规定》第五十四条第二款“申请前，机动车所有人应当将涉及该车的道路交通安全违法行为和交通事故处理完毕。申请时，机动车所有人应当确认申请信息并提交行驶证、机动车交通事故责任强制保险凭证、车船税纳税或者免税证明、机动车安全技术检验合格证明”的规定，依据和细化《中华人民共和国道路交通安全法》第十三条第一款等规定，设定具体程序规范并无不妥。而且，依法及时处理道路交通违法行为和交通事故本是机动车所有权人、驾驶人的法定义务，要求在年检前处理完，不仅未增加其义务，更是在执法实践中提供了道路交通违法处罚决定执行的宽展期。

从目前的法律理解和司法判例看，《中华人民共和国道路交通安全法》第十三

---

① 闫丽彬：《将处理交通违法和交通事故作为机动车年检的前置条件的合法性研究》，载《道路交通管理》2021年第4期。

条存在模糊、歧义以及与现代道路交通治理模式和手段未有效衔接的问题。笔者建议由全国人民代表大会常务委员会对该条规定进一步明确具体含义，对检验合格非唯一必要条件予以界定，为今后有效衔接管控违法行为和交通事故处理等道路交通安全管理的其他方面保留渠道。《机动车安全技术检验项目和方法》是保证道路交通安全管理中安全技术检验相关要求落地的重要技术标准。在立法解释无法短期实现的情况下，可以先论证在机动车检验标准中设定车辆相关违法行为和交通事故的评估评价指标的合法性、合理性，在此基础上，由公安部门会同国务院质量技术监督部门联合推动在《机动车安全技术检验项目和方法》中明确处理完道路交通违法行为和交通事故作为一项检验指标。

第二节　公安机关撤销被欺骗并许可刻制公司公章的行为应遵循法定程序

一、基础知识

撤销是组织针对资质、资格的取消行为，即某自然人、法人持有的资质资格由于过期或者不再符合资质、资格要求，由资质发放管理方采取的一种取消行为。

公章指用于国家党政机关、军队、企事业单位、社会团体以及其他组织证明其合法资格，具有法律效力，可用于签署各种纸质文件及电子文件的印章。实物印章形式由章面和章体两部分组成，可用于签署各种纸质文件；电子印章形式是制作者签名的包括持有者信息和图像化内容的数据，可用于签署电子文件，加盖在电子公文上的电子印章应具有与实物印章一致的外观。将实物印章与电子印章制作成统一的整体，并集实物印章功能及电子印章功能于一体的印章，即“物电一体化印章”。公章使用行为属于法律行为，具有相应的法律目的和使用意图，通过公章的使用可实现合同的签署、事实情况的证明等目的。法人或其他组织应当对本单位的公章进行规范的使用和谨慎的管理，而公安机关亦对其辖区范围内的公章刻制、使用行为具有监管的权利和义务。

《中华人民共和国行政许可法》第五条规定，设定和实施行政许可，应当遵循公开、公平、公正、非歧视的原则。有关行政许可的规定应当公布；未经公布的，不得作为实施行政许可的依据……第七条规定，公民、法人或者其他组织对行政机关实施行政许可，享有陈述权、申辩权；有权依法申请行政复议或者提起行政诉讼；其合法权益因行政机关违法实施行政许可受到损害的，有权依法要求赔偿。第六十九条规定，有下列情形之一的，作出行政许可决定的行政机关或者其上级行政机关，根据利害关系人的请求或者依据职权，可以撤销行政许可：（1）行政机关工作人员滥用职权、玩忽职守作出准予行政许可决定的；（2）超越法定职权作出准予行政许可决定的；（3）违反法定程序作出准予行政许可决定的；（4）对不具备申请资格或者不符合法定条件的申请人准予行政许可的；（5）依法可以撤销行政许可的其他情形。被许可人以欺骗、贿赂等不正当手段取得行政许可的，应当予以撤销。依照前两款的规定撤销行政许可，可能对公共利益造成重大损害的，不予撤销……

《国务院关于第三批取消中央指定地方实施行政许可事项的决定》[①] 规定，决定第三批取消 39 项中央指定地方实施的行政许可事项，包括取消《印铸刻字业暂行管理规则》中县级公安机关的公章刻制审批许可。取消审批后，实行公章刻制备案管理，继续保留公安机关对公章刻制企业的审批。要修订《印铸刻字业暂行管理规则》，明确监管标准、要求和处罚措施，要求公章刻制企业在刻制公章后，将用章单位、公章刻制申请人、印模等基本信息报公安机关备案。公安机关要加强事中事后监管，建立统一的公章治安管理信息系统，逐步实现公章刻制网上备案、信息采集及公众查询。

《中华人民共和国市场主体登记管理条例》第二十一条规定，申请人申请市场主体设立登记，登记机关依法予以登记的，签发营业执照。营业执照签发日期为市场主体的成立日期。法律、行政法规或者国务院决定规定设立市场主体须经批准的，应当在批准文件有效期内向登记机关申请登记。

《公安机关内部执法监督工作规定》第十三条规定，在执法监督过程中，发现本级或者下级公安机关已经办结的案件或者执法活动确有错误、不适当的，主管部门报经主管领导批准后，直接作出纠正的决定，或者责成有关部门或者下级公安机关在规定的时限内依法予以纠正。第十九条规定，对公安机关及其人民警察不合法、不适当的执法活动，分别作出如下处理：（1）对错误的处理或者决定予以撤销或者变更；（2）对拒不履行法定职责的，责令其在规定的时限内履行法定职责；（3）对拒不执行上级公安机关决定和命令的有关人员，可以停止执行职务；（4）公安机关及其人民警察违法行使职权已经给公民、法人和其他组织造成损害，需要给予国家赔偿的，应当依照《中华人民共和国国家赔偿法》的规定予以国家赔偿；（5）公安机关人民警察在执法活动中因故意或者过失，造成执法过错的，按照

---

① 《国务院关于第三批取消中央指定地方实施行政许可事项的决定》，载中国政府网，http：//www.gov.cn/xinwen/2017-01/21/content_ 5161989.htm，最后访问时间：2022 年 3 月 27 日。

《公安机关人民警察执法过错责任追究规定》追究执法过错责任。

《中华人民共和国行政诉讼法》第二十五条规定，行政行为的相对人以及其他与行政行为有利害关系的公民、法人或者其他组织，有权提起诉讼。有权提起诉讼的公民死亡，其近亲属可以提起诉讼。有权提起诉讼的法人或者其他组织终止，承受其权利的法人或者其他组织可以提起诉讼……第四十九条规定，提起诉讼应当符合下列条件：（1）原告是符合本法第二十五条规定的公民、法人或者其他组织；（2）有明确的被告；（3）有具体的诉讼请求和事实根据；（4）属于人民法院受案范围和受诉人民法院管辖。

《最高人民法院关于行政诉讼证据若干问题的规定》① 第十八条规定，证据涉及国家秘密、商业秘密或者个人隐私的，提供人应当作出明确标注，并向法庭说明，法庭予以审查确认。第七十条规定，生效的人民法院裁判文书或者仲裁机构裁决文书确认的事实，可以作为定案依据。但是如果发现裁判文书或者裁决文书认定的事实有重大问题的，应当中止诉讼，通过法定程序予以纠正后恢复诉讼。

《上海市印章刻制业治安管理办法》② 第十四条（公章的刻制）规定，单位或者个体工商户需要刻制公章的，应当凭主管部门出具的证明或者工商行政管理部门核发的营业执照，以及法定代表人的身份证明，到经营公章刻制业务的单位刻制。由经办人办理的，还应当提供委托书和经办人的身份证明。经营公章刻制业务的单位应当在刻制公章后的 5 个工作日内，将委托刻制公章单位或者个体工商户的名称、法定代表人和经办人的姓名以及印模等信息，报送公安部门备案。公安部门应当建立统一的公章治安管理信息系统，实现公章刻制网上备案、信息采集等功能。公安部门对刻制公章的备案，实行市、区两级管理，具体办法由市公安局另行规定。第十五条（禁止行为）规定，需要刻制公章的单位或者个体工商户不得委托未经许可经营公章刻制业务的单位、个体工商户或者个人刻制公章。第十六条（公章的更换）规定，单位或者个体工商户需要更换公章的，应当将原公章交经营公章刻制业务的单位办理报废，并按照本办法第十四条第一款的规定，重新办理刻制公章手续。法律、法规、规章对公章报废等另有规定的，从其规定。第十七条（遗失、被盗公章的重新刻制）规定，单位或者个体工商户公章遗失或者被盗的，应当在本市公开发行的报刊进行登报声明作废，凭登报声明原件，按照本办法第十四条第一

① 《最高人民法院关于行政诉讼证据若干问题的规定》，载最高人民法院网站，https：//www.court.gov.cn/fabu-xiangqing-293031.html，最后访问时间：2022 年 3 月 27 日。

② 《上海市印章刻制业治安管理办法》，载上海市人民政府网站，https：//www.shanghai.gov.cn/xxzfgzwj/20210608/0d97f245f5fc46ebaf85ab66555c8751.html，最后访问时间：2023 年 5 月 30 日。

款的规定，重新办理刻制公章手续。

二、案件来源

某公司等诉某市公安局撤销行政许可纠纷案①

三、主要案情

2010年8月20日，李某C委托李某D以欧某、李某A的名义制定了《某公司章程》。同年8月29日，李某C委托李某D代李某A签名签发了某公司《法定代表人、经理、监事任职书》，选举李某A担任公司执行董事（法定代表人）兼经理，李某D担任公司监事，任期均为3年。同年8月30日，李某C委托李某D向某市工商行政管理局提出某公司的设立登记申请。同年9月8日，某公司经某市工商行政管理局核准登记成立，其股东为欧某（占股60%）、李某A（占股40%），法定代表人为李某A。2013年9月24日，欧某将持有某公司的全部股权以60万元转让给李某B，并在某市工商行政管理局办理了股权变更登记手续。

2016年5月1日，李某A、李某B在《某日报》遗失声明版刊登遗失公告，称某公司“遗失刻有‘某公司’字样的公章一枚；遗失刻有‘李某B’‘李某A’的个人印鉴各一枚”。同年7月，李某B以某公司“遗失公章”为由，向某市公安局申请重新刻制公司公章。同年7月18日，某市公安局做出刻章许可证，批准李某B刻制某公司的新公章。之后，李某A、李某B用新公章重新办理了某公司的营业执照，并变更了某公司办公地址等登记信息。

2017年7月13日，某市公安局做出《撤销决定》，载明：“2016年7月18日，李某B以某公司印章遗失为由，申请重新刻制‘某公司’印章一枚，我局于2016年7月18日做出刻章许可证。现经审查，李某B以欺骗的不正当手段取得刻制许可证，应当予以撤销。决定：撤销刻章许可证，对某公司印章予以追缴、封存。”某公司、李某A、李某B不服上述《撤销决定》，遂于同年8月7日向原审法院提起行政诉讼。

原审另查明，某公司设立时的公章并未遗失，一直由李某C掌握并以某公司的名义使用。某公司在本案《行政诉讼起诉状》加盖的公章为2016年7月18日重新刻制的新公章。

原审又查明，2016年7月21日，李某C以某公司为被告在某市人民法院提起民事诉讼，请求判决：1. 确认某公司是由李某C出资100万元设立；2. 李某A将

---

① 广东省清远市中级人民法院（2018）粤18行终21号行政判决书。

某公司40%的股权归还给李某C，并继续向甲县农村信用合作联社提供质押担保；3. 诉讼费由某公司负担。2017年3月13日，某市人民法院做出（2016）粤1882民初745号《民事判决书》，判决：1. 确认某公司是由李某C出资100万元设立；2. 李某C具有某公司股东资格，李某A不具有某公司股东资格；3. 李某A将持有某公司40%股权归还给李某C；4. 李某C将李某A归还的40%股权质押给阳山县农村信用合作联社。李某A不服，向清远市中级人民法院提出上诉。清远市中级人民法院认为一审法院认定李某C具有某公司股东资格、是某公司实际股东正确；因实际出资人未经公司另一占股份过半数股东李某B的同意，一审法院判令李某A将持有某公司40%股权归还给李某C不当。同年10月11日，某市中级人民法院做出（2017）粤18民终1844号民事判决书，判决：1. 撤销某市人民法院（2016）粤1882民初745号民事判决书第1、3、4项；2. 维持某市人民法院（2016）粤1882民初745号民事判决书第2项；3. 驳回李某C的其他诉讼请求。

四、案件核心

公章刻制是经相对人申请，公安机关审查后才决定是否准许的行为，实际按行政许可管理。某市公安局撤销决定所针对的公章，是基于行政许可取得，其撤销当然属于撤销行政许可范围。某市公安局做出涉案撤销决定前，应当全面听取某公司包括股东会决议、内部主要股东等的陈述、申辩。本案中某市公安局仅对公司大股东李某C进行单方调查，而未对公司执行董事李某A、监事李某B进行调查，并不符合公平原则，也损害了某公司依法享有的陈述、申辩权，构成违反法定程序。

五、裁判过程与结果

（一）一审裁判过程与结果

争议焦点一，关于某公司、李某A、李某B提起本案行政诉讼，是否具有原告主体资格的问题。《中华人民共和国行政诉讼法》第二十五条规定："行政行为的相对人以及其他与行政行为有利害关系的公民、法人或者其他组织，有权提起诉讼……"也就是说，原告必须是与行政行为有利害关系的公民、法人或者其他组织，即公民、法人或者其他组织的合法权益受到行政行为法律上的实质影响。本案中，（1）某公司作为某市公安局《撤销决定》的直接相对人，系涉案行政行为的直接实施对象，其当然具有原告主体资格。（2）清远市中级人民法院已发生法律效力的（2017）粤18民终1844号民事判决书已确认李某A不具有某公司的股东资格，故李某A与某市公安局的涉案行政行为显然无利害关系，不具有原告主体资格。（3）虽然李某

B 持有某公司的 60%股权，但某市公安局的涉案行政行为系针对某公司的公章刻制问题，并未对公司股东的权益产生实质影响，且李某 B 并未举证证实其股东的特定权益因某市公安局的涉案行政行为而受损，故李某 B 与某市公安局的涉案行政行为无利害关系，不具有原告主体资格。依照《中华人民共和国行政诉讼法》第四十九条“提起诉讼应当符合下列条件：（一）原告是符合本法第二十五条规定的公民、法人或者其他组织……”、《最高人民法院关于适用〈中华人民共和国行政诉讼法〉若干问题的解释》第三条第一款“有下列情形之一，已经立案的，应当裁定驳回起诉：（一）不符合行政诉讼法第四十九条规定的……（八）行政行为对其合法权益明显不产生实际影响的……”的规定，应当驳回李某 A、李某 B 的起诉（原审法院不另行制作裁定书）。

争议焦点二，关于某市公安局做出的《撤销决定》认定事实是否清楚、适用法律是否正确、程序是否合法的问题。（1）认定事实方面。根据清远市中级人民法院已发生法律效力的（2017）粤 18 民终 1844、1845 号民事判决书可知，某公司设立时办理的一切手续均是由李某 C 委托李某 D 完成的，而某公司在具体运营管理中均是由李某 C 掌握并使用公司设立时依法刻制的公章，某公司的公章从来没有遗失，李某 C 是某公司的实际出资人。重新刻制公司公章，属于公司的重大事项。作为某公司法定代表人的李某 A、控股股东的李某 B，其两人知道或应当知道某公司的公章和经营管理从设立时起一直由李某 C 负责，李某 B 却在没有征得某公司公章保管人和实际出资人即李某 C 的同意下，擅自以“遗失公章”为由申请重新刻制公司公章，显然与事实不符，违反诚信原则，故某市公安局认定李某 B 以欺骗的不正当手段取得刻制许可证并无不当。（2）适用法律方面。某市公安局对李某 B 以不正当手段取得的某公司公章刻制许可证予以撤销，并追缴、封存某公司印章，符合《中华人民共和国行政许可法》第六十九条“有下列情形之一的，作出行政许可决定的行政机关或者其上级行政机关，根据利害关系人的请求或者依据职权，可以撤销行政许可……（四）对不具备申请资格或者不符合法定条件的申请人准予行政许可的……被许可人以欺骗、贿赂等不正当手段取得行政许可的，应当予以撤销”的规定。（3）程序方面。某市公安局收到某市人民法院发出的关于对某公司重新刻制的公章予以追缴、封存的《司法建议书》后，依法向李某 C 及某公司的有关人员进行调查取证，虽然未听取涉案行政行为的直接相对人即某公司的陈述与申辩，但因李某 B 以不正当手段取得刻制许可证的事实清楚、证据确凿，故某市公安局撤销该刻章许可证的自我纠错行为，不属于行政许可的变更登记行为，无须听取某公司的意见，某市公安局的涉案行政行为并未损害某公司的权利。某公司、李某 A、李某 B 以此为由主张某市公安局做出的《撤销决定》程序违法，原审法院不予支持。行政机关做出行政行为时，应当告知行政相对人依法享有的救济途径，而某市公安局在《撤销决定》中并未告知某公司享有申请复议或者提起诉讼的权利，属程序瑕疵，但某公司在某市公安局做出《撤销决定》的次月已提起本案行政诉讼，故该程序瑕疵未实际损害某公司的权利。某公司、李某 A、李某 B 请求撤销某市公安局做出的《撤销决定》于法无据，原审法院不予支持。

综上所述，依照《中华人民共和国行政诉讼法》第六十九条的规定，原审法院判决如下：驳回某公司的全部诉讼请求。

（二）二审裁判过程与结果

二审法院认为，本案系公安撤销行政许可纠纷。根据《中华人民共和国行政诉讼法》第八十七条“人民法院审理上诉案件，应当对原审人民法院的判决、裁定和被诉行政行为进行全面审查”的规定，结合当事人的诉辩意见，本案二审的争议焦点是：第一，李某 A、李某 B 是否具有原告主体资格；第二，某市公安局做出的撤销决定是否合法。

关于李某 A、李某 B 是否具有原告资格的问题。根据《中华人民共和国行政诉讼法》第二十五条的规定，与行政行为有利害关系，是公民、法人或其他组织具备行政诉讼原告资格的必要条件。该“利害关系”具有特定的法律内涵，不能扩大理解为行政行为产生的所有直接或间接的影响，而是限于法律上的利害关系，不包括反射性利益受到影响；一般也仅指公法上的利害关系，不包括私法上的利害关系。本案中，被诉行政行为的主要内容是撤销某公司刻章许可，并收缴、封存相应的印章，所处分的是某公司的权益。虽然李某 A、李某 B 因与公司存在利益关联而成为法律文书的送达对象，但不能仅据此承认其原告资格。对于李某 A 而言，其是公司的法定代表人，对外代表公司，其以公司名义对外实施的行为，就是公司的行为。但李某 A 本身并非实际股东，在涉及针对某公司的行政行为时，李某 A 与公司普通员工并无不同，均不具有公法之上的利害关系，不能以自己的名义提起诉讼。对于李某 B 而言，其是公司的控股股东，但公司作为拟制法人，与股东之间是相互独立的法律主体。根据一审时有效施行的《最高人民法院关于执行〈中华人民共和国行政诉讼法〉若干问题的解释》第十八条的规定，对涉及企业的行政行为不服的，应由股东会、董事会等内部机构以企业名义提起诉讼。换言之，控股股东应当通过公司的权力机关做出决议后以公司名义，而不能以自己的名义提起诉讼。因此，原判不认可李某 A、李某 B 对被诉行政行为的原告资格，符合前述法律及司法解释的规定，本院予以维持。

关于某市公安局做出的撤销决定是否合法的问题。首先，事实认定方面。根据《最高人民法院关于行政诉讼证据若干问题的规定》第七十条关于“生效的人民法院裁判文书或者仲裁机构裁决文书确认的事实，可以作为定案依据”的规定，本院已经生效的（2017）粤18民终1844、1845号民事判决确认的事实，可以作为认定本案事实的依据。上述生效判决查明认定：某公司设立时办理的一切手续均是由实际出资人李某C委托李某D完成。某公司在具体运营管理中均是由李某C掌握并使用公司设立时依法刻制的公章，该公章从来没有遗失。作为公司法定代表人的李某A、控股股东的李某B，知道或应当知道某公司的公章和经营管理从设立时起一直由李某C负责。李某B在没有征得某公司公章保管人和实际出资人即李某C的同意下，登报声明遗失公章并向某市公安局申请重刻。根据上述事实，可以认定李某B虚构了公章遗失的事实，属以欺骗手段取得刻制许可。某市公安局的证据采信行为瑕疵已被弥补，结合其调查所取得询问笔录等证据，被诉撤销决定对李某B以欺骗的不正当手段取得印章刻制许可的事实认定，主要证据是充分的。同时，基于两级法院在同一事实认定上的统一性，原判将后来做出的终审判决作为认定被诉撤销决定合法的证据，并不违反行政诉讼证据采信规则。上诉人关于原判采用事后证据来证明被诉行政行为事实认定正确，实质上是鼓励行政机关“先裁决，后取证”的主张理据不足，本院不予采纳。

其次，在法律适用方面。当被许可人存在以不正当手段取得行政许可的行为时，根据《中华人民共和国行政许可法》第六十九条第二款的规定，所取得的行政许可应当，不是可以，予以撤销。因公安部《公安机关内部执法监督工作规定》本身是现行有效的部门规章，在对错误行政许可的处理上，《公安机关内部执法监督工作规定》第十九条第一项的规定与上位法《中华人民共和国行政许可法》第六十九条第二款的规定并不冲突，某市公安局援引公安部《公安机关内部执法监督工作规定》的规定，而没有援引行政许可法的规定，不违反法律适用规则。当然，《公安机关内部执法监督工作规定》第十九条的规定本身有五种情形，某市公安局做出撤销决定时未引用具体到哪一项的规定确有不妥。鉴于某市公安局能够在诉讼中证明撤销决定认定的事实符合第十九条第一项的规定，可以认为属于适用法律瑕疵，不构成适用法律错误。据此，原审认定被诉行政行为属引用法条疏漏，而不认定为适用法律错误，并无不当。

另外，对某市公安局主张撤销涉案公章是自查自纠行为，不属行政处罚或撤销行政许可的主张，本院认为，公章刻制，直到2017年1月12日《国务院关于第三批取消中央指定地方实施行政许可事项的决定》发布，才正式取消审批，改为备案管理。在此之前，属中央指定地方实施的许可事项。而根据某省公安厅《关于进一步规范公章刻制许可备案工作的通知》规定内容，公章刻制是经相对人申请，公安机关审查后才决定是否准许的行为，实际采取行政许可管理。某市公安局撤销决定所针对的公章，是基于行政许可取得，其撤销当然属于撤销行政许可范围，仍然应当适用《中华人民共和国行政许可法》关于撤销行政许可的规定。

最后，在执法程序方面。行政许可法第六章“监督检查”中对撤销行政许可的程序虽未作出具体规定，但该法总则第五条第一款规定：“设定和实施行政许可，应当遵循公开、公平、公正的原则。”第七条规定：“公民、法人或者其他组织对行政机关实施行政许可，享有陈述权、申辩权……”这是正当程序原则在行政许可中的体现。所谓正当程序原则，是指行政机关在做出影响相对人权益的行政行为时应事先通知相对人，向相对人说明行为的根据、理由及拟作处理的结果，听取相对人的陈述、申辩，事后为相对人提供救济途径等。根据这一原则，公民在受到不利处分前，行政机关均应事前给予其通知，告知处分根据、理由及拟作处理的结果，听取其陈述、申辩意见。行政机关在实施行政许可的过程中，对当事人产生两种行为：一是决定是否准予申请人的许可申请，二是在对被许可人从事许可活动的监督检查中实施的吊销、撤销、罚款等行政处罚。这些都涉及当事人或者第三人的切身利益，应当为当事人提供正当程序。具体到本案，某市公安局做出涉案撤销决定前，应当听取某公司的陈述、申辩。由于公司毕竟是一种组织，其意志不能像自然人一样直接产生，而是股东通过股东会议表决产生。从某市人民法院判决所查明的事实，某市公安局能够轻易判断某公司内部股东资格、股权出现争议，可能影响股东会议决议。此时，某市公安局仅对李某 C 进行单方调查，而未对李某 A、李某 B 进行调查，并不符合公平原则，也损害了某公司依法享有的陈述、申辩权，构成违反法定程序。原审判决仅认定某市公安局的撤销决定属程序瑕疵不当，本院予以纠正。

综上所述，被诉撤销决定违反法定程序，依法应予撤销。但是，李某 B 以不正当手段取得公章刻制许可的事实清楚，某市公安局撤销决定实体处理正确，如果撤销被诉行政行为不仅容易形成循环诉讼，浪费有限的行政和司法资源，而且将使得某公司持有两枚公章的情形加以延续，增加了社会不特定第三人的交易风险，损害社会公共利益。根据《中华人民共和国行政诉讼法》第七十四条第一款第一项“行政行为有下列情形之一的，人民法院判决确认违法，但不撤销行政行为：（一）行政行为依法应当撤销，但撤销会给国家利益、社会公共利益造成重大损害的”的规定，应确认被诉撤销决定违法，但不予撤销。因此，上诉人的上诉请求不能成立，本院不予支持。原审判决认定事实清楚，但适用法律部分错误，依照《中华人民共和国行政诉讼法》第八十九条第一款第二项的规定，判决如下：

一、撤销某省某市某区人民法院（2017）1803 行初 106 号行政判决；

二、确认某市公安局于 2017 年 7 月 13 日做出的《撤销决定》违法。

六、类案比较

(一)案件来源

某某金融交易中心(大连)有限公司(以下简称某某公司)诉某某市公安局经济技术开发区分局(以下简称开发区分局)缴销公章决定案①

(二)主要案情

某某公司因诉开发区分局缴销公章决定一案,不服某某市某某区人民法院(2018)辽0211行初72号行政判决及某某市中级人民法院(2019)辽02行终523号行政判决,向本院申请再审。本院依法组成合议庭审查了本案,现已审查终结。

某某公司申请再审称:1. 请求撤销某某市某某区人民法院(2018)辽0211行初72号行政判决及某某市中级人民法院(2019)辽02行终523号行政判决,依法再审。2. 依法改判支持再审申请人的诉讼请求,撤销开发区分局缴销公章的行为。事实和理由:(一)再审被申请人作出的《印章缴销告知书》及撤销公章备案的行政行为,属于行政执法行为,应当遵守行政执法正当程序原则,依照《某某省行政执法程序规定》(以下简称《执法程序规定》)规定的程序作出。具体违法表现为:(1)再审被申请人作出行政执法行为前,未履行书面告知义务。(2)再审被申请人调查取证违反法定程序。(3)再审被申请人拒绝听取再审申请人陈述、申辩。(4)案涉行政执法决定不符合法定的形式要件。告知书上未加盖"开发区分局"的公章,未记载任何查明的事实理由及证据,未记载再审申请人寻求救济的途径和期限。(二)原一、二审法院认定再审被申请人"作出的印章缴销决定职权依据充分,认定事实清楚,适用法律正确"主要证据不足,适用法律错误。1. 2015年《某某省公安机关印章刻制业执法执勤工作规范(试行)》属于公安机关内部规范文件,并未对社会公开发布,2016年某某省人民政府下发《关于取消调整一批行政职权事项的通知》,已将公章刻制业特种行业的相关权限下放至市级公安机关,市级公安机关有权自行制定相关流程和手续。2017年1月国务院下发《关于第三批取消中央指定地方实施行政许可事项的决定》后,某某省落实取消公安机关对公章刻制审批,改为公章备案制,各市级公安机关也大力简化公章刻制的流程和手续。2017年12月,再审申请人申请重刻印章前,向再审被申请人咨询所需文件,再审被申请人并未按照《某某省公安机关印章刻制业执法执勤工作规范(试行)》要求再审申请人准备材料,也未向再审申请人出示该文件。再审申请人完全是按照再审被申请人的要求提交申请重刻印章材料。2. 再审被申请人的行政执法行为构

① 辽宁省高级人民法院(2020)辽行申174号行政裁定书。

成实体错误，原审法院依据《公安机关内部执法监督工作规定》第十九条认定再审申请人有权缴销案涉印章，适用法律错误。该条规定是公安机关对“执法活动”的内部监督、自我纠错，而案涉印章准刻行为并非单纯的公安执法活动，而是具有行政许可性质的授权性行政行为，涉及相对人的民事权利，再审被申请人不得随意缴销再审申请人的合法印章。3. 所谓印章“丢失”，是指印章脱离印章权利人的控制、使用，下落不明，无法找回的情形。无论印章是自主遗失、被盗还是被非法侵占，都会使权利人实质上无法控制、使用印章，无法进行正常的经营管理。本案中，再审申请人不知悉印章下落，丧失控制，更无法根据自己的真实意思使用印章。对再审申请人来说，印章在主观和客观上都处于丢失状态，为避免风险，保证正常经营，只能通过法定救济程序，向再审被申请人申请重刻印章。即便事后发现再审申请人的作废印章被雷某蓬非法侵占，亦不妨碍再审申请人重刻印章的合法性。

开发区分局答辩称：被申请人具有印章刻制备案管理的法定职权，案涉印章缴销行为合法有效，不违反法律规定。沈某恩于 2017 年 12 月以印章丢失为由申请补刻印章，被申请人工作人员按照“容缺办理”原则接收其提交的材料，并告知其后补，在申请人未补齐材料的情况下办理补刻印章确有不妥。根据《公安机关内部执法监督工作规定》第十九条的规定，进行行政纠错作出缴销案涉印章的行为合法有效。再审申请人所述被申请人违法行政、程序违法不具有事实和法律依据。再审申请人于 2017 年 12 月在被申请人处补刻印章的行为不具有事实基础，系采取虚假陈述和隐瞒真相的方式，骗取被申请人信任的不当行为，被申请人经核实确认再审申请人不符合补办印章条件，已经向再审申请人告知说明，及时作出缴销决定，符合相关法律规定。请求驳回再审申请人的再审申请。

（三）案件核心

公安机关仅凭公司印章丢失声明及群众来访即认定公司隐瞒印章丢失的事实真相，并据此在违反法定程序的情形下作出撤销行政许可的决定，构成违法。

（四）裁判过程与结果

辽宁省高级人民法院认为：关于缴销印章行为的法律依据问题。1. 开发区分局在《印章缴销告知书》中没有引用具体法律规定，适用法律不明确，不符合《执法程序规定》第六十三条中关于行政执法决定应当载明决定所依据的法律、法规和规章的规定。2. 开发区分局在准予某某公司补刻印章时并未要求某某公司提交《某某省公安机关印章刻制业执法执勤工作规范（试行）》第十八条第四项规定的全部材料；其作出《印章缴销告知书》的理由也只是“隐瞒事实真相”，未涉及某某公司补刻印章申请材料不全的问题。二审法院关于“某某公司以印章丢失为由，于2017年12月到开发区分局申请补刻印章，在某某公司未按照前述规定［《某某省公安机关印章刻制业执法执勤工作规范（试行）》第十八条第四项］提交全部材料的情况下，开发区分局准予某某公司重新刻制印章是错误的”的认定，事实和法律依据不充分。上述裁判观点超出了人民法院对行政行为的合法性审查原则。

关于某某公司是否存在隐瞒事实真相的问题。根据《中华人民共和国公司法》第四十九条的规定，沈某恩作为某某公司的法定代表人，负有主持公司日常生产经营管理工作的职责，其对公司执照、印章的管理使用负有相应的管理权利并承担相应的义务。本案中，雷某蓬实际占有、使用公司印章，拒不配合公司法定代表人沈某恩的管理，致使公司印章实际脱离公司监管。根据某某公司于本案中提交的2017年12月8日《某某公司董事会决议（一）》的记载，登报声明执照、印章丢失时公司已经暂停了雷某蓬在公司负责的一切工作。在此种情况下，某某公司法定代表人沈某恩为保证公司正常运行，维护公司及客户的合法权益，根据董事会决议代表公司委托相关人员办理印章丢失声明，补办新的印章，不存在主观上故意隐瞒事实真相的情形，开发区分局仅凭声明中“丢失”二字及雷某蓬等人的群众来访即认定某某公司隐瞒事实真相，主要证据不足。

关于缴销印章行为的程序审查。《执法程序规定》第四十三条规定：“行政执法机关作出行政执法决定前，应当听取当事人的意见，并书面告知当事人以下事项：（一）拟作出的行政执法决定及相关的事实、理由和依据；（二）当事人享有陈述意见的权利；（三）陈述意见的期限及逾期不陈述意见的后果。行政执法机关采用口头形式通知当事人的，应当制作笔录，向当事人宣读或者由其阅览后，由当事人签字或者盖章。”第六十三条规定：“行政执法决定应当以书面形式作出，主要载明下列内容……（五）作出行政执法决定的行政执法机关盖章及经办人员签字或者盖章……”本案中，开发区分局在向某某公司法定代表人沈某恩送达《印章缴销告知书》后，没有制作缴销印章决定，而是直接在某某省公安厅印章管理系统中将印章备案撤销，违反了《执法程序规定》第六十三条应当制作行政执法决定的规定。退一步说，若将《印章缴销告知书》视为缴销决定，该《印章缴销告知书》没有加盖公章，作出《印章缴销告知书》前也没有履行告知义务，没有履行听取行政相对人某某公司的陈述、申辩意见，以及告知其救济方式、权利等义务。

综上，某某公司申请再审的理由符合《中华人民共和国行政诉讼法》第九十一条第三、四项规定的情形，依照《中华人民共和国行政诉讼法》第九十二条第二款的规定，裁定如下：

一、本案指令某某市中级人民法院再审；

二、再审期间，中止原一、二审判决的执行。

七、理论探讨与执法指引

在现代社会，印章是法人、自然人的重要信用凭证，广泛用于人们社会活动的各个领域和方方面面。印章虽小，事关重大。为进一步深化“放管服”改革、优化营商环境，助力社会诚信体系建设，2018 年 3 月，公安部部署开展了全国印章刻制业治安管理改革工作。这项改革主要包括 7 项任务，分别是：深化涉章领域“放管服”改革措施、建设印章业信息系统实现全国联网、深化便民利企服务举措、健全印章业治安管理法律体系、完善印章业治安管理标准体系、强化事中事后监管和稳妥推广应用公章专用安全芯片等。这项改革工作系统、全面，取得了积极成效，可以用“三个明显提升、一个有效遏制”来概括：印章刻制业治安管理水平明显提升，科技信息运用水平明显提升，便民利企服务水平明显提升，有效遏制了涉章领域违法犯罪活动。①

为了加强对印章刻制业的治安管理，规范和提高印章制作工艺，防范、打击制售假印章、假证件等违法犯罪活动，维护正常的社会经济秩序，根据《国务院关于国家行政机关和企业事业单位社会团体印章管理的规定》，公安部又于 2000 年专门下发了《关于贯彻执行〈印章治安管理信息系统标准〉的通知》②，要求全国各地贯彻执行印章治安管理信息系统标准，在全国范围内开展印章治安管理信息系统建设。印章治安管理信息系统建设是公安信息化建设和科技强警战略发展规划的重要组成部分，也是公安机关为构建和谐社会提供诚信保障的具体措施。纳入网络管理的印章主要包括国家、政党、公司、企业、社团等单位组织的法定名称章和冠以法定名称章的专用业务章、财务章、合同章等，还有这些单位组织法定代表人及财务负责人等具有法律效力的个人名章。③

目前，公章刻制审批已经取消，实行备案管理，用章单位到印章刻制企业刻制完印章后由印章刻制企业将相关信息向公安机关备案，并且允许在本省、自治区、直辖市范围内跨县（区）刻制印章。公章刻制备案纳入“多证合一”，由市场监管部门统一采集企业登记信息并与公安机关信息共享，用章企业不用再重复向公安机关提交相关材料。实行办理时限承诺制，公章刻制业特种行业许可在 7 个工作日内

---

① 《公安部深入推进印章刻制业治安管理改革严厉打击“假印章假公文假证件”违法犯罪活动》，载《中国防伪报道》2019 年第 4 期。

② 载公安部网站，https：//app. mps. gov. cn/gdnps/pc/content. jsp? id = 7429003，最后访问时间：2023 年 3 月 6 日。

③ 冯文林等：《四川特种行业治安管理创新调查研究报告》，载《四川警察学院学报》2013 年第 1 期。

完成审批，公章刻制在1个工作日内完成。实行“阳光审批”“阳光备案”，通过网络发布、现场展示等形式，及时、全面、准确公开公章刻制业特种行业许可以及公章刻制备案法律依据、程序、流程、结果等审批、备案信息，依法保障申请主体和社会公众的知情权、参与权、监督权。同时，全面停止印章信息系统承建运维企业向印章刻制企业收取入网费、服务费，严禁强制换章、垄断经营，严禁公安机关指定印章刻制单位刻章。①

各地公安机关以开展“互联网+印章业务办理服务”为牵引，以推进服务向“一网一门一次”为目标，不断深化便民利企服务。多个省市通过政府网站、微博、微信公众号、微信小程序、手机应用程序等方式，实现网上办理刻章业务，方便了刻章用户。公安部部署全面停止印章信息系统承建运维单位收取入网费、服务费后，降低了公章刻制成本，在此基础上各地公安机关积极引导公章刻制企业降低刻章价格。②

第三节 公安机关注销户口应出具《户口注销证明》

一、基础知识

户籍管理，也称户口管理、户口行政管理、户籍行政管理、户政管理，是依法收集、确认、提供本国公民的个人身份、亲属关系、户籍所在地址、籍贯、出生时间等住户人口基本信息的国家行政管理制度。户籍管理是公民生活、公共服务、政府行政、国家司法等诸多领域不可或缺的运作基础：它是国家确认并依法保护被登记者合法权益的标志，它所提供的法定证明和信息服务，是公民正常活动与交往必不可少的前提和基础；它是与社区、住户、人口相关的市镇管理和其他行政管理的必备基础，其对身份、权利能力和责任能力等的认定和对管辖权划分的支撑，更是所有国家各项司法活动的必备基础。

户籍管理大体上有前提性业务、主体性业务、副属性业务三大部分：地名管理、行政区划管理（以上两项由民政部门负责）、户口管辖区和户口责任区划分、住户门牌号码管理等，是户口管理的前提性业务；户口登记，户口统计，户口调查，户籍档案管理，居民身份证件管理，常住人口管理、暂住人口管理等，是户口

---

① 《公安部深入推进印章刻制业治安管理改革严厉打击“假印章假公文假证件”违法犯罪活动》，载《中国防伪报道》2019年第4期。

② 《公安部：严厉打击“假印章假公文假证件”违法犯罪活动》，载《中国防伪报道》2019年第9期。

管理的主体性业务；人口迁移调控、社区公共安全管理等，是户口管理的副属性业务。

《中华人民共和国民法典》第一千一百零六条规定，收养关系成立后，公安机关应当按照国家有关规定为被收养人办理户口登记。

《中华人民共和国户口登记条例》第三条第一款、第二款规定，户口登记工作，由各级公安机关主管。城市和设有公安派出所的镇，以公安派出所管辖区为户口管辖区；乡和不设公安派出所的镇，以乡、镇管辖区为户口管辖区。乡、镇人民委员会和公安派出所为户口登记机关。

二、案件来源

曾某某诉某市公安局某分局（以下简称某公安局）户籍管理纠纷案①

三、主要案情

经审理查明，原告曾某某1970年2月8日出生于某县某镇，属某县某镇居民委员会户籍居民。1985年2月3日，经某县公安局、某县公安局某派出所批准，曾某某及其母亲、弟妹等从某县某镇居民委员会迁往某县某派出所辖区某汽车站。同年12月，曾某某在某县某派出所办理了第一代居民身份证。1992年8月21日，曾某某又将户口从某汽车站迁往某市公安局某派出所辖区的某村某号某楼某号。1997年11月25日，曾某某户口地址变更为某市某区××。2000年11月14日，曾某某向某县公安局某派出所申请登记入户。2015年，被告某公安局通过某省省级人口相片对比平台发现曾某某持有上述双重户口。2015年8月5日，某公安局向曾某某发出《重复（虚假）户口处理告知书》，告知将依法注销其某镇户口，其有权提出陈述和申辩意见。同年8月15日，曾某某提出陈述、申辩意见，认为其一直使用某镇户口，该户口属真实户口，其位于某市某区××的户口属重复户口，应予注销。同年9月6日，某公安局向曾某某作出《重复（虚假）户口处理公告》。某公安局认为曾某某的某镇户口属重复户口，遂于2016年3月30日作出《户口注销证明》，注销了曾某某的某镇户口。某公安局未将上述注销决定直接送达给曾某某。2017年3月，曾某某在移动营业厅办理相关业务时，才得知其某镇户口已被注销。同年5月，曾某某向本院提起本案诉讼。

另查明，曾某某另有在某市某区某镇某街某号的户口，因双重户口，该户口于某年某月某日已被某市公安局太和派出所注销；曾某某另有在某市某区××的户口，

① 广东省清远市清新区人民法院（2017）粤1803行初71号行政判决书。

因双重户口，该户口于某年某月某日已被某市公安局松岗派出所注销。

四、案件核心

被告在没有阐明对重复（虚假）户口处理原则的情况下，注销了原告一直使用的户口，保留了原告从未使用的户口，为原告的生活带来严重的不便。被告作出注销原告位于某镇户口的行政行为认定事实是否清楚，程序是否合法，适用法律法规是否正确。

五、裁判过程与结果

法院认为，自1958年1月9日起施行的《中华人民共和国户口登记条例》第六条规定："公民应当在经常居住的地方登记为常住人口，一个公民只能在一个地方登记为常住人口。"第十条规定："公民迁出本户口管辖区，由本人或者户主在迁出前向户口登记机关申报迁出登记，领取迁移证件，注销户口。公民由农村迁往城市，必须持有城市劳动部门的录用证明，学校的录取证明，或者城市户口登记机关的准予迁入的证明，向常住地户口登记机关申请办理迁出手续。公民迁往边防地区，必须经过常住地县、市、市辖区公安机关批准。"本案中曾某某系某县某镇居民委员会户籍居民，户口于1985年2月随母亲黄某某从某县某镇居民委员会迁往某县某派出所辖区某汽车站，以上事实有某县公安局、某县公安局某派出所盖章审核批准的《准予迁入证明》《迁移证》予以证实，足以认定。1992年8月，原告又将户口从某汽车站迁往某市公安局某派出所辖区；1997年11月，因所内移居，原告户口地址变更为某市某区××。曾某某现时登记的户籍资料，为1985年2月《迁移证》所记载的身份资料信息。故被告某公安局认定曾某某有迁移手续的、位于某市某区的户口为真实户口，并无不当，被告认定事实清楚。原告明知其持有上述户口，仍于2000年11月向某县公安局某派出所申请登记入户，取得涉案某镇户口。被告认定原告涉案某镇户口属重复户口并予以注销，无不当，符合《某省公安厅关于妥善处理重复（虚假）户口的意见》第二条"（三）公安机关调查核实的真实户口，应予以保留；经公安机关调查核实的虚假户口，应予以注销。（四）迁移后未注销的重复户口，应注销；二次以上重复迁移的户口，应保留第一次迁移的户口，其后迁移的户口应予以注销"规定的处理原则。被告发现原告持有重复户口后，依法进行调查核实，听取了原告的陈述、申辩意见，并发出《重复（虚假）户口处理告知书》《重复（虚假）户口处理公告》，把关核查、处理程序符合《某省公安厅关于妥善处理重复（虚假）户口的意见》第五条"（十）经调查核实认定为重复（虚假）户口的，公安机关制发《重复（虚假）户口处理告知书》（附件2），通知当事人在收到告知书之日起30日内到公安机关办理户口注销手续。（十一）因无法联系当事人或当事人拒不签收等原因导致告知书无法送达的，公安机关将制发《重复（虚假）户口处理公告》（附件3），公告期为60日。（十二）公告期满后，当事人仍未到公安机关办理注销手续的，公安机关将按规定注销重复（虚假）户口。（十三）注销户口的，公安机关应出具《户口注销证明》……”的规定。如是，被告作出《户口注销证明》后，依法送达给原告，属程序违法，但对其权利不产生实际影响，故应保留被告涉案户口注销行为的效力。

综上所述，我国居民只能在一个地方登记为常住人口，也只能有唯一的居民身份证号码。原告向公安机关申请办理户籍事项时，坚持诚信原则和实事求是的原则，如实向公安机关提交有关材料和反映真实情况，并对其真实性负责。原告曾同时存有多个户口，其行为已违反诚信原则，其应对自身存有多个户口而造成工作、生活不便的影响承担相应的责任。被告发现原告持有重复户口后，依法进行了调查核实，并听取了原告的陈述、申辩意见，其作出《户口注销证明》认定的事实清楚，适用法律法规正确，但未依法送达给原告，属程序违法。依照《中华人民共和国行政诉讼法》第七十四条第一款第二项的规定，判决如下：

一、确认被告某市公安局某分局于2016年3月30日作出《户口注销证明》的送达程序违法；

二、驳回原告曾某某的全部诉讼请求。

六、类案比较

（一）案件来源

李某诉某市公安局某分局某派出所户籍管理案①

（二）主要案情

原告李某（以下简称原告）不服被告某市公安局某分局某派出所（以下简称被告）户籍管理行为，向法院提起行政诉讼。

经审理查明：2017年9月22日，原告之夫戴某持其本人名下的房产证、戴某与原告的结婚证、原告的户口本等证件，到被告处办理原告户口迁移事宜，民警审核证件后，在《市内迁入人口登记簿》上登记相关信息后办理了原告户口迁移，并要求戴某在《常住人口登记表》上签字。被告收取了房产证及结婚证复印件，并将申请材料原件退还申请人。原告不服，遂诉至本院。

---

① 北京市第三中级人民法院（2018）京03行终861号行政判决书。

(三) 案件核心

本市常住户口居民办理市内户口迁移需查验迁入人的《居民户口簿》《居民身份证》、迁入户的《居民户口簿》，结婚迁入提供《结婚证》，新立户的，非农业人口提供某某市房屋产权证明或公有住房租赁合同原件和复印件。公安机关是否根据上述规定予以查验并作出决定？

(四) 裁判过程与结果

1. 一审裁判过程与结果。

一审法院认为：被告作为户口登记机关，具有办理迁入其辖区的户口迁移的职权。本案系本市常住户口居民办理市内户口迁移的情形。根据上述规定，迁入地派出所在查验相应证件后，只需留存住房证明复印件，其他材料应予以退还。本案中，被告根据申请人提交的申请材料办理了涉案户口迁移登记，对申请材料进行必要的审核，并留存了规定要求的房产证复印件，故被告办理被诉户口迁移行为并无不当，本院不持异议。原告的诉讼请求不能成立，本院不予支持。

2. 二审裁判过程与结果。

二审法院认为，某市公安局于2004年9月制定的《派出所一地办理市内户口迁移工作程序（试行）》中规定，“一地”办理指具有本市常住户口的居民办理市内户口迁移时在迁入地派出所一次办结。本案系本市常住户口居民办理市内户口迁移的情形，应按照上述工作程序规定办理。根据上述规定，迁入地派出所需查验迁入人的《居民户口簿》、《居民身份证》、迁入户的《居民户口簿》，结婚迁入提供《结婚证》，新立户的，非农业人口提供北京市房屋产权证明或公有住房租赁合同原件和复印件。某派出所办理被诉户口迁移行为并无不当，一审法院据此认定李某的诉讼请求不能成立，并判决驳回李某的诉讼请求正确，本院予以维持。综上，依照《中华人民共和国行政诉讼法》第八十九条第一款第一项的规定，判决如下：驳回上诉，维持一审判决。

七、理论探讨与执法指引

作为户口登记和人口管理的一种社会管理制度，户籍管理制度由于其管理内容的普遍性及基础性，关系到每个公民的切身利益。它既是政府进行社会管理的重要手段，也是进行多项相关公共决策的基础。户籍管理立法的出发点不应是对个人的行动进行限制和管制，而是服务于公民生活需要，服务于公共事务。

一是平衡公民户籍登记的权利与义务关系。服务为本理念下的户籍管理立法应坚持以公民的权利为本位，注重保障公民权利，避免行政权力对公民合法权利的干涉，并致力于满足和服务于公民各项合法需求。同时，从公安机关及其他行政主体行使社会管理职能的角度看，应协调处理好公民权利及义务的关系。权利本位不代表对义务履行的忽略。在“权利本位”理念下，权利是目的，义务是手段，法律设定义务的目的在于保障权利的实现。比如在居住证管理中，多地要求户口迁移人群的迁移条件之一便是拥有居住证。该项履行义务的规定一方面有利于公安机关加强对流动人口的居住管理；另一方面，更重要的是，有利于保障公民户口迁移及享受其他相关社会管理领域政策待遇的权利。

二是简化户籍管理的程序流程和附带手续。管制理念下的户籍管理制度实施造成了一定的“外部负效应”。在服务本位的理念下，户籍管理应进一步科学简化流程，来推动政府组织结构构成模式及其运作方式的改革。户籍管理业务流程再造应以“公众需求”为核心，对公安机关及其他相关行政部门原有组织机构、业务流程进行全面、彻底的重组，提供多样化户籍登记及管理的形式和途径以适应政府部门外部环境的变化，谋求组织绩效的显著提高，减少公民的社会成本，使公共产品或服务更能取得社会公众的认可和满意。

三是坚持户籍管理立法程序的民主性。在服务为本理念下，户籍管理立法的终极目的是服务于公民。那么，户籍管理立法活动应以其服务的对象，即公民的需求和意愿作为立法的重要依据之一。故要建立能够充分反映民意、广泛集中民意的立法机制，以保障社会公众参与和监督立法的全过程，从而推进户籍管理立法的科学化、民主化。

各地公安机关深入贯彻落实上级“放管服”改革文件精神，以让群众办事“零次跑”为目标、“一次跑”为底线、“就近跑”“快速跑”为要求，坚持“科技+传统”，以更大力度破解改革中的堵点、难点，着力提高“一次办理”“一次办好”的实现率，“最多跑一次”改革取得阶段性成效。打造“一窗受理”新模式。探索建立“容缺受理”“先办后补”机制，对申请人除缺少身份证、户口簿和申请事由等必备材料以外的其他材料的先予以受理，由申请人通过传真、邮寄、代交等方式补齐所缺的申请材料。针对百姓办理婴儿出生登记、死亡注销、户口迁移等关联事项较多的实际，公安机关推行建立“联络员制度”，积极对接民政等多部门，详细了解前后相关事项办理要求及所需材料，形成电子档案留存备查，帮助百姓推行关联事项“协助查询、一窗受理、部门联办”工作，优化办事流程，以最快速度跟进服务，切实将业务窗口职能前移，通过数据共享，避免群众多跑腿。①

---

① 司翠华、吴兆玺：《广饶：实现户籍业务“一次办好”》，载《派出所工作》2019 年第 2 期。

第四节　居民区内开设宾馆的行政许可问题

一、基础知识

行政许可是“授权”行为，其目的是查清申请人是否具备法定条件、能否授予某种资格和权利。行政许可的结果是赋予申请人某种资格或权利，而这种资格或权利是申请人在取得行政许可之前所不能享有的。

《中华人民共和国行政许可法》第十二条规定，“下列事项可以设定行政许可：(一) 直接涉及国家安全、公共安全、经济宏观调控、生态环境保护以及直接关系人身健康、生命财产安全等特定活动，需要按照法定条件予以批准的事项……”第三十六条规定，行政机关对行政许可申请进行审查时，发现行政许可事项直接关系他人重大利益的，应当告知该利害关系人。申请人、利害关系人有权进行陈述和申辩。行政机关应当听取申请人、利害关系人的意见。第四十七条第一款规定，行政许可直接涉及申请人与他人之间重大利益关系的，行政机关在作出行政许可决定前，应当告知申请人、利害关系人享有要求听证的权利；申请人、利害关系人在被告知听证权利之日起五日内提出听证申请的，行政机关应当在二十日内组织听证。

《中华人民共和国行政诉讼法》第六十九条规定，行政行为证据确凿，适用法律、法规正确，符合法定程序的，或者原告申请被告履行法定职责或者给付义务理由不成立的，人民法院判决驳回原告的诉讼请求。第七十一条规定，人民法院判决被告重新作出行政行为的，被告不得以同一的事实和理由作出与原行政行为基本相同的行政行为。

《江苏省特种行业治安管理条例》① 第二条规定：“本条例所称特种行业，是指在服务业中，因经营业务的内容和性质容易被违法犯罪人员利用，需要采取特定治安管理措施的行业。包括：(一) 旅馆业……”第四条规定：“县级以上地方人民政府公安机关主管本行政区域内的特种行业治安管理工作……”第十条规定：“从事旅馆业、公章刻制业经营，应当依法取得公安机关颁发的《特种行业许可证》。申领《特种行业许可证》，应当向所在地县级人民政府公安机关提出书面申请，由公安机关核查下列材料：(一) 合法、固定经营场所、设施证明材料，与居民住宅

---

① 《江苏省特种行业治安管理条例》，载国家法律法规数据库，https：//flk. npc. gov. cn/detail2. html？ZmY4MDgxODE3Y2JhZTJiMjAxN2NjYjJmNzJlNzViZmU%3D，最后访问时间：2023年5月30日。

属于同一建筑、平房院落，需要共用门户和通道的，还应当提交所有住户同意共用的证明材料；（二）法定代表人或者负责人的身份证件；（三）市场监督管理部门核发的营业执照。”

二、案件来源

某市某镇某宾馆（以下简称某宾馆）诉某市公安局行政许可案①

三、主要案情

2019 年 5 月 22 日，某宾馆取得工商营业执照，登记的经营场所位于某某国际花园小区，地址为某某路 197 号 2 室，经营范围为住宿服务。某宾馆选址所在位置的某某国际花园小区业主曾就反对在全封闭小区内开设宾馆进行数百人的联名签字。2019 年 8 月 30 日，某宾馆向某市公安局申领旅馆业特种行业许可证，并提交了申请登记表、《工商营业执照》复印件、房屋权属证复印件、负责人身份证复印件及无从业限制情形的保证书、经营场所（含库房）地理位置和内部结构平面示意图。同日，某市公安局受理后经审查认为，某宾馆申请的许可事项涉及小区居民重大利益，应当举行听证，于 2019 年 9 月 1 日，在某某国际花园小区内张贴了行政许可听证告知书。张贴告知书后，尤某、方某、刘某磊、翁某明、杨某、张某孝等九十多人申请参加听证。2019 年 9 月 20 日，某市公安局对某宾馆进行现场勘查，检查情况为：某宾馆位于某某国际花园小区内，没有单独围墙，与居民小区共用出入口。某某国际花园小区属于封闭式小区，小区内有三个出入口，分别位于小区东侧、北侧、南侧，门口有物业管理，小区四周有围墙。某宾馆位于小区东门内侧，坐西朝东，东面为一个开放式的露天广场。2019 年 9 月 27 日，某市公安局通知某宾馆延长审查期限十日。2019 年 10 月 10 日，某市公安局发出听证公告，告知听证事项、时间、地点、听证成员及参与听证的权利义务，另就人数较多的，说明应当推选 3~5 名代表参加听证会。2019 年 10 月 22 日，某市公安局公开举行听证，行政许可事项审查人，行政许可事项申请人，有利害关系的业主代表尤某、方某、刘某磊、翁某明、杨某以及证人到会。业主代表一致反对在某某国际花园小区内开设旅馆。2019 年 10 月 24 日，某市公安局就某宾馆特种行业行政许可召开专家论证会，四位专家一致认为应当作出不予许可决定。2019 年 10 月 30 日，某市公安局作出《不予行政许可决定书》，对某宾馆的特种行业（旅馆业）行政许可申请决定不予行政许可；并于 2019 年 11 月 1 日向某宾馆送达该决定书。某宾馆不服，提起

---

① 江苏省苏州市中级人民法院（2020）苏 05 行终 150 号行政判决书。

诉讼。

四、案件核心

1. 原告某市某镇某宾馆提交的特种行业（旅馆业）许可申请及相关证明材料是否全面准确？

2. 本案某市公安局不予颁发特种行业许可证的行政行为是否证据确凿、适用法律是否正确？

五、裁判过程与结果

上诉人某宾馆因行政许可一案，不服某某省某某市人民法院（2019）苏0582行初283号行政判决，向本院提起上诉。本院于2020年3月20日立案后，依法组成合议庭审理本案，现已审理终结。

原审法院认为，某市公安局对其辖区范围内旅馆业有作出是否准予行政许可的法定职责。本案中，因某宾馆位于某某国际花园小区内部，无单独围墙，并与小区居民共用出入口及其他公用设施，某市公安局据此认为涉案许可事项直接关系小区居民重大利益，因而告知小区居民有要求听证的权利，符合法律规定；某某国际花园小区申请听证的居民代表在听证过程中反对在居民区内开设宾馆，某市公安局以某宾馆的开设未取得小区居民一致同意为由作出不予行政许可的决定，并无不当；作出的不予行政许可程序合法。据此，依照《中华人民共和国行政诉讼法》第六十九条的规定，判决驳回某宾馆的诉讼请求。

某宾馆上诉称，第一，《江苏省特种行业治安管理条例》第七条已对开办旅馆业治安安全条件进行了严格规定，而本案中被上诉人也确认上诉人提交的许可申请材料齐全，符合法定形式。因此，上诉人在小区内部开办宾馆就治安安全上符合准许特种行业许可的要求，即本案中小区业主的人身健康、生命财产安全并不会因为某宾馆的设立受到重大影响。至于原审第三人所述的其生活质量、房屋价格及相关业主与小区开发商的矛盾并不属于被上诉人审查许可事项的范围，且原审第三人也从未对其生活质量、房屋价格等权益的减损进行举证。即使存在相关情况，也与行政许可不存在直接的、法律上的因果关系。被上诉人及原审法院仅以宾馆位于小区内部，无单独围墙，并与小区居民共用出入口为由，认为涉案许可事项直接关系小区居民重大利益，认定事实不清。第二，不管是《江苏省特种行业治安管理条例》还是《旅馆业治安管理办法》均系实施上位法设定的行政许可作出的具体规定。上述规定只要求同一建筑内的情况下需相关业主及居民的同意。现被上诉人要求某宾馆的开设需取得小区居民一致同意，是对法规的不合理扩大解释，实际上是增设了特种行业行政许可的条件，扩大了审查范围，不符合依法行政的要求。第三，涉案小区共计 1500 余户，要求业主全部同意，显然不合理。在上诉人申领消防许可证、营业执照期间，部分业主已经闹得不可开交，但相关证照各职能部门依然依法核发，作为上诉人基于对行政机关依法行政的信赖，已投入了数百万元的资金用于宾馆的装修装饰，被上诉人的行政行为明显侵犯了上诉人对行政机关的信赖利益，给上诉人造成了巨大的经济损失，明显不具有合理性。第四，原审法院未能依照《江苏省特种行业治安管理条例》作出相应判断，而是无限扩大了利害关系人的范围。综上，请求撤销原审判决，发回重审或者依法改判撤销某某市公安局所作《不予行政许可决定书》，责令重新作出具体行政行为。

被上诉人某市公安局未提交答辩意见。

原审第三人尤某、方某、刘某磊、翁某明、杨某未陈述意见。

二审法院认为，本案中，上诉人某宾馆经营地址位于封闭式管理小区的内部，需要与小区居民共用同一院落、进出通道及其他公共设施。而旅馆经营系特种行业，需要采取特定治安管理措施进行规制，上诉人的经营对小区整体治安具有影响。因此，被上诉人某市公安局依照《中华人民共和国行政许可法》第三十六条、第四十七条之规定，在法定期限内举行听证，在参加听证的小区居民代表一致反对该许可事项的基础上，作出不予行政许可决定，适用法律正确，程序合法。

综上，某宾馆的上诉请求及理由不能成立，本院不予支持。原审判决认定事实清楚，适用法律正确，审判程序合法，依法应予维持。据此，依照《中华人民共和国行政诉讼法》第八十九条第一款第一项之规定，判决如下：驳回上诉，维持原判。

六、类案比较

（一）案件来源

张某凯、吴某根等诉某某市公安局、某某市人民政府行政复议案①

（二）主要案情

某某市公安局于 2014 年 12 月 3 日作出《特种行业许可证》，该许可证上载明：企业名称为某某市某某区某某宾馆，法人代表夏某峰，经营地址某某花园 2 栋 101、201、401 室等内容。夏某峰申请上述特种行业行政许可时，向某某市公安局提交了申请报告、消防安全合格证、名称预先核准通知书等申报材料。某某市公安局依据行政许可审批条件及流程，在履行法定审查程序基础上作出特种行业许可。在特种

---

① 安徽省马鞍山市中级人民法院（2017）皖 05 行终 119 号行政裁定书。

行业行政许可审批过程中，原告等人以某某花园小区业主的身份，要求作为利害关系人对涉案行政许可事项进行听证，某某市公安局以张某凯等人与案涉行政许可事项无重大利益关系，未获准许。张某凯等人认为该行政许可行为严重违法，向某某市人民政府申请行政复议，某某市人民政府于 2015 年 3 月 19 日作出马复决（2015）13 号行政复议决定，维持某某市公安局作出的马公特旅字第 686 号特种行业许可。

另查明，某某花园 2 栋 301 号房屋非该小区物业管理用房。

（三）案件核心

公安机关核发特种行业许可证，仅仅是对申办旅馆的治安条件进行安全审核，只要申请符合法定条件，许可机关就应当作出准予行政许可决定。

（四）裁判过程与结果

一审法院认为，当事人提起行政诉讼，应当具备原告主体资格，符合法定起诉条件。《中华人民共和国行政诉讼法》第二十五条第一款规定，行政行为的相对人以及其他与行政行为有利害关系的公民、法人或者其他组织，有权提起诉讼。业主将住宅改变为经营性用房，本栋建筑物内的其他业主，应当认定为“有利害关系的业主”。建筑区划内，本栋建筑物之外的业主，主张与自己有利害关系的，应证明其房屋价值、生活质量受到或者可能受到不利影响。可见，认定“有利害关系的业主”前提是住宅改变为经营性用房。本案中，某某市公安局准予夏某峰开办宾馆的经营地址某某花园 2 栋 101、201、401 号房屋的本身即商业用房，某某花园 2 栋 301 号房屋也非该小区物业管理用房。且根据《旅馆业治安管理办法》第三条和《安徽省旅馆业治安管理实施细则》第三条之规定，开办旅馆，其经营地址、消防设备、出入口和通道等须符合法定安全条件。也就是说，公安机关核发特种行业许可证，仅仅是对申办旅馆的治安条件进行安全审核，只要申请符合法定条件，许可机关就应当作出准予行政许可决定。张某凯、吴某根、王某良、王某华认为夏某峰自从筹备开办宾馆以来，未经业主同意实施了未经规划设计部门批准的非法改造，私自在规划小区内增设水泵房等一系列违法行为及其旅馆经营中也必将堵塞整个小区污水的排放，造成小区内部污水横流，但上述情形非某某市公安局行政许可审查范围。若张某凯、吴某根、王某良、王某华所称属实，相关权利人可以通过民事诉讼等其他法律途径解决争议。张某凯、吴某根、王某良、王某华对某某市公安局作出的某某市某某区某某宾馆特种行业许可提起的诉讼，其实质上是基于民事法律关系产生的影响，不属于行政法上的利害关系。因此，张某凯、吴某根、王某良、王某华提起诉讼不符合上述法律规定，不具备诉讼主体资格，应当裁定驳回其起诉。综上，一审法院依照《中华人民共和国行政诉讼法》第二十五条第一款、第四十九条第一项，《最高人民法院关于适用〈中华人民共和国行政诉讼法〉若干问题的解释》第三条第一款第一项之规定，裁定驳回张某凯、吴某根、王某良、王某华的起诉。

张某凯、吴某根、王某良上诉称：1. 一审法院以上诉人不符合主体资格为由裁定驳回起诉，属对“利害关系人”的片面理解，小区构成独立物业管理区域，所有业主共享小区的道路、大门、共有设施等，业主均为利害关系人，当然包括上诉人，被诉行政行为对业主权利义务产生影响，侵犯全体业主的权益，上诉人应具备原告主体资格；被诉行政行为侵害了上诉人的相邻权，上诉人有权提起诉讼；2. 被上诉人作出《特种行业许可证》时在实体和程序上存在违法性，没有顾及小区业主的权益，不符合法定条件，因此请求二审法院撤销一审裁定，发回重新审理。

某某市公安局答辩称，某某宾馆特种行业许可证颁发的过程事实清楚，适用法律正确，程序合法；上诉人不具有行政法上的利害关系，主体不适格。综上，请求二审法院驳回上诉，维持原裁定。

某某市人民政府答辩称，某某市公安局作出涉案特种行业行政许可认定事实清楚，证据充分，适用法律正确，程序合法。被上诉人某某市人民政府作出行政复议程序合法。请求二审依法应予维持。

夏某峰答辩称，行政许可程序合法，请求二审人民法院驳回上诉，维持原判。

另查明，一审原告王某华于 2017 年 2 月 9 日因病去世，已注销户口。其子王某稳表示放弃继承诉讼权利。

二审法院认为，根据《中华人民共和国行政诉讼法》第二十五条第一款规定，行政行为的相对人以及其他与行政行为有利害关系的公民、法人或者其他组织，有权提起诉讼。业主将住宅改变为经营性用房，本栋建筑物内的其他业主，应当认定为“有利害关系的业主”。建筑区划内，本栋建筑物之外的业主，主张与自己有利害关系的，应证明其房屋价值、生活质量受到或者可能受到不利影响。原告是否与被诉行政行为具有利害关系，应以行政主体作出的行政行为是否对原告的权利义务产生影响，即原告权益的减损与被诉行政行为之间是否具有因果关系为标准。

本案中，被上诉人某某市公安局作出的特种行业行政许可行为的相对人为一审第三人夏某峰，行政许可中载明地址为某某花园 2 栋 101、201、401 室，并未涉及 301 室，且 301 室已经人民法院生效判决认定该房屋非该小区物业管理用房。经查，上诉人张某凯、吴某根、王某良既非某某花园 2 栋的其他业主，也未提交证据证明其房屋价值、生活质量因案涉行政许可受到或可能受到不利影响，其主张因与案涉建筑处同一小区造成其业主权益的损害，与被诉行政许可行为并不存在直接的、法律上的因果关系。上诉人关于被诉行政许可行为侵犯其相邻权，故其具有利害关系的上诉理由，因相邻权是指不动产的所有权人或者使用权人在行使所有权或使用权时，对相毗邻的他人的不动产享有的一定范围内的支配权，本案并不适用。上诉人与案涉行政许可行为并无利害关系，一审裁定驳回起诉正确。上诉人对案涉行政许可不服，向某某市人民政府申请行政复议，某某市人民政府作出《行政复议决定书》对该特种行业许可予以维持，因人民法院对该行政复议决定的审查须以上诉人对该行政许可行为的起诉符合法定条件为前提，故一审法院对该行政复议决定的起诉一并予以驳回，并无不当。综上，一审法院认定事实清楚，适用法律正确。上诉人的上诉请求不能成立，本院不予支持。依照《中华人民共和国行政诉讼法》第八十九条第一款第一项的规定，裁定如下：

驳回上诉，维持原裁定。

七、理论探讨与执法指引

公安机关主管本行政区域内的特种行业治安管理工作，从事旅馆业、典当业、公章刻制业的经营必须符合行政许可法。近年来，旅馆行业的发展亦呈现行业数量多、从业人员多、治安问题多等现象。旅馆行业在经营过程中容易发生治安灾害事故，常被违法犯罪分子选定为侵害目标和利用对象，影响社会治安秩序，故公安机关长期实行严格和特殊管理。就目前治安形势下，旅馆行业通过治安行政立法不断加以规范，使之逐步成为公安机关“打、防、管、控”的一个重要阵地。

旅馆行业“放管服”改革是当前公安行政体制改革的重要内容，也是建设法治公安的重要体现。[①] 旅馆行业的审批许可要以公民本位视角协助政府进行职能转变、审慎配置权力、优化政府机构设置和职能配置，进而促进我国治理体系及治理能力现代化。公安机关在按照行政许可法执法的同时也要合理运用听证制度。旅馆审批规划听证制度作为一项通过调动公众参与来实现对旅馆行业规划科学性、可操作性有效控制的法律制度，在管理实践中具有重要的作用。在进行旅馆行业规划决策时，公安机关就要综合考虑各方的利益和诉求，引入行政许可听证制度，可以给行政相对人参与许可决策的机会，保证许可客观、公平、公正，最终有利于平衡各方利益，保证城市的健康发展。

---

① 于馨洁：《新时代背景下“放管服”改革下的行政许可制度探析》，载《经济师》2021 年第 12 期。

第八章　警察刑事立案与侦查

第一节　刑事立案的标准及程序

一、基础知识

刑事诉讼中的立案主要是指公安机关对于报案、控告、举报、自首等情形，按照职能管辖范围进行审查后，认为有犯罪事实发生并需要追究刑事责任时，决定将其作为刑事案件进行侦查的一种诉讼活动。[①] 立案是我国刑事诉讼的一个入口程序，是独立的、必经的诉讼阶段，是涉案公民进入刑事诉讼程序成为犯罪嫌疑人，侦查机关正式开始侦查行为的程序前提和依据。

刑事案件的立案追诉标准是指公安机关、人民检察院发现犯罪事实或者犯罪嫌疑人，或者公安机关、人民检察院、人民法院对于报案、控告、举报和自首的材料，以及自诉人起诉的材料，按照各自的管辖范围进行审查后，决定是否作为刑事案件进行侦查、起诉或者审判所依赖的标准。在司法实务中，因为各司法机关在刑事诉讼活动不同阶段的职能分工不同，公安机关负责立案、侦查阶段，检察和审判机关负责审查起诉和审判阶段，所以刑事案件立案追诉标准在实务中因界定标准不同分别产生“立案标准”与“追诉标准”，在公安机关称为“立案标准”，在检察机关、人民法院称为“追诉标准”。

刑事立案追诉标准规定了刑法分则中某种行为构成犯罪的社会危害程度要求，直接决定能否启动立案刑事诉讼程序。同一类型行为，在其社会危害程度轻微时，是行政违法行为，在其社会危害程度较重时转化为刑事违法行为。刑法对犯罪行为的社会危害程度一般仅作量上的宣示性要求，这种概括性或列举式的要求，对社会危害行为的严重程度判断提出了难题。为此，需要制定和适用明确的刑事案件立案标准，以防止侦查主体随意启动刑事立案程序，并为检察机关的侦查监督提供明确依据。

---

① 陈光中主编：《刑事诉讼法学》，北京大学出版社、高等教育出版社 2013 年版，第 267 页。

在我国，刑事立案追诉标准一般由最高人民检察院与公安部联合制定，其效力及于刑事追诉全过程。检察机关立足在刑事诉讼中的主导责任，准确适用刑事立案追诉标准，有利于释放引导侦查的监督效能，体现刑法的谦抑性原则，使刑事立案追诉标准的制定与适用更具科学性。①

《中华人民共和国刑事诉讼法》第十九条规定，刑事案件的侦查由公安机关进行，法律另有规定的除外。人民检察院在对诉讼活动实行法律监督中发现的司法工作人员利用职权实施的非法拘禁、刑讯逼供、非法搜查等侵犯公民权利、损害司法公正的犯罪，可以由人民检察院立案侦查。对于公安机关管辖的国家机关工作人员利用职权实施的重大犯罪案件，需要由人民检察院直接受理的时候，经省级以上人民检察院决定，可以由人民检察院立案侦查。自诉案件，由人民法院直接受理。第二十五条规定，刑事案件由犯罪地的人民法院管辖。如果由被告人居住地的人民法院审判更为适宜的，可以由被告人居住地的人民法院管辖。

《最高人民检察院、公安部关于刑事立案监督有关问题的规定（试行）》② 第二条规定，刑事立案监督应当坚持监督与配合相统一，人民检察院法律监督与公安机关内部监督相结合，办案数量、质量、效率、效果相统一和有错必纠的原则。第三条规定，公安机关对于接受的案件或者发现的犯罪线索，应当及时进行审查，依照法律和有关规定作出立案或者不予立案的决定。公安机关与人民检察院应当建立刑事案件信息通报制度，定期相互通报刑事发案、报案、立案、破案和刑事立案监督、侦查活动监督、批捕、起诉等情况，重大案件随时通报。有条件的地方，应当建立刑事案件信息共享平台。

《行政执法机关移送涉嫌犯罪案件的规定》③ 第三条规定，行政执法机关在依法查处违法行为过程中，发现违法事实涉及的金额、违法事实的情节、违法事实造成的后果等，根据刑法关于破坏社会主义市场经济秩序罪、妨害社会管理秩序罪等罪的规定和最高人民法院、最高人民检察院关于破坏社会主义市场经济秩序罪、妨害社会管理秩序罪等罪的司法解释以及最高人民检察院、公安部关于经济犯罪案件

---

① 薛万庆：《立足主导责任促进准确适用立案追诉标准》，载最高人民检察院网站，https：//www. spp. gov. cn//llyj/202209/t20220930_ 579698. shtml，最后访问时间：2023 年 1 月 27 日。

② 《最高人民检察院、公安部关于刑事立案监督有关问题的规定（试行）》，载公安部网站，https：//app. mps. gov. cn/gdnps/pc/content. jsp？ id=7430528，最后访问时间：2022 年 3 月 26 日。

③ 《行政执法机关移送涉嫌犯罪案件的规定》，载公安部网站，https：//www. mps. gov. cn/n6557558/c7304728/content. html，最后访问时间：2022 年 3 月 26 日。

的追诉标准等规定，涉嫌构成犯罪，依法需要追究刑事责任的，必须依照本规定向公安机关移送。知识产权领域的违法案件，行政执法机关根据调查收集的证据和查明的案件事实，认为存在犯罪的合理嫌疑，需要公安机关采取措施进一步获取证据以判断是否达到刑事案件立案追诉标准的，应当向公安机关移送。

二、案件来源

周某湖自诉荣某侵占案①

三、主要案情

2020 年 11 月 11 日，本院收到周某湖自诉被告人荣某犯侵占罪的刑事自诉状，要求以侵占罪追究被告人荣某的刑事责任，并判决被告人返还侵占的湘 A6××××牌某某 X3 轿车及随车财物，赔偿自 2019 年 5 月 23 日至该车实际返还时止的占用损失。

自诉人周某湖诉称：自诉人周某湖与被告人荣某均曾就职于某某有限公司（以下简称某某公司），系同事关系。2019 年 5 月 23 日晚上 10 点左右，被告人主动邀请自诉人到长沙市岳麓区××附近的夜宵店吃龙虾，自诉人驾驶了其子朱某靖所有的某某牌 X3 小汽车（车牌号：湘 A6××××）前往赴约。夜宵期间双方闲谈了某某公司之前的一些事情以及公司破产重整的有关情况。在临近 12 点的时候，被告人借口去工作的地方拿点东西，提出借用自诉人开来的某某牌 X3 小汽车用一下，很快就回来。自诉人基于多年同事关系对被告人充分信任，随即将车钥匙交付被告人，后自诉人在夜宵店附近等候被告人荣某归还车辆，其间自诉人多次给被告人荣某打电话、发微信，但被告人荣某既不接电话也不回消息。5 月 24 日凌晨 2 点，荣某回微信谎称“酒驾被抓要拘留，过几天联系”。此后自诉人多次联系被告人返还车辆，被告人均未回复。5 月 25 日上午 9 点，被告人荣某微信回复自诉人称：“车已被送去抵押公司，抵押了 15 万元。”自诉人随即回复被告人，要求其在当日下午 3 点前完好无损地归还车辆，并赔礼道歉。然而被告人置若罔闻，私自侵占自诉人车辆及随车财物至今〔车辆购置价 498000 元，随车有现金 5000 元、香烟 2 条（价值 2000 元）、酒 2 瓶（价值 3000 元），以及个人生活用品、衣物、公司银行印鉴、保险柜钥匙等物〕，严重侵犯了自诉人的财产权利。自诉人与被告人间并无经济往来及债务纠纷，被告人以借车为名非法占有他人财物拒不退还，违反了刑法第二百七十条的规定。为维护自诉人的合法权益，特依法提起诉讼，请给予公正裁决，判

① 湖南省长沙市岳麓区人民法院（2020）湘 0104 刑初 1101 号刑事裁定书。

如诉请。

四、案件核心

现有证据不能证明行为构成犯罪的不予立案。

五、裁判过程与结果

（一）一审裁判过程与结果

根据《中华人民共和国刑法》第二百七十条的规定，侵占罪是指将代为保管的他人财物或者将他人的遗忘物、埋藏物非法占为已有，数额较大，拒不退还或交出的行为。本案中，根据自诉人所述，被告人系以借车为名，用虚构事实骗取车辆，故自诉人与被告人并未形成保管法律关系，本案亦不属于将遗忘物、埋藏物非法占为已有的情形。自诉人的起诉不符合侵占罪的构成要件，不属人民法院自诉案件的受理范围。本院向自诉人释明了相关法律规定，但自诉人仍坚持起诉。为此，本院依照《中华人民共和国刑事诉讼法》第二百一十条，《最高人民法院关于适用〈中华人民共和国刑事诉讼法〉的解释》① 第二百五十九条、第二百六十三条之规定，裁定如下：

对自诉人周某湖的起诉，本院不予受理。

（二）二审裁判过程与结果

《最高人民法院关于适用〈中华人民共和国刑事诉讼法〉的解释》第三百一十六条第四项规定，人民法院受理自诉案件必须有明确的被告人、具体的诉讼请求和证明被告人犯罪事实的证据。该司法解释第三百二十条第二款第二项规定，缺乏罪证的，应当说服自诉人撤回起诉；自诉人不撤回起诉的，裁定不予受理。本案中，上诉人指控荣某触犯了《中华人民共和国刑法》第二百七十条，构成侵占罪，该条规定：将代为保管的他人财物非法占为已有，数额较大，拒不退还的，处二年以下有期徒刑、拘役或者罚金；数额巨大或者有其他严重情节的，处二年以上五年以下有期徒刑，并处罚金。根据上诉人提交的现有证据材料，荣某以借车之名，用虚构的事实骗取上诉人所开车辆，之后将车辆抵押换取钱款以抵偿上诉人担任法定代表人的某公司所欠荣某的工资。因此，荣某的行为不属于将代为保管的他人财物非法占为已有的情形。公安机关亦认为现有证据不能证明荣某的行为构成犯罪，并作出

① 《最高人民法院关于适用〈中华人民共和国刑事诉讼法〉的解释》，载国家法律法规数据库，https：//flk. npc. gov. cn/detail2. html？NDAyODgxZTQ2MDAwZTI3OTAxNjAwMWE1MzE2NzA4NjI%3D，最后访问时间：2022 年 3 月 27 日。

了不予立案的决定，经过公安机关的复议、复核以及检察机关的立案监督，均认为不符合公安机关刑事立案的条件。原审法院以本案缺乏罪证裁定对上诉人的自诉不予受理并无不当。如上诉人的民事权益受到侵害，可依法寻求民事诉讼途径解决。

综上所述，上诉人的上诉理由不成立，应不予采纳；原裁定认定事实清楚，适用法律正确，应予维持。据此，依照《中华人民共和国刑事诉讼法》第二百三十六条第一款第一项、第二百四十条之规定，裁定如下：驳回上诉，维持原裁定。

六、类案比较

类案一

（一）案件来源

朱某金故意毁坏财物罪①

（二）主要案情

上诉人朱某某因指控朱某金犯故意毁坏财物罪一案，不服某省某市某区人民法院（2021）湘 0503 刑初 84 号刑事裁定，向本院提起上诉。

朱某某上诉称，原审裁定系认定事实不清，适用法律错误，理由如下：一、上诉人提交的向某区公安分局邮寄《刑事立案申请书》的证据，足以证明公安机关没有对朱某金故意毁坏财物罪进行刑事立案，放弃了对朱某金的刑事责任追究。二、上诉人向原审法院提起刑事自诉，同时提交了与朱某金的通话录音，证明朱某金在录音中承认带人拆除上诉人房屋的事实，上诉人的起诉符合刑事自诉案件受理条件。为此，上诉人上诉请求：依法撤销原审法院作出的（2021）湘 0503 刑初 84 号刑事裁定，依法追究朱某金故意毁坏财物的刑事责任，并判决朱某金赔偿因故意毁坏财物给上诉人造成的损失 50 万元。

（三）案件核心

指控故意损毁财物的犯罪行为应提供证据，否则不予立案。

（四）裁判过程与结果

本院经审查认为，上诉人朱某某指控朱某金故意毁坏其财物数额巨大，构成故意毁坏财物罪，则应向人民法院提供证据证明存在朱某金故意损毁其财物的犯罪行为且公安机关或人民检察院不予追究刑事责任的事实。从本案的证据看，上诉人虽提交了快递单及快递查询记录，证明其向某市公安局某区公安分局邮寄过立案申请书，但并不能够说明公安机关或人民检察院不予追究被告人刑事责任，且上诉人提

① 湖南省邵阳市中级人民法院（2021）湘 05 刑终 247 号刑事裁定书。

交的其他证据也不足以证明朱某金故意损毁上诉人财物并致上诉人财物遭受数额巨大损失的事实。上诉人向原审法院提起的自诉不符合《中华人民共和国刑事诉讼法》第二百一十条第三项“自诉案件包括下列案件：（三）被害人有证据证明对被告人侵犯自己人身、财产权利的行为应当依法追究刑事责任，而公安机关或者人民检察院不予追究被告人刑事责任的案件”的规定，原审法院对其起诉不予受理并无不当。综上，上诉人朱某某的上诉理由不能成立，本院对其上诉请求不予支持。

依照《中华人民共和国刑事诉讼法》第二百三十六条第一款第一项、第二百四十条之规定，裁定如下：驳回上诉，维持原裁定。

类案二

（一）案件来源

姚某某诉某某市公安局某某分局行政赔偿案①

（二）主要案情

2020 年 4 月 30 日原告姚某某报案称被盗窃，某某市公安局某某分局某某派出所于当日对原告姚某某报警事项受理为行政案件，并于 2020 年 4 月 30 日向原告出具受案回执。2020 年 5 月 29 日某某市公安局某某分局某某派出所认为该案属于本单位管辖刑事案件，遂将姚某某被盗窃案立案侦查。在诉讼中，经查询该案的状态显示“已立案”。另查原告持有残疾人证，残疾等级为一级。

（三）案件核心

公安机关给当事人出具的刑事立案决定书和受案回执，均能证明该案已经刑事立案，故并不存在不予刑事立案的情形。

（四）裁判过程与结果

本院认为，公民、法人或其他组织向人民法院提起行政诉讼，应当符合法定起诉条件。起诉不符合法定条件，已经立案的，裁定驳回起诉。原告称被告因原告为残疾人，对原告 2020 年 4 月 30 日所报姚某某被盗窃案不予刑事立案，系歧视残疾人。但无论是被告出具的刑事立案决定书还是通过被告给原告出具的受案回执进行查询，均能显示该案已经刑事立案，故并不存在因为原告为残疾人对其歧视不予刑事立案的情形，同时原告主张的事项，亦不属于行政赔偿范围，故本院裁定驳回原告的起诉。

七、理论探讨与执法指引

刑事立案制度是我国刑事司法制度的有机组成部分，必然要统筹于司法体制综

---

① 北京市西城区人民法院（2020）京 0102 行赔初 13 号赔偿裁定书。

合配套机制改革的顶层设计之中。一方面，刑事立案去行政化，可以减少行政审批环节，让办案者决定，提高刑事立案效率。另一方面，刑事立案去地方化，让刑事立案工作人员独立负责，可以防止地方对刑事立案的干扰，让刑事立案决定的公信力更强。同时，刑事立案制度的完善，还可以反向影响司法体制综合配置机制改革，为其他刑事司法环节的体制改革提供有益经验。

首先，应当遵照我国刑事诉讼法的基本原理，重新解读“分工负责、相互配合、相互制约”原则，即在“分工”的前提下，强调刑事立案制度“制约”权力的实质性作用，将“配合”局限在技术范畴之中。其次，注重惩罚犯罪与保障权利之动态平衡。国家专门机关在刑事立案立法和实践中应当综合考虑国家利益、个人利益，作出有利于维护现有司法体制秩序的选择。再次，确保刑事立案中程序公正和实体公正并重，不能有主次和轻重之分。刑事立案不仅是实现实体法的工具，还具有独立的程序价值。最后，坚持人民检察院法律监督原则，强化检察机关对刑事立案过程和结果的全面监督，及时纠正国家专门机关的违法立案和适用法律错误等问题，确保案件得到公正处理。①

刑事立案追诉标准的调整，实质上是对入罪门槛的重置；刑事立案追诉标准的适用过程，实质上是对行为人违法行为罪与非罪的评价与判断，对刑事诉讼整体流程运转和办案质量有着至关重要的影响。检察机关应当充分认识到在刑事诉讼中所肩负的主导责任对刑事立案追诉标准适用的重要意义。具体而言，在刑事立案追诉标准的适用中注意把握好以下几个问题:②

避免机械适用刑事立案追诉标准。刑事立案追诉标准对刑法分则条文中“数额较大”和“情节严重”等情形进行了细化规定和列举，但司法实务中刑事案件千差万别、复杂多样，刑事立案追诉标准不可能穷尽一切情形。因此，在刑事立案追诉标准条文中不得不使用“其他后果严重或者有其他严重情形”这样的兜底条款，以保持追诉标准的包容性。受主客观证据状况、办案人自身阅历、法律和追诉标准精确性不足等因素影响，罪与非罪的边界并非一目了然，而行为社会危害程度的评价是一种综合性评价，必须结合行为的性质、对象、手段、后果，行为人的动机、目的、主观恶性和人身危险性以及国家刑事司法政策等进行综合判断：对于社会危害性严重的情形，即使刑事立案追诉标准没有明确列举，也要考虑刑事立案、追诉的必要性，审慎从司法解释和刑事立案追诉标准的兜底条款中寻找法律依据；对于符合刑事立案追诉标准的案件，若犯罪嫌疑

---

① 朱良：《我国刑事立案制度的发展轨迹与未来展望》，载《河北法学》2021 年第 12 期。

② 薛万庆：《立足主导责任促进准确适用立案追诉标准》，载最高人民检察院网站，https：//www. spp. gov. cn//llyj/202209/t20220930_ 579698. shtml，最后访问时间：2023 年 1 月 27 日。

人具有从轻处罚或减轻处罚的情形，则要贯彻落实认罪认罚从宽制度和宽严相济刑事政策，可诉可不诉的作不诉处理，避免刑事处罚过分扩张。

把握好行政处罚与刑事处罚的界限。刑事立案追诉标准的一个重要作用是界定了违法行为应当受到行政处罚或刑事处罚的界限，但这一界限并非泾渭分明。如在经济犯罪方面，常出现“以罚代刑”的情况，检察机关在办案过程中要注意对经济领域违法行为的刑事处罚可能性进行研判，引导侦查机关积极取证。同时，要护航民营企业的健康持续发展，避免对民营企业经济犯罪“一诉了之”“一判了之”，应在法律框架内积极运用不批准逮捕、不起诉的处置手段，形成行政处罚和刑事处罚的紧密衔接，以实现政治效果、社会效果、法律效果的有机统一。

妥善处理法定刑升格标准。以2022年4月修订的《最高人民检察院、公安部关于公安机关管辖的刑事案件立案追诉标准的规定（二）》为例，经此次修改后，部分案件立案追诉标准有较大幅度的提高，相应罪行的法定刑升格标准也应调整。有部分罪名的法定刑已为现有司法解释所调整，如关于非法吸收公众存款罪和集资诈骗罪，最高人民法院已于2021年12月对原有的《关于审理非法集资刑事案件具体应用法律若干问题的解释》进行了修改，调整法定刑升格数额标准。但也有部分罪名，如欺诈发行证券罪、违法发放贷款罪、贷款诈骗罪，刑法分则规定了两个以上法定刑档次，对于如何认定分则条文规定的“数额巨大”“数额特别巨大”“特别重大损失”“其他特别严重情节”等，可以参考新旧刑事立案追诉标准调整的倍数、现有相近似罪名的司法解释，以实现罪名之间与法定刑升格量刑之间的均衡。

第二节 非法搜查构成犯罪需承担刑事责任

一、基础知识

刑事搜查作为侦查机关收集证据、查获犯罪嫌疑人的重要侦查手段，与公民人身、财产、隐私等权益密切相关。我国现行刑事程序法律没有刑事强制处分的规范概念，对刑事强制处分行为涵摄的内容分置于刑事强制措施与刑事侦查行为中。刑事诉讼法立法篇章体例未将搜查与逮捕等强制措施并列规定于总则中，而是与询问证人、勘验检查等侦查行为并列规定于侦查一章，可见我国将搜查定性为一种刑事侦查手段而非刑事强制措施。就刑事强制处分的内涵与外延而言，我国刑事诉讼法规定的五种刑事强制措施及目前属于侦查手段的搜查、扣押、冻结等诉讼行为都应当归属于刑事强制处分范畴。①

《中华人民共和国刑事诉讼法》第一百三十六条规定，为了收集犯罪证据、查获犯罪人，侦查人员可以对犯罪嫌疑人以及可能隐藏罪犯或者犯罪证据的人的身体、物品、住处和其他有关的地方进行搜查。第一百三十七条规定，任何单位和个人，有义务按照人民检察院和公安机关的要求，交出可以证明犯罪嫌疑人有罪或者无罪的物证、书证、视听资料等证据。第一百三十八条规定，进行搜查，必须向被搜查人出示搜查证。在执行逮捕、拘留的时候，遇有紧急情况，不另用搜查证也可以进行搜查。第一百三十九条规定，在搜查的时候，应当有被搜查人或者他的家属，邻居或者其他见证人在场。搜查妇女的身体，应当由女工作人员进行。第一百四十条规定，搜查的情况应当写成笔录，由侦查人员和被搜查人或者他的家属，邻居或者其他见证人签名或者盖章。如果被搜查人或者他的家属在逃或者拒绝签名、盖章，应当在笔录上注明。

《中华人民共和国刑法》第二百四十五条规定，非法搜查他人身体、住宅，或者非法侵入他人住宅的，处三年以下有期徒刑或者拘役。司法工作人员滥用职权，犯前款罪的，从重处罚。

《中华人民共和国人民武装警察法》第二十一条规定，人民武装警察部队协助公安机关、国家安全机关和监狱等执行逮捕、追捕任务，根据所协助机关的决定，协助搜查犯罪嫌疑人、被告人、罪犯的人身和住所以及涉嫌藏匿犯罪嫌疑人、被告人、罪犯或者违法物品的场所、交通工具等。

《中华人民共和国国际刑事司法协助法》第二十五条规定，办案机关需要外国就下列事项协助调查取证的，应当制作刑事司法协助请求书并附相关材料，经所属主管机关审核同意后，由对外联系机关及时向外国提出请求：(1) 查找、辨认有关人员；(2) 查询、核实涉案财物、金融账户信息；(3) 获取并提供有关人员的证言或者陈述；(4) 获取并提供有关文件、记录、电子数据和物品；(5) 获取并提供鉴定意见；(6) 勘验或者检查场所、物品、人身、尸体；(7) 搜查人身、物品、住所和其他有关场所；(8) 其他事项。请求外国协助调查取证时，办案机关可以同时请求在执行请求时派员到场。

《中华人民共和国民法典》第一千零一十一条规定，以非法拘禁等方式剥夺、限制他人的行动自由，或者非法搜查他人身体的，受害人有权依法请求行为人承担民事责任。

---

① 李雪、钱程：《程序正义视域下：我国刑事搜查制度的逻辑、困境与出路》，载《辽宁公安司法管理干部学院》2020 年第 5 期。

二、案件来源

孟甲、杨甲等非法搜查罪[①]

三、主要案情

某县公安局巡特警大队副大队长宫某听闻某县某庄某村道口一民宅内有卖淫嫖娼行为。2016 年 1 月 16 日 13 点多钟，宫某向该大队大队长陈某某请示后，安排该大队协警被告人孟甲、杨甲、李乙到该住宅侦查是否有卖淫嫖娼行为。当日 13 点多，被告人孟甲、杨甲、李乙着便装在未办理任何搜查手续的情况下，从被害人高某乙家住宅西侧的便门进入高某乙家院内，后进入高某乙家南房，此时高某乙的妻子王某及另外两名女子在南房屋内待着，三名被告人对各个房间进行了查看后，没有发现有卖淫嫖娼行为，准备从屋内离开时，遭到王某的阻拦。王某问三名被告人自称是公安局的是否有证件，双方发生争执，被害人高某乙听见南屋争吵后从北房屋内赶到南屋，也要求三名被告人出示证件。被告人孟甲向高某乙出示上岗证，高某乙不予认可，双方发生争执。被告人孟甲打了高某乙前胸一拳，高某乙怀疑三被告人不是公安局的，让其妻子报警，随后高某乙出屋从院内拿了一根木棍，先将门上的一块玻璃砸坏，后进入屋内与三被告人发生冲突，王某出屋打电话报警，卷帘门被人拉下。高某乙进屋后用木棍击打正在录像的杨甲，将杨甲手中录像的手机打掉，三名被告人抢夺高某乙手中的棍子并将高某乙按倒双方发生厮打，致被害人高某乙左侧鼻骨粉碎性骨折、鼻中隔骨折、L3 左侧横突骨折、左侧第 8—10 肋骨折曲、右眼球钝性挫伤、球结膜充血，损伤程度为轻伤二级。

2016 年 5 月 3 日，被告人孟甲、杨甲、李乙经某县人民检察院传唤后主动到案。

在本院审理过程中，三名被告人与被害人高某乙达成赔偿协议，取得被害人高某乙的谅解。

上述事实，有公诉机关提供并经当庭质证的下列证据予以证实，本院予以确认。

四、案件核心

公安机关人员进行搜查行为时需携带搜查证，辅警在未携带搜查证明的条件下闯入民宅并致使人员受伤，构成了非法搜查罪。

---

① 河北省文安县人民法院（2016）冀 1026 刑初 165 号刑事判决书。

五、裁判过程与结果

本院认为，被告人孟甲、杨甲、李乙非法搜查他人住宅，其行为已构成非法搜查罪。某县人民检察院指控的罪名成立。三被告人合伙作案，属共同犯罪。三被告人经某县人民检察院电话传唤主动到案，如实供述主要犯罪事实，系自首，且与被害人高某乙达成赔偿协议，取得被害人谅解，依法可免予刑事处罚。依照《中华人民共和国刑法》第二百四十五条、第二十五条第一款、第六十七条第一款之规定，判决如下：一、被告人孟甲犯非法搜查罪，免予刑事处罚。二、被告人杨甲犯非法搜查罪，免予刑事处罚。三、被告人李乙犯非法搜查罪，免予刑事处罚。

六、类案比较

类案一

（一）案件来源

车某某非法搜查罪[①]

（二）主要案情

公诉机关指控：1. 2009 年 12 月 4 日，被告人车某某在某某市公安局担任经侦大队大队长并组织侦办李某甲涉嫌买卖国家机关证件一案期间，采取撬门破锁方式，擅自闯入位于某某市某某路的李某乙（李某甲之女）家进行搜查。

2. 2000 年 10 月至 12 月，被告人车某某在某某市公安局任职期间，与某某市某某镇南大村原村干部金某甲签订了果园买卖合同和果园买卖合同补充协议（合同及协议面积均为 15 公顷）。自 2005 年 3 月起，公路建设部门为修建高速公路在某某镇组织勘测定界打桩。2005 年下半年，被告人车某某在明知拟修建的某路段高速公路占用果园周围林地，却为获得非法利益，向金某甲提出在果园周围种植林木，并于 2005 年 12 月 3 日与其签订果园买卖补充协议之二，私自将果园面积扩大为 42. 6 垧。自 2007 年年初起，公路建设部门组织开展补偿，车某某遂利用上述三份合同及补充协议，骗取补偿款项 102328. 8 元（其中林木补偿 53977 元，林地补偿 42032 元，山体滑坡损失补偿 6319. 8 元）。

公诉机关认为，被告人车某某身为公安民警，滥用职权非法搜查他人住宅，其行为构成非法搜查罪，以非法占有为目的，采取隐瞒真相的手段，骗取高速公路补偿资金，其行为构成诈骗罪。对被告人车某某应以非法搜查罪和诈骗罪予以定罪

---

① 吉林省汪清县人民法院（2014）汪刑初字第 33 号刑事判决书。

处罚。

被告人车某某辩称：去李某乙家抓捕李某甲，一是经主管局长批准，二是州公安技侦支队对李某甲手机进行技术定位，确定其在李某乙家，且在李某乙家楼下发现李某甲的车，所以才进入其女儿家抓捕李某甲，不应构成非法搜查罪；2000 年签订的两份合同中已经明确了该果园的四至范围，当时具体面积还没有确定，自己签订的补充协议二只是对当时没有确定的林地面积给予确定，即使该合同未经村民代表大会通过，也只是合同效力问题，是一个民事法律关系，不应以诈骗罪定罪。

被告人车某某的辩护人辩称：1.《渎职侵权犯罪案件立案标准》中关于非法搜查罪立案标准的规定第五条是针对司法工作人员犯非法搜查罪的标准，本案中李某甲之女李某乙的住宅与涉嫌犯罪有关，故公诉机关指控车某某犯非法搜查罪不符合立案标准，车某某不构成非法搜查罪；2. 车某某于 2000 年与南大村签订前两份合同时已经确定了果园面积及四至范围，也明确了四至范围里的其他林木及林地的实际数量及面积，以相关部门测量为准。2005 年 11 月，某某市林业部门对林地进行普查，确定了四至范围内的实际面积，所以被告人车某某又于 2005 年 12 月 3 日签订了补充协议二确定了面积。至于签订的合同及协议是否符合法律规定，是合同的效力问题，不是刑法调整范围，车某某不构成诈骗罪。

关于非法搜查部分，经审理查明：2009 年 11 月 30 日，某某市公安局决定对李某甲以涉嫌买卖国家机关证件罪立案，时任某某市公安局经侦大队大队长车某某决定对李某甲实施抓捕。12 月 4 日，其安排经侦大队队员孙某某、宿某甲、韩某某在延吉查找李某甲，后在李某甲女儿家楼下发现李某甲的车，车某某认定李某甲在李某乙家中，17 时许，在没有相关搜查手续，且没有见证人的情况下，车某某联系开锁公司对李某乙家门锁进行技术开锁时，李某乙邻居出来询问，车某某向其出示了工作证，并称是要抓捕李某甲。技术开锁未成功，车某某等人破锁进入李某乙家后未发现李某甲，没有在室内逗留，立即走出。某某市公安局派出所民警接到李某乙邻居报警前来查看时，车某某向其出示了工作证，并说明是来抓捕李某甲。当日 24 时左右，车某某等人将李某甲抓获。

关于诈骗部分。(略)

（三）案件核心

警察在办理刑事案件中，未取得任何侦查手续进入犯罪嫌疑人家中搜查，构成非法搜查罪。

（四）裁判过程与结果

本院认为，被告人车某某身为公安局经侦大队大队长，在侦办案件期间，为了对李某甲实施抓捕，长时间在李某甲女儿家附近蹲守，有时间办理搜查手续，但其不办，在没有任何搜查手续的情况下，强行进入李某乙家中搜查，其行为符合《渎职侵权犯罪案件立案标准》中关于非法搜查罪立案情形第六条“其他非法搜查应予以追究刑事责任的情形”的规定，构成非法搜查罪，公诉机关指控的罪名成立，本院予以确认。关于被告人车某某提出其行为经领导批准且经过技术侦查手段的辩护意见，经查，关某某等五位证人当庭所作的证言，已明确予以否认，故这一辩护意见不成立，不予支持。公诉机关提供的指控被告人车某某犯诈骗罪的证据，不足以证实起诉书指控的车某某私自扩大面积、隐瞒事实真相，骗取补偿款的事实，因此，起诉书指控被告人车某某犯诈骗罪不成立，不予支持；被告人车某某及其两位辩护人提出的不构成诈骗罪的辩护意见成立，予以支持。

综上，对被告人车某某，依照《中华人民共和国刑法》第二百四十五条之规定，判决如下：被告人车某某犯非法搜查罪，判处有期徒刑一年两个月。（刑期从判决执行之日起计算，判决执行前先行羁押的，羁押一日折抵刑期一日，即从2013年9月17日起至2014年11月16日止。）

类案二

（一）案件来源

居某某非法搜查案①

（二）主要案情

2017年9月至10月期间，被告人居某某和谢某、刘某（均已判刑）三人为摆脱被人追债的困境，妄图冒充纪委干部到他人家中搜查，获取财物。因刘某对某市某某投资有限公司总经理唐某较为熟悉，便提议将唐某作为作案对象，得到被告人居某某及谢某同意，之后，被告人居某某叫来陈某（已判刑），刘某叫来祝某（已判刑）。被告人居某某、刘某、谢某多次组织祝某、陈某在茶楼、饭店商量具体分工，约定由被告人居某某冒充某省纪委干部吴处长，谢某着警服出示警官证表明身份，陈某冒充某市纪律检查干部陈科长，祝某冒充某市公安局某分局民警，刘某负责后勤保障、外围工作。后陈某通过某缴费系统查询到唐某居住地，被告人居某某便网购执法记录仪及“工作证”用于作案，刘某出资5000元，让陈某、祝某租用越野车用于在唐某家蹲点守候。

2017年10月12日19时许，蹲守的陈某、祝某发现唐某独自一人回到家中，遂立即通知被告人居某某、刘某、谢某，后三人先后会合。会合后，刘某再次强调

① 湖南省衡阳市蒸湘区人民法院（2020）湘0408刑初69号刑事判决书。

按计划行事，便离开现场。谢某身着警服出示警官证，骗取被害人唐某信任后，四人顺利进入唐某家中。之后按照约定被告人居某某、谢某对唐某进行问话；陈某、祝某携带执法记录仪在唐某家中进行搜查，搜出字画、纪念币、银行卡、保险单、现金等物品；祝某发现唐某家中保险柜后，要求唐某打开，唐某予以拒绝，并要求查看陈某、祝某、被告人居某某等人的工作证件，被告人居某某拒绝出示其“工作证”，双方僵持不下，因担心事情败露，谢某便以第二天再来调查为由带领被告人居某某、陈某、祝某逃离现场。案发当晚，唐某报警，同年 10 月 13 日和 20 日，侦查机关分别将谢某、刘某、陈某、祝某抓获，2019 年 7 月 17 日，被告人居某某主动到公安机关投案。

（三）案件核心

冒充纪委工作人员搜查构成非法搜查罪。

（四）裁判过程与结果

本院认为，被告人居某某冒充纪委工作人员非法搜查他人住宅，其行为已构成非法搜查罪。某市某区人民检察院指控被告人居某某犯非法搜查罪，事实清楚，定性准确，证据确实、充分，其指控的意见成立，本院予以支持。本案系共同犯罪，被告人居某某与谢某、刘某三人为了获取财物合谋搜查被害人唐某的住所，多次组织陈某、祝某二人商量具体实施犯罪事宜，系主犯，应当按照其所参与的全部犯罪处罚。被告人居某某主动到公安机关投案，归案后能如实供述自己的犯罪事实，系自首，庭审中自愿认罪认罚，依法可从轻处罚。公诉机关对被告人居某某判处有期徒刑八个月至十个月有期徒刑的量刑建议，符合法律规定，本院予以支持。为打击刑事犯罪，保护他人的隐私权不受侵犯，根据被告人居某某的犯罪事实、性质、情节以及对社会的危害程度，对被告人居某某依法适用《中华人民共和国刑法》第二百四十五条、第二十五条、第二十六条、第六十七条第一款、第四十五条、第四十七条，《中华人民共和国刑事诉讼法》第十五条之规定，判决如下：

被告人居某某犯非法搜查罪，判处有期徒刑九个月（刑期从判决执行之日起计算；判决以前先行羁押的，羁押一日折抵刑期一日）。

七、理论探讨与执法指引

我国搜查制度的内在逻辑体现为搜查作为一种侦查活动，由侦查机关主导程序运行，权力行使缺乏外部监督；刑事侦查活动呈现高度行政化样态，由侦查机关决定启用，权力运行主要由其内部自律性控制。

我国刑事立法将搜查程序定位为刑事侦查措施的一种，目前，我国搜查制度存在程序启动条件缺失、格式性搜查证规定泛化、执行程序规定稍显粗陋、程序监督机制乏力、程序救济体系不明等问题。①

搜查过程中关于见证人的问题。司法机关在审查时应尤其关注在存在见证人时，见证人是否真切地见证了搜查过程以及其身份是否适格，二者对于保证搜查的程序公正性有着绝对重要的作用；侦查机关在搜查过程中，当出现无当事人在场而有见证人见证搜查的情形时，应尤为注意对搜查过程的记录和相关证据的保存，通过事前明确见证人的身份信息、及时履行告知义务，事中进行必要的录音录像记录，以及事后完善搜查笔录内容的记载等方式，确保程序的合法性，减少因存在瑕疵而引发的争议。

搜查过程中关于搜查证的问题。由于事关搜查程序的启动，应尤为受到关注，司法机关在审查时，应对搜查证的签发、出示及是否存在法律允许的例外情况严格核实，对补签搜查证及无证搜查的情况严格限制，只有各方面的解释相互印证，并形成完整证据链时才能予以采信，即提高对例外情况的采信标准，从而利用司法的最后防线对侦查权加以合理的限制；侦查机关在侦查的过程中要提高对搜查证使用的重视程度，认真核对搜查证上的信息，严格履行出示证件等程序，在例外情况下做好其他辅助证据的制作和收集工作，如有需要则及时做好事后的上报及瑕疵证据补正，使搜查证最大限度发挥其保障当事人权益及程序合法性的作用。

与搜查笔录相关的问题大部分应归为“违规搜查”的范畴，其所涉及的搜查笔录签字问题、笔录内容记载瑕疵等问题因很少对当事人的权益产生直接侵害，故并没有“绝对排除”的严格限制，但存在因得不到合理解释而使“违规搜查”变为“非法搜查”，以致对得到的搜查笔录类证据予以排除的情况。由于搜查笔录所记录的内容常常被作为证明程序合法及还原过程的重要依据，搜查笔录等笔录类证据也常常因其他“非法搜查”行为而使其自身被排除，尤其是毒品类案件，搜查笔录中对毒品克数的记录对于定罪量刑又起着关键的作用，因此无论是司法机关还是侦查机关，在搜查笔录的认定和处理上都要保持高度谨慎，不可丝毫懈怠。

① 董玥：《刑事诉讼中“非法搜查”的司法界定——基于56个刑事案例的分析》，载《中国监狱学刊》2020年第2期。

第九章　警察刑事强制措施

刑事强制措施作为证据保全、被追诉人合法权益以及刑事诉讼顺利进行的重要保障和外部条件，自诉讼进程启动伊始就发挥着举足轻重的作用。从现行的强制措施体系看，包括拘传、拘留、取保候审、监视居住以及逮捕共五种强制措施，已经基本上形成了相对完善的强制措施体系。目前，应当以权利化为目标改造强制措施的体系结构，完善对犯罪嫌疑人、被告人的权利保障。在公安机关侦查人员执法办案过程中，对犯罪嫌疑人、被告人造成不法损害的，犯罪嫌疑人、被告人有控告申诉的权利，这对于发现侦查工作中的错误和不足，促进依法办案，提高侦查质量，有着重要的意义。对采取羁押型措施的犯罪嫌疑人、被告人，依照具体情况，其代理人或者近亲属可以申请取保候审等非羁押性措施。公安机关应该从有利于犯罪嫌疑人、被告人合法权益的角度出发，尽量采取非羁押型的强制措施而非采取拘留或者逮捕羁押型的强制措施，切实依法保证犯罪嫌疑人、被告人的合法权益。《公安机关办理刑事案件程序规定》[①] 中详细规定了公安机关侦查人员在办理刑事案件中采取刑事强制措施所必需的程序和条件。这更进一步地加强了公安机关侦查人员在办理刑事案件中执法规范化建设，最大限度地保障犯罪嫌疑人、被告人的应有权利。适用刑事强制措施必须严格加强民警的法律培训，在办理刑事案件中重证据、重调查研究、不轻信口供，严禁刑讯逼供和自证其罪，以此来提升公安机关办案效率和执法规范化建设。[②]

---

① 《公安机关办理刑事案件程序规定》，载中国政府网，http：//www.gov.cn/xinwen/2020-08/15/content_5534978.htm，最后访问时间：2022 年 3 月 27 日。

② 张强胜、赵文龙：《公安机关规范执行刑事强制措施机制研究》，载《甘肃广播电视大学学报》2019 年第 5 期。

第一节　刑事拘留的适用条件及违法性判断

一、基础知识

刑事拘留是刑事诉讼中的拘留，是公安机关、人民检察院对直接受理的案件，在侦查过程中，遇到法定的紧急情况时，对于现行犯或者重大嫌疑分子所采取的临时剥夺其人身自由的强制方法。现行刑事诉讼法中的“刑事拘留”分别适用于三种情形：

1. 违反取保候审、监视居住规定，应当逮捕的犯罪嫌疑人。先行拘留决定由公安机关、检察机关作出，目的在于防止违反取保候审、监视居住规定的犯罪嫌疑人、被告人自杀、逃跑，毁灭、伪造证据，与证人串供，妨碍诉讼顺利进行，具有临时性、过渡性。

2. 现行犯或重大嫌疑分子有刑事诉讼法第八十二条的七种法定情形的。根据刑事诉讼法的规定，先行拘留决定一般由公安机关在侦查阶段作出。对于现行犯，其犯罪行为具有当场性、连续性，包括预备犯罪的、正在实施犯罪的、犯罪后及时被发觉的；对于重大嫌疑分子，应当有明显的证据指向犯罪嫌疑人有实施犯罪行为的可能性。此处刑事拘留的目的在于制止正在发生的不法行为，保存证据，防止危险扩大，维护社会秩序，是一种抓捕、截停、带到措施，是对具有社会危害性犯罪的紧急处理，具有紧急性、临时性。

3. 在职务犯罪案件调查过程中已经被监察机关采取留置措施并移送检察机关审查起诉的犯罪嫌疑人。先行拘留决定由检察机关在审查起诉阶段作出。由于监察机关与检察机关在办理案件过程中适用规定有所不同，刑事拘留决定的作出在案件由监察机关向检察机关流转的过程中发挥了桥梁作用，具有适用对象特殊性、权利主体专门性、法律效力独立性的特点。与普通条款中刑事拘留的或然性不同，检察机关的先行拘留应当满足以下条件：（1）适用于已经对被调查人采取留置措施的职务犯罪案件的审查起诉过程中；（2）是一项必经程序；（3）发生留置措施自动解除的法律效果。

《中华人民共和国刑事诉讼法》第八十二条规定，公安机关对于现行犯或者重大嫌疑分子，如果有下列情形之一的，可以先行拘留：（1）正在预备犯罪、实行犯罪或者在犯罪后即时被发觉的；（2）被害人或者在场亲眼看见的人指认他犯罪的；（3）在身边或者住处发现有犯罪证据的；（4）犯罪后企图自杀、逃跑或者在逃的；（5）有毁灭、伪造证据或者串供可能的；（6）不讲真实姓名、住址，身份不明的；

(7) 有流窜作案、多次作案、结伙作案重大嫌疑的。第八十三条规定，公安机关在异地执行拘留、逮捕的时候，应当通知被拘留、逮捕人所在地的公安机关，被拘留、逮捕人所在地的公安机关应当予以配合。第八十五条规定，公安机关拘留人的时候，必须出示拘留证。拘留后，应当立即将被拘留人送看守所羁押，至迟不得超过二十四小时。除无法通知或者涉嫌危害国家安全犯罪、恐怖活动犯罪通知可能有碍侦查的情形以外，应当在拘留后二十四小时以内，通知被拘留人的家属。有碍侦查的情形消失以后，应当立即通知被拘留人的家属。第八十六条规定，公安机关对被拘留的人，应当在拘留后的二十四小时以内进行讯问。在发现不应当拘留的时候，必须立即释放，发给释放证明。

《中华人民共和国反恐怖主义法》第八十二条规定，明知他人有恐怖活动犯罪、极端主义犯罪行为，窝藏、包庇，情节轻微，尚不构成犯罪的，或者在司法机关向其调查有关情况、收集有关证据时，拒绝提供的，由公安机关处十日以上十五日以下拘留，可以并处一万元以下罚款。

《中华人民共和国海关法》第四条第一、二款规定，国家在海关总署设立专门侦查走私犯罪的公安机构，配备专职缉私警察，负责对其管辖的走私犯罪案件的侦查、拘留、执行逮捕、预审。海关侦查走私犯罪公安机构履行侦查、拘留、执行逮捕、预审职责，应当按照《中华人民共和国刑事诉讼法》的规定办理。

《中华人民共和国国家赔偿法》第三十二条第一款规定，国家赔偿以支付赔偿金为主要方式。第三十三条规定，侵犯公民人身自由的，每日赔偿金按照国家上年度职工日平均工资计算。

《公安部关于印发〈公安机关适用刑事羁押期限规定〉的通知》[①] 第四条第一款第一项规定，对犯罪嫌疑人的羁押期限，按照以下方式计算：拘留后的提请审查批准逮捕的期限以日计算，执行拘留后满二十四小时为一日。

二、案件来源

张某诉某市公安局某分局、某市公安局违法刑事拘留赔偿案[②]

三、主要案情

2016 年 8 月 27 日，虞某向某市公安局某分局报案称，当日 10 时 50 分许，其

① 《公安部关于印发〈公安机关适用刑事羁押期限规定〉的通知》，载公安部网站，https://app.mps.gov.cn/gdnps/pc/content.jsp?id=7430381，最后访问时间：2022 年 4 月 4 日。

② 浙江省高级人民法院赔偿委员会（2020）浙委赔监 3 号决定书。

驾驶的轿车在某市某区××村××村道上，被人以车辆冲撞的方式故意损毁。当日12时50分，某市公安局某分局对虞某所报案件的现场进行了勘验并制作笔录、拍摄照片。勘验笔录载明：中心现场位于村道上，车牌为浙A5××××的SUV和车牌为浙A8××××的轿车，SUV车头向西，车头保险杠中间有损坏，驾驶室窗户玻璃被破坏；轿车位于SUV西南侧，车头向西北，轿车后保险杠、右侧尾灯有损坏，车头右侧翼子板有损坏。同日17时56分，某市公安局某分局根据《中华人民共和国治安管理处罚法》第八十二条第一款的规定，经口头传唤，对嫌疑人张某进行了询问，张某提出回避申请（申请调查单位长河派出所回避），该调查结束。同月28日1时36分，某市公安局某分局（调查单位禁毒大队）根据《中华人民共和国治安管理处罚法》《公安机关办理行政案件程序规定》[①] 等规定，对张某进行了询问，张某提出回避申请，称要求某市公安局办理该案，并拒绝回答。某市公安局某分局决定对虞某被故意损毁财物案立案侦查。同日，某市公安局某分局作出《拘留证》，根据《中华人民共和国刑事诉讼法》第八十条之规定，决定对张某执行拘留，拘留决定于2016年8月28日13时37分许向张某宣布。张某于同日16时被送某看守所羁押。同时，某市公安局某分局将张某被拘留的情况通知张某的丈夫，并对张某进行了拘留后的首次讯问。同月30日，某市公安局某分局根据《中华人民共和国刑事诉讼法》第八十九条的规定，决定延长对张某的拘留期限（自2016年9月1日至9月4日）。经讯问张某，询问虞某，并调取案涉车牌为浙A5××××的SUV，再次现场勘验及某市某区价格认证中心出具《关于浙A8××××汽车毁损的价格认定》。2016年8月31日，某市公安局某分局以张某故意损坏虞某轿车，损失价值5670元，涉嫌故意毁坏财物罪为由，提请某市某区人民检察院批准逮捕张某。同年9月11日，某市某区人民检察院作出不批准逮捕决定，认为张某无逮捕必要，决定不批准逮捕张某。同月11日，某市公安局某分局以人民检察院作出不批准逮捕决定为由，将张某予以释放。同日，某市公安局某分局根据《中华人民共和国刑事诉讼法》第八十九条第三款的规定，决定对张某取保候审。2017年8月31日，某市公安局某分局以张某涉嫌触犯《中华人民共和国刑法》第二百七十五条规定的故意毁坏财物罪为由，将该案移送某市某区人民检察院审查起诉。同年9月30日，某市某区人民检察院以该案事实不清为由，将该案退回某市公安局某分局补充侦查，并要求某市公安局某分局在收到补充侦查决定书后一个月内将补充侦查材料移送检察机关。同年10月30日，经对案涉浙A8××××汽车被损部件修复的价格进行调查，

---

① 《公安机关办理行政案件程序规定》，载中国政府网，http：//www.gov.cn/zhengce/zhengceku/2018-12/31/content_5428593.htm，最后访问时间：2022年3月27日。

某市公安局某分局再次将该案移送某市某区人民检察院审查起诉。同年11月8日，某市某区人民检察院以该案事实不清为由，将该案再次退回某市公安局某分局补充侦查，并要求某市公安局某分局在收到补充侦查决定书后一个月内将补充侦查材料移送检察机关。此后，某市公安局某分局又对案涉浙A8××××汽车的损毁价值委托鉴定，结论为评估对象的受损评估价格为4487元。同年12月8日，某市公安局某分局以张某根据刑法规定不负刑事责任为由，决定撤销该刑事案件。

四、案件核心

公安机关在对故意损坏财物罪的涉嫌人作出先行拘留决定前，是否应当具备当事人故意损坏公私财物数额较大或有其他严重情形的初步证据。

五、裁判过程与结果

某市中级人民法院赔偿委员会认为：本案是关于刑事拘留的国家赔偿。本案中，某市公安局某分局是以张某故意毁坏财物罪为由对相关案件立案侦查。《中华人民共和国刑法》第二百七十五条规定：故意毁坏公私财物，数额较大或者有其他严重情节的，处三年以下有期徒刑、拘役或者罚金；数额巨大或者有其他特别严重情节的，处三年以上七年以下有期徒刑。鉴于《中华人民共和国治安管理处罚法》中也规定了对故意损毁公私财物行为的处罚，而故意损坏财物罪和故意损毁公私财物行为的主要区别在于故意损坏公私财物数额是否较大，或是否具有诸如多次毁坏财物、毁坏手段特别恶劣等其他严重情形，因此，侦查机关在对故意损坏财物罪的涉嫌人作出先行拘留决定前，应当具备当事人故意损坏公私财物数额较大，或有其他严重情形的初步证据。

本案中，在对张某作出先行拘留决定之前，某市公安局某分局仅接受了虞某的报案、对案发现场进行了勘验，张某因提出回避而未谈及具体案情。即案涉拘留决定作出前，尚无初步证据证明张某故意损坏公私财物数额较大，本案侦查机关现场勘验中取得的材料，也无法初步证明案涉事件情形严重。据此，某市公安局某分局对张某采取拘留措施，不符合《中华人民共和国刑事诉讼法》第八十条规定的先行拘留的条件。综上，某市公安局某分局自2016年8月28日起至2016年9月11日止，对张某先行拘留共计15天，不符合《中华人民共和国刑事诉讼法》关于先行拘留条件的规定，属于违反刑事诉讼法的规定对公民采取拘留措施，侵犯了张某的人身权，张某有取得赔偿的权利。

《中华人民共和国国家赔偿法》第三十三条规定："侵犯公民人身自由的，每日赔偿金按照国家上年度职工日平均工资计算。"故应按2018年国家职工日平均工资 315.94 元计算赔偿。张某支付精神损害抚慰金的请求，因不符合《中华人民共和国国家赔偿法》第三十五条的规定，故不予支持。综上，决定撤销某市公安局刑事赔偿复议决定；撤销某市公安局某分局刑事赔偿决定；某市公安局某分局赔偿张某侵犯人身自由赔偿金 4739.1 元。

浙江省高级人民法院赔偿委员会认为：

第一，《中华人民共和国国家赔偿法》第十七条第一项规定，违反刑事诉讼法的规定对公民采取拘留措施的，或者依照刑事诉讼法规定的条件和程序对公民采取拘留措施，但是拘留时间超过刑事诉讼法规定的时限，其后决定撤销案件、不起诉或者判决宣告无罪终止追究刑事责任的，受害人有取得赔偿的权利。因此，公民对不符合刑事诉讼法规定的条件和程序违法实施拘留措施有取得赔偿的权利。根据《中华人民共和国刑法》第二百七十五条规定，故意毁坏公私财物，数额较大或者有其他严重情节的，处三年以下有期徒刑、拘役或者罚金；数额巨大或者有其他特别严重情节的，处三年以上七年以下有期徒刑。因此，侦查机关对故意毁坏财物罪的犯罪嫌疑人作出先行拘留决定前，应当具备当事人故意损坏公私财物数额较大或者其他严重情形的初步证据。

根据《中华人民共和国刑事诉讼法》第八十条规定，公安机关对于现行犯或者重大嫌疑分子，如果有下列情形之一的，可以先行拘留：（一）正在预备犯罪、实行犯罪或者在犯罪后即时被发觉的；（二）被害人或者在场亲眼看见的人指认他犯罪的；（三）在身边或者住处发现有犯罪证据的；（四）犯罪后企图自杀、逃跑或者在逃的；（五）有毁灭、伪造证据或者串供可能的；（六）不讲真实姓名、住址，身份不明的；（七）有流窜作案、多次作案、结伙作案重大嫌疑的。

本案中，在对张某作出先行拘留前，某市公安局某分局仅接受了虞某的报案，对案发现场进行了勘验，因张某提出回避而未谈及具体案情。在案没有张某故意损坏公私财物数额较大，或者案涉事件情形严重的证据。公安机关对张某先行拘留，不符合刑事诉讼法第八十条的规定，对违法限制张某人身自由应予赔偿。张某申请某市公安局某分局予以赔偿，依法有据，应予支持。

第二，《中华人民共和国国家赔偿法》第三十二条第一款规定，国家赔偿以支付赔偿金为主要方式。第三十三条规定，侵犯公民人身自由的，每日赔偿金按照国家上年度职工日平均工资计算。根据《公安部关于印发〈公安机关适用刑事羁押期限规定〉的通知》第四条第一款第一项规定，对犯罪嫌疑人的羁押期限，按照以下方式计算：拘留后的提请审查批准逮捕的期限以日计算，执行拘留后满二十四小时为一日。某市公安局某分局于 8 月 28 日对张某执行拘留，2016 年 9 月 11 日变更强制措施为取保候审并将其释放，限制张某人身自由的时间共计 15 日。某市中级人民法院于2019年7月29日作出（2019）浙01委赔1号国家赔偿决定，故应按照2018年度职工日平均工资计算赔偿金。2018年度的日平均工资为315.94元，某市中级人民法院国家赔偿委员会作出（2019）浙01委赔1号国家赔偿决定，依法赔偿张某侵犯人身自由赔偿金4739.1元，赔偿金计算数额正确。

第三，《中华人民共和国国家赔偿法》第三十五条规定，有本法第三条或者第十七条规定情形之一，致人精神损害的，应当在侵权行为影响的范围内，为受害人消除影响，恢复名誉，赔礼道歉；造成严重后果的，应当支持相应的精神损害抚慰金。一般情形下，人民法院赔偿委员会应当综合考虑受害人人身自由、生命健康受到侵害的情况，精神受损情况，日常生活、工作学习、家庭关系、社会评价受到影响的情况，并考量社会伦理道德、日常生活经验等因素，依法认定侵权行为是否致人精神损害以及是否造成严重后果。

本案中，某市公安局某分局对张某拘留15日后即变更强制措施为取保候审并将其释放，并没有造成严重后果，张某请求赔偿精神抚慰金50万元，缺乏法律依据，不予支持。

六、类案比较

（一）案件来源

彭某诉某县公安局违法刑事拘留赔偿案①

（二）主要案情

2016年6月2日21时许，因母亲李某储存30000元生活费一事，邓某男与其妹邓某女及妹夫彭某发生口角继而互相殴打，彭某持连接钢管的水表与分别持竹凳、摩托车锁的邓某男及其儿子进行对打。当晚，某县公安局某派出所接到匿名报案后，即时派员赶赴打架现场进行调查处理。邓某女在打架中受伤并被送往当地医院治疗，邓某男、彭某被传唤至某派出所接受调解未果。次日，邓某男在洗漱过程中发现牙齿脱落，于当日15时许住院治疗，邓某男向公安机关陈述其受伤系在与彭某对打中被彭某持连接钢管的水表击打所致。经某县公安局委托，某市某某司法鉴定所于2016年8月2日作出司法鉴定意见：邓某男口部损伤造成左上中切牙、侧切牙、尖切牙脱落，构成轻伤二级。2017年5月24日，某县公安局以彭某涉嫌故意伤害罪予以立案侦查，2017年7月11日对彭某实施刑事拘留，并于当日将拘留通知书送达其亲属。2017年7月14日经批准延长羁押期限至2017年7月18日。2017年7月17日，某县公安局向某县人民检察院提请批准逮捕。同年7月25日，

① 湖南省郴州市中级人民法院赔偿委员会（2020）湘10委赔18号国家赔偿决定书。

某县人民检察院以事实不清、证据不足为由作出不批准逮捕决定。次日，某县公安局释放被羁押人彭某，并决定对其采取监视居住措施。某县公安局继续补充侦查后，于2018年1月23日向某县人民检察院移送审查起诉。某县人民检察院因需补充侦查，于2018年1月25日决定对彭某采取监视居住措施。2018年7月8日，某县人民检察院以事实不清、证据不足作出不起诉决定。2019年12月22日，彭某向某县公安局提出国家赔偿申请，请求某县公安局赔偿：1. 精神损失费1元及赔礼道歉。2. 非法刑事拘留16天，公安、检察院各采取监视居住6个月的赔偿损失130000元。3. 维权费用490000元。4. 因刑事拘留、监视居住造成的公司损失费用980000元。5. 其妻邓某女医疗及伤残费损失100000元，以上共计1700001元。某县公安局认为对彭某采取刑事拘留、监视居住措施符合法律规定、程序合法，于2020年2月17日作出不予国家赔偿决定，决定对彭某的国家赔偿请求不承担赔偿责任。彭某不服，向某市公安局申请复议，某市公安局于2020年5月9日作出复议决定，维持某县公安局不予国家赔偿决定。彭某不服上述决定，于2020年5月25日向本院赔偿委员会提起国家赔偿申请。

另查明，关于邓某女伤害（轻伤）一案，某县公安局对犯罪嫌疑人邓某男予以刑事立案，邓某男于2017年10月10日被某县公安局取保候审，2018年3月20日被某县人民检察院决定取保候审，某县公安局于2018年3月20日向某县人民检察院移送审查起诉，某县人民检察院以事实不清作出不起诉决定。

（三）案件核心

某县公安局对彭某作出的刑事拘留的条件、拘留时限是否合法？

（四）裁判过程与结果

《中华人民共和国刑事诉讼法》（2012年修正）第八十条规定了公安机关可以对现行犯或者重大嫌疑分子先行拘留的七类情形。本案是一起轻伤案件，彭某因亲属间民事纠纷于2016年6月2日与邓某男等人发生争吵打斗，公安机关当晚传唤双方当事人进行调解，但直至将近一年时间后的2017年5月24日才予以刑事立案，并于2017年7月11日对彭某采取刑事拘留措施。其对彭某采取刑事拘留措施既不是重大案件或正在预备犯罪、实行犯罪等情形，同时某县公安局亦未提供证据证明存在可以对彭某先行拘留的情形。因此，某县公安局对彭某采取刑事拘留措施不符合法律规定的刑事拘留条件。

根据《中华人民共和国刑事诉讼法》（2012年修正）第八十九条规定，本案中，彭某不存在"流窜作案、多次作案、结伙作案"的情形，依照法律规定，公安机关行使拘留期限与检察院批准逮捕期限最长为14天。而某县公安局对彭某拘留期限自2017年7月11日至7月26日，拘留期限超过14天，不符合刑事诉讼法规定的拘留期限。

《中华人民共和国国家赔偿法》第十七条规定："行使侦查、检察、审判职权的机关以及看守所、监狱管理机关及其工作人员在行使职权时有下列侵犯人身权情形之一的，受害人有取得赔偿的权利：（一）违反刑事诉讼法的规定对公民采取拘留措施的，或者依照刑事诉讼法规定的条件和程序对公民采取拘留措施，但是拘留时间超过刑事诉讼法规定的时限，其后决定撤销案件、不起诉或者判决宣告无罪终止追究刑事责任的……"本案中，某县公安局违反刑事诉讼法的规定对彭某采取拘留措施，且拘留时间超过刑事诉讼法规定的时限，其后检察院决定不予起诉追究其刑事责任，因此，彭某有取得赔偿的权利。

关于人身自由损害赔偿金的请求。（略）

关于精神损害抚慰金及消除影响、赔礼道歉等请求。（略）

关于赔偿请求人彭某提出赔偿义务机关某县公安局赔偿维权所产生的律师费、交通费、误工费等费用490000元、其所办工厂停工损失980000元以及赔偿其妻邓某女医疗及伤残费等100000元的请求，彭某没有提交任何证据予以证实，且邓某女受伤损失不属本案审理范围，故上述赔偿请求，本院赔偿委员会不予支持。

综上所述，彭某的赔偿请求和理由部分成立，对该成立的部分予以支持。依照《中华人民共和国国家赔偿法》第十七条第一项和第二项、第二十一条第二款、第三十二条第一款、第三十三条，《最高人民法院关于人民法院赔偿委员会审理国家赔偿案件适用精神损害赔偿若干问题的意见》第七条，《最高人民法院关于人民法院赔偿委员会审理国家赔偿案件程序的规定》第十九条第三项之规定，本院赔偿委员会决定如下：

一、撤销某县公安局作出的不予国家赔偿决定；

二、撤销某市公安局作出的刑事赔偿复议决定；

三、由某县公安局赔偿彭某人身自由赔偿金5548元（346.75元/天×16天）；

四、由某县公安局支付彭某精神损害抚慰金1元；

五、驳回彭某的其他赔偿请求。

七、理论探讨与执法指引

侦查机关通过刑事拘留实现诉讼保全。尽管侦查机关在侦查过程中有权对犯罪嫌疑人采取限制人身自由的措施，但此时犯罪嫌疑人仍然是无罪的，这就要求刑事拘留不得违反程序法定原则，通过事前权利告知、提供法律援助、事后权利救济等多方途径，确保犯罪嫌疑人的知情权、陈述权、辩护辩论权、申请权、申诉权得以实现。侦查机关适用刑事拘留措施需进行内部审批，由于侦查对象的不可控性、复杂性，侦查行为的不公开性，不实行事前审查是符合侦查规律的。在侦查机关作出拘留决定后，申请检察机关批准逮捕，此时检察机关才对侦查机关是否应当立案、刑事拘留决定是否合法、程序是否正当、犯罪行为是否属实、是否符合逮捕条件等进行审查。此时仍然处于侦查阶段，刑事拘留作为侦查权的表达，由检察机关通过法律监督职能发挥审查、监督、引导、控制等方式倒逼侦查机关的行为，防止侦查权滥用。①

侦查机关对于符合拘留条件的犯罪嫌疑人依法拘留是法定职责，但是犯罪嫌疑人被刑事拘留并不绝对意味着其构成犯罪，也有可能被法院判决无罪。在法院无罪判决生效后，先前被刑事拘留的“犯罪嫌疑人”往往会就其被“冤拘”的客观事实提起国家赔偿诉请。面对无罪宣告当事人国家赔偿的合法诉请，侦查机关往往会提出抗辩：按照国家赔偿法的规定，侦查机关因刑事拘留承担国家赔偿责任的范围仅包括违法刑事拘留和超期刑事拘留两种情形，侦查机关依据刑事诉讼法规定作出并实际执行刑事拘留措施是其正当职务行为。亦即，侦查机关决定并实际执行的刑事拘留措施在排除违法刑事拘留和超期刑事拘留的情形外，均属于合法刑事拘留，虽然“犯罪嫌疑人”被后续的审判程序认定为无罪，但是并不能据此否认侦查机关刑事拘留这一法定职务行为的正当性和合法性。人民法院赔偿委员会在审理此类国家赔偿案件时，往往也认可侦查机关的抗辩意见。

在司法实践中，为了保证被拘留的犯罪嫌疑人及被告人合法权益不受损失，应当健全和完善公安机关执行强制措施的运行机制。首先，当警察进入拘留场所时不仅要完善犯罪嫌疑人、被告人的信息登记和羁押记录，而且对具体的执法警察、侦查人员也要进行完善的登记。其次，在采取刑事强制措施的同时，要明确告知属于犯罪嫌疑人、被告人的合法权益。再次，在法律规定允许的情况下，尽最大的努力迅速将对犯罪嫌疑人、被告人所采取的刑事强制措施告知其家属或者朋友，并且告诉他们如何获得适当的帮助。最后，完善公安机关内部关于刑事强制措施的审批手续，对于做出的每一项决定，收集到的每一份证据、线索认真核查，排除非法证据及甄别虚假线索，坚持完善和执行三级审批程序制度，把好证据关、审批关。

---

① 丰叶：《刑事拘留的历史嬗变及其新发展——监察体制改革背景下的重新定位》，载《政法学刊》2020 年第 5 期。

第二节 公安机关在法定情形下有权使用警械对犯罪嫌疑人拘传

一、基础知识

刑事拘传即不受刑事拘留的犯罪嫌疑人、被告人被公、检、法机关强制其在要求的地点或期限内接受侦查人员讯问或者参与其他诉讼活动的强制措施，其在刑事诉讼的强制措施中是强度最轻、时间最短的一种。刑事拘传的实施，既是国家通过该制度保全被追诉人人身或保全证据“确保刑事程序能够正常的实施”，也是对被强制对象人身自由的有效限制。

《中华人民共和国刑事诉讼法》第六十六条规定，人民法院、人民检察院和公安机关根据案件情况，对犯罪嫌疑人、被告人可以拘传、取保候审或者监视居住。第一百一十九条规定，对不需要逮捕、拘留的犯罪嫌疑人，可以传唤到犯罪嫌疑人所在市、县内的指定地点或者到他的住处进行讯问，但是应当出示人民检察院或者公安机关的证明文件。对在现场发现的犯罪嫌疑人，经出示工作证件，可以口头传唤，但应当在讯问笔录中注明。传唤、拘传持续的时间不得超过十二小时；案情特别重大、复杂，需要采取拘留、逮捕措施的，传唤、拘传持续的时间不得超过二十四小时。不得以连续传唤、拘传的形式变相拘禁犯罪嫌疑人。传唤、拘传犯罪嫌疑人，应当保证犯罪嫌疑人的饮食和必要的休息时间。

《公安机关办理刑事案件程序规定》第七十八条规定，公安机关根据案件情况对需要拘传的犯罪嫌疑人，或者经过传唤没有正当理由不到案的犯罪嫌疑人，可以拘传到其所在市、县公安机关执法办案场所进行讯问。需要拘传的，应当填写呈请拘传报告书，并附有关材料，报县级以上公安机关负责人批准。第七十九条规定，公安机关拘传犯罪嫌疑人应当出示拘传证，并责令其在拘传证上签名、捺指印。犯罪嫌疑人到案后，应当责令其在拘传证上填写到案时间；拘传结束后，应当由其在拘传证上填写拘传结束时间。犯罪嫌疑人拒绝填写的，侦查人员应当在拘传证上注明。第八十条规定，拘传持续的时间不得超过十二小时；案情特别重大、复杂，需要采取拘留、逮捕措施的，经县级以上公安机关负责人批准，拘传持续的时间不得超过二十四小时。不得以连续拘传的形式变相拘禁犯罪嫌疑人。拘传期限届满，未作出采取其他强制措施决定的，应当立即结束拘传。

《中华人民共和国民事诉讼法》第一百一十二条规定，人民法院对必须到庭的被告，经两次传票传唤，无正当理由拒不到庭的，可以拘传。第一百一十九条规定，拘传、罚款、拘留必须经院长批准。拘传应当发拘传票。罚款、拘留应当用决定书。对决定不服的，可以向上一级人民法院申请复议一次。复议期间不停止执行。第一百二十条规定，采取对妨害民事诉讼的强制措施必须由人民法院决定。任何单位和个人采取非法拘禁他人或者非法私自扣押他人财产追索债务的，应当依法追究刑事责任，或者予以拘留、罚款。

《中华人民共和国人民警察使用警械和武器条例》第八条规定，人民警察依法执行下列任务，遇有违法犯罪分子可能脱逃、行凶、自杀、自伤或者有其他危险行为的，可以使用手铐、脚镣、警绳等约束性警械：（一）抓获违法犯罪分子或者犯罪重大嫌疑人的；（二）执行逮捕、拘留、看押、押解、审讯、拘传、强制传唤的；（三）法律、行政法规规定可以使用警械的其他情形。人民警察依照前款规定使用警械，不得故意造成人身伤害。

二、案件来源

王某利诉某某市公安局某山区分局违法使用武器、警械致伤、致死赔偿案①

三、主要案情

赔偿请求人王某利因违法拘传及使用警械致伤申请某某市公安局某山区分局国家赔偿一案，不服赔偿义务机关作出的国家赔偿决定书，向本院赔偿委员会申请作出赔偿决定。本院赔偿委员会依法对本案进行了审理，现已审理终结。前述国家赔偿决定书认为王某利提出的赔偿请求不符合《中华人民共和国国家赔偿法》第十七条、第十八条、第三十五条的规定，决定对王某利提出的赔偿请求不予赔偿。

赔偿请求人王某利述称，2013 年 6 月 8 日 19 时左右，某某市公安局某山区分局民警在某交警值班室对我采取强制措施，非法使用警械（手铐）强制押送到某派出所并强制体检后对我轮番询问，将我铐在值班室及审讯室长达二十个小时，直至第二天 20 时左右才把我释放，致使我腰部受损严重。2016 年 3 月 5 日，经医院检查诊断为腰椎间盘突出。2017 年 6 月 16 日某山区分局作出撤销案件决定书。赔偿请求人申请本院赔偿委员会作出决定：1. 确认赔偿义务机关非法拘禁、违法使用警械等强制措施违法；2. 赔偿自 2013 年 6 月 8 日至 2017 年 12 月 31 日误工减少收入，标准按国家上年度职工日平均工资计算；3. 赔偿精神损失费 5 万元；4. 归还强制体检费并销毁体检档案；5. 销毁全部个人信息、照片、记录、存根档案。

赔偿义务机关答辩：2013 年 6 月 8 日，某山区分局接报警称王某利与交警发生争执，其将交警打伤涉嫌妨害公务，派员到达现场时王某利仍在与交警工作人员撕

① 山东省泰安市中级人民法院赔偿委员会（2018）鲁 09 委赔 2 号国家赔偿决定书。

扯并击打交警面部，民警立即控制王某利，给其戴上手铐后押送至派出所，在派出所对该案进行了调查，初查认为有犯罪事实发生，于当日立为妨害公务案。经后续侦查，该案件未获取足以证实王某利犯罪的证据，我局于2017年6月16日撤销王某利妨害公务案。我局全部依照《中华人民共和国刑事诉讼法》《公安机关办理刑事案件程序规定》《中华人民共和国人民警察使用警械和武器条例》的规定办理案件、使用警械，合法行为不应赔偿；王某利医疗诊断距案发时间久远，不能证实与我局执法行为有因果关系；王某利与交警冲突已在法院主持下处理完毕，由交警予以赔偿，不应由我局再次赔偿；王某利未能提交其因我局违法行为导致其身体损害和精神损害的证据；其归还体检费和销毁档案记录的赔偿请求于法无据。

复议机关某某市公安局复议决定维持国家赔偿决定书。

本院赔偿委员会依法调取了相关案卷，并公开听证审查了本案。

本院赔偿委员会查明，2013年6月8日，某山区分局接报警称王某利与交警发生争执并将交警打伤，派员到达现场控制王某利，给其戴上手铐后带至派出所，在派出所对其进行了询问，于当日立为妨害公务案并对王某利实施拘传。2017年6月16日撤销王某利妨害公务案。

四、案件核心

公安机关根据案件情况可以使用警械对犯罪嫌疑人强行拘传。

五、裁判过程与结果

本院赔偿委员会认为，本案赔偿义务机关于2013年6月8日对王某利采取的强制措施，包括现场控制、使用警械强制带到派出所进行询问，属即时强制措施，其性质应根据该机关的后续处理确定。该机关于同日依据刑事诉讼法以涉嫌妨害公务罪刑事立案，则其强制行为应认定为依据刑事诉讼法采取的刑事诉讼强制措施。《公安机关办理刑事案件程序规定》① 第七十四条第一款规定，公安机关根据案件情况对需要拘传的犯罪嫌疑人可以拘传到其所在市、县内的指定地点进行讯问；第一百五十四条规定，对犯罪嫌疑人执行拘传过程中应当依法使用约束性警械。赔偿义务机关提供的传唤证可以证明其在2013年6月8日对王某利实施了拘传，其对王某利采取的强制措施并未违反上述法律规定。另外，依照上述程序规定，传唤证上的到案和结束时间应由被传唤人签字确认，被传唤人拒签的，由办案人

① 《公安机关办理刑事案件程序规定》，载公安部网站，https://www.mps.gov.cn/n2254098/n4904352/c7304778/content.html，最后访问时间：2022年3月27日。

员注明。王某利在该传唤证上填写到案时间为 2013 年 6 月 8 日 16 时，但未填写传唤结束时间；王某利也未提供证据证明其被释放的确切时间，因此本案中无确实证据证实赔偿义务机关拘传超过了 24 小时，不能认定赔偿义务机关的拘传超过法定期限。

赔偿请求人王某利主张赔偿义务机关对其采取的强制措施导致其身体和精神损害，但其提供的医疗诊断系在 2016 年 3 月作出，距离事发过于久远，故无法采信；赔偿请求人也无其他证据证明其疾病与赔偿义务机关的强制措施存在因果关系，其赔偿请求缺乏事实根据。其请求归还强制体检费同样未提供证据。

根据国家赔偿法定原则，申请国家赔偿的范围、事由、条件、形式等都须有明确法律依据。赔偿请求人请求销毁体检记录存档档案、个人身体信息、照片、记录、存根档案不属于国家赔偿范围。

综上所述，赔偿请求人王某利申请国家赔偿的理由不能成立。根据《最高人民法院关于人民法院赔偿委员会审理国家赔偿案件程序的规定》第十九条第一项之规定，决定如下：

维持某某市公安局某山区分局国家赔偿决定书。

六、类案比较

（一）案件来源

钟某枝诉某某市公安局某某分局、某某市某某镇人民政府其他行政管理案①

（二）主要案情

2020 年 3 月 6 日 8 时 39 分许，某某市公安局某某分局某某派出所（以下简称某某派出所）接到某某有限公司的工程师邹某的报警称，有人在某工地阻碍施工。某某派出所受理案件后派民警到现场工地对涉嫌阻碍施工的人员黄某等进行劝说，劝说无效后民警将黄某传唤至派出所。同日，某某派出所作出被传唤人家属通知书，根据《中华人民共和国治安管理处罚法》第八十二条第一款之规定，某某派出所将涉嫌扰乱单位秩序的黄某传唤到某某分局某某派出所接受调查。某某派出所通过电话将上述通知书通知给黄某的家属钟某枝。钟某枝不服，向人民法院提起诉讼，请求法院判令：1. 确认某某镇政府与某某公安分局实施强制拘传钟某枝的母亲黄某并强制钟某枝所在经济社交出土地的行为违法；2. 判令某某公安分局立即交出钟某枝的母亲黄某。

2020 年 8 月 11 日，原审法院依法对钟某枝进行释明，由于上述传唤强制措施

---

① 广东省中山市中级人民法院（2020）粤 20 行终 1308 号行政裁定书。

由某某派出所作出，某某派出所是本案适格的被告，本案应当变更被告。经释明后，钟某枝拒绝变更本案被告。

（三）裁判过程与结果

原审法院认为，《中华人民共和国行政诉讼法》第二十六条第一款规定，公民、法人或者其他组织直接向人民法院提起诉讼的，作出行政行为的行政机关是被告。本案中，某某派出所受理群众报案后，民警到涉案现场对涉嫌阻碍施工的黄某进行劝说，劝说无效后，民警将嫌疑人黄某传唤至该所进行询问。本案的传唤行政强制措施是由某某派出所实施的，某某派出所是本案的适格被告。原审法院依法释明后，告知钟某枝应变更被告，钟某枝及其委托代理人梁某明确表示不同意变更本案被告为某某派出所。根据《最高人民法院关于适用〈中华人民共和国行政诉讼法〉的解释》第二十六条第一款“原告所起诉的被告不适格，人民法院应当告知原告变更被告；原告不同意变更的，裁定驳回起诉”的规定，对钟某枝的起诉，原审法院予以驳回。另《中华人民共和国行政诉讼法》第二十五条第一款、第二款规定：“行政行为的相对人以及其他与行政行为有利害关系的公民、法人或者其他组织，有权提起诉讼。有权提起诉讼的公民死亡，其近亲属可以提起诉讼。”某某派出所实施的传唤强制措施的相对人是黄某，钟某枝既非本案行政行为的相对人，也无证据证明其与本案行政行为具有法律上的利害关系。因此，钟某枝提起本案诉讼不符合《中华人民共和国行政诉讼法》第四十九条第一项的规定。综上，依照《最高人民法院关于适用〈中华人民共和国行政诉讼法〉的解释》第二十六条第一款、第六十九条第一款第一项、第三项及第三款之规定，裁定如下：驳回钟某枝的起诉。

二审法院认为，根据庭审笔录及原审调查笔录，本案钟某枝所诉行政行为为2020年3月6日公安机关对其母亲黄某进行行政强制的行为。根据受理报警登记表、受案登记表、询问笔录、辨认笔录及被传唤人家属通知书等材料，钟某枝所诉涉案传唤行为的实施机关为某某派出所，某某派出所为本案适格被告。经原审法院向钟某枝释明，钟某枝拒绝变更本案被告为某某派出所，坚持以某某镇政府、某某分局为被告进行诉讼。根据《最高人民法院关于适用〈中华人民共和国行政诉讼法〉的解释》第二十六条第一款“原告所起诉的被告不适格，人民法院应当告知原告变更被告；原告不同意变更的，裁定驳回起诉”之规定，原审法院裁定驳回钟某枝的起诉，处理结果正确，本院予以维持。

综上所述，上诉人钟某枝上诉理据不充分，本院不予支持。原审裁定认定事实清楚，法律适用准确，处理恰当，本院予以维持。依照《中华人民共和国行政诉讼法》第八十九条第一款第一项之规定，裁定如下：驳回上诉，维持原裁定。

七、理论探讨与执法指引

拘传包括“一般拘传”和“径行拘传”。根据《中华人民共和国刑事诉讼法》第六十六条的规定，人民法院、人民检察院和公安机关根据案件情况，对犯罪嫌疑人、被告人可以拘传、取保候审或者监视居住。《最高人民法院关于适用〈中华人民共和国刑事诉讼法〉的解释》第一百四十八条第一款规定，对经依法传唤拒不到庭的被告人，或者根据案件情况有必要拘传的被告人，可以拘传。公安机关和检察机关在办理案件过程中，根据案件情况需要，对经合法传唤，无正当理由拒不到场的犯罪嫌疑人，自然也可以拘传。此种拘传通常称为“一般拘传”。刑事诉讼法还规定了“径行拘传”制度，即不经传唤直接拘传犯罪嫌疑人、被告人。拘传必须是有证拘传，即在公安机关签发拘传证的前提下进行。虽然这种措施名为拘传，但从其短期限制人身自由的特征来看，可以将其归结为一种有证拘留。其中一般拘传适用于无合理解释不到场的强制到场，径行拘传相当于非现行犯的有证拘留。

拘传与拘留都是为了保障诉讼的顺利进行而采取的短期限制人身自由的强制措施。在具体目的上，拘传是为了保证对犯罪嫌疑人、被告人的讯问；而拘留则是与审前羁押相区别的短期限制人身自由的强制措施，其目的是收集、准备相关证据以报请检察机关批准逮捕。拘传的功能被严格限定在确保“经传唤无正当理由拒不到场的被追诉人到案接受讯问”的范围内，尤其是在立法明确了不得强迫自证其罪原则以后，更不应该将其作为一种可以长达 24 小时获取证据的手段使用，而应还原其保证被追诉人到场接受讯问的本意。①

第三节　使用枪支应对暴力抗法的标准及限度

一、基础知识

为了规范警察用枪裁量权行使，在程序设定上，警察用枪裁量权的前置程序可包括持有和领用枪支程序、现场表明身份程序、现场警告程序等。事后规范程序既是为了审查警察用枪的合法性与合理性，加强内部监督程序督促警察审慎用枪，也是为了对违规用枪行为依法惩戒。这种枪械使用制度在特定用枪情形下难以把握，只能由警察自由裁量是否用枪来弥补立法上的缺陷，然而这就相应地带来了关于警

① 李哲：《短期限制人身自由刑事强制措施体系之比较与完善》，载《国家检察官学院学报》2015 年第 5 期。

察用枪的自由裁量权问题。法律基于维护公共利益的需要赋予警察用枪的现场裁量权，与此相应，法律应保障警察合法临场使用枪支，欲实现这一理性目标，需要设定合理的制度规范，以保障警察对枪支的正当、合法、合理使用。

《中华人民共和国人民警察法》第十条规定，遇有拒捕、暴乱、越狱、抢夺枪支或者其他暴力行为的紧急情况，公安机关的人民警察依照国家有关规定可以使用武器。

《中华人民共和国枪支管理法》第五条第一款规定，公安机关、国家安全机关、监狱、劳动教养机关的人民警察，人民法院的司法警察，人民检察院的司法警察和担负案件侦查任务的检察人员，海关的缉私人员，在依法履行职责时确有必要使用枪支的，可以配备公务用枪。

《中华人民共和国人民警察使用警械和武器条例》第九条第一款规定下列暴力犯罪行为经警告无效可以使用武器的十五种紧急情形；第十条还规定了不能使用武器的两种使用对象：（1）实施犯罪人员是怀孕妇女和儿童，但当她（他）们使用枪支、爆炸、剧毒等危险物品实施暴力犯罪时除外。（2）处于群众聚集场所或存放大量易燃、易爆、剧毒、放射性等危险物品场所的犯罪嫌疑人，但是不使用武器予以制止，将发生更为严重后果的除外。第十一条规定了人民警察有下列情形之一应停止使用武器的两种对象：（1）犯罪嫌疑人停止实施犯罪、服从人民警察命令的，此条的两个要件必须同时具备。（2）犯罪嫌疑人失去继续实施犯罪能力的。

二、案件来源

曾某某申请某某市公安局违法使用武器致伤赔偿案①

三、主要案情

2013年8月29日0时许，曾某某同朋友在某小区一房屋楼梯间盗得一辆摩托车，将盗得的摩托车装上面包车后驾车逃窜至某城区的某广场十字路口等候红绿灯时，被某某市公安局某特警支队某某大队民警陈某等人巡逻发现。陈某组织机动队员追踪到红绿灯处实施拦截抓捕，在口头表明警察身份后对面包车进行检查时，车门被强行关锁，曾某某驾驶面包车强行向陈某处开动，陈某（案发当时具有合法持枪资质）朝天鸣枪示警，面包车仍向前挤撞拦截的民警和车辆，陈某被迫向车辆位置开枪，双腿被面包车撞伤，面包车冲出拦截位置后，曾某某驾车继续逃窜，途中曾某某将偷来的摩托车推出面包车外以阻碍抓捕。在逃窜至某某市某某村地段时，其他人弃车逃跑，曾某某被民警抓获并送医院救治。经某某市中心医院诊断证明，曾某某所受伤情为：T2

---

① 最高人民法院赔偿委员会（2019）最高法委赔监126号决定书。

椎管内异物并脊髓完全性损伤；T11 左侧椎板内异物存留；左肺穿透伤；左侧血气胸：左侧第 9、11 肋骨骨折；左肩胛、左腋下皮肤软组织穿透伤。经某某市公安局某某分局刑事科学技术室鉴定陈某伤情为双腿膝部及小腿多处挫擦伤。

2013 年 10 月 18 日，某某市某某区人民检察院以曾某某等人涉嫌盗窃罪、妨害公务罪，作出批准逮捕决定。2015 年 10 月 20 日，某某市某某区人民法院作出刑事判决书，以曾某某犯盗窃罪，判处有期徒刑九个月，并处罚金五千元；犯妨害公务罪，判处有期徒刑二年四个月，数罪并罚，合并决定执行有期徒刑二年六个月，并处罚金五千元。2016 年 1 月 13 日，某某市中心医院作出医学诊断，认定曾某某患有胸段脊髓损伤并截瘫。2016 年 9 月 28 日，某某市某某区人民法院决定对其暂予监外执行一年。

四、案件核心

曾某某用开车冲撞的方式抗拒、阻碍民警依法进行的检查，在民警鸣枪警告的情况下，仍然不顾民警生命安危进行冲撞，危及民警生命安全，民警被迫开枪是否属于违法使用武器。

五、裁判过程与结果

某某高院赔偿委员会（2018）湘委赔 9 号国家赔偿决定认为，曾某某伙同他人盗窃摩托车被某某市公安局的民警巡逻发现，民警依法对其实施拦截抓捕。曾某某在警察已表明身份的情况下，抗拒抓捕，开车挤撞拦截的民警，致民警陈某某双腿被面包车撞伤，该事实已被刑事判决书所确认，曾某某也没有提起上诉，该判决为生效判决。曾某某的行为已严重危及人民警察生命安全，某某市公安局民警陈某某在鸣枪警告仍不能制止曾某某行为的情况下，使用枪支的行为符合法律规定，曾某某要求某某市公安局赔偿无事实和法律依据。据此决定：维持涉案国家赔偿决定和刑事赔偿复议决定。

曾某某对该决定仍不服，向最高人民法院赔偿委员会申诉，其申诉事项为：请求撤销某某高院赔偿委员会（2018）湘委赔 9 号国家赔偿决定；决定由某某市公安局赔偿因干警违法使用枪支致其残疾的一切经济及精神损失共计 4712344. 88 元。

其主要理由为：1. 某某高院认定事实错误。曾某某与他人的盗窃行为，并非某某市公安局民警巡逻中发现，而是其被抓获审讯后才得知；而某某市公安局民警使用武器、警械是在巡逻的例行拦截盘查过程中，因曾某某不配合盘查，才导致巡逻队员砸碎车窗玻璃、民警零距离开枪。因此，某某高院“曾某某伙同他人盗窃摩托车被某某市公安局的民警巡逻时发现，民警依法对其实施拦截抓捕，曾某某抗拒抓捕”的认定是错误的。

2. 根据案件发生的情形，某某市公安局巡逻队并未掌握其盗窃摩托车的事实前来抓捕，其不配合不构成“抗拒抓捕”，亦不构成妨害公务，更未使用暴力，因此，干警违法使用武器致其伤残的行为，应予以赔偿。

3. 警察开枪前，巡逻队员未着制服，无法判明其身份，出于本能，曾某某将巡逻队员拉开的车门重新关上欲继续行驶，保持必要的警惕和防范也是情理之中，故亦谈不上妨害公务。但民警陈某未经疏通周围群众，也未警告，直接朝曾某某、朝车辆开枪，且在第一枪即可使其失去实施犯罪能力的情况下又开第二枪，显系违法，并加剧了对曾某某身体的伤害。

4. 枪击案至今逾 4 年，尚未见检察部门的相关结论意见，由此可见，检察机关对该事件武器的使用结论存疑。

最高人民法院赔偿委员会审查认定的事实与原决定查明的事实一致。

最高人民法院赔偿委员会认为，根据《中华人民共和国人民警察使用警械和武器条例》第九条第一款第十项之规定，人民警察判明有以暴力方法抗拒或者阻碍人民警察依法履行职责或者暴力袭击人民警察，危及人民警察生命安全情形的，经警告无效的可以使用武器。本案中，根据发生法律效力的刑事判决认定的事实，曾某某伙同他人盗窃摩托车被某某市公安局的民警巡逻时发现，民警追踪到红绿灯处实施拦截抓捕，在警察已表明身份对面包车进行检查时，车门被强行关锁，曾某某驾驶面包车强行向民警陈某处开动，陈某示意停车并朝天鸣枪示警，面包车仍向前挤撞拦截的民警和车辆，陈某被迫向驾驶员位置开枪，双腿被面包车撞伤。以上刑事生效判决认定的事实，对于国家赔偿案件的审理亦具有拘束力。据此，曾某某的行为被人民法院刑事生效判决认定构成妨害公务罪，且已严重危及人民警察的生命安全，民警在示意其停车并鸣枪警告后仍未能停止其开车冲撞的情况下，使用枪支的行为符合法律规定。曾某某所述各申诉事项及理由，与刑事生效判决认定事实不符，且没有法律依据，故不能成立。

综上，某某高院（2018）湘委赔 9 号决定正确，曾某某的申诉事项及理由不能成立。依照《最高人民法院关于国家赔偿监督程序若干问题的规定》第十三条第二项之规定，决定如下：驳回曾某某的申诉。

六、类案比较

（一）案件来源

艾某美等诉某某县公安局违法使用武器、警械致死国家赔偿案[①]

---

① 云南省高级人民法院赔偿委员会（2020）云委赔监 5 号决定书。

（二）主要案情

申诉人艾某美、艾某文、艾某因申请某某县公安局违法使用武器、警械致死国家赔偿一案，不服某某县公安局做出的《国家赔偿决定书》、某某壮族苗族自治州公安局（以下简称某某州公安局）做出的《刑事赔偿复议决定书》及云南省某某壮族苗族自治州中级人民法院赔偿委员会（以下简称某某中院赔委会）作出的国家赔偿决定，向本院赔偿委员会提出申诉。本院赔偿委员会依法对本案进行了审查。现已审查终结。

某某中院赔委会审理查明：艾某河系赔偿请求人艾某美、艾某文、艾某的父亲，2005 年因盗窃罪被判处有期徒刑三年，缓刑五年，缓刑考验期从 2005 年 12 月 27 日起至 2010 年 12 月 26 日止；2012 年因盗窃罪被判处有期徒刑四年，罚金 2000 元，于 2014 年 9 月 23 日刑满释放。2017 年 12 月 6 日，某某县公安局在对某超市被盗窃案开展侦查时发现，2017 年 12 月 7 日至 2018 年 1 月 6 日，以艾某河为首的团伙实施入室盗窃 13 起，涉案金额 70 余万元。其中，2018 年 1 月 4 日，艾某河伙同他人在超市实施盗窃时，艾某河用随身携带的匕首伤害被害人的手部和胸部，并抢走被害人戴在脖子上的金项链、钱包等财物，经鉴定被害人构成轻微伤，艾某河的行为已涉嫌抢劫罪。2018 年 1 月 5 日，某某州公安局从各县（市）抽调民警成立“12·19”专案组，依法打击艾某河盗窃、抢劫团伙。某日，公安机关侦查获悉犯罪嫌疑人艾某河藏匿于其女友租住房内，专案组立即制订抓捕方案进行抓捕。专案组到达租住房附近，艾某河从楼上下来，发现抓捕民警后便往楼顶逃跑，窜至楼顶翻越三户住户后跑下楼，参与抓捕的民警发现艾某河跑出，便立即亮明身份进行抓捕。艾某河摆脱抓捕民警的控制后逃窜，抓捕民警随即掏出配枪鸣枪警告并追出巷子。后民警追上艾某河对其实施抓捕，艾某河强烈反抗，再次推开民警逃跑。在艾某河跑出一段距离后，抓捕民警向艾某河腿部开了一枪，艾某河继续向前逃窜，民警又向艾某河开了一枪，致艾某河受伤倒地。艾某河受伤后，抓捕民警及时对艾某河采取了近心端止血的急救措施，并及时联系医院对艾某河进行抢救，救护车到达现场后医生对艾某河实施了一系列抢救措施，当日 14 时 20 分宣布艾某河经抢救无效死亡。经鉴定，艾某河系贯穿枪弹创致腹腔脏器损伤、大静脉破裂及右股动、静脉破裂大出血失血休克死亡。

因艾某河拒捕被开枪击伤后，Q 县人民检察院提前介入，现场对公安机关抓捕犯罪嫌疑人艾某河的执法行为和使用枪支是否合法进行监督，并做出了《Q 县人民检察院关于“1·06”事件提前介入报告》，认为民警在抓捕涉嫌盗窃、抢劫的犯罪嫌疑人艾某河过程中使用枪支的行为，属于依法使用枪支。

2018 年 1 月 7 日，艾某河家属到达殡仪馆，同意对死者的尸体进行解剖和火化，当日，Q县P乡政府给予死者家属一次性补助丧葬费38000元。2018年7月19日，艾某河家属向赔偿义务机关某某县公安局提出国家赔偿申请。某某县公安局经审查后认为，抓捕民警佩带枪支和使用武器的行为符合法律规定，民警依法使用武器行为受法律保护，开枪击伤犯罪嫌疑人不属于国家刑事赔偿范围，根据《中华人民共和国国家赔偿法》第十九条第六项的规定，做出不予赔偿决定。赔偿请求人不服，向某某州公安局申请复议，某某州公安局复议后认为抓捕民警属于依法使用枪支，抓捕民警的执法行为不属于《中华人民共和国国家赔偿法》第十七条第五项规定的情形，遂根据《公安机关办理国家赔偿案件程序规定》第四十九条第一项之规定维持国家赔偿决定。赔偿请求人不服，向某某中院赔委会申请做出国家赔偿决定。

某某中院赔委会认为，公安民警抓捕犯罪嫌疑人艾某河使用枪支符合使用枪支的规定，因合法使用武器、警械造成公民身体伤害或者死亡的不属于国家赔偿的范围。依照《中华人民共和国国家赔偿法》第十七条、《最高人民法院关于人民法院赔偿委员会审理国家赔偿案件程序的规定》第十九条第一项之规定，决定维持赔偿义务机关某某县公安局作出的国家赔偿决定和复议机关某某州公安局作出的刑事赔偿复议决定。

申诉人艾某美、艾某文、艾某申诉称：公安机关组成专案组对艾某河等五人同时布控并实施抓捕，艾某河仅是逃跑，没有当场实施任何暴力行为，没有现实紧迫危险性，艾某河的死亡系抓捕民警违法使用武器、警械造成，某某县公安局应当承担赔偿责任。第一，某某县公安局民警使用枪支违法。一是某某县公安局民警使用枪支时，不符合《中华人民共和国人民警察使用警械和武器条例》第九条第十三项的规定：1. 艾某河是否构成抢劫罪应当由人民法院依法判决，不能简单认定艾某河伙同他人盗窃、抢劫多起；2. 艾某河被枪击时，不属于暴力犯罪行为的紧急情形。二是艾某河的反抗拒捕行为并不属于可以开枪射击的情形。三是民警开枪的主观意志不符合应当开枪的情形。四是民警连开两枪，且并未采取低位射击的方式。五是艾某河中枪时，两位民警已经利用地形对其形成了包围。第二，本案中存在的其他问题是：1. 相关民警携带了执法记录仪却未打开；2. 艾某河身中两枪，民警却只对一处枪伤进行简单止血，急救措施根本无用；3. 艾某河在中枪后被民警面朝下按在地上，并用手铐铐住，加速了艾某河的死亡；4. 无直接证据能够证实，艾某河是因枪击当场死亡，还是因未及时救治、延误抢救时机而死亡。请求：1. 撤销某某县公安局《国家赔偿决定书》、复议机关《刑事赔偿复议决定书》、某某中院国家赔偿决定书。2. 请求赔偿义务机关、复议机关共同赔偿因违法使用武器、警械造成艾某河死亡的赔偿金、丧葬费1448360元，精神损害抚慰金1000000

元，合计2448360元。3. 请求赔偿义务机关、复议机关共同支付艾某生活费（参照当地最低生活保障标准执行）自2018年1月6日付至其年满18周岁止。

被申诉人某某县公安局答辩称：（一）根据《公安机关人民警察佩带使用枪支规范》第七条第二项规定，抓捕民警携带枪支符合规定。（二）根据《中华人民共和国人民警察使用警械和武器条例》第九条第十三项、《公安机关人民警察佩带使用枪支规范》第十五条的规定，抓捕民警使用枪支合法。（三）根据《公安机关人民警察佩带使用枪支规范》第六条的规定，人民警察依法使用枪支造成人员伤亡或者财产损失的，不承担法律责任。（四）事发地公安机关对民警使用枪支情况开展了调查，并将调查结果告知了申请人。综上，该局民警开展专案侦查工作的过程中，依法使用枪支的行为受法律保护，其不承担法律责任。请求云南省高级人民法院依法维持某某县公安局作出的国家赔偿决定。

被申诉人某某州公安局答辩称：第一，复议机关受理申请人的复议申请后，依法对该案进行全面审查，办理案件复议程序合法。第二，某某县公安局做出不予赔偿决定认定事实清楚，证据确实充分，程序合法。请求云南省高级人民法院依法维持某某州公安局作出的刑事赔偿复议决定。

（三）案件核心

暴力犯罪嫌疑人拒捕逃跑时，警察有权开枪射击和使用警械，并无不当。

（四）裁判过程与结果

本院赔偿委员会经审查认为，第一，根据《中华人民共和国人民警察使用警械和武器条例》第十四条之规定，“人民警察违法使用警械、武器……对受到伤亡或者财产损失的人员，由该人员警察所属机关依照《中华人民共和国国家赔偿法》的有关规定给予赔偿”。申诉人请求复议机关共同赔偿于法无据。第二，本案中，艾某河伙同他人在超市实施盗窃时，其用随身携带的匕首伤害被害人的手部和胸部，致被害人轻微伤，并抢走被害人财物的行为已涉嫌抢劫罪，不能因同案人员未被判处抢劫罪而认定艾某河没有涉嫌抢劫犯罪的情形。专案组获悉犯罪嫌疑人艾某河藏身之处后立即组织抓捕行动。持有《中华人民共和国公务用枪持枪证》的公安民警，依专案组工作安排，按公务用枪领用程序领取手枪和子弹，参与对犯罪嫌疑人艾某河的抓捕行动，符合《公安机关人民警察佩带使用枪支规范》第七条之规定。第三，艾某河在出租屋附近发现抓捕民警后便开始逃窜，在抓捕民警亮明身份进行口头警告和鸣枪警告之后，其仍然有拒捕行为。在民警追上艾某河对其实施抓捕时，艾某河强烈反抗，再次拒捕逃跑。在艾某河跑出一段距离后，抓捕民警向艾某河连开两枪，致艾某河受伤倒地后将其制服并铐上手铐。结合艾某河涉嫌抢劫犯罪并拒捕的情形，抓捕民警开枪射击和使用警械的行为符合《中华人民共和国人民警察使用警械和武器条例》第九条第十三项、《公安机关人民警察佩带使用枪支规范》第十五条第十三项之规定，并无不当。第四，按照《中华人民共和国人民警察使用警械和武器条例》第十二条的规定，抓捕民警开枪制服艾某河后，及时对其采取了近心端止血的急救措施，并及时联系医院对艾某河进行抢救。第五，艾某河受伤后，公安机关即请Q县人民检察院提前介入，对抓捕民警使用枪支的执法活动进行监督。Q县人民检察院经调查，亦认为民警在抓捕犯罪嫌疑人艾某河过程中使用枪支的行为属于依法使用枪支。

综上所述，某某县公安局民警在对犯罪嫌疑人艾某河的抓捕行动中，不存在违法使用武器、警械的情形。申诉人艾某美、艾某文、艾某提出的申诉理由不能成立。据此，依据《最高人民法院关于国家赔偿监督程序若干问题的规定》第十三条第二项之规定，决定如下：

驳回申诉人艾某美、艾某文、艾某的申诉。

七、理论探讨与执法指引

根据《中华人民共和国人民警察使用警械和武器条例》第九条规定，人民警察"判明"现场属于15种暴力犯罪行为紧急情形之一，经警告无效的，可以决定现场使用武器，其中所指的"武器"，就是指"枪支、弹药等致命性警用武器"。该条规定的15种紧急情形中有5类属于危害公共安全的情形（如防火、劫持航空器等），其他10类为严重破坏社会秩序或者危及包括警察等在内的他人人身安全的情形（如抢劫、暴力袭警等）。该条还规定："人民警察依照前款规定使用武器，来不及警告或者警告后可能导致更为严重危害后果的，可以直接使用武器。"

1. 判明是否需要使用警械枪支。前述规定中，非常关键的一个词就是"判明"，"判明"实际上为警察使用武器（枪支）设定了一个前置的裁量权力（义务）。从法条规定来看，警察用枪需要判明的核心事项主要包括：是否为"紧急"，是否完全符合法律规定的15种情形之一；达到什么样等级的暴力犯罪行为，才可判定为"紧急"。

2. 现场表明身份程序。警察用枪的现场表明身份有其特殊含义和威慑意义。实践中，警察如何表明身份，法律并无明文规定，但很显然，在紧迫情形下，无论是制服着装展示还是出示执法证件，都可能会存在妨害警察临场处置的有效性。寻求稳妥的身份展示方式，是警察用枪程序设置中的特点之一，是现场裁量权的必备环节，也可以与警告程序等相辅相成，共同彰显警察现场处置的威慑力，从而降低违法行为人的伤亡程度。

3. 现场警告程序。警察开枪前的警告是指警察对违法行为人发出的要求其停止暴力侵害或停止逃跑的告知和警示。在警察用枪实践中，警告程序争议最大的是鸣枪示警的必要性问题。设置现场鸣枪程序的原初意图是增强警察执法的权威性，现场鸣枪在展示强大警力不可抗拒的同时，可以使违法行为人对国家强制力产生畏惧，及时放弃抵抗，进而服从执法。此外，鸣枪行为也是对周围无关人员的一种警示，提醒其迅速离开执法现场或注意躲避。如果程序设置上过于苛求鸣枪警告往往会适得其反，用鸣枪警告来阻止某些违法行为人逃跑或迫使其投降不但通常行不通，而且有时反而会促使其气焰更加嚣张，导致警察失去对其抓捕的有利时机，给现场处理带来不利影响。

4. 枪支使用后的处置报告。处置包括抢救伤员、现场保护、寻找在场目击证人等。报告则是指对枪支使用要及时汇报，具体的汇报机关一般是使用枪支警察所在的公安机关，接到报告后公安机关需要将案件和开枪行为进行调查取证，对枪支使用进行合法性、合理性调查，形成结果，由此贯穿成一个完整的枪支使用程序。

典型案例中，民警使用武器完全符合用枪法定情形：曾某某遭遇民警拦截抓捕，强行关锁驾车冲向民警，危害民警生命安全；曾某某抗拒抓捕，强行冲卡，驾车冲向民警，就是使用暴力拒捕的行为，构成妨害公务；事实查明在使用枪支前民警表明身份，并鸣枪警告，在警告无果的情况下才对曾某某的面包车进行射击，在面包车停下后，在场的民警也及时对曾某某进行了救助并送往医院。在特警执行公务的整个过程中，完全符合警察使用枪支的程序性要求，所以，使用枪支对车辆进行射击的行为完全合规。同样，类案中民警用枪亦符合法律相关规定，因枪击导致拒捕逃跑的抢劫犯罪嫌疑人死亡，公安机关不需承担赔偿责任。

第十章　民事纠纷中的警察执法权限

基层所队民警在日常接处警及执法办案中经办的治安、刑事案件常常为各类民事纠纷引起。一些办案民警通常将行政处罚、刑事处理与引发案件的民事纠纷解决人为分开处理。当涉案违法犯罪嫌疑人被治安行政处罚或侦查终结移送检察机关审查起诉，该案对于公安机关而言在法律程序上就已办结，但对于大部分当事人来说，他们最为关注的却是案件涉及的人身伤害、财产损失等民事赔偿问题。[①] 由于民事部分的纠纷未能在公安执法环节一并解决，特别是因损害赔偿不到位，部分案件受害人对法律规定的民事纠纷处理机关法定职权分工也不了解，加之民警解释疏导不到位，造成受害人对办案民警不满，导致公安环节“案结事不了”，所办案件法律效果与社会效果不好，影响了执法公信力。

矛盾纠纷化解是当前我国法治建设的重要一环。全国各地都探索建立了矛盾纠纷多元化解机制，以期从源头上预防和化解矛盾纠纷，将各类矛盾消除在萌芽状态。现实中，迫切需要明确公安机关在多元纠纷化解中的职能定位，转变角色，以实现与其他纠纷化解主体各司其职，互相配合。

在我国法律体系中，很多条文明确赋予了公安机关调解民事纠纷的权力和义务。如《中华人民共和国治安管理处罚法》第九条规定，公安机关对于引起轻微违反治安管理行为的民间纠纷可以调解处理，并且调解达成协议的，不再对违反治安管理行为人予以处罚；《中华人民共和国道路交通安全法》第七十四条规定，公安机关交通管理部门可以对交通事故损害赔偿纠纷进行调解；《中华人民共和国人民警察法》第二十一条规定，人民警察应当对公民提出解决纠纷的要求给予帮助；《中华人民共和国民法典》第一千一百七十七条规定，受害人在发生纠纷采取自力救济措施后应当立即请求有关国家机关处理（此处的有关国家机关当然包含公安机关）。

---

① 陈洪喜：《民警应更加关注经办案件中的民事争议问题》，载《派出所工作》2021 年第 4 期。

第一节　公安机关应果断处置民间借贷纠纷中殴打他人行为

一、基础知识

民间借贷是一种历史悠久、在世界范围内广泛存在的民间金融活动，属于常见民事行为，看似简单实则形式繁杂。出借人和借款人双方虽心知肚明，但外人难窥其究竟。一旦产生纠纷引发报警求助，当事人通常只陈述有利事实而否认不利事实。作为公安派出所一线处警民警，面对纠纷双方截然不同的两种陈词如何定夺，实属难题。针对日益增多的民间借贷纠纷类警情，类似于“要债可以不准打人”“不归公安管辖去找法院”等处警方式已不能适应现状，处警民警的言行稍有不慎，极易被断章取义，甚至被别有用心之人无限放大，导致公安机关和民警成为众矢之的。①

近年来，民间借贷领域中的纠纷呈井喷式增长，除民商事案件外，高利贷和套路贷的犯罪行为更是被民众和司法实务部门广泛关注。综观对高利贷和套路贷的刑事规制过程，可发现我国对民间借贷的社会控制逻辑是：允许民间借贷行为存在，但坚决惩治以非法手段放贷收贷，并在司法实践中逐步完善对民间金融犯罪的刑事规制。

《中华人民共和国治安管理处罚法》第三十四条第一款规定，盗窃、损坏、擅自移动使用中的航空设施，或者强行进入航空器驾驶舱的，处十日以上十五日以下拘留。第四十三条第一款规定，殴打他人的，或者故意伤害他人身体的，处五日以上十日以下拘留，并处二百元以上五百元以下罚款；情节较轻的，处五日以下拘留或者五百元以下罚款。

《中华人民共和国行政诉讼法》第六十九条规定，行政行为证据确凿，适用法律、法规正确，符合法定程序的，或者原告申请被告履行法定职责或者给付义务理由不成立的，人民法院判决驳回原告的诉讼请求。第八十九条第一款第一项规定，人民法院审理上诉案件，按照下列情形，分别处理：原判决、裁定认定事实清楚，适用法律、法规正确的，判决或者裁定驳回上诉，维持原判决、裁定。

二、案件来源

付某玲诉某市公安局某分局治安行政处罚案②

---

① 张硕果：《如何处置民间借贷纠纷类警情》，载《派出所工作》2017 年第 8 期。

② 河南省洛阳市中级人民法院（2017）豫 03 行终 139 号行政判决书。

三、主要案情

2015 年 4 月，付某玲因与王某飞及担保人刘某兵民间借贷纠纷，将二人诉至某市某区人民法院，并向法院提交财产保全申请，法院查封了被告王某飞的某 C×××××号小型汽车、被告刘某兵的某 C×××××号小型汽车各一辆。2015 年 11 月 20 日，某区人民法院作出（2015）西民三初字第 1138 号民事判决书，判令王某飞偿还付某玲借款本金及利息，被告刘某兵对偿还 5 万元本金及利息在执行中扣除抵押车辆实际实现的价款之外承担连带清偿责任。判决书生效后，王某飞及担保人刘某兵未按期履行判决所述义务，付某玲申请法院强制执行。2016 年 3 月 1 日，某区人民法院工作人员就此案的执行问题，传付某玲、刘某兵、王某飞（王某飞未到法院，其妻子白某欠替代其丈夫王某飞）到庭予以协商调解，刘某兵妻子张某梅亦于同日到法院参与其中。其间刘某兵有事先行离开，留下其妻子张某梅继续与付某玲协商。因双方协商未果，付某玲要账心切，紧随张某梅不让其离开，为此又将已经回去的白某欠找来，最终三人及随行人员到白某欠家继续商谈还款事宜，直到 2016 年 3 月 2 日凌晨在协商未果的情况下，付某玲等人强行将某 C×××××车钥匙拿走。张某梅在付某玲等人走后报警，经某区分局调查处理，认定付某玲在强行拿走车钥匙期间造成张某梅头部软组织挫伤，经法医鉴定结果为轻微伤。2016 年 5 月 26 日，某区分局作出行政处罚决定书，张某梅、付某玲均向某市公安局提出复议申请，2016 年 8 月 4 日，某市公安局作出行政复议决定书，撤销了行政处罚决定，重新处理。之后，某区分局于 2016 年 12 月 14 日重新作出《行政处罚决定书》，处罚结果和第一次所做的处罚决定一致，仍旧是根据《中华人民共和国治安管理处罚法》第三十四条第一款之规定，对付某玲处以罚款三百元的行政处罚。原告张某梅直接向人民法院提起行政诉讼，第三人付某玲向市公安局提出申请复议。在张某梅诉讼期间，原审法院依法追加付某玲为第三人参加诉讼。付某玲接到追加通知，即向某市公安局提出撤回复议申请，以同样的理由向法院提起行政诉讼，请求撤销《行政处罚决定书》。

原审认为：本案张某梅的丈夫刘某兵作为王某飞借付某玲钱款的担保人，未予履行人民法院生效判决书所确定的义务。在法院工作人员主持协商调解期间，刘某兵明知自己车内搁置现金 17000 元，对于判决由其承担还款义务的连带责任不予积极履行，主观、客观上均存有不履行法院生效判决的意念和行为，且借故离开，留下其妻子张某梅和付某玲继续协商还款事宜，最终引发付某玲、张某梅之间的纠葛。付某玲作为债权人要账心切的心情可以理解，但要采取合法有效手段且不能伤害他人，因其和同伴采取过激行为强取车钥匙，造成张某梅头部软组织损伤的行为，违反了《中华人民共和国治安管理处罚法》的有关规定。被告某区分局作出的《行政处罚决定书》认定事实清楚、程序合法、适用法律准确。故依照《中华人民共和国行政诉讼法》第六十九条之规定，判决：驳回原告付某玲的诉讼请求。

付某玲不服原审判决，向本院提起上诉称：一审认定事实错误，本案是由张某梅的丈夫刘某兵作为王某飞借付某玲钱款的担保人，未予履行人民法院生效判决书所确定的义务引起的，张某梅担心法院会拘留刘某兵，表示自愿用刘某兵的车质押给上诉人，等找到王某飞和王某飞的车之后，刘某兵就不再承担责任，是张某梅主动把车钥匙交给上诉人的，不存在公安机关认定的强要钥匙致张某梅受伤的情况，因此，请求撤销原审判决，予以改判。

被上诉人某市公安局某分局答辩称：一审法院认定事实清楚，付某玲因与张某梅丈夫刘某兵存在民事纠纷，经多次协商未果，付某玲等人强行将张某梅车钥匙拿走，造成张某梅头部软组织挫伤，经鉴定为轻微伤；一审判决适用法律正确。综上，请求驳回上诉，维持原判。

原审第三人张某梅述称：付某玲伙同他人对我进行殴打，强抢我车钥匙的事实有白某欠证言及询问笔录、何某某证言为证，付某玲及其同伙限制了我的人身自由，强行逼迫恐吓并使用暴力限制我的人身自由长达十几个小时之久，一审法院认定事实错误，公安机关受理报警后没有立即进行调查，程序违法，对付某玲的处罚明显过轻，适用法律错误。请求撤销原审判决，依法改判或发回重审。

四、案件核心

债权人讨债应采取合法有效手段且不能伤害他人，采取过激行为强取车钥匙，造成被害人头部软组织损伤的行为，违反了《中华人民共和国治安管理处罚法》。

五、裁判过程与结果

二审法院认为，本案某市公安局某分局在接到报警后，对张某梅受伤一事展开调查，通过询问张某梅、付某玲、白某欠、刘某兵等人并进行走访，查清了案件事实，认为付某玲在强行拿走张某梅车钥匙期间造成张某梅头部软组织挫伤，经法医鉴定结果为轻微伤，决定给予付某玲罚款三百元。某市公安局某区分局作出的《行政处罚决定书》，认定事实清楚、程序合法、适用法律准确。原审判决驳回付某玲的诉讼请求并无不当。付某玲的上诉请求缺乏事实和法律依据，本院不予支持。依照《中华人民共和国行政诉讼法》第八十九条第一款第一项之规定，判决如下：驳回上诉，维持原判。

六、类案比较

（一）案件来源

程某诉某县公安局、某县人民政府行政处罚案①

（二）主要案情

王某民诉程某明民间借贷纠纷一案，已在某市中级人民法院立案执行。2015年8月14日16时许在某县温泉大酒店大厅，某市中级人民法院执行工作人员在调解案件过程中，程某明与王某民发生争执，随后赶到的原告程某对王某民进行殴打，接着程某与王某民相互殴打，后程某、程某明、王某三人对王某民进行殴打。被告某县公安局（以下简称县公安局）接到报案后，随即出警至现场予以处理，于当日立案，并履行了取证、告知、裁决、送达等法定程序。2015年10月14日，县公安局作出行政处罚决定，决定对程某处以行政拘留八日、罚款三百元的处罚。程某不服该处罚决定，于2015年12月10日向被告某县人民政府（以下简称县政府）提起行政复议申请，县政府于同日受理。2016年1月22日，县政府作出行政复议决定，维持了上述处罚决定。程某仍不服，提起本案行政诉讼。

原审法院认为，被告县公安局接到报警后，及时立案并调查取证。当事人陈述、证人证言及现场视频等证据可以证实原告程某殴打王某民的事实。被告县公安局依据《中华人民共和国治安管理处罚法》第四十三条第一款之规定，对程某作出涉案行政处罚决定，认定事实清楚，证据确凿，适用法律正确，程序合法，应予支持。被告县政府作出的涉案行政复议决定，程序合法。依据《中华人民共和国行政诉讼法》第六十九条之规定，原审判决：驳回原告程某的诉讼请求。

原审原告程某不服一审判决，上诉称事发时上诉人父亲程某明与王某民正在协商事情，上诉人到达现场时并未与被上诉人王某民发生肢体冲突，王某民从沙发起身后与上诉人纠缠在一起，双方才发生殴打行为。王某民积极投入斗殴过程并予以反击。王某民称受到损伤并曾要求做法医鉴定，但公安机关并未组织鉴定，无证据证实王某民受到伤害。《某省公安机关实施治安管理处罚法细化标准》（以下简称《细化标准》）规定，“亲友、邻里、同事、熟人之间因纠纷引起，双方均有过错的”“伤害后果明显轻微”的情形应为《中华人民共和国治安管理处罚法》第四十三条第一款规定的“情节较轻”的情形。涉案治安案件因程某明与王某民存在经济纠纷而起，王某民对该案发生同样有责任。本案无证据证实王某民因上诉人殴打行为造成严重后果。上诉人殴打王某民的情形，应属《中华人民共和国治安管理处罚

① 山东省滨州市中级人民法院（2016）鲁16行终70号行政判决书。

法》第四十三条第一款规定的“情节较轻”的情形，涉案行政处罚决定认定事实及适用法律错误。一审法院认定事实及适用法律错误，请求二审法院依法撤销一审判决，并予以改判。

被上诉人县公安局答辩称，是否做伤情鉴定是王某民的权利，县公安局尊重其选择并不违反法定程序。涉案治安案件发生时法官正在调解案件，上诉人和王某将王某民打伤致其住院治疗，王某民身体受到严重伤害，本案不属于《中华人民共和国治安管理处罚法》第四十三条第一款规定的“情节较轻”的情形。一审法院认定事实清楚，适用法律正确。请求二审法院驳回上诉，维持原判。

被上诉人县政府答辩称，县政府履行了审批、告知等程序，对县公安局提交的证据材料进行了严格审查，作出涉案行政复议决定，认定事实清楚、证据确凿，适用法律法规正确，程序合法。请求二审法院驳回上诉，维持原判。

被上诉人王某民未到庭参加诉讼，亦未提交书面陈述意见。

当事人在一审中提交的证据随卷移送至本院，二审均未提交新证据。本院经审理查明的事实与一审判决认定的事实一致，本院予以确认。

（三）案件核心

民间借贷纠纷引起的斗殴致人伤害的是否应予治安处罚。

（四）裁判过程与结果

二审法院认为，《中华人民共和国治安管理处罚法》第四十三条第一款规定，“殴打他人的，或者故意伤害他人身体的，处五日以上十日以下拘留，并处二百元以上五百元以下罚款；情节较轻的，处五日以下拘留或者五百元以下罚款”。上诉人程某对其殴打被上诉人王某民的事实不持异议，其上诉的主要理由为根据《细化标准》的规定，本案应适用《中华人民共和国治安管理处罚法》第四十三条第一款中“情节较轻”的规定，县公安局作出的涉案行政处罚决定处罚过重。本案确系因上诉人父亲程某明与王某民之间的民间借贷纠纷而起，但上诉人并未提供相关证据证实王某民存在过错。王某民是否做伤情鉴定并非县公安局适用《中华人民共和国治安管理处罚法》第四十三条第一款规定的法定条件。王某民所受伤害是否属于《细化标准》中“伤害后果明显轻微的”情形，属于县公安局行政自由裁量权的范围。根据本案相关证据可以证实上诉人、程某明及王某三人殴打王某民，事发后王某民在某市中心医院住院治疗等事实，县公安局认为王某民所受伤害不属于“伤害后果明显轻微的”情形并无不当。上诉人程某的上诉理由不能成立，本院不予支持。县公安局依据《中华人民共和国治安管理处罚法》第四十三条第一款的规定对上诉人作出行政处罚决定，决定对上诉人处以行政拘留八日、罚款三百元的处罚，认定事实清楚，适用法律正确，程序合法。被上诉人县政府作出行政复议决定，程序合法。一审判决驳回上诉人的诉讼请求并无不当。依据《中华人民共和国行政诉讼法》第八十九条第一款第一项之规定，判决如下：驳回上诉，维持原判。

七、理论探讨与执法指引

在“付某玲诉某市公安局某分局公安行政管理案”中，原告付某玲与第三人张某梅存在民间借贷纠纷并发生殴打行为，经法医鉴定结果为轻微伤。某区分局作出的行政处罚决定事实认定清楚、程序合法、适用法律准确，得到了法院的支持。在人身权的保护上，公安机关对于民间经济纠纷类的治安案件处理较为坚决，在司法判决中也基本得到法院的支持。同样，类似的案件例如“程某诉某县公安局行政纠纷案”中，第三人王某民与程某明因民间借贷纠纷，原告程某对王某民进行殴打，县公安局作出行政处罚决定，决定对程某处以行政拘留八日、罚款三百元的处罚。“程某案”的判决书中提到：“王某民是否做伤情鉴定并非县公安局适用《中华人民共和国治安管理处罚法》第四十三条第一款之规定的法定条件。王某民所受伤害是否属于《细化标准》中‘伤害后果明显轻微的’情形，属于县公安局行政自由裁量权的范围。上诉人程某的上诉理由不能成立，本院不予支持。”公安机关因民事争议当事人实施人身权侵害而作出行政处罚决定的案件，往往基于医疗鉴定作出处罚，表明公安机关在民间经济纠纷类案件中处于谨慎的地位。

客观上，确定人身侵害的医疗鉴定证据与行政处罚决定之间并不存在直接的逻辑联系。根据《中华人民共和国治安管理处罚法》第四十三条规定，是否造成轻微伤的医疗鉴定证据应当是作为划分行政处罚等级的标准（即行政裁量权的考量），而不是作出行政处罚的标准。可见，在介入基准的具体表现上，公安机关将人身权保护作为介入民间经济纠纷的原则，而侧重于以医疗鉴定证据来作出行政处罚的立场，明显表达出公安机关在民间经济纠纷问题上谨慎的态度。基层的公安机关在有效的制度空间内，以一线执法的智识，在“人身权”这一最重要的治安要素上，把握住了处理民间经济纠纷类治安案件的主线。①

在处置民间借贷纠纷类警情过程中，应当更多地尊重当事人的自主安排和选择，少用、慎用各类针对人身和财产的强制措施。处警民警不仅必须熟练掌握刑法、治安管理处罚法、人民警察法等刑事行政类法律法规，更重要的是应当了解民法典等民事类法律法规和最高人民法院的相关司法解释。学好和掌握上述知识，能

① 刘冰捷：《民间经济纠纷类治安案件警察介入的界限》，载《行政法学研究》2019 年第 6 期。

使处警民警在处置民间借贷纠纷类警情过程中，胸中更具有法律底蕴，口头更善于释法说理，可以有效提高处警质量，提升人民群众满意度。处置民间借贷纠纷类警情的四点建议：

1. 快速到达现场，详细询问并登记双方的身份资料、纠纷起因、各自诉求等信息，表达公安机关依法提供帮助、维护合法民事行为的态度，稳控双方情绪。

2. 查看、了解双方提供的物证、书证、证人证言、视听资料等借贷证据，初步判断债权债务关系是否存在，依法告知双方公安机关的法定权限以及解决民事争议的途径。

3. 完成上述两步后，处警民警不要急于撤离现场，而应花几分钟的时间冷静分析现场态势，如果双方在民警离开后可能爆发更大冲突，引发新的警情，就不要图一时省事而招致更大麻烦，此时可将双方引导带至法院、司法所、人民调解办公室等部门进一步协商处理。

4. 如果现场发生属于公安机关管辖的触犯刑法和治安管理处罚法的违法犯罪行为，如侮辱殴打他人、故意伤害、寻衅滋事、敲诈勒索、非法拘禁（非法限制人身自由）、威胁人身安全、非法侵入住宅、故意损毁（毁坏）财物、发送信息干扰正常生活等，应果断采取措施予以制止，同时收集证据进行打击处理。①

第二节　公安机关应制止侵犯财产权的不当自力救济

一、基础知识

民间纠纷中的涉财类纠纷包括经济纠纷与涉及财产安全纠纷，二者存在明显不同，前者多是基于合同而产生的交易摩擦，后者则倾向于指代那些施加于财物的物理性行为，当然二者均不是犯罪，它们的社会危害性并没有达到刑法规制标准，因此区别于财产型犯罪。明晰经济纠纷与涉及财产安全纠纷的不同对于警察权的准确介入具有指导性意义。如果涉财类纠纷内容是围绕合同而发生的，则警察权禁止介入。假如警情内容含有针对个人或公共财产的物理性不端行为，那么警察权则有权介入。

《中华人民共和国人民警察法》第二十一条规定，人民警察遇到公民人身、财产安全受到侵犯或者处于其他危难情形，应当立即救助；对公民提出解决纠纷的要求，应当给予帮助；对公民的报警案件，应当及时查处。人民警察应当积极参加抢

① 张硕果：《如何处置民间借贷纠纷类警情》，载《派出所工作》2017年第8期。

险救灾和社会公益工作。

《中华人民共和国治安管理处罚法》第二条规定，扰乱公共秩序，妨害公共安全，侵犯人身权利、财产权利，妨害社会管理，具有社会危害性，依照《中华人民共和国刑法》的规定构成犯罪的，依法追究刑事责任；尚不够刑事处罚的，由公安机关依照本法给予治安管理处罚。

《机动车交通事故责任强制保险条例》① 第二条规定，在中华人民共和国境内道路上行驶的机动车的所有人或者管理人，应当依照《中华人民共和国道路交通安全法》的规定投保机动车交通事故责任强制保险。机动车交通事故责任强制保险的投保、赔偿和监督管理，适用本条例。

《中华人民共和国刑事诉讼法》第一百一十条规定，任何单位和个人发现有犯罪事实或者犯罪嫌疑人，有权利也有义务向公安机关、人民检察院或者人民法院报案或者举报。被害人对侵犯其人身、财产权利的犯罪事实或者犯罪嫌疑人，有权向公安机关、人民检察院或者人民法院报案或者控告。公安机关、人民检察院或者人民法院对于报案、控告、举报，都应当接受。对于不属于自己管辖的，应当移送主管机关处理，并且通知报案人、控告人、举报人；对于不属于自己管辖而又必须采取紧急措施的，应当先采取紧急措施，然后移送主管机关。犯罪人向公安机关、人民检察院或者人民法院自首的，适用第三款规定。

《中华人民共和国行政诉讼法》第十二条规定，人民法院受理公民、法人或者其他组织提起的下列诉讼：（1）对行政拘留、暂扣或者吊销许可证和执照、责令停产停业、没收违法所得、没收非法财物、罚款、警告等行政处罚不服的；（2）对限制人身自由或者对财产的查封、扣押、冻结等行政强制措施和行政强制执行不服的；（3）申请行政许可，行政机关拒绝或者在法定期限内不予答复，或者对行政机关作出的有关行政许可的其他决定不服的；（4）对行政机关作出的关于确认土地、矿藏、水流、森林、山岭、草原、荒地、滩涂、海域等自然资源的所有权或者使用权的决定不服的；（5）对征收、征用决定及其补偿决定不服的；（6）申请行政机关履行保护人身权、财产权等合法权益的法定职责，行政机关拒绝履行或者不予答复的；（7）认为行政机关侵犯其经营自主权或者农村土地承包经营权、农村土地经营权的；（8）认为行政机关滥用行政权力排除或者限制竞争的；（9）认为行政机关违法集资、摊派费用或者违法要求履行其他义务的；（10）认为行政机关没有依

---

① 《机动车交通事故责任强制保险条例》，载国家法律法规数据库，https：//flk. npc. gov. cn/detail2. html？ZmY4MDgwODE2ZjNjYmIzYzAxNmY0MTM0NzUwODFjZjc%3D，最后访问时间：2022 年 3 月 29 日。

法支付抚恤金、最低生活保障待遇或者社会保险待遇的；（11）认为行政机关不依法履行、未按照约定履行或者违法变更、解除政府特许经营协议、土地房屋征收补偿协议等协议的；（12）认为行政机关侵犯其他人身权、财产权等合法权益的。除前款规定外，人民法院受理法律、法规规定可以提起诉讼的其他行政案件。

《中华人民共和国行政复议法》第六十八条规定，行政行为认定事实清楚，证据确凿，适用依据正确，程序合法，内容适当的，行政复议机关决定维持该行政行为。

《中华人民共和国国家赔偿法》第二条规定，国家机关和国家机关工作人员行使职权，有本法规定的侵犯公民、法人和其他组织合法权益的情形，造成损害的，受害人有依照本法取得国家赔偿的权利。本法规定的赔偿义务机关，应当依照本法及时履行赔偿义务。

二、案件来源

王某诉龚某飞等财产损害赔偿纠纷案①

三、主要案情

王某系牌号为某A×××××小型越野客车的车主，车辆于2010年9月16日在公安机关登记注册。2016年2月16日11时30分许，王某在某市某法庭门口与龚某飞、高某利等人发生争执，龚某飞报警。某市公安局接到报警后立即指派民警出警处置，经现场了解，系龚某飞等人称与王某存在经济纠纷，发生揪扭。处警结果为：情节轻微，双方互不追究法律责任。后王某离开现场，其所驾驶的某A×××××小型越野客车留在某法庭门口。龚某飞、高某利等人为防止王某将车开走，将车辆轮胎放气。当日19时许，王某派人前去开车时发现轮胎被放气，遂开车至某汽修厂充气。龚某飞、高某利等人赶至某汽修厂，阻止王某派去开车的人驾车离开。后该车被开至某路，龚某飞、高某利等人用汽车将该车前后围堵，王某的外甥袁某祝遂报警。某市公安局接到报警后指派民警出警处置，处警结果为：告知双方通过法律途径解决。袁某祝和高某利在处警现场处结备案单上签字，对处置结果无异议，后王某派去开车的人离开现场。次日，王某派人去开车时，发现车辆已被开走，王某女婿金某斌遂至某镇中心派出所报警，称车辆被抢。后某市公安局对龚某飞、高某利进行询问，龚某飞、高某利称车辆确系他们开走，车辆的一个后轮已卸掉，他们的目的并不是要车，而是要让王某出面解决双方之间的经济纠纷。2016年2月

---

① 江苏省南通市中级人民法院（2019）苏06民终85号民事判决书。

26 日，某市公安局某镇中心派出所向王某出具了接处警说明一份，主要内容为："对金某斌报警称其岳父王某的汽车被人抢走，对该警情调查得知：高某利等人自称与王某存在经济纠纷，2016 年 2 月 17 日高某利等人将王某牌照为某 A×××××的汽车扣走，以此要求王某出面解决双方的经济纠纷问题。"王某后再次向某市公安局提出刑事立案要求，某市公安局于 2016 年 3 月 8 日作出不予立案通知书，对王某提出控告的汽车被抢案，以经审查没有犯罪事实为由，决定不予立案。后王某向某省某市人民检察院提出申诉，该院于 2016 年 6 月 13 日向某市公安局发出要求说明不立案理由通知书，要求某市公安局说明王某申诉高某利等人涉嫌盗窃罪的不立案理由。2016 年 6 月 17 日，某市公安局作出不立案理由说明书，认为：高某利等人与王某之间属于经济纠纷，故没有犯罪事实。2016 年 8 月 1 日，王某以邮寄的方式向某市公安局提交财产保护申请书一份，要求某市公安局对高某利等人非法扣押王某的车辆的行为予以行政处罚，要求某市公安局责令高某利等人归还其车辆。某市公安局收到上述申请书后，通过电话告知王某可依法提起民事诉讼。王某不服，遂于 2016 年 12 月 21 日向某市人民法院提起行政诉讼，要求确认某市公安局不履行财产保护的行政行为违法，并要求某市公安局履行保护王某小型越野客车的法定职责。2017 年 5 月 27 日，某市人民法院作出（2016）某 0684 行初 249 号行政判决书，支持了王某的诉讼请求。该判决书第六页第六行载明："……首先，案涉车辆为王某的合法财产，王某对该车辆的占有、使用是其合法权利，该权利不应受到非法侵犯。案外人高某利等人以其与王某之间存在民事纠纷为由，强行扣押王某车辆的行为，属侵犯王某占有、使用财产权利的行为，不具有合法性。高某利等人以私力强占王某车辆的方式来解决所谓经济纠纷，具有明显的社会危害性，属于治安行政管理的范畴……"2017 年 10 月 20 日，某市中级人民法院作出（2017）某 06 行终 503 号行政判决书，维持了一审行政判决书。该行政判决书指出："……私力救济是指权利主体在法律允许的范围内，依靠自身的实力，通过实施自卫行为或自助行为来救济自己被侵害的权利。自助行为应具备四个条件：为保护自己的合法权利；情势紧迫来不及请求公力救济；采取的手段适当；事后及时请求有关部门处理。本案中，高某利等人的债权人身份未得到确认，即使高某利等人是债权人，亦应当经过法定程序，通过诉讼、申请诉讼保全等合法途径解决，不存在情势紧迫来不及请求公力救济的情形。高某利等人以私力强占方式实施的自我救济行为，侵犯了王某的财产权，且扣押至今未请求有关部门处理，该行为不具有合法性，不属正当的私力救济……"

2018 年 1 月 31 日，王某（甲方）与高某利、龚某飞（乙方）签订协议一份，约定：一、甲乙双方均同意委托某公司（4S 店）对某 A×××××车辆进行维修。二、甲乙双方确认，高某利、龚某飞于2018年1月31日自愿先支付某A×××××车辆维修费用17000元，同时，当天将车辆交由某公司拖走维修；若王某认为赔偿数额不够，可通过法院起诉解决。三、甲乙双方保证本协议的签订和履行得到充分及必要的授权，保证本协议的签订和今后的履行将不存在任何事实和法律障碍。四、甲乙双方因履行本协议所发生的或与本协议有关的一切争议，应当友好协商解决。如协商不成，可向王某所在地法院起诉。

2018年4月16日，某公司对案涉车辆开始进行维修，王某在任务委托书上签字。5月9日，某公司出具机动车维修费用结算清单，共计92808元，其中材料费67789.37元、工时费25019元，清单中包含四只轮胎17548元、喷漆15600元。同日，某公司出具情况说明一份，载明：甲方王某、乙方高某利、龚某飞共同委托某公司维修某A×××××车辆，维修完成总计92808元，乙方已经先前垫付17000元，余款75808元由甲方王某支付，发票已开75808元，特此说明。

一审另查明，案涉某A×××××车辆于2015年7月6日至2016年7月5日的交强险保费2400元、商业险保费9388.51元；于2016年7月6日至2017年7月5日期间的交强险保费2400元、商业险保费9590.64元；于2017年7月6日至2018年7月5日期间的交强险保费2400元、商业险保费5882.33元。

四、案件核心

龚某飞、高某利以其与王某之间存在民事纠纷为由，强行扣押王某车辆的行为，属侵犯王某占有、使用财产权利的行为，不具有合法性。

五、裁判过程与结果

一审法院认为，本案的争议焦点是：一、龚某飞、高某利扣押王某车辆是否具有合法性，王某有无扩大损失。二、王某主张费用的合理性。

关于第一个争议焦点，所有权人对自己的不动产或者动产，依法享有占有、使用、收益和处分的权利。根据已经生效的某市人民法院以及某市中级人民法院的行政判决书确认的内容，案涉车辆为王某的合法财产，王某对该车辆的占有、使用是其合法权利，该权利不应受到非法侵犯。龚某飞、高某利以其与王某之间存在民事纠纷为由，强行扣押王某车辆的行为，属侵犯王某占有、使用财产权利的行为，不具有合法性。龚某飞、高某利以私力强占方式实施的自我救济行为，侵犯了王某的财产权，且扣押未请求有关部门处理，该行为不具有合法性，不属正当的私力救济。王某通过合法途径，要求公安机关公力救济，保护自己的合法权益，虽然经行政诉讼一审、二审，时间较长，但不属于扩大损失。龚某飞、高某利当时应当及时终止违法扣押的行为，其持续违法扣押的行为，是其自身造成，应自担后果。双方于2018年1月31日签订协议，自此龚某飞、高某利终止违法扣押的行为，而王某至2018年4月才对车辆进行维修，由于案涉车辆系进口汽车，法院酌定汽车的维修时间为2个月，超出的时间系王某扩大损失。综上，对于因龚某飞、高某利违法扣押王某车辆造成的王某的合理损失，龚某飞、高某利应当依法予以赔偿。

关于第二个争议焦点。1. 车辆维修费用。根据双方于2018年1月31日签订的协议，双方一致确认由某公司对车辆进行维修，根据王某提供的证据，共计发生费用92808元（包含龚某飞、高某利先行垫付的17000元），其中包含更换轮胎17548元、喷漆15600元，考虑到王某车辆注册登记于2010年9月16日，车龄已经七年多，龚某飞、高某利违法扣押从2016年2月17日至2018年1月31日，接近2年，更换轮胎、喷漆属于重大的维修项目，一般轮胎可以使用四五年，车辆使用时间长之后重新喷漆属于正常情况，王某未提供证据证明龚某飞、高某利扣押车辆期间导致轮胎损坏、全车油漆损坏，故更换轮胎17548元、喷漆15600元应予扣除，法院认定车辆维修费用为59660元。2. 车辆保险费。根据王某提供的保单等证据，其为案涉车辆投保，其中交强险每年2400元。法院认为，案涉车辆在龚某飞、高某利扣押期间，王某无法使用车辆，根据《机动车交通事故责任强制保险条例》第二条的规定，王某必须为案涉车辆投保交强险，按照交强险每年2400元的标准，从2016年2月17日至2018年1月31日，共计24个月，法院确认为4800元。在案涉车辆无法使用期间，王某投保的商业险属于扩大损失，对扩大部分的保险费，依法不予支持。3. 替代性交通工具费用。由于龚某飞、高某利违法扣押案涉车辆，王某可以租车替代交通。考虑到王某长期租车，不同于短期租车，以及租赁案涉车辆同等价位车辆，结合龚某飞、高某利扣押车辆的时间，以及案涉车辆的修理时间，法院酌定按照5000元/月，计算26个月，计算为130000元。

综上，王某的损失为车辆维修费59660元、保险费4800元、替代性交通费用130000元，合计194460元，扣除龚某飞、高某利先行垫付的17000元，龚某飞、高某利还应赔偿177460元。一审法院判决：一、龚某飞、高某利于判决生效之日起十日内一次性赔偿王某人民币177460元。二、驳回王某的其他诉讼请求。案件受理费5574元，公告费350元，合计5924元，由王某负担1585元，龚某飞、高某利负担4339元。

二审法院认为，龚某飞、高某利违法扣押王某的车辆，对其造成的损失应当予以赔偿。双方协商确定由某公司对车辆进行维修，17000元只是暂定的费用，龚某飞、高某利认为17000元已包含所有维修费用没有依据。但王某主张对方赔偿维修费用也需该费用系对方违法扣车所造成。更换轮胎和全车喷漆属于重大维修，王某所举证据未能证明对方违法扣押车辆必然导致轮胎损坏需要全部更换，全车油漆损坏需要重新喷漆，故一审对该两部分费用予以扣除并无不当。关于保险费用，龚某飞、高某利扣押车辆导致王某无法使用，王某再投保商业险属扩大损失，王某应责任自负。关于替代性交通工具的费用，龚某飞、高某利扣押王某使用的车辆，应当支付其替代性交通费用，但王某要求对方支付同等档次车辆租车费用也不合理，一审综合考虑多种因素，酌情认定的替代性交通费用合理。关于一审程序，并无违法导致本案发回重审的情形。

综上，王某、龚某飞、高某利的上诉请求均不能成立，一审判决认定事实清楚，适用法律正确，应予维持。依照《中华人民共和国民事诉讼法》第一百七十条第一款第一项规定，判决如下：驳回上诉，维持原判。

六、类案比较

类案一

（一）案件来源

佘某华诉某市公安局不履行法定职责案①

（二）主要案情

原告佘某华诉被告某市公安局不履行法定职责一案，本院于2017年1月3日立案受理。本院依法组成合议庭进行了审理，现已审理终结。

原告佘某华诉称，2015年1月8日早，张某珠、李某等人在原告不知情的情况下将原告所有的某×××××轿车拖走。2015年1月15日，原告向被告提出控告，并为此提起行政诉讼。某市中级人民法院作出（2016）某06行终90号行政判决（以下简称90号行政判决），责令被告于判决后30日内对原告的报案作出处理。被告至今未对张某珠、李某等人根据治安管理处罚法的相关规定进行处理。原告遂起诉要求确认被告未履行法定职责的行为违法。

被告某市公安局辩称，针对原告报案的事项，被告经审查认为没有发现犯罪事实，也无依法需要行政处理的情形。被告于2016年5月25日作出不予立案通知书（以下简称16号通知书），系履行了90号行政判决。原告提起本次诉讼的实质是认为被告未履行人民法院生效判决，其起诉不属于人民法院受案范围。请求驳回原告起诉。

90号行政判决确认以下事实，原告佘某华系某×××××某牌轿车的车主，佘某

① 江苏省海安县人民法院（2017）苏0621行初2号行政裁定书。

系原告佘某华之子。2015年1月8日8时许，被告接到佘某电话报警，称有人因与其父佘某华有经济纠纷故而阻拦其车辆不让其走。被告接到报警后立即指派民警出警处置，经现场了解，系张某珠、李某等人因与原告佘某华存在经济纠纷，希望以此方式促使原告佘某华出面与其协商解决纠纷。被告民警在现场告知张某珠、李某等人应通过合法途径维护自己的合法权益，不得有违法行为。当日下午，案外人薛某银电话联系拖车公司将案涉车辆拖走，在拖车过程中，李某将拖走原告汽车一事向其发短信予以告知，并希望其能出面解决经济纠纷。案涉车辆被拖走后，佘某于2015年1月10日再次至某市公安局某派出所报警，要求被告依法履职。原告佘某华向被告邮寄了一份日期为2015年1月15日的“抢劫某×××××轿车举报材料”，在该举报材料中要求被告立案追回车辆、追究行为人的违法犯罪责任。2015年1月15日，原告佘某华至某市公安局某派出所再次报警，要求被告帮其将汽车追回并追究相关人员的法律责任。接警后，被告向李某、薛某银、戴某庆等人进行了调查询问，并分别制作了询问笔录。原告认为，直到其起诉之时，被告并未将案涉车辆追回，因被告未向其出具受案回执单且未在法定审限内办结该治安案件，未依法履行保护公民财产安全的法定职责，故而于2015年3月13日向某县人民法院提起行政诉讼，其诉讼请求主要为责令被告履行法定职责，依法办理治安案件。2015年12月12日，某县人民法院作出（2015）某行初字第00150号行政判决，驳回原告佘某华的诉讼请求。原告佘某华不服，提起上诉。2016年4月25日，某市中级人民法院作出90号行政判决，撤销了某县人民法院（2015）某行初字第00150号行政判决；并确认某市公安局未依法履行职责的行为违法，责令某市公安局在三十日内对佘某华的报案作出处理决定。

另查明，2016年5月25日，某市公安局作出16号通知书，主要内容为：“佘某华，你于2015年1月15日提出控告的被抢夺案，我局经审查认为没有犯罪事实，根据《中华人民共和国刑事诉讼法》第一百一十条之规定，决定不予立案。”次日，某市公安局向佘某华邮寄送达该通知书。2016年8月10日，某县人民法院对佘某华向其申请强制执行90号行政判决第三项“责令某市公安局在三十日内对佘某华的报案作出处理决定”立案受理。同月31日，某市公安局将16号通知书交至某县人民法院。某县人民法院据此认为某市公安局已作出处理决定，履行法定职责案已全部执行完毕，遂作出结案通知书，并于2016年9月26日办理结案。原告向本院提起行政诉讼，引发本案。

（三）案件核心

公安机关应否干预民事争议当事人通过暴力强占的方式开走民事争议相对方的汽车。

（四）裁判过程与结果

本院认为，“一事不再理”是人民法院受理案件所应遵循的一项基本诉讼原则，对于已经裁判并发生法律效力的案件，当事人不得再行提起诉讼，否则构成重复起诉，其目的在于维护法律的统一性、稳定性。就本案而言，佘某华因车辆被他人强行进入并拖走的行为，要求被告依法给予治安查处。对此，某市中级人民法院作出的生效判决已明确被告某市公安局未依法履行治安案件的查处职责，并责令被告于三十日内对佘某华的报案作出处理决定。该判决确定的履行内容具体、明确，被告应当在规定期限内履行治安案件的查处职责，对佘某华的报案作出处理决定。被告于2016年5月25日作出的16号通知书的性质是刑事处理决定，而非行政处理决定。本院不能据此认定被告已根据生效判决的要求履行了治安案件的查处职责并作出了行政处理决定。被告某市公安局的行为，明显与生效判决确定的履行义务相悖，属于不恰当履行生效判决确定的义务。虽然该执行案件已经结案，但并不能认为生效判决确定的义务已经履行完毕。原告佘某华在人民法院已判决支持其诉讼请求的情况下，将本应通过强制执行程序解决的事项，再行提起行政诉讼，作为胜诉方的原告佘某华明显缺乏需要通过诉讼保护的利益，向本院提起的诉讼构成了重复起诉。依据《中华人民共和国行政诉讼法》第四十九条第四项的规定裁定如下：驳回原告佘某华的起诉。

类案二

（一）案件来源

卢某朋诉某县公安局公安行政管理、治安管理案①

（二）主要案情

原告卢某朋系某县某镇人。2019年4月18日，原告卢某朋的弟弟卢某与其妻子吴某兰在自家围墙边焊接围栏，原告卢某朋认为卢某夫妇的行为是违法的，其前往阻止卢某夫妇焊接围栏，但卢某夫妇不听劝阻，继续焊接围栏。原告卢某朋为了阻止卢某继续焊接围栏，就爬上卢某家的围墙，推倒卢某家围墙上的砖，致使卢某家围墙受到损毁，卢某看到围墙被推倒后，拿起铁锤砸卢某朋的铁皮大门。经公安机关委托评估机构鉴定，卢某的受损毁围墙修复需花费100元，卢某朋的铁皮大门损失价值250元。2019年4月18日，被告某县公安局以原告卢某朋毁坏财物行为受理为治安案件进行立案调查。被告某县公安局在作出行政处罚决定前，向原告卢某朋告知了作出行政处罚决定的事实、理由和依据，并告知其依法享有陈述和申辩的权利。2019年6月12日，某县公安局根据《中华人民共和国治安管理处罚法》

---

① 广西壮族自治区梧州市中级人民法院（2020）桂04行终48号行政判决书。

第四十九条之规定，作出《某县公安局行政处罚决定书》（以下简称《行政处罚决定书》），决定对卢某朋处以行政拘留七日的处罚。被告某县公安局于 2019 年 6 月 12 日将原告投送某县拘留所执行拘留，并已执行完毕。后原告卢某朋不服，于 2019 年 9 月 9 日向被告某县人民政府申请行政复议。被告某县人民政府立案受理后，向原告发送《行政复议受理通知书》，并向被告某县公安局发送《行政复议答复通知书》和《行政复议申请书》副本，要求被告某县公安局在规定期限内提出书面答复，并提交当初作出该行政行为的证据、依据和其他材料。被告某县公安局在规定期限内提供了据以作出行政行为的材料和证据。被告某县人民政府经审查，认为被告某县公安局作出的《行政处罚决定书》，认定事实清楚，证据确凿，程序合法，内容适当，于 2019 年 11 月 30 日根据《中华人民共和国行政复议法》（以下简称行政复议法）第二十八条第一款第一项的规定，作出《行政复议决定书》，决定予以维持。原告卢某朋不服，于 2019 年 1 月 19 日向该院提起诉讼。

（三）案件核心

基于报复实施的破坏他人财产行为是否属于违反治安管理行为。

（四）裁判过程与结果

一审法院认为，某县公安局对本案有法定的管辖权和对原告进行处罚的行政职权。根据行政复议法第十二条的规定，被告某县人民政府有权作出行政复议决定。原告与卢某之间的矛盾纠纷，本应通过法律途径予以解决，但原告采取过激行为推倒卢某围墙的砖头，致使卢某围墙受损，其行为违反了治安管理处罚法的有关规定，被告某县公安局据此认定原告故意损毁财物认定事实正确、证据确凿充分。被告某县公安局根据《中华人民共和国治安管理处罚法》第四十九条的规定，对原告卢某朋处以行政拘留七日的处罚适用法律正确。被告某县公安局立案后，依法进行调查取证，询问了相关当事人，对现场进行了勘查、检查，在作出处罚决定之前向原告告知了作出行政处罚决定的事实、理由和依据以及依法享有陈述和申辩的权利，并制作告知处罚笔录，被告作出的行政处罚决定行政程序基本合法。综上所述，被告某县公安局作出的行政处罚决定认定原告损毁财物的事实证据确凿充分，对该行为作出处罚适用法律正确，行政程序基本合法，虽然被告某县公安局没有将《行政处罚决定书》及时送达给原告，在行政程序方面存在一定瑕疵，但不影响原告向被告某县人民政府申请复议的权利。被告某县人民政府受理原告申请行政复议，其作出的行政复议决定行政程序合法。两被告要求驳回原告的诉讼请求于法有据，该院予以支持。而原告提出要求撤销两被告作出的行政决定的诉讼请求缺乏理据，该院不予支持。另外，原告提出要求被告某县公安局进行行政赔偿，因其主张的错误拘留证据不足，该院不予支持。综上所述，依照《中华人民共和国行政诉讼法》第六十九条、第七十九条之规定，判决：驳回原告卢某朋的诉讼请求。

二审法院认为，上诉人卢某朋对卢某夫妇占路焊接围栏的行为有异议，应当通过正当的合法途径和方式解决，但其采取过激行为推倒卢某家围墙的砖头，致使卢某围墙受损，其行为违反了治安管理处罚法的规定，被上诉人某县公安局据此认定上诉人故意损毁财物认定事实正确、证据确凿充分。被上诉人某县公安局根据《中华人民共和国治安管理处罚法》第四十九条的规定，对上诉人卢某朋处以行政拘留七日的处罚适用法律正确、程序基本合法。被上诉人某县人民政府作出的行政复议决定行政程序合法，并无不当。被上诉人某县公安局依法行使职权，没有侵犯上诉人的合法权益，根据《中华人民共和国国家赔偿法》第一条、第二条的规定，上诉人没有取得国家赔偿的权利。综上所述，上诉人的诉请理据不足，本院不予支持。一审判决认定事实清楚，适用法律正确，本院予以维持。依照《中华人民共和国行政诉讼法》第八十九条第一款第一项之规定，判决如下：驳回上诉，维持原判。

七、理论探讨与执法指引

在“佘某华诉某市公安局不履行法定职责案”中，案涉车辆为原告佘某华的合法财产，佘某华及其子佘某对该车辆的占有、使用是其合法权利。案外人张某珠、李某等人以其与佘某华之间存在民事纷争为由，强行进入车辆并拖走车辆的行为，在公安机关看来并不属于《中华人民共和国治安管理处罚法》第四十九条规定所调整的范围，理由有二：首先，案外人张某珠、李某拖走车辆的行为并不具有侵害财产权的故意，在主观意识上该行为的目的在于催促原告佘某华还钱，而不是故意侵害佘某华的财产权，即缺乏主观故意要件。其次，第四十九条对于侵害财产权的行为总共有五种，强行进入车辆并拖走的行为并不属于该五种侵害行为。同样，在“王某诉某市公安局行政纠纷案”中，案外人龚某飞等人称与原告王某存在经济纠纷，龚某飞等人将王某的小轿车开走，并卸掉后轮。龚某飞称车辆确系他们开走，车辆的一个后轮已卸掉，他们的目的并不是要车，而是要让王某出面解决双方之间的经济纠纷。被告公安机关在上诉中提出：“高某等人采取的是私力救济行为，只能评价为民事侵权，某市公安局不能介入处理，不能对高某利、龚某飞刑事立案或行政受案，不能扣押案涉车辆。”可见，在严格控制公安机关干预民间经济纠纷的背景下，公安机关不能随意介入民间经济纠纷案件。①

---

①　刘冰捷：《民间经济纠纷类治安案件警察介入的界限》，载《行政法学研究》2019年第6期。

实际上，处理民间经济纠纷类治安案件应当将经济纠纷与治安纠纷进行分层。如果因经济纠纷所形成的侵害行为触及治安管理领域时，公安机关应当就该纠纷在治安范围内介入。近年来司法判决便呈现出这一趋势。而经济纠纷是否涉及治安秩序的判断标准在于，该经济纠纷中的私力救济是否违反治安秩序，法院在案件事实和法律依据两个维度的框架下，对财产权保护界限的扩张作出能动解释。“佘某华案”的判决书表明，私力救济应当在合法的范畴内进行，当私力救济变成私权危害时，公安机关便应当承担起防止危害的职责。对于违法私力救济行为，如不依法予以惩治，极易引起他人效仿。在“王某案”中，法院也持同样的观点。“佘某华案”“王某案”等案件的主审法官不约而同地在判决书中，通过对《中华人民共和国人民警察法》第六条、第二十一条规定，《中华人民共和国治安管理处罚法》第二条规定，《中华人民共和国行政诉讼法》第十二条规定等原则性条款进行解释，以弥补《中华人民共和国治安管理处罚法》第四十九条规定五种情形的局限，阐述出保护公民的人身和财产不受非法侵犯，及时查处治安违法行为维护社会治安秩序，是公安机关的法定职责。对于涉及经济纠纷的强占、扣押他人财物的违法私力救济行为，公安机关未能有效保护公民的财产安全，未能实现预防和制止违法行为发生的出警目的，不能视为已依法履行职责。即使在《中华人民共和国治安管理处罚法》第三章第三节没有明确规定经济纠纷中违法强占他人财物的行为是否构成治安领域的财产侵害行为，司法实践也可将该行为纳入《中华人民共和国治安管理处罚法》总则第二条规制的范畴中。司法判决将财产合法权益的保护纳入民间经济纠纷类治安案件中，同时对民事权益的稳定性和私力救济的合法性作出明确性的解释，以此确立了公安机关应当介入违法私力救济的法律界限。并且，法院的能动解释弥补了治安类法律规范在社会秩序调整上立法的不足与滞后，对民间经济纠纷所可能造成的社会秩序失范进行填补。

第三节　公安机关应查明民事纠纷中的有关事实再进行相关处理

一、基础知识

公正与真相是现代司法的追求价值。真相同公正紧密相连，难以分割。真相不明，实体公正难以实现，且程序公正的一个重要价值就在于查明事实真相，保障实体公正。当今世界多国刑事诉讼法典、证据法典均将查明案件事实真相作为其刑事诉讼的目的之一。《中华人民共和国刑事诉讼法》中更是多次明确规定了“查明”，强调办案人员要查明案情。比如，《中华人民共和国刑事诉讼法》的任务是作出的“保证准确、及时地查明犯罪事实”（第二条）；“公安机关提请批准逮捕书、人民检察院起诉书、人民法院判决书，必须忠实于事实真象”（第五十三条）；人民法院的判决要根据“已经查明的事实、证据和有关的法律规定”作出（第二百条）。

事实是认识的出发点，认识必须从事实出发。警察接报警后，对案件核查、侦查的过程就是以已知事实作为出发点，逐步查明全部事实或相对完整的案件事实的认识过程。查明这项认识活动指向的对象是案件事实，揭示违法犯罪嫌疑人与案件事实的内在联系。在案件事实认定过程中，只有警察是通过自己对案件的实际状况的感受来形成对案件事实的认识的，检察官、法官对案件事实的认定则是建立在书面证据基础上的。公安机关身负刑事侦查和治安管理双重职能，在治安行政管理和执法中必须全面贯彻查明事实的精神，才能最大限度确保执法公正。

《中华人民共和国治安管理处罚法》第二十三条第一款规定，有下列行为之一的，处警告或者二百元以下罚款；情节较重的，处五日以上十日以下拘留，可以并处五百元以下罚款：（1）扰乱机关、团体、企业、事业单位秩序，致使工作、生产、营业、医疗、教学、科研不能正常进行，尚未造成严重损失的……

《中华人民共和国行政诉讼法》第六十九条规定，行政行为证据确凿，适用法律、法规正确，符合法定程序的，或者原告申请被告履行法定职责或者给付义务理由不成立的，人民法院判决驳回原告的诉讼请求。第七十条第一项规定，行政行为有下列情形之一的，人民法院判决撤销或者部分撤销，并可以判决被告重新作出行政行为：主要证据不足的。

《最高人民法院关于适用〈中华人民共和国行政诉讼法〉的解释》[①] 第一百三十六条第一款规定，人民法院对原行政行为作出判决的同时，应当对复议决定一并作出相应判决。

《中华人民共和国建筑法》第八十三条第三款规定，抢险救灾及其他临时性房屋建筑和农民自建低层住宅的建筑活动，不适用本法。

《最高人民法院关于人民法院执行〈中华人民共和国国家赔偿法〉几个问题的

---

① 《最高人民法院关于适用〈中华人民共和国行政诉讼法〉的解释》，载国家法律法规数据库，https：//flk. npc. gov. cn/detail2. html？ MmM5MGU1YmE2NWM2OGNmNzAxNjdmMjlkMGU2MDRlYzQ%3D，最后访问时间：2022 年 3 月 29 日。

解释》[1] 第六条第一款规定，赔偿法第二十六条关于“侵犯公民人身自由的，每日的赔偿金按照国家上年度职工日平均工资计算”中规定的上年度，应为赔偿义务机关、复议机关或者人民法院赔偿委员会作出赔偿决定时的上年度；复议机关或者人民法院赔偿委员会决定维持原赔偿决定的，按作出原赔偿决定时的上年度执行。

《最高人民法院关于审理行政赔偿案件若干问题的规定》[2] 第三十二条规定，有下列情形之一的，人民法院判决驳回原告的行政赔偿请求：（1）原告主张的损害没有事实根据的；（2）原告主张的损害与违法行政行为没有因果关系的；（3）原告的损失已经通过行政补偿等其他途径获得充分救济的；（4）原告请求行政赔偿的理由不能成立的其他情形。

二、案件来源

某县公安局诉胡某东公安行政管理案[3]

三、主要案情

胡某庆（已故）系胡某东父亲，于2005年12月31日与某县某乡某村民委员会签订《农业承包合同》，承包位于某乡某荒山500亩，承包期限30年。2011年3月9日，胡某东办理上述荒地的林权登记。2018年4月25日，胡某东于某乡某村成立某县某乡某苗圃。2016年5月28日，胡某东与案外人吕某财之子吕某杰（2009年4月28日出生）签订荒山转让承包合同，约定将某县某乡某村面积390亩荒山承包给吕某杰，承包费130万元整。2016年8月22日，吕某杰与某州某公司签订土地租赁合同，协议将某县某乡某村土地58.3公顷租赁给某州某公司，租赁期限25年。胡某东于2018年7月11日至8月31日期间将车牌号为某K×××××的轿车停在通往某乡光伏升压站的路上。2018年7月11日13时20分，某县公安局某派出所接到某州某公司工作人员李某的报警，制作了受案登记表，同意调查处理胡某东一案。案件调查过程中，某县公安局某派出所工作人员分别对李某、吕某财、石某明、邹某璜进行询问。胡某东系因荒山承包以及光伏发电租赁土地费用与吕某

① 《最高人民法院关于人民法院执行〈中华人民共和国国家赔偿法〉几个问题的解释》，载最高人民法院数字图书馆网站，http：//eastlawlibrary. court. gov. cn/court-digital-library-search/page/fullT extSearch/lawNReguDetail. html？ id=192480，最后访问时间：2022年4月1日。

② 载最高人民法院网站，https：//www. court. gov. cn/zixun-xiangqing-351941. html，最后访问时间：2023年1月27日。

③ 辽宁省锦州市中级人民法院（2020）辽07行终19号行政判决书。

财发生纠纷。2018年9月4日、9月10日，某县公安局某派出所传唤胡某东到某县公安局某派出所接受询问。2018年9月10日16时40分，某县公安局某派出所向胡某东告知拟作出行政处罚决定的事实、理由、依据及其依法享有的权利，胡某东于同日提出申诉，对其涉嫌扰乱单位秩序提出异议。同日，某县公安局某派出所对胡某东的异议作出当事人陈述和申辩复核书，认为胡某东提出的事实、理由和证据不成立，决定不采纳。经审核及审批，某县公安局同意根据《中华人民共和国治安管理处罚法》第二十三条第一款的规定，给予胡某东行政拘留十日并处罚款五百元的行政处罚，并于2018年9月10日制作《行政处罚决定书》，于同日向胡某东宣告及送达。胡某东向某州市公安局申请行政复议，请求撤销某县公安局作出的《行政处罚决定书》，某市公安局受理后，于2018年10月11日将复议申请书副本发送至某县公安局，并要求某县公安局自收到之日起十日内向某市公安局提出书面答复，并提交作出具体行政行为的证据、依据和其他有关材料。2018年10月15日，某县公安局作出《行政复议答复书》。2018年12月6日，某市公安局作出《行政复议决定书》，维持某县公安局作出的行政处罚决定，并向胡某东送达，胡某东于2018年12月17日签收。2019年1月2日，胡某东向本院提起行政诉讼，请求撤销某县公安局作出的行政处罚决定及某市公安局作出的行政复议决定。

在诉讼过程中，胡某东申请对《荒山转让承包合同》进行司法鉴定，某大学司法鉴定中心作出鉴定意见书，鉴定意见：1. 检材第1页与第2页不是同一台打印机打印；2. 检材第1页与第2页打印字体不同，检材第1页与第2页排版式样一致；3. 检材第1页与第2页装订孔痕迹存在差异。

四、案件核心

公安机关应查明合同纠纷中的事实并建立违法与法律适用间的有效衔接。

五、裁判过程与结果

（一）一审裁判过程与结果

原审法院认为，依据《中华人民共和国治安管理处罚法》和《中华人民共和国行政复议法》的规定，参照《公安机关办理行政案件程序规定》的规定，某县公安局依法履行治安管理职责，对本案有管辖权，某市公安局依法履行行政复议职责。

针对被告某县公安局作出的行政处罚决定：在事实方面，本案的争议焦点在于胡某东的荒山是否转包给案外人吕某杰或者吕某财。在案件调查过程中，案外人吕某财向办案部门提供了《荒山转让承包合同》，且在询问吕某财过程中，吕某财称该合同是吕某财以其儿子吕某杰名义签订，但吕某杰在签订合同时只有7周岁，在合同效力存疑以及原告提出合同是虚假的情况下，被告某县公安局未对合同的效力进行求证和调查，便认定原告将荒山转包给案外人吕某财，主要证据不足。另外，关于原告停车位置是否为通往某乡光伏升压站的必经路上，亦没有证据充分证明该事实。被告某县公安局根据上述事实对胡某东作出拘留十日并处罚款五百元的行政处罚决定，被告某县公安局作出的行政处罚决定事实不清、主要证据不足，本院不予支持。针对原告提出合同是伪造的意见，鉴定机构针对装订、打印、排版出具的鉴定意见并不能直接证明该合同系伪造，更不能据此对合同的效力予以认定和评价，该合同是本案的关键证据，涉及原告停车位置的土地使用权的归属问题，被告某县公安局在调查案件过程中有义务对合同的真实性以及合同的效力予以求证和调查。在程序方面，被告某县公安局依照《中华人民共和国治安管理处罚法》和《公安机关办理行政案件程序规定》的相关规定，依法受案，制作受案登记表；依法传唤违法嫌疑人，并通知其家属；对违法嫌疑人及证人依法进行询问；依法对违法嫌疑人的人身和携带物品进行检查；依法对拟作出行政处罚决定的事实、理由、依据以及享有的权利向当事人履行告知义务，对当事人提出的异议按程序进行了复核；依法制作行政处罚决定书并向违法行为人宣告及送达。被告某县公安局作出的行政处罚决定符合法定程序。

针对被告某市公安局作出的行政复议决定：被告某市公安局依法受理原告的复议申请后，将复议申请书副本发送给某县公安局并要求其提交书面答复意见及相关证据材料，经书面审查后于法定期限内作出行政复议决定。被告某市公安局作出行政复议决定在程序上符合《中华人民共和国行政复议法》的规定。但在事实上，某市公安局错误地维持了某县公安局作出的行政处罚决定，本院不予支持。综上所述，依照《中华人民共和国行政诉讼法》第七十条第一项、第七十九条，《最高人民法院关于适用〈中华人民共和国行政诉讼法〉的解释》第一百三十六条第一款的规定，判决：一、撤销被告某县公安局作出的行政处罚决定；二、撤销被告某市公安局作出的行政复议决定。

（二）二审裁判过程与结果

二审法院认为，公安机关作出处罚决定依据的事实应当充分、确凿，其认定的事实应当与适用的法律具有关联性。本案中，上诉人根据《中华人民共和国治安管理处罚法》第二十三条第一款的规定作出行政处罚决定，认定被上诉人的行为扰乱企业单位秩序，致使工作、生产不能正常进行，其执法程序和查明的事实存在不当。

关于被上诉人停车路段的权属问题存在争议。上诉人在对被上诉人的行为进行调查过程中，由案外人吕某财提交荒山转让承包合同，拟证明被上诉人不具有对于停车的路段使用权利。上诉人使用该合同的复印件让被上诉人核实，在被上诉人拒绝认可其真实性的前提下，上诉人未进一步让被上诉人核实原件的真假。另被上诉人诉称涉案的荒山由被上诉人种植了大量的树苗，营业许可从2013年至今仍然有效，荒山至今仍处于其管理状态下，该段事实与荒山转让事实在逻辑上存在冲突，上诉人在调查过程中并未涉及。结合原审法院委托司法鉴定中心出具的荒山转让承包合同的鉴定意见，案外人提交的荒山转让承包合同真实性存疑。上诉人认定的事实无法得出道路是否属于公用的道路或是专属于哪一方，故其处罚决定中查明的事实部分和法律适用存在不能有效衔接，无法得出被上诉人扰乱企业单位秩序的认定。另被上诉人将轿车停在通往某乡光伏升压站必经的道上的认定不准确，经庭审查明，被上诉人停车位置并非必经的道路，应属于通往某乡光伏升压站最快捷的道路。

关于被上诉人提交录音证据，拟证明将车钥匙交与原审第三人的事实，并不存在堵塞道路行为的问题。根据《最高人民法院关于适用〈中华人民共和国行政诉讼法〉的解释》第四十五条的规定，被告有证据证明其在行政程序中依照法定程序要求原告或者第三人提供证据，原告或者第三人依法应当提供而没有提供，在诉讼程序中提供的证据，人民法院一般不予采纳。由于被上诉人在上诉人进行处罚告知时已经告知其陈述、申辩的权利，其未向上诉人陈述，亦未提交，本院不予采信。

综上，上诉人的理由不能成立，本院不予支持。原审法院认定事实清楚，适用法律正确，应予维持。依照《中华人民共和国行政诉讼法》第八十九条第一款第一项的规定，判决如下：驳回上诉，维持原判。

六、类案比较

（一）案件来源

李某跃诉某县公安局公安行政管理案①

（二）主要案情

2016年1月，李某跃、李某正、胡某林在某村某组与李某华等村民签订了农村土地承包经营权租赁合同，租赁李某华等村民承包的部分土地用于养殖青蛙。此后，李某跃、李某正、胡某林建设了青蛙养殖基地，从事黑斑蛙养殖。因青蛙养殖

① 湖南省高级人民法院（2019）湘行再70号行政判决书。

基地内部分土地在某经济开发区站前路建设项目征地范围内，2017 年 9 月 6 日，某县经济开发区管理委员会向李某跃、李某正、胡某林送达通知一份，告知蛙类特种养殖基地在被征收红线范围内面积 24 亩，蛙类特种养殖补偿标准为 4224 元/亩，24 亩合计补偿金额为 101376 元，请于 9 月 7 日 17 点前办理补偿手续，领取补偿款，并于 9 月 7 日前迁移红线内蛙苗及相关设施，逾期未予迁移，将依法强力推进，确保项目建设的顺利实施。其间，某县人民政府所属工作人员多次与李某跃、李某正、胡某林进行协商、座谈，要求尽快搬迁，但李某跃、李某正、胡某林一直未领取补偿款并迁移红线内蛙苗及相关设施。2017 年 9 月 13 日，某县人民政府委托某县经济开发区管理委员会对在被征收范围内的李某跃、李某正、胡某林青蛙养殖基地 24 亩组织实施了强制拆除和掩埋、推平处理。2017 年 9 月 12 日 9 时许，施工单位某建筑有限公司（以下简称某公司）在该站前路施工至李某跃养殖基地时，遭李某跃阻工。经某县经济开发区管理委员工作人员与之协商未果，工地停工。2017 年 9 月 12 日 15 时许，工地施工人员继续施工时又遭到李某跃阻工，其站在施工单位的挖机前阻止施工。某县经济开发区管理委员会工作人员劝阻协商未果，导致施工单位被迫停工。2017 年 9 月 13 日上午，施工人员继续施工时，李某跃同李某正站在施工单位挖机前阻止施工。

某县经济开发区管理委员会工作人员遂向某县公安局报警。民警将阻工人员李某跃、李某正传唤至公安机关执法办案区，并于当日对该案立案调查，听取了原告的陈述和申辩，并对在场的证人进行了询问调查。同日被告向原告作了行政处罚告知笔录，原告表示不提出陈述和申辩。某县公安局于当日经集体讨论决定后，作出了《行政处罚决定书》（以下简称《处罚决定》），给予原告行政拘留五日。该行政处罚决定已执行完毕。

李某跃分别在 2017 年 9 月 12 日 9 时左右，采取手持钢筋站在施工的挖机前的方式阻工约半个小时；2017 年 9 月 12 日 15 时左右，采取用身体堵住挖机的方式阻工约半个小时；2017 年 9 月 13 日 8 时 40 分，采取手持钢管，与李某正等人堵住挖机施工的方式进行阻工，三次均导致某公司无法施工。

李某跃租赁涉案土地的期限为 5 年，自 2016 年 1 月 1 日起到 2021 年 1 月 1 日止。

李某跃没有提交因行政拘留造成其误工损失及造成严重后果的证据。

（三）案件核心

某县人民政府在某经济开发区站前路项目建设征收集体土地过程中，在土地行政主管部门没有作出责令交出土地决定，也没有向人民法院申请执行的情况下，委托某公司对涉案 24 亩青蛙养殖基地进行强制拆除、掩埋、推平，该行为超越法定职权，违反法定程序。面对上述可能严重侵犯自身合法权益的明显违法行为，为维护自身权益，李某跃三次持钢筋或用身体阻碍施工，该行为是否应予以行政拘留处罚。

（四）裁判过程与结果

一审法院认为：根据《中华人民共和国治安管理处罚法》第二十三条第一款第一项的规定，本案原告在与某县经济开发区管理委员会未达成拆迁协议的情况下，不通过合法途径主张自己的权利，而是多次阻碍某公司对站前路项目的施工，造成施工单位多次停工，严重扰乱了施工单位的生产秩序，该事实有原告自己的陈述、多名证人的证言予以证实。被告依法定职责受理了治安案件，对原告进行合法传唤，依法定程序收集了相关证据，告知了原告对其作出治安处罚的事实与理由，依法告知其享有的权利后，作出了对原告行政拘留五日的行政处罚。该行政处罚认定事实清楚，程序合法，适用法律正确。原告诉称被告违法参与拆迁的主张，没有提供证据予以证实，该院依法不予采纳。综上所述，被告作出的《处罚决定》事实清楚、程序合法，适用法律正确，量罚适当。原告要求被告赔偿因行政拘留造成的误工和精神损失无事实和法律依据，该院不予支持。根据《中华人民共和国行政诉讼法》第六十九条之规定，判决驳回原告的全部诉讼请求。

二审法院认为：本案争议焦点是某县公安局对李某跃作出的《处罚决定》是否合法的问题。本案中，某县经济开发区管理委员会因建设需要，征收李某跃等人开办的青蛙养殖基地范围内的部分农田用于修建站前路，李某跃有依法主张补偿的权利；同时，施工单位某公司依照施工承包合同，具有正当施工的权利。上诉人李某跃认为补偿标准过低以及相关单位拆除行为违法，应当通过行政诉讼或其他的公力救济途径寻求相关利害关系权益保护，不应采取多次前往施工现场进行阻工的方式进行私力救济。某县公安局提供的证人证言、对李某跃本人的询问笔录等相关证据，能够证明李某跃实施了阻止施工的违法行为，其行为扰乱了施工单位的正常工作秩序。某县公安局适用《中华人民共和国治安管理处罚法》第二十三条第一款第一项之规定，对其作出处罚并无不当。某县公安局对李某跃违反治安管理行为依法进行了调查，并在处罚决定作出前告知了李某跃处罚的事实、理由、依据和申辩的权利，行政处罚程序亦无不当。上诉人的上诉请求和理由不能成立，该院不予支持。

综上，原审认定事实清楚，适用法律、法规正确，程序合法，依法应予维持。依照《中华人民共和国行政诉讼法》第八十九条第一款第一项之规定，判决驳回上诉，维持原判。

再审法院认为：权利人受到不法侵害时，为保全自己的权益，在情势紧迫而不能及时请求国家机关予以救助（或者请求了，但有关部门不作为）的情况下，依靠自己的力量，对他人侵犯自身合法权益的行为采取相应的必要措施，系自助行为，属于权利的自力救济方式，只要不违反法律禁止性规定并且不超出合理限度，不受处罚。本案中，某县人民政府在某经济开发区站前路项目建设征收集体土地过程中，在土地行政主管部门没有作出责令交出土地决定，也没有向人民法院申请执行的情况下，委托某公司对涉案 24 亩青蛙养殖基地进行强制拆除、掩埋、推平，该行为超越法定职权，违反法定程序，违法性显而易见，行政相对人基于一般法律常识即能作出判断。面对上述可能严重侵犯自身合法权益的明显违法行为，为维护自身权益，李某跃三次持钢筋或用身体堵住某公司施工，该行为事出有因，行为人的行为保持了必要的克制和限度，可予以批评教育并引导其通过法定途径维权，而不应予以行政拘留处罚。某县公安局作出行政处罚决定时没有充分考虑上述应当考虑的因素，认定李某跃上述行为违法且属于“情节较重”，对其作出行政拘留五日的行政处罚明显不当，依法应予撤销。

七、理论探讨与执法指引

公安机关应在全面掌握案件事实的基础上，将说理释法贯穿于执法办案和矛盾化解全过程，全面提高服务群众水平和工作综合效能。[①]

一是要做好警情分流处置。健全完善 110 接处警工作细则，规范接处警执法行为，提升处警能力和群众工作水平，加强纠纷类警情的先期调查、取证和现场调解，力争将简单矛盾纠纷就地化解在一线，也为后续调解奠定良好基础。推动 110 处警系统与 12345 平台之间的互联互通，明确分流方式和责任单位，尽快实现非警务警情的有效分流处置。加强与司法部门的沟通协作，巩固发展“公调对接、民调进所”经验成果，不断发扬基层首创精神，赋予驻所人民调解工作室新的内涵和职责，进一步规范先期受理、矛盾甄别、归口调解、分流转递、跟进回访等环节运作流程，充分发挥专业调解员和调解志愿者的作用，在基层和源头尽早化解矛盾纠纷。

二是要把握好治安裁量基准。审慎对待因民事纠纷引发的治安类案件，坚持“教育、挽救、感化”“教育与惩罚相结合”的原则，准确把握严格执法和人性化执法的尺度，既不能片面强调从严，以致打击过宽，也不能一味强调从宽，造成打击不力，力求执法效益最大化。首先，坚持调解为先。对一般纠纷引发的案件，在查清案件事实的基础上，在尊重双方当事人真实意愿的前提下，力促调解协议的达成履行，化干戈为玉帛；对无法达成调解协议的，在不违反法律规定的前提下，灵

---

① 三明市公安局课题组：《“民转刑”案件特点及预防对策》，载《公安研究》2019 年第 11 期。

活运用执法自由裁量权，综合考虑案件性质、主观因素、危害后果、社会影响等情形，作出人性化的处理决定，确保量罚得当。其次，坚持果断处置。对于一些反复发生、屡教不改、严重扰乱秩序的民事纠纷类案件，坚决依法果断处置，不能一味教育劝说退让，对相关违法行为人要区分情形、区别对待、严厉惩处，起到震慑效应，防止事态进一步恶化。再次，坚持释法说理。坚持寓释法说理于执法办案中，及时将法律规定、违法事实、处罚理由、处罚依据、救济途径等告知违反治安管理行为人，耐心做好普法说服工作，争取当事人对公安执法的理解和支持。最后，坚持每案必访。落实案件办结回访制度，通过电话回访、实地走访等方式，及时向双方当事人了解矛盾化解情况，听取意见、建议。

三是要用好刑事和解制度。对“民转刑”案件，既要重视民事纠纷的事前化解，防患于未然，也要做好刑事案件发生后矛盾的事后调停，定分止争。要准确适用宽严相济的刑事司法政策，充分运用刑事诉讼法规定的“刑事和解”制度，在查明案件事实后，对符合刑事和解范围的案件，及时将具有刑事和解的可能性以及刑事和解的程序、法律后果等情况告知双方当事人，积极引导当事人在自愿互让的基础上达成和解协议。通过用好刑事和解制度，一方面促使嫌疑人真诚悔罪，积极主动向被害人赔偿损失、赔礼道歉，寻求被害人谅解；另一方面使受害人因侵害行为遭受的利益损失得到救济和补偿，从而达到修复破裂的社会关系、化解社会矛盾的根本目的。

第四节 封路堵门等“自助行为”不应侵犯正常秩序

一、基础知识

当事人解决经济纠纷的途径有公力救济（司法救济、行政救济等）、社会型救济（仲裁、调解等）和自助行为三种。所谓自助行为，指当事人认定权利遭受侵害，在没有第三者以中立名义介入纠纷解决的情形下，不通过国家机关和法定程序，而依靠自身或私人力量，实现权利，解决纠纷。自助行为一般包括自决与和解两种，自决指纠纷主体一方凭借自己的力量（暴力威胁或直接使用暴力）使对方服从，和解指双方相互妥协和让步，两者皆依自身力量解决争议，无须第三者参与，也不受任何规范制约。就进化过程而言，自助行为发生在先，而公力救济、社会型救济在后；就发展趋势来看，公力救济、社会型救济逐渐取代自决型自助行为，是人类社会从野蛮走向文明的必然趋势。在当今经济社会转型期，社会矛盾凸显，由于公力救济程序的复杂性、个别执行的不确定性、寻求公力救济成本的高代价性等因素，自助行为以其灵活性、经济性等特征在今天仍然起到不可或缺的作用。①

民事自助行为需要公力保障，即事后应及时请求公力救济，可以是报警、起诉、仲裁、申请诉前财产保全等形式，但行为造成物品毁损、灭失的除外。此处的国家公力机关一般指法院或者公安机关。因民事自助行为系行为人来不及请求公力救济不得已而为的方法，故实施民事自助行为后，应及时向法院或者公安机关请求保障，以从私力救济回归到公力救济。民事自助行为的效力只是确保其暂时性保全请求权实现的功能，而这种私人间的法律关系在双方当事人无法取得共识时，为保障公平，就需要国家公力机关介入并作出终局性的判断。民事自助行为实行后，如果行为人及时请求公力机关救济，经认定符合各项构成要件，则得以作为侵权免责事由，亦可产出阻却违法的法律效果，此时行为人即使对相对人造成财产损失也无须赔偿；如果拘束他人自由或扣押财物的行为被认定不符合民事自助行为任一构成要件，使相对人的人身或财产权利受到损害的，则应对此承担侵权责任，比如民事自助行为手段失当，超出必要限度，抑或错误地实施了民事自助行为，误以为保护的是自己的合法请求权或者误以为存在侵害行为。另外，如果是行为人造成财产的毁损、灭失这一特殊情况，则无需也无法申请公力救济。相对人如若认为有必要，可以另行提起侵权之诉，如若被判定侵权，行为人也承担相应责任。②

《最高人民法院、最高人民检察院关于办理侵犯公民个人信息刑事案件适用法律若干问题的解释》③ 第一条规定，刑法第二百五十三条之一规定的“公民个人信息”，是指以电子或者其他方式记录的能够单独或者与其他信息结合识别特定自然人身份或者反映特定自然人活动情况的各种信息，包括姓名、身份证件号码、通信通讯联系方式、住址、账号密码、财产状况、行踪轨迹等。

《最高人民法院关于适用〈中华人民共和国行政诉讼法〉的解释》④ 第一百一十九条规定，人民法院按照审判监督程序再审的案件，发生法律效力的判决、裁定是由第一审法院作出的，按照第一审程序审理，所作的判决、裁定，当事人可以上诉；发生法律效力的判决、裁定是由第二审法院作出的，按照第二审程序审理，所

---

① 乔顺乐：《关于规范经济纠纷私力救济问题的探讨》，载《公安研究》2009 年第 2 期。

② 宋歌：《民事自助行为的界定及法律后果》，载《法律适用》2020 年第 8 期。

③ 《最高人民法院、最高人民检察院关于办理侵犯公民个人信息刑事案件适用法律若干问题的解释》，载最高人民法院网站，https：//www. court. gov. cn/fabu-xiangqing-43942. html，最后访问时间：2023 年 1 月 27 日。

④ 《最高人民法院关于适用〈中华人民共和国行政诉讼法〉的解释》，载国家法律法规数据库，https：//flk. npc. gov. cn/detail2. html？MmM5MGU1YmE2NWM2OGNmNzAxNjdmMjlkMGU2MDRlYzQ%3D，最后访问时间：2022 年 3 月 30 日。

作的判决、裁定，是发生法律效力的判决、裁定；上级人民法院按照审判监督程序提审的，按照第二审程序审理，所作的判决、裁定是发生法律效力的判决、裁定。人民法院审理再审案件，应当另行组成合议庭。

二、案件来源

潘某萱诉某市公安局行政处罚案①

三、主要案情

2018 年 4 月，某电子科技有限公司通过司法拍卖买得某市××城镇××号厂房及所在土地，该物业系带租拍卖。

2018 年 7 月 23 日 8 点 7 分，陈某波报警称有五六个人把大门口堵住了，影响他们上班。某市公安局某派出所（以下简称某派出所）立即出警到达现场，经了解，系多名租户想要驾车进入自己的公司，被厂区管理人员拦在大门外，致车辆拥堵在厂门口道路上，影响道路交通安全。民警立即警告厂区管理人员打开门杆，保持道路畅通，但厂区管理人员无视警方的警告，厂区管理方潘某萱、韩某博、孙某浩、李某良四人有扰乱公共场所秩序的嫌疑，某派出所受案调查，并依法传唤四人至某派出所接受询问。

2018 年 9 月 19 日，某市公安局向潘某萱作行政处罚告知，告知她构成“于 2018 年 7 月 23 日在某镇某路某号阻碍民警执行职务”“在 2018 年 8 月 2 日伙同他人在某市某镇某号散布饶某某的身份证号和户籍地等隐私”，告知违反的法律、拟作出的处罚，并告知其陈述、申辩权。同日，某市公安局作出行政处罚决定书，认定潘某萱“于 2018 年 7 月 23 日在某镇××路××号阻碍民警依法执行职务”“在 2018 年 8 月 2 日在某市××城镇××号散布饶某某的隐私”，根据《中华人民共和国治安管理处罚法》（以下简称《治安管理处罚法》）第四十二条第六项、第二十条第四项规定，对潘某萱侵犯隐私行为处拘留四日，根据《治安管理处罚法》第五十条第一款第二项及第二款、第二十条第四项的规定，对潘某萱阻碍民警依法执行职务行为处拘留六日；根据《治安管理处罚法》第十六条规定，决定合并执行行政拘留十日；执行期限自 2018 年 9 月 19 日起至 2018 年 9 月 29 日止。同日交付执行。潘某萱不服，向原审法院起诉。

另查明，潘某萱对某市公安局作出的行政处罚决定书提起两件行政诉讼。案号为（2018）某 0582 行初 262 号的行政诉讼，是不服某市公安局认定其“在

---

① 江苏省苏州市中级人民法院（2019）苏 05 行终 156 号行政判决书。

2018 年 8 月 2 日在某市某镇某号散布饶某某的隐私，处以行政拘留四天”；案号为（2018）某 0582 行初 263 号的行政诉讼，是不服某市公安局认定其“于 2018 年 7 月 23 日在某镇某路某号阻碍民警执行职务，处以行政拘留六天”。原审法院将二案合并开庭，并向潘某萱作法律释明，告知其“某市公安局对其作出一个行政处罚决定，认定两个违法事实，分别量罚，决定合并执行”，应该就一个行政处罚决定提起一个行政诉讼。潘某萱变更（2018）某 0582 行初 262 号诉讼请求，请求对认定的两个违法事实全面审查，但又不肯撤回对（2018）某 0582 行初 263 号行政诉讼的起诉。本案以重复诉讼为由当庭裁定驳回潘某萱就（2018）某 0582 行初 263 号的起诉。

再查明，2018 年 7 月 2 日，某市公安局作出《行政处罚决定书》，认定潘某萱在 2018 年 4 月至 5 月期间在某市多次拨打某省某高速公路股份有限公司的救援电话，扰乱该单位秩序，根据《治安管理处罚法》第二十三条第一款第一项的规定对潘某萱作出警告处罚并送达。

原审法院认为，《治安管理处罚法》第七条第一款规定，国务院公安部门负责全国的治安管理工作。县级以上地方各级人民政府公安机关负责本行政区域内的治安管理工作。据此，某市公安局对本辖区内的治安纠纷有处理职责。本案中，某市公安局查明的潘某萱“于 2018 年 7 月 23 日在某镇某路某号阻碍民警执行职务”“在 2018 年 8 月 2 日在某市某镇某号散布饶某某的隐私”事实清楚，证据充分。《治安管理处罚法》第四十二条规定，有下列行为之一的，处五日以下拘留或者五百元以下罚款；情节较重的，处五日以上十日以下拘留，可以并处五百元以下罚款……（六）偷窥、偷拍、窃听、散布他人隐私的。第五十条第一款第一、二项规定，有下列行为之一的，处警告或者二百元以下罚款；情节严重的，处五日以上十日以下拘留，可以并处五百元以下罚款：……（二）阻碍国家机关工作人员依法执行职务的；第二款规定，阻碍人民警察依法执行职务的，从重处罚。第二十条规定，违反治安管理有下列情形之一的，从重处罚……（四）六个月内曾受过治安管理处罚的。据此，某市公安局对潘某萱作出的处罚符合法律规定。某市公安局作出的处罚程序并无违反法律规定情况。原审法院遂依照《中华人民共和国行政诉讼法》第六十九条的规定，判决驳回潘某萱的诉讼请求。

潘某萱上诉称：1. 上诉人不构成阻碍执行职务，且公安机关传唤时仅认为扰乱社会公共秩序，原审法院未就行为是否构成阻碍执行职务进行分析，特别是上诉人主张“消极地不配合执法”不构成阻碍执行职务违法行为，原审法院丝毫不予回应，明显违法。2. 原审不审查其强制要求开门的程序及实体合法及依据，也未审查其对陈某波不付房租、堵门违法行为不处罚的理由及原因，审查是否存在行政不作为，判决明显有误。3. 原审法院不接受上诉人的关于是否构成侵犯隐私的法律适用证据，剥夺了上诉人的举证权，且其也没有就“隐私”范围进行界定，特别是公安机关、法院，包括某法院均公布当事人姓名、地址、出生年月不违法，而上诉人公布处罚决定就被拘留，属明显的不负责。4. 原审法院不审查被上诉人采取传唤措施程序及实体是否合法，特别是没有口头传唤的情况下，直接强制传唤法律的依据及事实依据，属明显违法。5. 被上诉人作出行政处罚决定时，对已确认案件情节复杂的情况下，未依法提交公安机关负责人集体讨论决定，也未听取当事人的申辩，对没有社会危险性的不暂缓执行，程序明显违法。6. 本案认定事实明显错误，具体错误情形如下：上诉人所在单位要求提供再开门的合法性、合理性审查手续，回避上诉人所在单位行使先履行抗辩权的合理性，特别是上诉人所在单位另案起诉判决支持请求的事实；对方人员陈某波违法堵门、不支付房租（与原房东合同也于六月到期），无偿使用他人房产，公安机关及法院不审查、不处理。上诉人仅要求提供书面手续就开门，并没有任何过错，原审法院未审查上述事实；执法视频已显示凌某未沟通前就准备抓人、未对当事人口头传唤（只有警告：不开门可能要传唤），就直接口头宣告强制传唤，程序明显违法；上诉人所在单位通过法院拍卖房产，从没有签字同意带租拍卖，拍卖公告仅显示拍卖标的物的客观情况，其直接认定带租拍卖，认定事实明显错误，与某省高级人民法院（2016）某民申5547号民事裁定书的观点相悖（此裁定明确法院拍卖过程中的公示，仅是对客观情况进行的说明，不能视为对租赁使用权的认可，亦不能据此认定买受人同意接受案涉租赁协议的约束）；上诉人所在单位所有的登记、沟通，均是合法的取证及诉讼准备，以便顺利调查取得相应的租户资料、合同、付租情况及保全信息，顺利地通过诉讼或调解方式解决纠纷，减轻法官的工作量，法院及被上诉人认为上诉人所在单位滥用诉权，扰乱秩序，认定事实明显错误。综上，原审判决回避上诉人的诉讼请求，对上诉人起诉的主要事实、事由、法律依据，不予回应，请求二审法院查明事实，依法撤销原判，发回重审，或改判支持一审诉讼请求，确认被上诉人在调查、处罚、执法过程中存在程序及实体违法，撤销处罚决定，判决赔偿。

被上诉人某市公安局答辩称，2018年7月23日，上诉人潘某萱及其同事在某镇×路×号大门前因厂房内租户进厂与上诉人潘某萱一方发生矛盾，潘某萱一方不予开启大门让租户进入，致租户一方车辆拥堵至厂区外公共道路，影响到公共道路的通行安全。被上诉人接双方报警后，安排民警到现场处警了解情况。根据现场了解到的情况，为疏导交通、排除因上述事件对公共交通的消极影响，处警民警凌某指令潘某萱一方暂时开启公司大门让车辆进入，以利于恢复交通。至于双方纠纷事件，依法定途径寻求合法救济。上述指令当场传达给潘某萱一方后，潘某萱一方认为上述指令是属于行政强制措施，需要公安机关向其出示书面文书，否则不予配合。民警对其进行简要说服教育，其一方仍不配合。处警民警遂告知其如继续不配合，将以涉嫌违法行为对其进行口头传唤。上诉人一方继续以上述理由不配合民警对现场的处理，处警民警遂联系某派出所请求支援。根据潘某萱及其他三名公司员工不配合民警的指令开启公司大门，不配合民警的口头传唤的要求，在派出所支援力量到达现场后，上诉人一方仍无改观，遂将上述四人强制传唤至某派出所进行调查。经调查查明，上诉人的上述行为构成阻碍执行职务。被上诉人依据《治安管理处罚法》第五十条第一款第二项及第二款的规定，对其处治安拘留六日。另查明，上诉人于 2018 年 8 月 2 日在某镇×路×号将载明了饶某某的身份证号码、住址等信息的处罚决定书复印件进行散发，至当事人报警被查获。被上诉人传唤相关当事人，经调查后，依据《治安管理处罚法》第四十二条第六项，第二十条第四项的规定，对上诉人侵犯隐私行为处治安拘留四日。根据《治安管理处罚法》第十六条规定，两项违法行为的治安拘留合并执行，处行政拘留十日。被上诉人经受案调查，查明上诉人违法事实，向其告知法定权利义务，依法听取其陈述与申辩，并作出行政处罚事先告知，后制作行政处罚决定，并依法送达。综上，被上诉人作出涉案行政处罚决定事实清楚，证据充分，程序合法，适用法律正确、裁量适当。原审判决认定事实清楚，适用法律正确。

四、案件核心

因上诉人等人拒不打开厂区大门栏杆，导致公共道路拥堵，影响道路交通安全，民警到场后，为恢复道路交通秩序，要求上诉人先行打开大门栏杆并无不当。

五、裁判过程与结果

本案的争议焦点是涉案行政处罚决定的实体及程序是否合法；原审判决是否正确，程序是否合法。

关于涉案行政处罚决定的合法性问题。涉案行政处罚决定涉及上诉人潘某萱的两个行为，分别是“2018 年 7 月 23 日在某镇×路×号阻碍民警执行职务”“2018 年 8 月 2 日在某市某镇某号散布饶某某的隐私”。

首先，本案中，根据报案人陈某波、办案民警凌某、上诉人及厂区门卫李某良、孙某浩、韩某博等人的询问笔录、执法记录仪视频资料，2018 年 7 月 23 日，某路某号内多名租户想驾车进入自己的公司，被厂区门卫拦在大门外，致车辆拥堵在厂门口，一直堵到公共道路，影响道路交通安全。处警民警凌某到达现场了解情况后，要求上诉人一方先打开门杆，保持道路畅通，相关争议问题等通行后再商讨，但上诉人一方拒不配合，坚持要求进出车辆提供相应资料登记后才能开门。凌某多次告知上诉人如再不开门将传唤上诉人等人到派出所接受调查、讯问，上诉人等人仍不配合，凌某遂告知如再拒绝配合，将进行强制传唤，但上诉人仍拒绝配合，还用手机对民警言语纠缠、近距离拍摄，坚持索要法律文书，故民警对上诉人等人采取强制传唤。上诉人认为，其系正当进行厂区管理，民警要求打开门杆属于行政强制措施，需提供相关法律文书才能打开，并且无论上诉人是否配合，民警都可以决定强制打开门杆，恢复道路交通秩序，故不存在阻碍民警执法的情形，并且民警未经口头传唤即进行强制传唤，程序违法。本院认为，上诉人所在公司与厂内相关租客之间的纠纷应通过正当途径解决，上诉人对厂区的管理亦不能影响公共安全。本案中，上诉人等人拒不打开厂区大门栏杆，导致公共道路拥堵，影响道路交通安全，民警到场后，为恢复道路交通秩序，要求上诉人先行打开大门栏杆并无不当。上诉人拒不听从民警指令打开门杆，在民警多次告知上诉人拒绝配合将进行传唤的情况下，上诉人仍拒不配合，且还对民警言语纠缠、手机近距离拍摄、索要法律文书，造成民警执行职务行为受到阻抗，引起群众围观，产生不良社会影响，在此情况下，民警对上诉人采取强制传唤，程序并无不当。

其次，本案中，根据饶某某、张某雷、张某兵、韩某博、孙某浩、方某谊等人的询问笔录，2018 年 8 月 2 日，上诉人潘某萱让韩某博、孙某浩、方某谊等人在厂区门口发放关于饶某某的行政处罚决定书和法院文书。该行政处罚决定书中记载了饶某某的姓名、出生日期、身份证号码、户籍地址等个人信息。上诉人的行为明显不当。

被上诉人经过调查询问，综合考虑相关情节，对上诉人的上述两个行为，分别以阻碍民警依法执行职务行为为由处拘留六日和以上诉人侵犯他人隐私行为为由处拘留四日，合并执行十日的行政处罚决定并无明显不当。关于上诉人认为该处罚决定应当由行政机关的负责人集体讨论决定，该主张依据不足，本院不予采纳。

综上，上诉人潘某萱的上诉请求及理由均不能成立，本院不予支持。原审判决驳回潘某萱的诉讼请求正确，程序虽有瑕疵，但不影响判决结果，依法予以维持。据此，依照《中华人民共和国行政诉讼法》第八十九条第一款第一项之规定，判决如下：驳回上诉，维持原判。

六、类案比较

类案一

（一）案件来源

韩某超诉某县公安局不履行法定职责案[①]

（二）主要案情

2019年5月12日10时28分，某县公安局某派出所接110指令，在某县某乡某村有人求助。接警后，该所民警立即出警。经调查，报警人韩某超称2019年5月12日10时许，韩某昌开面包车堵在自家超市门口。该所于2019年5月13日分别对韩某富、韩某昌进行了询问，于2019年5月15日对某县某乡某村小学负责人韩某学进行了询问；某县公安局某派出所就双方系因土地归属权发生纠纷，不属于公安机关管辖为由作出处理意见。2019年5月16日，某县公安局某派出所接110指令，报案人韩某富以某县某乡某村超市门被堵同一事实报警，该所作出受案登记表，受案意见为属本单位管辖的行政案件，建议及时调查处理。随后，该所分别于2019年5月17日、2019年5月18日对案件相关人韩某立、韩某志（治）进行了询问。韩某昌向某县公安局某派出所提交了村委证明及借条等证据。2019年5月20日，某县公安局某派出所作出《不予调查处理告知书》一份，内容为："韩某富：你于2019年5月16日向某县公安局某派出所报称的韩某昌堵韩某富超市门口一案，不属于公安机关管辖范围。公安机关依法不予调查处理，请向其他有关主管机关报案、投诉或投案。特此告知。"当日，某县公安局将上述通知书送达，韩某超不服，提起本案行政诉讼。另查明，某县某乡某超市经营者系韩某超，韩某超与韩某富系父子关系。

一审法院认为，《中华人民共和国治安管理处罚法》第七十七条规定："公安机关对报案、控告、举报或者违反治安管理行为人主动投案，以及其他行政主管部门、司法机关移送的违反治安管理案件，应当及时受理，并进行登记。"根据某县公安局某派出所《接处警登记表》《受案登记表》以及对韩某昌、韩某学、韩某立、韩某志（治）等人的询问笔录等证据材料，可以证明某县公安局对韩某超及其亲属韩某富的报警已经及时作出相应的处置，已履行了法定职责，韩某超主张某县公安局未履行法定职责的理由不能成立。关于韩某超主张某县公安局对韩某昌进行行政处罚的问题，是某县公安局行使行政职权的范围，不属于本案行政诉讼的审查

---

① 河南省高级人民法院（2020）豫行再89号行政判决书。

范围。综上所述，依照《中华人民共和国行政诉讼法》第六十九条之规定，判决驳回韩某超的诉讼请求。

二审法院认为，某县公安局提交的某县公安局某派出所《接处警登记表》《受案登记表》以及对韩某昌、韩某学、韩某立、韩某志（治）等人的询问笔录等证据材料，可以证明某县公安局在接到韩某超及其亲属韩某富的报警后，及时出警，依法进行了调查，作出了相应的处置，韩某超关于某县公安局未履行法定职责的理由不能成立。韩某超在本案中直接诉请法院判令某县公安局对韩某昌、张某莲进行行政处罚，没有法律依据；其在二审中提出的要求某县公安局追究韩某昌、张某莲刑事责任的主张，超出原诉讼请求的范围，且不属于人民法院行政诉讼的受案范围。依照《中华人民共和国行政诉讼法》第八十九条第一款第一项之规定，判决驳回上诉，维持原判。

韩某超再审称，本案中韩某昌、张某莲用车辆及铁皮栅栏围挡申请人合法经营的超市，造成超市无法经营至今，给申请人造成严重的损失，完全符合《中华人民共和国治安管理处罚法》第二十三条的规定，公安机关应当立案调查，并对韩某昌和张某莲予以行政处罚或刑事处罚。虽然申请人与韩某昌、张某莲存在房屋使用权属的争议，但其应当通过有关行政机关或人民法院进行确权、维权，而不是违法采用车辆及铁皮栅栏围挡申请人超市的非法行为。韩某昌、张某莲的行为超出了法律规定的合法范围，韩某昌、张某莲的违法行为应当被制止，并追究行政责任和刑事责任。公安机关却以不属于公安机关管辖范围为由，不予调查处理，系定性错误，应当对韩某昌、张某莲进行立案处罚。原审对案件性质定性错误，认定公安机关已经作为的认定错误，某县公安局应予立案而不立案，没有真正履行其法定职责，原审判决认定错误，应予纠正。请求撤销原判，改判支持其诉讼请求。

某县公安局答辩称，在接到韩某超报警后，某派出所民警及时出警，并且对相关人员进行询问。从受案到调查，直到 2019 年 5 月 20 日作出不予调查处理告知，公安机关依法履行了职责，不构成未履行法定职责的情形。原审认定事实清楚，适用法律正确，请求驳回再审申请，维持原判。

本院再审查明的事实与原审一致，另查明，韩某超以韩某昌、张某莲用车辆和铁皮围挡围堵其经营的超市构成侵权为由，提起民事诉讼。某县人民法院作出（2019）豫 0122 民初 6745 号民事判决，判令韩某昌、张某莲停止侵权并拆除围挡，驳回韩某超其他诉讼请求。双方上诉后，某市中级人民法院作出（2019）豫 01 民终 23076 号二审判决，驳回上诉，维持原判。现涉案围堵物已经拆除。

（三）案件核心

民事纠纷引起的侵权行为，公安机关应当履行职责的范围和方式。

（四）裁判过程与结果

本院认为，本案争议的焦点是：民事纠纷引起的侵权行为，公安机关应当履行职责的范围和方式；韩某超的诉讼请求是否成立。

第一，某县公安局接警后的处置行为构成不适当履行法定职责的情形。《中华人民共和国治安管理处罚法》第九条规定，对于因民间纠纷引起的违反治安管理行为，情节较轻的，公安机关可以调解处理。经调解当事人达成协议的，不予处罚。经调解未达成协议或对协议不履行的，公安机关应当依照本法的规定对违反治安管理行为人给予处罚，并告知当事人可以就民事争议依法向人民法院提起民事诉讼。根据该法律规定，民事纠纷的起因并不属于违反治安管理行为的免责事由，如行为人实施了违反治安管理的行为，即使是因民事纠纷而引发，但行为具有违法性，也应当给予处罚；情节较轻经调解、和解履行的情形，才属于不予处罚的法定条件。

本案中，公安机关履行法定职责的范围和程度应当是"恢复正常秩序"。公安机关在处置治安纠纷中不介入民事纠纷，是指对民事争议不作出认定和裁决，但因民事纠纷引发的侵权行为、扰乱正常秩序的行为，则属于治安管理的范畴，应当以恢复秩序、引导当事人通过合法途径解决争议为原则，适当并有效地作出处置行为。韩某昌实施堵门的行为，对韩某超的超市正常经营产生影响，虽然双方纠纷的起因是民事腾房纠纷，但堵门行为超出了权利自救的范围，已经涉及治安管理的范畴。某派出所出警后，虽然依法作出了《接处警登记表》《受案登记表》以及对涉案当事人进行了调查询问，但以起因属于民事权属纠纷为由而未予处置堵门行为，其仅履行了程序性职责，实体未予处置，致使堵门违法行为造成的状态并没有消除，属于没有全面、适当、有效地履行法定职责的情形，原审认定某县公安局已经履行了法定职责，属认定事实错误，本院予以纠正。

关于公安机关在处置因民事纠纷引发的治安案件中，对民事纠纷中权利自救的认定问题。民事纠纷中的权利自救，亦称自力救济，是指合法权利人为保护自身合法权利，在情况紧急而又不能及时请求国家机关救助的条件下，依靠自身力量而实施、保障自身合法权利的实现、免受不法侵害行为造成损失的自力行为。该自力行为应当为法律和社会公德所认可，并且应当与侵害行为的严重程度、紧迫性相一致和对应。根据某县公安局调查的情况和生效的民事判决可以认定，韩某超超市经营占用的房屋，系村委因拆迁而指定其临时周转占用，属于合法事由占用；韩某昌对涉案房屋并没有取得权属登记，其主张的村委因欠案外人韩某立款项以该房屋抵债，故通过采取堵门的形式达到腾退房屋的目的，该行为经生效的民事判决已认定为构成侵权。某县公安局在处置过程中，对于韩某昌因民事纠纷而实施的堵门行为是否属于自力救济的性质，应当作出识别和认定。对于没有侵权的紧迫性和人身、财产的重大损害不可逆转性，完全可以通过协商或民事诉讼途径救济的纠纷，应当引导其通过合法途径解决争议；但实施的行为超出合法、合理的范围而不属于自力救济的，如构成违反治安管理的情形，应当采取有效的处置措施，以恢复正常秩序。

第二，关于韩某超的诉讼请求是否成立的问题。庭审时韩某超明确要求某县公安局履行的法定职责是依据《中华人民共和国治安管理处罚法》第二十三条第一款第一项的规定，制止韩某昌的非法围堵行为，并对韩某昌进行治安行政处罚。经审查，1. 关于制止韩某昌的非法围堵行为的诉讼请求。因涉案围堵物在本次诉讼前已经拆除，故韩某超要求某县公安局制止韩某昌的围堵行为的诉讼请求已经不具有现实可执行条件，该项诉讼请求不具有可执行性，本院不再予以裁判。2. 关于判令某县公安机关对韩某昌进行治安行政处罚的诉讼请求。治安管理职权的法定主体是公安机关，由公安机关独立根据法律授权而实施，对该行政处罚权的行使，不属于行政诉讼裁判范畴。即司法权的审查中并不能对行政管理权范围内的处理结果或行政裁量权直接作出裁判结论，故韩某超通过诉讼主张判令某县公安局对韩某昌作出处罚的事项，没有法律依据，本院不予支持。如韩某超认为行为人对其造成损害的，可依据《中华人民共和国治安管理处罚法》的规定向某县公安局申请处理，但不属于本案审查事项。

综上，原审裁判理由不当，本院予以纠正，但韩某超的诉讼请求不成立，依法应予驳回，裁判结果仍是驳回其诉讼请求，根据实质性解决争议及减少当事人诉累的原则，本院对原审裁判结果予以维持。依照《中华人民共和国行政诉讼法》第六十九条、第八十九条第一款第一项，《最高人民法院关于适用〈中华人民共和国行政诉讼法〉的解释》第一百一十九条之规定，判决如下：维持某市中级人民法院作出的（2019）豫01行终751号行政判决。

类案二

（一）案件来源

某市公安局某分局、何某华诉公安行政管理：其他（公安）再审审查与审判监督行政裁定案[①]

（二）主要案情

再审申请人某市公安局某分局与被申请人何某华、原审被告某市公安局行政处罚及行政复议一案，不服辽宁省某市中级人民法院（2020）辽12行终45号行政判决，向本院申请再审。本院依法组成合议庭进行了审查，现已审查终结。

---

① 辽宁省高级人民法院（2020）辽行申941号行政裁定书。

某市公安局某分局申请再审称，被申请人是以置气的想法，做出毁损他人财物的行为，其为了回家这一理由不能作为认定情节特别轻微、阻却违法事实的理由。民警解决矛盾的方式符合法律规定，符合实际情况。请求本院撤销原一、二审判决，改判驳回被申请人的诉讼请求。

（三）案件核心

申请人某市公安局某分局依据《中华人民共和国治安管理处罚法》第四十九条之规定对被申请人进行治安处罚是否属于适用法律错误？

（四）裁判过程与结果

本院认为，第一，被申请人何某华系某木材市场的经营者，具有进入该市场的通行权。该市场的物业公司认为何某华有欠缴相关费用的行为，应通过司法途径依法维护企业的合法权益，而无权采取强行阻碍通行的方式予以解决，因此，在何某华骑行三轮车进入该市场时，该市场物业公司所设置的门卫不应阻止何某华进入，故物业公司有错在先。

第二，在门卫阻止何某华进入该市场时，何某华首先进行报警，请求申请人某市公安局某分局依法解决，但是，警察出警后没有及时依法阻止物业公司侵害何某华通行权的行为，而是采取“和稀泥”的方法让双方协商解决，这也是使矛盾激化的原因之一。

第三，何某华尽管有通行权，尽管在报警后纠纷依然未得到及时解决，但也应对闯杆进入市场对财产（包括对阻车杆和三轮车）可能造成的损害后果有明确的判断和认知，因此，其也具有过错。

但综合以上事实，二审法院确认何某华的行为应当认定为情节特别轻微，不予处罚，并无不当，申请人某市公安局某分局直接依据《中华人民共和国治安管理处罚法》第四十九条之规定进行治安处罚确属适用法律错误，而应依据该法第十九条第一项之规定，不予处罚。

综上所述，再审申请人某市公安局某分局申请再审的理由不符合《中华人民共和国行政诉讼法》第九十一条规定的再审条件。依照《最高人民法院关于适用〈中华人民共和国行政诉讼法〉的解释》第一百一十六条第二款的规定，裁定如下：驳回某市公安局某分局的再审申请。

七、理论探讨与执法指引

相对于当事人，警察介入的空间实际是客场，治理力量不占优势，甚至对环境很陌生，事件的进展程度以及案情的具体细节都需要时间去详细了解，否则很难做出下一步行动。转换空间是民警经常使用的一种调解策略。派出所办公地点是理想的解决纠纷之地，临近社区且群众接触较多，更重要的是便于警察对空间的掌控，从客场移步于主场，将劣势转化为优势，警察在掌握主动权的同时也与当事人关系发生了调换，确切地说是对人策略转变为对事策略。

警察在介入民间纠纷后，应当增强风险意识，将排查风险源作为保护当事人、围观群众甚至是自身安全的前置程序。风险源主要包括风险物与风险人，前者指代刀具、实心金属管、易燃易爆物、易腐蚀的化学物等，后者包含当事人亲属、情绪化的围观群众以及其他利益相关人。警察介入后，对风险物应安排专人予以集中控制，而对于风险人则可采取分别管理策略，灵活运用区分原则，对无关人员加以劝散，对当事人家属和利益相关人予以劝服。①

---

① 杨宗辉、商瀑：《警察权介入民间纠纷的困境与对策》，载《湖北大学学报（哲学社会科学版）》2017 年第 6 期。

第十一章　刑民交叉案件中的警察执法

所谓“刑民交叉”的说法，其含义是不太清晰的。一方面，如果仅仅在刑法和民法对某种社会关系进行调整的意义上讨论刑民交叉，那么，几乎所有的刑事案件都涉及刑民交叉问题。故意杀人罪、故意伤害罪、交通肇事罪都同时与刑法和民事侵权责任有关；侵犯公民个人信息罪也势必同时违反刑法、侵犯他人人格权，在这个意义上讨论“刑民交叉”的意义很有限。另一方面，对于同一个案件，在法秩序统一性原理之下，刑事和民事各自有其判断规则，原本就没有什么交叉问题。不过，考虑到“刑民交叉”这个说法几乎约定俗成，本书仍使用这个概念。被广泛使用的“刑民交叉”，大致所针对的似乎是案件处于刑事和民事的临界点上，构成犯罪还是民事侵权、违约难以被决断的情形。“刑民交叉”也基本上在这个意义上理解。所谓的“刑民交叉”案件，特指某种行为究竟应当被作为犯罪处理，还是认定为民事违法性质不明、“难办”的情形。因此，所谓的刑民交叉案件，也就是实践中的“难办案件”。①

第一节　违法私力救济不能得到公安机关的保护

一、基础知识

私力救济是指权利主体在法律允许的范围内，依靠自身的实力，通过实施自卫行为或自助行为来救济自己被侵害的权利，应当具备四个条件：（1）为保护自己的合法权益；（2）情势紧迫来不及请求公力救济；（3）采取的手段适当；（4）事后及时请求有关部门处理。私力救济作为一种权利人通过依靠其私人力量保护与实现权益的行为方式和社会现象，在实际生活中普遍存在，并屡屡成为诉讼审理标的。其本质为在无中立且公平公正的第三方力量介入的情况下，权利主体根据对纠纷

① 周光权：《“刑民交叉”案件的判断逻辑》，载《中国刑事法杂志》2020 年第 3 期。

的自我判断，并依据自我认可的标准、方式启动并实施权益维护的行为方式，也即它是以权利人的个人意志为导向的权利实现方式。私力救济行为在实施过程中与现代文明法治社会的价值和秩序存在潜在乃至直接的冲突关系。在实践中，私力救济的违法实施，导致大量的民事纠纷转化为行政纠纷以致进入行政诉讼领域。在此类诉讼中，私力救济实施主体针对特定主体（以下简称受侵害人）实施私力救济，受侵害人请求相关行政机关履行对该私力救济行为的行政规制职责，并进而对相关行政机关的履职行为不服提起行政诉讼。但因私力救济在我国缺乏实体法的明确规定，其合法性判断标准、公安机关是否应予对其进行规制以及规制标准不无争议。①

《中华人民共和国刑事诉讼法》第一百一十条规定，任何单位和个人发现有犯罪事实或者犯罪嫌疑人，有权利也有义务向公安机关、人民检察院或者人民法院报案或者举报。被害人对侵犯其人身、财产权利的犯罪事实或者犯罪嫌疑人，有权向公安机关、人民检察院或者人民法院报案或者控告。公安机关、人民检察院或者人民法院对于报案、控告、举报，都应当接受。对于不属于自己管辖的，应当移送主管机关处理，并且通知报案人、控告人、举报人；对于不属于自己管辖而又必须采取紧急措施的，应当先采取紧急措施，然后移送主管机关。犯罪人向公安机关、人民检察院或者人民法院自首的，适用第三款规定。

《公安机关办理刑事案件程序规定》② 第二百二十七条规定，在侦查活动中发现的可用以证明犯罪嫌疑人有罪或者无罪的各种财物、文件，应当查封、扣押；但与案件无关的财物、文件，不得查封、扣押。持有人拒绝交出应当查封、扣押的财物、文件的，公安机关可以强制查封、扣押。

《中华人民共和国国家赔偿法》第三十条第一款规定，赔偿请求人或者赔偿义务机关对赔偿委员会作出的决定，认为确有错误的，可以向上一级人民法院赔偿委员会提出申诉。

《中华人民共和国民法典》第六百四十二条规定，当事人约定出卖人保留合同标的物的所有权，在标的物所有权转移前，买受人有下列情形之一，造成出卖人损害的，除当事人另有约定外，出卖人有权取回标的物：（1）未按照约定支付价款，经催告后在合理期限内仍未支付；（2）未按照约定完成特定条件；（3）将标的物

---

① 姚佐莲、史克诚：《私力救济之行政规制合法性审查框架》，载《法律适用》2021 年第 11 期。

② 《公安机关办理刑事案件程序规定》，载中国政府网，http：//www. gov. cn/xinwen/2020-08/15/content_5534978. htm，最后访问时间：2022 年 3 月 27 日。

出卖、出质或者作出其他不当处分。出卖人可以与买受人协商取回标的物；协商不成的，可以参照适用担保物权的实现程序。

二、案件来源

陈某忠诉某省某自治州某县公安局刑事违法查封、扣押、冻结、追缴赔偿案①

三、主要案情

2012 年 3 月 8 日，陈某忠将甘 A×××××号某牌小型普通客车挂靠在某省某市某汽车租赁有限公司对外出租。2013 年 8 月 12 日，郝某来与某汽车租赁有限公司签订汽车租赁合同，将甘 A×××××号车辆租赁营运。2013 年 8 月 14 日，郝某来伪造陈某忠身份证将该车以 13 万元的价格出卖给敏某平（有购车合同，购车时身份证和行车证一致，行车证、登记证、保险等齐全，但是只交付了行驶证和一把车钥匙）。2013 年 9 月 20 日，敏某平又将车辆以 15.5 万元的价格卖给拉某让（有购车协议，交付一把钥匙及行驶证）。

2013 年 9 月 25 日，某省某市某区公安分局刑侦队电话通知陈某忠，郝某来因涉嫌诈骗罪已被该局刑事拘留，甘 A×××××号车辆已被郝某来变卖。陈某忠通过车辆 GPS 定位系统确定被骗车辆停放在某县某路口，于次日将甘 A×××××号车辆从某县开回兰州。拉某让发现车辆失踪之后，于同日向某县公安局报案，称自己的车辆被盗，某县公安局遂以刑事案件立案侦查（报案人为拉某让之弟普某杰）。2013 年 10 月 7 日，甘 A×××××号车辆司机刘某西准备开车时，拉某让的亲戚将该车辆控制并通知某县公安局，某县公安局向刘某西出具了扣押车辆清单。车辆和刘某西被某县公安局带回协助调查，同时要求陈某忠配合说明情况。陈某忠向某县公安局工作人员说明情况后，刘某西被释放，车辆被扣押。

2013 年 10 月 17 日，某市某区公安分局以涉嫌犯诈骗罪对郝某来立案。2014 年 3 月 6 日，某市某区人民法院作出（2014）七刑初字第 174 号刑事判决，以诈骗罪判处郝某来有期徒刑九年，确认甘 A×××××号车经过法定机构评估价值为 129860 元。某县公安局于 2013 年 10 月 28 日以没有犯罪事实为由，将拉某让汽车被盗一案撤销，同年 11 月 4 日将此案侦查终结，2014 年 1 月 15 日将扣押的甘 A×××××号车辆发还拉某让。

陈某忠于 2015 年 6 月 10 日以刑事违法扣押车辆为由向某县公安局提出国家赔偿申请，请求赔偿因错误查封、扣押造成的财产直接损失 129860 元，交通费、律

① 最高人民法院赔偿委员会（2020）最高法委赔监 240 号决定书。

师费等1万元。某县公安局于2015年8月3日作出国家赔偿决定，不予赔偿。陈某忠不服，向某省某自治州公安局（以下简称某州公安局）申请复议，某州公安局于2015年9月28日作出刑事赔偿复议决定，撤销某县公安局作出的国家赔偿决定。陈某忠于2015年11月3日向某省某自治州中级人民法院（以下简称某州中院）赔偿委员会申请作出国家赔偿决定。某州中院于2015年12月2日作出不予登记立案。陈某忠又于2016年1月25日向某县公安局提出国家赔偿复议申请。某县公安局于同年2月16日作出国家赔偿复议申请不予受理决定。陈某忠不服该决定，于2016年3月21日向某州公安局提出复议申请。某州公安局于同年4月5日口头答复不予受理。陈某忠于同月19日向某州中院赔偿委员会申请作出国家赔偿决定。某州中院赔偿委员会于2017年4月28日作出（2016）甘30委赔2号国家赔偿决定：某县公安局赔偿陈某忠财产损失129860元；驳回陈某忠的其他赔偿请求。某县公安局不服，向某高院赔偿委员会提出申诉。某高院赔偿委员会于2017年8月24日作出（2017）甘委赔监13号决定：指令某州中院赔偿委员会重新审理；重新审理期间，中止原赔偿决定的执行。某州中院赔偿委员会经重新审理，于2018年5月25日作出（2017）甘30委赔1号国家赔偿决定：某县公安局赔偿陈某忠财产损失129860元；驳回陈某忠的其他赔偿请求。某州中院赔偿委员会（2017）甘30委赔1号国家赔偿决定生效后，某高院赔偿委员会决定对该案直接审理。

四、案件核心

陈某忠通过GPS定位秘密取回该车辆，其行为虽不构成盗窃，但亦不属于正当的私力救济行为，该行为不属于法律保护范畴，公安机关有权将车辆返还给前占有人。

五、裁判过程与结果

某高院赔偿委员会经审理认为：

第一，关于扣押车辆行为的合法性问题。郝某来伪造陈某忠身份证将案涉车辆以13万元的价格出卖给敏某平，双方签订了购车合同，郝某来提供了伪造的陈某忠的身份证、车辆行车证、登记证、保险等手续，并交付了行驶证和一把车钥匙。2013年9月20日，敏某平又将车辆以15.5万元的价格卖给拉某让，双方签订了购车协议，并交付一把钥匙及行驶证。拉某让及其弟普某杰实际占有该车辆。陈某忠通过GPS私自取回该车辆，拉某让找到车辆并报警，某县公安局根据《中华人民共和国刑事诉讼法》第一百一十条之规定，以刑事案件立案侦查。经过侦查终结后查明该案没有犯罪事实，某县公安局依据《中华人民共和国刑事诉讼法》第一百八十三条之规定，撤销案件。《公安机关办理刑事案件程序规定》第二百二十二条第一款规定，在侦查活动中发现的可用以证明犯罪嫌疑人有罪或者无罪的各种财物、文件，应当查封、扣押；但与案件无关的财物、文件，不得查封、扣押。本案中，某县公安局扣押的车辆可用以证明犯罪嫌疑人有罪或者无罪，其扣押行为合法。

第二，关于返还车辆行为的合法性问题。本案中，拉某让占有车辆是基于买卖合同，虽然是否具有所有权需要司法进一步审查，但其占有的状态应当受到法律保护。关于陈某忠取回车辆的行为的性质。本案中，陈某忠是否为车辆的所有权人并未最终得到司法的确认，其应当通过诉讼、申请诉讼保全等合法途径解决，不存在情势紧迫来不及请求公力救济的情形，其通过 GPS 定位秘密取回车辆，其手段也不适当，事后亦未及时请求有关部门处理。陈某忠秘密取回车辆的行为虽然不构成盗窃，但该行为不具有合法性，不属于正当的私力救济行为。公安机关在不能明确车辆所有权的情形下，保护拉某让的占有并无不当。虽然陈某忠作为车辆的登记人，但在刑事判决确定前，公安机关不能排除陈某忠将车辆转让给敏某平的情形，此时应当保护占有，而非登记。公安机关在查证后，未发现拉某让明知案涉车辆为赃车，虽然其发还过程中程序有不当之处，存在瑕疵，但其返还车辆的行为符合以上规定，不宜认定为违法发还。

第三，关于案涉车辆是否应当通过民事诉讼程序确认权属问题。某市某区人民法院作出（2014）七刑初字第 174 号刑事判决认定郝某来构成犯罪并处以刑罚，但未将案涉车辆列为赃物，判决追缴。案涉车辆权属存疑。目前该车辆已经被某县公安局发还拉某让实际占有，但不应当径行决定由某县公安局向陈某忠承担返还财产或支付赔偿金的赔偿责任。某州中院赔偿委员会受理陈某忠申请赔偿一案后，应当决定驳回陈某忠的赔偿申请，并告知其经民事诉讼程序确认财产权属后再行主张权利。

据此，某高院赔偿委员会于 2019 年 12 月 19 日作出（2019）甘委赔再 2 号决定：撤销某州中院赔偿委员会（2017）甘 30 委赔 1 号国家赔偿决定；驳回陈某忠关于某县公安局刑事违法扣押的国家赔偿申请。

最高人民法院赔偿委员会经审查认为，陈某忠于 2012 年 3 月 8 日将其甘 A×××××号小型普通客车挂靠某汽车租赁有限公司，对外租赁。郝某来于 2013 年 8 月 12 日与某汽车租赁有限公司签订汽车租赁合同，将甘 A×××××号车辆租赁营运，并于同月 14 日将该车以 13 万元的价格出卖给敏某平。敏某平于 2013 年 9 月 20 日又将该车以 15.5 万元的价格转卖给拉某让。陈某忠于 2013 年 9 月通过 GPS 定位私自取回该车后，某县公安局根据拉某让一方的报案对此立案侦查并扣押该车，后撤销该案并于 2014 年 1 月 15 日将车辆发还给拉某让。某市某区人民法院于 2014

年3月6日作出（2014）七刑初字第174号刑事判决，以诈骗罪判处郝某来有期徒刑九年，并确认上述车辆评估价值为129860元。根据上述事实，拉某让系以高于市场价值的价格从第三人处购得涉案车辆，并非明知该车系赃物而予以购买，故陈某忠以某县公安局违法将车辆发还给拉某让为由申请国家赔偿，其事实依据和法律依据不足。

本案中，陈某忠通过GPS定位秘密取回该车辆，其行为虽不构成盗窃，但亦不属于正当的私力救济行为，该行为不属于法律保护范畴。陈某忠原系案涉车辆所有权人，其通过挂靠某汽车租赁有限公司将车辆租赁给郝某来，在挂靠、租赁过程中该车被郝某来非法出卖并获利，陈某忠应当通过诉讼程序寻求权利救济。

综上，陈某忠的申诉事项及理由不能成立，某高级人民法院赔偿委员会（2019）甘委赔再2号决定认定事实清楚、适用法律正确，本案不符合《最高人民法院关于国家赔偿监督程序若干问题的规定》第十一条规定的重新审理条件。依照《中华人民共和国国家赔偿法》第三十条第一款和《最高人民法院关于国家赔偿监督程序若干问题的规定》第十三条第二项的规定，本院赔偿委员会决定如下：驳回陈某忠的申诉。

六、类案比较

（一）案件来源

互联网金融服务公司等诉汽车销售公司返还原物纠纷案[①]

（二）主要案情

上诉人互联网金融服务公司、商贸公司因与被上诉人中某汽车销售服务有限公司返还原物纠纷一案，不服济南市历城区人民法院（2020）鲁0112民初482号民事判决，向山东省济南市中级人民法院提起上诉。二审法院于2021年1月20日立案后，依法组成合议庭进行了审理。本案现已审理终结。

一审法院认定事实：互联网金融服务公司针对其诉讼请求向一审法院提交以下证据：（1）《沈某车某宝互联网金融服务有限公司汽车贸易公司加盟合作协议》。予以证实互联网金融服务公司与中某公司基于此协议互联网金融服务公司将车辆交付中某公司销售，互联网金融服务公司就每辆销售车辆与中某公司分别签订《车辆买卖合同》并约定销售车辆应摆放在济某中某公司的展厅，由互联网金融服务公司进行监控，未经互联网金融服务公司允许车辆不能移动挪作他用。（2）涉案6台车辆的购销协议、付款凭证、车辆发票、车辆的进出口证明书、随车验车单、车辆一

① 山东省济南市中级人民法院（2021）鲁01民终1020号民事判决书。

致性证书、环保信息随车清单、互联网金融服务公司与中某公司签订的买卖协议。予以证实互联网金融服务公司以销售为目的直接购买进口车辆，并将相关车辆交由中某公司进行销售，在车款未结清前互联网金融服务公司保留车辆所有权。（3）某市公安局某分局某村派出所出具的报警证明。予以证实互联网金融服务公司在发现车辆丢失后立刻报案，公安部门告知为民事纠纷，让互联网金融服务公司自行寻找车辆，自行取回，未进行立案处理。（4）沈某市中级人民法院作出的（2019）辽民终1849号民事判决书、（2019）辽01民终1849号民事裁定书。予以证实涉案车辆经法院生效判决确认为本案互联网金融服务公司所有。（5）2018年8月15日商贸公司称有人抢走其车辆的报警记录、济某市中级人民法院作出（2020）鲁01民终928号民事判决书。予以证实本案涉及的6台车辆，商贸公司曾向山东省济某市高新技术产业开发区人民法院提起诉讼，要求互联网金融服务公司返还包括涉及本案车辆在内的共10台车辆，此诉讼请求经两审法院终审判决驳回了商贸公司的诉讼请求，证实互联网金融服务公司对涉案车辆拥有所有权。经质证，商贸公司对《沈某车某宝互联网金融服务有限公司汽车贸易公司加盟合作协议》的真实性和证明目的均不予认可，商贸公司认为该协议并不是特许经营合同意义下的加盟合同，协议第七条约定，互联网金融服务公司向中某公司提供1000万元授信额度，第九条约定购车方式只可以采用“贷款方式”，第十条约定除支付车款首付款20%外，其余80%车款按照日万分之三点五（合计月息1.05%）、违约金按日万分之五计息（合计月息1.5%）。该约定实质是互联网金融服务公司提供车辆贷款，中某公司按合同约定支付贷款利息，并以车辆作为让与担保。另外，根据该协议的约定，具体至每辆车辆的《车辆买卖合同》均是双方履行加盟合同的合同义务，《车辆买卖合同》不是独立合同，而是附属于加盟合同协议的从合同。因此，不改变互联网金融服务公司与中某公司之间金融借贷的关系，且互联网金融服务公司向中某公司提供金融借贷服务的事实由互联网金融服务公司在其他案件中予以认可。另外，根据每辆车涉及的买入及卖出合同，可以看出合同签订日期一致，系同一天所签。互联网金融服务公司与中某公司的合同中明确约定车辆是经中某公司指定购买，即作为中间经销商，互联网金融服务公司既不需要寻找车辆买入渠道，也不需要寻找车辆的销售渠道，不实际参与车辆买卖过程。商贸公司认为互联网金融服务公司与中某公司之间名为买卖实为借贷的借款合同；对于涉案6台车辆的购销协议、付款凭证、车辆发票、车辆的进出口证明书、随车验车单、车辆一致性证书、环保信息随车清单、互联网金融服务公司与中某公司签订的买卖协议真实性和证明目的商贸公司均不予认可，商贸公司认为互联网金融服务公司采购车辆合同都附有付款指令或打款路径，车辆交易价格不真实，尤其是其与某发展公司签订的《销售合同》中附带的打款路径，明确了车辆交易价格并非合同价格。因而商贸公司对互联网金融服务公司提供所有证据的真实性存在质疑，不予认可；对于沈某市中级人民法院作出的（2019）辽民终 1849 号民事判决书及（2019）辽 01 民终 1849 号民事裁定书的真实性无异议，对互联网金融服务公司的证明目的有异议，商贸公司认为（2019）辽民终 1849 号民事判决书明确载明返还车辆的义务人为中某公司，与商贸公司无关，同时该判决认定互联网金融服务公司与中某公司之间的汽车贸易公司加盟合作协议及六份买卖协议予以解除的情况下，互联网金融服务公司丧失了基本合同有效产生的所有权保留，而返还车辆或赔偿损失是合同解除后的法律义务，不能以法院判决其要求中某公司返还车辆而证明涉案车辆归互联网金融服务公司所有；对 2018 年 8 月 15 日商贸公司称有人抢走其车辆的报警记录真实性无异议，商贸公司认为该证据同时能够证明是互联网金融服务公司通过暴力方式毁坏商贸公司的其他财物，抢夺车辆，而非互联网金融服务公司主张的正常取车，且公安机关也以故意毁坏财物罪刑事立案；对济南市中级人民法院的判决书真实性无异议，对关联性有异议。商贸公司认为该判决所载明的车辆与本案涉及的车辆完全不同，该判决以商贸公司提供的买卖合同载明的车架号与实际主张的车架号不同，商贸公司与中某公司签署的合同早于中某公司与互联网金融服务公司签署合同时间以及车辆价格低认定商贸公司非善意买受人，但在本案中这些情况都不存在，故不具有参考意义。

商贸公司为证实其反驳意见，向一审法院提交以下证据：（1）济南市高新技术产业开发区人民法院（2018）鲁 0191 民初 2875 号民事裁定书、济南市中级人民法院（2019）鲁 01 民终 2404 号民事裁定书、民事起诉状。予以证实 2018 年 10 月 25 日，商贸公司已经就互联网金融服务公司强行开走存放于商贸公司仓库中的车辆诉至法院，案件正在审理中。该案与本案审理的实质内容均系查明车辆所有权归属问题，故本案应当待济南市高新技术产业开发区人民法院审理结束后再行审理，否则可能出现矛盾判决的情形。（2）济某市高新公安分局立案告知书、临港街道派出所接警单。予以证实互联网金融服务公司以暴力方式强行开走存放在商贸公司仓库中车辆的事实，且故意毁坏商贸公司所有的其他车辆，构成刑事犯罪，已经被高新分局立案侦查。（3）商贸公司与案外人某汽车销售有限公司签订的《机动车买卖合同》、某银行支付凭证、随车证件货物进口证明书、进口机动车辆随车检验单。予以证实互联网金融服务公司主张的车架号尾号为 8370 车辆系商贸公司从案外人瑞方汽车公司处购买而来，与互联网金融服务公司不存在任何关系，商贸公司系车辆的合法所有权人。（4）商贸公司与中某公司签订的《机动车买卖合同》、某银行网上银行行内转账付款凭证、收据、山东增值税专用发票、车辆凭证。予以证实互联网金融服务公司主张的车架号尾号为 6815 车辆系商贸公司从中某公司购买而来，同时根据互联网金融服务公司举证的合同，互联网金融服务公司购买车辆的价格为476000元，而商贸公司购买价格为486000元，是正常且合理的市场价格，车辆已经交付商贸公司，故该车辆已经归商贸公司所有（上述证据原件均在天桥公安处）。（5）某网页标题为《车某宝上线启动仪式在沈某举行》新闻网页打印件、搜狐网站发布的标题为《中某集团清退追踪：车某宝纳入监管群众举报部分线索正在侦查》新闻网页打印件、新浪网站发布的标题为《沈某互金协会："中某案"以非吸立案归集资金超6亿元》新闻网页打印件。予以证实某投资咨询公司案涉非法吸收公众存款已被刑事立案侦查，资金发生额达224亿元，互联网金融服务公司现已经被定性为某普公司的关联公司，统一纳入行业监管。互联网金融服务公司所谓经营主业依托互联网向汽车销售商提供金融资金支持实质为通过非法吸收公众存款获得资金后再以贷款方式出借给汽车销售商，从而形成金融闭环，本身涉嫌违法，其与中某公司之间的合同实质为借贷合同而非车辆买卖合同。（6）（2020）辽0192民初155号判决书。予以证实互联网金融服务公司与加盟方之间的《加盟合作协议》非特许经营合同，而是金融服务合同，互联网金融服务公司向加盟方以提供金融服务为主要合同义务。（7）与本案案情相似，车某宝主张保留所有权买卖对抗其他买受人的判例〔（2017）黑11民终569号民事判决书、（2018）黑12民终351号民事判决书、（2019）粤0303民初17713号民事判决书〕。予以证实互联网金融服务公司虽主张其与买家为车辆所有权保留的买卖方式，但并未就所有权保留作出易于让他人发现的方式维护自身权益。同时基于平行进口车存在车辆需全款付清后才得以提车的交易特点，所有权保留的方式更难以让他人获知。在类似情况下，互联网金融服务公司的所有权保留的主张均未得到法院采纳。（8）济南市公安局天桥分局刑事警察大队给济南市天桥区人民法院回函及附件材料。予以证实涉案车辆车架号尾号8370宝马X5汽车及车架号尾号6×××途乐汽车因涉嫌刑事犯罪已被天桥公安扣押，不在商贸公司的控制之下，同时公安机关在案件调查中对孙某勇、刘某的询问也足以证明商贸公司与中某公司之间存在正当的车辆买卖关系。（9）商贸公司与案外人某汽车销售有限公司签订的《机动车买卖合同》、某银行支付凭证。予以证实车架号尾号为8370宝马X5汽车系商贸公司以正常市场价购买所得。（10）商贸公司与中某公司签订的《机动车买卖合同》、某银行网上银行行内转账付款凭证、山东增值税专用发票。予以证实车架号尾号为6×××途乐汽车系商贸公司从中某公司以正常市场价购买所得。（11）商贸公司与中某公司于2018年4月17日签订的《机动车买卖合同》及对应的款项支付凭证、发票，2018年5月23日签订的《机动车买卖合同》及款项支付凭证。予以证实车架号尾号为6×××/3×××的车辆为商贸公司以市场价购买所得。经质证，互联网金融服务公司对济南市高新技术产业开发区人民法院（2018）鲁 0191 民初 2875 号民事裁定书、济某市中级人民法院（2019）鲁 01 民终 2404 号民事裁定书、民事起诉状的真实性无异议，但对关联性有异议。此两份裁定书涉及的是互联网金融服务公司向商贸公司主张的另外 12 台车辆的相关事实，与本案的 6 台车不是同一批车辆，所以不具备关联性；对于济南市高新公安分局立案告知书、临港街道派出所接警单真实性无异议，是本案商贸公司的法定代表人王某顺在高新技术产业开发区临港派出所进行的报案，在其笔录中承认了其占有本案 6 台车辆的相关事实。对于商贸公司与案外人某汽车销售有限公司签订的《机动车买卖合同》、某银行支付凭证、随车证件货物进口证明书、进口机动车辆随车检验单，商贸公司和中某公司存在借贷关系，其签订的买卖合同如若真实，也是基于债权的担保。相关事实可以证明即车辆的交付应当在买卖合同签订后确定日期内进行。因本案涉及车辆众多，交付不可能为同一时间，且商贸公司提取车辆的时间为 2018 年 8 月 2 日深夜，采取的方式是破坏了互联网金融服务公司设在中某展厅的监控设施，将所有车辆一次性开走。这不符合一个正常买卖合同交付车辆的方式，由此也可以断定商贸公司为保护其债权将相关的车辆强行纳入自己的控制范围，事后查明商贸公司将所有车辆都存放在位于济南市产业技术开发区自控的仓库内，并将仓库门用重型车辆封堵，互联网金融服务公司为取回车辆，委托案外人某投资咨询公司对商贸公司故意放置在仓库门口的车辆车窗进行破坏。临港派出所确实以互联网金融服务公司毁坏财产而立案（正在侦查的阶段）才出现了商贸公司的法定代表人王某顺报案以及临港派出所就破坏财产作出的立案通知；对标题为《车某宝上线启动仪式在沈某举行》新闻网页打印件、标题为《某普集团清退追踪：车某宝纳入监管群众举报部分线索正在侦查》新闻网页打印件、标题为《沈某互金协会："中某案"以非吸立案归集资金超 6 亿元》新闻网页打印件的真实性、合法性、关联性均有异议。互联网金融服务公司是独立于某普公司的市场主体，其经营自负其责，不受其他经营主体的影响。商贸公司通过新闻报道来确认相关的法律事实，缺乏事实和法律依据。新闻平台并非政府确认官方平台，报道内容不能视为对事实的认定。其报道内容也会随着事件的发展而变换。因此，此份证据不能作为认定互联网金融服务公司经营模式或者相关责任划分的依据；对（2020）辽 0192 民初 155 号判决书的真实性无异议，对其与本案的关联性有异议，互联网金融服务公司认为，确认互联网金融服务公司与某乐公司并非特许加盟合同，与互联网金融服务公司起诉商贸公司事实没有关联性。加盟合同本就是双方合作的基础，是发生在互联网金融服务公司与其合作方之间的法律文书，与商贸公司无关；对（2017）黑 11 民终 569 号民事判决书等三份民事判决书的真实性无异议，对与本案的关联性有异议，互联网金融服务公司认为三个案件法律关系与本案法律关系不一致，且相关的买卖加盟条款与互联网金融服务公司与中某公司签订的版本不一致，案件事实也与本案没有关联性，因此不应作为本案参考或者作为定案依据；对济南市公安局天桥分局刑事警察大队给济南市天桥区人民法院回函及附件材料真实性无异议，对证明目的有异议，互联网金融服务公司认为公安笔录中未体现商贸公司依法取得案涉车辆的相关事实，而扣押车辆为商贸公司提交给公安机关，属于未经车辆所有人许可的处置行为；对于商贸公司与案外人某汽车销售有限公司签订的《机动车买卖合同》、某银行支付凭证、商贸公司与中某公司签订的《机动车买卖合同》、某银行网上银行行内转账付款凭证、山东增值税专用发票、商贸公司与中某公司于2018年4月17日签订的《机动车买卖合同》及对应的款项支付凭证及发票、于2018年5月23日签订的《机动车买卖合同》及款项支付凭证的真实性、合法性、关联性均有异议，互联网金融服务公司认为车辆销售合同所载明的内容虽然涉及本案的部分车辆，但其交易价格却低于中某公司从互联网金融服务公司购车的价格，违背市场交易规律和市场经营模式，且在车辆交易后双方并没有直接对车辆进行真实交付而是仍由中某公司予以保留，没有真正完成车辆交易流程。根据车辆买卖合同第三条的约定，可以知晓车辆买卖合同的真实作用在于为商贸公司提供担保。商贸公司与中某公司之间是债权债务关系，而非真实的车辆买卖关系。这也与在中某公司出现债务危急后，商贸公司抢夺车辆的行为是相符的，因为在商贸公司看来，车辆是其债权的担保，因此商贸公司以车辆买卖合同来证明其是善意购买人，并已取得车辆所有权，证明目的与其提交的证据是相悖的，商贸公司不能证明其证明目的。

根据商贸公司对互联网金融服务公司提交的证据提出异议，一审法院认定如下：（1）对商贸公司提出《互联网金融服务公司汽车贸易公司加盟合作协议》及每辆车辆的买卖合同为借贷合同，互联网金融服务公司与中某公司之间为金融借贷关系非买卖关系的质证意见，一审法院认为，商贸公司未提交直接证据证实其反驳意见，而互联网金融服务公司提供了其与中某公司签订的协议及车辆入库、车辆采购等一系列协议予以证实其与中某公司之间的车辆买卖真实性，且互联网金融服务公司与中某公司约定的授权额度、服务利息等内容实为互联网金融服务公司的经营策略，不应以此认为互联网金融服务公司与中某公司之间非车辆买卖关系，故，一审法院对互联网金融服务公司与中某公司之间签订的加盟合作协议及《买卖合同》予以确认；（2）对商贸公司提出涉案6台车辆的购销协议、付款凭证、车辆发票、车辆的进出口证明书、随车验车单、车辆一致性证书、环保信息随车清单、互联网金融服务公司与中某公司签订的买卖合同等互联网金融服务公司采购车辆证据的真实性存在质疑。一审法院认为，互联网金融服务公司提供的购销协议均盖有销售商与互联网金融服务公司双方的公章，根据《中华人民共和国合同法》相关规定，符合合同的生效要件，互联网金融服务公司提供的发票，符合票据法规定的票据的形式要件，故，一审法院对购销协议、付款指令、客户回单、付款凭证、车辆发票、入库单、货物进口证明、随车验车单、车辆一致性证书、环保信息随车清单的真实性予以确认。

根据互联网金融服务公司对商贸公司提交的证据有异议，一审法院认定如下：(1) 互联网金融服务公司提出对商贸公司与案外人某汽车销售有限公司签订的《机动车买卖合同》的真实性、合法性、关联性均有异议。一审法院认为互联网金融服务公司提供了车架号尾号 X6××××宝马 X5 汽车的销售合同、付款回单、发票、货物进口证明书、进口机动车辆随车检验单等证据，而商贸公司仅提供了与案外人某汽车销售有限公司的车架号尾号 X6××××宝马 X5 汽车的买卖合同、付款凭证、转账记录，无其他任何进口车辆的相关手续，不符合常理及交易习惯，故对商贸公司提交的上述证据不予采信。(2) 互联网金融服务公司提出对商贸公司与中某公司提供的《机动车买卖合同》的真实性、合法性、关联性均有异议。一审法院认为，互联网金融服务公司提供了其购买上述车辆的销售合同、付款回单、发票、与济某中某公司的买卖协议、货物进口证明书、进口机动车车辆随车检验单等证据，商贸公司仅提供了其与中某公司的买卖合同、付款凭证、转账记录，无其他任何进口车辆的相关手续，且商贸公司提交的其与中某公司签订的车架号尾号 3×××日产 18 款途乐 XE 汽车的买卖合同时间为 2018 年 5 月 21 日，而车某宝与中某公司签订买卖协议的时间为 2018 年 5 月 23 日；互联网金融服务公司与中某公司签订的车架号尾号 6×××途乐汽车的买卖合同时间为 2018 年 6 月 12 日，而商贸公司与中某公司签订买卖协议的时间为 2018 年 4 月 17 日，中某公司在尚未购进车辆的情况下即将车辆卖给商贸公司不符合常理及交易习惯，故对商贸公司提供的上述证据及主张不予采信。

另查明，车架号 JN8BY2NX2J911××××日产途乐汽车、车架号 JN8BY2NY1J911-××××日产 18 款途乐 XE 汽车，商贸公司认可由其实际控制的事实；车架号 WBAKR-0108J0X6××××宝马 X5 汽车、车架号 JN8BY2NY2J911××××日产途乐汽车，因涉嫌刑事案件已被济南市公安局天桥区分局扣押；车架号 WDCYC33EF6HX28××××奔驰 17 款 G500 汽车、车架号 JN8BY2NX2J912××××日产 18 款途乐 XE 汽车，互联网金融服务公司未提交证据证明车辆由商贸公司实际控制。

(三) 案件核心

互联网金融服务公司与中某公司签订包括涉案车辆在内的多份买卖合同，约定在中某公司未履行全部付款义务前，互联网金融服务公司拥有车辆所有权，在未经互联网金融服务公司同意的情况下，中某公司对涉案车辆无处分权。在互联网金融服务公司持有涉案车辆发票、付款凭证、入库单、货物进口证明、随车验车单、车辆一致性证书、环保信息随车清单等车辆证明文件的情况下，商贸公司与中某公司签订车辆买卖合同，商贸公司并未及时将车辆取走，后互联网金融服务公司在商贸公司仓库内发现已被拆除 GPS 的涉案车辆，且仓库门由商贸公司用其他车辆进行封堵，结合商贸公司提交的合同存在签订时间不符合常理以及除买卖合同、付款凭证、转账记录外，无其他任何进口车辆的相关手续，且根据商贸公司提交的证据，亦无直接证据证实商贸公司对涉案车辆享有所有权或善意取得，互联网金融服务公司系上述涉案车辆的所有权人，基于所有权可要求车辆的非法占有人即商贸公司返还车辆。

（四）裁判过程与结果

一审法院认为，国家、集体、私人的物权和其他权利人的物权受法律保护，任何单位和个人不得侵犯。针对涉案车辆车架号尾号 3×××日产 18 款途乐 XE 汽车、车架号尾号 6×××日产途乐汽车、车架号尾号 8×××宝马 X5 汽车、车架号尾号 6×××日产途乐汽车，在中某公司未履行全部付款义务以前，互联网金融服务公司享有车辆所有权，在未经互联网金融服务公司同意的情况下，中某公司对涉案车辆无处分权。根据《中华人民共和国物权法》[①] 第一百零六条第一款规定："无处分权人将不动产或者动产转让给受让人的，所有权人有权追回；除法律另有规定外，符合下列情形的，受让人取得该不动产或者动产的所有权：（一）受让人受让该不动产或者动产时是善意；（二）以合理的价格转让；（三）转让的不动产或者动产依照法律规定应当登记的已经登记，不需要登记的已经交付给受让人"，本案中商贸公司与中某公司签订车辆买卖合同后，商贸公司并未及时将车辆取走，后互联网金融服务公司在商贸公司仓库内发现已被拆除 GPS 的涉案车辆，且仓库门由商贸公司用其他车辆进行封堵，结合商贸公司提交的合同存在签订时间不符合常理以及除买卖合同、付款凭证、转账记录外，无其他任何进口车辆的相关手续，且根据商贸公司提交的证据，亦无直接证据证实商贸公司对涉案车辆享有所有权或善意取得，互联网金融服务公司系上述涉案车辆的所有权人，基于所有权可要求车辆的非法占有人即商贸公司返还车辆。因商贸公司认可车架号尾号 3×××日产 18 款途乐 XE 汽车及车架号尾号 6×××日产途乐汽车由其控制，故，对互联网金融服务公司主张商贸公司向其返还上述两款车辆的诉讼请求，符合法律规定，一审法院予以支持；商贸公司在不能返还上述车辆的情况下，应按照互联网金融服务公司与中某公司签订的买

① 根据《中华人民共和国民法典》，该法已于 2021 年 1 月 1 日废止。

卖协议约定的价款即车架号尾号3×××日产18款途乐XE汽车总价款47.4万元及车架号尾号6×××日产途乐汽车总价款47.6万元支付对价。针对车架号尾号8×××宝马X5汽车、车架号尾号6×××日产途乐汽车，因涉嫌刑事案件已被济南市公安局天桥区分局扣押，互联网金融服务公司可待刑事案件审理结束后另行主张权利。针对车架号尾号5×××奔驰17款G500汽车、车架号尾号3×××日产18款途乐XE汽车，互联网金融服务公司未提交证据证实车辆由商贸公司实际控制，一审法院对互联网金融服务公司要求商贸公司返还该两款车辆的诉讼请求不予支持。对于互联网金融服务公司请求赔偿车辆被扣期间的经营损失即按中国人民银行同期贷款利率要求商贸公司支付利息的诉求，一审法院认为，互联网金融服务公司主张的经营损失应为资金占用所导致的利息损失，商贸公司应于2018年8月15日控制涉案车辆起向互联网金融服务公司支付资金占用产生的利息。综上所述，依照《中华人民共和国物权法》第四条、第三十四条、第一百零六条，《中华人民共和国合同法》[①] 第一百三十四条，《最高人民法院关于审理买卖合同纠纷案件适用法律问题的解释》第三十五条，《中华人民共和国民事诉讼法》第六十四条、第一百四十四条、第一百五十二条之规定，判决：

一、限商贸公司于判决生效之日起十日内向互联网金融服务公司返还车架号为JN8BY2NX2J911××××的日产途乐汽车、车架号为JN8BY2NY1J911××××的日产18款途乐XE汽车；

二、如商贸公司不能在判决确认的期限内返还车辆，应向互联网金融服务公司支付车架号JN8BY2NX2J911××××日产途乐汽车价款47.4万元、车架号JN8BY2NY1J911××××日产18款途乐XE汽车价款47.6万元；

三、商贸公司赔偿互联网金融服务公司因其侵权行为导致的利息损失，以车辆价款95万元（47.4万元+47.6万元）为基数，自2018年8月15日起至2019年8月19日止，按中国人民银行同期贷款利率支付利息；自2019年8月20日起至车辆返还或支付95万元止，按全国银行间同业拆借中心公布的贷款市场报价利率支付利息；

四、驳回互联网金融服务公司的其他诉讼请求。如果未按判决指定的期间履行给付金钱义务，应当依照《中华人民共和国民事诉讼法》第二百五十三条规定，加倍支付迟延履行期间的债务利息。案件受理费39070元，由互联网金融服务公司负担25210元，由商贸公司负担13860元。

本院二审期间，当事人围绕上诉请求依法提交了证据。法院组织当事人进行了

---

① 根据《中华人民共和国民法典》，该法已于2021年1月1日废止。

证据交换和质证。商贸公司提交证据：1. 某机械集团销售有限公司车辆买入合同一份、双方微信聊天记录一份、提车委托书一份，证明该公司购车时间为 2018 年 2 月 5 日的框架性合同未明确车架号，通过与工作人员联系方式确定车架号，但是实际提车时间为 2018 年 4 月 28 日、5 月 8 日。2. 某机械集团有限公司车辆卖出合同一份、提车单一份，证明该公司于 2018 年 3 月 28 日将车辆卖出，此时尚未提车，仅是知情车架号，双方于 2018 年 5 月 2 日、5 月 8 日于港口提车。证据来源于该公司与商贸公司诉讼案件中，其中车辆卖出合同由经办人刘某辉向上海市公安局青浦分局提供，与商贸公司在一审中提交的公安机关询问笔录是一致的。上述两组证据证明平行进口车交易习惯为，在知道平行进口车车架号后即可进行车辆转手交易，一般不存在当天签合同、当天提车的交易习惯。

车某宝质证意见：合同与本案没有关联性，合同是否真实进行也无法证明，商贸公司以单份合同来主张交易习惯不具有证据性。即使合同真实存在也只约束合同当事人。

法院认证意见，商贸公司提交的车辆买入、卖出合同涉及案外人与商贸公司特定的车辆交易，与本案关联性不足，且个别车辆交易方式不足以证明平行进口车市场的普遍交易习惯，故法院对商贸公司的证明观点不予采信。法院对一审查明相关事实予以确认。

法院认为，本案争议的焦点问题是，商贸公司应否向互联网金融服务公司返还涉案车辆，具体应返还车辆如何认定。

《中华人民共和国物权法》第一百零六条规定，无处分权人将不动产或者动产转让给受让人的，所有权人有权追回；除法律另有规定外，符合下列情形的，受让人取得该不动产或者动产的所有权：（1）受让人受让该不动产或者动产时是善意的；（2）以合理的价格转让；（3）转让的不动产或者动产依照法律规定应当登记的已经登记，不需要登记的已经交付受让人。受让人依照前款规定取得不动产或者动产的所有权的，原所有权人有权向无处分权人请求赔偿损失。当事人善意取得其他物权的，参照前两款规定。本案中，互联网金融服务公司与中某公司签订包括涉案车辆在内的多份《买卖协议》，约定在中某公司未履行全部付款义务前，互联网金融服务公司拥有车辆所有权，在未经互联网金融服务公司同意的情况下，中某公司对涉案车辆无处分权。互联网金融服务公司持有涉案车辆发票、付款凭证、入库单、货物进口证明、随车验车单、车辆一致性证书、环保信息随车清单等车辆证明文件。本案争议的车辆所有权归属于互联网金融服务公司证据确实充分，应予确认。商贸公司主张善意取得，应当根据上述法律规定要件，结合案件事实予以分析认定。首先，涉案车辆系平行进口车辆，车辆发票、付款凭证、入库单、货物进口证明、随车验车单、车辆一致性证书、环保信息随车清单等车辆证明文件是证明车辆权属、完成交易的重要文件。现涉案车辆的证明文件仍由互联网金融服务公司持有。商贸公司二审中陈述其主要经营平行进口车辆，对上述文件的重要性和真实性，应当具有较高程度的认识和辨别力，但商贸公司购买涉案车辆，并未取得涉案车辆合法有效的证明文件且无合理理由。难言其在购买涉案车辆时尽到了对车辆权属的合理注意。其次，从涉案车辆的流转过程看。涉案车辆由互联网金融服务公司加装了监控设备。互联网金融服务公司在发现车辆丢失后报案，后互联网金融服务公司在商贸公司仓库内发现已被拆除 GPS 的涉案车辆，且仓库门由商贸公司用其他车辆进行封堵，亦不符合通常购买车辆的情形。据此，商贸公司不符合善意取得的法定条件，互联网金融服务公司作为车辆所有权人，有权追回。商贸公司认可占有的车架号尾号 3×××日产 18 款途乐 XE 汽车、车架号尾号 6×××日产途乐汽车，应承担返还义务，如不能返还应承担赔偿相应损失的义务，一审判决判令自 2018 年 8 月 15 日起支付相应利息，并无不当。车架号尾号 8×××宝马 X5 汽车、车架号尾号 6×××日产途乐汽车，因涉嫌刑事案件已被济南市公安局天桥区分局扣押，可待刑事案件处理后另行处理。互联网金融服务公司未提交证据证实车架号尾号 5×××奔驰 17 款 G500 汽车、车架号尾号 3×××日产 18 款途乐 XE 汽车由商贸公司实际控制，一审法院对互联网金融服务公司返还该两款车辆的诉讼请求不予支持，并无不当。互联网金融服务公司可待有确实证据后另行主张。

综上所述，商贸公司、互联网金融服务公司的上诉请求不能成立，应予驳回；一审判决认定事实清楚，适用法律正确，应予维持。依照《中华人民共和国民事诉讼法》第一百七十条第一款第一项规定，判决如下：

驳回上诉，维持原判。

二审案件受理费 36097 元，由上诉人互联网金融服务公司负担 22797 元，由商贸公司负担 13300 元。

本判决为终审判决。

七、理论探讨与执法指引

当事人之间存在民事纠纷与公民要求公安机关履行保护财产权的法定职责属于不同的法律关系。存在民事纠纷，并不影响公安机关依法对侵犯财产权的行为进行查处。公安机关对于民事纠纷案件有义务从防范公共安全和维护民事社会生活秩序的角度进行及时和必要的干预，以压抑频繁出现的不正当私力救济。

与公力救济不同，私力救济本身蕴含着非程序性、非理性、野蛮性、规则排斥性等非规范性特质和缺陷。具体来讲，私力救济的内在非规范化特质具体可以从以下六个方面进行考察：(1) 自发性。私力救济一般是权利主体面对权益纠纷时，基于效率、利益等种种现实的考量判断，自发地凭借自身力量以自己选择的或主动或消极的方式维护自身权益。(2) 纠纷解决依据标准的多元化。私力救济解决纠纷所依据的标准并不固定，既包含国家法律、政策，也包括民间习惯、传统、当事人的协商乃至权利人个人主观任意所确认的标准等。(3) 纠纷解决行为方式的多样性。私力救济的外在行为方式既包含积极的行为方式，也包含消极的行为方式，具体样态繁多，不能穷尽。(4) 缺乏程序理性。私力救济是由行为人与相对方在主导，中立的第三方并没有介入，故私力救济行为没有公力救济对程序的依赖性，其行为程序较为任意，且行为人选择私力救济方式的一个很重要的原因就是为了规避相关程序，以直接快速地解决纠纷。(5) 难以实现普遍的公正。私力救济从其效果上看，很难像公力救济那样能够实现标准化、类型化以及得到普遍认同的公正。(6) 具有潜在的危害性。无论是实务界还是理论界，对私力救济的行使都存有很大的争议。这是因为私力救济相对于公力救济依然具有很大的局限性。如其行使不当，则极有可能冲击和破坏法治，对公民权益和社会秩序造成损害。①

在对私力救济合法性实施的具体审查框架建构上，需重点考量以下四点原则：其一，分类规范原则。因私力救济存在合法与否的区分，故对私力救济进行规范应当区分具体情形，实行分类规范的原则。既不能搞“一刀切”的全盘否定，也不能对其不闻不问，任由其野蛮生长。其二，整体合法原则。对私力救济的合法性应当进行全面整体的考察，需要坚持实质合法性和形式合法性的双重全面视角。其三，法益平衡原则。因私力救济的实施涉及相关利益的损益，依据法益平衡原则可以对私力救济行为实施的实际效果进行直观的评价，进而影响到该行为的定性和相关责任的承担。其四，个案行为具体考量原则。对私力救济规范化实施与否的评价离不开具体场景下的考察，不同具体场景下的要素组合，会影响到个案中私力救济行为的综合定性结论。

从私力救济的法律定性角度看，私力救济在我国法律体系中的具体定性可以分为以下三种情形：(1) 法律明确允许。以正当防卫、紧急避险、自助行为等为代表的法律明确允许的私力救济行为在符合法定构成要件时即取得合法的法律地位。(2) 需要引导的私力救济行为。法律给予了该类行为一定的自由度，但行为人在进行私力救济时，有损害他人和公共利益的可能，故需要法律加以适当引导。(3) 法律禁止。这类行为主要涉及转化为违法犯罪的违法私力救济行为，因与法治精神相

---

① 姚佐莲、史克诚：《私力救济之行政规制合法性审查框架》，载《法律适用》2021年第11期。

悖，超越了法律容忍的限度，依法应予禁止。法律禁止的私力救济主要包括以下三类：①明显构成违法犯罪的私力救济行为。现代社会不允许所谓的有正当理由的违法，私力救济行为不能以违法犯罪的面孔出现。特别是，法律禁止通过暴力强制性手段针对公民人身实施私力救济行为。人身权是受法律保护的公民基本权利，在无法律特别规定的情况下，禁止通过暴力强制性手段针对公民人身实施私力救济。该类行为亦与现代文明和法治的价值相悖，现代法治社会下的私力救济已经被抽离了暴力复仇成分，暴力手段为国家垄断，国家之外的个人和组织是不具备采取强制手段和强制措施的权力的，否则就是非法强制。②破坏公序良俗的私力救济行为。③在法律不允许私力救济的领域实施的私力救济行为。私力救济所救济的权益和解决的争议范围是有限的，有些争议属于公力救济等救济机制的专属领域，私力救济行为不能介入该领域，否则即会被评价为非法行为。

第二节　村委会主任伪造公章与村委会借款合同不属同一事实，应分别处理

一、基础知识

刑民交叉是指行为人的同一行为同时符合刑事犯罪的构成要件和民事行为的构成要件，或者不同行为同时或分别符合刑事犯罪的构成要件和民事行为的构成要件，且这些行为的主体或行为对象相同或者部分相同的客观现象。[①] 该表述基本概括了刑民交叉的本质属性。从上述内涵可知，刑民交叉出现的根源不在于客观事实本身存在交叉，而是源于对客观事实进行评价的法律规范有刑民之分，只要存在法律规范的刑民区分，出现对同一事实的双重评价和规范就不可避免。[②]

《中华人民共和国刑法》第六十四条规定，犯罪分子违法所得的一切财物，应当予以追缴或者责令退赔；对被害人的合法财产，应当及时返还。

《最高人民法院关于适用刑法第六十四条有关问题的批复》载明："根据刑法第六十四条和《最高人民法院关于适用〈中华人民共和国刑事诉讼法〉的解释》第一百三十八条、第一百三十九条的规定，被告人非法占有、处置被害人财产的，应当依法予以追缴或者责令退赔。据此，追缴或者责令退赔的具体内容，应当在判

---

① 高铭暄、马克昌：《刑法学》，北京大学出版社2011年版，第49页。

② 王家永、原楠楠：《刑民交叉案件中同一事实的认定》，载《人民司法》2018年第28期。

决主文中写明；其中，判决前已经发还被害人的财产，应当注明。被害人提起附带民事诉讼，或者另行提起民事诉讼请求返还被非法占有、处置的财产的，人民法院不予受理。”

《最高人民法院关于适用〈中华人民共和国刑事诉讼法〉的解释》第一百三十九条规定，对证据的真实性，应当综合全案证据进行审查。对证据的证明力，应当根据具体情况，从证据与案件事实的关联程度、证据之间的联系等方面进行审查判断。

《最高人民法院关于在审理经济纠纷案件中涉及经济犯罪嫌疑若干问题的规定》第一条规定，同一自然人、法人或非法人组织因不同的法律事实，分别涉及经济纠纷和经济犯罪嫌疑的，经济纠纷案件和经济犯罪嫌疑案件应当分开审理。第二条规定，单位直接负责的主管人员和其他直接责任人员，以为单位骗取财物为目的，采取欺骗手段对外签订经济合同，骗取的财物被该单位占有、使用或处分构成犯罪的，除依法追究有关人员的刑事责任，责令该单位返还骗取的财物外，如给被害人造成经济损失的，单位应当承担赔偿责任。第三条规定，单位直接负责的主管人员和其他直接责任人员，以该单位的名义对外签订经济合同，将取得的财物部分或全部占为己有构成犯罪的，除依法追究行为人的刑事责任外，该单位对行为人因签订、履行该经济合同造成的后果，依法应当承担民事责任。第四条规定，个人借用单位的业务介绍信、合同专用章或者盖有公章的空白合同书，以出借单位名义签订经济合同，骗取财物归个人占有、使用、处分或者进行其他犯罪活动，给对方造成经济损失构成犯罪的，除依法追究借用人的刑事责任外，出借业务介绍信、合同专用章或者盖有公章的空白合同书的单位，依法应当承担赔偿责任。但是，有证据证明被害人明知签订合同对方当事人是借用行为，仍与之签订合同的除外。第五条规定，行为人盗窃、盗用单位的公章、业务介绍信、盖有公章的空白合同书，或者私刻单位的公章签订经济合同，骗取财物归个人占有、使用、处分或者进行其他犯罪活动构成犯罪的，单位对行为人该犯罪行为所造成的经济损失不承担民事责任。行为人私刻单位公章或者擅自使用单位公章、业务介绍信、盖有公章的空白合同书以签订经济合同的方法进行的犯罪行为，单位有明显过错，且该过错行为与被害人的经济损失之间具有因果关系的，单位对该犯罪行为所造成的经济损失，依法应当承担赔偿责任。

《最高人民法院关于审理民间借贷案件适用法律若干问题的规定》第五条规定，人民法院立案后，发现民间借贷行为本身涉嫌非法集资等犯罪的，应当裁定驳回起诉，并将涉嫌非法集资等犯罪的线索、材料移送公安或者检察机关。公安或者检察机关不予立案，或者立案侦查后撤销案件，或者检察机关作出不起诉决定，或者经人民法院生效判决认定不构成非法集资等犯罪，当事人又以同一事实向人民法院提起诉讼的，人民法院应予受理。第六条规定，人民法院立案后，发现与民间借贷纠纷案件虽有关联但不是同一事实的涉嫌非法集资等犯罪的线索、材料的，人民法院应当继续审理民间借贷纠纷案件，并将涉嫌非法集资等犯罪的线索、材料移送公安或者检察机关。第七条规定，民间借贷纠纷的基本案件事实必须以刑事案件的审理结果为依据，而该刑事案件尚未审结的，人民法院应当裁定中止诉讼。

《中华人民共和国民事诉讼法》第二百一十一条规定，当事人的申请符合下列情形之一的，人民法院应当再审：（1）有新的证据，足以推翻原判决、裁定的；（2）原判决、裁定认定的基本事实缺乏证据证明的……（12）据以作出原判决、裁定的法律文书被撤销或者变更的……

《中华人民共和国村民委员会组织法》第二十四条规定，以借贷、租赁或者其他方式处分村集体财产，经村民会议或授权村民代表会议讨论决定方可办理。

《最高人民法院关于审理融资租赁合同纠纷案件适用法律问题的解释》第九条规定，承租人逾期履行支付租金义务或者迟延履行其他付款义务，出租人按照融资租赁合同的约定要求承租人支付逾期利息、相应违约金的，人民法院予以支持。

二、案件来源

刘某顺诉某村民委员会等民间借贷纠纷案①

三、主要案情

上诉人（原告）刘某顺诉称：2014 年 12 月 4 日某村委会以资金周转为由，以其实际控制的某旅馆的名义与刘某顺签订了《借款合同》及《抵押合同》。某村委会以其名下土地证号为“××（2008 更 1）第 0×××2 号”的土地作为抵押担保，村民代表也在抵押手续上签字确认，某旅馆以其名下产权证编号为“某字 110031×××7”的房产作为抵押担保，并实际办理了房产抵押权登记。上述合同的签订过程由当时某村委会的法定代表人赵某明负责，刘某顺有理由相信赵某明有权代表某村委会签订合同。且村民代表在房管局备案的房屋抵押手续上的签字，也印证了本案借款并未损害村民集体利益。合同签订后大部分借款被某村委会用于偿还对外的欠款，故本案从借款事实、借款经过及借款用途上看，均属于典型的经济纠纷案件。

被上诉人（被告）某村委会辩称：（1）本案不属于民事纠纷，而是涉嫌经济

① 最高人民法院（2020）最高法民再 39 号民事裁定书。

犯罪。一审法院已经查明赵某明涉嫌诈骗，所以本案中借款协议的签订目的是赵某明借用某村委会名义，以签订借款合同的方式进行犯罪。一审法院依据《最高人民法院关于在审理经济纠纷案件中涉及经济犯罪嫌疑若干问题的规定》第十一条的规定裁定驳回刘某顺的起诉，将本案移送公安机关的处理方式是正确的。(2) 刘某顺及某村委会以及鉴定机构均到场参加了鉴定样本的选取，刘某顺一方对于鉴定样本的选取并未向鉴定单位提出异议。刘某顺是在一审辩论终结后提出补充鉴定样本的问题，一审法院对其补充鉴定申请未予准许，并无不当。(3) 刘某顺作为大额款项的出借人，应当尽到合理的注意义务。自 2007 年开始某村委会的印章是由作为其上级主管部门的街道办事处进行管理的，任何需要村委会加盖印章的文件都必须经街道办事处审核。按照村民委员会组织法的规定，村委会对外借取大额借款并以村集体财产提供担保这样的重大事项，必须经过村民会议决议。刘某顺提交的借款协议及借条收据均由赵某明个人签订，完全没有体现村民的意思表示。刘某顺提交的一份抵押手续上的村民签字也均系虚假的。刘某顺出借的款项均支付给了案外人，并未向某村委会的账户上进行支付。其中，一审法院查明案外人刘某辉收取的部分款项是用于偿还赵某明个人的借款。并且，本案中还存在部分大额款项是通过现金方式进行支付的，违背正常的交易习惯。

四、案件核心

刑民交叉案件程序处理的基本原则是刑事案件与民事案件属于同一事实的，应当按照刑事程序处理；如涉及刑事犯罪的实施主体、法律关系以及要件事实与民商事案件虽有牵连但不属于同一事实的，民商事案件与刑事案件应当分别审理。

五、裁判过程与结果

（一）一审裁判过程与结果

一审法院认为，刘某顺主张某村委会偿还欠款的依据中加盖的某村委会公章，经司法鉴定均与某村委会的公章不是同一印章盖印形成，而某村委会的原负责人赵某明因涉嫌伪造国家机关印章罪被某市公安局某分局立案侦查。依据《最高人民法院关于在审理经济纠纷案件中涉及经济犯罪嫌疑若干问题的规定》第十一条的规定，人民法院作为经济纠纷受理的案件，经审理认为不属经济纠纷案件而有经济犯罪嫌疑的，应当裁定驳回起诉，将有关材料移送公安机关或检察机关。遂裁定：驳回刘某顺的起诉。

（二）二审裁判过程与结果

二审法院认为，刘某顺主张一审司法鉴定程序违法，鉴定结论不能作为认定事实的依据，但不能提交证据证明其主张。裁定：驳回上诉，维持原裁定。

（三）再审裁判过程与结果

最高人民法院再审认为，刑民交叉案件程序处理的基本原则是刑事案件与民事案件属同一事实的，应当按照刑事程序处理；如涉及刑事犯罪的实施主体、法律关系以及要件事实与民商事案件虽有牵连但不属于同一事实的，民商事案件与刑事案件应当分别审理。本案中，刘某顺依据其与某村委会、某旅馆分别签订的《协议书》《借款合同》《借款补充协议》《抵押合同》、收条、转账凭证等证据提起本案诉讼，主张某村委会、某旅馆偿还借款并承担抵押担保责任，有具体的事实根据和理由，符合《中华人民共和国民事诉讼法》规定的起诉条件，人民法院对其请求应予受理。虽然《协议书》等合同的经办人、时任某村委会主任赵某明因涉嫌伪造国家机关印章罪被公安机关立案侦查，但该刑事案件与本案民事纠纷当事人不同，法律关系不同，并非属于同一事实，赵某明是否涉嫌刑事犯罪亦不能当然影响本案民事法律关系的认定，原审法院裁定驳回刘某顺的起诉，属适用法律错误，应予纠正。至于上述合同中某村委会公章的真伪以及该些合同的效力等均属于实体审理内容，不是立案受理阶段审查的范围，原审法院可以根据实体审理情况作出认定，本案不予理涉。

综上，刘某顺的再审理由成立，本院予以支持。依照《中华人民共和国民事诉讼法》第二百零七条第一款、第一百七十条第一款第二项、第一百七十一条之规定，裁定如下：

一、撤销某市高级人民法院（2018）津民终294号民事裁定及某市第二中级人民法院（2017）津02民初707号民事裁定。

二、指令某市第二中级人民法院对本案进行审理。

六、类案比较

类案一

（一）案件来源

某旅馆诉杜某长民间借贷纠纷案①

（二）主要案情

2013年11月15日，被告某村民委员会与原告签订编号为201311××××的借款合同一份，约定被告向原告借款500万元整，月利率为2%，借款期限自2013年11

① 河北省衡水市中级人民法院（2018）冀11民终2077号民事判决书。

月 15 日起至 2015 年 11 月 14 日止，同时约定如被告到期未偿还全部本息，则其自愿偿还本息、赔偿损失、偿付违约金并承担诉讼费、律师费、差旅费等原告实现债权的相关费用；合同约定借款汇入被告指定的魏某军名下账户；合同加盖有某村委会的印章及赵某明的法人印章并有赵某明的签字。同日，被告某村民委员会与原告签订编号为 201311××××的借款合同一份，约定被告向原告借款 500 万元整，月利率为 2%，借款期限自 2013 年 11 月 15 日起至 2015 年 11 月 14 日止，同时约定如被告到期未偿还全部本息，则其自愿偿还本息、赔偿损失、偿付违约金并承担诉讼费、律师费、差旅费等原告实现债权的相关费用；合同约定借款汇入被告指定的魏某军名下账户；合同加盖某村委会印章及赵某明的法人章并有赵某明签字。2013 年 11 月 15 日被告某市某旅馆与原告签订《抵押担保合同》一份，以其名下某集用 2008 更 1 第××××号土地使用权证及地上建筑物作抵押为上述两份借款合同向原告提供抵押担保，担保范围包括：借款本金、利息、复利、罚息、违约金、损害赔偿金、保管担保财产和实现债权产生的全部费用。原、被告双方未办理抵押登记手续。合同签订后，原告于当日委托张某合分四笔将借款汇入被告指定的魏某军账户，金额共计 1000 万元。被告出具现金收条两份，分别载明借现金人民币 500 万元，期限 730 天，并加盖村委会公章及法人章，由赵某明签字。被告某村委会未按合同约定支付利息，借款到期后亦未偿还借款本金。

另查明，赵某明自 2012 年 8 月至 2016 年 11 月期间担任被告某村民委员会主任职务。2017 年 1 月 19 日的某市公安局某分局某某公（济）立字（2017）253 号立案决定书载明决定对赵某明涉嫌合同诈骗案立案侦查。2017 年 4 月 7 日某市公安局某分局某某公（济）诉字（2017）××号起诉意见书载明 2014 年 1 月至 2016 年 4 月期间，犯罪嫌疑人赵某明（另案处理）伙同周某在明知没有通过某村两委会和村民代表大会决议的情况下，伪造、盗用某街道办事处、某村委会和某村下属单位某货运中心、某旅馆的公章与他人签订经济合同。上述事实有原、被告提交证据及庭审笔录在案为据。

（三）案件核心

赵某明作为被告某村委会主任，以其名义对外签订借款协议，被告某旅馆承担抵押担保责任，赵某明是否主观存在非法占有的故意、客观存在虚构事实的行为，并不影响原告向两被告主张民事权利的救济途径。在刑民不属于“同一法律事实”“同一法律关系”情况下，应该根据“民刑分离”的原则分别处理。

（四）裁判过程与结果

一审法院认为，关于借款合同及抵押担保合同效力问题。一审法院依法委托某司法鉴定中心出具的《司法鉴定意见书》表明涉案《借款合同》加盖的被告某村委会的印章与其在相关工商档案中加盖的印章样本不一致，但赵某明的签字与样本为同一人所写，即其签字是真实的，赵某明时任该村委会主任，原告有理由相信作为村委会主任的赵某明履行职务行为的真实性，赵某明的行为构成表见代理。村委会主任任职期间持有的印章的真伪，必须经过鉴定机关的鉴定方能识别，若将此全部归属于原告的审查义务，则已超出原告合理审查范围，对其要求过于苛刻，不利于保护交易安全和交易稳定。原告基于对赵某明的村委会主任身份真实性的合理信赖，已尽到合理的审查义务，主观上构成善意。已废止的《中华人民共和国合同法》第五十二条第五项规定，违反法律、行政法规的强制性规定的合同无效。《最高人民法院关于适用〈中华人民共和国合同法〉若干问题的解释（二）》[①] 第十四条又明确解释“强制性规定”是指效力性强制性规定，并非所有违反法律、行政法规的强制性规定就必然导致合同无效。《中华人民共和国村民委员会组织法》是村一级集体组织的行政管理法，属于规范村委会自身行为的法律，使用对象在于村集体经济组织内部，重大事项经过两会三分之二以上通过，属于管理性强制性规定。故本案借款合同并不因未经村民会议或授权村民代表会议讨论决定而无效。某旅馆以其名下土地使用权为涉案借款提供抵押担保，没有经过村民会议或者授权村民代表会议讨论决定，其行为违反的是《中华人民共和国村民委员会组织法》第二十四条中关于“以借贷、租赁或者其他方式处分村集体财产”，经村民会议或授权村民代表会议讨论决定方可办理的规定，但该规定主要是为加强对村民委员会活动进行监督管理的管理性规定，并不属于效力性强制性规定。经鉴定，抵押担保合同中某旅馆的印文与样本印文为同一印章形成。被告辩称其对合同的签订并不知情，印章系赵某明盗用加盖，其提交的公安部门出具的立案决定书、起诉意见书并未显示本案合同公章存在盗用行为，被告某旅馆作为独立法人，对于公章的管理、使用应有严格的管理程序，签订合同属重大事项，被告称不知情明显有悖于常理，可信度不高。退一步讲，即使被告不知情，被赵某明盗用系某旅馆对公章疏于管理而导致的后果，应对该后果承担相应责任，故对其主张不予采信。应认定抵押担保合同为有效合同。

关于抵押物未办理抵押权登记的问题。根据《中华人民共和国物权法》第十五条“当事人之间订立有关设立、变更、转让和消灭不动产物权的合同，除法律另有规定或者合同另有约定外，自合同成立时生效；未办理物权登记的，不影响合同效力”的规定，抵押未登记仅为抵押权未有效设立，但并不影响抵押合同的效力，抵押合同仍然有效。在抵押合同仍然有效的情况下，债权人可基于抵押合同向抵押人

---

① 根据《最高人民法院关于废止部分司法解释及相关规范性文件的决定》，该司法解释已于 2021 年 1 月 1 日起废止。

主张在抵押物价值的范围内对债务承担连带清偿责任。本案中，原告与被告某旅馆签订《抵押担保合同》后未进行抵押登记，抵押权未设立，但原告可依据该合同向被告某旅馆主张在抵押物价值范围内对债务承担连带清偿责任。关于被告某村委会是否实际使用借款资金问题。如何接收借款资金系借款人的自治范围，如借款人主张指定借款账户信息并非其真实意思表示，或借款人未实际使用借款且并非真实借款人的，应举证证明。《最高人民法院关于审理民间借贷案件适用法律若干问题的规定》第十六条第二款规定："被告抗辩借贷行为尚未实际发生并能作出合理说明，人民法院应当结合借贷金额、款项交付、当事人的经济能力、当地或者当事人之间的交易方式、交易习惯、当事人财产变动情况以及证人证言等事实和因素，综合判断查证借贷事实是否发生。"① 本案中，原告与被告某村委会签订的《借款合同》中明确约定指定收款账户信息，原告向该账户转款且转款数额与合同约定借款数额一致，应视为原告依照合同约定充分履行了出借义务。两被告主张未收取借款，未实际占有、使用、支配借款，但未举证证明《借款合同》中的指定收款账户信息非其真实意思表示，亦未举证证明自身并非实际借款人，出借人依约履行了出借义务，借款人对钱款最后的走向是其内部管理问题，与出借人向借款人主张出借款项无关，故对两被告主张不予采信。

关于本案是否涉嫌刑事犯罪问题。《最高人民法院关于在审理经济纠纷案件中涉及经济犯罪嫌疑若干问题的规定》第一条、第十条、第十一条规定，明确了以是否"同一法律事实""同一法律关系"作为区分民刑交叉案件处理方式的标准，即民、刑分属不同法律事实的，民、刑并行；民、刑属于同一法律事实的，先刑后民。《最高人民法院关于审理民间借贷案件适用法律若干问题的规定》对"同一事实"的表述亦予采纳。借款人或者出借人的借贷行为涉嫌犯罪，或者已经生效的判决认定构成犯罪，当事人提起诉讼的，民间借贷合同并不当然无效。对于借款人是否涉嫌犯罪的认定，不影响担保责任的认定与承担。在由第三人提供担保的民间借贷中，就法律关系而言，存在出借人与借款人之间的借款关系以及出借人与第三方的担保关系两种法律关系，而借款人涉嫌犯罪或者被生效判决认定有罪，并不涉及担保法律关系。刑事案件的犯罪嫌疑人仅与民间借贷纠纷中的借款人重合，而出借人要求担保人承担担保责任的案件，其责任主体与刑事案件的责任主体并不一致。因此，借款人涉嫌或构成刑事犯罪时，出借人起诉担保人的，应适用"民刑分离"的原则。本案中，赵某明作为被告某村委会主任，以其名义对外签订借款协议，被

① 对应2020年修订的《最高人民法院关于审理民间借贷案件适用法律若干问题的规定》第十五条。

告某旅馆承担抵押担保责任，赵某明是否主观存在非法占有的故意，客观存在虚构事实的行为，并不影响原告向两被告主张民事权利的救济途径。《最高人民法院关于在审理经济纠纷案件中涉及经济犯罪嫌疑若干问题的规定》第三条规定："单位直接负责的主管人员和其他直接责任人员，以该单位的名义对外签订经济合同，将取得的财物部分或全部占为己有构成犯罪的，除依法追究行为人的刑事责任外，该单位对行为人因签订、履行该经济合同造成的后果，依法应当承担民事责任。"据此，在刑民分离的前提下，原告主张被告承担责任并无不当。两被告以本案涉及刑事犯罪为由要求移送司法机关的主张于法无据，不予支持。依据前述借款合同，原告委托张某合向被告某村委会指定账户汇入涉案借款款项，已履行合同出借义务，被告某村委会未按合同约定履行还本付息义务，已属违约，应承担违约责任，向原告偿还本金并支付利息。被告某旅馆依据抵押担保合同在抵押物价值范围内对债务承担连带清偿责任。对于原告主张的要求两被告承担实现债权产生的律师费、估价、登记过户费用等，因原告未提交证据证实，不予支持。据此，根据《最高人民法院关于适用〈中华人民共和国担保法〉若干问题的解释》[①] 第一百二十八条第一款，《中华人民共和国合同法》第五十二条第五项、第一百零七条、第二百零五条、第二百零六条，《最高人民法院关于适用〈中华人民共和国合同法〉若干问题的解释（二）》第十四条，《最高人民法院关于审理民间借贷案件适用法律若干问题的规定》第二十六条，《中华人民共和国物权法》第十五条，《最高人民法院关于在审理经济纠纷案件中涉及经济犯罪嫌疑若干问题的规定》第一条、第三条、第十条、第十一条的规定，判决：

一、被告某市某旅馆于本判决生效后七日内在抵押物（某集用 2008 更 1 第××××号土地使用权证及地上建筑物）价值范围内对被告某市某区某街道某村民委员会所借原告杜某长借款本金 1000 万元及利息（该利息自 2013 年 11 月 15 日起，以 1000 万元为基数，按年利率 24%计算至实际清偿完毕之日止）承担清偿责任；

二、驳回原告杜某长其他诉讼请求。案件受理费 124200 元、保全费 5000 元，由被告某市某旅馆承担。

二审法院经审理认为：

1. 关于案涉《借款合同》的效力问题。本案中，上诉人某旅馆主张案涉《借款合同》因未经《中华人民共和国村民委员会组织法》第二十四条规定的民主议定程序而无效。该条款中规定民主议定原则的立法本意在于保护村民合法民主议事

① 根据《最高人民法院关于废止部分司法解释及相关规范性文件的决定》，该司法解释已于 2021 年 1 月 1 日废止。

权，是对村委会行为作出的限制。基于其法律地位，某村委会赵某明与出借人杜某长签订《借款合同》时，应保证对内就《借款合同》的签订已经经过民主议定程序，此为其基于诚实信用原则而应负担的缔约义务，不因村委会换届而有所改变。现某旅馆以《借款合同》未经过民主议定程序为由主张合同无效，是将某村委会没有尽到缔约义务而可能造成的法律后果让对方当事人承担，有违诚信原则，该理由不能成立。

案涉《借款合同》签订之时，赵某明担任某村委会主任职务，系该村委会执行法人，代表村委会借款是其职权范围内的事项；赵某明加盖于《借款合同》之上的某村委会公章经司法鉴定，虽与作为检材的公章不同，但据此认定该枚印章系赵某明私刻证据亦不充分；对于出借人杜某长来说，某村委会现任主任持该村委会公章借款，其有理由相信赵某明履行职务行为的真实性。杜某长并非专业法律人士，要求其知悉《中华人民共和国村民委员会组织法》第二十四条的规定，进而要求赵某明提供本次借款事项已履行民主议定程序的证明，同时要求其知悉关于印章保管、使用的相关规定，且在分辨赵某明所持印章是否与备案印章相同必须经过鉴定机关的鉴定方能识别的前提下，将前述审查义务悉数由杜某长承担明显过于严苛，超过了合理审查范围。杜某长基于对赵某明的村委会主任身份真实性的合理信赖，已尽到合理的注意义务，主观上构成善意且无过失，赵某明以某村委会名义实施的案涉借款行为对某村委会发生法律效力。

2. 关于案涉担保合同的效力问题。案涉《抵押担保合同》第十三条约定："本合同自甲、乙双方签章之日起生效"，本案中，经司法鉴定，加盖于案涉《抵押担保合同》之上的"某市某旅馆"公章，确系上诉人某旅馆所使用的合法印章；上诉人某旅馆的经济性质虽是集体所有制，但本案所诉争抵押担保行为并不涉及所有权变动等重大事项，依照《中华人民共和国物权法》第五十九条的规定，该抵押担保行为无须依照法定程序由本集体成员作出决定；即便《抵押担保合同》需经民主议定程序，基于前述理由，该合同亦不因此而无效。因此，案涉《抵押担保合同》依法成立并发生法律效力。杜某长据此合同要求保证人某旅馆承担连带保证责任合理合法，应予支持。

3. 关于案涉借款的来源及去向问题。本案是出借人杜某长对某旅馆提起的民事诉讼，在上诉人无证据显示本案系虚假诉讼的情形下，一、二审中亦已对签约过程、款项的支付等重要事项进行了审查，未发现本案存在各方当事人恶意串通，采取虚构法律关系、捏造案件事实等方式提起民事诉讼，侵害他人合法权益、获取非法利益的行为。案涉两份借款合同的签订当日，出借人杜某长即委托张某合向合同约定的收款人魏某军的银行账户转入人民币共 1000 万元，并由赵某治出具了现金借条，加盖有村委会印章，出借人杜某长依借款合同要求，履行了出借款项义务。

根据本案证据，案涉借款系出借人杜某长委托张某合向借款方支付，因借款人逾期未还款，杜某长遂提起本案民事诉讼主张权利，张某合作为案外人未申请参加本案诉讼，上诉人二审所举已被注销的某公司工商登记资料证据，内容与张某合无关联，不足以证实张某合与本案处理结果有法律上的利害关系，故本案二审中上诉人申请追加张某合作为第三人参加本案诉讼，不符合相关法律规定，本院不予准许。

4. 关于人民法院继续审理本案是否违反法定程序问题。本案现有证据不能显示赵某明涉嫌的刑事犯罪与本案有关、公安机关已将本案纳入刑事侦查范围，更无证据显示上诉人某旅馆亦涉嫌刑事犯罪，且基于保证合同的相对独立性，因此本院审理的上诉人某旅馆是否应当承担担保责任与赵某明是否涉嫌犯罪并非“同一法律事实”“同一法律关系”，依法并不适用《最高人民法院关于审理民间借贷案件适用法律若干问题的规定》第十一条的规定。即便赵某明因案涉借款行为构成犯罪，本案中亦无证据显示杜某长知晓和参与了赵某明的不法行为。从借款合同的履行情况看，杜某长实际交付了借款，借款人指定的收款人也收到了借款，因此，杜某长属于被欺诈的一方。根据《中华人民共和国合同法》第五十四条第二款的规定，杜某长对借款合同享有撤销权，然而因其未主张撤销，故双方借款合同仍是有效的。杜某长与某旅馆签订的《抵押担保合同》是双方当事人真实意思表示，其内容不违反法律、法规的规定，依法应认定该合同合法有效，故某旅馆应按照《抵押担保合同》的约定向杜某长承担担保责任。此项认定亦符合《最高人民法院关于在审理经济纠纷案件中涉及经济犯罪嫌疑若干问题的规定》第三条“单位直接负责的主管人员和其他直接责任人员，以该单位的名义对外签订经济合同，将取得的财物部分或全部占为己有构成犯罪的，除依法追究行为人的刑事责任外，该单位对行为人因签订、履行该经济合同造成的后果，依法应当承担民事责任”的规定。综上，本院继续审理本案符合法定程序。同理，本案的审理亦无须再向某市公安局某分局调取关于赵某明涉嫌合同诈骗的立案决定书及附卷材料，本院对上诉人某旅馆代理律师申请律师调查令的请求不予准许。

综上所述，上诉人某旅馆的上诉请求不能成立。依照《中华人民共和国民事诉讼法》第一百七十条第一款第一项规定，判决如下：驳回上诉，维持原判。

类案二

（一）案件来源

某金融租赁股份有限公司诉某人民医院、某肿瘤医院管理有限公司融资租赁合

同纠纷案①

（二）主要案情

再审申请人某金融租赁股份有限公司（以下简称某租赁公司）因与被申请人某人民医院（以下简称某医院）、某肿瘤医院管理有限公司（以下简称某公司）融资租赁合同纠纷一案，不服某市高级人民法院（2019）某民终475号民事裁定，向本院申请再审。本院于2020年9月27日作出（2020）最高法民申3956号民事裁定提审本案。本院依法组成合议庭审理了本案，现已审理终结。

2017年4月26日，以原告某租赁公司为出租人，以被告某医院为承租人，双方签订了编号为MSFL-××××-××××-S-GY的《融资租赁合同》（直接租赁-设备类），该合同约定："鉴于：为实现融资租赁之目的，出租人同意根据承租人对供应商和租赁设备的指定，由出租人向供应商购买租赁设备，再将设备以融资租赁的方式出租给承租人使用。出租人与承租人协商一致，自愿签订本融资租赁合同。"还约定，租金总额为25157813.88元，租赁期限为36个月，还租期计12期，自起租日起算，每季支付一次，后付，每季租金均为2096484.49元；起租日为出租人支付完融资租赁本金之日后的第一个日历日的十五日；租赁利率为《融资租赁合同》项下年租赁利率为5.46%（参照同期人民银行3年期贷款基准利率上浮15%），租前息金额=融资租赁本金×租赁利率/360×放款日至起租日日历天数，于起租日一次性支付。租金调整方式：租赁期限内，如遇中国人民银行贷款基准利率调整时，出租人将对租赁利率作出同方向、同幅度的调整。利率调整日之前各期和调整日当期租金不变，从下一期租金开始按调整后的租金金额收取。对承租人欠付的租金部分，如遇利率上调，则按新的租赁利率做相应调整，如遇利率下调，则按原租赁利率执行。租赁设备为合同附件一"租赁设备清单"中的全部设备；还约定，若被告某医院未按本合同约定支付到期应付租前息、应付租金及其他应付款项，或未能按期偿付原告代被告某医院支付的任何费用时，被告某医院应就逾期未付款项按日万分之五向原告支付违约金，直至全部付清之日止；被告某医院任何一期租金未按合同约定向原告支付即构成违约，原告有权宣布本合同项下被告某医院的债务全部或部分到期，要求某医院立即支付应付的所有违约金、损害赔偿金、全部或部分未付租金和其他应付款项。合同附件包括：租赁设备清单（13件设备）、租赁附表等。

同日，以原告为出租人，被告某医院为承租人，双方签订了编号为MSFL-2017-××××-S-FXJ《风险金合同》，约定，为保障《融资租赁合同》项下承租人付款义务得以顺利履行，承租人同意向出租人支付本合同约定的履约风险金；风险金数额

---

① 最高人民法院（2020）最高法民再369号民事裁定书。

为 1153000 元，承租人应在出租人支付租赁物购买价款当日将风险金一次性支付至出租人指定账户；如承租人未能按照约定履行融资租赁合同项下的义务，出租人有权未经承租人同意按照费用、其他应付款项、违约金、补偿金、损害赔偿金、应付租金的顺序自行从承租人交纳的风险金中抵扣相应未付款项。

2017 年 4 月 26 日，以原告为甲方（买受人）、被告某公司为乙方（出卖人）、被告某医院为丙方（承租人），三方签订了编号为 MSFL-2017-××××-S-MM 的《买卖合同》（直接租赁设备类），该合同约定，“鉴于：1. 甲方（作为出租人）已与丙方（作为承租人）签订了《融资租赁合同》。2. 为达到融资租赁之目的，甲方根据丙方对供应商和设备的选择，向供应商购买设备，并出租给丙方使用。3. 现丙方选择乙方为《融资租赁合同》项下设备供应商，甲方完全根据丙方的选择与要求向乙方购买设备。甲、乙、丙三方本着平等、自愿、诚信、互惠获利的原则，经友好协商，就设备购买事宜订立本合同”。还约定，本合同项下设备购买价款为 23060000 元；本合同项下的设备应由被告某公司向某医院直接交付，交付地点为某医院或双方协商确定的其他地点，设备交付时，被告某公司会同某医院进行设备验收，并及时将验收结果告知原告；被告某公司未全面履行本合同义务的，如设备发生迟延交付或未能交付，以及因设备质量瑕疵、数量、交付、验收等发生争议的，由被告某医院直接向某公司索赔，原告对此不承担任何责任；对被告某公司的索赔方案、索赔证据、索赔要求由某医院提出，索赔的费用和结果，由某医院承担和享有；某医院同意并确认，即使因某公司原因遭受损害，无论索赔或仲裁是否在办理或执行中，也无论医院是否能通过索赔或仲裁得到补偿，均不影响原告依据《融资租赁合同》约定向某医院收取租金及其他款项的权利。合同附件包括：租赁设备清单（13 件设备）、设备技术文件、设备购买价款支付表。

同日，被告某公司与原告就上述《融资租赁合同》项下的主债权签订《法人保证合同》（编号为 MSFL-2017-××××-S-BZ）向原告提供连带责任保证担保，约定保证范围为《融资租赁合同》项下全部租前息、全部租金、违约金、补偿金、损害赔偿金及原告实现债权而支付的各项费用（包括但不限于诉讼费、仲裁费、律师费、差旅费及主合同项下租赁物取回时拍卖、评估等费用）。保证期间自本合同成立之日起至承租人履行债务期限届满之日后两年止。

上述合同签订后，原告按照合同约定和被告某医院的付款通知书，于 2017 年 4 月 26 日向被告某医院指定的账户支付设备购买价款人民币 23060000 元。同日，某医院向原告出具了《所有权转移证书》《租赁设备接受书》。原告与被告某医院于 2017 年 4 月 24 日办理了融资租赁业务登记。被告某医院向原告支付了风险金 1153000 元。《融资租赁合同》履行过程中，被告某医院在支付了两期租金后未按照合同约定继续向原告按期足额支付租金，同时被告某公司亦未履行相应的连带保证责任。庭审中，原告认可在 2017 年 8 月 17 日收到被告某医院给付的第一期全部租金 2096484.49 元，于 2017 年 11 月 28 日、12 月 14 日给付的第二期租金 2096484.49 元，之后被告某医院未向原告支付任何租金。截至 2018 年 8 月 27 日，被告某医院已欠付融资租赁合同项下已到期租金 6289453.47 元及逾期付款违约金 324954.4 元，剩余未到期租金 14675391.43 元。

原告为本案诉讼需要，向本院提出财产保全申请，并交纳诉讼保全费 5000 元，本院于 2018 年 5 月 31 日作出（2018）某 02 执保 98 号民事裁定，冻结两被告银行存款人民币 21069269.94 元或查封、扣押相应等值财产。

原告与案外人某律师事务所签订了《委托代理协议》，2018 年 5 月 4 日原告向某律师事务所交纳律师代理费 30000 元。

另查，本院审理中，被告某医院向本院提出要求终止本案审理的申请书，同时提交了某公安局出具的受案回执，内容：某医院于 2018 年 8 月 15 日报称的某公司及某国际、某融资租赁有限公司涉嫌合同诈骗案我单位已受理。庭审后，被告某医院向本院邮寄了某公安局出具的受案回执，内容：某医院于 2018 年 8 月 15 日报称的某公司、某租赁公司涉嫌合同诈骗案我单位已受理。

（三）案件核心

融资租赁合同中一方当事人涉嫌诈骗被追究刑事责任，是否导致另外两方当事人不再承担民事责任？

（四）裁判过程与结果

一审法院认为，原告与被告某医院签订的《融资租赁合同》（直接租赁-设备类），原告与两被告签订的《买卖合同》系双方当事人真实的意思表示，且不违反法律的规定，是合法有效的，当事人均应按照上述合同的约定履行己方的义务。被告某医院抗辩上述《融资租赁合同》系受诱骗，非其真实意思表示，对此，因被告某医院不能提供证据，该抗辩意见，本院不予采信。

关于被告某医院欠付租金的问题，自 2018 年 2 月 15 日（第三期租金给付日）起被告某医院未再按《融资租赁合同》中“租赁附表”之约定向原告支付第三期及以后各期租金，故被告某医院的行为已构成违约，现原告要求被告某医院支付已到期未付租金 6289453.47 元和未到期租金 14675391.43 元的请求，本院予以支持。

关于原告主张的逾期付款违约金的问题，按照《最高人民法院关于审理融资租赁合同纠纷案件适用法律问题的解释》第二十条的规定，承租人逾期履行支付租金义务或者迟延履行其他付款义务，出租人按照融资租赁合同的约定要求承租人支付逾期利息、相应违约金的，人民法院应予支持。[①] 故原告该项请求，本院予以支持。现原告要求被告某医院依《融资租赁合同》的性质就逾期未付款项按逾期未付款项的日万分之五向原告支付违约金的主张，符合双方合同的约定，亦与法律不悖，本院予以支持。

原告主张的为本案诉讼保全支付的保全费5000元，确为原告必然发生的费用，本院予以支持。关于原告主张的律师费，无法律依据，本院不予支持。

另，原告与被告某公司签订的《法人保证合同》是合同双方当事人的真实意思表示，符合法律规定，属有效合同。被告某公司同意为被告某医院履行前述某租赁合同项下义务提供连带责任保证。据此，被告某公司应向原告就被告某医院的上述债务承担连带保证责任，在履行保证责任后，有权向被告某医院追偿。

关于被告某医院以其未收到设备，且某公司涉嫌合同诈骗为由要求终止审理本案的问题，本案系合同纠纷，法院应主要审查涉诉合同是否成立并有效、合同的性质、是否构成违约以及责任承担等问题。按照三方《买卖合同》的约定："本合同项下的设备应由某公司向某医院直接交付""设备交付时，某公司会同某医院进行设备验收，并及时将验收结果告知原告；被告某公司未全面履行本合同义务的，如设备发生迟延交付或未能交付，以及因设备质量瑕疵、数量、交付、验收等发生争议的，由某医院直接向某公司索赔，某公司对此不承担任何责任"，虽然公安机关于2018年8月对被告某医院报称的某公司涉嫌合同诈骗一案立案侦查，但某公司是否构成犯罪、具体罪名以及犯罪事实尚未经刑事审判判决确认，本案中被告某医院亦未提供充分的证据证明当事人在订立合同、履约过程中，确因涉案合同项下发生的法律事实涉嫌犯罪，故按照《最高人民法院关于在审理经济纠纷案件中涉及经济犯罪嫌疑若干问题的规定》第一条的规定，同一公民、法人或其他经济组织因不同的法律事实，分别涉及经济纠纷和经济犯罪嫌疑的，经济纠纷案件和经济犯罪嫌疑案件应当分开审理，被告某医院要求终止审理本案的请求，本院不予支持。被告某医院可就涉诉设备问题另案向某公司主张权利。本案系应履约发生纠纷，原告向本院起诉的，故法院当以民事诉讼程序审理并裁判，本案亦无须中止审理移送公安机关或检察机关。

关于风险金抵扣的问题，原告要求以风险金按照顺序抵扣截至2018年8月27日违约金、未付租金的请求，符合合同的约定，本院予以支持。即风险金1153000元抵扣违约金324954.4元后剩余风险金（1153000-324954.4=828045.6元）从未

① 对应2020年修正的《最高人民法院关于审理融资租赁合同纠纷案件适用法律问题的解释》第九条。

付租金 14675391.43 元中抵扣。

综上，依据《中华人民共和国合同法》第二百三十七条、第二百三十八条、第二百四十八条，《中华人民共和国担保法》（已废止）第十八条、第十九条、第二十一条第一款，《最高人民法院关于审理融资租赁合同纠纷案件适用法律问题的解释》第二条、第二十条，《中华人民共和国民事诉讼法》第六十四条、第一百四十四条的规定，判决如下：

一、本判决生效后十日内，被告某医院支付原告某租赁公司已到期租金 6289453.47 元及自 2018 年 8 月 28 日起至实际给付之日止的逾期付款违约金（按逾期未付款项的日万分之五计算）；

二、本判决生效后十日内，被告某医院支付原告某租赁公司未到期租金 13847345.83 元（14675391.43－828045.6＝13847345.83 元），并给付自 2018 年 5 月 7 日起至实际给付之日止的逾期付款违约金（按逾期未付款项的日万分之五计算）；

三、被告某公司对上述第一项、第二项给付事项承担连带给付责任，并在承担给付责任后，有权向被告某医院追偿；

四、被告某医院、某公司全部履行完毕上述给付义务之前，租赁物的所有权归原告某租赁公司所有；

五、驳回原告某租赁公司的其他诉讼请求。

如被告未按本判决指定的期间履行给付金钱义务，应按照《中华人民共和国民事诉讼法》第二百五十三条的规定，加倍支付迟延履行期间的债务利息。

案件受理费 147179 元、保全费 5000 元，由被告某医院负担，被告某公司连带承担。

如不服本判决，可于本判决书送达之日起十五日内，向本院递交上诉状，并按对方当事人的人数提出副本，上诉于某市高级人民法院。

一审法院重审过程与结果：一审法院于 2018 年 5 月 7 日立案后，于 2018 年 10 月 16 日作出（2018）津 02 民初 466 号民事判决书，某医院不服，上诉至某市高级人民法院，某市高级人民法院于 2019 年 3 月 15 日作出（2018）津民终 505 号民事裁定书，裁定撤销本院（2018）津 02 民初 466 号民事判决，发回一审法院重审。

某医院于 2018 年 8 月 15 日报案称某公司、某租赁公司涉嫌合同诈骗，某公安局于 2018 年 10 月 13 日立案，认为某医院控告某公司、某租赁公司涉嫌合同诈骗一案，符合立案条件，且已立案。依据《最高人民法院关于在审理经济纠纷案件中涉及经济犯罪嫌疑若干问题的规定》第十一条之规定，人民法院作为经济纠纷受理的案件，经审理认为不属经济纠纷案件而有经济犯罪嫌疑的，应当裁定驳回起诉，将有关材料移送公安机关或检察机关。本案涉案合同履行过程中，当事人有经济犯罪嫌疑，故依法应裁定驳回起诉。

二审法院裁判过程与结果：第一，虽然某医院与某租赁公司签订了《融资租赁合同》，但根据合同约定的租赁物状况、购买价款，以及合同履行中涉及租赁物交付、租金支付等事实，某租赁公司提交的证据不足以证明其与某医院之间构成融资租赁法律关系。因某公司未到庭陈述相关事实，依据现有证据不足以对各方当事人的法律关系性质作出认定。

第二，某医院对某租赁公司关于事实的陈述不予认可，抗辩称案涉《融资租赁合同》系受某公司及某租赁公司诈骗而签订，某医院就其在本案中抗辩的事实向公安机关进行了报案，某公安局已于 2018 年 10 月 13 日立案。故公安机关根据某医院报案的相关事实而立案侦查的刑事案件与本案属于同一事实。

第三，全国多地医院与某公司（以下简称某公司）及包括某公司在内的关联公司开展融资租赁业务合作，因某公司未能按约垫付租金，导致产生大量纠纷。公安机关已对相关线索开展核查工作。据此，一审法院认定本案不属于经济纠纷，有经济犯罪嫌疑，并依据《最高人民法院关于在审理经济纠纷案件中涉及经济犯罪嫌疑若干问题的规定》第十一条的规定，裁定驳回某租赁公司的起诉，事实依据充分，法律适用得当。综上，某租赁公司的上诉请求不能成立，一审裁定认定事实清楚、适用法律正确。二审法院依照《中华人民共和国民事诉讼法》第一百七十条第一款第一项、第一百七十一条规定，裁定如下：驳回上诉，维持原裁定。

最高人民法院再审裁判过程与结果：《最高人民法院关于在审理经济纠纷案件中涉及经济犯罪嫌疑若干问题的规定》第一条规定："同一公民、法人或其他经济组织因不同的法律事实，分别涉及经济纠纷和经济犯罪嫌疑的，经济纠纷案件和经济犯罪嫌疑案件应当分开审理。"第十条规定："人民法院在审理经济纠纷案件中，发现与本案有牵连，但与本案不是同一法律关系的经济犯罪嫌疑线索、材料，应将犯罪嫌疑线索、材料移送有关公安机关或检察机关查处，经济纠纷案件继续审理。"据此，对基于"不同的法律事实""不是同一法律关系"的经济纠纷案件和经济犯罪嫌疑案件，应当分开审理。

某租赁公司依据其与某医院签订的《融资租赁合同》、与某公司签订的《法人保证合同》提起本案诉讼，请求判令某医院支付租金、某公司对此承担连带责任。某医院则控告某公司及某租赁公司涉嫌诈骗，某公安局于 2018 年 10 月 13 日立案，某医院再审中向本院提交的证据材料显示，某公司董事长、法定代表人韩某善于 2019 年 9 月 6 日因涉嫌合同诈骗等罪名被公安机关逮捕。但现有证据不能够证明某租赁公司有经济犯罪嫌疑，本案与刑事案件虽有牵连，但当事人不同，并非属于相同法律关系。某租赁公司作为合同相对方起诉某医院和某公司承担民事责任，符合

《中华人民共和国民事诉讼法》第一百一十九条规定的民事案件受理范围。原审裁定驳回某租赁公司的起诉错误，至于某医院应否支付租金、租金数额等问题，需受理后进行实体审理方能确定。

本院依照《中华人民共和国民事诉讼法》第二百零七条第一款、第一百七十条第一款第二项之规定，裁定如下：

一、撤销某市高级人民法院（2019）某民终475号民事裁定及某市第二中级人民法院（2019）某02民初352号民事裁定；

二、指令某市第二中级人民法院对本案进行审理。

七、理论探讨与执法指引

在司法实务中，单一的刑事法律关系案件（相对于刑民交叉案件而言）较好把握，某一行为一旦符合犯罪构成就能够定罪。但是在错综复杂的刑民交叉案件中，要简单地认定为犯罪就不那么容易，司法实务中要认定该类案件为犯罪还要具体情况具体分析，不仅要分析其中的民事法律关系对认定犯罪的影响，还要分析符合犯罪构成情况下的证据是否确实充分。[①]

（一）准确认定案件中的民事法律关系

办理单一刑事法律关系的案件时，不存在需要认定民事法律关系的情形，直接根据行为是否符合犯罪构成来认定是否构成犯罪。在刑民交叉案件中，先要确定是否存在民事法律关系，然后对该民事法律关系属于何种法律关系进行正确的认定，民事法律关系定性不准也将影响犯罪的认定。

（二）准确判断行为是否符合犯罪构成

刑法更加强调实质判断，并不是否定形式判断的重要性和优越性，而是指在认定犯罪的时候不像民法那样拘泥于法律关系，直接考察是否具备犯罪的构成要件，不受民事法律关系的制约。厘清民事法律关系是为了判断是否有必要进入犯罪的实质认定，形式上看似民事法律行为，实质上并不具备民事法律行为的内容，即具体行为符合刑法规定的犯罪构成要件，这是以民事法律关系掩盖犯罪行为，应当认定为犯罪。

（三）准确考量民事法律行为是否阻却犯罪成立

有些民事法律行为不仅具有民事法律行为的形式特征，而且具备民事法律行为的实质内容，应当认定属于民事法律行为，由此可以阻却犯罪的成立。民法中的当事人不法行为可由民事手段制裁，民事制裁具有赔偿补救的功能，相比之下，刑事

---

① 刘缨、刘宝新：《刑民交叉案件的审查认定》，载《中国检察官》2019年第20期。

制裁强调刑法严厉性、谦抑性。民事不法行为阻却犯罪的理由在于，民事不法行为尚未触犯刑法的强制性规定，行为的危害程度远不够犯罪的程度，社会危害性较小。因此，可以成为违法阻却事由。根据犯罪构成阶层论，犯罪阻却事由分为违法阻却事由与责任阻却事由。

（四）准确评价案件整体的事实与证据

在遵循前面“查明民事法律关系→确定是否符合犯罪构成→是否存在阻却事由”的犯罪认定路径的基础上，还要综合全案考虑，评价案件事实与到案的证据情况，既要把握认定民事法律关系和认定犯罪构成的事实证据，也要把握阻却事由的证据。在办理刑民交叉案件时要比办理单一刑事案件更加严谨，既要确保案件事实清楚、证据充分，又要排除合理怀疑，再同步厘清刑事与民事的关系，做到精准定性。

第三节　民事案件标的应明确是否为刑事案件涉案财物进而决定是否移送

一、基础知识

处理民刑交叉问题的核心在于，能够认定哪些具有民事违法性的行为具有刑事违法性，进而认定成立犯罪。那么，民刑交叉问题的解决路径就取决于如何处理民事违法性与刑事违法性之间的关系。这是因为，行为从合法到违法再到犯罪的演变过程中，违法性程度也在不断累积，当违法性达到了应受刑法惩罚性的程度，行为就构成犯罪，因而刑事违法性极其严重的危害程度就是违法行为和犯罪行为的分界点。为了调整多元化的利益诉求，国家基于不同目的制定了民事法律、行政法律以及刑事法律等部门法，并由此形成了国家的整体法秩序。这样势必出现民刑交叉的问题。如何处理民事违法性与刑事违法性之间的关系，亦即，在法秩序统一性的视野下，不同法域之间的违法判断究竟是必须保持统一（违法一元论），还是应当具有相对性（违法相对论），甚至彼此独立（违法多元论），就属于具有共性且亟待解决的问题。对该问题的回答将直接决定对涉及民刑交叉问题的经济案件的处理路径与处理结果。①

① 王昭武：《经济案件中民刑交错问题的解决逻辑》，载《法学》2019年第4期。

《最高人民法院、最高人民检察院、公安部关于办理非法集资刑事案件适用法律若干问题的意见》第七条第二款、第三款规定，人民法院在审理民事案件或者执行过程中，发现有非法集资犯罪嫌疑的，应当裁定驳回起诉或者中止执行，并及时将有关材料移送公安机关或者检察机关。公安机关、人民检察院、人民法院在侦查、起诉、审理非法集资刑事案件中，发现与人民法院正在审理的民事案件属同一事实，或者被申请执行的财物属于涉案财物的，应当及时通报相关人民法院。人民法院经审查认为确属涉嫌犯罪的，依照前款规定处理。

《中华人民共和国民事诉讼法》第二百二十九条规定，按照规定可以背书转让的票据持有人，因票据被盗、遗失或者灭失，可以向票据支付地的基层人民法院申请公示催告。依照法律规定可以申请公示催告的其他事项，适用本章规定。申请人应当向人民法院递交申请书，写明票面金额、发票人、持票人、背书人等票据主要内容和申请的理由、事实。

《中华人民共和国行政诉讼法》第七十四条规定，行政行为有下列情形之一的，人民法院判决确认违法，但不撤销行政行为：(1) 行政行为依法应当撤销，但撤销会给国家利益、社会公共利益造成重大损害的；(2) 行政行为程序轻微违法，但对原告权利不产生实际影响的。行政行为有下列情形之一，不需要撤销或者判决履行的，人民法院判决确认违法：(1) 行政行为违法，但不具有可撤销内容的；(2) 被告改变原违法行政行为，原告仍要求确认原行政行为违法的；(3) 被告不履行或者拖延履行法定职责，判决履行没有意义的。

《最高人民法院关于适用〈中华人民共和国行政诉讼法〉的解释》第一百一十九条规定，人民法院按照审判监督程序再审的案件，发生法律效力的判决、裁定是由第一审法院作出的，按照第一审程序审理，所作的判决、裁定，当事人可以上诉；发生法律效力的判决、裁定是由第二审法院作出的，按照第二审程序审理，所作的判决、裁定，是发生法律效力的判决、裁定；上级人民法院按照审判监督程序提审的，按照第二审程序审理，所作的判决、裁定是发生法律效力的判决、裁定。人民法院审理再审案件，应当另行组成合议庭。

《最高人民法院关于人民法院办理执行异议和复议案件若干问题的规定》第十七条的规定，人民法院对执行行为异议，应当按照下列情形，分别处理：(1) 异议不成立的，裁定驳回异议；(2) 异议成立的，裁定撤销相关执行行为；(3) 异议部分成立的，裁定变更相关执行行为；(4) 异议成立或者部分成立，但执行行为无撤销、变更内容的，裁定异议成立或者相应部分异议成立。

二、案件来源

王某诉某房地产开发有限公司、胡某民间借贷纠纷案①

三、主要案情

上诉人胡某、某房地产开发有限公司（以下简称某公司）因与被上诉人王某及原审被告张某民间借贷纠纷一案，不服某省高级人民法院（2016）某民初4号民事判决，向本院提起上诉。本院于2018年5月31日立案后，依法组成合议庭，开庭进行了审理。某公司因未在本院指定的期限内交纳案件受理费，本院已经裁定本案按上诉人某公司自动撤回上诉处理。上诉人胡某的委托诉讼代理人邓某到庭参加了庭审，上诉人胡某暨某公司的法定代表人以及被上诉人王某的委托诉讼代理人杨某、秦某伟到庭参加了询问。原审被告张某经本院合法传唤，无正当理由未到庭参加诉讼。本案现已审理终结。

原告王某起诉请求：（1）判令某公司、胡某、张某给付其欠款本金4400万元人民币（以判决金额为准）；（2）判令某公司、胡某、张某给付其自借款之日起至还清借款之日止的利息、逾期利息、违约金，计算标准按年利率24%，约1800万元（以判决金额为准）；（3）判令某公司、胡某、张某给付其因追索欠款支付的律师费15万元；（4）判令某公司、胡某、张某承担连带清偿责任；（5）判令其对案涉抵押担保的房屋和相应土地使用权的拍卖、变卖款享有优先受偿权；（6）本案全部诉讼费用由某公司、胡某、张某承担。事实和理由：自2013年11月29日起至2014年8月7日期间，原告四次借款给某公司、胡某、张某。其中2013年11月29日签订《借款合同》，借款2300万元，借期3个月。被告以某县某小区（10569.1平方米）的财产作抵押担保。2014年1月22日签订《借款合同》，借款2400万元，借期2个月。被告以某县某小区所有铺面约3100平方米作抵押担保。2014年1月28日签订《借款合同》，借款500万元，借期1个月。被告以某县某小区商品房作抵押担保。2014年4月29日签订《借款合同》，借款500万元，借期6个月。被告以某市经济开发区某小区铺面（783.54平方米）作抵押担保，上述借款均约定了利息。同时，还以王某和张某作为买受人签订了100套房产的《商品房买卖合同》作为借款的担保物。三名被告是借款合同的共同借款人，应对债务承担连带清偿责任。综上，现借款期限已过，原告向被告多次催要未果，故诉至贵院，请求判允原告的全部诉讼请求。

---

① 最高人民法院（2019）最高法执复126号执行裁定书。

被告某公司、胡某、张某共同答辩称：(1) 根据我国刑事诉讼法相关规定，本案在立案之前胡某因经营公司筹集资金的原因，已涉嫌非法吸收公众存款罪，并已立案，且该材料在2016年3月已经向高院递交。本案原告的借款绝大部分均打入胡某的账户，完全在胡某涉嫌的非法吸收公众存款罪范围内。本案应当依法处理，即驳回原告的诉讼请求或移送公安机关。(2) 本案被告胡某、张某在该借款合同中均有公司盖章，他们所代表的只是公司股东的身份，对公司借款的确认，特别是本案被告张某，她与本案被告胡某已经在本案所涉的借款发生之前离婚，她和胡某之间不存在夫妻关系，且在作为股东确认这一债务事实之后，既没有收过借款，也未用过借款。因此，她不应当承担相应的责任。(3) 假如本案继续审理，应对相应的借款及还款进行抵扣，之前被告的还款均为本金，因此在继续审理的前提下恳请合议庭对被告的还款及抵扣物尽量按本金抵扣。

四、案件核心

1. 借款人某公司和胡某涉嫌非法吸收公众存款罪，出借人王某能否通过民事诉讼维护债权，借款合同民事诉讼是否应当中止并移送公安机关？

2. 涉嫌非法集资的借款合同民事诉讼的审判必须查明涉案标的与刑事案件是否是同一法律事实，是否属同一法律关系；在执行阶段对于涉案标的同样应审查是否是同一法律事实。

五、裁判过程与结果

（一）一审裁判过程与结果

关于本案是否应当移送公安机关的问题。某公司、胡某等以其涉嫌非法吸收公众存款罪为由，要求将本案移送公安机关处理。本院认为，对于某公司、胡某等涉嫌非法吸收公众存款犯罪案，公安机关虽已立案侦查并移送公诉机关审查起诉，但案涉《借款合同》并不在该刑案涉及的款项范围内，且当事人涉嫌犯罪并不当然影响其作为被告的民事案件的审理和民事责任的承担。故对某公司、胡某等要求将本案移送公安机关处理，一审法院不予支持。(下略)

（二）二审裁判过程与结果

关于本案应否中止审理或移送侦查的问题。本案审理过程中，某省某县公安局向本院来函，称本案涉案资产为其办理某公司非法吸收公众存款案涉及的资产，涉及受害人及各类借贷主体二百多人。为公平公正保障各债权人权益，建议法院暂时中止胡某与王某民间借贷纠纷一案的审理。经审查，目前并无证据证明本案民间借贷行为本身涉嫌犯罪，亦无证据证明民间借贷的基本案件事实必须以刑事案件审理结果为依据，因此本案可继续审理。

（三）执行裁定书

本案的争议焦点是本案是否应当中止执行并移送某县打击和处置非法集资工作领导小组“非吸”专案组一并处置。依照《最高人民法院、最高人民检察院、公安部关于办理非法集资刑事案件适用法律若干问题的意见》第七条第二款、第三款的规定，人民法院在审理民事案件或者执行过程中，发现有非法集资犯罪嫌疑的，应当裁定驳回起诉或者中止执行，并及时将有关材料移送公安机关或者检察机关。公安机关、人民检察院、人民法院在侦查、起诉、审理非法集资刑事案件中，发现与人民法院正在审理的民事案件属同一事实，或者被申请执行的财物属于涉案财物的，应当及时通报相关人民法院。人民法院经审查认为确属涉嫌犯罪的，依照前款规定处理。本案中，法院作出的（2016）赣民初4号一审民事判决中已经认定，对于某公司、胡某等涉嫌非法吸收公众存款犯罪案，公安机关虽已立案侦查并移送公诉机关审查起诉，但案涉《借款合同》项下款项并不在该刑案涉及的款项范围内。同时，本案执行所依据的最高人民法院（2018）最高法民终568号也已认定，目前并无证据证明本案民间借贷行为本身涉嫌犯罪。因此，异议人如对该生效民事判决认定的事实不符，可以通过审判监督程序予以救济。另外，在本案异议审查期间，异议人某公司、胡某、张某仍未提交证据证明某公司涉嫌非法吸收公众存款罪案与本案属同一事实，或者本案被申请执行的上述房产等财物属于涉案财物，异议人主张本案查封的某小区100套房产属于涉及刑事案件的财产并以此为由主张本案中止执行、请求将本案查封的财产移送公安机关或者检察机关处置，缺乏事实依据。另外，某省某县打击和处置非法集资工作领导小组“非吸”专案组系临时机构，依法不属于上述法律和司法解释确定的移送处置机构，异议人某公司、胡某、张某主张的该专案组已将本案申请执行人的债权列入公告的债权登记范围内，没有提交证据证明该行为事实存在，况且该公告行为不能发生债权人变更登记的法律效力。综上，异议人某公司、胡某、张某的请求和理由因缺乏事实和法律依据不能成立，本院不予支持。依照《中华人民共和国民事诉讼法》第二百二十五条、《最高人民法院关于人民法院办理执行异议和复议案件若干问题的规定》第十七条的规定，裁定如下：驳回某公司、胡某、张某的异议请求。

（四）最高人民法院执行裁定书

最高人民法院认为，本案争议的主要问题是，本案执行标的是否为刑事案件涉案财物，应否中止执行并移送刑事案件一并处置？

（1）关于本案执行标的是否为刑事案件涉案财物，应否中止执行并移送刑事案件一并处置的问题。本案审判阶段，当事人及有关债权人反映某公司涉嫌非法吸收公众存款罪被立案侦查等事实，有关专案组、公安机关也反映王某民间借贷案件与某公司等涉嫌非法吸收公众存款案件系同一事实。但是，在本案所涉王某民间借贷纠纷案与有关机关立案侦查的某公司等涉嫌非法吸收公众存款犯罪案是否为同一事实的问题上，一审判决认定，案涉《借款合同》项下借款并不在该刑案涉及的款项范围内，二审判决认定，目前并无证据证明本案民间借贷行为本身涉嫌犯罪。因此，本案审判阶段并未认定王某与某公司、胡某、张某民间借贷纠纷案和某公司等涉嫌非法吸收公众存款犯罪案系同一事实。

进入执行程序之后，当事人及有关债权人再次向某高院反映某公司涉嫌非法吸收公众存款罪已被立案侦查等事实，有关专案组、公安机关也向某高院反映，认为王某民间借贷案件与某公司涉嫌非法吸收公众存款案件系同一事实，执行标的属于涉案财物。依据《最高人民法院、最高人民检察院、公安部关于办理非法集资刑事案件适用法律若干问题的意见》第七条第二款、第三款的规定，人民法院在审理民事案件或者执行过程中，发现有非法集资犯罪嫌疑的，应当裁定驳回起诉或者中止执行，并及时将有关材料移送公安机关或者检察机关。公安机关、人民检察院、人民法院在侦查、起诉、审理非法集资刑事案件中，发现与人民法院正在审理的民事案件属同一事实，或者被申请执行的财物属于涉案财物的，应当及时通报相关人民法院。人民法院经审查认为确属涉嫌犯罪的，依照前款规定处理。

从相关规定看，执行程序的处理与审判阶段并不完全相同，审判阶段主要判断是否属于同一事实及法律关系，执行阶段则还需判断执行标的是否属于刑事案件涉案财物。从目前公安机关反映的情况看，2015 年 12 月 27 日，某县房地产管理局已协助某省某县公安局查封了 129 本房权证；2018 年 6 月 27 日，某县公安局发函某县房地产管理局，查封胡某、张某个人名下房产及某公司名下所有房产。因此，在执行程序中，人民法院除审查本案所涉王某的借款与某公司涉嫌犯罪的行为是否确属同一事实外，还需进一步查明刑事案件所查封的涉案财物是否包括本案执行标的，本案执行程序所执行的 100 套房产等财产是否应认定为涉案财物。但是，人民法院在异议审查程序中对刑事案件查封的具体涉案财物并未予以查明，仅简单认定在本案异议审查期间，某公司、胡某、张某仍未提交证据证明某公司涉嫌非法吸收公众存款罪案与本案属同一事实，或者本案被申请执行的房产等财物属于涉案财物。人民法院异议裁定基本事实认定不清，应当在查明相关事实的基础上，重新作出认定。

（2）关于某公司、胡某等所主张的人民法院评估、拍卖程序违法的问题。经查，人民法院已对案涉 100 套房产采取拍卖措施，由申请执行人王某买受。某公司、胡某等向法院主张某高院存在评估、拍卖违法等问题，虽涉及的是本案异议审查程序之后新发生的执行行为，但与本案是否应当中止执行、是否应当移送刑事案件一并处置等问题相关，人民法院可在重新审查过程中予以审查处理。

综上，某高院（2019）某执异9号执行裁定基本事实认定不清，依照《中华人民共和国民事诉讼法》第二百二十五条、《最高人民法院关于人民法院办理执行异议和复议案件若干问题的规定》第二十三条第一款第三项之规定，裁定如下：

撤销某省高级人民法院（2019）某执异9号执行裁定，发回某省高级人民法院重新审查。

六、类案比较

（一）案件来源

杨某诉某县公安局行政强制违法确认及行政赔偿争议一案①

（二）主要案情

再审申请人杨某诉被申请人某县公安局第三人黄某财行政强制违法确认及行政赔偿争议一案，不服某市中级人民法院（2018）某15行初112号行政裁定，向本院申请再审。本院于2019年7月25日作出（2019）某行申506号行政裁定，提审本案。本院依法组成合议庭，公开开庭审理了本案。申请人杨某及其委托代理人赵某跃、朱某星，被申请人某县公安局的委托代理人周某、王某东，第三人黄某财到庭参加诉讼，本案现已审理终结。

2017年7月23日22时许，杨某报警称其一辆某牌轿车（某A×××××）被黄某财盗走。某县公安局下属某派出所接警后经调查了解，初步认定该警情系经济纠纷。后经杨某与黄某财同意，该辆汽车被带到了派出所。次日上午，杨某出示了登记在其名下的该车的机动车统一销售发票、购置税发票、完税证明、机动车登记证书及行驶证等，要求将车开走，派出所未应允，亦未给杨某开具扣押手续，8月23日，派出所告知黄某财限期七天通过民事诉讼申请财产保全，黄某财因客观原因未在法院正式立案，车辆仍停放在派出所内。后派出所将该车交给了黄某财。

另查明，（1）杨某与黄某财在郑州相识并同居，2016年2月6日，双方同居期间购买该车辆。购车时支付车款的银行凭证显示，杨某银行卡支出4万元、黄某财银行卡支出18.1398万元。双方对银行卡内的钱款来源各自主张为自有。（2）2017年7月23日22时许，杨某找到被黄某财开走的车辆并报警，某派出所接警处置过程中，因双方均主张车辆所有权并争执至凌晨，经杨某与黄某财同意，由黄某财驾驶该车并由民警和杨某监督，将车辆停放至某派出所院内后，在该派出所办公室内协商处

① 河南省高级人民法院（2019）豫行再153号行政判决书。

理，但未果。(3) 因双方争议的车辆权属问题不属于公安机关裁决事项，经某派出所告知黄某财可通过民事诉讼途径解决，黄某财以杨某不当得利为由向某县人民法院提起诉讼，但因被告居住地和车辆登记地均不在某县，不符合管辖的法定条件而未能受理。其后双方均未再提起民事诉讼。(4) 2017 年 11 月份，黄某财到某派出所将该车辆开走。

另查明：某县公安局于 2017 年 7 月 23 日 22 时 35 分接到杨某报警后开始调查处理该案，于同年 8 月 2 日以“属本单位管辖的刑事案件”事由填制了某公（双）受案字（2017）12002 号《受案登记表》，当日又以“该案件无违法犯罪事实”为由，对杨某作出了某公（双）不立字（2017）10018 号《不予立案通知书》，但未送达。

（三）案件核心

1. 某县公安局某派出所将车辆带至派出所院内行为的性质。2. 某县公安局某派出所就黄某财将车辆开走的结果，是否存在过错，是否应当承担返还责任？3. 某县公安局是否应当承担行政赔偿责任及数额的认定？

（四）裁判过程与结果

一审法院认为：(1) 某县公安局存在扣车的事实行为。某派出所接到杨某报警、出警后的第二日，杨某出示了相关证件要求放车而某县公安局未予准许，某县公安局存在未办理扣车手续而扣车的事实行为，且将车实际控制近四个月之久。某县公安局提供的对黄某财询问材料及杨某录音证据皆反映车辆被扣的事实存在。(2) 某县公安局扣车行为违法。某派出所出警调查后，初始认定杨某与黄某财之间存在民事纠纷，但仍将双方争议车辆长期扣押，且不出具扣车手续，某县公安局行为无论实体上还是程序上均于法无据。(3) 杨某要求某县公安局返还车辆的诉讼请求错误。黄某财从杨某老家某县将该车开回自己老家某县，某派出所实际控制该车后又将车返还给了黄某财，杨某要求某县公安局返还车辆，属于对象错误。关于车辆归属确认，杨某可另行经民事诉讼解决。(4) 杨某请求某县公安局赔偿的理由成立。因某县公安局扣车的事实行为违法，应依据国家赔偿相关法律对相对人造成的损失予以赔偿。杨某为取回车辆而诉讼数次往返于黄某财老家某县、受诉法院某县，损失客观存在，酌定某县公安局赔偿 0.6 万元。遂根据《中华人民共和国行政诉讼法》第七十四条、第七十六条，《中华人民共和国国家赔偿法》第四条第二项之规定，判决：

一、某县公安局扣押某 A×××××某车行为违法；

二、某县公安局赔偿杨某损失 0.6 万元，于判决生效后十日内付清；

三、驳回杨某其他诉讼请求。

二审法院认为，2017 年 7 月 23 日，某县公安局接到杨某关于车辆被黄某财盗走的报警后，查明两人对车辆归属存在争议后，黄某财将车交到派出所保管。后杨某持行驶证等证据要求取走该车时遭到某县公安局拒绝。2017 年 8 月 2 日，某县公安局以“属本单位管辖的刑事案件”为由作出了某公（双）受案字（2017）12002 号《受案登记表》，其对该车的管控行为属于其依照刑事诉讼法的明确授权实施的对涉案财物的管理，虽然某县公安局又作出了某公（双）不立字（2017）10018 号《不予立案通知书》，但其仍应按照刑事法律程序处理该车辆。某县公安局的上述行为，依法不属于行政诉讼受案范围。一审判决适用法律错误，应予纠正。根据《中华人民共和国行政诉讼法》第八十九条第一款第二项、《最高人民法院关于适用〈中华人民共和国行政诉讼法〉的解释》第一条第二款第一项之规定，裁定：

一、撤销某县人民法院（2018）某 1522 行初 8 号行政判决。

二、驳回杨某的起诉。

某省高级人民法院再审认为，本案争议的焦点是：（1）某县公安局某派出所将车辆开至派出所院内行为的性质；（2）某县公安局某派出所就黄某财将车辆开走的结果，是否存在过错，是否应当承担返还责任；（3）某县公安局是否应当承担行政赔偿责任及数额的认定。

1. 某县公安局某派出所将车辆开至派出所院内的行为，属于行政处置和保管行为，但不属于行政扣押。行政扣押，是行政机关在行政执法过程中，对涉嫌违法的物品采取的行政强制措施，是为了预防、制止或控制社会危害行为的发生，依法采取的对物品予以暂时性限制，使其保持一定状态的手段。本案中，（1）杨某与黄某财之间的纠纷属于民事争议。双方在同居时购买该车辆，购车款支付凭证显示为两人，双方均持有车钥匙，上述情形下，某县公安局认定黄某财占有车辆的行为不构成涉嫌盗窃的刑事犯罪而作出不予刑事立案的处置，认定事实清楚，处理合法、适当。（2）杨某与黄某财发生争执到凌晨仍未解决，经杨某与黄某财同意，由黄某财驾驶该车并由民警和杨某监督，将车辆开至某派出所院内。该过程没有公安机关的强制行为，车辆停放在某派出所院内的状态，属于杨某与黄某财共同指定暂为保管性质，不属于行政扣押。

2. 某县公安局某派出所就黄某财将车辆开走的结果不承担返还责任。（1）公安机关不具有民事权属争议的裁决职责。杨某与黄某财均主张车辆权属，并各自提交了车辆登记的证据和购车款支付凭证的证据，对该争议法律明确规定了可通过诉讼途径解决，但杨某主张由某县公安局某派出所认定其是权属及占有人而直接发放车辆，该主张是向公安机关提出的权属争议裁决的性质，超越了公安机关的法定职权，故其主张没有法律依据。（2）车辆停放在某派出所院内期间，没有证据证明公安机关实施了强制锁止、封存行为。因车辆停放是由双方同意并由黄某财自行驾驶而来，且黄某财一直持有车辆钥匙，某县公安局某派出所仅负有暂时保管的义务，对黄某财自行将车辆开离的行为不具有实施制止措施的依据，因不负有先前义务，故不构成违法。综上，杨某主张某县公安局承担返还车辆的请求没有法律依据，本院不予支持。

3. 某县公安局对涉案纠纷的处置过程中，未及时有效地履行告知义务，就处理结果没有依法作出相应的书面处理决定，致使杨某为解决该争议多次两地往返而造成经济损失，杨某主张的赔偿请求中往返车费的请求具有合理性，应予支持。(1) 某县公安局在接警的现场处置行为和对车辆的处置行为合法适当，该阶段及作出的行政行为没有违法情形，不具有行政赔偿的法定条件。(2) 某县公安局对不属于自身职责的事项，应当根据便民原则，负有充分告知、释明的义务，引导争议双方通过合法途径救济权利；应当以书面形式或予以书面记录的方式正式告知处置结果和解决途径。但某县公安局没有提交有效的证据证明其履行了上述义务，造成杨某为索取车辆而多次在某县与某县之间长途往返，故就未适当及时履行告知义务的行为存在过错，对因此而发生的交通费损失应予赔偿。(3) 车辆停放期间，杨某与黄某财的争议一直没有进入适当的解决途径，黄某财虽提起诉讼但因管辖原因而未能立案，其后，杨某一直向某县公安局某派出所要求解决争议。在法律明确规定了权属争议解决途径的情形下，杨某仍多次要求公安机关作出司法裁决的行为，属于不适当地行使权利，对此造成的交通费损失也应承担相应的责任。其本人因法律知识的错误理解而造成的经济损失，不是主张行政赔偿的法定事由。

综上，一审根据案件实际情况和当事人的过错程度，酌定由某县公安局对杨某的交通费损失赔偿6000元，该项裁判适当。二审以被诉行政行为属于刑事侦查性质不属于行政诉讼受案范围为由裁定驳回起诉，适用法律错误，应予纠正；一审认定某县公安局对车辆的处置行为属于行政扣押性质，认定事实错误，应予纠正；杨某的部分再审理由成立，本院予以支持。依照《中华人民共和国行政诉讼法》第七十四条第二款第一项、第八十九条第一款第二项及第三款，《中华人民共和国国家赔偿法》第四条第四项，《最高人民法院关于适用〈中华人民共和国行政诉讼法〉的解释》第一百一十九条之规定，判决如下：

一、撤销某市中级人民法院（2018）某15行终112号行政裁定书和某市某县人民法院（2018）某1522行初8号行政判决第一项，即某县公安局扣押某A×××××某车行为违法；

二、维持某市某县人民法院（2018）某1522行初8号行政判决第二项、第三项，即某县公安局赔偿杨某损失0.6万元，于判决生效后十日内付清；驳回杨某其他诉讼请求；

三、确认某县公安局对杨某与黄某财的纠纷处置过程中未及时有效地履行告知义务、没有作出书面处理的行为违法。

本案一、二审诉讼费共计 50 元，由某县公安局承担。本判决为终审判决。

七、理论探讨与执法指引

私力救济必须限定在合理的范围之内，否则私力救济仍不能排除其引发暴力、激化冲突、缺乏程序公正的弊端。公安机关更要依法办事，无论以什么借口、什么理由，触犯法律就要承担责任。就像法官不能拒绝裁判一样，公安机关不能拒绝履行职权，否则将构成行政不作为。① 对待私权的保护，应当尽可能把大部分成本内部化，从而可由每个人对于其创设和行使与否去作调控，而把整体成本控制在合理的范围内。②

基于物权与债权运行机制的差异性，民事私力救济行为对债权人的意义在于相对人依约履行债务，以使其债权中的期待利益得以圆满实现；而物权私力救济行为则更强调物权人对其财产的自我保护，对物权人而言，何人侵害其物权并没有太大的分别。通常情况下，债权人的私力救济行为只能"对人不对物"，物权人的私力救济行为却是"对物不对人"。债权私力救济制度应侧重于为债权人的"敦促"行为提供必要的示范与指引，即所谓债权人排除债务人对容忍义务的抵抗。债务人的容忍义务本质上属于债务自身的负担，其负担程度取决于债务人的主观状态和实际履行债务的情况。此外，主债权与债务人隐私权之间的利益衡量，也是影响这种债权私力救济行为边界的重要因素。③

① 随伟、赵文超：《公安机关不得因当事人应承担民事责任而拒绝履行法定职责》，载《人民司法·案例》2010 年第 16 期。

② 苏永钦：《寻找新民法》，北京大学出版社 2012 年版，第 503 页。

③ 沃耘：《民事私力救济的边界及其制度重建》，载《中国法学》2013 年第 5 期。

第十二章　警察执法中的行刑衔接

行政处罚与刑事处罚的衔接问题是派出所民警执法办案中常见的执法问题之一。公安机关要从案件转化的条件、调查取证、办案期限等方面做好行政处罚与刑事处罚的无缝衔接，做到严格执法与公正执法相统一。《中华人民共和国行政处罚法》第二十七条规定："违法行为涉嫌犯罪的，行政机关应当及时将案件移送司法机关，依法追究刑事责任……"《中华人民共和国治安管理处罚法》第九十五条第三项规定："违法行已为涉嫌犯罪的，移送主管机关依法追究刑事责任。"根据法律的规定，在违法行为涉嫌犯罪的情况下，办案民警必须将案件转为刑事案件办理。

刑事案件和行政案件之间的转化问题是我国行政执法与刑事司法衔接机制的重要组成部分，是特有的既定性又定量的犯罪立法模式以及社会治理二元制裁体系的共同作用所谓结果。《中华人民共和国刑法》第十三条对犯罪的概念作出了规定，且该条"情节显著轻微危害不大的，不认为是犯罪"之但书规定，确立了我国既定性又定量的犯罪立法模式。所谓既定性又定量的犯罪立法模式，是指在刑法中将行为类型确立为犯罪成立的必要条件，同时又对确立为犯罪的行为类型作出量的要求。换言之，判断某一行为是否构成犯罪，要先看这一行为是否被刑法规定为犯罪种类，如果不是，则肯定不属于犯罪行为；如果是，还要看该行为有无达到刑法所规定的量，如"情节严重""情节恶劣""数额较大""后果严重"等。

除《中华人民共和国刑法》外，我国在社会治安治理方面还有一部重要的法律规范——《中华人民共和国治安管理处罚法》。也即，针对某一危害社会行为，我国形成了《中华人民共和国治安管理处罚法》与《中华人民共和国刑法》共同调整的二元制裁体系。具体而言，《中华人民共和国刑法》第十三条以既定性又定量的方式，将具有社会危害性，但情节显著轻微且危害不大的危害国家和社会公共安全、破坏市场经济秩序、侵犯人身财产权利、扰乱公共秩序、妨害社会管理等行为排除在刑法的规制范围之外，采用非刑事措施予以处罚。《中华人民共和国治安管理处罚法》第二条亦将妨害公共安全、侵犯人身财产权利、扰乱公共秩序、妨害社会管理等方面尚不够刑事处罚的行为规定为违反治安管理的行为。在这种立法模式和制裁体系的共同作用下，大部分的治安违法行为与犯罪行为的类型就不是处于严格的分立状态了，而是处于交叉或重叠的状态。在此基础之上，囿于成文法语言表述的模糊性和多义性，当法律规范对危害行为的量没有规定明确时，就会出现行为被认定为违法或犯罪皆可的“不明确地带”，进而产生衔接问题。①

《中华人民共和国行政处罚法》第二十七条规定：“违法行为涉嫌犯罪的，行政机关应当及时将案件移送司法机关，依法追究刑事责任……”

《中华人民共和国治安管理处罚法》第九十五条第三项规定：“违法行为已涉嫌犯罪的，移送主管机关依法追究刑事责任。”

第一节　失踪报警无法确定为刑事或者行政案件时应先按行政案件办理

一、基础知识

失踪，由于其性质难以认定，在我国一般被认定为社会事件，我国每年发生的失踪案件有很多，从公安机关破获的许多刑事案件来看，许多案件刚开始都是以失踪为表现形式的，以连环杀人案为例，案件前期都有被害人失踪的情况发生，并且犯罪持续时间较久，这些失踪现象掩盖了大量的犯罪事实。公安机关总是在侦破了这些刑事案件后，才发现失踪只是犯罪的表面形式。由于失踪案件的隐蔽性，并且失踪情况复杂多样，并非所有的失踪案件都和刑事犯罪有关，在没有发现犯罪事实，仅有失踪报案的情况下，失踪案件适用《中华人民共和国刑事诉讼法》的规定很难立案。因此对于失踪案件，公安机关往往以不具备立案条件为由，不予立案。并且对失踪案件，公安机关在立案之前有一个很长的调查阶段，调查失踪人是否有遭到犯罪行为侵害的可能，但是这个调查阶段时间非常久，因为很多失踪案件在前期是找不到任何证据能够证明失踪人遭受了犯罪侵害的。等到公安机关立案侦查时，犯罪之初的证据很有可能已经消失殆尽，这样更不利于侦查破案。对人员失踪案件进行研究，能够引起公安机关对失踪案件的重视，同时完善失踪立案制度，弥补司法实践中对失踪案件处理的缺陷，预防更多失踪被侵害案件的发生。

《中华人民共和国人民警察法》第二十一条第一款规定，人民警察遇到公民人身、财产安全受到侵犯或者处于其他危难情形，应当立即救助；对公民提出解决纠纷的要求，应当给予帮助；对公民的报警案件，应当及时查处。

① 郑新：《治安管理处罚与刑罚衔接问题研究》，中国人民公安大学2018年博士学位论文。

《中华人民共和国行政诉讼法》第六十九条规定，行政行为证据确凿，适用法律、法规正确，符合法定程序的，或者原告申请被告履行法定职责或者给付义务理由不成立的，人民法院判决驳回原告的诉讼请求。

《最高人民法院关于适用〈中华人民共和国行政诉讼法〉的解释》第九十一条规定，原告请求被告履行法定职责的理由成立，被告违法拒绝履行或者无正当理由逾期不予答复的，人民法院可以根据行政诉讼法第七十二条的规定，判决被告在一定期限内依法履行原告请求的法定职责；尚需被告调查或者裁量的，应当判决被告针对原告的请求重新作出处理。

二、案件来源

拦某义诉某市公安局不履行法定职责案[①]

三、主要案情

上诉人拦某义因与被上诉人某市公安局不履行法定职责一案，不服某铁路运输法院（2018）某7101行初268号行政判决，向本院提起上诉。本院受理后依法组成合议庭，于2018年12月19日公开开庭进行了审理。上诉人拦某义及其委托代理人李某权，被上诉人某市公安局委托代理人赵某林、彭某钊到庭参加诉讼。现已审理终结。

原审法院查明，2018年4月18日，拦某义通过邮件的形式向某市公安局提交了《报案材料》，称韩某财引拦某英到某市某区某公司打工，不久拦某英失踪，现已一年多，经多方查找无果，特来报案，请予以立案查找。2018年4月23日，某市公安局刑警支队通过电话答复了拦某义及委托人李某权：经过核实，拦某英的户籍所在地是某县，其只是在某市某区打过工，后离开，不能证明是在某市失踪，故我局不受理，也不能出具报案证明。拦某义以某市公安局不出具不予立案的书面答复材料违法为由提起行政诉讼，请求确认某市公安局未出具不予立案书面答复材料的行为违法，判令某市公安局出具不予立案书面答复材料。

四、案件核心

某市公安局对于拦某义的报案是否履行了相应的法定职责？

---

① 甘肃省高级人民法院（2019）甘行申73号行政裁定书。

五、裁判过程与结果

（一）一审裁判过程与结果

一审法院认为，拦某义提起确认不作为行为违法及履行职责之诉。一般情况下，构成行政不作为应具备以下条件：一是当事人向行政机关提出了履行职责的申请；二是行政机关具有相应的法定职责或事项管辖权；三是行政机关没有作出或逾期作出答复或处理。某市公安局作为县级公安机关的上一级公安机关，不具有管辖查找疑似被侵害失踪人员信息工作的法定职责。法律规定行政机关的层级管辖，并非完全排斥上级机关管辖下级机关案件，但上级机关行使下级机关法定职责须经法定程序，本案中显然不存在提级管辖的情形或程序。因此，依照层级管辖，某市公安局不具有原告申请事项的管辖权。依照职权法定原则，某市公安局是否出具不予立案材料，不是其他机关处理纠纷或受理原告报案的前提或必要条件，拦某义通过起诉，要求某市公安局出具不予立案书面材料，实无价值和必要，拦某义诉称某市公安局不向其出具不予立案材料的行为，影响其依法向其他机关主张权利，该理由不能成立。某市公安局接到拦某义的报案后，在不具有管辖权的情况下，仍然进行核实，将相关情况通过电话答复了拦某义，并告知其向相应的公安机关报案或要求处理，并无不当。拦某义申请被告履行法定职责理由不成立的，其诉讼请求依法不应支持。依照《中华人民共和国行政诉讼法》第六十九条之规定，判决：驳回原告拦某义的诉讼请求。

（二）二审裁判过程与结果

一审宣判后，原告拦某义不服上述判决，向本院提起上诉，请求撤销原审判决；确认被上诉人某市公安局不给不予立案的书面答复材料违法；判令被上诉人履行职责，给拦某义出具一份关于不予立案书面答复材料。具体理由如下：（1）被上诉人出具不予立案的材料对于上诉人确有价值和必要；（2）被上诉人具有受理本案的权力，即便没有管辖权也应当移送或出具书面不予立案的答复，其不作为对上诉人造成了损害；（3）上诉人未对上诉人的报警进行记录，对相关人员进行询问并制作笔录。

被上诉人某市公安局答辩称，原审判决合法。被上诉人在不具有管辖权的情况下已经对上诉人进行了电话答复，指引其前往失踪地或者失踪人员居住地县级公安机关刑侦部门报警并无不当。

二审查明的案件事实与原审查明的案件事实一致，本院予以确认。

本院认为，《公安机关办理行政案件程序规定》（2018 年修正前）第五十一条规定，对发现或者受理的案件暂时无法确定为刑事案件或者行政案件的，可以按照行政案件的程序办理。在办理过程中，认为涉嫌构成犯罪的，应当按照《公安机关办理刑事案件程序规定》办理。根据该规定，被上诉人某市公安局在接到上诉人拦某义的报案后，首先应对其是否属于刑事或行政案件进行甄别，根据某市公安局委托代理人的当庭陈述，对查找失踪人口报案不属于刑事案件或行政案件，则应按照“无法确定为刑事案件或者行政案件”的情形，按照行政案件的程序办理。

《公安机关办理行政案件程序规定》（2018 年 11 月 25 日修正前）第四十七条第一款、第二款规定，公安机关对报案、控告、举报、群众扭送或者违法嫌疑人投案，以及其他行政主管部门、司法机关移送的案件，应当及时受理，制作受案登记表，并分别作出以下处理：（1）对属于本单位管辖范围内的事项，应当及时调查处理；（2）对属于公安机关职责范围，但不属于本单位管辖的，应当在受理后的二十四小时内移送有管辖权的单位处理，并告知报案人、控告人、举报人、扭送人、投案人；（3）对不属于公安机关职责范围内的事项，书面告知报案人、控告人、举报人、扭送人、投案人向其他有关主管机关报案或者投案。公安机关接受案件时，应当制作受案回执单一式二份，一份交报案人、控告人、举报人、扭送人，一份附卷。根据该规定，对拦某义的报案，某市公安局如果受理，则应当制作受案回执单交拦某义，之后进行调查处理或移送有管辖权的机关；如不受理，也应当书面告知拦某义。某市公安局仅仅口头告知拦某义被上诉人对报案无管辖权，要求拦某义前往其他公安机关报案不符合上述规定。

某市公安局作为县级公安机关的上一级公安机关，不具有管辖查找疑似被侵害失踪人员信息工作的职责。但并未免除某市公安局按照《公安机关办理行政案件程序规定》受理案件并移送或者不受理案件并书面告知的义务。原审判决未适用《公安机关办理行政案件程序规定》认定某市公安局不具有法定职责，系适用法律错误。

《最高人民法院关于适用〈中华人民共和国行政诉讼法〉的解释》第九十一条规定，原告请求被告履行法定职责的理由成立，被告违法拒绝履行或者无正当理由逾期不予答复的，人民法院可以根据行政诉讼法第七十二条的规定，判决被告在一定期限内依法履行原告请求的法定职责；尚需被告调查或者裁量的，应当判决被告针对原告的请求重新作出处理。被上诉人某市公安局在接到报案后，未按照《公安机关办理行政案件程序规定》规定的程序、方式进行处理。对是否应当对上诉人拦某义的报案进行受理立案或者在受理后是否移送等事项，仍需某市公安局进一步展开工作调查处理。

综上，原审判决认定事实清楚，审判程序合法，但适用法律错误。上诉人的部分上诉理由，本院予以支持。

六、理论探讨与执法指引

公安机关在接到失踪人员报案后，应认真了解失踪人的相关情况，填写失踪人员信息登记表，登记表上的信息应当尽可能齐全。不仅包括姓名、年龄、失踪时间、失踪理由等，还要重点登记失踪人员的个人特征、血型、嗜好、随身携带的物品、社会关系等，还要填写是否有精神病史及其他病史。失踪人失踪前的行为，有没有反常举动等，民警也需要详细地询问，尽可能包含所有与失踪人相关的各种信息。民警在询问报案人时，也应当询问报案人是否在其他公安机关报过案，并在有关系统中进行查重，防止重复登记。刑事侦查部门应当向报案人、失踪人员亲属及其他关系人调查失踪人员情况，并制作询问笔录，并可以要求求助人提供失踪人员的近期照片。

在接到失踪人员的报案后，公安机关必须进行辨别，哪些需要立案侦查、哪些只作为民法上的宣告失踪来处理。因此家属在报案时就需要详细填写失踪人信息登记表，接案民警也需要详细询问与失踪人相关的各种信息。但是，从某种意义上说，在没有犯罪痕迹的失踪案件中，失踪人自身的特征和整个失踪过程的各个环节、各种特征本身就是案件的重要依据。如失踪人的年龄、职业、爱好、特长、生活习惯、经济条件、失踪的时间、地点、同时失踪的人或物等，都是分析失踪的客观要素。公安机关一定要认真询问报警人反映的各种反常信息，主动思考、积极把握是否有构成案件的可能性。

在失踪案件中，初查是公安机关协助寻找失踪人的主要工作之一。初查工作主要包括以下四项内容：

1. 公安机关应当协助失踪人的家属，在失踪人可能出现的地区查找失踪人，发现失踪人有危险或潜在危险时，应当救助失踪人。如果公安机关发现失踪人员可能在其他地区的，负责初查的公安派出所应当通过所属公安机关将失踪人员的有关情况以电话、传真、信函等方式通报异地公安机关，接到通报的公安机关应当及时进行协助查找，不得推托。

2. 承办民警应当在有关信息库中查询失踪人的相关信息。各级公安机关的失踪人口信息管理部门应当定期查看失踪人员信息库，一旦发现与失踪人员相关情况的，应当将详细的情况及时通报相关公安派出所。

3. 承办民警应定期将查找情况告知失踪人家属，并向失踪人家属了解核实自行查找结果，并询问失踪人员当前是否继续处于失踪状态。如果登记的失踪人员已经被找回或者确认已经遇害的，应当及时作结案说明，并把此类失踪人员的登记信息及时从疑似被侵害失踪人员信息库中删除。对报案的失踪案案情进行初查具有十分重要的作用：能够最大限度地收集案件线索，收集失踪人信息，尽快找到失踪人。①

特别需要注意的是，对有关查找走失或失踪人员的报警，公安机关不得以管辖范围为由推诿、拖延受理工作，不得让报警人自行到其他公安机关报警。与走失或失踪人员有债务纠纷的利害关系人要求查找的，公安机关可拒绝提供帮助，并告知其依法向人民法院申请。承办民警工作中要采取拍照、录像以及相关人员签名等方法固定民警积极作为的证据。当发现走失或失踪的未成年人时，民警应及时通知监护人领回，监护人拒绝领回的，要记录在案。如果发现走失或失踪的成年人，在失踪人员不存在违法或者危险的前提下，由走失或失踪人员自行决定是否回家，但民警应该将有关情况及时通知报警人。②

4. 对于超过24小时未能找到的，要按规定录入失踪人员信息库，并向邻近县市公安机关发出协查通报，且详细记录相关协查情况，以留证备查。

第二节　刑事案件和治安案件共存情形下公安机关应分别及时履职尽责

一、基础知识

公安机关是国家的治安保卫机关，是国家治安行政力量和刑事司法力量，具有双重职能：一是具备公安刑事司法权，依照刑法、刑事诉讼法的规定进行专门调查工作及采取强制措施，以查明犯罪、惩罚犯罪，称刑事侦查；二是具备公安行政管理权，依照治安管理、道路交通管理、户籍管理等行政法律规范，实施管理，以维护社会秩序、保护公民人身、财产及公共财产的安全，称公安行政管理。公安机关行使两种职责时，采取的强制措施形式上相同或近似，如扣押犯罪物证、追缴赃物与扣押、没收行政相对人的违法财物；讯问犯罪嫌疑人与传唤违法相对人等，在表现形式上都是使对方的人身自由受限或财物脱离控制，只是措施目的不同，前者是为证明犯罪，后者是为实现行政管理目标。从理论上讲，刑事侦查与公安行政是泾渭分明的两种行为，但实践中存在刑事侦查行为与公安行政行为混用的情况。从公安机关作出行为的过程看，发现违法嫌疑时，公安机关要进行查处，在查处过程中发现犯罪嫌疑，就要转而进行刑事侦查，以证明犯

① 郭丹丹：《论人员失踪的刑事追查机制》，苏州大学2014年硕士学位论文。

② 崔成有：《人口走失、失踪警情处置》，载《派出所工作》2020年第2期。

罪；从行为目的看，公安机关在侦办刑事案件的过程中实施了与证明犯罪无关的行为，这些行为是行政行为。所以公安机关实施的行政行为与侦查行为难以纯粹地、截然地分开。

《中华人民共和国行政诉讼法》第四十九条规定，提起诉讼应当符合下列条件……（4）属于人民法院受案范围和受诉人民法院管辖。

《最高人民法院关于适用〈中华人民共和国行政诉讼法〉的解释》第一条第二款规定，下列行为不属于人民法院行政诉讼的受案范围：（1）公安、国家安全等机关依照刑事诉讼法的明确授权实施的行为……第六十九条第一款规定，有下列情形之一，已经立案的，应当裁定驳回起诉：（1）不符合行政诉讼法第四十九条规定的……

《公安机关办理刑事案件程序规定》第一条规定，为了保障《中华人民共和国刑事诉讼法》的贯彻实施，保证公安机关在刑事诉讼中正确履行职权，规范办案程序，确保办案质量，提高办案效率，制定本规定。第二百一十九条规定，对已查明死因，没有继续保存必要的尸体，应当通知家属领回处理，对于无法通知或者通知后家属拒绝领回的，经县级以上公安机关负责人批准，可以及时处理。

《中华人民共和国治安管理处罚法》第七条第一款规定，县级以上地方各级人民政府公安机关负责本行政区域内的治安管理工作。

二、案件来源

杭某友诉甲市公安局乙分局不履行法定职责案①

三、主要案情

上诉人杭某友诉被上诉人甲市公安局乙分局（以下简称乙分局）、一审第三人王某春、黄某、王某、徐某国不履行法定职责一案，不服甲市乙区人民法院（2018）苏0812行初170号行政判决，向本院提起上诉。本院于2019年3月21日立案受理后，依法组成合议庭公开审理了本案。本案现已审理终结。

经庭审质证，结合当事人的陈述、辩论意见，甲市乙区人民法院认定以下案件事实：2009年3月23日，原告杭某友之子杭某军及第三人王某春、黄某、王某、徐某国等人因纠纷发生斗殴，杭某军被张某明持刀捅伤经抢救无效死亡。2009年6月19日，原甲市公安局丙分局向原甲市丙区人民检察院提交《起诉意见书》，认为张某明涉嫌故意伤害罪，第三人黄某、王某春、徐某国涉嫌聚众斗殴罪，移送审查

① 江苏省淮安市中级人民法院（2019）苏08行终70号行政判决书。

起诉。2009年10月26日，甲市人民检察院向原甲市丙区人民检察院发函，载明：“你院以河检诉报诉〔2009〕2号文报送的张某明故意伤害，黄某、王某春、徐某国聚众斗殴案一案已收悉，经研究建议公安机关对王某春、徐某国、黄某另案处理。”同月28日，原甲市丙区人民检察院向原甲市公安局丙分局发函，载明：“现将犯罪嫌疑人黄某、王某春、徐某国退回你局，请你局对三人另行处理。”2009年11月23日，甲市中级人民法院作出（2009）淮中刑一初字第0019号《刑事判决书》，判决被告张某明犯故意伤害罪，判处无期徒刑，剥夺政治权利终身。后，原告杭某友以张某明应以故意杀人罪而非故意伤害罪，且系累犯，判处无期徒刑属量刑偏轻，原案另有另案处理的三名犯罪嫌疑人没有得到刑事追究为由，多次信访，并向某省人民检察院提起申诉。2015年12月22日，甲市人民检察院作出淮检控申刑申复通〔2015〕2号《刑事申诉复查通知书》，载明：“对于申诉人提出原案另有另案处理的三名犯罪嫌疑人没有得到刑事追究……本院建议公安机关对此三人作另案处理的决定并无不当……2013年12月18日，丙区公安分局回函给检察机关称对黄某、王某春、徐某国三人作治安处罚已过期。”2018年5月11日，原告杭某友向被告乙分局邮寄《控告报案材料》，请求事项为：（1）依法对四名被控告人王某春、黄某、王某、徐某国的治安违法行为进行立案调查并进行治安处罚；（2）立即交还控告人儿子的遗体。经查询，邮件快递查询单显示“妥投”“单位收发章”。因被告乙分局未在法定期限内对原告的报案材料作出处理，原告于2018年8月6日向本院提起本案行政诉讼。本案审理期间，被告乙分局于2018年11月14日分别作出行政处罚决定书，对第三人王某春处以行政拘留十三日并处五百元罚款，对第三人黄某处以行政拘留十三日并处五百元罚款。原告杭某友当庭变更诉讼请求为：（1）依法确认被告超期对第三人王某春、黄某作出行政处罚的行为违法；（2）责令被告对第三人王某、徐某国依法履职；（3）责令被告立即交还原告儿子杭某军的遗体。

另查明，2013年3月18日，原甲市公安局丙分局与原告杭某友谈话，原告在谈话中提出“事情没有解决，尸体不适宜匆忙火化”。2018年11月30日，被告乙分局与原告杭某友谈话，原告在谈话中提出“关于杭某军遗体火化问题，至少要等到相关的补偿到位之后，才能行”。再查明，（2014）河民再初字第0002号民事判决中，依法追加第三人王某为被告，并判决其也承担部分民事侵权赔偿责任。第三人王某，即参与上述2009年3月23日冲突事件的“六哥”。还查明，因区划调整，原甲市公安局丙分局现合并为被告甲市公安局乙分公安局。

原告杭某友诉称，原告儿子杭某军在2009年3月23日下午被他人杀死后，主要凶手被判无期徒刑，但为了追究共同参加侵害行为的第三人等被另案处理的结果和要求交还遗体的合理要求，原告一直在维权。从甲市人民检察院出具的刑事申诉复查通知书中，原告才知道被告（原丙分局）回函给检察机关称对第三人等作治安处罚已经过期。后原告多次要求被告履行职责并交还原告儿子遗体，但被告不作任何答复。原告又于2018年5月11日再次书面控告报案，要求被告履行法定职责，被告于2018年5月12日签收后，仍未履行法定职责。原告认为，被告对第三人曾经立案侦查，并采取取保候审的强制措施，在检察机关要求其另案处理的情况下，无端将刑事案件变成治安案件，在变成治安案件后，又以作治安处罚已过期为由不履职，明显违反了治安管理处罚法的规定。故诉至法院，请求依法判决确认被告未履行法定职责，责令被告立即对第三人等的违法行为进行处罚，并责令被告立即交还物证（原告儿子的遗体）。

被告乙分局辩称：

1. 我局对涉案人员的处理符合法律规定。根据《人民检察院刑事诉讼规则》第二百九十一条的规定，人民检察院决定不起诉的案件，可以根据案件的不同情况，对被不起诉人予以训诫或者责令具结悔过、赔礼道歉、赔偿损失。对被不起诉人需要给予行政处罚、行政处分或者需要没收其违法所得的，人民检察院应当提出检察意见，连同不起诉决定书一并移送有关主管机关处理。本案中，检察机关对三名第三人不起诉的案件并未向公安机关提出检察意见。因此，公安机关对该三名犯罪嫌疑人未作出处理符合相关规定。同时，公安机关在处理本案过程中，存在法律、法规、规章规定不明确的情况。为充分保障当事人权益，我局又于2018年11月14日对第三人王某春处以行政拘留十三日并处五百元罚款，对第三人黄某处以行政拘留十三日并处五百元罚款。

2. 对于原告提出的杭某军尸体处理问题。公安机关对杭某军尸体进行尸检，对其死因作出尸检报告，通知其父即原告处理，但原告拒绝领回尸体处理，责任应由原告承担。尸体处理问题不属于行政诉讼范畴，非行政诉讼解决。综上，我局办理第三人王某春等人殴打他人一案，不仅具有管辖权，且认定事实清楚，证据确凿，程序合法，适用依据正确，量罚得当，请求驳回原告诉讼请求。

四、案件核心

对于原告杭某友控告的第三人王某春、黄某违反治安管理的行为，被告乙公安分局超期履行法定职责的行为，是否违法？

五、裁判过程与结果

（一）一审裁判过程与结果

一审法院认为，《中华人民共和国治安管理处罚法》第七条规定，县级以上地方各级人民政府公安机关负责本行政区域内的治安管理工作。本案中，被告乙分局对其辖区内发生的治安案件中的违法当事人具有作出行政处罚的法定职权，行政相对人或者利害关系人有异议的，有权提起行政诉讼。

关于原告要求确认被告对第三人王某春、黄某超期履职的行为违法，责令被告对第三人王某、徐某国继续履职的诉讼请求。《中华人民共和国治安管理处罚法》第二条规定，扰乱公共秩序，妨害公共安全，侵犯人身权利、财产权利，妨害社会管理，具有社会危害性，依照《中华人民共和国刑法》的规定构成犯罪的，依法追究刑事责任；尚不构成刑事处罚的，由公安机关依照本法给予治安管理处罚。《公安机关办理行政案件的程序规定》（2018 年修正前）第四十七条第一款、第二款规定，公安机关对报案、控告、举报、群众扭送或者违法嫌疑人投案，以及其他行政主管部门、司法机关移送的案件，应当及时受理，制作受案登记表，并分别作出以下处理：（1）对属于本单位管辖范围内的事项，应当及时调查处理；（2）对属于公安机关职责范围，但不属于本单位管辖的，应当在受理后的二十四小时内移送有管辖权的单位处理，并告知报案人、举报人、扭送人、投案人向其他有关主管机关报案或者投案。公安机关接受案件时，应当制作受案回执单一式二份，一份交报案人、控告人、举报人、扭送人，一份附卷。该规定第一百四十一条第一款、第三款、第一百四十四条规定，公安机关办理治安案件的期限，自受理之日起不得超过三十日；案情重大、复杂的，经上一级公安机关批准，可以延长三十日。办理其他行政案件，有法定办案期限的，按照相关法律规定办理。对因违反治安管理行为人逃跑等客观原因造成案件在法定期限内无法作出行政处理决定的，公安机关应当继续进行调查取证，并向被侵害人说明情况，及时依法作出处理决定。对违法行为事实清楚，证据确实充分，依法应当予以行政处罚，因违法行为人逃跑等原因无法履行告知义务的，公安机关可以采取公告方式予以告知。自公告之日起七日内，违法嫌疑人未提出申辩的，可以依法作出行政处罚决定。

本案中，原甲市公安局丙分局先将本案第三人黄某、王某春、徐某国以涉嫌犯聚众斗殴罪移送检察院审查起诉，后检察机关经审查后认为该三人不构成刑事犯罪，遂将案件退回公安机关，并发函建议公安机关另案处理。但原甲市公安局丙分局既未对该三人补充侦查并移送检察机关审查起诉，也未依据上述规定将该案作为治安案件受案并在法定期限内作出处理。直至 2018 年 5 月 11 日，原告杭某友作为被害人的父亲，书面向被告乙分局控告当时实际参与冲突的第三人黄某、王某春、徐某国及后来在民事案件中才确认真实姓名的王某，要求公安机关依法对该四人作出治安处罚，但被告收到控告材料后，既未立案受理，也未在法定期限内作出处理决定，被告已构成不履行法定职责，本院予以确认。本案审理期间，被告已经对第三人王某春、黄某作出了行政处罚，原告对此也无异议，但仍要求确认被告超期履行法定职责的行为违法，同时还要求被告继续对第三人王某、徐某国履行法定职责。原告的此项诉讼请求，具有事实和法律依据，本院予以支持。

关于原告要求被告交还杭某军遗体的诉讼请求。《中华人民共和国行政诉讼法》第四十九条第四项规定，提起诉讼应当属于人民法院受案范围。原告之子杭某军的遗体因刑事案件鉴定的需要存放在甲市殡仪馆，早在2009年相关部门的检验鉴定书作出后，已经查明了死因，此后已经没有继续保存的需要，原告应按照相关规定及时处理。遗体的保存及后续处理问题并非公安机关法定职责范围，因此产生的争议也并非行政争议，不属于行政诉讼受案范围。故，对于原告此项诉讼请求，依法应裁定驳回起诉。

综上，经全面审查，对于原告杭某友控告的第三人王某春、黄某违反治安管理的行为，被告乙分局超期履行法定职责的行为违法。对于原告杭某友控告的第三人王某、徐某国违反治安管理的行为，被告乙分局未履行法定职责，应在法定期限内履行。对于原告杭某友要求被告乙分局交还其子杭某军遗体的诉讼请求，不属于行政诉讼受案范围，已经受理的，依法裁定驳回起诉。依据《中华人民共和国行政诉讼法》第七十二条、第七十四条第二款第三项之规定，判决如下：

一、确认被告甲市公安局乙分局针对原告杭某友对第三人王某春、黄某的控告超期履行法定职责的行为违法；

二、责令被告甲市公安局乙分局针对原告杭某友对第三人王某、徐某国的控告，于本判决生效之日起三十日内依法履行职责。

（二）二审裁判过程与结果

本案中，上诉人杭某友于2018年5月11日向被上诉人乙公安分局邮寄《控告报案材料》，要求依法对王某春、黄某、王某、徐某国四人的治安违法行为进行立案调查并进行治安处罚，以及交还其儿子的遗体。被上诉人乙公安分局收到控告材料后，未在法定期限内给予处理。一审法院根据上诉人一审庭审中变更的诉讼请求，经依法审查，判决确认被上诉人针对上诉人对一审第三人王某春、黄某的控告超期履行法定职责的行为违法，并责令被上诉人针对上诉人对一审第三人王某、徐某国的控告限期依法履行职责，认定事实清楚，适用法律正确，并无不当。该判决实际上亦是支持了上诉人一审诉讼请求的第一项、第二项。

关于上诉人上诉，要求改判确定被上诉人以罚代刑的行为违法，并依职权将此案移送至相应部门作刑事案件处理的问题。经本院要求上诉人明确诉讼请求，其表示所称的“以罚代刑”并不是一个行政行为，具体是指被上诉人不应该将刑事案件作为治安处罚的案件处理。本院认为，上诉人所称的上诉请求不符合行政诉讼法第四十九条第三项所规定的“有具体的诉讼请求”的要求，且刑事案件是否立案等也不属于行政诉讼审查判断的范围，其二审中提出，本院不予审查。

关于上诉人要求责令被上诉人立即交还其儿子遗体的诉讼请求，是否属于人民法院行政诉讼受案范围的问题。本院认为，《中华人民共和国行政诉讼法》第四十九条规定：“提起诉讼应当符合下列条件……（四）属于人民法院受案范围和受诉人民法院管辖。”《最高人民法院关于适用〈中华人民共和国行政诉讼法〉的解释》第一条第二款规定：“下列行为不属于人民法院行政诉讼的受案范围：（一）公安、国家安全等机关依照刑事诉讼法的明确授权实施的行为……”第六十九条第一款规定：“有下列情形之一，已经立案的，应当裁定驳回起诉：（一）不符合行政诉讼法第四十九条规定的……”《公安机关办理刑事案件程序规定》第一条规定：“为了保障《中华人民共和国刑事诉讼法》的贯彻实施，保证公安机关在刑事诉讼中正确履行职权，规范办案程序，确保办案质量，提高办案效率，制定本规定。”第二百一十四条规定：“对已查明死因，没有继续保存必要的尸体，应当通知家属领回处理，对于无法通知或者通知后家属拒绝领回的，经县级以上公安机关负责人批准，可以及时处理。”根据上述规定，相关尸体的处理问题系规定在《公安机关办理刑事案件程序规定》中，上诉人杭某友要求判决责令乙公安分局立即交还其儿子遗体的请求事项，明显不属于人民法院行政诉讼的受案范围，已经立案的，依法应驳回其起诉，故一审法院对于其该请求事项驳回其起诉，并无不当。

综上，一审判决认定事实清楚，适用法律正确，程序合法，应予维持。上诉人杭某友的上诉理由不能成立，其上诉请求本院不予支持。依照《中华人民共和国行政诉讼法》第八十六条、第八十九条第一款第一项之规定，判决如下：驳回上诉，维持原判。

六、理论探讨与执法指引

对于行政不法，如果无法确定是否构成行政犯，由公安机关通过作为行政执法行为的初查予以调查核实，若涉嫌犯罪，立即启动刑事侦查程序，或者进行形式化的立案审查后转入侦查程序；对于杀人、放火、抢劫等严重的刑事犯（除侵犯财产类的盗窃等刑事犯外），公安机关作形式化的立案审查之后，认为涉嫌犯罪的，即应启动侦查程序。例如，对于身份不明的尸体，只要排除自杀或者自然死亡的可能，公安机关刑侦部门就必须立即展开侦查。这样既避免了取消立案程序所可能滋生的弊端，又契合侦查的及时性要求。对于盗窃等侵犯财产类刑事犯，司法解释以及实践中主要是按照侵犯财产的数额来决定是否达到了“严重社会危害性”的入罪标准。因此，对于此类刑事犯，也应按照行政犯的侦查启动模式进行处理。[①] 案件办理期限涉及当事人的具体诉讼利益的实现，行政案件法律规定的办案期限较短，刑事案件的办案期限由于涉及复杂的刑事诉讼程序，导致案件的办理期限具有不确定性。公安机关要严格按照法定的时限办理案件，切实提高办案效率，实现执法公正。[②]

一是要提高立案效率。《公安部关于改革完善受案立案制度的意见》对立案审查有明确的时限要求，公安机关对符合刑事案件立案条件的案件必须及时立案，对于受理为行政案件办理的案件如果发现涉嫌犯罪的证据，必须在法定时限内及时转为刑事案件办理，防止立案迟延影响案件办理。

二是对违法行为不构成犯罪的情况下要及时作出处理。行政案件转为刑事案件办理后，大多数案件会移送检察机关提起公诉，对于情节轻微的案件，检察机关作出相对不起诉决定后，有的检察机关会明确要求公安机关对违法行为进行处理，有的检察机关未必有明确的处理建议。但行为人的行为即使因情节轻微检察机关作出不起诉决定，公安机关也要对行为人的行政违法行为及时进行行政处罚，防止因相对不起诉决定影响对行为人违法行为的处理。

三是做好对案件当事人的解释疏导工作。由于刑事案件与行政案件有着不同的程序要求，特别是刑事案件的办理期限一般较长，有的甚至长达数年，使得受害人的民事赔偿利益不一定会及时得到实现，往往会导致受害人投诉。对于刑事案件的办案程序问题，一般的案件当事人未必了解，办案人员要做好对案件当事人的解释疏导工作。派出所民警要严格依法办理行刑衔接案件，实现“两罚”无缝衔接，以最大限度地保障案件当事人的合法权益，实现执法公正。

---

① 张泽涛：《初查的行政执法化改革及其配套机制——以公安机关“行刑衔接”为视角》，载《法学研究》2021 年第 2 期。

② 李奋军：《办理行刑衔接案件要注意的三个问题》，载《派出所工作》2022 年第 2 期。

第三节　刑事案件的证据可以作为行政案件的证据直接使用

一、基础知识

刑事案件转为行政案件，意思是说对于刑事立案的案件，经审查认为不构成犯罪或者依法免予刑事追究的，刑事案件撤案，交由行政机关（公安机关）按行政法规处理。

《中华人民共和国刑事诉讼法》第一百七十七条规定，犯罪嫌疑人没有犯罪事实，或者有本法第十六条规定的情形之一的，人民检察院应当作出不起诉决定。对于犯罪情节轻微，依照刑法规定不需要判处刑罚或者免除刑罚的，人民检察院可以作出不起诉决定。人民检察院决定不起诉的案件，应当同时对侦查中查封、扣押、冻结的财物解除查封、扣押、冻结。对被不起诉人需要给予行政处罚、处分或者需要没收其违法所得的，人民检察院应当提出检察意见，移送有关主管机关处理。有关主管机关应当将处理结果及时通知人民检察院。

《公安机关办理行政案件程序规定》第六十五条规定，对发现或者受理的案件暂时无法确定为刑事案件或者行政案件的，可以按照行政案件的程序办理。在办理过程中，认为涉嫌构成犯罪的，应当按照《公安机关办理刑事案件程序规定》办理。第三十三条规定，刑事案件转为行政案件办理的，刑事案件办理过程中收集的证据材料，可以作为行政案件的证据使用。

《行政执法机关移送涉嫌犯罪案件的规定》第三条第一款规定，行政执法机关在依法查处违法行为过程中，发现违法事实涉及的金额、违法事实的情节、违法事实造成的后果等，根据刑法关于破坏社会主义市场经济秩序罪、妨害社会管理秩序罪等罪的规定和最高人民法院、最高人民检察院关于破坏社会主义市场经济秩序罪、妨害社会管理秩序罪等罪的司法解释以及最高人民检察院、公安部关于经济犯罪案件的追诉标准等规定，涉嫌构成犯罪，依法需要追究刑事责任的，必须依照本规定向公安机关移送。

《中华人民共和国行政处罚法》第五十七条规定，调查终结，行政机关负责人应当对调查结果进行审查，根据不同情况，分别作出如下决定：（1）确有应受行政处罚的违法行为的，根据情节轻重及具体情况，作出行政处罚决定……对情节复杂或者重大违法行为给予行政处罚，行政机关负责人应当集体讨论决定。在行政机关负责人作出决定之前，应当由从事行政处罚决定审核的人员进行审核。

《最高人民法院关于适用〈中华人民共和国刑事诉讼法〉的解释》第七十五条

第一款规定，行政机关在行政执法和查办案件过程中收集的物证、书证、视听资料、电子数据等证据材料，经法庭查证属实，且收集程序符合有关法律、行政法规规定的，可以作为定案的根据。

二、案件来源

刘某山诉甲县公安局治安行政处罚案①

三、主要案情

2020年5月28日，尹某先、刘某、陈某云、赵某德、刘某明向甲县公安局报案，称刘某山与他们赌博时使用“染色”麻将抽老千，赢了几十万元。次日，甲县公安局对刘某山诈骗案立案侦查，在上述刑事案件侦查工作中，甲县公安局发现上述6人存在赌博行为，2020年6月10日，甲县公安局对尹某先、刘某、陈某云、赵某德、刘某明、刘某山赌博违法行为受案登记并调查处理（承办人王某玮、史某军，均为甲县公安局在编在岗民警），对尹某先、刘某、陈某云、赵某德、刘某明进行了行政处罚告知，5人均未提出陈述和申辩，当日，甲县公安局对上述5人分别作出行政拘留十二日并处一千元罚款的行政处罚决定，上述《行政处罚决定书》中载明：“执行方式和期限为待疫情结束后再送往甲县拘留所执行拘留”，后上述5人均交纳罚款，庭审中甲县公安局表示会根据疫情、看守所羁押情况来逐步执行拘留。

2020年8月7日，甲县公安局对刘某山进行行政处罚告知并录像，告知笔录上载明“公安机关查明2020年5月26日20时许，你伙同刘某明、刘某、尹某先、陈某云、赵某德在刘某明位于甲县的店里以‘开麻将’的方式进行赌博。以上事实有询问笔录、转账记录为证。你的行为已构成赌博。公安机关将根据《中华人民共和国治安管理处罚法》的规定对你进行行政拘留十二日并处一千元罚款、非法赌资追缴处罚”。刘某山拒绝签字。同日，甲县公安局作出甲公（刑）决字〔2020〕0975号《行政处罚决定书》，载明“现查明2020年5月26日20时许，你伙同刘某山、尹某先、刘某、陈某云、赵某德在刘某明位于甲县的店里以‘开麻将’的方式进行赌博……根据《中华人民共和国治安管理处罚法》第七十条之规定，现决定行政拘留十二日并处一千元罚款。执行方式和期限由民警王某玮、李某功将违法行为人刘某山带至甲县拘留所执行拘留，拘留期限从2020年8月7日至8月19日”，该行政处罚决定中行政拘留已执行（刘某山正处取保候审期间），罚款尚未执行到位；

---

① 江西省吉安市中级人民法院（2020）赣08行终215号行政判决书。

同时，甲县公安局向刘某山发出甲公（刑）收缴字〔2020〕28550号《追缴物品清单》，对物品持有人刘某山违法所得共计155400元人民币予以追缴（尚未追缴到位），上述155400元追缴款项系甲县公安局通过调取刘某山微信账单和银行卡交易明细、尹某先和陈某云支付宝账单、案涉笔录材料反映等计算出来刘某山2020年3月1日至5月27日期间的赌博获利。

另查明，2020年9月16日，甲县公安局作出甲公（刑）撤字〔2020〕0040号《撤销案件决定书》，对刘某山涉嫌诈骗刑事案件予以撤销。刘某山认为甲县公安局作出的甲公（刑）决字〔2020〕0975号《行政处罚决定书》及甲公（刑）收缴字〔2020〕28550号《追缴物品清单》均违法，遂起诉要求撤销并提起国家赔偿，庭审中，其自愿撤回国家赔偿的诉请，法院裁定予以准许。

四、案件核心

甲县公安局在对刘某山同一违法犯罪行为进行刑事立案侦查后未作出最后处理前，又对刘某山进行行政处罚，是否存在“一事两罚”错误？

五、裁判过程与结果

（一）一审裁判过程与结果

一审法院认为，根据《中华人民共和国治安管理处罚法》第二条的规定，甲县公安局依法具有治安管理处罚权，有权对其主管工作作出内部分工，史某军、王某玮系甲县公安局在编在岗民警，具有执法权。刘某山涉嫌诈骗刑事案件立案侦查时间早于案涉赌博行政案件受案时间，根据《公安机关办理行政案件程序规定》第三十三条的规定，刑事案件转为行政案件办理的，刑事案件办理过程中收集的证据材料，可以作为行政案件的证据使用，故甲公（刑）决字〔2020〕0975号《行政处罚决定书》及甲公（刑）收缴字〔2020〕28550号《追缴物品清单》使用刘某山涉嫌诈骗刑事案件收集到的相关证据作为赌博行政案件的事实认定材料并无不妥，甲县公安局亦依法履行了行政处罚告知义务；甲县公安局对刘某山赌博违法行为与对尹某先等其他五名参赌人员所作出的行政处罚的种类和幅度一致，因疫情等客观原因导致行政处罚决定执行存在先后不能否认案涉行政处罚决定作出的合理性。只是案涉《行政处罚决定书》中认定的违法事实（2020年5月26日20时许刘某山的赌博行为）与甲县公安局认为刘某山“参赌时间较长、参赌次数较多、参赌金额较大，符合情节严重”不相符，甲公（刑）收缴字〔2020〕28550号《追缴物品清单》中155400元亦不仅仅包括案涉行政处罚决定认定违法事实中刘某山的违法所得，还包括刘某山2020年3月1日至5月26日赌博获利的数额。因此，甲公

（刑）决字〔2020〕0975 号《行政处罚决定书》及甲公（刑）收缴字〔2020〕28550 号《追缴物品清单》均认定事实不清。且根据案涉行政处罚事先告知和行政处罚决定载明的内容可知，本案作出行政处罚决定的事实与之前已立案侦查的刘某山诈骗刑事案件针对的是同一违法行为，根据“一事不再罚”原则和《中华人民共和国行政处罚法》第二十八条、《行政执法机关移送涉嫌犯罪案件的规定》等相关规定，被告在对刘某山同一违法犯罪行为进行刑事立案侦查后未作出最后处理前，又对刘某山进行行政处罚，缺乏法律明确授权，程序违法。综上，依照《中华人民共和国行政诉讼法》第七十条的规定，判决撤销甲县公安局 2020 年 8 月 7 日作出的甲公（刑）决字〔2020〕0975 号《行政处罚决定书》和甲公（刑）收缴字〔2020〕28550 号《追缴物品清单》，由甲县公安局重新作出行政处理决定。

（二）二审裁判过程与结果

二审法院认为，《中华人民共和国治安管理处罚法》第十一条第一款规定：“办理治安案件所查获的毒品、淫秽物品等违禁品，赌具、赌资，吸食、注射毒品的用具以及直接用于实施违反治安管理行为的本人所有的工具，应当收缴，按照规定处理。”第七十条规定：“以营利为目的，为赌博提供条件的，或者参与赌博赌资较大的，处五日以下拘留或者五百元以下罚款；情节严重的，处十日以上十五日以下拘留，并处五百元以上三千元以下罚款。”据此，甲县公安局有权对刘某山的赌博行为进行行政处罚并收缴相关赌具、赌资等。本案刘某山对其 2020 年 5 月 26 日赌博的事实及涉案金额无异议，但认为甲县公安局未查清 2020 年 3 月 1 日至 5 月 26 日之前的每一次赌博的参与人及赌资金额，属于行政处罚事实不清。经审查，甲县公安局 2020 年 5 月 29 日对刘某山诈骗案立案侦查，在刑事侦查过程中，发现刘某山、尹某先等六人自 2020 年 3 月 1 日至 5 月 27 日期间，有多次赌博行为，遂于 2020 年 6 月 10 日对刘某山等六人赌博行政案件立案受理。甲县公安局以其在对刘某山诈骗案中收集的证据为依据，对刘某山等六人分别作出行政处罚。对刘某山作出的《行政处罚告知书》及甲公（刑）决字〔2020〕0975 号《行政处罚决定书》查明的事实均为“2020 年 5 月 26 日 20 时许，你伙同刘某山、尹某先、刘某、陈某云、赵某德在刘某明位于甲县的店里以‘开麻将’的方式进行赌博”。而所附甲公（刑）收缴字〔2020〕28550 号《追缴物品清单》所列 155400 元的违法所得为刘某山 2020 年 3 月 1 日至 5 月 26 日赌博所得，与其作出的行政处罚决定书认定的事实不一致。故一审认定甲县公安局作出的甲公（刑）决字〔2020〕0975 号《行政处罚决定书》及甲公（刑）收缴字〔2020〕28550 号《追缴物品清单》事实不清并无不当。甲县公安局关于被诉行政处罚决定认定事实部分系笔误的上诉理由不能成立。《公安机关办理行政案件程序规定》第三十三条规定：“刑事案件转为行政案件办理的，刑事案件办理过程中收集的证据材料，可以作为行政案件的证据使用。”甲县公安局在对刘某山赌博行为重新作出行政处罚时，可依法使用刑事案件办理过程中收集的证据材料。

刘某山关于一审认定甲县公安局有行政处罚的职权，认定刑事办案民警就具有治安案件办案执法权不符合公安部规定的上诉主张。《中华人民共和国治安管理处罚法》第一条规定：“为维护社会治安秩序，保障公共安全，保护公民、法人和其他组织的合法权益，规范和保障公安机关及其人民警察依法履行治安管理职责，制定本法。”涉案行政处罚案件的承办人为甲县公安局在编在岗民警，其依法具有履行治安管理的职责。故刘某山的该上诉主张不予支持。

六、类案比较

（一）案件来源

李某双诉甲市乙区林业和草原局（以下简称乙区林草局）行政处罚案①

（二）主要案情

原审查明，2019 年 3 月 19 日 16 时许，乙森林公安局接到林某农业开发有限责任公司（以下简称林某公司）电话报警称，该公司位于乙区丙镇戊村南侧苗圃着火了。经过乙森林公安局调查，李某双与其同事张某平是某工程管理局职工，3 月 19 日，其二人在巡视兴电总干渠 3 号公路桥和 22 号山洪桥之间的水渠时，采取焚烧方式清理渠底杂草，引起火灾。4 月 19 日，乙森林公安局根据《中华人民共和国刑事诉讼法》第一百零九条的规定，决定对李某双、张某平立案侦查。5 月 7 日，乙森林公安局经侦查认为不构成犯罪，依法不追究刑事责任，决定撤销此案。5 月 9 日，乙区林草局将该案立为行政案件，并向李某双、张某平进行了处罚前的告知，李某双、张某平均表示不进行陈述和申辩。乙区林草局当日作出了平林草罚决字（2019）第 1 号林业行政处罚决定书、平林草罚决字（2019）第 2 号林业行政处罚决定书，分别向李某双、张某平送达了该处罚决定。5 月 15 日，案件承办人呈报了调查终结报告书，并呈报了对李某双、张某平分别处以 2500 元罚款处罚的处理意见，呈请单位批示。乙区林草局经审查于 5 月 15 日在呈报调查终结报告书上盖章同意处理意见。现李某双请求依法撤销乙区林草局作出的平林草罚决字（2019）第 1 号林业行政处罚决定书。

（三）案件核心

刑事案件转行政案件办理中，公安机关刑事侦查收集的证据是否可以作为其他

---

① 甘肃省白银市中级人民法院（2020）甘 04 行终 10 号行政判决书。

行政机关行政处罚的证据？

（四）裁判过程与结果

本院认为，关于涉案苗圃属于《中华人民共和国森林法》调整的范畴，一审判决已阐述清楚，本院不再赘述。本案的争议焦点主要有以下两个方面：

1. 被诉行政处罚决定程序是否符合法律规定？首先，上诉人提交的证据形成了完整的证据链条，认定被上诉人李某双与同事张某平在采取焚烧方式清理渠底杂草引起火灾的事实清楚。其次，本案最初对李某双、张某平以失火案立案侦查，在进行勘查、勘验、指认、询问、鉴定后，因李某双、张某平案造成的直接损失未达到刑事案件立案追诉标准五十万元以上而将该案转为行政案件办理。《公安机关办理行政案件程序规定》第三十三条规定："刑事案件转为行政案件办理的，刑事案件办理过程中收集的证据材料，可以作为行政案件的证据使用。"故该案作为行政案件立案后，在事实清楚、证据确凿的情况下，上诉人对被上诉人李某双进行处罚前告知后，作出处罚决定并送达的事实清楚。《中华人民共和国行政处罚法》第三十八条规定："调查终结，行政机关负责人应当对调查结果进行审查，根据不同情况，分别作出如下决定：（一）确有应受行政处罚的违法行为的，根据情节轻重及具体情况，作出行政处罚决定……对情节复杂或者重大违法行为给予较重的行政处罚，行政机关的负责人应当集体讨论决定。在行政机关负责人作出决定之前，应当由从事行政处罚决定审核的人员进行审核，"《林业行政处罚程序规定》第三十一条规定："林业行政处罚案件经调查事实清楚、证据确凿的，应当填写《林业行政处罚意见书》，并连同《林业行政处罚登记表》和证据等有关材料，由林业行政执法人员送法制工作机构提出初步意见后，再交由本行政主管部门负责人审查决定。情节复杂或者重大违法行为需要给予较重行政处罚的，林业行政主管部门的负责人应当集体讨论决定。"根据上述规定，对于重大违法行为需要给予较重行政处罚的，应当经林业主管部门的负责人集体讨论决定。本案中，上诉人对被上诉人作出罚款2500元的行政处罚，明显超出《某省行政处罚听证程序暂行规定》第三条规定的较大数额罚款的范围，即对公民处以1000元以上的罚款，对法人或者其他组织处以3万元以上的罚款，属于较重行政处罚，应当经林业主管部门的负责人集体讨论决定。但在本案中，并无证据证明上诉人在作出涉诉行政处罚决定前经由行政机关负责人集体讨论决定，违反上述法律规定，属于程序违法。

2. 涉诉行政处罚决定是否已调查终结？根据《中华人民共和国行政处罚法》第三十八条的规定，只有在对事实调查终结后，才能作出行政决定。因此该条规定的调查终结，是作出行政处罚之前对事实的调查终结。而上诉人提交的2019年5月15日《呈请调查终结报告书》，该报告并不是本案被诉处罚决定之前的必经程序。《公安机关办理行政案件程序规定》（2018 修正）第十四章对案件终结进行了规定，其中第二百五十八条规定："行政案件具有下列情形之一的，应当予以结案……（三）作出行政处罚等处理决定，且已执行的……"根据上述规定，上诉人乙区林草局在向被上诉人李某双送达行政处罚决定后，当日被上诉人即委托办案民警交纳罚款，故上诉人提出《呈请调查终结报告书》是为了案件终结而出具的具有小结性质的报告，符合事实和法律规定，该上诉理由本院予以采纳。一审法院认定被诉林业行政处罚决定违反法定程序的理由不妥，应予纠正，但一审判决结果正确，应予维持。综上，依照《中华人民共和国行政诉讼法》第八十九条第一款一项之规定，判决如下：驳回上诉，维持原判。

七、理论探讨与执法指引

一般情况下，行政违法行为的社会危害性较低，刑事犯罪的社会危害性较大，决定了行政违法行为与刑事犯罪行为在构成要件和证明标准、调查取证程序方面有不同的要求。定罪量刑要求排除合理怀疑的最高证明标准，而且对证据收集有着严格的程序要求，相对而言行政违法行为要求的证明标准较低，实行优势证据规则，达到高度可能性的标准即可，而且对调查取证的程序性要求较低。行政执法过程中取得的证据只有符合一定条件才可以作为证明定罪量刑的证据。《最高人民法院关于适用〈中华人民共和国刑事诉讼法〉的解释》第七十五条第一款规定："行政机关在行政执法和查办案件过程中收集的物证、书证、视听资料、电子数据等证据材料，经法庭查证属实，且收集程序符合有关法律、行政法规规定的，可以作为定案的根据。"这意味着行政案件办理过程中已经收集的物证、书证等客观性证据由于其唯一性的特点决定了不可以再次收集，但收集客观证据必须符合法律规定的程序和条件，如果收集程序不合法将影响物证的证据效力；对于言词证据如违法行为人陈述、证人证言等证据，在案件转为刑事案件办理后必须重新收集，才能符合刑事案件定罪量刑的证据要求。执法实务中存在的问题是部分民警对收集证据的程序、条件把握不准确，现场勘验不及时，收集视听资料不及时，关键物证提取不到位导致关键证据灭失的情况时有发生，影响了案件诉讼程序的进行；还有部分民警对言词证据的转化存在认识偏差影响了案件办理。①

以审判为中心的诉讼制度改革对民警收集固定证据提出了更为严格的标准和要求。为适应以审判为中心的诉讼制度改革的要求，基层民警在办理行政案件过程中对于可能涉嫌犯罪的行政案件要从以下三方面做好证据收集工作。

---

① 李奋军：《办理行刑衔接案件要注意的三个问题》，载《派出所工作》2022 年第 2 期。

一是对于物证、书证、视听资料、电子数据等证据材料要严格依照行政案件规定的程序要求进行证据收集，如向有关单位和个人调取证据，应当经办案部门负责人批准，开具调取证据通知书，在勘验、检查、搜查过程中提取、扣押的物证、书证，制作勘验、检查、搜查笔录及扣押清单等，防止因证据来源不清，在案件转为刑事案件办理后影响证据的效力。

二是在办理轻伤害、盗窃、故意损坏公私财物等案件中，对于明显财物价值达到刑事案件立案标准或人体损伤程度达到轻伤以上的案件，直接按刑事案件办理，以减少证据转化带来的重复工作。

三是对于案件性质不明的案件，可以先按行政案件办理，根据证据情况决定案件是否进行转化，但对于关键证据必须及时依法提取，特别是对于关键证人证言要通过笔录加录音录像的方式及时固定，防止时过境迁导致证据灭失，尤其是对于视频监控资料要及时提取，防止因时间久远视频覆盖导致证据灭失。

第十三章 警察执法公开与保守警务秘密

警务公开是指公安机关依法向社会公众或者特定对象以适当方式公开其履职过程中制作或者获取的政务信息、人员信息、案件信息（执法信息）的制度。公安机关行政执法公开，是指公安机关及其工作人员在履行法定职责的执法过程中，依照法律等相关规定，向特定对象或者社会公众公开所依据的法律法规的规定，以及行政执法的程序、进度、处理结果等相关信息，还包括网上办公、办事的活动。其主要形式包括向社会公开、向特定对象公开、网上公开办事等。《公安机关执法公开规定》使得公安行政执法公开工作有法可依、有规可循，规定下发以后，全国公安机关自上而下开始进行相关培训、积极宣传直至执行，极大地促进了公安行政执法公开的进展，从制度上倒逼公安机关公开、文明、理性、严格执法，从而取得社会公众对公安工作的信任，增强公安机关工作透明度和公信力。

2013 年 1 月 1 日施行了公安部第一部全面规范公安机关执法公开工作的规范性文件《公安机关执法公开规定》（2018 修订），警务公开前行的道路日益清晰。警务公开还被列为司法体制改革的重大事项之一：党的十八届四中全会将警务公开写入报告并提出更为具体的要求。[①] 国务院办公厅于 2017 年发布的《推行行政执法公示制度执法全过程记录制度重大执法决定法制审核制度试点工作方案》，对行政执法的源头、过程、结果等关键环节作出了具体部署，方案明确要求通过多种记录方式（如文字、音像等）对行政执法行为进行记录并归档，实现全过程留痕和可回溯管理。

《中华人民共和国政府信息公开条例》第三十六条规定，对政府信息公开申请，行政机关根据下列情况分别作出答复：(1) 所申请公开信息已经主动公开的，告知申请人获取该政府信息的方式、途径……第三十八条规定，行政机关向申请人提供的信息，应当是已制作或者获取的政府信息。除依照本条例第三十七条的规定能够作区分处理的外，需要行政机关对现有政府信息进行加工、分析的，行政机关可以

---

① 《中共中央关于全面推进依法治国若干重大问题的决定》。

不予提供。

《公安机关执法公开规定》第五条规定，对涉及公共利益、公众普遍关注、需要社会知晓的执法信息，应当主动向社会公开；对不宜向社会公开，但涉及特定对象权利义务、需要特定对象知悉的执法信息，应当主动向特定对象告知或者提供查询服务。

第一节　执法视频录像具有不同的功能依法可不予公开

一、基础知识

加强警务公开，增强公安执法工作的透明度，以公开促公平，强化和完善执法过程监督是实现公正执法的保障。另外，科学技术的不断发展进步并逐步在社会上各领域应用，为公安科技强警提供了强大的支撑。执法记录仪等的应运而生，从需求变为现实，成为执法的“利器”，这是科技成果转化为战斗力的范例，也是科技强警的显著标志，是公安机关贯彻落实《中共中央关于全面推进依法治国若干重大问题的决定》提出的关于建立执法全过程记录制度的要求的重大举措。此外，修订后的刑事诉讼法对依法收集、固定证据也提出了更高要求。在执法中使用执法记录仪以及视频录音录像等是公安机关积极适应经济社会发展要求、主动顺应人民群众期待、回答基层关注问题的重大举措，有着现实的和长远的意义。公安机关根据执法规范化建设的部署要求，紧紧围绕规范权力运行这一核心，进一步构建高效严密的执法管理和责任体系，从源头上预防和减少执法问题的产生，要求充分利用现场执法记录设备等手段，实现对执法活动的全程记载，确保所有执法活动都有据可查、所有执法活动都可回溯式管理，强化对执法活动的监督约束，从源头上预防和减少执法问题的产生。[①]

《公安机关人民警察内务条令》第一百六十七条规定，公安机关办公区、办案区应当建设必要的安全技术防范系统，主要出入口、窗口单位服务区应当配备安检和视频监控设备，办案区应当配备同步录音录像设备，并保证设备完好、正常使用。办案区的声像监控资料应当保存不少于九十日，其他区域的声像监控资料应当保存不少于三十日。

《国务院办公厅关于做好政府信息依申请公开工作的意见》之二规定，行政机

① 赖诗文：《执法视音频记录仪实战应用效能提升探究》，载《公安研究》2019 年第 4 期。

关向申请人提供的政府信息，应当是正式、准确、完整的，申请人可以在生产、生活和科研中正式使用，也可以在诉讼或行政程序中作为书证使用。

《最高人民法院关于适用〈中华人民共和国行政诉讼法〉的解释》第一百二十八条第一款规定，行政诉讼法第三条第三款规定的行政机关负责人，包括行政机关的正职、副职负责人以及其他参与分管的负责人。

二、案件来源

王某忠诉甲县公安局政府信息公开案①

三、主要案情

上诉人王某忠因与被上诉人甲县公安局政府信息公开一案，不服甲县人民法院（2019）辽0624行初66号行政判决，向本院提起上诉。本院依法组成合议庭，公开开庭审理了本案。上诉人王某忠、被上诉人甲县公安局的委托代理人刘某到庭参加诉讼，本案现已审理终结。

2018年3月11日，原告王某忠以邮政快递方式申请被告甲县公安局公开其在2016年12月6日16时至7日20时，被告的巡特警大队羁押原告王某忠的视频录像资料。被告甲县公安局于2018年3月13日签收后，未给予答复。原告不服，诉至该院。2018年8月29日，该院作出（2018）辽0624行初32号行政判决，判决被告履行信息公开答复职责。被告于2018年9月20日作出《政府信息不予公开告知书》，告知原告申请的内容不属于《公安机关执法公开规定》所应当公开的内容，根据《中华人民共和国政府信息公开条例》第十四条的规定，对王某忠申请获取的信息不予公开。原告王某忠不服上述被诉行政行为，以被告应公开申请内容，且该行政行为未告知其诉讼权利及适用法律错误为由，向本院提起行政诉讼。请求：（1）撤销被告于2018年9月20日作出的《政府信息不予公开告知书》；（2）责令被告履行法定职责向原告王某忠公开申请的信息内容。

四、案件核心

巡特警大队羁押原告王某忠的视频录像资料是否属于警务秘密，是否应当公开？

---

① 辽宁省丹东市中级人民法院（2020）辽06行终80号行政判决书。

五、裁判过程与结果

原审法院认为，根据公通字（2018）26号《公安机关执法公开规定》第二十一条规定，公安机关办理刑事、行政、行政复议、国家赔偿等案件，或者开展行政管理活动，法律、法规、规章和其他规范性文件规定向特定对象告知执法信息的，应当依照有关规定执行。该法第二条第二款规定，公民、法人或者其他组织申请获取执法信息的，公安机关应当按照《中华人民共和国政府信息公开条例》的规定办理。本条例所称政府信息，是指行政机关在履行行政管理职能过程中制作或者获取的，以一定形式记录、保存的信息。按照上述规定，本案中，原告王某忠系被告甲县公安局在办理行政案件过程中，对原告进行行政处罚的对象，应当属于向其公开信息的特定对象，原告符合申请信息公开的主体资格。根据修改后的《中华人民共和国政府信息公开条例》第四十条“行政机关依申请公开政府信息，应当根据申请人的要求及行政机关保存政府信息的实际情况，确定提供政府信息的具体形式”之规定，被告应当向原告王某忠公开其在行政案件中所实际保存下来的材料，而被告作出的《政府信息不予公开告知书》答复称，原告申请的内容不属于《公安机关执法公开规定》所列应当公开的内容，该答复内容违反上述法规规定，故应予撤销。关于原告提出责令被告公开其申请信息内容之诉求，根据《最高人民法院关于审理政府信息公开行政案件若干问题的规定》第五条第五款规定：“被告主张政府信息不存在，原告能够提供该政府信息系由被告制作或者保存的相关线索的，可以申请人民法院调取证据”，该院依原告的书面申请依法向被告调取原告申请公开的内容，但因被告保存音视频存储功能受限，导致原始录音录像未保存，现无法查找及无法恢复。综上，原告请求公开信息的内容不存在，其诉讼请求没有事实依据，该院不予支持。依照《中华人民共和国行政诉讼法》第七十条第二项、《最高人民法院关于审理政府信息公开行政案件若干问题的规定》第十二条第一项之规定，判决：

一、撤销被告甲县公安局于2018年9月20日作出的（2018）第01号《政府信息不予公开告知书》；

二、驳回原告的其他诉讼请求。案件受理费50元，由被告甲县公安局负担。

上诉人王某忠上诉称，请求：（1）判令被上诉人履行法定职责，按照申请人申请的信息内容公开政府信息或判令其采取补救措施；（2）判令被上诉人没有原审需要调取的音视频证据，其作出的《行政处罚决定》的行为违法；（3）上诉费由被上诉人承担。

事实与理由：

1. 原审未调取证据理由不成立，没有法律依据。（1）原审上诉人向法院提交了《调取证据申请书》，申请调取两项证据：①调取2016年12月6日16时至7日8时申请人在甲县公安局巡特警大队被非法限制人身自由时间段的录音录像视频资料；②调取2016年12月6日甲县公安局对申请人执法的执法记录仪的录音录像视频资料。原审以被告主张政府信息不存在，让原告提取线索为由未调取，该理由不成立，上诉人在调取证据申请书中已经提供了足够的线索，且该证据是法定必须保存的证据，原审还让上诉人提供线索，违背了行政诉讼举证责任的规定，增加了上诉人的举证义务，减损了上诉人的合法权益。被上诉人拒不向法院提供上诉人申请调取的证据，涉嫌隐匿、毁灭证据。（2）根据《最高人民法院关于行政诉讼证据若干问题的规定》第六十九条规定，原告确有证据证明被告持有的证据对原告有利，被告无正当事由拒不提供的，可以推定原告的主张成立。上诉人申请法院调取“2016年12月6日甲县公安局对申请人执法的执法记录仪的录音录像视频资料”的证据，是因为该证据是被上诉人对上诉人作出“行政处罚决定”的法定证据，法定证据是必须存档保存的，也是事实存在的证据，上诉人在原审庭审中主张，被上诉人没有该证据，对上诉人作出《行政处罚决定》就是非法的，由此可见，被上诉人没有该证据，可以推定上诉人的主张成立。

2. 原审认定事实错误。涉案政府信息是被上诉人对上诉人采取强制措施，并实施了拘留上诉人15日的行政处罚，被上诉人作出行政处罚决定，应当遵守法定程序，依法应当保存涉案的办案区录音录像信息、执法记录仪的录音录像视频资料，本案被诉《政府信息不予公开告知书》与判决认定“未保存政府信息”完全是两个不同的法律概念，被上诉人不能自圆其说，前后自相矛盾，无论是“不予公开”还是“未保存”都是严重的违法行为，判决未对“未保存”是否合法作出评判，违背了行政诉讼“以事实为根据，以法律为准绳，对行政行为的合法性审查”的基本原则，显然是混淆事实，认定事实错误，违反法律规定。

3. 原审适用法律错误，驳回第二项责令公开的诉讼请求，未判决责令被上诉人采取相应的补救措施，系判决缺项。根据《中华人民共和国行政诉讼法》第七十条中的规定，人民法院判决撤销，并可以判决被告重新作出行政行为。本案原审确认被上诉人依法应当制作、保存涉案信息，“不予公开”于法无据，判决撤销了被诉不予公开告知书。被诉行政行为是无效的，无效的行政行为依法应当判决采取补救措施，根据《中华人民共和国行政诉讼法》第七十六条的规定，人民法院判决确认违法或者无效的，可以同时判决责令被告采取补救措施。由此可见，原审不支持上诉人主张“责令公开”的诉讼请求，却未判决责令被上诉人采取相应的补救措施，显然是判决缺项，未达到化解行政争议的最终结果，违背了行政诉讼法的立法宗旨，系适用法律错误。

对上诉状的事实与理由补充三点：

1. 被诉政府信息，是被上诉人对上诉人作出拘留 15 日的行政处罚的政府信息，拘留 15 日的行政处罚是行政处罚中最重的处罚，上诉人认为自身没有违法，且认为被上诉人滥用职权、非法劫持上诉人，打击报复、非法拘禁上诉人。故为了解事实真相，向被上诉人申请政府信息公开，被上诉人第一次行政不作为未作出答复，上诉人将其诉至法院，法院判决限期作出答复，被上诉人又一次行政不作为、滥作为作出（2018）第 01 号《政府信息不予公开告知书》，上诉人再次提起诉讼，增加了上诉人的诉累，在诉讼过程中，因案涉政府信息是由被上诉人保存并控制的，被上诉人不予公开，上诉人不能自行调取，故依据《中华人民共和国行政诉讼法》第四十一条第三项规定，在举证期限内依法向一审法院递交了《调取证据申请书》。申请调取两个证据：第一，申请调取 2016 年 12 月 6 日 16 时至 7 日 8 时申请人在甲县公安局巡特警大队被非法限制人身自由时间段的办案区录音录像视频资料；第二，2016 年 12 月 6 日甲县公安局对申请人执法的执法记录仪的录音录像视频资料。

2. 被上诉人在答辩状中及一审庭审中已经明确自认，没有被诉政府信息以及一审申请调取的证据，根据《最高人民法院关于民事诉讼证据的若干规定》第三条第一款的规定，在诉讼过程中，一方当事人陈述的于己不利的事实，或者对于己不利的事实明确表示承认的，另一方当事人无需举证证明。第二款规定，在证据交换、询问、调查过程中，或者在起诉状、答辩状、代理词等书面材料中，当事人明确承认于己不利的事实的，适用前款规定。因此，上诉人在一审庭审中已经明确主张，被上诉人没有被诉政府信息以及一审申请调取的证据，请求法院依法判决其对上诉人拘留 15 日的处罚违法，而一审判决撤销被诉告知书，却未判决采取补救措施，也未判决被上诉人对上诉人作出拘留 15 日的处罚违法，系判决缺项。

3. 原审未做到全面审查。原审未对被诉不予公开告知书的第一项："对原告申请公开的，×××（治）行罚决字〔2016〕870 号案件的被侵害人和被侵害的后果"的答复，是否合法进行审查，判决书中未作出评判，显然是未依法做到对行政行为进行全面审查职责。

综上，请求二审法院判决被上诉人没有被诉政府信息以及没有原审需要调取的证据，其对上诉人作出拘留 15 日的行政处罚的行政行为违法。

被上诉人甲县公安局辩称，原审判决认定错误。第一，上诉人申请的公开信息虽属于政府信息，但不属于《中华人民共和国政府信息公开条例》第二章规定的公开范围。第二，上诉人为其所涉行政案件的违法嫌疑人，不符合《公安机关执法公开规定》第三章第十六条规定的向特定对象公开的主体资格。第三，上诉人虽是被处罚的对象，但因其所申请的内容涉及公安警务秘密，以及第三人的个人隐私等，不宜公开。第四，上诉人所申请的视频资料现已不存在，客观上无法公开。综上，请法院依法撤销一审判决，维持被上诉人所作决定，驳回上诉人的诉讼请求。关于上诉人提到的涉及原行政处罚的相关内容不属于本诉的审查范围，希望法庭不予审查，请人民法院依法作出判决。

被上诉人甲县公安局未向原审法院递交相关证据材料。向原审法院提供作出行政行为的法律依据：修改前的《中华人民共和国政府信息公开条例》第二章、第三章第二十一条第二项；《公安机关执法公开规定》第十六条第一款第三项，证明被告作出被诉行政行为具有职权依据，适用法律、法规正确。上诉人王某忠向原审法院提交的证据材料有：（1）公安局政府信息公开申请表，证明：①原告向被告申请公开信息的内容；②原告申请的公开政府信息的理由；③该信息属于被告在履行行政管理职能过程中制作并保存的政府信息，被告具有公开的法定职责。（2）政府信息不予公开告知书，证明：①该告知书程序违法；②该告知书中未援引具体法律条款；③该告知书援引《中华人民共和国政府信息公开条例》第十四条的规定，不予公开的理由不能成立；④被告两次行政不作为违法。经上诉人向原审法院提交调取公开信息内容的书面申请，原审法院依法调取材料（情况说明）一份，该说明载明：原告申请的2016年12月6日16时至7日8时在被告所属单位内录音录像视频资料，因时间长达两年九个月，办案区建设初期的硬盘录像机存储音视频功能仅为一个月。2017年5月，被告对各办案区进行升级改造，增大硬盘录像机的存储功能，延长存储期限为三个月，无论改造前或改造后，该硬盘录像机存储音视频达到满负荷后便自动擦写和循环覆盖模式，导致原始录音录像无法保存，无法查找、无法恢复。

上述证据均已随卷移送本院。

经审查，原审法院认证正确，本院根据本案的有效证据认定的事实与原审一致。

庭审辩论中，各方当事人围绕本案的争议焦点：上诉人请求被上诉人公开政府信息有无事实和法律依据进行了辩论。各方当事人的辩论观点与其上诉和答辩观点一致。

二审法院认为，涉案《政府信息不予公开告知书》系被上诉人于2018年9月20日作出，故应适用《中华人民共和国政府信息公开条例》（2019年修订前）的相关规定。第二十一条规定，对申请公开的政府信息，行政机关根据下列情况分别作出答复：（1）属于公开范围的，应当告知申请人获取该政府信息的方式和途径；（2）属于不予公开范围的，应当告知申请人并说明理由……本案中，被上诉人认为上诉人申请公开的信息不属于政府信息公开范围，应当适用《中华人民共和国政府信息公开条例》第二十一条规定，而被上诉人依据该条例第十四条作出涉案《政府信息不予公开告知书》系适用法律错误。根据《中华人民共和国行政诉讼法》第七十条第二项之规定，依法应予撤销。原审法院判决撤销《政府信息不予公开告知书》结果正确，但理由错误，应予纠正。

关于上诉人责令被上诉人履行法定职责，按照上诉人申请的信息内容公开政府信息的请求，根据《国务院办公厅关于做好政府信息依申请公开工作的意见》第二条第二款规定，行政机关向申请人提供的政府信息，应当是正式、准确、完整的，申请人可以在生产、生活和科研中正式使用，也可以在诉讼或行政程序中作为书证使用。因此，行政机关在日常工作中制作或者获取的内部管理信息以及处于讨论、研究或者审查中的过程性信息，一般不属于条例所指应公开的政府信息。公安机关在执法办案期间所摄录的录音、录像资料的内容具有不同的功能，一是公安机关为规范民警执法而采取的内部监督管理行为，此时所形成的信息是内部监督管理信息；二是作为证明其依法履行职责，或办理治安行政案件、刑事案件的证据使用。本案中，公安机关录音、录像资料所记录的内容，被上诉人甲县公安局并未作为其作出治安行政处罚的证据使用，故该录音、录像资料应认定为其内部监督、管理信息，依法不予公开。上诉人申请公开的信息不属于政府信息公开的范围，原审法院驳回上诉人其他诉讼请求的结果正确，但理由错误，应予纠正。

关于上诉人上诉请求第一项中的采取补救措施及第二项请求，因超出一审诉讼请求，不属于二审审查范围。

综上，上诉人王某忠的上诉请求不能成立，本院不予支持。原审法院判决理由不正确，但判决结果正确，应予维持。依照《中华人民共和国行政诉讼法》第八十九条第一款第一项的规定，判决如下：驳回上诉，维持原判。

六、理论探讨与执法指引

因信息收集主体、程序、目的的特殊性使其具有一定的公共性，执法记录信息理应成为政府信息的组成部分。但执法记录信息公开存在诸多制约因素，从规范层面来看，规范的模糊性给实务造成一定的困扰；从技术层面来看，技术专业能力不足导致信息不存在或检索难；从公安工作层面来看，公开受主体意识和警务成本的双重限制。执法记录信息公开中出现了公安机关与公民间地位上的“失衡”，具体表现在公安机关自由裁量权较大而公民缺乏有效接触信息的途径。如此，便不利于规范行政权力的运行。公安机关应在“利益平衡”的指导下对其是否公开做出衡量。适时合理地公开执法记录仪信息，充分发挥执法记录信息的价值是落实执法全过程记录制度的题中应有之义。首先，应明确执法记录信息公开地位，将其纳入警务公开、政府信息公开范畴进行考量；其次，执法记录信息的特点决定了需对信息进行科学划分，应将其划分为主动公开的信息、依职权公开的信息、不予公开的信息，以增强实践的可操作性；再次，要健全执法记录信息公开中物质、人员、平台的保障，规范执法记录的使用与信息管理，以确保信息质量；最后，要完善执法记录信息公开的监督救济机制，推动执法记录信息公开工作在法治的轨道上运行。①

科学地划分信息范围是执法记录信息公开的核心关键。对于法定应主动公开、依申请公开的事项应依法公开，对于涉及国家秘密、警务工作秘密、个人隐私的案件以及正在调查中的案件等应不予公开。执法记录信息公开不可能一蹴而就，要坚持渐进原则，逐步有序地推动信息公开的发展。坚持执法记录信息适度公开，实质是为了更好地规范和控制行政权，保障公民的合法权益。

第二节 接处警记录依法应向当事人公开

一、基础知识

《中华人民共和国政府信息公开条例》第十六条第一款规定，行政机关的内部事务信息，包括人事管理、后勤管理、内部工作流程等方面的信息，可以不予公开。

《公安机关执法公开规定》第九条第一款规定，公安机关应当主动向社会公开下列信息：(1) 公安机关的职责权限，人民警察的权利义务、纪律要求和职业道德规范；(2) 涉及公民、法人和其他组织权利义务的规范性文件；(3) 刑事、行政、行政复议、国家赔偿等案件的受理范围、受理部门及其联系方式、申请条件及要求、办理程序及期限和对外法律文书式样，以及当事人的权利义务和监督救济渠道；(4) 行政管理相对人的权利义务和监督救济渠道；(5) 与执法相关的便民服务措施；(6) 举报投诉的方式和途径；(7) 承担对外执法任务的内设机构和派出机构的名称及其职责权限；(8) 窗口单位的办公地址、工作时间、联系方式以及民警姓名、警号；(9) 固定式交通技术监控设备的设置信息；(10) 采取限制交通措施、交通管制和现场管制的方式、区域、起止时间等信息；(11) 法律、法规、规章和其他规范性文件规定应当向社会公开的其他执法信息。第二十二条第一款规

① 危雪婷：《公安执法记录仪信息公开问题研究》，中国人民公安大学 2021 年硕士学位论文。

定，向特定对象告知执法信息外，公安机关应当通过提供查询的方式，向报案或者控告的被害人、被侵害人或者其监护人、家属公开下列执法信息：（1）办案单位名称、地址和联系方式；（2）刑事立案、移送审查起诉、终止侦查、撤销案件等情况，对犯罪嫌疑人采取刑事强制措施的种类；（3）行政案件受案、办理结果。

二、案件来源

施某喜诉甲市公安局乙路分局政府信息公开案①

三、主要案情

上诉人甲市公安局乙路分局因政府信息公开一案，不服甲市丙区人民法院（2018）豫0102行初221号行政判决，向本院提起上诉。本院依法组成合议庭，对本案进行了审理，现已审理终结。

原审审理查明：2018年8月25日，原告用挂号信XA5123863××××向被告邮寄了信息公开申请，要求公开2018年5月25日原告用手机报警110求助的处警记录登记表。2018年8月30日，被告作出政府信息公开保密审查表同意向原告公开。被告向原告作出信息公开告知书，称2018年5月25日15时56分接市局110指令，乙路分局门口一男子求助，出警民警刘某波、王某强，报警人要求去分局执法执纪监督室反映问题。原告不服，来院起诉。

四、案件核心

接处警记录是否属于公安机关内部信息，是否应当向当事人公开？

五、裁判过程与结果

（一）一审裁判过程与结果

原审法院认为，《中华人民共和国政府信息公开条例》（2019年修订前）第二十一条规定，对申请公开的政府信息，行政机关根据下列情况分别作出答复：（1）属于公开范围的，应当告知申请人获取该政府信息的方式和途径；（2）属于不予公开范围的，应当告知申请人并说明理由；（3）依法不属于本行政机关公开或者该政府信息不存在的，应当告知申请人，对能够确定该政府信息的公开机关的，应当告知申请人该行政机关的名称、联系方式；（4）申请内容不明确的，应当告知申请人作出更改、补充。本案中，原告要求公开的信息为处警记录登记表，被告作

① 河南省郑州市中级人民法院（2019）豫01行终218号行政判决书。

出的政府信息公开保密审查表同意向原告公开，且在庭审中被告称该处警记录登记表在被告的网络平台中。被告保存有原告所申请信息，但向原告公开的并不是所申请信息，被告行为违法。依照《中华人民共和国行政诉讼法》第七十四条第二款第一项之规定，判决确认被告甲市公安局乙路分局未向原告施某喜公开所申请的处警记录登记表的行为违法。

（二）二审裁判过程与结果

上诉人甲市公安局乙路分局上诉称：

1. 一审法院事实认定错误，上诉人已依法履行信息申请公开职责。被上诉人申请公开其 2018 年 5 月 25 日下午用手机报警 110 求助的处警记录，上诉人已于 2018 年 8 月 30 日作出《甲市公安局乙路分局依申请政府信息公开告知书》（以下简称《告知书》），通过邮寄给被上诉人予以告知公开。首先，该《告知书》里有被上诉人的姓名、身份证号、地址等身份信息，申请时间为 2018 年 8 月 25 日，与被上诉人申请表信息一致。其次，《告知书》中描述被上诉人所需公开信息为“要求公开 2018 年 5 月 25 日下午用手机报警 110 求助的受案回执、处警记录”。而上诉人对被上诉人公开内容为“依据《政府信息公开条例规定》的规定，经落实：2018 年 5 月 25 日 15 时 56 分接市局 110 指令，乙路分局门口一男子求助，出警民警刘某波、王某强，根据报警人需求引导至分局执法执纪监督室，报警内容不构成案件，故无受案回执”。可见，上诉人不仅向被上诉人公开了其申请的内容，还告知了其处理过程和结果。最后，《告知书》中所有信息均是上诉人根据被上诉人 2018 年 5 月 25 日下午用手机报警求助的接处警记录登记的内容制作，信息来源于接处警记录登记内容且一致。综上，上诉人已对被上诉人公开了其申请的信息，依法履行了职责。

2. 实质上，上诉人以《告知书》对被上诉人申请的信息予以回复公开，完全达到了被上诉人获知信息的目的，且没有对被上诉人合法权利造成任何损害。上诉人接到被上诉人申请后，依法进行保密审查后同意向被上诉人公开，随后将接处警记录信息及时地公开给被上诉人，《告知书》完全达到了被上诉人申请目的，实现和维护了被上诉人依法享有的申请信息公开权利，且没有对被上诉人其他合法权利造成任何损害。

3. 根据法律规定，本案不属于行政诉讼的受案范围，一审法院受理后应裁定驳回被上诉人的起诉，而不应作出判决。上诉人处置该警情的相关记录及处理结果，显然属于上诉人执法的过程性信息和内部管理信息，不属于《中华人民共和国政府信息公开条例》所指的政府信息，故本案不应属于行政诉讼的受案范围。被上诉人申请公开自己已经知悉的信息行为，并不符合条例的立法宗旨，被上诉人不具有需要保护的合法利益，本案亦不属于行政诉讼的受案范围。本案被上诉人作为报警人，对自己于2018年5月25日下午用手机报警时间、原因、被接警情况、处警经过、处警结果等均已清楚知晓的情况下，申请公开其已经知悉的信息的行为不符合条例的立法宗旨。被上诉人提起本案诉讼，缺乏通过行政诉讼可供保护的合法利益。

综上，本案不属于行政诉讼的受案范围，一审法院对此却作出了（2018）豫0102行初221号行政判决显然是错误的。

请求：①撤销甲市丙区人民法院（2018）豫0102行初221号行政判决书；②将本案发回重审或依法改判即确认上诉人已依法履行向被上诉人公开其所申请的处警记录登记表的职责；③案件受理费由被上诉人承担。

被上诉人施某喜答辩称：一审审理事实清楚，程序合法，判决客观公正。

本院经审理查明的事实与一审一致。

二审法院认为，本案中被上诉人施某喜要求上诉人公开报警处警记录登记表，但是上诉人没有在法定的期限内予以答复，因此上诉人的行为违法。一审判决正确，应予维持。上诉人的上诉请求不能成立，本院不予支持。依照《中华人民共和国行政诉讼法》第八十九条第一款第一项的规定，判决如下：驳回上诉，维持原判。上诉费50元，由上诉人甲市公安局乙路分局负担。本判决为终审判决。

（三）再审裁定过程与结果

某省高级人民法院认为，本案属于行政诉讼的受案范围，内部管理信息是行政机关对其内部各部门、人员及下属单位管理行为中的信息，本案甲市公安局乙路分局接处警后形成的接处警记录不属于其内部信息，而是接到行政相对人施某喜的报警后，对施某喜的报警履行法定职责的行为，属于《中华人民共和国政府信息公开条例》第二条规定的政府信息。甲市公安局乙路分局在收到施某喜要求公开报警处警记录登记表的申请后，未依法在法定期限内公开报警处警记录登记表，该行为应被确认违法。

六、理论探讨与执法指引

接处警政府信息公开中的客体难以准确界定，应该分别从下列三个方面进行反思。①

首先，接处警信息不应该完全被视为过程性信息。过程性信息不公开的正当性在于坦诚性、影响社会稳定、影响公平权益。但是报警记录、报警录音本来就属于

① 刘亚伟：《110接处警中的政府信息公开研究》，东南大学2018年硕士学位论文。

报警人本人的信息，向当事人送达受案、立案回执，告知处警结果并不会妨碍案件调查，不存在上述过程性信息不公开的理由。对于我国有关案例中出现的110接处警中政府信息公开问题，原则上应当予以公开，公安机关不能“一刀切”地以“过程性信息”作为抗辩理由。接处警信息若涉及第三人的利益和公共利益应当具体考量是否予以公开，具体以利益主体、利益影响力等方面加以判断，取得信息公开利益损害之间的平衡。

其次，接处警信息被视为内部管理信息不予公开主要涉及接处警录音录像资料，受案回执单等，实践中110接处警的信息不应“一刀切”地以内部信息作为抗辩理由。对于110接处警中的信息是否以内部信息作为不公开的理由需要构建判断标准进行考量，具体的考量思路是进行分类讨论，即涉及110接处警纯粹内部性信息当然不予公开，出警人员的姓名和职务应当予以公开，内部业务类文件通常直接关系到公众利益，行政机关可能根据该类文件做出影响公民个人甚至不利于公众的决定，若公众对此不知情，显然违背了法律公开的原则，故应当公开。另外要认定公民申请的110接处警信息与公共利益无关，进行利益的考量，最终确定110接处警中的信息是否公开。

最后，接处警信息公开的判断标准需要在行政执法权和刑事司法权之间进行考量，它既不是单纯刑事标准，也不是与刑事标准对立的行政标准。构建110接处警的判断标准时需要考虑案件涉及的不同因素，选择最恰当的时间点，在个案中逐个确定，实现不同价值之间的平衡。为避免被申请人滥用的情形，行政机关根据具体情形就公开执法信息可能出现的不利与要保护的公开利益之间进行平衡是一种更好的选择。针对110接处警中涉及刑事司法职能的信息，公安机关立案前涉及刑事司法职能的接处警信息不是全盘的公开，应当将下列信息排除在110接处警政府信息公开的范围之外：(1) 公开后会影响公安执法程序的接处警信息；(2) 公开后可能泄露国家秘密、商业秘密和个人隐私的接处警信息；(3) 法律、法规规定的其他可以不予公开的接处警信息。

第十四章　妨碍警察执法行为

妨碍警察执法行为，是指公安机关人民警察依法执行职务时，相对人为了阻碍警务活动的顺利进行所采取的妨碍行为。对于妨碍警察执法行为的认定和处罚，《中华人民共和国治安管理处罚法》第五十条第一款第二项规定，阻碍国家机关工作人员依法执行职务的，处警告或者二百元以下罚款；情节严重的，处五日以上十日以下拘留，可以并处五百元以下罚款，即“阻碍执行职务行为”；《中华人民共和国刑法》第二百七十七条第一款规定：“以暴力、威胁方法阻碍国家机关工作人员依法执行职务的，处三年以下有期徒刑、拘役、管制或者罚金”，即“妨害公务罪”，又称“阻碍执行公务罪”。前者是一般的违法行为，后者是刑事犯罪行为，相对人均需要承担特定的法律后果。

此后，2021 年 3 月 1 日实施的《中华人民共和国刑法修正案（十一）》（以下简称《刑法修正案（十一）》）第三十一条规定，将刑法第二百七十七条第五款修改为：“暴力袭击正在依法执行职务的人民警察的，处三年以下有期徒刑、拘役或者管制；使用枪支、管制刀具，或者以驾驶机动车撞击等手段，严重危及其人身安全的，处三年以上五年以下有期徒刑。”根据 2021 年 3 月 1 日施行的《最高人民法院、最高人民检察院关于执行〈中华人民共和国刑法〉确定罪名的补充规定（七）》的规定，该条确立的罪名为袭警罪。

第一节　民事纠纷当事人以拉扯、推搡等方式阻碍警察执行公务的认定标准

一、基础知识

自 2015 年《中华人民共和国刑法修正案（九）》增加了妨害公务罪的从重处罚后，司法机关加大了对阻碍警察执法行为的惩治，追究行为人刑事责任的数量有了明显提高。在警察执法实践中还存在大量未进入刑事审判领域的阻碍执法行为。

有学者在对河南某县级公安局调研中发现，在接处警民警中，2019年平均每人遇到阻碍执法行为24起，但是无一起以妨害公务罪进入刑事诉讼环节。其中以推搡、拉扯等方式阻碍警察执法的占75%，以言语、躺卧等软暴力方式阻碍执法的占25%。这也给警察执法带来不利影响。这与海恩法则的理论推理得到的结论基本一致，即在每一起严重阻碍民警执行职务案件背后，有更多的民警在执法中遭遇谩骂、侮辱、推搡等行为。这些行为不仅对公安民警人身安全和个人声誉造成严重侵害，也极大地损害了国家法律尊严和公安机关执法权威，还严重干扰了公安民警依法履行打击犯罪、保护人民的职责使命。①

《城市人民警察巡逻规定》第九条规定，机关、团体和企业、事业单位以及公民应当支持巡逻警察的执勤，服从巡逻警察的管理，不得阻碍其依法执行职务。

《中华人民共和国刑法》第二百七十七条第一款规定，以暴力、威胁方法阻碍国家机关工作人员依法执行职务的，处三年以下有期徒刑、拘役、管制或者罚金。第四款规定，故意阻碍国家安全机关、公安机关依法执行国家安全工作任务，未使用暴力、威胁方法，造成严重后果的，依照第一款的规定处罚。

《最高人民法院、最高人民检察院、公安部、国家安全部、司法部关于适用认罪认罚从宽制度的指导意见》规定，被告人认罪认罚，但没有退赃退赔、赔偿损失，未能与被害方达成调解或者和解协议的，从宽时应当予以酌减。

二、案件来源

何某华、何某炎妨害公务案②

三、主要案情

2018年2月7日，乙市丙区丁镇某街某住宅小区住户李某向该小区保安古某反映B1栋楼口放置有床垫等物品，要求转告物主收拾放置好。2月8日中午，住在该小区B2栋住户被告人何某炎发现放置在B1栋楼口的床垫被人翻下便怀疑是李某所为，遂到B1栋住户李某家要求李某整理好床垫。2月9日8时左右，被告人何某炎发现其放置在B1栋楼口的床垫还没有整理好便心生怨气，拿防盗锁将李某停放在小区内的粤M×××××号小汽车左前轮锁住。当天，李某无法驾车按时上班便向当班保安了解情况后得知是B2栋姓何住户锁的，然后向该小区业委会反映投诉要求

① 王敏：《阻碍警察执行职务行为实证分析及应对策略》，载《河南警察学院学报》2020年第4期。

② 广东省梅州市中级人民法院（2019）粤14刑终77号刑事判决书。

解决，业委会成员告知无法解决后，便打电话给被告人何某华诉说小汽车被其父锁住，影响其使用车辆，但是对方说“一定要赔偿”，没说解开锁头的事，于是挂断电话后便打“110”报警。被告人何某华获知此事后驾驶粤M×××××号小汽车从兴宁市赶往住家住宅小区。

乙市公安局丙区分局丁派出所接“110”指令后，民警黄某带领辅警张某、丘某（均穿制服）于当天9时左右赶往某住宅小区处置。在该小区门口由报警人李某领民警进入小区，此时，驾车正准备离开小区的被告人何某华看见李某带着穿着制服的民警过来，便停车对李某说“我会叫我父亲开锁，但你要将床垫恢复原样”。民警获知是被告人何某炎的儿子便上前站在被告人何某华的车前面并拍车引擎盖，要求其下车协助了解锁车纠纷事宜，被告人何某华则坐在车内对民警声称锁车轮的人是其父亲，不关他的事，在民警拍车窗再三要求其下车协助调查时，被告人何某华说：“不关我的事，我就要开车离开”，说完还驾车向前滑动碰到站在车前面的民警黄某膝盖部，此时，民警再次规劝被告人何某华下车协助调查后其才下车，但其仍对民警大声说：“又不关我的事，你走开点”，说完上前挺着胸情绪激动。民警欲将对大声辱骂的被告人何某华带回派出所接受调查时被推搡，遭到抵抗和拳殴。在制服被告人何某华的过程中，被告人何某炎从外面回到小区看见身穿制服的民警正制服在反抗的被告人何某华时便上前冲进现场阻挠民警，在民警多次劝阻下仍不离开现场，继续拉扯推搡，撕掉辅警丘某衣领丢在地上，并用拳头殴打辅警张某脸部。不久，增援民警合力将被告人何某华、何某炎带回丁派出所调查处理。

破案后，经法医鉴定，伤者黄某左上眼睑血肿，造成面部软组织挫伤；伤者丘某额部、下唇挫伤，造成面部软组织挫伤、口唇黏膜破损；伤者张某左面部挫擦伤、左颧部肿胀，造成面部软组织挫伤。均评定为轻微伤。

伤者何某华左手中指、无名指及右手中指关节背表皮剥脱，已形成痂皮，未见特殊损伤，损伤程度未达轻微伤；何某炎全身体表未见损伤。

四、案件核心

妨碍公务罪如何认定？

五、裁判过程与结果

（一）一审裁判过程与结果

原判认为，被告人何某华、何某炎以暴力方法阻碍国家机关工作人员依法执行职务的行为均已构成妨害公务罪，应依法分别惩处。鉴于本案是警察处理民事纠纷引发的妨害公务案，对两名被告人量刑时应综合考虑，根据两名被告人的犯罪事实、性质、情节和对社会的危害程度，依照《中华人民共和国刑法》第二百七十七条第一款和第五款、第二十五条第一款、第三十七条之规定，判决如下：

一、被告人何某炎犯妨害公务罪，判处有期徒刑七个月。

二、被告人何某华犯妨害公务罪，免予刑事处罚。

（二）二审裁判过程与结果

上诉人何某华及其辩护人提出，原判认定上诉人何某华构成妨害公务罪的事实依据不足，适用法律不当。丁派出所民警出警调处民事纠纷的执法行为是合法执行公务行为的证据不足。上诉人何某华在未下车前即已表明其会叫他父亲开锁后，出警民警仍然强行拦截上诉人何某华，属于超越职权且违反规定未使用执法记录仪的不当执法行为，由此引发上诉人与民警之间的冲突，依法不应当认定上诉人何某华构成妨害公务罪。

上诉人何某炎及其辩护人提出，一审法院认定上诉人何某炎构成妨害公务罪，属认定事实不清，适用法律错误，定性错误；涉案民警在本案中的行为不属于合法执行公务行为，上诉人何某炎进入现场的目的是劝架，解决问题，主观上没有妨害公务的故意，而三名警察的轻微伤不是上诉人何某炎所致，上诉人何某炎的行为显著轻微，不构成妨害公务罪，请求二审法院查明事实，依法作出公正的判决。

甲省乙市人民检察院出席二审法庭提出，原判认定上诉人何某华、何某炎的犯罪事实清楚，证据确实、充分；一审判决定性和适用法律准确，审判程序合法，量刑也在法定幅度内，但鉴于上诉人何某炎犯罪情节轻微，结合本案具体情况，建议二审法庭对上诉人何某华维持原判，对上诉人何某炎免予刑事处罚。

经审理查明，2018 年 2 月 9 日 8 时许，上诉人何某炎发现其堆放在乙市丙区丁镇某街某住宅小区 B1 栋的床垫被人翻下，怀疑是该小区住户李某所为，心生怨气，便拿防盗锁将李某停放在小区内的小汽车左前轮锁住。当日，事主李某发现其小汽车前轮被锁，向该小区业委会反映要求解决无果后遂打“110”报警。乙市公安局丙区分局丁派出所接“110”指令后，民警黄某带领辅警张某、丘某（均穿制服）于当天 9 时左右许赶往某住宅小区处置，并由报警人李某引领民警进入小区。此时上诉人何某华驾车正准备离开小区，民警获知他是上诉人何某炎的儿子后便上前站在上诉人何某华的汽车前面并拍车引擎盖，要求他下车协助了解相关情况，上诉人何某华则坐在车内对民警声称锁车轮的人是其父亲，不关他的事，在民警拍车窗再三要求其下车协助调查时，上诉人何某华说：“不关我的事，我就要开车离开”，说完还驾车向前滑动碰到站在车前民警黄某的膝盖部，此时民警责令上诉人何某华下车后其仍用语言辱骂执法民警，情绪激动。民警欲将上诉人何某华带回派出所接受调查时被推搡，双方发生肢体冲突。在制服上诉人何某华的过程中，上诉人何某炎从外面回到小区看见民警正在制服其儿子何某华时便冲进现场说明事由，并阻止民警对其儿子采取强制措施，经民警多次劝阻未离开现场，继续拉扯推搡，亦与现场民警发生肢体冲突，在此过程中还撕下辅警丘某衣领。不久，增援民警合力将上诉人何某华、何某炎带回公安机关调查处理。

经乙市丙区公安司法鉴定中心鉴定：伤者黄某、张某损伤程度评定为轻微伤；伤者何某华损伤程度未达轻微伤；何某炎全身体表未见损伤。

本院认为，上诉人何某华因其父亲何某炎与小区住户发生民事纠纷，不积极协助民警调查、解决纠纷，用不当语言谩骂及与民警发生肢体冲突；上诉人何某炎为解救其儿子何某华，与民警发生拉扯、推搡及肢体冲突，上诉人何某华、何某炎并不是故意使警察不能执行职务，其行为不属以暴力、威胁的方法，阻碍国家机关工作人员依法执行职务，且情节显著轻微，亦未造成严重后果，均不构成妨害公务罪。理由如下：

（1）上诉人何某炎与同小区住户李某因民间小事发生纠纷，并将住户李某的汽车左前轮用防盗锁锁住，丁派出所民警接警后出警前往处置，属国家机关工作人员依法执行职务的行为，但上诉人何某华并不是民事纠纷的当事人，当民警找到准备驾车外出的上诉人何某华时，其在车上亦表示其会叫其父亲开锁。因上诉人何某华未及时下车配合警察调查而与警察发生争执，并有用不当语言谩骂民警的行为，下车后还与民警发生肢体冲突。警察对其采取强制措施时，双方发生推搡，上诉人何某华的反抗造成处警民警轻微伤，是其本能的防护行为，亦未造成严重后果。现有证据不能证实上诉人何某华有先动手殴打警察，上诉人何某华未能积极配合民警调查的行为，虽然不妥，但其情节和后果显著轻微，尚未达到犯罪的程度。

（2）上诉人何某炎是本案民事纠纷的当事人，当其外出返回时，发现警察正在对其儿子采取强制措施，并将其儿子何某华按倒在地，其即主动向前与警察表明锁李某的汽车前轮是其所为。上诉人何某炎进入现场的目的是劝架和解决问题，在解救其儿子何某华的过程中，其拉扯警察，与警察发生肢体接触，造成处警民警轻微伤，其行为虽有不妥，但情节显著轻微，不构成妨害公务罪。综上，原判认为上诉人何某华、何某炎的行为构成妨害公务罪，属事实不清，证据不足，适用法律不当。上诉人何某华、何某炎上诉及其辩护人提出上诉人何某华、何某炎的行为不构成妨害公务罪的辩护意见，理由充分，予以采纳。出席二审法庭检察机关的出庭意见，理由不足，不予采纳。本案经本院审判委员会讨论决定，依照《中华人民共和国刑事诉讼法》第二百三十六条第一款第三项、第二百四十二条、第二百条第二项之规定，判决如下：

一、撤销甲省乙市丙区人民法院（2018）粤1403刑初211号刑事判决；

二、上诉人何某华、何某炎无罪。

本判决为终审判决。

六、类案比较

（一）案件来源

吴某贤、王某秀妨害公务罪①

（二）主要案情

甲省乙市丙区人民法院审理甲省乙市丙区人民检察院指控原审被告人王某秀、吴某贤犯妨害公务罪一案，于2020年12月27日作出（2020）赣0703刑初438号刑事判决，原审被告人吴某贤不服，提出上诉。本院依法组成合议庭，经阅卷，讯问上诉人，听取辩护人意见，认为本案事实清楚，决定不开庭审理。现已审理终结。

原审判决认定，2020年7月30日10时许，被告人王某秀在其经营的位于乙市丙区的铝合金店附近的转盘处捡到了一个iPhone手机，失主阳某通过定位找到王某秀寻找手机。王某秀要求阳某支付500元才愿归还手机，阳某遂报警。乙市丙区公安局某派出所民警接报警后出警至现场调解，并告知王某秀索要感谢费的金额需与失主进行协商，王某秀因失主阳某承诺了支付500元感谢费却又反悔并报警心生愤怒，坚称要阳某先支付500元，其才会归还手机。经民警长时间调解，王某秀仍不愿归还手机，民警遂拉王某秀的手欲带其上车回派出所继续调解，但被告人王某秀摆脱并欲咬民警，在旁边的王某秀儿媳妇吴某贤亦声称要拿到感谢费才会归还手机，并上前阻拦民警带王某秀前往派出所。因民警坚持要王某秀前往派出所，被告人王某秀用手指向民警并辱骂，民警对王某秀做出警告后，王某秀仍继续辱骂民警，民警遂再次上前带王某秀，吴某贤再次上前阻止，并用力踩民警陈某航的脚，陈某航被迫放开王某秀并质问吴某贤，王某秀则上前抓、挠民警陈某航的双手手臂及脸部。在旁边的辅警胡某、廖某等人见状后上前控制王某秀，王某秀遂抓、拉扯辅警胡某、廖某。因被告人王某秀、吴某贤情绪激动，民警陈某航等人离开现场，叫在现场的王某秀儿子谢某军将王某秀捡到的手机拿出，后民警将该手机归还阳某。

当日，被告人王某秀、吴某贤被民警传唤主动前往乙市丙区公安局某派出所接受调查，并如实供述其妨害公务的事实，次日乙市丙区公安局对被告人王某秀、吴某贤妨害公务一案立案侦查。经丙明信司法鉴定中心法医检验，陈某航、胡某、廖

① 江西省赣州市中级人民法院（2021）赣07刑终327号刑事裁定书。

某的伤势为轻微伤。

原审法院认为，被告人王某秀、吴某贤以暴力方式阻碍人民警察执法，其行为构成妨害公务罪，依法应当判处三年以下有期徒刑、拘役、管制或者罚金。公诉机关指控的罪名成立，予以支持。被告人王某秀、吴某贤暴力袭击正在依法执行职务的人民警察，从重处罚。被告人王某秀、吴某贤自动投案并如实供述犯罪事实，是自首，并自愿认罪认罚，可以从轻或者减轻处罚。辩护人关于被告人王某秀、吴某贤构成自首的辩护意见成立，予以采纳。公诉机关变更后的量刑建议适当，予以采纳。依照《中华人民共和国刑法》第二百七十七条第一款、第五款，第六十七条第三款之规定，判决：

一、被告人王某秀犯妨害公务罪，判处有期徒刑一年；

二、被告人吴某贤犯妨害公务罪，判处有期徒刑九个月。

上诉人吴某贤及其辩护人提出，吴某贤有自首情节；系初犯、偶犯；公诉机关更改量刑建议未告知吴某贤，存在程序问题。请求二审法院从轻处理。

二审经审理查明的事实与原审判决认定的事实一致。原审判决认定的证据，来源合法，内容客观真实，与本案事实相关联，且证据之间能够相互印证，本院予以确认。

（三）案件核心

吴某贤、王某秀以暴力方式阻碍人民警察执法，其行为构成妨害公务罪。吴某贤等暴力袭击正在依法执行职务的人民警察，依法应从重处罚。

（四）裁判过程与结果

本院认为，上诉人吴某贤、原审被告人王某秀以暴力方式阻碍人民警察执法，其行为构成妨害公务罪。上诉人吴某贤、原审被告人王某秀暴力袭击正在依法执行职务的人民警察，依法应从重处罚。上诉人吴某贤、原审被告人王某秀自动投案并如实供述犯罪事实，是自首，依法可以从轻处理；自愿认罪认罚，可以从宽处罚。关于上诉人吴某贤及其辩护人提出的，公诉机关更改量刑建议未告知吴某贤，程序违法及量刑过重的上诉理由、辩护意见。经查，根据《最高人民法院、最高人民检察院、公安部、国家安全部、司法部关于适用认罪认罚从宽制度的指导意见》（以下简称《意见》）的规定，被告人认罪认罚，但没有退赃退赔、赔偿损失，未能与被害方达成调解或者和解协议的，从宽时应当予以酌减。本案原公诉机关因上诉人吴某贤、原审被告人王某秀未对被害人进行赔偿，未取得谅解，对量刑建议作出了调整，有事实和法律依据。原审法院综合考虑上诉人吴某贤、原审被告人王某秀的犯罪事实、性质、社会危害程度，对其判处刑罚，罚当其罪。上诉人吴某贤及其辩护人提出的该点上诉理由、辩护意见没有事实和法律依据，本院不予支持。原审判决认定事实清楚，定罪准确，适用法律正确，量刑适当，审判程序合法。依照《中华人民共和国刑事诉讼法》第二百三十六条第一款第一项之规定，裁定如下：驳回上诉，维持原判。本裁定为终审裁定。

七、理论探讨与执法指引

公安机关行使行政权力，尤其是对相对人治安处罚时，必须做到事实清楚、证据确实充分，并依据相应的法律法规，在法律规定的范围内，一定要基于比例原则，选择对相对人侵害最小的方式，合理适当地做出决定，不能恣意行使。针对《中华人民共和国治安管理处罚法》中行为人的妨碍公务行为，即“阻碍执行职务行为”，应充分运用比例原则，根据情节轻重不同，在法律规定的处罚范围内，对具体情节量化处理，限定处罚的最高限度，作出合理适当的行政处罚。①

一、对语言行为型“阻碍执行职务行为”行政处罚应不高于“单处罚款”

语言行为型“阻碍执行职务行为”，即行为人通过吵闹、辱骂等语言行为对执法人员施加精神压力，干扰其正常执法，从而间接地妨碍到执法活动的顺利进行，但一般不会对公务活动的完成造成实质影响。显然，语言行为对执法活动的妨碍相对于身体行动是较轻的，因而在行政处罚上应该是较轻的。《中华人民共和国治安管理处罚法》第五十条规定阻碍执行职务行为的处罚种类包括“警告”、“单处罚款”和“行政拘留（或并处罚款）”。显然，剥夺相对人人身自由的“行政拘留（或并处罚款）”，是行政法最严厉的处罚措施，因此，如果相对人仅仅实施了语言行为型妨碍公务行为就被行政机关“行政拘留（或并处罚款）”明显是超过必要限度，有违比例原则的要求。“警告”属于较轻的行政处罚措施，应当适用于没有给行政执法活动造成严重影响的轻微妨碍行政行为。因此笔者认为，针对“威胁、侮辱、谩骂”等语言行为型的“阻碍执行职务行为”的行政处罚应不高于“单处罚款”。

二、对身体行动型“阻碍执行职务行为”的行政处罚可处以“行政拘留”

身体行动型“阻碍执行职务行为”，即行为人采取实际的肢体行动阻碍公务活动的正常进行，不仅对正常的公务活动阻碍程度较大，而且会对执法者的人身安全产生一定的现实危险，有时甚至可能触犯刑事犯罪，因此针对行为人的此类妨碍公务行为可处以“行政拘留”。因此笔者认为，针对《意见》中规定的“围堵、拦截、阻拦警车、强行冲卡”等行为方式，行政处罚可以依据《中华人民共和国治安管理处罚法》的规定处以“行政拘留”。另外，司法实践中常见的是，行为人同时

① 胡少飞：《治安管理处罚法中妨碍公务的认定》，郑州大学2020年硕士学位论文。

实施语言行为型和身体行动型“阻碍执行职务行为”，行政机关应依据吸收原则，对行为人处以“行政拘留”，而不能对两个行为分别处罚。

针对《中华人民共和国刑法》中“妨害公务罪”认定，则应准确定性“暴力”，“拉扯”“推搡”等行为与“妨害公务罪”中的“暴力”行为性质相似，司法机关容易存在以“肢体冲突”为由，认定为“妨害公务罪”中的“暴力”行为。造成这种现象的原因在于“推搡”与“挣脱反抗”相比，前者主动性强，是行为人在没有被执法人员束缚控住人身时实施的，但对于“妨害公务罪”中的“暴力”行为，显然以暴力程度来讲，是不足以受到刑事处分的。执法活动中，行为人实施“推搡”行为，一般有两个原因：一是要阻碍执法人员靠近自己；二是用“推”的方式对抗表现自己的逞强耍横，以威胁执法人员达到不敢执法的目的。行为人实施的第一种情形的“推搡”行为，主动性不强，以身体行动型“阻碍执行职务行为”予以行政处罚比较合适；第二种情形是“推”，使执法者产生心理畏惧，类似妨害公务罪中的“威胁”，但却达不到刑事处罚的必要，同样，应结合具体情节被认定为身体行动型“阻碍执行职务行为”处以行政处罚。

第二节　采取近距离拍摄、阻挠推搡警察执法的构成妨碍公务

一、基础知识

新媒体时代人们通常将警察的执法称为在镜头下执法，“镜头下执法”是指公安机关执法人员在执行警务活动时面临的当事人和围观群众对执法人员和执法过程公开或半公开录音录像的现象。“镜头”下执法的显著特点就是“即时性”，即警察的执法行为随时随地面对着全方位、不间断，甚至是无死角的即时录音录像。新媒体的即时性给警察的现场执法提出了更高要求，几乎是零差错的要求。①

“镜头下执法”具有社会性、新闻热点性、社会文化表达性等特性，并可分类为当事人拍摄记录、围观群众拍摄记录和具有主观故意的选择性拍摄剪辑等类型。从社会心理层面、社会情景文化层面、社会制度层面和网络层面解析当前镜头下执法的生成逻辑，包括录像素材新闻价值性、公民权利意识觉醒和权力制衡等因素。应对“镜头下执法”现象，应从提高民警法治意识和证据意识、加强公共关系职能、深化执法规范化和主动构建警察形象等方面入手。

---

① 李峰、李建、木志友：《新媒体时代警察在镜头下使用警械执法的趋势与应对策略》，载《公安教育》2020年第8期。

《中华人民共和国治安管理处罚法》第五十条规定："有下列行为之一的，处警告或者二百元以下罚款；情节严重的，处五日以上十日以下拘留，可以并处五百元以下罚款：（一）拒不执行人民政府在紧急状态情况下依法发布的决定、命令的；（二）阻碍国家机关工作人员依法执行职务的；（三）阻碍执行紧急任务的消防车、救护车、工程抢险车、警车等车辆通行的；（四）强行冲闯公安机关设置的警戒带、警戒区的。阻碍人民警察依法执行职务的，从重处罚。"

二、案件来源

周某诉某市公安局某分局（以下简称某分局）治安行政处罚案①

三、主要案情

2018年5月6日上午，原告周某的丈夫邱某源驾驶车牌号为苏H×××××轿车进入某小区时，因与小区物管存在停车费纠纷且车辆未办理进出小区的蓝牙卡，被小区保安阻止不让车辆进入小区。邱某源遂将车辆停在某小区北门出口，径行回家。因邱某源的车辆影响到其他车辆从北门正常通行，小区保安电话联系邱某源挪车未果，随即报警。被告某分局民警彭某飞等出警人员接到报警后赶赴现场，电话联系邱某源到小区物业办公室，要求其将堵在北门口的车辆挪开。原告周某及丈夫邱某源未及时挪车，未积极配合民警处理纠纷，反复表示民警偏袒物业公司，对纠纷的处理不公正等，要求民警出示证件，在民警出示警官证并告知其拍摄应在三米之外后，仍用手机近距离拍摄民警，同时与民警争吵。当民警口头传唤邱某源到公安机关进一步接受调查时，原告周某主动挡在民警身前，继续争吵，阻挠民警执法并对民警进行推搡。后原告在民警明确警告其不要阻碍执法的情况下，仍然阻挡在民警身前，被民警采取强制措施后倒地，后被民警带至Q派出所进行进一步调查处理。当日，被告某分局Q派出所立案调查。次日，被告某分局向原告周某作出了Q（安）行罚决字〔2018〕738号行政处罚决定书，对原告作出行政拘留九日的行政处罚。原告周某不服，提起本案诉讼。

四、案件核心

周某用手机近距离拍摄民警，同时与民警争吵等行为是否构成阻碍人民警察依法执行职务，公安机关对周某所作处罚决定是否合法？

---

① 江苏省淮安市中级人民法院（2019）苏08行终41号行政判决书。

五、裁判过程与结果

一审法院认为，根据《中华人民共和国治安管理处罚法》第七条的规定，县级以上地方各级人民政府公安机关负责本行政区域内的治安管理工作。本案中，被告某分局对其辖区内发生的治安案件中的违法当事人具有作出行政处罚的法定职权，行政相对人或者利害关系人有异议的，有权提起行政诉讼。

根据《中华人民共和国治安管理处罚法》第五十条第一款第二项、第二款之规定，阻碍国家机关工作人员依法执行职务的，处警告或者二百元以下罚款；情节严重的，处五日以上十日以下拘留，可以并处五百元以下罚款；阻碍人民警察依法执行职务的，从重处罚。本案中，因原告周某的丈夫邱某源擅自将车辆停放于小区北门口，影响到其他车辆正常通行，民警接到报警后依法处警。在民警要求挪车的情况下，原告周某及其丈夫邱某源不仅未及时挪车，反而反复表示民警偏袒物业公司，对纠纷的处理不公正等，在明知民警身着警察制服、佩戴执法记录仪、驾驶警车的情况下，反复要求民警出示证件，并在民警出示警官证并告知其拍摄应在三米之外后，仍用手机近距离拍摄民警，继续不依不饶与民警争吵。当民警口头传唤邱某源到公安机关时，原告周某主动挡在民警身前，继续争吵，阻挠民警执法并对民警进行推搡。后原告在民警明确警告其不要阻碍执法的情况下，仍然阻挡在民警身前，被民警采取强制措施后倒地。原告周某的行为，显然属于妨碍警察依法执行职务的行为。被告某分局经过立案调查后，对其从重处罚，认定事实清楚，适用法律、法规正确，符合法定程序。原告周某提出的民警未在履行职务、原告未阻碍执法、口头传唤程序违法、被告未听取陈述申辩意见以及处罚过重等诉讼意见，没有事实和法律依据，一审法院不予采信。

《中华人民共和国治安管理处罚法》第五十条规定："有下列行为之一的，处警告或者二百元以下罚款；情节严重的，处五日以上十日以下拘留，可以并处五百元以下罚款：（一）拒不执行人民政府在紧急状态情况下依法发布的决定、命令的；（二）阻碍国家机关工作人员依法执行职务的；（三）阻碍执行紧急任务的消防车、救护车、工程抢险车、警车等车辆通行的；（四）强行冲闯公安机关设置的警戒带、警戒区的。阻碍人民警察依法执行职务的，从重处罚。"

综上，经全面审查，被告某分局对原告周某作出行政拘留九日的处罚决定认定事实清楚，证据充分，程序合法，适用法律正确，量罚并无不当。原告周某的起诉，没有事实和法律依据，一审法院不予支持。根据《中华人民共和国行政诉讼法》第六十九条之规定，判决驳回原告周某的诉讼请求。

上诉人周某上诉称：（1）上诉人的拍摄行为系行使监督权，在民警制止后即停止了拍摄行为，不足以妨碍执行公务。(2) 被上诉人实施强制传唤程序违法，其办案民警带走上诉人的行为是超越职权的违法行为而非职务行为，上诉人的行为也不应认定为阻碍执行职务的违法行为。(3) 被上诉人处置事件中未正常挪车、恢复交通而是对上诉人夫妻行政拘留，同时执行拘留处罚未考虑上诉人家庭有未成年子女的情况，其处置不当。(4) 被上诉人传唤上诉人时间已经超过二十四小时，其程序构成违法。综上，请求撤销一审判决，发回重审或改判撤销被上诉人作出的行政处罚决定。

本案争议焦点为：上诉人行为是否构成阻碍人民警察依法执行职务，被上诉人所作处罚决定是否合法。

本院认为，《中华人民共和国治安管理处罚法》第五十条规定："有下列行为之一的，处警告或者二百元以下罚款；情节严重的，处五日以上十日以下拘留，可以并处五百元以下罚款：(一) 拒不执行人民政府在紧急状态情况下依法发布的决定、命令的；(二) 阻碍国家机关工作人员依法执行职务的；(三) 阻碍执行紧急任务的消防车、救护车、工程抢险车、警车等车辆通行的；(四) 强行冲闯公安机关设置的警戒带、警戒区的。阻碍人民警察依法执行职务的，从重处罚。"本案中，公安民警系因案外人报警受公安机关委派来处理警情，其系作为国家机关工作人员依法履行职务，其在法定职权范围内处理警情并不存在违法情形，公民均具有配合、服从的义务。上诉人周某在公安民警身着警服、佩戴警察标志的情况下，仍然采取要求出示警官证、近距离拍摄、阻挠民警依法传唤当事人、推搡民警等一系列行为，影响并阻碍公安民警依法履行职务，其行为依法构成阻碍人民警察依法执行职务，依照上述规定应从重处罚。

上诉人周某系发生纠纷当事人邱某源的妻子，其对公安民警处理警情的职务行为存在异议，其首先应当先行配合，然后再通过理性、正当的方式予以主张，但其未依法理性主张自己的权利，而是采取非理性以及违法行为，其依法应就自己的不当行为承担相应的法律责任。从程序上来看，被上诉人传唤上诉人后询问查证的时间并未超过二十四小时，该程序并不违反规定；处罚决定前，被上诉人依法告知当事人对其行为将作出处罚的种类和幅度，并告知其有陈述、申辩权，上诉人周某明确表示无异议，不需要陈述、申辩，处罚程序并无不当。

综上，一审判决认定事实清楚，适用法律正确，程序合法，依法应予维持。上诉人的上诉理由不能成立，其上诉请求本院不予支持。

某省高级人民法院同样驳回周某的再审申请。

六、类案比较

（一）案件来源

刘某某妨害公务罪[①]

（二）主要案情

某省某市某区人民法院审理某省某市某区人民检察院指控原审被告人刘某某犯妨害公务罪一案，于 2019 年 7 月 2 日作出（2018）鲁 0103 刑初 493 号刑事判决。宣判后，原审被告人刘某某不服，提出上诉。本院依法组成合议庭，经过阅卷，讯问上诉人，并听取了辩护人的意见，认为事实清楚，决定不开庭审理。现已审理终结。

原审判决认定，被告人刘某某与其夫冯某乙存在家庭纠纷。2018 年 7 月 24 日 22 时 40 分许，冯某乙报警称刘某某在冯某乙位于某市某区某城 C 区×××室的家门口砸门闹事。某市公安局某区分局某派出所接警后，由民警刘某甲带领辅警杨某甲着制式警服来到现场处警。在民警向冯某乙了解情况时，刘某某欲强行冲入室内，致阻拦其的刘某甲手指受伤流血，并将杨某甲手臂抓伤。冯某乙关门后，刘某某与民警争吵并继续砸门，民警对其劝阻，刘某某使用手机对民警进行近距离拍摄，并在录像时配以“民警把我脖子掐住”“我记住你了”“这俩人装得多像”等不实、挑衅性语言干扰民警执法。某派出所接杨某甲增援电话后，派民警张某伟带领辅警刘某乙等人至现场增援，民警在现场多次要求刘某某配合工作，并口头传唤其到派出所接受调查，刘某某拒不配合，持续拍摄视频并与民警争吵。后某派出所副所长汪某某至现场增援，为制止刘某某拍摄视频干扰执法，将其手机暂扣，刘某某为索要手机撕扯汪某某，将汪某某警服撕坏，汪某某向刘某某出示执法证件后，再次口头传唤刘某某，刘某某仍拒不配合，民警遂对刘某某强制传唤。在强制传唤时，刘某某反抗民警执法，将汪某某手腕抓伤，将辅警刘某乙右上臂咬伤。民警在现场将刘某某控制后带至公安机关，次日对其采取刑事强制措施。经讯问，刘某某对上述主要犯罪事实供认不讳。

另查明，案发后，民警刘某甲、汪某某、辅警刘某乙、杨某甲对刘某某表示谅解。

（三）案件核心

使用手机对民警进行近距离拍摄，并在录像时配以不实、挑衅性语言干扰民警执法，撕扯警察制服、暴力反抗警察执法，构成妨碍公务罪。

---

① 山东省济南市中级人民法院（2019）鲁 01 刑终 412 号刑事裁定书。

（四）裁判过程与结果

原审法院认为，被告人刘某某的行为构成妨害公务罪，并应从重处罚。刘某某归案后能够如实供述主要犯罪事实，依法可以从轻处罚；案发后取得相关公安人员谅解，可在量刑时酌情从轻考虑。依照《中华人民共和国刑法》第二百七十七条第一款和第五款、第六十七条第三款之规定，以被告人刘某某犯妨害公务罪，判处有期徒刑一年三个月。

宣判后，原公诉机关不抗诉，原审被告人刘某某以“原审判决认定事实错误，量刑过重”为主要理由，提出上诉。辩护人以相同理由为其辩护。

二审法院认为，上诉人刘某某暴力袭击正在依法执行职务的人民警察，其行为已构成妨害公务罪。原审法院在量刑时既考虑了其所具有的从重处罚情节，也考虑了从轻处罚情节，对其作出的判决并无不当。刘某某及其辩护人所提“量刑过重”的上诉理由和辩护意见，依据不足，不予采纳。原审判决认定的事实清楚，证据确实、充分，定罪准确，量刑适当，审判程序合法。依照《中华人民共和国刑事诉讼法》第二百三十六条第一款第一项之规定，裁定如下：驳回上诉，维持原判。本裁定为终审裁定。

七、理论探讨与执法指引

当事人拍摄民警执法过程一般源于保留客观记录或引起围观人员同情的心理。在其客观记录的前提下，拍摄民警执法的目的可能为保留执法过程证据、为后续办理其他相关手续保存记录（如办理保险理赔等），或希望引起围观群众同情而减轻处罚等。由于拍摄者系民警执法对象或对象之一，主动拍摄记录会在一定程度上干扰民警正常执法。但出于保留证据意识进行拍摄记录，可给予一定程度的理解。此类型一般可分为两种动机：一是客观记录执法过程，并在拍摄期间配合执法。此类行为以理性保留证据和执法过程为目的，基本会在保障自身权益的前提下客观拍摄记录。二是以干扰执法为目的的拍摄记录行为。在此类动机驱使下，当事人会以言语谩骂、煽动、歪曲事实或肢体行为等方式干扰正常执法过程并试图引起围观群众同情。①

周某诉某市公安局某分局治安行政处罚案中对于公安民警接报警前来处理警情，首先应当予以配合，而非一味抗拒、拒绝接受警务活动。而本案中，周某在见到民警前来，并看到警察正规佩警察标志，仍继续要求警察出示警官证，而在警察

---

① 邱雅娴：《“镜头下执法”现象的生成逻辑和警务应对策略》，载《中国人民公安大学学报（社会科学版）》2019 年第 2 期。

出示警官证后仍然妨碍警察执行职务，并与民警争吵、推搡，理论上已经造成妨碍警务。公民如需拍摄民警作为自身申诉的证据，首先应当在不妨碍民警正常执法行为的情况下进行，且拍摄的视频也应力求客观，尤其是如若随意传播，公民应当担负一定的法律责任。本案中，周某过分贴近执法人员面部的拍摄行为，具有强烈的侮辱与挑衅成分，因而民警将周某的行为认定为妨碍执法无可非议。针对二审中周某的上诉存在以下三点问题，首先，周某即使行使了监督权，并在制止后停止了拍摄，但因之前已经在拍摄中对警察构成了挑衅行为，并在之后与民警争吵、推搡，因此构成了妨碍执行公务。其次，从程序上来看，被上诉人传唤上诉人后询问查证的时间并未超过二十四小时，该强制传唤程序并不违反规定。过分贴近民警面部，是带有挑衅性的拍摄行为。拍摄过程中反复向民警发问或故意滋事谩骂，以监督为名逃避处罚的。拍摄行为影响到民警、救护人员的正常履职且经警告后拒不改正的。可以进行拘留，因而民警有权将其带走，并不是超越职权的行为。最后，由于周某在民警办案中已妨碍了民警正常挪车、恢复交通，因而，对妨碍公务者首先处以行政拘留未有不当。对于执法活动有意见，可以事后申诉或在不妨碍公务的前提下拍摄，但若是构成了妨碍公务，应当从重处理。

本案反映出了一个普遍存在的社会问题，执法者在执法中被拍摄，尤其是公安机关等部门，在具体情况下该怎样定义为妨碍执行公务，而所谓近距离拍摄的“距离”，在实际中，如何判断与把控？并且在当前信息高速发展的时代，该行为也极易通过网络与媒体传播对国家机关产生不利的影响。但正因如此，公民的监督权也得到了充分的保障，公安民警也应当根据现实情况习惯在手机镜头下执法，自觉接受群众监督，但这不代表群众可以滥用监督权，尤其是在执法者执行公务时以监督权作为逃避接受执法的理由，并且公民也不应当自行来裁定自己的行为是否构成妨碍公务。人民警察依法执行职务不可侵犯，对于是否属于依法执行职务，有效的判断来自法定程序下作出的结论，公民不能根据自己的主观判断就得出结论，更不能根据自己的主观判断决定是否接受甚至是抵制执行职务的行为。用手机近距离拍摄执法活动，阻碍民警正在进行的执法检查的目的明显，该行为是对正当执法活动的挑衅，而非正当行使监督权利。因而在执法活动中面对公民违法行使自身监督权时，公安民警应当坚持维护执法民警尊严、维护人民警察执法权威。

第三节　暴力袭击正在执行职务的人民警察构成袭警罪

一、基础知识

袭警罪作为一项独立的罪名，规定在《中华人民共和国刑法》第二百七十七条第五款，是由妨害公务罪从重情节改造而来的。作为增设的新罪，袭警罪条款的变化主要体现在单独成罪、加重处罚情节及取消了可选择适用的单处罚金刑。暴力袭警行为单独成罪，意味着该条款已由妨碍公务罪的从重情节改造成为独立的罪名规范。

法律体系是一个整体，涵盖了不同性质、不同领域、不同层级的各类法律规范。袭警罪条款的外部关系主要包含：一是罪与非罪问题，即与《中华人民共和国治安管理处罚法》中相关规定之间的关系；二是与妨害公务罪、故意伤害罪、故意杀人罪等其他罪名条款的关系；三是与《最高人民法院、最高人民检察院、公安部关于依法惩治袭警违法犯罪行为的指导意见》等规范性文件的关系。袭警罪条款的外部关系决定了体系解释的必要性。在以上三方面中，重点和难点在刑法内部，即袭警罪条款与妨害公务罪、故意伤害罪、故意杀人罪等其他罪名条款的关系。对袭警罪与其他罪名的区分可从法益保护的角度理解。袭警罪与妨害公务罪在构成要件及要素方面有不少共同之处，就侵害的法益来看，均是国家机关的正常管理秩序及执法者的人身安全。警察执法权是袭警罪保护的主法益，这也是将该条款置于刑法第六章“妨害社会管理秩序罪”，而非第四章“侵犯公民人身权利、民主权利罪”的原因所在。袭警罪与妨害公务罪的区别在于，暴力袭警行为侵害的是公安机关的正常管理秩序及执法者的人身安全，其侵犯的对象因职责涉及公共安全，更具特殊性，因此客观上该类行为侵害的法益程度更高。①

《中华人民共和国刑法》第二百七十七条第五款规定，暴力袭击正在依法执行职务的人民警察的，处三年以下有期徒刑、拘役或者管制；使用枪支、管制刀具，或者以驾驶机动车撞击等手段，严重危及其人身安全的，处三年以上七年以下有期徒刑。

二、案件来源

于某水、于某袭警案②

---

① 付洁：《袭警罪条款体系解释研究》，载《公安学研究》2021 年第 6 期。

② 辽宁省丹东市中级人民法院（2020）辽 06 刑终 209 号刑事判决书。

三、主要案情

某市某区人民法院审理某市某区人民检察院指控原审被告人于某水、于某犯袭警罪一案，于2021年10月14日作出（2021）辽0603刑初311号刑事判决，并于同年10月18日公开宣告判决。宣判后，原审被告人于某水、于某不服，提出上诉。本院受理后，依法组成合议庭审理了本案。合议庭经审阅本案卷宗材料，审查上诉人于某水、于某的上诉状及其二人辩护人的辩护意见，认为本案不属于依法必须开庭审理的案件，决定不开庭审理。合议庭依法讯问了于某水、于某，听取了辩护人的意见，核实了全案证据，对一审认定的事实和适用法律进行了全面审查。现已审理终结。

某市某区人民法院判决认定，被告人于某、于某水系父子关系。2021年4月4日10时许，于某水、于某到某市某区花园公墓扫墓，于某因违规携带祭祀用品在入口处被花园公墓工作人员拦截劝导，于某水对此不满，推搡工作人员，在此执勤的民警杜某和辅警潘某上前调查处置。其间，于某水欲推搡工作人员被杜某拦住，于某水对此不满，推搡杜某，杜某想控制于某水，从后面搂住其脖子，于某水转身将杜某摔倒在地。后杜某、潘某欲将于某水强行带离现场，遭到于某的阻止。于某用手掐杜某、潘某的脖子。两名被告人的行为造成杜某头皮挫伤、颈部挫伤、右手拇指挫伤，潘某颈部挫伤、左手抓痕伤，并造成多名扫墓的群众围观。

2021年4月4日11时许，被告人于某水、于某被公安机关从执法现场带走，到案后如实交代了事情的经过。同年4月10日、4月16日，被告人于某水、于某的家属代其分别向被害人杜某、潘某赔偿人民币110000元和10000元，并取得谅解。

四、案件核心

于某水、于某行为如何认定？

五、裁判过程与结果

某市某区人民法院认为，被告人于某水、于某暴力袭击正在依法执行职务的人民警察，构成袭警罪，应依法予以惩处。被告人于某水、于某犯罪以后如实供述自己的罪行，是坦白，可依法从轻处罚；其赔偿被害人经济损失并取得谅解，可酌情从轻处罚。根据被告人于某水、于某的犯罪事实、情节及社会危害程度，依照《中华人民共和国刑法》第二百七十七条第五款、第六十七条第三款的规定，判决认定于某水犯袭警罪，判处有期徒刑八个月；于某犯袭警罪，判处拘役六个月。

上诉人于某水、于某的上诉理由及其二人的辩护人的辩护意见是：两位上诉人认罪认罚，没有前科劣迹，系初犯、偶犯，已经对被害人进行了赔偿并取得了谅解，社会危害性较小，且二人系民营企业家，如果被羁押会严重影响企业正常的生产经营，望对其改判缓刑。

上诉人于某水、于某的辩护人另提出：原审判决认定事实不清、证据不足，根据视频显示于某水没有过肩摔民警的行为，于某也只是拉扯、推搡，二人并没有攻击警察的主观故意和行为，没有达到暴力的程度，应当认定为妨害公务罪而非袭警罪。

上诉人于某水的辩护人又提出：原审判决程序违法，审判组成不合法，原审庭审笔录无审判长、人民陪审员签字，且笔录记载的审判长与判决书载明的审判长不是同一人，应予以纠正。

某市某区人民法院在判决书中列举了认定本案事实的证据，相关证据均已在一审开庭审理时当庭出示并经质证。本院经依法全面审查，对一审判决认定的主要事实以及所列证据予以确认。

关于上诉人于某水、于某的辩护人提出原审判决认定事实不清、证据不足，根据视频显示于某水没有过肩摔民警的行为，于某也只是拉扯、推搡，二人并没有攻击警察的主观故意和行为，没有达到暴力的程度，应当认定为妨害公务罪而非袭警罪的辩护理由。经查，案发当时，于某水推搡执勤民警杜某至其摔倒在地，于某阻止杜某、潘某将于某水强行带离现场并用手掐二人的脖子，两位上诉人的行为造成了民警杜某及辅警潘某受伤、多名扫墓群众围观的严重后果。两位上诉人明知对方是正在依法执行职务的警察而暴力袭击，主观上有暴力阻碍警察执行职务的故意，客观上实施了将警察摔倒在地、用手掐脖子的行为，其行为均符合袭警罪的构成要件，应当认定其二人构成袭警罪。两位辩护人的辩护意见没有事实和法律依据，本院不予支持。

关于上诉人于某水的辩护人提出原审判决程序违法，审判组成不合法，原审庭审笔录无审判长、人民陪审员签字，且笔录记载的审判长与判决书载明的审判长不是同一人，应予以纠正的辩护意见。经查，一审诉讼卷宗中的庭审笔录有审判长、人民陪审员签字，且笔录记载的审判长与判决书载明的审判长系同一人，原审审判程序合法，合议庭组成人员合规，辩护人的此节辩护意见没有事实和法律依据，本院不予支持。

关于上诉人于某水及其辩护人提出于某水认罪认罚，没有前科劣迹，系初犯、偶犯，已经对被害人进行了赔偿并取得了谅解，社会危害性较小，望对其改判缓刑的上诉理由和辩护意见。经查，此次袭警事件系于某水暴力抗拒警察执行职务引起，并引发多人围观的后果，于某水的行为不符合犯罪情节较轻的情形，不能对其判处缓刑。原判根据其具体犯罪事实、情节及对社会的危害程度，已对其作出了罪刑相适应的判罚，量刑并无不当。故上诉人于某水的上诉理由及其辩护人的辩护意见不成立，本院不予支持。

关于上诉人于某及其辩护人提出于某认罪认罚，没有前科劣迹，系初犯、偶犯，已经对被害人进行了赔偿并取得了谅解，社会危害性较小，且其系民营企业家，若判处实刑企业将无法正常运作，望对其改判缓刑的上诉理由和辩护意见。经查，原审判决认定事实清楚，证据确实、充分，定罪准确，审判程序合法。考虑到于某与于某水系父子关系，相对于于某水而言，于某的犯罪情节较轻，确有悔改表现，没有再犯罪的危险，且对被害人进行了赔偿并取得了谅解，本院又征求了其住所地社区矫正机构的意见，认为没有再犯罪危险，且对所居住的社区没有重大不良影响，对其适用缓刑更为适宜，可对其判处缓刑。上诉人于某及其辩护人的上诉理由及辩护意见有事实和法律依据，本院予以采纳。

本院认为，上诉人于某水、于某暴力袭击正在依法执行职务的人民警察，构成袭警罪，应依法予以惩处。上诉人于某水、于某犯罪以后如实供述自己的罪行，是坦白，可依法从轻处罚；其二人赔偿了被害人经济损失并取得谅解，可酌情从轻处罚。考虑到上诉人于某的犯罪情节较轻，认罪悔罪，没有再犯罪的危险，故对上诉人于某判处刑罚的同时，可以依法对其适用缓刑。依照《中华人民共和国刑法》第二百七十七条第五款、第六十七条第三款、第七十二条、第七十三条、第七十六条，《中华人民共和国刑事诉讼法》第二百三十六条第一款第二项之规定，判决如下：

一、驳回上诉人于某水的上诉；

二、维持某市某区人民法院（2021）辽 0603 刑初 311 号刑事判决中第一项以及第二项中对于某的定罪部分，即上诉人于某水犯袭警罪，判处有期徒刑八个月；上诉人于某犯袭警罪；

三、撤销某市某区人民法院（2021）辽 0603 刑初 311 号刑事判决中第二项中对于某的量刑部分，即判处于某拘役六个月；

四、上诉人于某犯袭警罪，判处拘役六个月，缓刑一年。

六、类案比较

类案一

（一）案件来源

倪某成袭警案①

（二）主要案情

某县人民检察院指控：2021年4月19日19时许，住在某县某镇某村23组某小学的被告人倪某成在其兄倪某全家吃饭并饮酒，因与他人发生争吵生气地回到家，酒醉的倪某成遂点燃被子、拿菜刀欲自杀，被村民制止，后倪某报案。

2021年4月19日21时许，接报案的某县某派出所民警吕某、杨某与驻村辅警陆某（杨某、陆某着制服）赶至现场处置。此时，被告人倪某成正用煤气灶火烧棉被，杨某遂关闭煤气灶，倪某成对其用拳脚进行攻击，三名公安人员将倪某成制服并对其反手铐上手铐。倪某成继续反抗，用脚乱踢杨某、陆某，并威胁二人。接着倪某成又将房间内的液化气罐和被子拿到篮球场准备点火，杨某上前制止，倪某成用脚踢杨某。倪某成被制服后，又返回房间拿出一把锤子，准备将手铐敲开。此时，倪某成看到陆某用手机录视频，拿着锤子朝陆某冲过去不准其拍摄，陆某从倪某成身后抢走锤子，倪某成用力地抓了两下陆某的下阴处，陆某痛得大叫了一声蹲在地上。民警遂将被告人倪某成带回某县某局某镇派出所采取保护性措施约束至醒酒。

后经某县某局刑事科学技术室鉴定，陆某发生的阴囊挫伤，其损害系钝性外力作用形成，已构成轻微伤。

2021年4月20日10时许，某县某民警对被告人倪某成进行讯问，倪某成如实供述自己的犯罪事实。后对受伤民警进行医药费赔偿并得到其谅解。

2021年7月5日，被告人倪某成签署认罪认罚具结书。

公诉机关认为，被告人倪某成暴力袭击正在执行职务的人民警察，造成一人轻微伤，其行为已触犯《中华人民共和国刑法》第二百七十七条第五款的规定，犯罪事实清楚，证据充分、确实，应当以袭警罪追究其刑事责任。被告人倪某成认罪认罚，依据《中华人民共和国刑事诉讼法》第十五条的规定，可以从宽处理。被告人倪某成到案后如实供述自己的罪行，适用《中华人民共和国刑法》第六十七条第三款的规定，可以从轻处罚。因被告人倪某成具有暴力袭击正在执行职务的人民警

① 湖南省靖州苗族侗族自治县人民法院（2021）湘1229刑初151号刑事判决书。

察，造成一人轻微伤、对受伤民警进行医药费赔偿并得到其谅解，如实供述自己罪行、认罪认罚的量刑情节，故建议对其判处有期徒刑六个月。

（三）案件核心

倪某成暴力阻碍警察和辅警共同执法，并造成辅警阴囊挫伤轻微伤的危害后果，构成袭警罪。

（四）裁判过程与结果

本院认为，被告人倪某成以暴力方式袭击正在依法执行职务的人民警察，造成一人轻微伤，其行为已构成袭警罪。公诉机关指控的罪名成立，本院予以确认。被告人倪某成如实供述，可以依法从轻处理；被告人倪某成对受伤民警积极进行医疗费赔偿，可以依法酌情从轻处理。被告人倪某成认罪认罚，依法从宽处理。公诉机关提出的被告人倪某成具有的量刑情节，理由成立，建议量刑幅度恰当，本院予以采纳。据此，依照《中华人民共和国刑法》第二百七十七条第五款、第六十七条第三款及《中华人民共和国刑事诉讼法》第十五条之规定，判决如下：被告人倪某成犯袭警罪，判处有期徒刑六个月。

类案二

（一）案件来源

梁某袭警案①

（二）主要案情

甲省乙县人民法院审理甲省乙县人民检察院指控原审被告人梁某犯袭警罪一案，于2021年8月3日作出（2021）粤1322刑初753号刑事判决。宣判后，原审被告人梁某不服，提出上诉。本院受理后，依法组成合议庭，通过阅卷，并依法提讯了上诉人，听取辩护人的意见，决定以不开庭方式审理。现已审理终结。

上诉人梁某上诉提出：（1）我是病理性醉酒，对当晚发生的事实一点记忆都没有，完全失去了所有主观意识，请鉴定我是病理性醉酒状态。（2）案发时我已失去主观意识，不知道民警处理得公不公正；我右手是四级残废，有残疾证，根本就不具备打击伤害他人的能力。视频中我只是看到右手挥向民警，民警低头躲闪，帽子掉了，具体有没有打到人都不知道。而且鉴定意见也没有显示民警有伤。（3）视频中我只是向民警挥了一下右手并没有继续攻击民警，并不是他人制止，而是挥一下手后主动放弃，是否构成犯罪中止？（4）我的情节显著轻微，危害不大，不认为是犯罪，也已取得受害人的谅解，不应该构成袭警罪，属于治安处罚事件，更构不成

① 广东省惠州市中级人民法院（2021）粤13刑终355号刑事裁定书。

累犯。(5) 案发时我记忆一片空白，根本不知道发生任何事情，所以无从坦白，我之所以自证己罪，是因为看了视频。综上，应二审法院依法改判。

其辩护人辩护提出：上诉人不构成袭警罪。(1) 上诉人主观上没有袭警的故意，其当时已处于深度醉酒状态，行为紊乱，出现意识障碍，其根本无法回忆当时情景，无法辨认出眼前的人是正在依法执行职务的人民警察，也无暴力袭击警察的故意。(2) 上诉人客观上无法实施暴力袭击的行为。梁某是四级残疾，他的右手大拇指缺失，四指无法伸屈，更无法握拳使出力气击打对方。(3) 梁某的行为并没有造成任何伤害结果，尚不足以用刑法来评价。综上，上诉人缺乏袭警罪的犯罪故意，依法不构成袭警罪，请二审法院改判上诉人无罪。

经审理查明：2021 年 4 月 3 日 20 时许，上诉人梁某去到丙市某区某酒楼，与朋友黄某明、龙某玲等人一起就餐并饮酒。梁某醉酒后离开上述酒楼回客栈休息时，无故打砸客栈的房门（无法估价）及前台液晶显示器、前台发卡器（价值共计 637.07 元）等财物，随后该客栈工作人员陈某祥报警。

当日凌晨 0 时 31 分许，丙市公安局某区分局某派出所值班民警严某诚接报警后，带辅警颜某平、苏某城到现场依法出警。其间，梁某因不满上述民警的处置，使用拳头击打严某诚的脸部左侧，致其脸部软组织挫伤。经鉴定，严某诚的伤势未构成轻微伤。

另查明，梁某亲属已赔偿被害人涉案的财产损失。梁某亦已取得被害人严某诚的谅解。

原判认定上诉人梁某犯袭警罪的犯罪事实已为原审判决书所列举的证据证实，所列证据均经当庭举证、质证。二审审理期间，上诉人及其辩护人未提供影响案件事实认定的新证据，本院对原判认定的事实证据予以确认。

（三）案件核心

上诉人梁某醉酒后暴力袭击正在依法执行职务的人民警察，其行为符合袭警罪的构成要件，依法应以袭警罪定罪处罚。

（四）裁判过程与结果

对上诉人梁某上诉及其辩护人辩护所提出的意见，二审法院评析如下：

1. 关于梁某的行为定性及其主观故意问题。经查，2021 年 4 月 3 日 20 时许，上诉人梁某等人在丙市某区某镇和朋友就餐并饮酒。后梁某因醉酒被其朋友安排到客栈休息。其间，梁某无故打砸客栈的房门及前台液晶显示器、前台发卡器等财物。该客栈工作人员报警。丙市公安局某区分局某派出所值班民警严某诚接报警后，带辅警颜某平、苏某城到现场依法出警。梁某因不满上述民警的处置，使用拳头击打严某诚的脸部左侧，致其脸部软组织挫伤。上述事实，有公安机关的处警单、执法记录仪记录的视频资料、被害人严某诚的陈述及其病历、证人证言等证据予以证实，上诉人归案后亦供认在案，足以认定。据此，上诉人梁某暴力袭击正在依法执行职务的人民警察，其行为符合袭警罪的构成要件，依法应以袭警罪定罪处罚。另外，根据法律规定，醉酒的人实施袭警犯罪行为，也应当负刑事责任。故对上诉人及其辩护人提出关于上诉人醉酒对殴打警察一事并不知情，并据此认为上诉人没有袭警的主观故意，不是其逃避法律责任的理由，也与查明事实不符，本院不予采纳。上诉人及其辩护人提出上诉人右手是残疾的意见，与本案没有关联，且不影响本案的定罪量刑。

2. 关于梁某是否具有累犯情节的问题。经查，梁某到案后供认其曾因犯盗窃罪，于 2018 年被戊市丁区人民法院判处有期徒刑一年，同年 6 月 5 日送某监狱服刑。乙县公安局刑侦大队八中队在侦查阶段去函当地派出所协查调取有关梁某前科刑事判决书及释放证明，但至今未能补充到相关有效的书面材料，原判仅依据上诉人供述认定上诉人梁某具有累犯情节在证据上存疑。根据证据裁判，存疑有利于被告人的刑事司法原则，不认定梁某具有累犯情节。

3. 关于原审判决对梁某定罪处罚是否正确的问题。经查，原审判决在量刑时，已综合考虑到梁某归案后能如实供述罪行，当庭认罪以及梁某取得被害人的谅解等从轻或减轻处罚情节，并在采纳公诉机关对被告人梁某提出的量刑建议的基础上，给予最轻的处罚，量刑并无不当。另外，公诉机关的量刑建议书并不认为被告人梁某有累犯情节，因此，该量刑建议并没有考虑梁某具有“累犯”这一法定加重情节，从而加重对梁某的处罚。

本院认为，上诉人梁某暴力袭击正在依法执行职务的人民警察，其行为已构成袭警罪。梁某归案后，如实供述自己的罪行，且当庭认罪，依法可从轻或减轻处罚。梁某取得被害人的谅解，在量刑时予以考量。对于上诉人梁某及其辩护人所提上诉、辩护意见，经查除不构成累犯外，其他均不予采纳。因原审判决在量刑时，已综合考虑到梁某归案后能如实供述罪行，当庭认罪以及梁某取得被害人的谅解等从轻或减轻处罚情节，并在采纳公诉机关对被告人梁某提出的量刑建议的基础上，给予最轻的处罚。因此，虽因证据方面不认定梁某构成累犯，但亦不再对梁某进一步从轻或减轻处罚。原审判决认定事实清楚，证据确实、充分，定罪准确，审判程序合法，量刑适当，唯因原审判决认定被告人梁某具有累犯情节不当，造成适用法律不当，本院依法应予纠正。依照《中华人民共和国刑事诉讼法》第二百三十六条第一款第一项之规定，裁定如下：驳回上诉，维持原判。本裁定为终审裁定。

七、理论探讨与执法指引

《中华人民共和国刑法修正案（九）》增设第二百七十七条第五款“暴力袭击正在依法执行职务的人民警察的，依照第一款的规定从重处罚”。《中华人民共和国刑法修正案（十一）》又对该款设置了独立法定刑且加重处罚，创设了袭警罪。从司法解释规定来看，《最高人民法院、最高人民检察院、公安部关于依法惩治袭警违法犯罪行为的指导意见》的多处规定和整体精神体现了从严惩处袭警犯罪的导向。例如，“人民检察院对于公安机关提请批准逮捕、移送审查起诉的袭警案件，应当从严掌握无逮捕必要性、犯罪情节轻微等不捕不诉情形，慎重作出不批捕、不起诉决定，对于符合逮捕、起诉条件的，应当依法尽快予以批捕、起诉”“从严追究刑事责任。对袭警违法犯罪行为，依法不适用刑事和解和治安调解”“具有初犯、偶犯、给予民事赔偿并取得被害人谅解等情节的，在酌情从宽时，应当从严把握从宽幅度。对犯罪性质和危害后果特别严重、犯罪手段特别残忍、社会影响特别恶劣的犯罪分子，虽具有上述酌定从宽情节但不足以从轻处罚的，依法不予从宽处罚”“对袭警情节轻微或者辱骂民警，尚不构成犯罪，但构成违反治安管理行为的，应当依法从重给予治安管理处罚”。

在刑法教义学上，袭警罪保护的法益是人民警察的公务（依法执行职务），成立本罪只要求行为对人民警察合法职务行为造成了妨碍，或者说使人民警察职务行为的执行变得困难。不要求发生人民警察职务行为被彻底中断或执行失败的结果。根据基本罪状的规定方式，结合基本法定刑，成立本罪不要求行为对人民警察人身造成伤害结果。①

---

① 张开骏：《公务保护与人权保障平衡下的袭警罪教义学分析》，载《中外法学》2021年第6期。

第十五章　警察执法监督

公安机关作为国家治理组织，监督是其功能系统的必要组成部分，对公安执法的监督则是我国法治建设的重要组成部分，其发展应与国家整体法治建设进程一致。现阶段，公安执法监督制约体系的完善和发展已被提升到实现公平正义执法工作生命线关键环节的理论认识高度。公安执法监督可分为公安外部执法监督和公安内部执法监督。来自人大、监察机关、检察机关和人民群众的外部监督活动虽能对公安机关施加更加强力的影响，但外部监督要有实效、长效还有赖于内部监督机制的加持。内部监督是公安机关的自我制约和监督，最直接、具体和及时，只有内部监督关系理顺了，才能更好地接受外部监督。①

公安内部执法监督是以各级公安机关行政首长、各业务部门负责人作为内部执法监督责任人，各级公安机关法制部门作为内部执法监督工作主管部门，政工、纪检、督察、审计、信访等职能部门分享不同监督职能的多元主体并立的监督体制。除领导监督外，公安内部执法监督还包括由下列监督机构构成的专门监督。

一是政治工作（组织人事）部门。公安政治工作部门主要是依据《中华人民共和国公务员法》负责对公安机关人民警察的考核、任免、奖惩、辞退等队伍管理和人事训练工作，从而也承担一定的执法执纪监督职责，是非专职的公安内部执法监督机构。

二是纪律检查机构。公安机关内设有党的纪律检查机构，主要依据《中国共产党纪律处分条例》《中国共产党党内监督条例》《中国共产党问责条例》等党内法规对公安机关内的党组织和全体党员执法守纪活动进行监督，享有检查、立案、调查、建议、处分等权限。

三是警务督察机构。警务督察机构是对公安机关及其人民警察依法履行职责、行使职权和遵守纪律的事项进行现场督察的专门机构，依据《公安机关督察条例》等规定，其享有开展警务评议活动、派出督察人员和下达督察指令、当场处置、参

① 张立刚：《公安内部执法监督机构的产生、发展与改革》，载《辽宁警察学院学报》2020 年第 1 期。

与警务活动、责令执行、督促、停止执行职务、实施紧闭、移送司法、撤销或变更错误决定、命令、受理检举和控告、建议等权限。

四是法制机构。公安法制机构是负责组织、实施、协调和指导执法监督工作的专门机构，依据《公安机关内部执法监督工作规定》《公安机关人民警察执法过错责任追究规定》《公安机关执法质量考核评议规定》等规定，其监督内容主要包括案件审核、组织执法检查评议、检查和认定执法过错案件、组织执法听证、行政复议、应诉等，享有审核权、建议权、调查权、纠错权等。

五是审计机构。公安审计机构是公安机关内部专门对本系统、部门和单位财经法纪执行情况进行监督的机构，依据《中华人民共和国审计法》，其享有检查、调查、经济管理建议、表扬奖励追责建议、作出临时措施和决定等权限。

六是信访机构。公安信访机构倾听人民群众的意见、建议或申诉、控告，受理投诉请求或来信来访，依据《信访工作条例》进行处理，并将信息及时向有关部门反馈。信访和政工部门一样，由于并不具有法律赋予的强制性监督权力，其监督只是公安执法内部监督的必要补充。

第一节　公安内部督察和法制监督不属于行政诉讼范围

一、基础知识

公安机关内部执法监督中地位最为显著的莫过于公安督察和公安法制监察，共同承担着落实执法责任制和执法过错责任追究等执法制度，制定、完善执法程序，加强对各项公安执法活动的监督制约的重要职责。

公安督察工作在 1995 年《中华人民共和国人民警察法》中以专章六条予以具体化，并以专条规定督察制度，是公安内部执法监督制度发展的一个重要里程碑。之后相关配套的专门法规规章开始实施，如国务院发布的《公安机关督察条例》，公安部先后发布《公安机关警务督察队工作规定》《公安机关督察条例实施办法》，全国公安机关陆续组建警务督察队伍，一个专责加强内部监督管理的新警种由此诞生，从而使《中华人民共和国人民警察法》有关规定落地为具有可操作性的制度设置。警务督察就是在公安执法权力运行内部设置专门的机构、制度和机制，从公安系统内部对执法权进行监督。这种内部监督之所以必需，在于其相对于人大、监察机关、司法机关和公众这些外部主体实施的监督，更加了解公安业务，更加了解公安执法规范及流程，因而更加专业、全面、及时，能够更好地预防和更高效地查究公安违法违纪行为。

公安法制工作不断受到重视，然而法制部门“升级”为内部执法监督的主管部门是循着与产生警务督察一样的逻辑，是为弥补警务督察制度缺陷、进一步完善《中华人民共和国人民警察法》中“督察制度”的目的而出现的。政工、信访、纪检、监察部门的监督工作主要着眼于事后纠正、事后监督。警务督察“现场督察”的工作方式决定了其对公安执法办案工作的监督只能是片段式的，而不可能是从事前到事终的“闭环”式全过程监督；决定了其在监督过程中没有充分的渠道与其他部门进行信息沟通与共享，从而进行系统、合力监督。公安法制部门的监督职责和方式，如案件审核，这样的监督方式能够使公安内部执法监督之“眼”从违法违纪行为产生之后再进行的结果性监督向违法违纪行为产生之前、之中就进行的过程性监督延伸，可最大限度地消除监督“盲区”，是对《中华人民共和国人民警察法》中“督察”条文规定含义的进一步“释放”。这也就是说，法制部门的监督和督察部门的监督均属《中华人民共和国人民警察法》中“督察”之义。①

《最高人民法院关于适用〈中华人民共和国行政诉讼法〉的解释》第一条第二款规定：“下列行为不属于人民法院行政诉讼的受案范围……（八）上级行政机关基于内部层级监督关系对下级行政机关作出的听取报告、执法检查、督促履责等行为……”第六十九条第一款规定：“有下列情形之一，已经立案的，应当裁定驳回起诉：（一）不符合行政诉讼法第四十九条规定的……”

《中华人民共和国行政复议法》第三十条规定：“行政复议机关收到行政复议申请后，应当在五日内进行审查。对符合下列规定的，行政复议机关应当予以受理：（一）有明确的申请人和符合本法规定的被申请人；（二）申请人与被申请行政复议的行政行为有利害关系；（三）有具体的行政复议请求和理由；（四）在法定申请期限内提出；（五）属于本法规定的行政复议范围；（六）属于本机关的管辖范围；（七）行政复议机关未受理过该申请人就同一行政行为提出的行政复议申请，并且人民法院未受理过该申请人就同一行政行为提起的行政诉讼。对不符合前款规定的行政复议申请，行政复议机关应当在审查期限内决定不予受理并说明理由；不属于本机关管辖的，还应当在不予受理决定中告知申请人有管辖权的行政复议机关。行政复议申请的审查期限届满，行政复议机关未作出不予受理决定的，审查期限届满之日起视为受理。”第六十二条第一款规定：“适用普通程序审理的行政复议案件，行政复议机关应当自受理申请之日起六十日内作出行政复议决定；但是法律规定的行政复议期限少于六十日的除外。情况复杂，不能在规定期限内作出行

---

① 张立刚：《公安内部执法监督机构的产生、发展与改革》，载《辽宁警察学院学报》2020年第1期。

政复议决定的，经行政复议机构的负责人批准，可以适当延长，并书面告知当事人；但是延长期限最多不得超过三十日。”

《中华人民共和国行政复议法实施条例》（以下简称《复议法实施条例》）第二十八条规定：“行政复议申请符合下列规定的，应当予以受理……（五）属于行政复议法规定的行政复议范围……”据此，属于行政复议范围是复议机关受理复议申请的前提条件之一。

《公安机关办理刑事案件程序规定》第十五条第一款规定，刑事案件由犯罪地的公安机关管辖。

《公安机关办理行政案件程序规定》第十条第一款规定，行政案件由违法行为地的公安机关管辖。

二、案件来源

刘某礼诉某省公安厅、某省某区公安局（以下简称某区公安局）履行法定职责及行政赔偿案①

三、主要案情

再审申请人刘某礼因诉某省公安厅、某区公安局履行法定职责及行政赔偿一案，不服某省高级人民法院（2019）甘行终 249 号行政裁定，向本院申请再审。本院依法组成合议庭，对本案进行了审查。现已审查终结。

刘某礼申请再审称，其同案外人李某军签订买卖合同交付定金，履行了合同义务，却遭受某区公安局实施侵犯人身权，扣押车辆行政处罚；一审法院适用法律错误，违反行政诉讼证据适用规则定案，二审法院亦违反行政案件审判程序，其起诉符合法定起诉条件；（2016）最高法行申 5160 号行政裁定存在违法情形。再审请求：“一、请求上级法院撤销本院（2016）最高法行申 5160 号不立案行政裁定书，纠正本案经省政府复议立案，两级法院依赖该不立案裁定驳回原告合法诉求的违法审判错误。二、请求上级法院撤销本案一审、二审行政裁定书，裁决被申请人某区公安局立即返还行政处罚无依据私分侵占的申请人一万元押金。三、请求上级法院裁决被申请人共同承担侵害申请人人身自由权损失、扣押运输车辆、大型装载机财产 16 日台班费直接损失的行政赔偿责任。”

① 中华人民共和国最高人民法院行政裁定书（2019）最高法行申 14012 号。

四、案件核心

刘某礼向某省公安厅控告某区公安局收取其押金的行为，实质是要求某省公安厅履行对下级行政机关的监督职责，属于行政机关上下级之间的内部管理和监督行为，无论是否立案调查或作出处理决定，均不属于人民法院行政诉讼受案范围。

五、裁判过程与结果

本院认为，本案的核心争议是刘某礼的起诉是否符合法定的起诉条件。从外观上看，行政机关内部层级监督与行政复议较为相似，都是基于行政机关上下级关系构架所形成。一方面，根据《最高人民法院关于适用〈中华人民共和国行政诉讼法〉的解释》第一条第二款第八项的规定，上级行政机关基于内部层级监督关系对下级行政机关作出的听取报告、执法检查、督促履责等行为，不属于人民法院行政诉讼的受案范围。内部层级监督行为是指行政机关基于领导与被领导关系对其所属部门和下级行政机关进行的监督，是政府系统的内部监督，具有内部性特征。另一方面，行政复议是依据《中华人民共和国行政复议法》及其实施条例所实施的行为。行政复议机关一般为作为被申请人的行政主体的本级人民政府或上一级行政主体，两者具有层级隶属关系；但行政复议具有多元功能，是法律赋予解决行政争议的权利救济制度，该制度设置的直接目的是保障公民、法人或其他组织的合法权益，是一项依法可供司法监督的具有外部特征的行为。

当事人的申请属于行政复议职责还是行政机关内部层级监督职责，除了要看是否具有明确的法定职责、是否符合行政复议的受理条件外，还可从以下四方面进行区分：一是申请形式不同，是提起行政复议申请还是提交申诉、举报、投诉、控告等材料；二是问题反映的渠道和部门不同，是向行政复议机关及其法制工作的机构提出，还是向上一级行政主体或纪检监察等部门提出；三是法律依据不同，是依据《中华人民共和国行政复议法》及其实施条例等相关法律规定，还是基于一般的领导与被领导关系请求对其所属部门和下级行政主体履行相应监督职责；四是反映问题所针对的对象不同，行政复议应以行政主体为被申请人，针对有关行政行为或者不履行法定职责情形提起，而内部监督行为则不以此为限。

本案中，因刘某礼于 2015 年 6 月 28 日雇请人员在军事禁区内拉运矿石，某区公安局于当日根据《中华人民共和国治安管理处罚法》第二十三条之规定对刘某礼作出行政处罚决定；某区公安局于 2015 年 7 月 12 日给刘某礼出具一万元押金条。刘某礼就某区公安局对其作出的行政处罚及收取押金等行为向某省公安厅申请行政复议，某省公安厅以其行政复议申请超过法定行政复议申请期限为由，于2015年10月12日作出不予受理决定。2016年11月28日刘某礼向某省公安厅警务督察总队投诉某区公安局违法强行收取其押金，其多次催要，拒不返还。次日，某省公安厅警务督察总队将该投诉转某区公安局阅处，某区公安局向某省公安厅警务督察总队提交报告，主要内容为刘某礼案涉行政处罚的情况，及载明“征得刘某礼同意，交纳返还矿石、恢复原貌押金一万元，待其履行承诺后返还。案件处理完毕后，刘某礼并未履行承诺”。现刘某礼提起诉讼，认为某省公安厅不履行对某区公安局违法行为的查处职责，请求法院确认某省公安厅未履行法定职责的行为违法并由某省公安厅和某区公安局共同承担相关行政赔偿责任。

刘某礼就案涉相关行政争议已申请了行政复议，在复议机关作出相应复议决定未予支持的情况下，又向复议机关的警务督察部门提出了控告要求履行监督职责。而就本案而言，刘某礼向某省公安厅警务督察总队提出案涉控告，以某区公安局局长个人为控告对象，要求依据《中华人民共和国刑法》《公安机关督察条例》《公安机关人民警察执法过错责任追究规定》等规定履行查处职责。刘某礼控告某区公安局收取其押金的行为，实质是要求某省公安厅履行对下级行政机关的监督职责。原审法院根据《最高人民法院关于适用〈中华人民共和国行政诉讼法〉的解释》第一条第二款第八项的规定，认定刘某礼所举报事项属于行政机关上下级之间的内部管理和监督行为，无论是否立案调查或作出处理决定，均不属于人民法院行政诉讼受案范围，据此认定刘某礼提起本案诉讼不符合法定起诉条件并无不当。一审法院裁定驳回起诉，二审法院裁定驳回上诉、维持原裁定，均无不当。另，关于刘某礼提出的（2016）最高法行申5160号行政裁定存在的违法情形不属于本案的审查范围。

综上，刘某礼的再审申请不符合《中华人民共和国行政诉讼法》第九十一条规定的情形。依照《最高人民法院关于适用〈中华人民共和国行政诉讼法〉的解释》第一百一十六条第二款之规定，裁定如下：驳回刘某礼的再审申请。

六、理论探讨与执法指引

公安执法的内部监督是依照法律、法规和规章规定的执法程序和制度进行的监督，包括对起草、制定的有关执法工作的规范性文件及制度、措施进行法律审核；对疑难、有分歧、易出问题和各级公安机关决定需要专门监督的案件，进行案件审核；组织执法检查、评议；组织专项、专案调查；依照法律、法规进行听证、复议、复核；进行执法过错责任追究以及各级公安机关决定采取的其他方式。本案中，某市公安局某分局某派出所、某市公安局关于刘某礼提出的执法要求未进行及时有效的处理，公安督察队应当对疑难、有分歧、易出问题和各级公安机关决定需要专门监督的案件，进行案件审核。

公民、法人或者其他组织可以向行政机关隶属的人民政府或其上一级人民政府提出申诉、控告，但与以直接救济行政相对人权利为目的的复议和诉讼制度有所不同，申诉或控告可以成为启动上下级行政机关之间内部监督的线索，不直接和必然启动内部监督程序。是否启动内部监督程序以及程序启动后做出如何处理，属于行政机关内部管理范畴，原则上不属于行政复议和行政诉讼受理范围。只有在上级行政机关撤销或者改变原行政行为以及作出新的影响当事人权利义务关系的行政行为时，这种内部监督行为才外化为可复议和诉讼的行政行为。

第二节　公安行政复议受案范围不受刑事职能的限制

一、基础知识

1999年《中华人民共和国行政复议法》正式实施，开启了我国行政复议制度的法律之路。20多年来，行政复议在助推法治政府建设、实现行政救济、培育法治社会方面发挥了不可替代的重要作用。行政复议体制、机制改革在持续推进，同时，与行政复议实践相适应的行政复议理论也在与时俱进发展。理想状态下，行政复议具有化解行政争议的天然优势，把行政复议打造成为化解行政争议的主渠道，是构建中国特色化解行政争议法治体系的最优路径。① 近年来，为了进一步规范公安行政复议工作，提高公安机关办理行政复议案件的质量，保证行政复议申请人的权利得到有效保护，公安部先后制定、颁布了一系列规范性文件，明确规定了公安行政复议机关、公安行政复议案件的申请、受理、审查、决定等程序，公安行政复议工作进一步规范化。

二、案件来源

卢某诉某市某区人民政府（以下简称某区政府）公安行政复议案②

三、主要案情

卢某诉某区政府公安行政复议一案，某市中级人民法院于2017年1月20日作

① 曹鎏：《作为化解行政争议主渠道的行政复议：功能反思及路径优化》，载《中国法学》2020年第2期。

② 浙江省高级人民法院（2017）浙行终284号行政判决书。

出（2016）浙01行初350号行政判决。某区政府不服，向本院提出上诉。本院于2017年3月8日立案受理后，依法组成合议庭，并于同年6月1日公开开庭审理了本案。上诉人某区政府的委托代理人葛某萍，被上诉人卢某的委托代理人袁某来到庭参加诉讼。本案现已审理终结。

原审法院认定：原告卢某系某市某区某小区××幢××单元××室业主。2015年10月24日，某区城管执法局向原告作出《责令停止建设行为通知书》。后将违法建设相关情况报告某街道。2016年3月30日，原告户浇筑阳台部分被某街道强制拆除，强拆过程中造成阳台水管破损。2016年4月7日，某公安分局接到原告卢某《投诉书》，称其位于某小区××幢××单元××室的阳台被人拆除，存在“非法侵入住宅”和“故意毁坏公私财物”的违法行为，要求某公安分局予以依法查处。某公安分局指令辖区某派出所处理，某派出所通知原告到公安机关说明情况。2016年6月4日，原告到某派出所接受询问。据询问笔录记载，原告称其房屋内南北两处阳台共计约8平方米被人故意拆除破坏，损失价值约2万元。根据案情，某公安分局认为该案属于其管辖的刑事案件，依法予以受案登记并向原告出具受案回执。经向某街道拆违办及某区城管执法局相关工作人员进行询问调查并接受相关证据，某公安分局认为没有相应的犯罪事实，故根据《中华人民共和国刑事诉讼法》第一百一十条之规定决定不予立案，并向原告出具刑事《不予立案通知书》。原告认为某公安分局未就其投诉事项履行法定职责，故于2016年6月22日向被告邮寄复议申请书，请求责令被申请人某公安分局对其投诉事项作出处理决定。2016年8月11日，某区政府向复议申请人卢某作出某政复〔2016〕30号行政复议决定：驳回申请人的行政复议申请。原告不服该复议决定，诉至本院，请求判如所请。

四、案件核心

当事人就存在“非法侵入住宅”和“故意毁坏公私财物”的违法行为，要求某公安分局予以依法查处。某公安分局在刑事案件初查后，应将所报案件是否转为行政案件处理及如不作相应的行政处理是否合法等问题，进行审查并回复。

五、裁判过程与结果

原审法院认为，公安机关同时具有行政管理和刑事侦查两种职能。根据《最高人民法院关于执行〈中华人民共和国行政诉讼法〉若干问题的解释》第一条第二款第二项的规定，公安机关依照刑事诉讼法的明确授权实施的刑事司法行为不属于人民法院行政诉讼的受案范围。据此，刑事司法行为亦不属于行政复议的受案范围。《公安机关办理刑事案件程序规定》第三条规定：“公安机关在刑事诉讼中的基本职权，是依照法律对刑事案件立案、侦查、预审；决定、执行强制措施；对依法不追究刑事责任的不予立案，已经追究的撤销案件；对侦查终结应当起诉的案件，移送人民检察院审查决定；对不够刑事处罚的犯罪嫌疑人需要行政处理的，依法予以处理或者移送有关部门……”据此，刑事侦查职责与治安行政管理职责是两个不同的法定职责，履行刑事侦查职责不能视为已履行治安行政管理职责。公安机关在对刑事案件的侦查过程中，如认为犯罪嫌疑人不够刑事处罚但需要行政处理的，应当依法进行处理。本案中，某公安分局就卢某投诉事项予以刑事案件受案登记后，经调查认为没有相应的犯罪事实，遂决定不予立案，并向原告出具刑事《不予立案通知书》。如本案原告仅系针对该刑事不予立案决定，主张某公安分局未履行刑事侦查职责，则显然不属于行政复议、诉讼的受理范围。但本案原告在投诉书中写明“……以上非法侵入住宅行为，违反了《中华人民共和国治安管理处罚法》第四十条第三项规定。故意损毁公私财物行为，又违反了《中华人民共和国治安管理处罚法》第四十九条规定……要求依法予以查处，并将结果告知投诉人的代理人”。原告在复议申请书中亦作相同表述。可见，本案原告的复议请求，并非对某公安分局不予刑事立案不服要求责令其履行刑事侦查职责，而是对某公安分局不作任何行政处理的行政不作为行为不服，要求责令其履行治安行政管理职责。上述复议请求应属行政复议的受案范围。至于某公安分局在刑事案件初查后，是否应将卢某所报案件转为行政案件处理及如不作相应的行政处理是否合法等问题，均属实体审查范畴。综上，本案某区政府错误理解了卢某的复议请求，其以不符合行政复议受案范围为由驳回卢某的行政复议申请，系适用法律错误，应予撤销。原告的诉讼请求，本院予以支持。依照《中华人民共和国行政诉讼法》第七十条第二项之规定，判决：

一、撤销被告某市某区人民政府 2016 年 8 月 11 日作出的某政复〔2016〕30 号《行政复议决定书》；

二、责令被告某市某区人民政府就原告卢某 2016 年 6 月 22 日的行政复议申请依法作出处理。

某区政府上诉称：一审判决只根据被上诉人在《投诉书》和《行政复议申请书》中表达的单方法律认识认定某公安分局是否应作出行政处理，进而认定上诉人作出的行政复议决定是否正确，而否定某公安分局对投诉事实有独立判断并依法作出相应决定的权力，是对公安机关和复议机关职责的错误理解，依法应当予以纠正。具体理由如下：（1）被上诉人在给某公安分局的投诉书中虽写有“以上非法侵入住宅行为，违反了《中华人民共和国治安管理处罚法》第四十条第三项规定。故意损毁公私财物行为，又违反了《中华人民共和国治安管理处罚法》第四十九条规定”的内容，但这只是被上诉人自己对被投诉行为的意见，某公安分局接受投诉进行处理的依据应当是投诉主张的事实，而不是投诉表达的意见。该意见并不具有法律上的效力。（2）被上诉人投诉的事实是明确而具体的，即被上诉人浇筑的阳台被行政强制拆除，虽然被上诉人认为该强拆行为违法，且其中存在非法侵入住宅和故意损毁公私财物两个违法行为，但即使根据被上诉人的投诉事实，也可以看出这两个所谓的违法行为存在吸收关系，在被上诉人主张其财物损失有20000元的情况下，某公安分局以“故意毁坏财物”案由予以受案并无不当。（3）某公安分局在受案后进行了调查了解，在确认被投诉行为系行政部门实施的行政拆违行为后，认为不存在犯罪事实，作出不予立案决定，亦无不当。（4）至于某公安分局在刑事上做出了不予立案决定后，是否需要就行政上再另行进行处理？上诉人认为，就本案而言并不必要，因为被投诉的行为本身是其他行政机关的行政行为，被上诉人如果认为该行政行为违法侵犯了其权益，依法也应当是对该行政行为提起行政复议或行政诉讼，公安机关并不具有对行政行为进行监督和查处的职责。对此，被上诉人应也是明知的。（5）被上诉人的复议申请具有启动复议程序的功能，而上诉人作为复议机关既要审查申请人的复议申请中陈述的事实，也要审查被申请人答复的事实，《中华人民共和国行政复议法》第一条规定，为了防止和纠正违法的或者不当的具体行政行为，保护公民、法人和其他组织的合法权益，保障和监督行政机关依法行使职权，根据宪法，制定本法。上诉人认为，上诉人的审查重点首先应该是被申请人的行为是否合法，在审查后认为被申请人的行为并无不当的情况下，上诉人依法驳回被上诉人的复议申请，并无不当。而如果撤销上诉人已作出的行政复议决定书，重新对被上诉人的复议申请进行处理，无非是一次行政资源的浪费，对被上诉人的权益也不会产生实质的影响。请求二审法院撤销原审判决，依法改判。

卢某在法定期限内未提交书面答辩意见，其在庭审中辩称：（1）一审法院认定事实清楚，适用法律正确，程序合法。因为《中华人民共和国治安管理处罚法》第七十七条、第七十八条规定，公安机关接到投诉、报案、控告等应当及时受理。如果是治安案件，应当作出处理决定；如果不是治安案件，也应该及时答复并说明理由。答辩人认为从该条法律规定来看，答辩人当时是以违反治安案件两个条文提出投诉。故最终的结论应根据上述两条文规定作出是否构成违反治安管理行为的行政答复。但本案中的某公安分局显然没有做到这一点。（2）某公安分局的不予立案通知书，仅仅说到没有犯罪事实，所以不予刑事立案，没有其他任何理由。同样，被诉复议决定亦未提到是否构成治安案件。答辩人认为，某公安分局在不构成刑事犯罪的情况下，未就是否构成治安管理行为作出答复，是未履行法定职责的表现。

（3）上诉人认为这个案件中再要求作出复议决定并要求某公安分局作出答复是资源浪费。答辩人上述说法不能成立。根据本案的情况，被上诉人投诉后，公安机关马上将其转化为刑事案件。在发现不构成犯罪的情形下，又不作任何答复，系逃避司法审查。综上，请求二审法院驳回上诉，维持原判。

庭审中双方当事人围绕上诉人某区政府于 2016 年 8 月 11 日作出的某政复〔2016〕30 号行政复议决定是否具备事实和法律依据的审理重点进行了质证、辩论。

经审理，本院对原审判决认定的事实予以确认。

本院认为，公安机关作为治安管理行政机关和刑事诉讼法授权办理刑事案件的机关，具有维护社会治安秩序和预防打击刑事犯罪的双重职责，应结合案件具体情况区分公安机关行使上述两种不同性质职权的界限。本案中被上诉人卢某向某公安分局投诉，称其位于某小区××幢××单元××室的阳台被人拆除，存在“非法侵入住宅”和“故意毁坏公私财物”的违法行为，要求某公安分局依据《中华人民共和国治安管理处罚法》的相关规定进行查处。某公安分局就上述投诉事项予以刑事案件受理并登记。而后经调查认为没有相应的犯罪事实，依据《中华人民共和国刑事诉讼法》第一百一十条的规定，作出《不予立案通知书》，但未就被上诉人投诉事项是否应作出行政处罚作任何答复。某公安分局认为被上诉人投诉事项不构成刑事犯罪，可以依职权作出上述《不予立案通知书》。某公安分局履行刑事诉讼法赋予其对犯罪活动进行侦查的职责，并不能替代其同时负有治安管理的行政职责，其作为行政机关对被上诉人投诉事项是否构成行政处罚应作明确的答复。故在某公安分局未作答复的情形下，被上诉人卢某就某公安分局未履行《中华人民共和国治安管理处罚法》赋予公安机关的法定职责，向上诉人某区政府申请行政复议，显属行政复议范围。上诉人某区政府错误理解了被上诉人卢某的复议请求，以不符合行政复议受案范围为由驳回卢某的行政复议申请，系适用法律错误，依法应予撤销。原审法院判决撤销上诉人作出的被诉复议决定，并责令其依法作出处理并无不当。上诉人提出的上诉理由不能成立，本院不予采纳。依照《中华人民共和国行政诉讼法》第八十九条第一款第一项之规定，判决如下：驳回上诉，维持原判。

六、类案比较

（一）案件来源

顾某君、王某浪、周某竹诉某省人民政府（以下简称省政府）公安行政复议案①

① 浙江省高级人民法院（2018）浙行终 43 号行政判决书。

（二）主要案情

顾某君、王某浪、周某竹不服省政府公安行政复议一案，某市中级人民法院于2017年11月30日作出（2017）浙01行初301号行政判决。顾某君、王某浪、周某竹不服，向本院提出上诉。本院于2018年1月8日立案受理后，依法组成合议庭审理了本案。本案现已审理终结。

原审法院认定，2017年3月23日，王某浪、周某竹、顾某君向省公安厅邮寄《控告状》，载明被控告人为某县公安司法鉴定中心及两位法医师，请求事项为“依法对被控告人所作的‘某公司鉴（尸）字平〔2015〕11号’《法医学尸体鉴定书》所作鉴定意见存在不真实、不客观、不准确、不完整、不清晰的行为追究法律责任”。《控告状》的事实与理由部分均为对鉴定结论的质疑。省公安厅于2017年3月24日收到该《控告状》。2017年6月4日，王某浪、周某竹、顾某君向省政府邮寄《行政复议申请书》，载明行政复议被申请人为省公安厅，复议请求为“责令被申请人对申请人2017年3月23日向其交邮提交的《控告状》投诉行为履行义务作出处理意见的决定”。2017年6月5日，省政府收到《行政复议申请书》。2017年6月8日，省政府通知省公安厅作出行政复议答复。2017年7月11日，省政府作出某政复〔2017〕308号行政复议决定书，认为申请人王某浪、顾某君、周某竹请求不属于《中华人民共和国行政复议法》第六条规定的受案范围，决定驳回申请人的行政复议申请。王某浪、周某竹、顾某君为此提出诉讼，请求判决撤销省政府作出的某政复〔2017〕308号行政复议决定书，并判决省政府责令省公安厅处理原告向其鉴定投诉行为履行职责。

另查明：2016年10月26日，金华市中级人民法院作出（2016）浙07刑初56号刑事附带民事判决，判决陈某林犯故意伤害罪，判处有期徒刑十五年，赔偿附带民事诉讼原告人各项经济损失800000元。该判决认定，2015年10月25日，陈某林与王某在争吵过程中，陈某林用拳头击打王某头部数下，致王某受伤后倒地昏迷不醒，经抢救无效于2015年11月6日死亡。某县公安司法鉴定中心所作的某公司鉴（尸）字平〔2015〕11号《法医学尸体鉴定书》是（2016）浙07刑初56号刑事附带民事判决予以确认的证据之一。2017年1月23日，浙江省高级人民法院作出（2016）浙刑终522号刑事附带民事裁定，维持了金华市中级人民法院作出的（2016）浙07刑初56号刑事附带民事判决。

（三）案件核心

刑事侦查活动中的鉴定行为的调查处理，不属于《中华人民共和国行政复议法》第二条规定的具体行政行为。

（四）裁判过程与结果

原审法院认为，《公安机关鉴定机构登记管理办法》第三条规定“本办法所称的鉴定，是指公安机关鉴定机构及其鉴定人为解决案（事）件中的专门性问题，运用自然科学、社会科学理论和成果，依法对有关的人身、尸体、生物检材、痕迹、物品等，进行检验、出具鉴定意见的科学实证活动”。某县公安司法鉴定中心作出某公司鉴（尸）字平〔2015〕11号《法医学尸体鉴定书》的活动，即为该条文所指的鉴定。《公安机关鉴定机构登记管理办法》规定了登记部门对鉴定机构的管理职责，但并未授权登记部门直接评判鉴定意见的正误。某公司鉴（尸）字平〔2015〕11号《法医学尸体鉴定书》是刑事侦查程序中形成的鉴定意见，人民法院生效判决对该鉴定意见已作确认。王某浪、周某竹、顾某君在向省公安厅递交的《控告状》中，自行将某公司鉴（尸）字平〔2015〕11号《法医学尸体鉴定书》定性为“不真实、不客观、不准确、不完整、不清晰”，要求省公安厅追究被控告人的法律责任，实质是要求省公安厅超越法律规定，对鉴定意见直接作出否定性评判，进而对鉴定机构、鉴定人员作出相关处理。王某浪、周某竹、顾某君以向省公安厅递交《控告状》的方式提出的这一诉求，明显与法律制度相悖。省公安厅对该《控告状》作出或不作出回应，均不属于可复议的行为。省政府收到王某浪、周某竹、顾某君的行政复议申请后，经审查认定该行政复议申请不属于《中华人民共和国行政复议法》第六条规定的受案范围，认定并无不当。省政府作出某政复〔2017〕308号行政复议决定符合《中华人民共和国行政复议法》的规定。原告顾某君、王某浪、周某竹的诉讼理由不能成立，其诉讼请求本院不予支持。依照《中华人民共和国行政诉讼法》第六十九条之规定，判决驳回原告顾某君、王某浪、周某竹的诉讼请求。

上诉人顾某君、王某浪、周某竹上诉称：（1）被上诉人作出的涉案行政复议决定，认定事实不清，适用法律错误，事实定性错误。（2）省公安厅存在不作为行政行为事实清楚，且没有证据证明其作为事实。（3）原审审判程序违法，被上诉人一审提交的答辩状和证据等材料程序违法。请求撤销原审判决，依法改判，支持其提出的诉讼请求。

被上诉人省政府答辩称，（1）某政复〔2017〕308号行政复议决定认定事实清楚，适用法律正确。某县公安司法鉴定中心作出某公司鉴（尸）字平〔2015〕11号《法医学尸体鉴定书》，属于刑事侦查活动中的鉴定行为，上诉人要求对《法医学尸体鉴定书》鉴定意见存在不真实、不客观、不准确、不完整、不清晰的行为追究法律责任，属于对公安机关相关刑事侦查活动中的鉴定行为提出异议，并要求作出相应处理。虽然《公安机关鉴定机构登记管理办法》第三十条规定，登记管理部门具有依法调查处理公民、法人和其他组织举报、投诉鉴定机构的法定职责，但登记管理部门对刑事侦查活动中的鉴定行为的调查处理，不属于《中华人民共和国行政复议法》第二条规定的具体行政行为。因此，上诉人关于依据《公安机关鉴定机构登记管理办法》第三十条的规定，请求省公安厅履行职责并因此提出的行政复议申请，不属于《中华人民共和国行政复议法》第六条规定的受案范围，上诉人的申请不符合《中华人民共和国行政复议法实施条例》第二十八条第五项规定的受理条件。(2) 被上诉人作出涉案行政复议决定程序合法。被上诉人收到上诉人行政复议申请后，在规定的时间内作出了行政复议决定，并向上诉人送达了行政复议决定书，符合《中华人民共和国行政复议法》第三十一条第一款规定的程序要求。请求驳回上诉人上诉，维持原判。

经审理，对原审判决认定的事实本院予以确认。

本院认为，《公安机关鉴定机构登记管理办法》第三条规定，本办法所称的鉴定，是指公安机关鉴定机构及其鉴定人为解决案（事）件中的专门性问题，运用自然科学、社会科学理论和成果，依法对有关的人身、尸体、生物检材、痕迹、物品等，进行检验、出具鉴定意见的科学实证活动。根据该办法，某县公安司法鉴定中心作出某公司鉴（尸）字平〔2015〕11 号《法医学尸体鉴定书》的活动，即为该办法所指的鉴定。对于鉴定机构的举报、投诉，该办法第三十条规定，登记管理部门对公民、法人和其他组织举报、投诉鉴定机构的，应当及时进行调查，并根据调查结果依法进行处理。但对于鉴定意见提出异议，《全国人民代表大会常务委员会关于司法鉴定管理问题的决定》第十条、第十一条规定，司法鉴定实行鉴定人负责制度。鉴定人应当独立进行鉴定，对鉴定意见负责并在鉴定书上签名或者盖章。多人参加的鉴定，对鉴定意见有不同意见的，应当注明。在诉讼中，当事人对鉴定意见有异议的，经人民法院依法通知，鉴定人应当出庭作证。本案中，2017 年 3 月 23 日上诉人向省公安厅邮寄《控告状》，载明请求事项为“依法对被控告人所作的‘某公司鉴（尸）字平〔2015〕11 号’《法医学尸体鉴定书》所作鉴定意见存在不真实、不客观、不准确、不完整、不清晰的行为追究法律责任”，事实与理由部分均为对鉴定结论的质疑。故上诉人名为控告，实为对涉案《法医学尸体鉴定书》提出异议，其应遵循《全国人民代表大会常务委员会关于司法鉴定管理问题的决定》第十条、第十一条规定的途径和程序解决。现已查明，对案涉刑事案件，金华市中级人民法院、本院已分别作出（2016）浙 07 刑初 56 号刑事附带民事判决、(2016) 浙刑终 522 号刑事附带民事裁定书。其间上诉人均作为案件当事人参与了案件审理，并对某公司鉴（尸）字平〔2015〕11 号《法医学尸体鉴定书》进行了庭审质证。同时本院还认为，上诉人相关诉求同时又构成要求省公安厅履行内部层级监督行为，但因内部层级监督属于行政机关上下级之间管理的内部事务，并不直接设定当事人新的权利义务关系，故原判对上诉人邮寄《控告状》行为性质作出相关认定评价正确。被上诉人收到上诉人的行政复议申请后，经审查认定该行政复议申请不属于《中华人民共和国行政复议法》第六条规定的受案范围，并无不当。原审判决认定事实清楚，适用法律正确，依法应予维持。上诉人提出的上诉理由不能成立，本院不予采纳。依照《中华人民共和国行政诉讼法》第八十九条第一款第一项之规定，判决如下：驳回上诉，维持原判。

七、理论探讨与执法指引

行政复议的功能定位和行政自制中的自我监督相一致，行政自制主要强调纵向科层制的管理和横向不同部门的职权监督来规范内部系统运作，行政复议也期冀于对案件合理性和合法性审查后发现执法部门执法不公不规范的行为，通过复议决定书、建议书、意见书的形式将问题反馈给执法部门，两者都强调以内部监督的形式来提升执法质效；行政自制的客体包含行政复议所审查的对象，行政自制所要约束的客体包括行政立法、行政决策、行政规划以及其他各种行政措施和行政行为的全过程，行政复议审查的对象是具体行政行为的合法性、合理性；行政复议的优势发挥依赖于行政自制中内部行政法的良好执行，行政复议的反馈机制能否得到有效回应，不规范执法和不合理的规章能否消除取决于行政指令能否传递到执法末梢并得到有效的贯彻执行。①

各级公安机关要进一步与人民政府复议机构健全完善案前、案中、案后调解机制，积极参加重大、疑难、复杂案件的听证会，切实回应申请人的请求，积极配合行政复议机构开展调解工作，深挖复议申请背后动因，保障其合法权益，实现其合理诉求，推动行政争议实质性化解。坚持和发展新时代“枫桥经验”，全面发挥基层组织“三所联动”发现、化解行政争议的功能，努力把矛盾纠纷解决在基层，化解在萌芽状态。②

① 韩关锋、陈刚：《公安行政复议的动力更新和路径优化》，载《警学研究》2020 年第 2 期。

② 上海市公安局法制总队课题组：《行政复议体制改革与公安法制工作研究——以上海市为例》，载《公安研究》2024 年第 1 期。

图书在版编目（CIP）数据

警察执法案例解析与实务指南 / 张洪波编著 . 北京 ： 中国法制出版社，2024. 9. -- ISBN 978-7-5216-4637-5

Ⅰ. D922. 144

中国国家版本馆 CIP 数据核字第 2024P9G713 号

责任编辑：王熹　白天园　李若瑶　　封面设计：周黎明

警察执法案例解析与实务指南

JINGCHA ZHIFA ANLI JIEXI YU SHIWU ZHINAN

编著/张洪波
经销/新华书店
印刷/北京虎彩文化传播有限公司
开本/730 毫米×1030 毫米　16 开　　印张/ 32. 5　字数/ 524 千
版次/2024 年 9 月第 1 版　　2024 年 9 月第 1 次印刷

中国法制出版社出版
书号 ISBN 978-7-5216-4637-5　　定价：135. 00 元

北京市西城区西便门西里甲 16 号西便门办公区
邮政编码：100053　　传真：010-63141600
网址：http：//www. zgfzs. com　　**编辑部电话：010-63141795**
市场营销部电话：010-63141612　　**印务部电话：010-63141606**

（如有印装质量问题，请与本社印务部联系。）